W0281336

C'ÉTAIT LA IVe RÉPUBLIQUE

DU MEME AUTEUR

Série des « Premier Janvier »

Le Premier Janvier 1900, Plon
Le Premier Janvier 1920, Plon
Le Premier Janvier 1940, Plon
Le Premier Janvier 1960, Plon
Le Premier Janvier 1980, Plon
Le Premier Janvier 1983, Plon
Le Premier Janvier 1789, Plon
Le Premier Janvier 1800, Plon

Histoire

Yalta ou le Partage du Monde, Robert Laffont, prix Historia et prix Plaisir de Lire 1964
Bandoung ou Un carrefour de l'Histoire, Robert Laffont
L'Après-Yalta, Plon
L'Aventure européenne, Plon, 2 volumes
Sire, ils ont voté la mort (La condamnation de Louis XVI), Robert Laffont
L'Epopée mondiale d'un siècle, 5 volumes, Hachette
Les Dictateurs du XXe siècle, Robert Laffont
La Libération de Paris, Carrère-Lafon
Verdun, Olivier Orban
Histoire de Paris, Carrère-Saurat
La Tour Eiffel, Lacroix
L'Epopée coloniale de la France, Plon
L'Epopée des chemins de fer français, Plon

Biographies

Joffre, Plon
Grandes Françaises du XXe siècle, Plon
La Légende de Pablo Casals, Proa
Lénine et Staline, Plon
Karl Marx, Nathan
Les Présidents de la Ve République, Le Pré aux Clercs
Les Premiers ministres de la Ve République, Le Pré aux Clercs
Billaud-Varenne, géant de la Révolution, Olivier Orban
Habib Bourguiba, Media
L'Homme Giscard, Plon
Yatridès, maître du Temps, Lumière et Espace

Essais

Les oiseaux n'y savent pas chanter (essai sur l'Afrique noire), Julliard
La Succession, Julliard
Sans de Gaulle, Julliard
Un prince cherche un royaume, Hachette
Les Hommes libres (essai sur l'ORTF), Plon
La Côte d'Ivoire ou les Racines de la sagesse, Jeune Afrique
Au village de mon enfance, Plon
Un provincial à Paris, Plon

Nouvelles

Les Impitoyables, Imprimerie Bonnafous

Romans

Au-delà de la montagne, Le Livre de Paris
La Vigne sous le rempart, Julliard, prix Sully-Olivier de Serres, 1967
Et les coyotes hurleront... (western), Julliard
Les Frères Burns (roman policier), Julliard

ARTHUR CONTE

C'ÉTAIT
LA IVe RÉPUBLIQUE

PLON

© Editions Plon, 1998
ISBN : 2.259.18908.3

Au souvenir de Louis Clerc,
maire de Saint-Féliu-d'Avall.

I

1944

L'ANNÉE DE LA LIBÉRATION

La drôle de guerre — La défaite — Suicide de la Troisième République — La collaboration — La guerre mondiale — Le long chemin du général de Gaulle — Monsieur France — Le maréchal Pétain : fin de Vichy — La libération de Paris — Une République ovationnée — Le premier grand gouvernement de Gaulle — Des lendemains qui ne chantent pas — Détresse générale — Une France déchirée, affaiblie — Une sorte de guerre civile : l'épuration — Révolution à la une — La guerre planétaire — De Gaulle et les communistes — Dans Paris en battle-dress : Picasso, Carné, Aragon.

La drôle de guerre

La quatrième République est fille de la guerre.

Pour mieux le comprendre, fixons donc bien d'abord les dates de la mémoire.

23 août 1939. A la stupéfaction du monde entier, l'Union soviétique que Joseph Staline conduit en maître absolu et le Troisième Reich allemand que dirige dictatorialement Adolf Hitler concluent solennellement à Moscou un pacte de non-agression. C'est ce qu'on peut appeler le pacte des deux diables. Encore ne sait-on pas que le traité s'accompagne de clauses secrètes aux termes desquelles les deux tyrans se promettent partage de la Pologne et des Etats baltes. Mais le principal est entendu : une deuxième guerre mondiale n'est plus évitable.

1er septembre. Les armées hitlériennes se ruent sur la Pologne. Le gouvernement français, que préside le radical Edouard Daladier, décrète la mobilisation générale.

3 septembre. A onze heures, la Grande-Bretagne, alliée de la Pologne, déclare la guerre à l'Allemagne. La France prend la même décision à cinq heures de l'après-midi. Rares sont les personnalités françaises qui dénoncent notre « effrayant » isolement diplomatique : l'Angleterre est notre seule alliée ; tous les autres Etats européens sont neutres, quand ils ne sont pas des ennemis en puissance ; rien n'est plus déprimant que de faire la revue des peuples européens qui devraient être à nos côtés et qui ne nous accordent aucune confiance ; l'Angleterre elle-même va mesurer au compte-

gouttes sa participation militaire. Aussi rares sont les observateurs qui soupçonnent les défaillances de notre organisation guerrière, les tares du matériel, l'insuffisance de l'aviation, la médiocrité du haut commandement, les faiblesses personnelles du général en chef, Maurice Gamelin. Simplement, pour se rassurer, on se dit et on se répète que la ligne Maginot qui nous protège est infranchissable, que l'armée française reste comme en 1918 la meilleure du monde, et que, de toute manière, le régime hitlérien est très fragile, qu'il suffira même d'un bref blocus économique pour mettre l'Allemagne à genoux. Personne en France n'annonce que les réveils pourront être durs — grande illusion totale.

17 septembre. Non seulement les armées hitlériennes conduisent en Pologne une offensive foudroyante, mais voici que les armées soviétiques attaquent à leur tour. Toutes les positions polonaises s'effondrent. L'armée française reste l'arme au pied.

26-27 septembre. Varsovie capitule. La Pologne est rayée de la carte. Son territoire se partage comme aux plus beaux temps de Frédéric le Grand et de Catherine la Grande. Daladier fait décréter la dissolution du Parti communiste français, qui se proclame solidaire de la politique stalinienne. Le groupe communiste de la Chambre, que vingt-deux de ses membres ont quitté, se décompose, même si les cinquante et un députés qu'il compte encore le reconstituent aussitôt sous le nom de « groupe ouvrier et paysan français ».

1er octobre. Ledit groupe ayant adressé à Edouard Herriot, président de la Chambre, une lettre par laquelle il demande d'ouvrir des négociations au plus vite pour « une paix juste, loyale et durable » (autrement dit : la paix avec Hitler), le gouvernement fait ouvrir contre lui devant le Tribunal militaire de Paris une information pour intelligence avec l'ennemi — en foi de quoi nombre de membres seront vite déchus de la nationalité française.

4 octobre. Le secrétaire général du PC, Maurice Thorez, mobilisé début septembre comme sergent au 3e génie, cantonné à Chauny dans l'Aisne, quitte son unité et disparaît dans la nature (destination finale : le Komintern à Moscou). Il est porté déserteur.

Octobre 1939-mai 1940. A nous la drôle de guerre. *Phoney War*. L'expression, née en Angleterre, a très vite fait fortune en France. Immobilisation générale. L'activité militaire se résume à quelques opérations de commandos dans le *no man's land* sur la frontière alsacienne. Le moral de la nation ? Nous sommes loin des heures « épiques » de 1914. Ça « grogne » de toutes parts. La mobilisation s'est effectuée dans une morne résignation. La suite est identique. Pour l'armée, tous les rapports concluent à un moral tiède. Au-dessus de la ligne Siegfried qui fait face à la ligne Maginot, les banderoles s'étirent : « Refusez de mourir pour les impérialistes anglais !... Vous n'êtes que la chair à canon des banquiers de Londres !... » Le soldat français n'a répondu par des quolibets que les premières semaines. Un immense scepticisme, manifestement, l'atteint. C'est net : tout se passe comme si l'armée de Gamelin souffrait de la maladie du sommeil. Le spectacle relève de l'incroyable. On fait partout le pari que la vraie guerre ne sévira jamais sur le sol français. On peut même à nouveau s'adonner aux jeux politiciens. Encore que l'atmosphère soit aussi maussade au Parlement que dans le pays, les interpellations se succèdent au Palais-Bourbon. Le gouvernement ne se défend que mollement. Daladier, accablé, aigri, finit par porter sa démission à l'Elysée. C'est le 20 mars. On procède à son remplacement le surlendemain, qui est le vendredi saint. Paul Reynaud est poussé aux commandes par 268 voix contre 156 et 111 abstentions. Il ne s'en faut que d'une voix que la confiance soit refusée.

La défaite

C'est pourtant ce gouvernement d'« une voix » qui va devoir affronter la pire tempête qui se soit jamais abattue sur le pays.

Printemps 1940. Hitler attaque. Le 9 avril, il fait envahir par ses troupes le Danemark et la Norvège. Le 10 mai, les parachutistes allemands sont lancés sur les Pays-Bas et la Belgique. Comme en se jouant, ils s'assurent de tous les ponts sur la Meuse et le canal Albert. Le 12, les drapeaux nazis flottent sur tout le Luxembourg. Dès ce même jour, le front français est percé. Dès le 13, les blindés allemands sont sur Sedan. Dès le 15, après un sévère bombardement de Rotterdam, l'armée hollandaise capitule. En vain, le 19, remplace-t-on Gamelin par Weygand à la tête des armées françaises. Dès la mi-mai, tout le monde peut comprendre que la défaite de la France est irrémédiable. Déjà, à millions, les réfugiés, fuyant le feu, encombrent les routes. La vision est pitoyable. Non seulement il y a défaite, mais il y a débâcle. Il faut voir se propager une vaste panique. Même si quelques unités se battent héroïquement (nous compterons en fin des offensives plus de cent mille morts), des formations entières lâchent pied sans même avoir aperçu le moindre char des *Panzerdivisionen* et refluent, officiers compris, vers l'arrière. L'armée que commande Corap à Sedan se disloque en quelques jours. Sept *Panzerdivisionen* (la nuit tous phares allumés !) s'engouffrent dans une brèche béante de près de cent kilomètres. Et, par les *Stukas* qui attaquent en piqué, c'est toute une apocalypse. Et la Belgique capitule. Et dans la nuit du samedi 18 au dimanche 19, l'armée Giraud se disloque à son tour : après avoir quelques heures erré à l'aventure, le général Giraud lui-même est fait prisonnier. C'est l'avalanche. La totalité du corps expéditionnaire britannique et toutes les forces françaises du Nord se retrouvent encerclées dans la « poche de Dunkerque » et soumises à un fantastique bombardement. En vain Paul Reynaud, très abattu, fait-il partir le général d'aviation Pujo pour l'Espagne avec mission d'en ramener au plus vite le maréchal Pétain, qui y a fonction d'ambassadeur. (Il dit : « Sa sagesse et son calme seront du plus grand secours. ») En vain remanie-t-il son gouvernement. (C'est alors qu'un certain général de Gaulle y fait son entrée comme sous-secrétaire d'Etat à la Défense nationale.) Plus aucun front ne tient. Une fois la poche de Dunkerque liquidée, la route de Paris est ouverte. Il n'y a plus pour la France que d'accablantes nouvelles.

10 juin. Le président de la République, Albert Lebrun, le gouvernement et les Assemblées quittent Paris pour aller s'installer à Bordeaux, tandis que l'Italie de Mussolini nous déclare la guerre et que toutes nos routes sont littéralement submergées par les cohues indescriptibles de fugitifs désespérés. Les mauvaises nouvelles, qui ne cessent de se répandre malgré la censure, ne font qu'aggraver encore le désarroi. La conviction est vite générale que la guerre est définitivement perdue, que rien ne saurait plus être tenté pour renverser le cours des armes. Le ridicule se joint même à l'horreur : il n'y a plus qu'à ricaner sur cette pauvre ligne Maginot qui, contournée, intacte, n'aura servi à rien. La plupart des ministres sont prêts à tous les renoncements. Le moral n'y est plus, reconnaît Paul Reynaud lui-même. D'ores et déjà, on peut parler d'écroulement.

14 juin. Paris tombe. En fin d'après-midi, les troupes allemandes défilent au pas cadencé sur les Champs-Elysées et autour de l'Arc de Triomphe, au sommet duquel flotte un drapeau à croix gammée. Jamais la France n'aura connu ni autant de douleur ni autant de honte.

16 juin. A Bordeaux, Paul Reynaud démissionne. Lui-même conseille à Albert Lebrun de faire appel au maréchal Pétain, qui constitue sans délai un gouvernement, où Weygand figure comme ministre de la Défense et l'amiral Darlan comme ministre de la Marine.

17 juin. A douze heures trente, le maréchal Pétain, sur la radio, adresse à la France un message d'une voix que l'émotion fait trembler. Phrases principales : « Sûr de l'appui des anciens combattants que j'ai eu la fierté de commander, je fais à la France le don de ma personne pour atténuer son malheur... En ces heures douloureuses, je pense aux malheureux réfugiés qui, dans un dénuement extrême, sillonnent nos routes. Je leur exprime ma compassion et ma sollicitude. C'est le cœur serré que je vous dis aujourd'hui qu'il faut cesser le combat... » Et des demandes d'armistice d'être adressées à l'Allemagne et à l'Italie par l'intermédiaire du gouvernement espagnol et du Saint-Siège. « Quant à moi, déclare le Maréchal devant ses ministres, ma décision est irrévocable : je ne quitterai jamais le sol métropolitain ; je resterai parmi le peuple français pour partager ses peines et ses misères ; mon gouvernement ne se transportera jamais outre-mer. »

18 juin. Les Allemands franchissent la Loire. Rarissimes sont les Français qui peuvent entendre l'appel que, depuis Londres, sur les ondes de la BBC, le général de Gaulle adresse à la France. Phrases

principales : « Les chefs qui, depuis de nombreuses années, sont à la tête des armées françaises ont formé un gouvernement. Ce gouvernement, alléguant la défaite de nos armées, s'est mis en rapport avec l'ennemi pour cesser le combat. Certes, nous avons été, nous sommes submergés par la force mécanique, terrestre et aérienne de l'ennemi... Mais le dernier mot est-il dit ? L'espérance doit-elle disparaître ? La défaite est-elle définitive ? Non !... Croyez-moi, moi qui vous parle en connaissance de cause et vous dis que rien n'est perdu pour la France. Les mêmes moyens qui nous ont vaincus peuvent faire venir un jour la victoire. Car la France n'est pas seule ! Elle n'est pas seule ! Elle a un vaste empire derrière elle. Elle peut faire bloc avec l'Empire britannique qui tient la mer et continue la lutte. Elle peut, comme l'Angleterre, utiliser sans limites l'immense industrie des Etats-Unis. Cette guerre n'est pas limitée au territoire malheureux de notre pays. Cette guerre n'est pas tranchée par la bataille de France. Cette guerre est une guerre mondiale. Toutes les fautes, tous les retards, toutes les souffrances n'empêcheront pas qu'il y ait dans l'univers tous les moyens nécessaires pour écraser un jour nos ennemis. Foudroyés aujourd'hui par la force mécanique, nous pourrons vaincre dans l'avenir par une force mécanique supérieure. Le destin du monde est là. » Et l'impétueux général de proclamer que « la flamme de la résistance française ne s'éteindra pas » et d'appeler les Français à le rejoindre à Londres pour constituer la force française qui poursuivra la lutte au côté de l'Angleterre. « Vraiment, grogne Churchill, ne pourrait-on pas trouver une personnalité plus politique, Georges Mandel par exemple, ou un militaire plus largement connu, le général Noguès [alors résident général au Maroc], l'amiral Esteva, le général Georges, je ne sais pas ?... » Mais le sort en est jeté : force est à Churchill de se contenter, pour maintenir la France dans la lutte, de ce général quasiment inconnu qui, d'ailleurs, pour l'immédiat, ne songe pas du tout à promouvoir la constitution d'un anti-gouvernement français.

21 juin. Les Allemands prennent Saint-Nazaire et Lorient, submergent toute la Bretagne. Tous les barrages cèdent. Côté français, jamais on n'aurait cru devoir assister à une telle désespérance. La moitié de la France est en déménagement, affolée, secouée de mouvements désordonnés, guettée par l'anarchie. D'énormes multitudes humaines s'abandonnent à la dérive. Voici tout un pays à l'abandon.

22 juin. Nous aurons bu la coupe de la honte jusqu'à la lie. L'armistice est signé à Rethondes, près de Compiègne, dans le wagon même où le maréchal Foch reçut les représentants de l'Allemagne vaincue et où fut signé l'armistice du 11 novembre 1918. Adolf Hitler, tout triomphant, a tenu à assister en personne à l'événement. Il s'agit d'un *diktat* très dur, même si l'occupation d'aucune portion de l'empire colonial français n'est prévue et si la livraison de la flotte n'est pas requise. L'Allemagne exige notamment d'occuper

une zone comprenant les deux tiers du territoire français et qui, partant de la frontière franco-suisse, passera par Dole, Paray-le-Monial et Bourges, descendra à vingt kilomètres à l'est de la ligne de chemin de fer Tours-Angoulême-Libourne et rejoindra la frontière espagnole par Mont-de-Marsan et Orthez. Dans cette zone le Reich exercera « tous les droits de la puissance occupante », le gouvernement français ne conservant sa souveraineté que sur le tiers restant du territoire.

23 juin. Les blindés allemands surgissent à l'embouchure de la Gironde. Nous nous apprêtons à évacuer la ligne Maginot. Le sénateur Pierre Laval entre au gouvernement Pétain comme ministre d'Etat. Le gouvernement britannique fait savoir qu'il cesse de considérer le gouvernement de Bordeaux « comme celui d'un pays indépendant ». Alors seulement le général de Gaulle envisage de constituer un organisme politique auquel il donnera le nom de « Comité national français ».

24 juin. L'armistice est signé avec l'Italie à Rome.

25 juin, minuit trente-cinq. Les clairons sonnent partout le cessez-le-feu. On ne tire plus. Un lugubre silence s'abat sur un pays désespéré.

29 juin. Albert Lebrun, le Maréchal et les corps constitués sont contraints de quitter Bordeaux qui sera occupé par les Allemands. Lebrun va s'installer à Royat, le Maréchal à Clermont-Ferrand.

30 juin. Pierre Laval, de ministre d'Etat promu vice-président du Conseil, expose au Maréchal le projet désormais arrêté dans son esprit : convoquer les Chambres en Assemblée nationale et faire voter le plein pouvoir au Maréchal de promulguer une Constitution nouvelle destinée à remplacer celle de la Troisième République. Le Maréchal hésite dans un premier temps : il lui paraît trop difficile de modifier la Constitution d'un Etat dont la capitale est aux mains de l'ennemi. « Comment donc demander à vos députés de se suicider ? » questionne-t-il aussi, mais Laval finit par l'emporter, se faisant fort d'obtenir en quelques jours l'assentiment et de Lebrun et du Parlement. Argument principal : l'Angleterre va être vaincue ; il faut que la France, au plus tôt, se donne un régime propre à se faire écouter de l'Allemagne nazie quand viendra l'heure des ultimes négociations.

1er juillet. Le gouvernement quitte Clermont-Ferrand, trop envahi par la cohue des réfugiés. Il décide de se transporter à Vichy, choisi en raison de la commodité que présente l'abondance de ses hôtels. Lebrun campe au *Pavillon Sévigné* ; le maréchal à l'*Hôtel du Parc*. Voici la célèbre ville d'eaux nouvelle capitale. Et Laval, par la presse et la radio, de convoquer les parlementaires ; peu importe si, les premières nuits, certains doivent coucher sur la paille. On ne retient pas la proposition de Pierre-Etienne Flandin, député de l'Yonne, qui suggère de faire démissionner Lebrun et d'élire à sa place Pétain — car Lebrun refuse de se démettre. Va donc pour l'Assemblée nationale.

8 juillet. En Conseil des ministres, toujours sous la présidence de Lebrun, Pierre Laval, superactif, donne connaissance de l'exposé des motifs du projet de résolution de révision des lois constitutionnelles. (C'est le dernier Conseil de la Troisième République.)

9 juillet. Les Chambres entrent officiellement en session. Ordre du jour : y a-t-il lieu de réviser les lois constitutionnelles ? Les députés présents à Vichy sont au nombre de 398, les sénateurs de 230. Comme on ne dispose à Vichy que d'une salle suffisamment grande pour contenir plusieurs centaines d'hommes, celle du casino, il a été décidé que la Chambre des députés s'y assemblerait le matin, le Sénat l'après-midi, et que les deux Assemblées siégeraient ensemble sous le même toit le lendemain. Edouard Herriot, président de la Chambre qui préside donc la séance du matin, prononce une brève allocution. « Autour de M. le maréchal Pétain, dans la vénération que son nom inspire à tous, notre nation s'est groupée en sa détresse ; prenons garde de ne pas rompre l'accord qui s'est établi sous son autorité. » Sur rapport favorable de la commission du suffrage universel, mais sans débat, et par 395 voix contre 3, une résolution est votée portant qu'il y a « lieu de réviser les lois constitutionnelles ». (Rappelons simplement que les communistes, déchus de leur mandat, ne votent pas et que manquent aussi un certain nombre de parlementaires, tels Georges Mandel, Edouard Daladier et Pierre Mendès France, qui ont embarqué de Bordeaux sur le paquebot *Massilia* pour gagner l'Afrique du Nord, où ils sont retenus.) Léon Blum et Vincent Auriol ont voté pour. Au Sénat, le président Jules Jeanneney, à l'imitation d'Herriot, commence par attester au Maréchal « notre vénération qui lui est due pour un don nouveau de sa personne ». Est mise ensuite en délibération une motion identique à celle que vient d'adopter la Chambre. Elle est votée par 229 voix contre 1, celle du sénateur Chambrun.

10 juillet. Pierre Laval continue de mener activement le jeu. Dans la salle du casino, s'entassent maintenant les 666 élus de la Chambre et du Sénat réunis. Laval est très dur. Il énumère, en les soulignant d'anecdotes caustiques, toutes les erreurs, « tous les crimes contre la patrie » dont la majorité du Front populaire s'est, selon lui, rendue coupable depuis 1936. Il condamne aussi avec véhémence « le régime, désormais périmé, des partis », et assène, chemin faisant, des coups cruels aux chefs de ces partis « qui ont conduit la patrie au désastre », singulièrement à Léon Blum, lequel, livide, choisit de ne pas répondre. Jeanneney qui, en qualité de président du Sénat, préside de droit, lit le texte de l'article unique soumis au vote : « L'Assemblée nationale donne tout pouvoir au gouvernement de la République sous l'autorité et la signature du maréchal Pétain, à l'effet de promulguer, par un ou plusieurs actes, une nouvelle Constitution de l'Etat français. Cette Constitution devra garantir

les droits du Travail, de la Famille et de la Patrie. Elle sera ratifiée par la nation et appliquée par les Assemblées qu'elle aura créées. » Le rôle tenu par Jeanneney est du reste d'autant plus cruel qu'il a été des plus ardents, dans les derniers jours avant l'armistice, à demander que le gouvernement se transportât en Afrique du Nord pour poursuivre la guerre. Il n'en assume pas moins la corvée. Quant au vote, il intervient en fin d'après-midi. La majorité absolue requise est de 334. Le projet du gouvernement est adopté par 569 voix contre 80 (dont Léon Blum). On n'a pas fini de parler des « 80 du 10 juillet ». Dix-sept parlementaires s'abstiennent, dont Herriot et Queuille. Paul Reynaud est porté « absent » — absent, c'est-à-dire malade. (On se l'explique d'autant moins qu'il était là la veille.)

11 juillet. Le Maréchal, en vertu des pouvoirs qui lui ont été attribués, promulgue trois actes constitutionnels commençant par la formule *Nous, Philippe Pétain, maréchal de France, chef de l'Etat français...* Ipso facto, toutes les lois composant la Constitution de 1875 sont abrogées, y compris l'article 2 relatif à l'élection du président de la République et à la durée de son mandat.

Sans démissionner officiellement, Albert Lebrun, quelques jours plus tard, part pour Vizille, Isère, où il s'installe dans un château de son gendre.

Curieusement, ni la Chambre ni le Sénat ne sont dissous. Les parlementaires continuent même de toucher leur traitement.

Force est de reconnaître que tout est fait selon les règles les plus strictes. L'Assemblée nationale est convoquée, se réunit, délibère et émet son vote dans toutes les formes prévues par la loi constitutionnelle du 25 février 1875. Par ailleurs, le quorum nécessaire est largement dépassé et la décision est prise à une écrasante majorité. Enfin, s'il y a peut-être vague contrainte morale, il n'y a, le nombre des opposants en fait foi, à aucun degré contrainte physique.

Par conséquent, le régime institué en vertu de la loi constitutionnelle du 10 juillet est, on pourrait difficilement le contester, légal. Est-il légitime ? A Londres, le général de Gaulle le nie, mais en se plaçant du point de vue de la continuité historique de la France, et ni Washington ni Moscou ne partagent son avis, puisqu'ils maintiennent durant plusieurs années un ambassadeur auprès du maréchal Pétain. Ce ne sera qu'à partir de 1942, quand les Allemands auront occupé l'ensemble du territoire, que la question pourra se reposer. Pour l'immédiat, tout au plus peut-on dire que, dès son origine, l'Etat français est atteint de deux vices profonds : il est établi alors que les deux tiers du territoire français sont occupés par les armées hitlériennes ; il se fonde sur la conviction que la victoire totale de l'Allemagne est imminente.

Quoi qu'il en soit, tel est bien le cas : suicide par persuasion ; le 10 juillet 1940, la Troisième République est morte (et c'est d'autant plus douloureux que la Chambre qui opère est la Chambre du Front populaire).

Durant quatre ans, personne ne songe à la ressusciter. Dans les profondeurs du pays, une rancune tenace persiste même à l'égard de ses derniers dirigeants, marqués par trop de confusion, de démissions et d'abandons. Les générations nouvelles reprochent beaucoup de choses à Vichy ; elles n'en reprochent pas moins aux politiciens au pouvoir dans les dernières années trente. N'est-il donc pas trop évident que « Vichy » est d'abord le fils de la défaite ?

La collaboration

Et les Allemands d'annexer l'Alsace-Lorraine.

Et les Allemands derrière les barbelés de leurs stalags et de leurs oflags de bloquer plus de deux millions de prisonniers de guerre qui constituent évidemment pour eux une terrible force de chantage.

Et les Allemands d'occuper totalement trente-neuf départements français et dix-sept partiellement (près de 30 millions d'habitants, 67 % de la population active), organisant même sur le Nord-Pas-de-Calais une *zone interdite* rattachée à la Kommandantur de Bruxelles (où le retour des réfugiés est interdit).

Et le maréchal Pétain, après une entrevue le 24 octobre avec Hitler en gare de Montoire-sur-le-Loir, de se déclarer dans un discours radiodiffusé partisan d'une politique de « collaboration » avec les vainqueurs. Une infamie, dit-on à Londres et dans les premières organisations de résistants. Nous ne pouvions pas faire autrement, explique-t-on à Vichy. (En attendant ce paradoxe : pratiquer une « collaboration » de plus en plus molle tout en s'y faisant de plus en plus compromettre.) Et, à Paris, tout un groupe important d'ultra-collaborateurs, avec notamment Jacques Doriot, Fernand de Brinon, Marcel Déat, les journalistes de *Je suis partout*, en liaison étroite avec l'ambassadeur allemand Otto Abetz, de programmer et soutenir une « collaboration totale » — allant jusqu'à préconiser de s'engager à fond dans une active politique nationale-socialiste, jusqu'à réclamer une alliance militaire avec le Troisième Reich, jusqu'à pour certains d'entre eux arborer un jour fièrement l'uniforme allemand, et, chaque année avec plus de véhémence, reprocher à Vichy de pratiquer une collaboration trop tiède, trop calculée, trop savamment dosée, où veut entrer trop de ruse. On verra même se constituer avec leur total appui une terrible milice française alliée de la Gestapo et des autorités d'occupation.

Il reste que la collaboration va être pour le Maréchal un effroyable handicap et pourra constituer un jour le principal du procès qui lui sera fait.

Certes, dans ces premières années 1940, c'est l'icône, le saint pour vitrail. L'idolâtrie déborde. « Pétain est adoré comme un demi-dieu », soupire Albert Lebrun qui s'efface sans contester un seul instant le scrutin du 10 juillet. « Le Maréchal est l'objet d'une vénération presque mystique », confirme le ministre de Suisse à Vichy Walter Stucki. Il y va quasiment d'un phénomène d'ensorcellement. Dans toutes les villes où il se rend, le héros, qui a le style du mage, est ovationné par des foules que l'adoration fait délirer.

Mais il y a une image qui passe trop mal : celle où, à Montoire, le Maréchal serre la main du Führer — d'autant plus que c'est lui qui a voulu cette rencontre et n'y a pas été poussé du tout par Pierre Laval. Indiscutable : à ce spectacle, le cœur de la France se brise. Même si l'entrevue est loin d'être chaleureuse (« Il ne m'a pas une seule fois regardé en face, raconte le Maréchal au général Laure, et j'ai tâché de lui donner à comprendre que son attitude était à peine correcte vis-à-vis d'un vieux soldat comme moi ; ce n'est qu'un parvenu gonflé d'orgueil ; nous n'avons rien de bon à attendre de lui »), il restera à jamais cette accablante photographie au passif du vainqueur de Verdun.

La guerre mondiale

Quatre ans de guerre mondiale passent, brassant des forces gigantesques, finissant par engager dans les combats quasiment toutes les nations de la planète, vouant aux abîmes certains hommes d'Etat, hissant aux suprêmes honneurs de prodigieux noms nouveaux.

On va d'événement énorme en événement énorme.

Une fois la plus grande France foudroyée, Winston Churchill assume tout seul le service de la liberté.

Adolf Hitler commet sa première grande faute stratégique : en juillet 1940, trop convaincu que l'Angleterre suivra l'exemple de la France dans la soumission, il arrête net sur les Pyrénées l'élan de ses armées. Il serait plus avisé d'écouter le conseil de l'amiral Raeder qui recommande de poursuivre l'assaut sans délai dans deux directions, l'une par Gibraltar, l'autre par les Dardanelles, afin de prendre toute l'Afrique du Nord dans une vaste tenaille, de donner la main à des populations qui, surtout en Egypte, ont l'Angleterre en haine, et de porter ainsi à l'Empire britannique un coup dont il ne se relèvera pas. Hitler préfère parier sur les bombardiers de la Luftwaffe d'Hermann Goering pour intimider une Angleterre qui, solidement appuyée sur les assises d'un Empire intact, est inintimidable. Et Goering perd la bataille de Londres.

De phénoménales batailles se déroulent sur terre, dans les airs, sur les mers. Hitler conquiert et domine pour ainsi dire toute l'Europe. Il guide son Allemagne jusqu'à de retentissantes victoires où s'illuminent des noms de généraux qui s'égalent aux plus grands guerriers de tous les temps, Bock, Rundstedt, Manstein, Guderian, Rommel, Kisselring, tant d'autres. Tout l'Empire britannique, les Boers y compris, s'engage au secours de Londres. Adolf Hitler commet sa deuxième énorme faute : il sous-estime la force de l'empire de Staline — et du patriotisme russe — quand, renversant soudainement les alliances, il lance en juin 1941 ses meilleures cohortes à l'assaut de la forteresse soviétique. Du coup, il prend le risque insensé d'avoir à se battre sur deux fronts, de surcroît trop ignorant qu'il est de l'importance que va acquérir un troisième front, celui des bombardements aériens.

Les plus vastes affrontements jamais vus ont lieu, lutte pour Moscou, siège de Leningrad, épopée de Stalingrad, Koursk, campagnes pour l'Ukraine. Troisième hallucinante faute : quand vient l'heure où les Japonais bombardent Pearl Harbor, fin 1941, c'est Hitler qui déclare la guerre aux Etats-Unis et non Roosevelt à l'Allemagne. Pari fou — même si, dans un premier temps, les soldats du Japon multiplient à leur tour exploits et victoires contre les armées des démocraties occidentales.

Puis la providence abandonne le Führer. Il ne peut empêcher les Américains de débarquer en Algérie (et au Maroc), puis en Sicile, puis en Italie. Mussolini sombre. Le Japon subit ses premiers graves revers. La faveur des armes et le ciel de gloire vont à d'autres grands noms, Eisenhower, MacArthur, Bradley, Patton, l'amiral Nimitz, Montgomery, Joukov, Koniev, Vassilievski, tant d'autres. En vain Hitler fait-il lancer sur l'Angleterre, à peine quelques jours après le débarquement des Alliés en Normandie, de terrifiantes « armes nouvelles », les V1 (du mot allemand *Vergeltung*, qui signifie représailles). Très vite, les armées anglo-américaines reprennent en sens inverse la progression des *Panzerdivisionen* quatre ans plus tôt.

Fin juin 1940, le général de Gaulle confiait à Maurice Schumann venu le rejoindre à Londres que, dans son esprit, la défaite de l'Allemagne ne faisait aucun doute. Il précisait : « Quand Hitler verra qu'il ne peut aller à Londres, il voudra aller à Moscou, et ce sera sa perte. La guerre est un problème terrible, mais résolu : pour moi, la seule question est de ramener la France du côté de la victoire. » Où trouver plus géniale divination ?

Le long chemin du général de Gaulle

De Gaulle, lui, durant ces quatre ans ? Avec un prodigieux esprit de suite, il surmonte embûche après embûche.

En 1940 et encore en 1941, il est seul à la barre de l'aventure.

Quand il se proclame « chef de tous les Français libres », l'initiative semble plutôt relever du donquichottisme. Idem quand il constitue un « Comité national français » composé de commissaires nationaux qu'il nomme par décret, responsables devant lui et qui se prévalent de rôles de ministres.

Il parle autant au nom de la République qu'au nom de la France, mais il évite de répondre quand on lui demande de quelle République il s'agit. Faudra-t-il ressusciter la Troisième ? Ou en créer une autre ? Alors, on en conclut que, malgré sa superbe, il a trop de vague dans l'esprit. Du coup, il inquiète. Ne serait-il pas là surtout à servir une équipée personnelle ?

Les Alliés débarquent à Alger le 8 novembre 1942, sans même qu'il en soit prévenu. Lui-même n'y arrive que le 28 mai 1943. Dans l'intervalle, les Américains préfèrent jouer avec l'amiral Darlan, qui a déserté Vichy, puis avec le général Giraud, évadé d'Allemagne. André Labarthe, porte-parole de Giraud, peut imposer qu'on fasse un silence total sur le nom de de Gaulle et qu'on ne polémique plus contre le maréchal Pétain.

Enfin arrivé à Alger, il doit accepter de coprésider avec Giraud le « Comité français de libération nationale », « pouvoir central français unique » devant exercer ses fonctions jusqu'à la libération de la métropole. Il ne se débarrasse de Giraud que parce qu'en vérité, politiquement, celui-ci ne fait pas le poids. Trop naïf pour le forum. Non que Giraud soit la stupéfiante ganache obtuse que trop de gaullistes de l'époque auront voulu décrire. Disons qu'il lui aura manqué la « forte dose d'égoïsme, d'orgueil, de dureté, de ruse » que de Gaulle, admirateur de Machiavel, juge indispensable à tout véritable homme d'Etat.

Pour triompher de Giraud et des pétainistes, il est obligé de pactiser avec les partis qu'il maudit, notamment avec le parti « du déserteur Thorez » qui redevient « légal » et, sous couvert d'union nationale, d'abandonner au Parti communiste un rôle prééminent : tout un boa à avaler. Pour faire pièce aux Américains, qui s'obstinent à le dédaigner, il doit établir avec les soviétiques des liaisons diplomatiques « qui ne vont pas de soi ». Pour mieux afficher un républicanisme dont les dirigeants américains et trop de témoins doutent, il doit « faire étalage convenable », autour de lui, « d'étiquettes connues et de leaders homologués », autrement dit accepter une certaine résurrection des partis traditionnels de la Troisième — de plus en plus envahissants au fur et à mesure qu'ils se dégagent de leur longue hibernation.

Il ne peut larguer que le 3 juin 1943 les trois « proconsuls » pétainistes d'Afrique du Nord, Noguès (Maroc), Bergeret (Algérie) et Peyrouton (Tunisie).

Il n'est le seul à tenir en main le Comité de libération le 8 novembre 1943, Comité où il doit admettre deux ministres communistes, François Billoux et Fernand Grenier.

A peine constituée, l'Assemblée consultative (à 102 membres, instituée par une ordonnance Giraud-de Gaulle du 17 septembre « pour émettre des avis facultatifs ou obligatoires sur les questions dont elle est saisie par le Comité ») s'abandonne au « fatal jeu » des partis. Les politiciens y prennent vite le pas sur les résistants. Il s'y révèle davantage de l'esprit du Front populaire que de l'âme de l'Union sacrée. Avec cynisme, la lutte politicienne pour le pouvoir commence. Le débonnaire président de l'Assemblée, le Marseillais Félix Gouin, n'y peut rien. Mais de Gaulle pas davantage.

Il doit accepter de faire figurer dans cette Assemblée un Florimond Bonte, « communiste enragé », un André Marty, membre du Komintern, ancien mutin de la mer Noire, déchu de la nationalité française en 1940 !

Dès la première séance, en sa présence, le 3 novembre, le doyen d'âge, Georges Buisson, dans son discours d'ouverture, proclame : « Nous sommes les représentants des partis, de ces partis si nécessaires au fonctionnement normal d'une saine démocratie, de ces partis qui, rajeunis dans la Résistance, vont chasser les traîtres et les agenouillés. » Force est au général de ne pas protester, même s'il déclare vouloir essentiellement rétablir « les institutions détruites par l'occupation et l'usurpation ».

Le 25 novembre, Jules Moch, ancien député socialiste SFIO de Sète, s'écrie : « Le parlementarisme a été l'objet de trop de critiques. L'immense masse des Français le préfère à tout régime personnel. Tous les Français savent que ceux qui attaquaient le parlementarisme étaient tous ceux qui voulaient attaquer la République. » Le 27 janvier 1944, Fernand Grenier surenchérit : « Nous ne voulons pas d'un régime autoritaire ni d'un vichysme sans Vichy. Nous barrerons la route à quiconque s'attacherait à une telle doctrine. » De Gaulle ne pipe mot. Le coup est pourtant dur pour un homme qui, en avril 1942, croyait pouvoir proclamer que « les gens qui, dans le monde, se figureraient pouvoir retrouver, après le dernier coup de canon, une France politiquement, moralement pareille à celle qu'ils ont connue jadis, commettraient une insigne erreur ». Il précisait : « Dans le secret de ses douleurs, il se constitue en ce moment une France entièrement nouvelle, dont les guides seront des hommes nouveaux. » Voire !

Lui qui rêve d'être le « rassembleur de tous les Français » doit souvent céder à la surenchère des communistes qui demandent inlassablement vengeance contre « les hommes de Vichy ». C'est pour beaucoup sur leur insistance qu'il consent au procès et à la condamnation à mort de Pierre Pucheu, ancien ministre de Vichy, accouru à Alger à l'appel du général Giraud ; qu'il signe le 21 avril 1944 une ordonnance en vertu de laquelle, lors de la libération du territoire métropolitain, seront déclarés inéligibles tous agents du gouvernement de Vichy et tous parlementaires ayant voté la loi constitutionnelle du 10 juillet 1940 ; que, le 22 juin, il promulgue une ordonnance relative à la presse, en vertu de laquelle « au fur et à mesure de la libération du territoire métropolitain la publication de toutes les feuilles ayant appliqué les consignes de la censure allemande sera suspendue », ce qui va inévitablement permettre aux vieux partis les mieux organisés de s'assurer un total contrôle de tous les journaux de la métropole.

Encore le 3 juin, il reste très discuté par les Américains, lesquels programment de gouverner eux-mêmes toutes les provinces libérées sur le continent, au point qu'il doit faire signer par tous ses ministres une ordonnance en vertu de laquelle le Comité de libération nationale prend le nom de « gouvernement provisoire de la République française » — toujours quitte à ne pas préciser de quelle République il entend parler.

Il connaît nombre de déboires avec la Résistance métropolitaine. Car, là aussi, il se fait déborder par les vieux partis. Quand le Conseil national de la Résistance se constitue, à la mi-1943, il réunit huit mouvements de résistance, deux groupements syndicaux et six partis d'avant-guerre (communistes ; socialistes de la vieille SFIO ; radicaux ; Alliance démocratique ; Parti démocrate populaire d'inspiration chrétienne et Fédération républicaine figurant en principe la droite). Elle est bien dérisoire, la proclamation de son premier président, Jean Moulin, assurant que « la présence des représentants des anciens partis au sein du CNA ne saurait être considérée comme sanctionnant officiellement la reconstitution desdits partis tels qu'ils fonctionnaient avant l'armistice ». De fait, les huit mouvements de résistance sont vite là comme égarés. L'emprise des partis ne cesse de s'appesantir. On les voit même noyauter les résistants. Non seulement neuf membres sur seize sont des militants (tels le socialiste Le Troquer, le radical Rucart, le démocrate-chrétien Georges Bidault), mais les communistes peuvent y compter carrément sur cinq membres (Mercier représentant directement le Parti, Villon sous drapeau du Front national, Pascal Copeau sous le signe du mouvement Libération, Louis Saillant au nom de la CGT et même le paradoxal Debu-Bridel, tenu pour un « crypto » malgré son enseigne Fédération républicaine). De surcroît, du fait des arrestations opérées par la Gestapo allemande, les mouvements de résistance perdent leurs délégués les plus actifs, Jean Moulin, Delestraint, Pierre Brossolette. On assiste même à une sorte d'autodestruction des leaders de la Résistance à force de divisions et d'intrigues. Avant même la libération de la métropole, la Résistance échoue en tant que mouvement politique. De Gaulle y perd beaucoup.

Et, camouflet suprême, c'est quasiment par la radio qu'il apprend le 6 juin 1944 que le débarquement des Alliés en Normandie a commencé. Il aura été tenu dans l'ignorance totale de la stratégie choisie comme de la date.

Monsieur France

Mais, obstacles ou pas, camouflets ou pas, tout au long de ces quatre terribles années, le fier général a fini par acquérir un incomparable prestige — même si, encore en mai 1944, le maréchal Pétain est triomphalement reçu lors de sa venue à Paris.

Tout se passe même désormais, aux yeux des Français, comme si chaque victoire d'Eisenhower était signée de Gaulle.

Les Américains débarquent en Normandie ? Vive de Gaulle !

Patton perce à Avranches ? Vive de Gaulle !

Bayeux est libéré dès le 8 juin ? Vive de Gaulle !

Isigny le 9, Carentan le 12 ? Vive de Gaulle !

Il débarque sur le sol de France le 14, en Normandie, transporté d'Angleterre à bord du contre-torpilleur français *La Combattante.* D'entrée de jeu, il tient à affirmer sa pleine autorité de chef des Français libres : dès ce même 14, il installe à Bayeux le premier préfet de la « République libérée », François Coulet (titre exact : commissaire régional de la République).

Du personnage, on ne connaissait que sa voix, sèche, abrupte, fouettante, aux micros de la BBC. Il suffit de peu de jours pour que sa haute silhouette (1,92 m), son long visage à long nez, son képi à deux étoiles, ses deux bras dressés en V de la victoire deviennent familiers à la France. A nous notre nouveau sauveur ! Après Pétain, de Gaulle.

La France ne sait pas vivre sans héros sur un trône.

Comme héros, on ne saurait mieux imaginer.

Le caricaturiste Effel va même lui consacrer un dessin plus éloquent que tous les commentaires. On verra la tour Eiffel en interminable Marianne, un drapeau en panache sur la tête, tendre des bras d'amoureux vers un de Gaulle de même taille s'avançant à longues enjambées. « Mon grand ! » prononcera-t-elle, extasiée. Tout est dit.

« Monsieur France est arrivé », titre un journal.

Déjà les rumeurs bruissent, vous racontant qu'il fume trois paquets de Players par jour, qu'il se teint les cheveux, qu'il s'applique à garder très noirs, lisses et brillants, aplatis sur un crâne en casque ; qu'il a un caractère ombrageux et volontiers cassant, avec beaucoup de fierté de soi-même, jusqu'à avoir été surnommé quand il était saint-cyrien « le Comnétable... le Coq... le Paon... la Grande Asperge... le grand Chose... ». Il a les plus brillantes qualités, notait l'un de ses professeurs, mais avec une fâcheuse tendance à se prendre pour un roi en exil.

Déjà même toute une légende dorée se tisse. On vous rappelle que tout enfant il était convaincu qu'il régnerait un jour sur la France, qu'il fut blessé trois fois durant la Grande Guerre, abandonné pour mort à Verdun, ramassé et soigné par les Allemands, qu'interné dans une forteresse il tenta cinq fois de s'évader (mais comment arriver à passer inaperçu avec une si haute carcasse ?), qu'il fut en 1920 des officiers qui aidèrent la Pologne à repousser l'assaut des armées de Lénine, et que, si on l'avait écouté dans l'entre-deux-guerres, quand il conseillait aux stratèges de l'état-major de s'équiper puissamment en divisions cuirassées, les armées françaises n'auraient pas été écrasées en mai-juin 1940.

Non seulement on lui prête les ambitions les plus grandioses, mais il porte un nom magique qui ne peut que lui faciliter l'entrée dans les manuels d'histoire. Emmanuel d'Astier de La Vigerie peut aller jusqu'à vous dire que « pour lui, si l'histoire lui tournait un jour le dos, c'est forcément elle qui aurait tort... ».

Et le voici maintenant volant de succès en succès.

Dès le 20 juin, grâce à un voyage réussi au Vatican, il obtient la reconnaissance de la plus haute autorité spirituelle. Pie XII joue de Gaulle.

Dès juillet, il est reçu en chef d'Etat par le président des Etats-Unis. Certes, à l'évidence, Franklin Roosevelt n'aime pas le Général, ni « cette manière provocante qu'a ce général de se prendre tantôt pour Clemenceau, tantôt pour Jeanne d'Arc ». Il le tient pour l'un de ces énergumènes dont la France fait une abondante consommation intérieure et un trop choquant étalage extérieur. Il le juge davantage comme un paradeur que comme un homme d'Etat. Il y a même entre eux rivalité de vedettes. Le plus grand parmi les plus grands n'admet à son niveau, au vrai, que Staline. Il va jusqu'à tenir Churchill lui-même pour un simple lieutenant. Ce général qui réclame une si grande place au soleil de la gloire l'importune. Le maître de la Maison-Blanche aurait préféré négocier avec des personnages de moindre stature, plus commodes, par exemple Camille Chautemps, ancien président du Conseil, qui fait autorité à New York, l'amiral Darlan, le général Giraud. Il aura même imaginé maintes solutions de remplacement pour s'éviter de devoir reconnaître ce damné escogriffe qui, hélas, de jour en jour, se sera révélé de moins en moins remplaçable. En 1943, on songea même au député radical Anatole de Monzie, élu du Lot, brillant ancien ministre. Début 1944, à défaut de pouvoir en appeler à Léon Blum ou Edouard Herriot, tenus en Allemagne sous les verrous, on pensa aussi à une solution Albert Lebrun. Il n'empêche que Roosevelt lui-même doit finalement se résigner à la « seule solution possible ». De Gaulle séjourne à Washington du 6 au 9 juillet, installé à Blair House, résidence des hôtes de marque. Précisément, il sait charmer non seulement son interlocuteur, mais toute l'Amérique. Il affronte une conférence de presse avec l'habileté d'un vieux routier de la politique. Témoignage d'Anne McCormick, du *New York Times* : « En chair et en os, le général de Gaulle paraît subitement différent de ses photos. Il est plus humain, moins austère, moins formidable au sens français du terme. En comportement, comme en nature, il n'a rien du type habituel (m'as-tu-vu) du Français. » Les échotiers ne peuvent relever qu'un malentendu, mais simplement folklorique. De Gaulle a tenu à rendre visite au glorieux général Pershing, ancien commandant en chef des forces américaines de 1918 en France qui, très malade, termine ses jours dans un hôpital militaire. Première question de Pershing : « Dites-moi donc : comment va mon ami le maréchal Pétain ? » Interloqué, de Gaulle se contente de répondre : « Voici longtemps que je ne l'ai vu. »

Quoi qu'il en soit, dès le 11 juillet, il est reconnu *de facto* par les Alliés.

C'est en héros de la liberté qu'il est acclamé par les foules dans la capitale américaine comme à New York.

Alors que, pour le débarquement en Normandie selon le plan Overlord, il a été tenu dans l'ignorance totale des opérations, il est, pour le débarquement Anvil du 15 août en Provence, informé du plan prévu et peut même y demander des changements.

Dans les mêmes jours, l'état-major des FFI (Forces françaises de l'intérieur) à Londres cesse d'être une annexe de l'état-major suprême interallié : il obtient sa complète indépendance et s'installe dans un immeuble de Bryanston Square qui lui est spécialement affecté.

C'est de Gaulle qui, à force de fermeté, obtient du haut commandement allié que Paris soit délivré par une unité française, en l'espèce la 2e DB que commande le général Leclerc. Il enlève d'ailleurs d'autant mieux l'affaire que les Alliés nourrissent la plus forte estime pour cette unité d'élite qui rassemble 16 000 magnifiques combattants, 410 engins blindés, 75 automitrailleuses, 36 chasseurs de chars, 650 canons et 2 100 mitrailleuses, et qui se rattache à la plus allègre épopée, avec ses chars aux noms hautement symboliques, *Verdun, Marne, Austerlitz*, ou ses Jeep de reconnaissance baptisées avec la gouaille des titis parisiens *La Mienne, La Tienne, Madeleine-Bastille, Je m'en fous, Maréchal nous voilà, Mort-aux-cons...*

Les Américains avaient prévu d'administrer tous les pays d'Europe, y compris la France, par l'AMGOT (Allied Military Government of Occupied Territories), dont relèveraient droit de battre monnaie, pouvoir judiciaire, transports et désignation comme révocation de tous fonctionnaires. De Gaulle parvient à s'y opposer. « Nous sommes un pays majeur, dit-il. Nous administrerons en peuple majeur. »

Agissant en vrai maître de la nouvelle France, pour prendre au plus tôt le relais de l'administration vichyste qui est inévitablement en train de s'effondrer, aussi pour éviter un maximum d'anarchies et aussi pour faire échec à toute mainmise des communistes sur un certain nombre de provinces, il établit d'entrée de jeu toute une administration, préparée dans la clandestinité par Michel Debré et Alexandre Parodi. La mise en place est confiée à ce qu'on appelle la « Mission militaire de liaison administrative » (MMLA), extraordinaire caravane mi-civile mi-militaire dont se charge l'énergique colonel Pierre de Chevigné[1], chef d'état-major de Kœnig, ancien saint-cyrien, grand blessé de guerre. Dès qu'une région est libérée, la caravane Chevigné arrive et installe les nouveaux serviteurs de l'Etat. Ainsi voit-on surgir de tout nouveaux préfets, au milieu du chaos général, des foules déchaînées et des ruines amoncelées. Il suffit de leur détacher aussitôt à chacun un commissaire de police, un gradé de la gendarmerie et un intendant, et en avant toute ! Il n'y a pas de cesse. En tout cas, même si c'est tant bien que mal, sous seul contrôle français, toute une administration se met au plus

1. Titre exact : délégué militaire chargé de réorganiser les subdivisions libérées.

vite à fonctionner. La caravane Chevigné est même pourvue d'un tribunal ambulant, lequel a deux missions : rendre des jugements d'urgence et protéger contre les excès d'une justice improvisée tout suspect incarcéré sans enquête suffisante. Disons du moins qu'ainsi l'administration de la Quatrième République aura fonctionné avant la Quatrième République elle-même.

Malheureusement, la formule Chevigné n'est bonne que pour le Nord, sur le sillage des armées régulières. Il en va tout autrement au sud de la Loire. Le 17 août, ordre est donné aux maquis, dans le quadrilatère compris entre la Loire et les Pyrénées et entre l'Atlantique et le Rhône, d'entrer en action pour s'emparer des grandes villes et des centres de communication importants. Ainsi cinq régions militaires de la Résistance sont-elles libérées par les maquisards sans le concours des armées régulières (Montpellier, Toulouse, Limoges, Clermont-Ferrand et Bordeaux). Au total, vingt-six départements sont concernés. Précisément, non seulement on y conduit des actions — souvent héroïques — contre la Wehrmacht en retraite, mais aussi les communistes et crypto-communistes profitent du vide qui se crée pour, par des « Comités de libération » qu'ils dominent, s'installer solidement ou abusivement à la tête des collectivités. Fréquemment, les nouvelles autorités sont laissées à elles-mêmes, agissent à leur seule guise, se livrent à toutes sortes d'abus. Notamment, en plein arbitraire, se multiplient des arrestations de « collaborateurs » ou d'hommes dénoncés comme tels sans que la moindre procédure de jugement soit mise en place. Les prisons sont vite pleines. Inévitablement, dès lors, on signale de toutes parts des exécutions sommaires. Pagaille générale. Le commissaire de la République nommé par le gouvernement voit même souvent sa propre autorité bafouée ou débordée par le chef maquisard du secteur — à plus forte raison dès lors que les maquis de résistants se gonflent de trop d'éléments indésirables et que les pseudo-résistants sont vite plus nombreux que les vrais résistants, les forces de police restées en place insuffisantes ou démoralisées, les autorités de Vichy destituées ou traquées, les autorités gaullistes, qui ont été dûment désignées dans la clandestinité, trop novices. Par exemple, à Toulouse, dans les premières semaines, le colonel communiste Ravanel, héroïque chef de corps francs, fait aisément la pige aux administrateurs délégués au nom de De Gaulle. A Limoges, la libération est dictatorialement dominée par un communiste hors série, instituteur de profession, le colonel Guingoin, qui se proclame « préfet du maquis ». Sans doute justifie-t-il les « brutalités » qu'on lui reproche par le fait qu'il a eu à faire face à une milice singulièrement redoutable, coupable d'abominables forfaits. Il n'empêche que, légitime ou pas, la main du « Tito limousin » est lourde, très lourde. Dans son admirable livre sur l'*Histoire de la Libération*, avec les plus épouvantables détails, Robert Aron pourra en tout cas énumérer toutes les horreurs commises dans ces régions.

Quoi qu'il en soit, au total tel est bien le spectacle : la nouvelle

République commence péniblement et la besogne des gouvernants s'annonce herculéenne.

Le maréchal Pétain : fin de Vichy

Imperturbable, de Gaulle n'en poursuit pas moins avec détermination sa marche en avant.

Le 9 juillet 1944, il signe une ordonnance stipulant que la loi constitutionnelle du 10 juillet 1940 et les actes constitutionnels qui s'ensuivirent sont déclarés nuls.

C'est rayer d'un trait de plume les quatre ans où le régime de Vichy s'est paré de l'autorité française. Objectivement, c'est aussi affirmer que rien, au point de vue juridique, n'a pu mettre fin à la Constitution de 1875.

Automatiquement, du fait de cette ordonnance, ladite Constitution devrait donc se rétablir. Le général de Gaulle pourrait même négocier la démission d'Albert Lebrun, lequel, après plusieurs mois de résidence surveillée en Allemagne, a pu pour raison de santé réintégrer son domicile de l'Isère. Il se ferait ensuite élire à sa place, quitte à cumuler — ce que la Constitution de 1875 n'interdit pas — les fonctions de chef de l'Etat avec celles de chef de gouvernement. Constitutionnellement, tout se passerait comme si la Troisième République ne s'était pas suicidée en 1940. Il y aurait continuité parfaite.

Pierre Laval lui-même, qui est toujours aux commandes à Vichy, essaie début août d'assurer une « continuité constitutionnelle » sans cassure. C'est ce qu'il appelle « recoudre le drapeau déchiré ». Il croit faire abstraction de quatre ans de collaboration avec l'Allemagne hitlérienne, de Montoire et de Bir Hakeim, de Stalingrad et de Cassino, pour reprendre le jeu interrompu en 1940. Son idée est de convoquer à Paris l'Assemblée nationale du 10 juillet 1940 et de former à partir de là, dans une capitale une fois libérée, un gouvernement d'union nationale — avec pétainistes et gaullistes — qui, face aux Alliés, pourrait en pleine légitimité assurer l'autorité de la patrie. Il semble même croire obtenir sur son plan l'accord des Américains. Comme première condition, avec l'agrément du maréchal Pétain et d'Otto Abetz, ambassadeur de Hitler à Paris, il doit simplement trouver une personnalité, assez représentative de l'ancien Parlement, assez notoire dans son opposition à la politique de Vichy, assez appréciée à l'étranger, pour que l'opération ait vraiment l'apparence d'une restauration républicaine. Pétain ne contredit pas la démarche. Abetz non plus. La personnalité idéale s'impose d'elle-même : Edouard Herriot qui, depuis ses discours maréchalistes de juillet 1940, a beaucoup évolué, a mal supporté d'être déchu de son mandat de maire de Lyon, s'est situé carrément dans l'opposition à Vichy, et se retrouve alors en résidence forcée à l'hospice psychiatrique de Maréville, près de Nancy. Ainsi pensé, ainsi fait. Laval en personne s'en va quérir Herriot qui, accompagné de sa femme, arrive à Paris le 13 août à cinq heures du matin et est confié aux bons soins du préfet de la Seine. Le célèbre leader radical semble effectivement tout heureux de humer à nouveau l'air de la capitale. Son premier soin est même de convoquer son tailleur habituel et de lui commander un complet. Causeur étourdissant, il parle de tout et de rien, avec une particulière délectation pour ses sujets préférés, Mme Récamier, la cuisine de Lyon et la forêt normande. Il fait largement honneur, de tout son légendaire appétit, aux déjeuners et dîners où l'invitent Laval et Abetz, mais il se refuse à toute opération politique. Il reste frappé d'une conversation avec Anatole de Monzie qui est scandalisé de la récente exécution, par la milice, de Georges Mandel, de Jean Zay et de Maurice Sarraut. Il fait valoir qu'il ne peut pas convoquer l'Assemblée nationale sans la cosignature du président du Sénat, Jules Jeanneney, dont personne ne sait où il se trouve. Il finit par lasser. Dans la nuit du 16 au 17, Roland Nozeck, chef des services politiques de la Gestapo, vient en grand uniforme lui intimer l'ordre de regagner Maréville, solidement encadré. Au reste, Pierre Laval, sur ordre de Himmler en personne, est lui-même arrêté « pour trahison » et dirigé avec sa femme sur Belfort. Fin de l'opération.

Mais la vérité est que le général de Gaulle n'a que répulsion pour une République qui a admis l'anarchie à son sommet. Il considère que l'Assemblée du 10 juillet a commis acte d'illégitimité contre elle-même en laissant la place à un régime illégitime. Il semble encore plus mépriser feue la Troisième que Vichy. Enfin, les théoriciens gaullistes font aisément valoir que, pour remettre en application la Constitution de 1875, il faudrait d'une part reconstituer le Sénat, d'autre part convoquer des députés dont la plupart viennent d'être déclarés inéligibles, au ban de la nation. Qui mieux est : il y a unanimité pour estimer qu'aucune décision fondamentale ne peut être prise avant le retour des trois millions de Français — déportés de la Résistance ; prisonniers de guerre ; requis du Service du travail obligatoire — qui restent bloqués outre-Rhin.

Henri Queuille, vice-président du gouvernement provisoire, a bien essayé de protester, disant : « La Troisième République ne fut pas toujours indigne. Elle conquit un grand empire colonial. Elle gagna la guerre de 14 », de Gaulle a sèchement répondu : « La France n'attend pas du vieux. » On en reste donc là.

Quant au régime de Vichy, il n'est bientôt plus que décombres.

Surtout, pour le Maréchal, les temps les plus durs commencent.

Le 17 août, à l'*Hôtel du Parc*, il s'entend signifier par Renthe-Finck, ministre d'Allemagne à Vichy, de se laisser transférer dans une ville de l'Est. Il refuse.

Le 19, Renthe-Finck, accompagné du général von Neubronn, réitère à deux reprises son ordre, « au nom du Führer ». Si le Maréchal ne part pas, les Allemands vont bombarder Vichy. « Je n'ai tout de même pas le droit, grogne le vieillard, de laisser bombarder Vichy pour entrer dans l'histoire avec plus de gloire. » Les Allemands lui remettent alors la liste des personnes qui vont l'accompagner et lui annoncent que Laval et son gouvernement viennent d'« arriver librement à Belfort ». Pétain refuse de les croire. Au reste, Renthe-Finck se garde de redonner l'information devant le nonce, Mgr Valerio Valeri, et le ministre de Suisse, Walter Stucki, que le Maréchal a fait convoquer pour qu'ils soient témoins de son « enlèvement ». Le Maréchal n'a plus qu'à rédiger son dernier message, évidemment jamais radiodiffusé : « ... Je n'ai eu qu'un seul but : vous protéger du pire. En certaines circonstances, mes paroles et mes actes ont pu vous surprendre. Sachez enfin qu'ils m'ont fait plus de mal que vous n'en avez vous-mêmes ressenti. J'ai souffert pour vous, avec vous... »

Le texte est écrit autour de minuit. Pour rien.

Le 20, dès l'aube, les SS investissent l'*Hôtel du Parc*. Grilles et portes sont fracturées. Le Maréchal reçoit l'ordre de s'habiller. À sept heures cinquante, en présence du nonce et de Stucki, à qui il remet une protestation, il est emmené de force en compagnie de sa femme et de son plus cher collaborateur, le docteur Ménétrel. Une petite troupe de fidèles chante devant l'hôtel un dernier *Maréchal nous voilà* pendant que, sous une pluie battante, les voitures emmènent l'illustre vieillard, qui ne reverra plus Vichy.

Après étapes à Saulieu et Dijon, il atteint le 21 au soir Belfort où, à la préfecture, il retrouve effectivement Pierre Laval, mais aussi peu libre que lui-même. Il se contente de faire connaître qu'il désapprouve totalement le gouvernement, ultra-collaborationniste, que Fernand de Brinon, leader des plus grands amis de l'Allemagne, entreprend de constituer.

Et, plus tard, le Maréchal d'être « déménagé » dans une petite ville du Jura souabe, à Sigmaringen, où il est logé dans un vaste château biscornu appartenant aux Hohenzollern. Pour accéder à leur chambre — monumentale —, le Maréchal et sa femme doivent suivre un couloir de cinquante mètres de long. « Me voici burgrave », commente-t-il.

Disons surtout que, pour de Gaulle, le chemin est désormais totalement dégagé.

Et aussi pour une toute nouvelle République.

La libération de Paris

Reste cependant à libérer la capitale et à la sauver de la destruction. À la mi-août, les trains n'y parviennent plus. Il ne circule plus que, de loin en loin, quelques rames de métro. Cinémas et théâtres sont fermés. L'électricité ne s'allume qu'une heure et demie par nuit. Le gaz n'est utilisable qu'aux heures des repas, si l'on peut appeler gaz le mélange qui brûle pauvrement à l'orifice des becs. Les Parisiens essaient de faire cuire les aliments avec des combustibles de fortune. Et quels aliments ! Parcimonieusement répartis entre les ménagères que les queues interminables ont dressées à la patience. Paris est au bord de la famine. Les Parisiens n'ont d'autre consolation que le spectacle de l'armée allemande en pleine retraite. Spectacle ahurissant. Des convois hétéroclites, aux véhicules mal camouflés par des branchages aux feuilles jaunies, traversent la capitale d'ouest en est. Même les ambulances manquent : les Allemands amènent leurs blessés dans des charrettes à bras ou dans des voitures de bébés.

À l'instigation de la Résistance, la première grève éclate dès le 15. Voici maintenant à leur tour en grève la police et les PTT, en attendant que la CGT et la CFTC clandestines décrètent la grève générale. Ce n'est qu'un début. Depuis longtemps, les communistes entendent déclencher au plus tôt l'insurrection. « Paris qui n'est Paris qu'arrachant ses pavés », a chanté leur poète. Motifs qu'on leur prête : donner à Paris la gloire sanglante de Stalingrad, profiter de l'insurrection pour prendre seuls le pouvoir et rendre les Anglo-Américains responsables de la destruction éventuelle de la ville, en disant qu'ils sont venus trop tard. Alexandre Parodi, envoyé spécial de De Gaulle, estime au contraire que l'insurrection ne doit intervenir qu'au tout dernier moment, du fait que l'armement manque. Au vrai, il ne peut gagner que quelques jours. Bien qu'ils ignorent la date à laquelle l'état-major allié compte libérer Paris, le Conseil national de la Résistance, que préside Georges Bidault depuis l'arrestation et la mort de Jean Moulin, et le Comité parisien de libération que préside le communiste Georges Marrane, réunis dans un appartement de la rue de Bellechasse, donnent dès le 19, évidemment sur l'insistance de leurs membres communistes, l'ordre d'insurrection. Très vite, on entend les premiers coups de feu. Quelques autos apparaissent, garnies de jeunes gens, souvent en bras de chemise avec un brassard tricolore, armés de mitraillettes, de fusils ou de grenades, bien souvent téméraires, car circulent encore aussi des blindés allemands. Pour la première fois depuis quatre ans, des drapeaux tricolores surgissent au sommet d'édifices publics que la Résistance a occupés : la préfecture de police, l'Hôtel de Ville, Notre-Dame, le palais de Chaillot, les lycées, les hôpitaux et les mairies. La préfecture de police est occupée par les agents en grève. C'est une folie contraire aux principes de la guérilla. Les FFI (les fifis, disent déjà nos titis), comme toutes les troupes populaires animées d'esprit combatif, peuvent être excellentes pour de petites opérations isolées mais, mal disciplinées, mal entraînées, mal armées, elles seraient fatalement moins valables dans des actions de masse. Heureusement, Parodi, efficacement aidé par le délégué militaire gaulliste, le jeune général Jacques Chaban-Delmas, prodigue les conseils de prudence. Heureusement aussi, le commandement allemand de Paris ne désire pas profiter de la situation. Le général von Choltitz, homme de bon sens, de surcroît profondément impressionné par les arguments de Pierre Taittinger, président du conseil municipal de Paris, lequel veut avant tout préserver d'une catastrophe Paris et les Parisiens, comprend qu'il est de l'intérêt de tous, et particulièrement de l'Allemagne, d'en finir aux moindres frais. Il refuse d'obtempérer aux ordres de Hitler : détruire la « plus belle ville du monde ». Il prend langue avec le consul de Suède, Nordling, qui accepte de servir d'intermédiaire entre les chefs de la Résistance et le gouverneur allemand. « Leur préfecture de police, dit-il, il me suffit d'un signe pour la faire écraser. Mais je ne suivrai pas les partisans dans leur folie. » Une première trêve, à peine conclue, est rompue le 21. Les communistes ne renoncent pas à leur calcul. Ils disent : « La trêve est une opération dirigée contre nous. On a peur du peuple. On veut lui voler sa victoire. Voilà pourquoi on donne un coup de poignard dans le dos de l'insurrection. On ne veut pas que Paris soit libéré par Paris. » Les premiers insurgés tombent. Ils peuvent être insensés de vaillance : contre les chars, sans guère d'efficacité, ils emploient avec intrépidité une nouveauté, le cocktail Molotov. À partir du mardi 22, les barricades surgissent du sol, d'ailleurs comme par hasard, sans plan préconçu, la plupart là où n'ont jamais passé, où ne passeront jamais les convois allemands. Pavés arrachés, morceaux d'asphalte cassés à coups de pioche et de grilles d'arbre brisées, voire chaises, fourneaux, sommiers, tout est bon pour les édifier avec plus d'ardeur et de hâte que de respect des règles de l'art. Et, derrière ces fragiles remparts, encouragés par les femmes casquées qui font la chaîne, voici, torse nu, fusil à la main, le nouveau Gavroche. Par bonheur, Paris n'aura à être ni Stalingrad, ni Varsovie. La capitale ne sera pas à feu et à sang. Il n'y aura ni bombardements aériens, ni tirs d'artillerie. Bien sûr, on comptera de trop nombreux morts. Car les Allemands continuent de tenir de solides points d'appui. La Wehrmacht procède à de sanglantes représailles. Du moins n'y a-t-il pas massacre généralisé. Par ailleurs, de Gaulle peut prendre prétexte des fusillades pour demander à Eisenhower de hâter la marche de Leclerc sur Paris. Dès le jeudi 24, un groupement tactique de la 2e DB bouscule les défenses allemandes, et trois de ses chars, le *Romilly*, le *Montmirail* et le *Champaubert*, aux ordres du capitaine Raymond Dronne, surgissent à vingt et une heure vingt-deux sur la place de l'Hôtel-de-Ville. Dès le 25, le général von Choltitz signe, gare Montparnasse, entre les mains de Leclerc, l'acte de reddition des troupes allemandes. Toutes les fenêtres de la capitale se fleurissent de tricolore.

Venant de Rambouillet, de Gaulle se rend sans délai gare Montparnasse, où il retrouve le général Leclerc, à peine une heure après la signature de la capitulation. Journée de gloire, mais aussi journée de colères. Il pique une première rage quand il apprend que le chef des partisans communistes, le colonel Rol-Tanguy, a obtenu d'apposer sa signature au côté de celle de Leclerc sur « ce document capital ». Il en pique une deuxième quand il réalise que des précautions suffisantes n'ont pas été prises pour mettre immédiatement au pas les FFI et les FTP (Francs Tireurs Partisans, la plupart d'obedience communiste), entre autres « tous ces colonels qui prolifèrent comme s'il en pleuvait ». Il en pique une troisième quand on lui communique le texte d'une proclamation du Conseil national de la Résistance (CNR) publiée le matin même, qui ne fait aucune allusion ni à son gouvernement ni à sa personne. « J'ai tout mon temps », dit-il à Parodi qui le prévient que le CNR l'attend à l'Hôtel de Ville. Il n'aura jamais aussi intensément pensé que « l'Etat, c'est moi ». Il va donc d'abord installer l'Etat. C'est la formalité qui lui paraît la plus importante et la plus urgente. Il décide de se loger au ministère de la Guerre, rue Saint-Dominique. Le saint des saints sera l'ancien bureau du ministre — qui n'a pas perdu un seul meuble, surtout pas le portrait de Lazare Carnot, en 1793, l'« Organisateur de la victoire » trônant à la même place. Jusqu'aux mêmes huissiers qui sont là.

Parodi doit encore intervenir pour qu'il consente enfin à répondre à l'invitation du CNR — « ces paltoquets ». Encore ne se rend-il pas directement à l'Hôtel de Ville. Il va d'abord saluer « les vaillants agents » de la préfecture de police.

Il reste d'une exécrable humeur quand il parvient à la mairie. Le visage fermé, il serre distraitement quelques mains.

Bidault, « au nom de l'histoire », lui demande de proclamer la République. « La République, répond-il de sa voix la plus aigre, n'a jamais cessé d'être. La France libre, la France combattante, mon Comité français de libération nationale l'ont tour à tour incorporée. Vichy fut toujours et demeure nul et non avenu. Moi-même, ne suis-je pas le président du gouvernement de la République ? Pourquoi donc irais-je la proclamer ? »

Il va à un balcon, il reçoit les ovations de la foule, ce qui, selon lui, prouve qu'« elle ne demande pas autre chose » et il se retire, sans même se faire présenter les membres du CNR.

Quant à savoir de quelle République il va s'agir, Bidault et tous les Français devront attendre encore.

Une République ovationnée

Samedi 26 août.

Il y a trois jours, Marseille, à son tour, se libérait.

Aujourd'hui, ce sont Tarascon et Avignon que de Lattre délivre.

Aujourd'hui, surtout à Paris, Charles de Gaulle connaît son plus grand triomphe.

Il a décidé de descendre les Champs-Elysées à pied. Il est trop sûr que l'accueil de la foule aura valeur de plébiscite et que les alliés les plus réticents à son endroit ne pourront que reconnaître eux-mêmes qu'il est vraiment le seul homme à pouvoir pleinement représenter la France.

« Ah ! C'est la mer ! » s'exclame-t-il, contemplant la foule prodigieuse, indescriptible, qui recouvre tout le centre-ville, avec des houles énormes.

Le long du boulevard Saint-Germain et des quais de la Seine, par la rue de Rivoli et toutes les artères qui conduisent à l'incomparable avenue, un immense pèlerinage de la liberté se déroule, se cherche, s'amplifie. Des centaines de milliers d'hommes et de femmes. Méandres magiques. On chante, on crie, on s'interpelle, on agite de petits drapeaux. Des cyclistes passent par rangs. A nous voitures marquées de croix de Lorraine, voitures de fiers Fifi brassard tricolore au bras, camions surchargés de chœurs, chars, automitrailleuses, Jeep, motards, fiacres. Tout défile. Pas une fenêtre sans un drapeau. Et les plus excités de brandir les journaux qui jaillissent depuis quarante-huit heures de l'oubli ou de la clandestinité, *Combat*, *Franc-Tireur*, *Libération*, *Le Populaire* socialiste, *l'Humanité* des communistes, *L'Aube* des démocrates-chrétiens, *Front national* (communisant : aucun rapport avec le futur parti de Jean-Marie Le Pen), *Le soir*, *France-Libre*... De tous côtés, on découvre une bannière étoilée, ou l'Union Jack. Les Parisiens qui n'avaient pas de drapeaux ont teint aux trois couleurs des serviettes, des nappes, des draps de lit. Ici, galope une troupe de belles filles en jupe rouge, ceinture blanche et corsage bleu. Là, des poilus de 1914, en bleu horizon et sous casques de Verdun, s'attroupent pour honorer d'une gerbe la statue de Clemenceau. Partout, déchaînements, banderoles, embrassades, ruées.

Puis c'est l'heure impérissable. La longue silhouette déjà célèbre au képi de légende, après le dépôt d'une gerbe au monument aux Morts, entreprend de descendre, parmi ses compagnons, la large avenue.

Images pour album de rêve.

Peu importe s'il n'est pas obéi quand, d'un commandement sec, il avertit son entourage : « Messieurs, à deux pas derrière moi... » Comment se faire écouter, même si l'on est Zeus ou César, parmi une telle bousculade ?

Il avance à longues enjambées, saluant la foule d'un curieux balancement des deux bras.

Il marche flanqué de Bidault et de Parodi.

Joseph Laniel, André Le Troquer et le communiste Marrane figurent tout près, avec le ministre de la Guerre, André Diethelm.

Suivent en mêlée le général Leclerc, le général Juin, le général de l'air Martial Valin, l'amiral Thierry d'Argenlieu, le général Kœnig, Jacques Chaban-Delmas, le colonel Rol-Tanguy et toute une cohorte de chefs résistants comme Jean-Pierre Lévy, du mouvement Franc-Tireur, le communiste Pierre Villon, le secrétaire général de la SFIO clandestine Daniel Mayer, le jeune radical Félix Gaillard, tant d'autres...

Les Parisiens n'arrêtent pas d'applaudir, débordant des trottoirs, escaladant les arbres, s'enlaçant sur les balcons.

La haie d'honneur se constitue de soldats du régiment de marche du Tchad, premiers à avoir foulé le pavé parisien, des hommes du 12e chasseurs d'Afrique et de fifis, pistolet à la ceinture.

Vainement quelques tireurs sur les toits lâchent-ils quelques rafales pour troubler la fête et s'ensuit-il toute une pétarade, à se demander si les fusils de trop de résistants impromptus ne partent pas tout seuls. La cérémonie se termine en apothéose à Notre-Dame — encore qu'un certain malaise résulte du fait que le cardinal Suhard, archevêque de Paris, « coupable » d'avoir reçu trop dévotement en mai le maréchal Pétain et d'avoir officié aux obsèques du grand « collabo » Philippe Henriot (assassiné par les résistants), a été prié de ne pas assister à l'office. « Nous sommes très chagriné », a soupiré le prélat. L'assistance n'en entonne pas moins le plus bouleversant *Magnificat* jamais entendu sous ces glorieuses voûtes — et que le Général chante lui-même à pleine voix.

Une vieille dame se penche vers un sergent de ville et lui demande : « Monsieur l'agent, lequel c'est, de Gaulle ? »

Tout le monde ne le reconnaît donc pas encore.

L'agent répond : « Le grand, madame, le grand, là-bas... »

Peu importe si dans l'ombre grognent nombre de contempteurs qui ne cessent de lui faire procès d'un « orgueil à l'infini ».

Il reste que tel est bien le jour — samedi 26 août 1944 — d'où doit se dater la Quatrième République, le jour de triomphe déchaîné où la foule plébiscite de ses applaudissements cet étourdissant personnage qui dit annoncer de resplendissants temps nouveaux, des lendemains qui chantent.

Simplement, à l'inverse de ses trois aînées, elle n'est pas *proclamée*.

Elle est *ovationnée*, et ces ovations suffisent pour qu'elle existe.

A d'autres, pointilleux, de la dater du 13 octobre 1946, où un référendum lui donnera une Constitution.

Le fait est qu'elle fonctionne en tant que nouvelle République dès ce jour formidable de 1944.

Quant à la Troisième, le héros la laisse sans le moindre remords en son tombeau.

Albert Lebrun ? Disons qu'il est aussi désemparé face à de Gaulle qu'il le fut en 1940 face à Pétain. Il se contente d'expliquer que, dans son esprit, *puisqu'il n'a jamais donné sa démission*, le dernier président de la Troisième République devrait, en toute logique, au moins provisoirement, être réintégré dans ses fonctions. Tout doux, il peut même plaider sa cause auprès de De Gaulle lui-même, au cours d'une brève entrevue, le 25 septembre, à Nancy, à l'occasion d'un voyage du Général en Lorraine. A plusieurs reprises, ensuite, toujours aussi timide, il propose même que l'on effectue une passation régulière des pouvoirs qu'il affirme encore constitutionnellement détenir. Mais de Gaulle tient dans un dédain total lesdites démarches. Il fait le sourd.

Le premier grand gouvernement de Gaulle

Et Charles de Gaulle de mettre en œuvre la nouvelle République. « Fini de festoyer, dit-il. Il nous faut bien gouverner. » Par-dessus tout, le plébiscite des foules l'a pleinement rassuré sur les chances de son entreprise. Il sait au plus profond de lui-même que sa voix portée durant quatre ans par les ondes de la BBC ne s'est pas perdue dans les sables de l'indifférence. Les polémiques sur la légitimité de son combat ont perdu toute signification. L'histoire a tranché — encore que voici soudain un militaire sans expérience contraint d'improviser un pouvoir d'Etat et de faire face à l'une des situations les plus difficiles qu'aura jamais connues un gouvernement français.

Il commence par faire revenir à Paris ses ministres restés à Alger, qu'il campe à l'hôtel *Meurice*, puis, au plus tôt, dès les deux premières semaines de septembre, met sur pied son premier grand gouvernement « parisien », au sein duquel il introduit une forte cohorte de résistants.

Personne ne s'étonne de le voir conserver nombre de ses ministres de Londres ou d'Alger. Ainsi le rude socialiste Adrien Tixier à l'Intérieur ; le gaulliste André Diethelm à la Guerre ; le fort modéré Louis Jacquinot à la Marine ; le radical Pierre Mendès France, valeureux combattant de l'aviation de bombardement, à l'Economie nationale ; cet administrateur d'élite qu'est René Mayer aux Transports ; le fidèle René Pleven aux Colonies ; le général Catroux ministre pour l'Afrique du Nord ; le communiste François Billoux à la Santé publique ; et l'ultra-gaulliste René Capitant à l'Education nationale.

Mais il appelle à des postes essentiels tout un lot d'hommes nouveaux : aux Affaires étrangères le très brillant Georges Bidault (dès lors remplacé comme président du CNR par le syndicaliste communisant Louis Saillant) ; à la Justice, garde des Sceaux, l'ardent démocrate-chrétien François de Menthon ; à l'Air, le communiste Charles Tillon, chef des partisans FTP, fût-il comme Marty ancien mutin de la mer Noire ; aux Finances le sage Aimé Lepercq ; à la Production industrielle, le solide syndicaliste socialiste Robert Lacoste ; au Travail Alexandre Parodi, qui a mérité entre tous une telle promotion ; à l'Agriculture François Tanguy-Prigent, jeune Breton, député du Finistère avant-guerre, l'un des 80 du 10 juillet 1940 à Vichy, fondateur de la Résistance paysanne, membre actif du mouvement Libération ; aux PTT le socialiste du Nord Augustin Laurent, lui aussi de Libération ; au difficile poste du Ravitaillement le rigoureux sénateur de Corse Paul Giaccobi ; à l'Information le talentueux et intrépide Pierre-Henri Teitgen, professeur de droit, miraculeusement échappé à un train de déportés (en descellant avec ses camarades les lattes du plancher de son wagon) ; et à l'important ministère des Déportés, Prisonniers et Réfugiés, l'exemplaire Henri Frenay, dès 1940 l'un des tout premiers organisateurs des mouvements de résistance, le courage et le bon sens incarnés.

Il n'a plus qu'à coiffer le tout d'un grand pontife de la dernière République, Jules Jeanneney en personne (qu'on a pu trouver en Haute-Saône) avec pour tâche d'« élaborer les mesures successives qui dirigeront vers l'ordre normal les pouvoirs de la République », (comme ces choses-là sont donc bien dites !) et la formule est au complet.

Simplement, quand Aimé Lepercq est tué le 10 novembre dans un accident, il est remplacé aux Finances par René Pleven, qui cède les Colonies à Paul Giaccobi, relevé au Ravitaillement par Paul Ramadier.

L'Assemblée consultative, elle, portée de 102 à 248 membres, toujours présidée par Félix Gouin, tient sa première séance métropolitaine le 7 novembre, au palais du Luxembourg.

Des lendemains qui ne chantent pas

Mais il y a beaucoup à faire — dans tous les domaines.

L'économie du pays est en pleine anarchie. Le marché noir est devenu une institution officielle. L'indiscipline civique va comme de soi. Les Français ont pris une certaine habitude de vivre en marge des lois. Les provinces ont appris à se passer de capitale nationale.

Routes coupées, rails paralysés, téléphone interrompu, tous les circuits sont bloqués. Le courrier n'est plus acheminé. Les libérateurs trouvent un pays totalement incohérent. En particulier, aucune autorité, à l'échelon national, n'a les moyens d'organiser le ravitaillement de la population. Une telle situation a été bien prévue par les ordonnances d'Alger qui, en installant un commissaire de la République à la tête de chaque province, ont voulu remédier à l'absence ou à l'impuissance d'un pouvoir central. Mais, en fait, la France n'est plus qu'un conglomérat de principautés indépendantes, comme l'Italie du Quattrocento, lesquelles principautés, quant à l'orientation politique, portent de surcroît la marque des tendances dominantes dans la région. D'où une stupéfiante cacophonie. Et quelle épreuve, pour un gouvernement, d'avoir à jouer les rabat-joie, à rappeler les exigences d'une guerre qui n'est pas encore gagnée, de la patrie à reconstruire, sans décevoir pour autant ceux qui, dans l'enthousiasme, innombrables, l'ont porté au pouvoir !

On attendait des lendemains qui chantent.

Eh bien, les lendemains ne chantent pas.

La Libération ne coïncide pas avec la fin des épreuves quotidiennes. Il faut continuer de se restreindre sévèrement. Les rations alimentaires sont même plus basses que sous l'Occupation. On ne distribue que 200 grammes de pain (noir) par jour, 125 grammes de viande par semaine, 250 grammes de poisson par quinzaine, une livre de sucre par mois. Le lait manque gravement. Une distribution de boîtes de sardines constitue tout un événement. Un énorme et scandaleux marché « parallèle » prolifère sur une économie officielle exsangue. De spectaculaires manifestations populaires secouent les Halles. Allons-nous assister à des émeutes de la famine ? « Une bonne récolte arrangera tout cela », dit de Gaulle. Voire ! La récolte de blé est bonne, mais on ne peut pas l'acheminer. La ration quotidienne d'un adulte n'atteint pas 1050 calories. Il est quasiment impossible de se procurer un sac de charbon. Comme l'hiver est précoce, on gèle dans les appartements dès octobre. Le tabac n'est pas moins rare que le savon.

La courbe des prix s'emballe ; celle des salaires aussi. En dépit d'énormes versements à l'Allemagne, Vichy avait pu limiter la dévaluation du franc et maintenir le crédit de l'Etat. On doute vite que le gouvernement de Gaulle puisse se flatter d'une identique prouesse.

On a compté sur une prompte reprise industrielle. Mais l'industrie manque de tout, transports, charbon, matières premières, outillage. En fin d'année, l'indice de production industrielle sera à peine au tiers de l'indice de 1938.

Détresse générale

Des milliers d'affiches appellent à la reconstruction du pays. Retroussons nos manches ! Mais par où, par quoi commencer ? La tâche paraît surhumaine. Certaines villes de Normandie qui ont été au centre de la bataille ne sont plus qu'un amas de pierres où l'on ne distingue même plus le tracé des rues. Gares de triage et nœuds ferroviaires n'y sont plus qu'enchevêtrements de ferraille, de rails suspendus dans le vide et de wagons à demi calcinés. Le bilan chiffré des destructions reste hallucinant, qu'elles aient été systématiquement décidées par les Allemands, opérées par la Résistance intérieure ou causées par des bombardements alliés dont la nécessité n'a pas toujours été évidente. Et la reconstruction demandera d'autant plus de temps qu'il y a pénurie d'acier et de ciment.

L'agriculture ? Le paysan va pouvoir se remettre à l'ouvrage sans plus être obsédé par des menaces de spoliations, de réquisitions ou de destructions, mais... trente-deux millions de mines ont été enfouies dans le sol, qui rendent dangereuse une superficie de 500 000 hectares. On calcule qu'il faudra 80 millions de mètres cubes de terre pour boucher les excavations laissées par les bombes. Même avec un effort surhumain, l'agriculture française ne pourrait assurer le ravitaillement, faute de camions (il en faudrait 15 000 pour ravitailler le seul Paris, et l'on n'en a que 3 000... et seulement 700 pneus !).

Inutile de compter sur le rail pour prendre le relais de la route.

Trois mille kilomètres de voies ferrées ont été détruits, et ce qui reste fait penser, comme on dit, à une « poignée de vermicelles concassés ». Toutes les villes importantes sont isolées de leurs voisines. Il n'y a plus de liaison publique entre Nice et Marseille, Tours et Nantes, Mulhouse et Strasbourg, Limoges et Montauban. De 17 000 locomotives, l'on n'en a préservé que 3 000 en état de rouler. Nous n'avons plus que la moitié de nos wagons. Nous aurons vu détruire 115 grandes gares, 27 tunnels, 1 900 ponts et viaducs. Les spécialistes américains estiment qu'il faudra au moins vingt ans à la France pour se relever de ses ruines.

Une France déchirée, affaiblie

Certes, le gouvernement obtient d'entrée de jeu quelques succès de prestige.

Dès les premiers mois, il est reconnu en tant que tel, successivement, par la Turquie, la Grande-Bretagne, la Suisse, le Saint-Siège, l'Union soviétique et par les Etats-Unis enfin. Dès le 25 septembre, le corps diplomatique quitte Vichy pour se réinstaller à Paris. Le 27, de Gaulle enregistre avec satisfaction la déclaration de Churchill selon laquelle « dans un avenir prochain la France pourra reprendre sa place dans les conseils alliés ».

Il sait faire preuve de nouveauté : dès le 5 octobre, il accorde le droit de vote aux femmes.

Il croit bien faire en nationalisant à force de bras — à commencer par les usines Renault et les mines du Nord-Pas-de-Calais — sans se demander si ce n'est pas par là pratiquer le plus archaïque des systèmes : le socialisme d'Etat. On n'ose pas résister à la pression des communistes. Même les démocrates-chrétiens, à peine constitués en Mouvement républicain populaire (MRP), surenchérissant, programment de nationaliser les transports, les sources d'énergie, d'engrais et de matières premières, la sidérurgie, les assurances et les banques de crédit. De Gaulle suit. Du moins peut-il donner et se donner l'illusion que, ce faisant, il s'impose en homme de progrès et de justice...

Mais la tâche de redressement paraît littéralement insurmontable — d'autant plus que trop de bras manquent : 600 000 Français sont mobilisés ; fin octobre, Henri Frenay peut préciser que trois millions de Français se trouvent bloqués en Allemagne.

Il y a aussi l'inconnue du régime politique. N'allons-nous pas avoir un dictateur ? Que nous réserve donc ce Charles de Gaulle, officier de carrière, né le 22 novembre 1890 à Lille, politiquement né le 18 juin 1940 à Londres, demeurant à Paris au n° 7 de la rue Saint-Dominique, au ministère de la Guerre, siège du gouvernement provisoire et de l'Etat ? On le regarde passer au milieu des foules ferventes, « dans cette houle vivante, sous le soleil... » aux quatre coins de l'épopée métropolitaine, Bayeux et sa petite place,

Paris et ses Champs-Elysées, Marseille et sa Canebière, Toulouse et son Capitole, Lyon et sa place Bellecour, Lille et son Beffroi, partout les mêmes foules pour découvrir ce général qui, hier encore, n'avait pas de visage, seulement une Voix. Et une Foi, une « certaine idée de la France... ». Impavide, méfiant, dégingandé, circonspect, provocant, dominateur, méditatif. Oui, que veut-il, que calcule-t-il ? Nous avons eu l'été des effusions. Voici l'automne des palabres, puis l'hiver des restrictions. On n'entend plus l'appel magique : « Ici Londres ! Honneur et Patrie, vous allez entendre le général de Gaulle... » Et si le Libérateur n'était en son secret qu'un politicien comme les autres ?

Il y a doute sur le destin même d'une grande France. Durant « cette guerre de Trente Ans », comme l'appelle de Gaulle, et qui aura débuté en août 1914, la France aura subi trois hémorragies. Entre 1914 et 1918, elle a dû compter 1 500 000 tués parmi les éléments les plus dynamiques de sa population : ces morts de la Première Guerre auraient été dans la force de l'âge en 1939 et auraient constitué les cadres de la nation. En juin 1940, non seulement elle perd des jeunes hommes magnifiques, mais elle doit se séparer de toute une masse de prisonniers : d'août 1914 à juillet 1940, trois millions et demi d'hommes auront été retranchés de la communauté française. Voici que viennent s'ajouter les tués de la campagne de France, de l'Occupation et de la Libération. Les statistiques donneront 618 000 morts entre septembre 1939 et mai 1945. La France souffre d'un déficit en hommes adultes qui se monte au dixième de sa population totale, au cinquième de sa population masculine, au tiers de sa population masculine adulte. Nous souffrons d'anémie, même si nous avons à déplorer moins de soldats tués dans cette guerre mondiale que dans la Grande Guerre. Par ailleurs, une telle masse d'hommes gardés durant cinq ans dans des oflags, des stalags et autres camps, cela signifie un terrible déficit de naissances. Les pessimistes précisent que sur la fin du siècle, la France ne comptera plus que 22 millions d'âmes. Justement, elle ressent au plus profond d'elle-même cette faiblesse. Par ailleurs, elle ne s'est pas moralement relevée du choc de la défaite de mai-juin 1940. Elle sait qu'elle a perdu le premier rôle dans la vie des nations, que d'autres règnent sur les vastes destins. D'où le sentiment poignant que nous avons cessé d'être un grand pays — même si « France grande nation » revient en leitmotiv dans tous les discours de De Gaulle. D'où quelque découragement, un certain manque d'énergie.

La nouvelle République débute ainsi avec les plus lourds handicaps.

Bien sûr, au total, matériellement, la France aura été moins frappée dans sa chair comme dans ses biens que l'Angleterre ou l'Allemagne. Elle se retrouve miraculeusement avec une capitale intacte. Ses principales villes auront échappé aux destructions massives qui, dans les mêmes temps, auront ravagé Londres et Birmingham, Berlin et Cologne. Deux provinces seulement, la Normandie et l'Alsace, auront été ruinées. Il reste que le pays a pleine conscience des dommages subis et qui, des seuls faits de la guerre, pourront être évalués à plus de cent milliards de dollars. On calcule à près de 50 % la proportion de la fortune nationale perdue durant ces quatre dernières années — en raison des versements obligatoires à l'occupant, des méfaits des réquisitions, des dégâts causés aux communications et aux industries. L'année 1939 nous attribuait deux millions de maisons : près d'un demi-million ont été totalement détruites, près d'un million et demi partiellement. Le produit de l'agriculture a décru de 45 % pour les céréales, de 55 % pour la viande, de 60 % pour le lait. En septembre, nous produisons à peine 7 000 tonnes de fonte et d'acier : nous en produisions en un mois 500 000 avant-guerre.

Une sorte de guerre civile : l'épuration

Force est d'y ajouter l'épreuve de la vindicte et de l'épuration.

Avant que le gouvernement n'installe ses encadrements et ses tribunaux, l'on assiste même à toutes sortes d'abominations. D'affreux excès endeuillent et souillent la délivrance de la patrie. On voit s'établir des communes insurrectionnelles, qui peuvent pratiquer le plus odieux arbitraire. Page atroce, sur laquelle pèseront longtemps des interdits et sur laquelle, encore cinquante ans plus tard, il sera difficile de témoigner sans risquer de furieuses polémiques. Dans le désordre généralisé, interviennent même des individus sans foi ni loi. Pierre-Henri Teitgen, garde des Sceaux, le 6 août 1946, devant l'Assemblée nationale, pourra parler des « juges » d'une cour martiale de la Libération qui se seront trouvés « sous le coup de mandat d'amener pour vol, assassinat et pillage ». Pierre Escande, préfet des Alpes-Maritimes, dès le 26 septembre 1944, devant le Comité départemental de libération, déclare que 22 des 80 membres de la « police de la commission d'épuration » qui, à Nice, arrêtent, interrogent, rançonnent et « au besoin assassinent », ont un casier judiciaire, et que les quatre hommes de la « brigade de confiance » du chef FTP ont tous été condamnés pour vol.

La seule évidence et l'honnêteté commandent de reconnaître que, durant les premiers mois, l'arbitraire le moins pardonnable, trop souvent, s'en donne à cœur joie, avec lynchages, exécutions sommaires, prisons privées, tribunaux dits populaires.

Certes, la milice, au service de la Gestapo allemande, a commis elle-même d'inadmissibles excès qui appellent comme allant de soi indignation et vengeance.

Les maquisards vainqueurs surgissent avec le désir légitime de venger leurs camarades fusillés, déportés ou morts sous la torture.

Ils ont vu des villages pillés, des enfants assassinés, des femmes violées. Ils ont entendu parler de ces capitales de l'épouvante où ont sévi miliciens, gestapistes ou régiments SS, Oradour-sur-Glane (la presse nationale n'en parle que le 6 septembre alors que le drame est du 10 juin), Argenton, Azerat, Tulle, Maillé, Mussidan, Brantôme, Saint-Génis-Laval où, le 20 août, les gestapistes, secondés par une douzaine de miliciens, après avoir extrait de la prison lyonnaise de Montluc une centaine de résistants — on ne saura jamais le chiffre exact —, les ont assassinés puis précipités dans les flammes d'une maison de gardien du fort désaffecté de Côte-Lorette.

Il y a eu trop de monstres à la milice comme à la Gestapo.

Il ne saurait exister de pitié pour de tels massacreurs, ni pour aucun traître délateur.

On ne saurait admettre pour autant les épouvantables crimes commis ensuite par des résistants ou des soi-disant résistants.

Car, dans les années qui suivront, quand les langues pourront se délier sans peur, on pourra citer des représailles affreuses contre de simples fonctionnaires vichystes ayant pourtant à leur actif le sauvetage de résistants et de Juifs traqués par la Gestapo. On aura vu ainsi exécuter sans le moindre procès des notables tout à fait respectables, d'anciens bâtonniers de l'ordre des avocats, un gouverneur honoraire des colonies, des médecins éminents, le président d'un aéroclub, qui n'ont jamais souhaité la victoire allemande et à qui on peut faire uniquement grief d'être des anticommunistes déclarés ou d'avoir continué à servir la France en assurant des fonctions officielles de solidarité nationale sous le régime de Vichy. Même quand ces représailles sont présentées comme des contre-représailles, elles sont inexcusables dans un pays de droit, fier d'être « civilisé ».

Or les horreurs foisonnent.

Il faut lire le courageux livre de Robert Aron, *Histoire de la Libération*, où des pages entières rapportent les multiples exactions commises.

Il y a même des crimes collectifs. On découvrira des charniers dans le Gard et en Dordogne. Beaucoup trop d'exécutions n'ont rien à voir avec la Résistance.

L'état d'anarchie est tel que les forces d'ordre légales, décimées, démoralisées, parfois elles-mêmes suspectées pour le rôle de police qu'elles ont pu jouer durant l'Occupation, sont trop souvent impuissantes à agir. Sans oublier que bien souvent les familles des victimes, honteuses ou terrorisées, ont peur de porter plainte et dissimulent leur indignation.

Des justiciers d'occasion donnent libre cours aux plus sordides instincts. On voit intervenir jusqu'à une hideuse justice de trottoir.

Et que dire de ces femmes convaincues ou suspectées d'avoir vécu dans l'intimité de soldats allemands, promenées et exposées de rue en rue, tondues, déshabillées, des croix gammées tracées à la peinture sur tout le corps !

Certes encore, au plus tôt, le gouvernement, par ses cadres et ses tribunaux, s'efforce de maîtriser l'anarchie et de canaliser le « cours des châtiments ».

Il aura prévu dès juin par ordonnances tout un réseau de juridictions nouvelles, cours de justice locales, chambres civiques, Haute Cour de Justice.

Il aura même créé la sanction d'indignité nationale, qui ressuscite la « mort civile » de l'ancien droit. Elle n'est pas tenue pour une peine. Elle est présentée comme un « état constaté chez un individu coupable d'actes » : avoir été membre d'un cabinet du Maréchal, avoir rempli une fonction exécutive dans les services de propagande de Vichy ou au commissariat aux Questions juives, avoir été membre d'organisations collaborationnistes, avoir aidé à organiser des réunions ou des manifestations en faveur de la collaboration, avoir publié des écrits ou donné des conférences en faveur de l'ennemi, de la collaboration avec l'ennemi, du racisme ou des doctrines totalitaires. Elle peut être suspendue si le condamné s'est réhabilité par des actions de guerre ou de résistance. On peut la prononcer comme « peine accessoire » en toute cour de justice pour des actes de collaboration punis par les textes de droit commun, ou, à titre principal, par les chambres civiques, rattachées aux cours de justice, pour les actes de collaboration non punis par les textes de droit commun. (Les communistes disent d'ailleurs qu'elle est inventée comme sanction légère pour éviter aux « collabos » et aux pétainistes des peines plus lourdes.) Elle engage en tout cas des conséquences qui peuvent être graves : exclusion du droit de vote ; inéligibilité ; élimination de toute fonction publique ; perte du rang dans les forces armées et du droit à porter des décorations ; exclusion des fonctions directoriales dans les entreprises, les banques, la presse et la radio, de toute fonction dans les syndicats et les organisations professionnelles, de toute profession juridique, de l'enseignement, du journalisme, de l'Institut ; interdiction de porter ou de garder des armes ; suspension du versement des retraites. Le tribunal peut même du coup ajouter des peines d'interdiction de séjour et de confiscation de tout ou partie des biens.

Tout un important appareil de justice se met cependant ainsi en place.

Vingt-sept cours de justice sont instituées, chacune flanquée d'une chambre civique. (La cour de justice de Paris est même submergée d'un tel fleuve de dossiers qu'elle doit se scinder en dix sections.) Premiers « collaborateurs » jugés : Georges Suarez, directeur politique d'*Aujourd'hui*, fusillé ; l'écrivain Paul Chack, fusillé pour avoir publiquement souhaité la victoire de l'Allemagne ; le polémiste Henri Béraud, à son tour condamné à mort (mais peine commuée en travaux forcés à perpétuité).

On arrête les assassins de Georges Mandel (Boero et Neroni) et les deux grands chefs de la « gestapo » française (Bony et Lafont), exécutés fin décembre avec leurs complices Claire, Pagnon, Hare,

Engel, Villaplane, Tate et Delval. Personne ne s'étonne de voir passer en jugement Bernard Fay, chargé par Vichy de mettre au pas la franc-maçonnerie, le préfet de police Amédée Bussière et le préfet de la Seine René Bouffet. On fait inévitablement procès à l'amiral Esteva, accusé, comme résident général en Tunisie, d'avoir livré en 1943 Tunis et Bizerte aux Allemands. (On lui refuse la grâce d'aller se battre comme simple soldat en première ligne.)

Le 4 octobre, se crée une Haute Cour de justice « pour des faits de collaboration » et une instruction est aussitôt ouverte contre le maréchal Pétain, ses ministres, ses hauts commissaires et ses secrétaires généraux.

Dans toutes les administrations, dans la plupart des métiers, on instaure des « commissions d'épuration » qui prolongent sur le terrain professionnel la répression judiciaire. (Ainsi sont « épurés » quatre évêques démis de leur siège, 96 députés SFIO déclarés inéligibles et quatre académiciens exclus par l'Académie française : le maréchal Pétain, Charles Maurras, Abel Bonnard et Abel Hermant.)

Les chambres civiques jugeront un total de 115 000 affaires.

Et personne ne saurait discuter qu'il fallait mettre de l'ordre dans la maison.

Mais, trop souvent, même la loi est débordée.

En tout cas, la loi de justice sert d'alibi à trop d'injustices.

A l'évidence, trop d'arbitraire se manifeste.

On voit même jeter en prison toute une série de personnages inattendus, poursuivis à l'occasion pour les motifs les plus discutables, voire les plus fantaisistes, tels René Benjamin, Alfred Fabre-Luce, le doyen Georges Ripert, René Fonck (l'as des as de notre aviation de la Grande Guerre) et toute une pléiade d'acteurs de cinéma et de théâtre illustrissimes, Mary Marquet, Pierre Fresnay, Albert Préjean, Alice Cocea, Madeleine Sologne, Tino Rossi (libéré après quatre mois de prison), Charlotte Lyrès de la Comédie-Française, Arletty, la cantatrice Germaine Lubin...

Sacha Guitry est arrêté chez lui au lever du lit et emmené en pyjama à la mairie du VIIe arrondissement, puis successivement interné au Vel' d'hiv', à Drancy et à Fresnes. Au total : soixante jours de « tôle ». Du mauvais théâtre, commente-t-il. A son arrivée au Vel' d'hiv', il demande s'il va avoir droit à une bicyclette. A Fresnes, une femme de ménage qui le traite de tous les noms le prend pour... Raimu. Il raconte que son premier gardien de cellule lui a demandé un « orthographe ». Il doit être quasiment le seul à sourire de sa mésaventure.

Le malheur est que, pour beaucoup d'autres interpellés, la peine ne se réduit pas à quelques mois d'internement et que ce sont des hommes de la Résistance qui seront tenus pour comptables de tous les abus.

Soit ils sont portés à la vengeance. Soit ils poursuivent un but politique, tâchent de prolonger la Libération par la révolution. Soit ils ne veulent surtout pas passer pour des « complaisants ». Soit ils sont de faux résistants et, par un excès de zèle, calculent de faire oublier leur défaillance.

Il est évident pourtant que, si justes que soient certains jugements ou si légitimes certaines arrestations, trop c'est trop. Le gouvernement et de Gaulle lui-même y perdent de leur renom — et de leur autorité morale.

Evidemment, on ne saurait mieux exterminer ou neutraliser toute forme d'extrême droite (cela va même être l'une des plus nettes caractéristiques de la Quatrième République : une république sans extrême droite).

Plus de fascistes ! Ce seul terme va garder aux yeux des masses un pouvoir de détestation magique. Paul Sérant, dans son ouvrage sur *Le Romantisme fasciste*, reconnaîtra lui-même que le mot est devenu « dans la sensibilité populaire synonyme de massacres et de charniers ».

Il faut liquider l'extrême droite, voire la droite. La traiter de « fasciste » est l'un des moyens les plus payants. On en vient même à traiter de fascistes ou de « collabos » de simples partisans de la Révolution nationale et de l'« ordre moral ».

Ainsi le Conseil national des écrivains (organe épurateur qui compte notamment dans ses rangs Louis Aragon, François Mauriac, Simone de Beauvoir, Albert Camus, le R.P. Bruckberger, Jean Cassou, André Chamson, Paul Eluard, André Malraux, Pierre Seghers et Jean-Paul Sartre), animant une véritable guerre civile des esprits, frappe d'interdit un certain nombre de « fascistes » ou de collaborateurs indiscutables comme de simples maréchalistes ou anticommunistes, une bonne centaine de belles plumes, non seulement des collaborateurs déclarés, dont Brasillach, Lucien Rebatet, auteur du terrible *Décombres*, Jacques Benoist-Méchin, Abel Bonnard, Drieu la Rochelle, mais aussi Barjavel, Georges Blond, Henry Bordeaux, Pierre Benoît, Jacques Chardonne, Jean Giono, Marcel Jouhandeau, Paul Morand, Henry de Montherlant, Paul Fort, « prince des poètes »...

Révolution à la une

Rares sont les journaux qui échappent à l'épuration et à la confiscation. Seuls, à Paris, des anciens quotidiens, *La Croix* et *Le Figaro* survivent. Six cents organes de presse tombent.

Les immeubles des vieux journaux sont littéralement pris d'assaut par les organisations clandestines.

Les locaux et l'imprimerie du *Petit Parisien* sont occupés par *L'Humanité* et par *Le Parisien libéré* d'Emilien Amaury (lequel s'installe par la suite rue Réaumur dans l'ancien immeuble de *L'Information*) ; ceux d'*Aujourd'hui* par *L'Aube*, chère à Georges

Bidault ; le building de *Paris-Soir* et de *Paris-Midi* par *Ce soir, Libération* et *Front national*, tous les trois communistes ou « cryptos ».

La maison construite par *L'Intran* et qui a abrité durant la guerre la *Pariser Zeitung* des Allemands devient le siège de *Combat*, cher à Albert Camus, de *Franc-Tireur* et de *Défense de la France*. Les bureaux des *Nouveaux Temps* reçoivent les services de la *France libre* ; et la façade rouge du *Matin* abrite les gars du *Populaire* et de *Libé-Soir*, socialistes.

Peu après, *Paris-Presse* s'installe au *Journal* ; *L'Aurore* chasse *L'Œuvre ; Le Monde* remplace *Le Temps*.

En province, à peu près tous les anciens journaux, dont plusieurs centenaires, sont évincés et remplacés par de nouvelles feuilles issues de la Résistance, au point que se constituent des groupements nationaux de la « Presse spoliée injustement condamnée ». Tout un nouveau réseau se substitue à l'ancien, composant tout un paysage neuf. Ainsi *Le Provençal* remplace-t-il *Le Petit Provençal ; La Marseillaise*, *Le Petit Marseillais* ; *La République du Sud-Ouest*, *La Dépêche* de Toulouse ; *Midi-Libre*, *L'Eclair* (royaliste) de Montpellier ; encore à Montpellier, *La Voix de la Patrie* (communiste), *Le Petit Méridional* ; à Perpignan *Le Républicain*, *L'Indépendant* (dont le directeur, Georges Brousse, est pourtant déporté à Buchenwald, où il mourra) ; *Sud-Ouest*, *La Petite Gironde ; Ouest-France, Ouest-Eclair* en Bretagne, etc.

Une législation nouvelle modifie du tout au tout la loi de 1881. L'autorisation préalable est imposée : nul ne peut plus faire paraître librement un journal. Une ordonnance suspend tout usage du titre d'une publication ayant paru sous l'Occupation.

Inévitablement, les partis de gauche se servent d'abondance.

La presse communiste et apparentée compte désormais 31 journaux d'un tirage global de 2 816 000 exemplaires, soit 28 % de la presse totale, contre 600 000 exemplaires et 4,6 % de la presse en 1939.

La presse SFIO ou apparentée rassemble 25 journaux d'un tirage total de 2 246 000 exemplaires, soit 21 % de l'ensemble de la presse, contre 830 000 et 6,4 % en 1939.

Les journaux de la Résistance et des Comités départementaux de libération (CDL), dans leur quasi-totalité de gauche, engagent 18 journaux d'un tirage de 1 115 000 exemplaires (10,6 % du total).

Journaux marxistes ou marxisants occupent 59,6 % de tout le champ.

Les radicaux eux-mêmes sont réduits à la portion congrue.

Les journaux nationalistes et de droite qui avaient un tirage global de 3 527 000 exemplaires en 1939 (29,9 % du total) sont remplacés par 28 journaux dirigés par des démocrates-chrétiens ou par des modérés nuance Laniel, pour l'immédiat adversaires déclarés de la droite traditionnelle.

Autant dire que non seulement l'extrême droite, mais la droite traditionnelle elle-même n'ont plus de moyens d'expression. La droite ne peut faire connaître son opinion sur les grands problèmes de l'heure, ni atteindre les masses à convaincre, ni guider ou endoctriner l'électeur.

Eliminée, la célèbre *Action française*, organe du « nationalisme intégral » qu'illustrèrent les plumes de Charles Maurras, Léon Daudet et Jacques Bainville.

Aux enfers, tous les hebdomadaires, de *Gringoire* à *Candide*, qui furent de tous les combats de la droite. Les cieux sont changés.

D'évidence, longtemps, avec une telle nouvelle presse, les grands vents ne vont souffler que dans une seule direction. Il n'est pas sûr que le général de Gaulle s'en réjouisse sur plus d'une année.

La guerre planétaire

Cependant, la gigantesque guerre se poursuit, épique, grandiose, terrifiante.

Les raids de Bombenterror se multiplient et s'amplifient contre l'Allemagne. Les villes allemandes sont rasées les unes après les autres. Pour sa part, après avoir épuisé ses V1, Hitler utilise son V2. Engin imparable, assurent les Allemands, portant à plus de 300 kilomètres une charge d'une tonne, tombant sur son objectif à 5 500 km/h — à peine cinq minutes après son lancement.

Adolf Hitler est loin de s'avouer vaincu. Il n'est pas encore terré dans son bunker de Berlin. Il dirige toutes les opérations depuis son quartier général de Prusse-Orientale. Même s'il a été très éprouvé par la bombe qui faillit le tuer le 20 juillet, s'il a spectaculairement vieilli — tête qui vacille légèrement, bras gauche pendant, comme paralysé, main gauche agitée d'un tremblement perpétuel, bouche énervée par des tics, dans le regard une impression d'angoisse quasi inhumaine —, il mise sur une série d'armes nouvelles pour renverser le cours de la guerre. Voici pourquoi, sur tous les fronts, il demande à ses généraux de se battre pas à pas, et pourquoi il ne souscrit jamais au moindre ordre de repli. Il lui faut à tout prix obtenir le temps nécessaire à ses savants pour forger les armes qui le sauveront (ses officiers disent qu'« il vend de l'espace pour acheter du temps »).

Reste qu'il n'apprend plus que des mauvaises nouvelles.

La percée du général Patton à Avranches a libéré toute l'armée d'Eisenhower. Les Anglo-Américains courent vers le Rhin. Patton libère la Lorraine ; Montgomery, Anvers. Une contre-offensive désespérée du maréchal von Rundstedt est repoussée sur les Ardennes. Le siège de la forteresse allemande commence.

De Gaulle, quoique à la tête d'un pays exsangue et à bout de souffle, réunit un corps de bataille qui joue un rôle non négligeable. Ainsi, un demi-million d'hommes — pour une part des divisions reconstituées en Afrique du Nord, pour une autre les Forces françaises de l'intérieur amalgamées aux unités régulières — participent à la libération du territoire. C'est d'ailleurs grâce à de telles forces que la France aura une suprême chance de figurer à la table des vainqueurs. Qui eût donc osé l'espérer en novembre 1942, quand l'occupation de la métropole était totale, l'armée dissoute, la flotte sabordée ?

Lyon est libéré dès le 3 septembre. Le 19 novembre, le drapeau tricolore flotte sur le Rhin. Le 20, on libère Belfort et Mulhouse. Le 22, Leclerc entre triomphalement à Strasbourg.

Sur les fronts anglo-américains, Amiens aura été libéré le 1er septembre, Arras le 2, Lille le 4 (le même jour que Bruxelles et Anvers). Sedan tombe le 1er, Verdun le 4, Epinal le 15. La garnison allemande du Havre se rend le 12.

De tout le territoire français il ne reste plus en fin d'année à libérer que la Haute-Alsace, avec Colmar, et des poches côtières sur l'Atlantique, 5 000 Allemands ayant réussi à se maintenir à Royan, 3 000 à Verdon, 16 000 à La Rochelle, 18 000 à Saint-Nazaire et 27 000 à Lorient, derniers vestiges de ce mur de l'Atlantique qui fut l'une des plus grandes pensées du Führer — sans oublier les fortes garnisons qui continuent de tenir Boulogne et Dunkerque.

L'armée soviétique avance à marches forcées sur toute la largeur de son front.

« Nous pouvons enfin déjà apercevoir sur l'horizon la victoire », commente Franklin Delano Roosevelt, qui est élu pour la quatrième fois président des Etats-Unis (non sans mal, contre le gouverneur Dewey).

La Bulgarie dépose les armes. Tito libère Belgrade. La Roumanie, après avoir signé l'armistice avec Moscou, rompt ses relations avec l'Allemagne et lui déclare la guerre.

I shall return, je reviendrai, jurait Douglas MacArthur en 1942 lorsque la ruée des Japonais le contraignait à quitter assez piteusement, les Philippines. C'est fait. Le voici contre-attaquant à pleine puissance et débarquant tout heureux et glorieux sur le sol philippin reconquis.

De Gaulle et les communistes

Ce sont les maquisards qui libèrent Arcachon et Rochefort. Incontestablement, ils sont mal vêtus, mal équipés. Tout leur manque, note le colonel Cheval dans un rapport. Ces « terroristes », comme les Allemands les auront appelés, ont effectivement des tenues qui peuvent même prêter à caricature. Ils mettent les cartouches dans leurs poches et accrochent les grenades à la ceinture de leur pantalon. C'est dans une musette qu'ils transportent leurs affaires de toilette, leur quart, leur gamelle et leur fourchette. Dans les débuts, leur « uniforme » se compose en tout et pour tout d'un brassard blanc sur lequel est dessiné en bleu un V avec la croix de

Lorraine. Ils n'ont que des armes légères, parfois uniquement des fusils de chasse. Mais ils se fortifient assez vite, s'équipant avec les stocks de tenues des Chantiers de jeunesse, à l'occasion faisant des razzias sur les stocks américains, sachant utiliser l'armement abandonné par les Allemands. Ils parviennent même à aligner un régiment d'artillerie entièrement FFI. Les Allemands du secteur, après négociation, en hommage à leur courage, finissent par les reconnaître comme « combattants réguliers », sous seule réserve qu'ils portent au bras gauche un brassard bleu-blanc-rouge. Quand de Gaulle crée le 14 octobre le « commandement des Forces françaises de l'Ouest », qu'il confie au général de Larminat (QG à Cognac), ils sont plus de 70 000 à se porter volontaires — faisant preuve du plus grand héroïsme dès les premiers engagements. « Savez-vous, demande Larminat à de Gaulle, qu'ils sont presque tous communistes ? » Réponse sèche : « Préféreriez-vous qu'ils se battent sous drapeau rouge plutôt que sous drapeau tricolore ? »

Au demeurant, quant à lui, telle est bien l'une de ses réussites : malgré quelques couacs, *il sait éviter la subversion communiste.*

Sur place, durant l'été, les communistes ont su s'emparer des principaux postes de commande de la Résistance intérieure, ont efficacement noyauté l'administration, pris en main plusieurs provinces. Y compris aux yeux de l'étranger, il est clair qu'ils ont autant préparé la révolution que la Libération. Tout s'est passé comme s'ils menaient une sorte de guerre civile en même temps qu'une guerre à l'occupant. Ils ont mis autant d'acharnement à liquider la droite française qu'à chasser le « Boche ». « J'ai deux patries, proclame Jacques Duclos dans un meeting, la mienne et l'Union soviétique. »

Une telle conviction ne les a pas empêchés, en Pologne, en Roumanie, en Yougoslavie, de s'arroger le monopole du patriotisme : au plus vite, ils inculpent de trahison les mouvements de résistance patriotes rivaux des leurs ; ils y livrent ou livreront au bourreau tout patriote anticommuniste. Dans un esprit identique, en France, ils se présentent comme seule force effective résistante, s'intitulent fièrement et systématiquement le « parti des fusillés ». Ils revendiquent hautement le sang de 75 000 communistes passés par les armes (alors que l'accusateur français au procès des criminels de guerre de Nuremberg fixera à 29 260 le nombre total des *Français*, et pas seulement des communistes, exécutés pendant l'Occupation).

Certes, de 1941 à 1944, les Francs Tireurs Partisans (FTP) que dirige Charles Tillon participent activement aux combats de la Résistance. Ils auront eu quelques milliers de tués, notamment Jean Catelas, guillotiné, Danielle Casanova, morte en déportation, Guy Môquet et Gabriel Péri, fusillés. Ils auront animé un très grand nombre de maquis.

Mais, à la Libération, quand ils ne font pas régner sur leurs terres le terrorisme tout court, ils imposent de toutes parts, savamment ou lourdement, un véritable terrorisme intellectuel : à cette date, quiconque oserait dénoncer les crimes de Lénine et de Staline se ferait lyncher.

De fait, la totalité du mouvement ouvrier semble tomber sous leur contrôle. L'intelligentsia parisienne aussi.

Et, fin 1944, ils affichent un million d'adhérents.

Et, forts de l'ordonnance du Comité français d'Alger qui a amnistié en juin 1943 les parlementaires communistes condamnés pour avoir approuvé et soutenu le pacte germano-soviétique, leurs chefs déploient dès leur retour d'Algérie une activité inlassable et impressionnante.

Et ils s'en prennent avec une violence inouïe à toutes les personnalités qui les gênent, notamment à Léon Blum, dénoncé comme coupable d'« anticommunisme viscéral », ou aux chefs démocrates-chrétiens qui, sous la présidence de Maurice Schumann, les 25 et 26 novembre, se regroupent dans un grand parti, baptisé Mouvement républicain populaire (MRP).

Dès lors, les communistes voient accourir des dizaines de milliers d'opportunistes à leur service. Ils en viennent à constituer un bloc énorme, un Etat dans l'Etat.

Précisément, de Gaulle réussit néanmoins à leur faire échec.

Il y emploie autant de rigueur que de ruse. Par d'apparentes concessions qui ne sont que des manœuvres, et aussi par des refus brutaux ou des affirmations cinglantes qui sont quant à eux sans malentendu, il parvient, alliant audace et machiavélisme, à appeler dans son propre camp puis à désarmer ses adversaires, qui étaient également ceux de la liberté. Il faut diaboliquement savoir le faire. Il le fait.

Du même coup d'ailleurs, *a contrario*, il gagne en quelques semaines les conservateurs paniqués qui voyaient s'incarner en Pétain leur soif de sécurité et d'autorité. Il dit : « La France est un pays d'ordre ; je vous garantis qu'elle le restera. » Elle le reste, non sans avoir connu en août et septembre une anarchie parfois délirante.

De Gaulle ne s'attarde pas en route.

Dès le 28 octobre, un décret ordonne le désarmement et la dissolution de toutes les organisations paramilitaires — lesquelles auront pourtant constitué l'armée insurrectionnelle des communistes, engagée contre ce que la propagande communiste appelle la « cinquième colonne fasciste ». Le CNR fait des réserves. Le Général passe outre. Il dit : « Mon gouvernement fera en sorte qu'il ne subsiste plus sur le territoire libéré aucun groupement armé en dehors de nos forces militaires et de notre police d'Etat... » Et comme il y a des ministres communistes dans son gouvernement...

On voit désarmer les milices patriotiques jusque dans la rue. Les dépôts d'explosifs et de grenades sont vidés. En vain jouent quelques oppositions, par exemple à Saint-Denis, où des haut-parleurs appellent la population à manifester contre le « désarmement des patriotes ». Il suffit d'un énergique commissaire de police pour refuser de restituer à la foule les « armes du peuple ».

Et de Gaulle de s'en aller voir le tsar des communistes en personne, Joseph Staline, à Moscou, à la mi-décembre.

Il contourne la forteresse allemande par le sud, ne manquant pas d'aller visiter et conforter au passage le jeune shah de Perse, qui a lui-même beaucoup à faire avec les bolcheviques qui occupent son Azerbaïdjan. Il quitte son avion à Bakou. Il voyage dans le vieux train spécial d'un archiduc, conservé de l'époque tsariste, à l'intérieur de wagons-salons d'un charme discret, avec rideaux à pompons rouges qui l'amusent beaucoup. Il fait étape à Stalingrad pour remettre à l'héroïque ville une épée d'honneur (Staline ayant refusé la Croix de la Libération que de Gaulle voulait lui décerner). Il trouve « prussiens » les soldats qui, au Kremlin, lui rendent les honneurs. Et le contraste est assez saisissant entre les deux personnages, tous deux en uniforme, l'un 1,92 m, l'autre 1,64 m, l'un connétable pour Moyen Age, l'autre terroriste arrivé. « Vous avez remarqué ? observe le général Juin qui est du voyage, Staline a un air de Gitan... Quelque chose de Beria... Quelque chose de Laval... » Ils furent amis, répond de Gaulle. Staline, tout en dessinant au crayon rouge des hiéroglyphes sur une feuille blanche, les yeux baissés, dit de drôles de choses et pose de drôles de questions : « Mon pacte de 1935 avec Pierre Laval avait du bon, beaucoup de bon... dommage qu'il n'ait pas été appliqué... Beaucoup de Français se souviennent-ils de Laval ? ou de Pétain ?... Et Weygand, où en est-il ? Et Gamelin ? » Réponse du Général : « Ils sont en Allemagne... mais tous ces gens-là sont déjà entrés dans l'histoire. Aujourd'hui, ils n'existent pour ainsi dire pas. » Comme il y a deux comités polonais de libération nationale à vouloir représenter la Pologne, l'un, communiste, à Lublin, l'autre, nationaliste, à Londres, Staline demande à de Gaulle de reconnaître le comité de Lublin, disant craindre « les Laval et les Giraud polonais qui siègent dans le gouvernement émigré chez les Anglais ». De Gaulle refuse, évidemment. « Ah ! soupire Staline, on m'avait bien dit que vous êtes un intraitable. » Puis de Gaulle visite le musée moscovite des Trophées, parcourt de vastes salles où sont exposés des chars allemands, des avions de la Luftwaffe, l'uniforme du maréchal von Paulus (le vaincu de Stalingrad), des poignards de dignitaires nazis, des croix de fer, des croix gammées. Il dit à Bidault : « Au fond, la guerre n'est qu'une opération chirurgicale, nécessaire pour régler un problème où la médecine fait défaut. » On revoit Staline. Celuici n'obtient pas davantage sur Lublin. Tout au plus obtient-il de son visiteur la signature d'un traité d'amitié franco-soviétique.

Du moins, quand, de retour à Paris, il présente devant la Consultative le traité — qui engage une alliance de vingt ans contre l'Allemagne — s'entend-il féliciter par tous les communistes à qui mieux mieux. Le Général, à son départ, n'a-t-il pas poussé la ferveur jusqu'à crier : « Vive l'Union soviétique ! » ?

Et n'a-t-il pas, dès le 7 novembre, prononcé la grâce amnistiante de Maurice Thorez ? Exactement, par un décret paru le même jour que celui qui dissout les milices patriotiques. Le secrétaire général du Parti communiste était porté « déserteur » depuis la drôle de guerre. Condamné le 25 novembre 1939 à six ans de prison par le tribunal militaire d'Amiens, précisément pour « désertion », déchu de la nationalité française en février 1940, il a passé ces quatre dernières années réfugié à Moscou, sous le nom d'Ivanov. Effectivement, à peine amnistié, il quitte Moscou pour Paris en compagnie de son épouse Jeannette Vermeersch, de leurs deux fils et du député du Nord Arthur Ramette. Il arrive à Paris le 27 novembre, préside au Vel' d'hiv' un meeting monstre. « Votre voix manquait dans notre capitale, lui écrit de Suisse le célèbre écrivain pacifiste Romain Rolland ; tant que Paris ne l'entendait pas, il ne se sentait pas complètement libéré. » A l'opposé, inévitablement, les dents grincent. De Gaulle s'en explique tout tranquillement devant le colonel Passy, grand manitou des services secrets, qui émet des réserves : « Moi, dit-il, vous savez, je fais la France de tous les Français. Je m'en tiens là... Thorez, de surcroît, va mieux permettre d'écarter des premiers rôles les chefs communistes les plus prestigieux de la Résistance... » Il ajoute : « Allons, Passy, c'est très simple. J'aime mieux voir, à la tête du Parti communiste, un homme qui gardera toujours, accrochée aux fesses, la casserole de la désertion, plutôt qu'un authentique résistant comme Tillon, par exemple... »

Même les socialistes crient au scandale et à la provocation. Il faut néanmoins reconnaître que Thorez joue le jeu. Il engage à fond son parti dans la bataille de la production. Il exhorte au travail, freine toute grève. Alors que l'extraction du charbon fléchit dans les mines du Nord, il n'hésite pas à rudoyer les quelque vingt mille responsables syndicalistes qu'il réunit à Waziers : « Vos camarades de la Loire ont battu leurs records, dépassent leur production d'avant-guerre. Ici, vous êtes à la traîne. On s'absente pour un oui ou pour un non. On fait grève parce que le nez d'un porion ne revient pas à un délégué. Je dis que c'est un scandale et une honte... On ne peut pas épurer pendant cent sept ans... C'est à la volonté de produire que nous jugeons désormais nos militants... »

Près de Noël, de Gaulle reçoit en audience Vincent Auriol, président de la commission des Affaires étrangères. Ils s'entretiennent sur les principaux événements des dernières semaines : la mort du maréchal Rommel (même s'ils ne savent pas que, compromis dans l'attentat contre Hitler, il s'est suicidé sur ordre du Führer), la décision qui radie Pierre Laval du barreau, la nomination de Mgr Roncalli (futur Jean XXIII) comme nonce à Paris à la place de Mgr Valerio, la reconquête de l'Alsace. Peut-être Vincent Auriol tient-il à dire un mot du congrès SFIO, qui vient d'exclure du parti 115 de ses 169 parlementaires de 1940 (parmi les 54 non exclus, figurent les 35 socialistes ayant fait partie des 80 opposants du 10 juillet à Pétain, 8 autres prisonniers en Allemagne et 11 ayant été réhabilités pour participation courageuse à la Résistance).

« N'oublions pas le principal, prononce de Gaulle : Papa Noël n'a pas été soviétisé », et il allume une énième cigarette.

Dans Paris en battle-dress : Picasso, Carné, Aragon

Pour autant, guerre ou pas, communisme ou pas, une certaine vie culturelle reprend de toutes parts.

Très vite, Paris s'est certes mis à l'heure américaine. A nous tout un peuple de GIs et de WACS (auxiliaires féminins), photographiant à satiété la tour Eiffel, fouillant les vieilles boutiques, savourant des glaces sur le parvis de Notre-Dame, déambulant sur la Butte, envahissant les terrasses de cafés, dispensateurs généreux de produits dits introuvables, bas Nylon et havanes, chester au jambon et omelette au lard en boîte. Inénarrables, ces cow-boys à pied mastiquant leur gomme, jetant leur cigarette après seulement deux bouffées, allongeant un pas nonchalant (souvent titubant aussi). Nous avions un Paris en feldgrau. Nous voici avec un Paris pour western.

Mais on cherche avec avidité autre chose que des uniformes.

Ça existe.

Des livres paraissent. Dans ces quatre mois, Robert Desnos donne *Le Bain avec Andromède* ; André Chamson, *Le Puits des Miracles* ; Françoise d'Eaubonne, *Le Cœur de Watteau*.

Le Goncourt va à Elsa Triolet, pour *Le premier accroc coûte 200 francs* ; le Renaudot à Roger Peyrefitte pour *Les Amitiés particulières*.

Nous aurons perdu dans l'année le doux prophète Max Jacob, arrêté par la Gestapo, mort au camp de Drancy ; Romain Rolland en son exil ; l'ancien ministre de l'Education nationale Jean Zay, assassiné par la milice ; le légendaire Saint-Exupéry, parti de Corse à bord d'un Lightning en mission de reconnaissance, disparu dans le ciel de France.

Mais, en août, Albert Camus fait jouer *Le Malentendu* ; en novembre, Armand Salacrou, *Les Fiancés du Havre* ; en décembre, André Roussin, *Une grande fille toute simple*.

Le théâtre Sarah-Bernhardt (« théâtre de la Cité » sous l'occupation allemande) reprend son ancienne enseigne et son ancienne activité.

Et Louis Aragon de se camper en empereur (ou tsar) des Lettres françaises. Tsar très star. Il a quarante-sept ans. Ancien dada, ancien surréaliste, ancien jeune homme tenté par le suicide, ancien provocateur littéraire, stalinien en vers, stalinien en prose, il aura vite quitté sa retraite de Saint-Donnat dans la Drôme pour retrouver le pavé de Paris. Et lorsque les cloches de la victoire sonnent dans « Paris, Paris soi-même libéré », dans le vaste brouhaha des règlements de compte mêlés à la liesse populaire, il est au premier rang de ceux qui se refusent à pardonner. Son nom dans la clandestinité, François-la-Colère, devient François-la-Vengeance. Un rude souverain. Le *Je* d'Aragon, nul n'en ignore la puissance. Parfaitement secondé par sa compagne Elsa Triolet, la « belle étrangère », la « Muse aux yeux d'éternité », le chantre de la Résistance prend allègrement sa place au sommet de la hiérarchie des intellectuels communistes et apparentés. Redevenu directeur de *Ce soir*, installé rue Montmartre dans les meubles somptueux de *Paris-Soir*, non seulement il se consacre grand patron de la nouvelle génération des intellectuels communistes, déjà « monstre sacré » du Parti, mais il se veut aussi le grand épurateur, féroce dans sa chasse aux collabos et « pétainistes de tout poil ». Style :

Tu crèveras, c'est tout, toi l'homme de Montoire
Une vieille charogne à la fin dégrisée.
Nul ne t'hébergera : la légende, l'histoire...
Chien galeux de partout et par tous refusé.

Il déploie une telle activité de militant et de bourreau que c'est à se demander comment il trouve le temps de terminer et de publier *Aurélien ou la vie d'un enfant perdu de l'autre après-guerre*, un jeune homme qui ressemble beaucoup à l'auteur, mais aussi à Drieu la Rochelle. Il vit avec Elsa dans un appartement de la rue de la Sourdière, « plein de livres à craquer » où il retrouve sa passion : sa collection d'éditions romantiques. « Ce long prince beige et blanc que l'âge n'a pas réussi à vieillir » n'en exerce pas moins une telle tyrannie que, très vite, on le surnomme le « préfet de police des Lettres ».

Le premier Salon d'automne d'après l'Occupation s'ouvre sous le titre « Salon de la Libération » et sous l'autorité du tout nouveau responsable du musée d'Art moderne, Jean Cassou. Toute une salle est pour Pablo Picasso. Le peintre de *Guernica* n'a pas été un résistant, pas même un clandestin : ces dernières années, il a continué à travailler dans son atelier de la rue des Grands-Augustins, prenant ses repas au *Catalan*, l'excellent restaurant voisin. Il a été constamment protégé de toute provocation gestapiste par son grand ami le sculpteur allemand, fort en cour à Berlin, Arno Brecker. Mais il n'a jamais exposé, ne s'est jamais affiché « avec du feldgrau ». Il a gardé des contacts avec Aragon et Laurent Casanova, l'un des grands patrons communistes. Il peut tranquillement redevenir vedette. Les GIs défilent dans son atelier, apportant ces trésors : du chocolat yankee, des cigarettes blondes, des boîtes de singe. Il se remet avec délectation à manier le sensationnel : il fait connaître son adhésion au PC la veille même de l'ouverture du Salon, disant : « J'ai toujours été un exilé. Je ne le suis plus, je suis parmi mes frères. » De toute manière, ses soixante-quinze toiles et ses cinq sculptures font l'effet escompté. A croire qu'avec tous ces visages d'hommes et de femmes désarticulés et torturés, ces natures mortes hallucinées, ces têtes de taureaux tordus, il a voulu recréer l'époque de cauchemars qu'on vient de traverser. Il faut même protéger l'ensemble, car une bande d'énergumènes surgit et menace de tout casser.

Il y a pourtant encore plus insolite, ainsi l'exposition d'« art abstrait » à la galerie Berri-Raspail, autour de deux noms encore à peu près inconnus en France, Piet Mondrian et Vassily Kandinsky, Mondrian mort à New York en février à soixante-dix-huit ans ; Kandinsky qui va s'éteindre à Neuilly en décembre. « Liberté totale en art », réclamait André Breton. « Liberté quoi qu'il en coûte », professait Mondrian. Voici l'écho à leur message.

Nous perdons Aristide Maillol. Exilé en son Banyuls catalan, le « maître à la barbe jupitérienne », dit « Dieu le Père » par ses jeunes élèves, alors qu'en septembre il va rendre visite à son ami Dufy à Vernet-les-Bains dans les Pyrénées-Orientales, est victime d'un accident sur la route et meurt des suites de ses blessures. Mais nous arrive bruyamment toute une nouvelle génération d'artistes, tels Alfred Manessier, « peintre, illustrateur, peintre de vitraux et cartonnier », l'ennemi numéro un de la facture négligée, et Edouard Pignon, ancien ouvrier manœuvre qui a la témérité de rester figuratif dans cet univers d'abstraits, peintre des mineurs, adepte déclaré du « réalisme socialiste », et tous ces abstraits enthousiastes : Serge Poliakoff ; Atlan, pied-noir dit l'Inclassable ; Hans Hartung, qui se rétablit courageusement d'une grave blessure subie dans les rangs de la Légion étrangère ; Nicolas de Staël, ami de Braque, spécialiste des « paysages mentaux ». C'est bien la nouvelle mode : communiquer l'incommunicable.

Le Comité de libération du cinéma est l'un des plus grands épurateurs de la saison. Animé par des « vengeurs » qui gardent durant des semaines leur pseudonyme de la clandestinité, *Lartigue* (le comédien Pierre Blanchar), *Commandant Marceau* (le scénariste Jean-Paul Le Chanois), *Montargis* (Louis Daquin, le plus déchaîné de tous), il n'arrête pas d'établir réquisitions, interdits et listes noires. Mais la création se donne à nouveau libre cours. Robert Bresson tourne à Paris ses *Dames du bois de Boulogne*. Dans *La Péniche de l'amour*, d'Archie Mayo, l'on retrouve Jean Gabin : horrible détail, le metteur en scène, qui sera bientôt celui des Marx Brothers, l'a fait friser au petit fer ; les admiratrices de Pépé le Moko ne le reconnaissent plus. Marcel Carné, aux studios de la Victorine, à Nice, termine *Les Enfants du paradis* : il a simplement dû remplacer par Pierre Renoir Robert Le Vigan, enfui en Allemagne avec son ami Céline. En octobre, René Clair affiche *C'est aussi demain*. Et nous assistons au prodigieux retour d'Hollywood, dont nous étions privés depuis quatre ans. A nous en particulier, made in USA, *Le Port de l'angoisse*, de Howard Hawks, d'après le roman d'Hemingway, avec Humphrey Bogart et Lauren Bacall, et *La Femme au portrait*, de Fritz Lang, avec Edward G. Robinson et Joan Bennett. Les foules parisiennes se remettent joyeusement à l'heure de Charles Laughton, d'Henry Fonda, de Ginger Rogers et de Rita Hayworth.

Le music-hall fournit lui aussi toute une nouvelle vague. Yves Montand — qui file le grand amour avec Piaf — connaît son premier grand succès, *Dans les plaines du Far West*. Les Compagnons de la chanson (ils se sont connus aux Chantiers de jeunesse) triomphent avec leurs *Trois cloches qui sonnent, qui sonnent*. Bourvil, né Raimbourg, dit Bourvil parce qu'il vient de Bourville, chante, chantonne, mime, danse, irrésistible dans *Elle vendait des cartes postales... et aussi des crayons*.

Nous nationalisons la radio. Il est trop exact que, depuis le début de la guerre, la radio française évoluait vers un statut de monopole et de contrôle direct par le gouvernement. Dès juillet 1939, un décret plaçait sous l'autorité du président du Conseil tous les services de propagande, y compris la radiodiffusion. Le régime d'occupation ne fit que renforcer le monopole. La Libération ne fait qu'alourdir la tendance. Toute autorisation d'exploiter des postes privés est supprimée. Dès novembre, le gouvernement réquisitionne les installations appartenant aux sociétés privées d'avant-guerre. Il y a même quelque impression d'étouffement. Par ailleurs, les Allemands, dans leur retraite, détruisent la quasi-totalité des émetteurs. La puissance disponible est dès lors très faible. Pourtant, on ne dort pas. Dès le 18 août, Pierre Schaeffer, nommé directeur de la Radio, fait occuper les quelques studios qui peuvent encore fonctionner. Dès le 20, dans Paris en pleine bataille, la première émission « libre » est diffusée, en liaison avec des émetteurs clandestins. Pierre Crénesse accomplit une prouesse en retransmettant en direct les scènes de la libération à l'Hôtel de Ville. Puis, assez tôt, reprennent les grandes émissions populaires.

Et dire que nous pourrions déjà, sans la guerre, avoir la télévision ! Nous étions il y a sept ans à l'avant-garde de l'épopée mondiale du petit écran. Tout a été perdu. On repart de zéro. Il n'existe au redémarrage ni cadreurs, ni décorateurs, ni producteurs susceptibles d'être employés même à titre de conseillers. On se remet tout de même à la tâche — d'autant plus que la disparition de l'émetteur d'essai (emporté par les Allemands) ne gêne pas longtemps nos techniciens, car un matériel d'émission commandé sous l'autorité de Vichy est livré assez rapidement. On reprend donc les essais en studio dès octobre, dans les locaux de la rue Cognacq-Jay. On constitue des équipes capables de réaliser des émissions, avec notamment Gilles Margaritis et Jacques Armand, auteur venu de la radio, chargé de l'entreprise.

Notre sport est en pleine résurrection. La veille de Noël, au Parc des Princes, se déroule même la trente-quatrième rencontre France-Belgique de football, premier match international depuis la Libération. Le parc est archi-comble. La France gagne par 3 à 1 (trois buts de Simonyi, d'Arnaudeau et d'Aston, contre un de De Waël).

Et les « faits divers » reprennent plein droit. A preuve le docteur

Petiot, accusé de vingt-sept assassinats. Comme si, avec la guerre mondiale, il n'y avait pas assez de sang à la une ! Une nouvelle affaire Landru, titre *Paris-Soir* (Landru, monstre assassin de l'autre après-guerre). La vedette : le docteur Marcel Petiot, malade mental, pour autant docteur en médecine de la faculté de Paris, marié, chef de famille, ancien élu du bloc des gauches à Villeneuve-sur-Yonne, conseiller général, capitaine des FFI à la Libération, chargé des enquêtes de la sécurité militaire à la caserne de Reuilly, c'est-à-dire de l'interrogatoire et de l'épuration des collaborateurs et de tout suspect de collaboration. Durant les années noires, dans un appartement de la rue Lesieur, il aurait piégé plusieurs dizaines de Juifs traqués par la Gestapo. Après leur avoir extorqué une forte somme puis tous les bijoux qu'ils transportaient sur eux, il les aurait tués et dépecés, avant de faire brûler les corps dans une chaudière. Le procès a un formidable retentissement. Me Floriot défend l'accusé qui nie avec véhémence tous les faits, se dit ancien membre du réseau de résistance de Pierre Brossolette et pousse l'humour macabre jusqu'à se proclamer fondateur du groupe « Fly Tox », spécialisé dans l'exécution des traîtres. Tout le monde sait si, dans ces temps de restrictions, nos journaux sont réduits à une surface minimum ! Eh bien, damnation, on parle davantage de Petiot que de Patton...

II

1945

L'ANNÉE DE LA JOIE DE SURVIVRE

Fin de la plus grande tuerie de l'histoire — Toute une explosion de joie de vivre : les caves joyeuses — Paris à nouveau capitale de l'esprit, de l'art, de l'élégance — De Gaulle à la barre : nationalisations, l'atome, le plan Monnet, l'ENA, la Rhénanie — Une déception : le ravitaillement ; un espoir : la rentrée des prisonniers — Le temps des épurateurs — Procès du maréchal Pétain — Le procès et la mort de Pierre Laval — Pourrons-nous sauver l'Empire ? Premiers séismes — Oui-oui, mais...

Fin de la plus grande tuerie de l'histoire

Année de la victoire alliée. Année de Yalta. Première année de l'ère nucléaire.

Du 13 janvier — où l'Armée rouge atteint les frontières de l'Allemagne tandis que les Américains s'emparent d'Okinawa, dernière base avant l'éventuelle invasion du Japon — au 15 août, qui marque officiellement, avec la capitulation de l'empereur Hirohito, la fin des hostilités mondiales, les Alliés ne publient que des communiqués de victoire.

Le haute Alsace, avec Colmar, est libérée dès février.

Le 17 janvier, les Russes sont à Varsovie ; le 13 février, à Budapest.

Dès le 4 février, sur les bords de la mer Noire, à Yalta, plus exactement à Livadia, dans l'ancien palais d'été des tsars, Churchill, Staline et Roosevelt se réunissent en conférence secrète pour décider du sort de l'Allemagne une fois vaincue et fonder, avec l'ONU (Organisation des Nations unies), les conditions de ce que Roosevelt appelle une « paix d'or ». La conférence se prolonge sur huit jours. La France n'y participe pas. « Elle ne s'est pas assez bien battue, a dit Staline. Elle s'est moins bien battue que la Yougoslavie. » Les supergrands ont la mémoire courte. En septembre 1939, la France était pour ainsi dire seule face aux cohortes hitlériennes : elle mobilisait trois millions d'hommes pour seulement trois cent mille Anglais ; les Etats-Unis restaient neutres ; Staline était l'allié de Hitler. Mais tel est bien le cas : en 1945, la France n'est plus tenue pour grande. Et les trois supergrands, de surcroît, ne tiennent-ils pas de Gaulle, comme l'a dit Staline à Moscou, pour un « intraitable » ? Invite-t-on à un traité un intraitable ? Et les trois supergrands de conduire, dans une atmosphère d'allégresse, avec à l'appui force caviar et toasts à la vodka, une négociation qui aboutit de fait à un véritable partage du monde entre Est et Ouest. Tout au plus consentent-ils à faire à la France l'aumône d'une zone d'occupation en Allemagne. Encore faut-il savoir qu'on ne la lui a pas attribuée directement : la zone française sera découpée sur la zone prévue pour les Anglo-Américains.

Hitler n'aura pas eu le temps d'utiliser ses « armes nouvelles ». Tous les fronts allemands s'écroulent.

Le 7 mars, les Américains franchissent le Rhin à Remagen.

Königsberg tombe le 10 avril — vite rebaptisé Kaliningrad.

Roosevelt ne verra certes pas la victoire finale. Il s'éteint le 12 avril à Warmsprings, en Géorgie, où il tente de réchauffer son pauvre corps de grand malade au soleil. Il pose pour le peintre russe Elizabeth Schoumatoff quand, portant la main gauche au front, il se plaint : « J'ai très mal. » Il adresse un suprême regard à sa bien-aimée Lucy Rutherford, ancienne secrétaire d'Eleanor Roosevelt, à qui l'unit une liaison de trente ans. Il s'écroule. Il rend l'âme deux heures plus tard. Par un message écrit au crayon, il a fait connaître sa volonté d'être enterré dans sa propriété familiale de Hyde Park, au milieu du carré de roses que chérissait sa mère... Il est remplacé à la Maison-Blanche par le vice-président Harry Truman.

Mais le Reich s'écroule. Grand soir des dieux nazis. Tout Berlin est en flammes. Dans leur ultime assaut contre la capitale du Führer, les Russes auront lancé treize armées — près d'un million d'hommes. Fin atroce de ce Troisième Reich qui devait durer mille ans. Le 20 avril, pour son cinquante-sixième anniversaire, Hitler remet ses dernières croix de fer à ses derniers soldats : des « Hitlerjugende » de quinze ans. Seule question : pourquoi les Anglo-Américains ont-ils abandonné aux Soviets une ville qu'ils avaient toute possibilité de conquérir les premiers ? Pourquoi les forces gigantesques des Anglo-Saxons, près de quatre-vingt-deux divisions, plus de quatre millions et demi d'hommes parvenus sur l'Elbe à moins de soixante kilomètres, ont-elles brusquement reçu l'ordre de s'arrêter sur place ? Eisenhower a pourtant déclaré à ses généraux que Berlin constituait le principal objectif... Alors quoi ? Peur de faire tuer trop de ses hommes ? Décision prise dès l'année précédente à Londres ? Suprême cadeau de Roosevelt à Staline ?... On n'a pas fini d'en gloser. Cette résolution va bientôt se révéler désastreuse sur le plan politique...

Le 25 avril, Russes et Américains font leur jonction sur l'Elbe à Torgau.

Les Français ont l'honneur de s'emparer de Stuttgart et de la résidence hivernale du Führer à Berchtesgaden.

Benito Mussolini, pris par les partisans communistes du colonel Valerio près de Dongo, est sommairement jugé avec sa maîtresse

Clara Petacci. Ils sont exécutés, fusillés dans le dos, le 28 avril. Les deux cadavres sont exposés à l'étal d'une boucherie de Milan, pendus par les pieds.

C'est le 30 avril qu'Adolf Hitler se suicide, à seize heures trente, dans son bunker de la chancellerie à Berlin, avec Eva Braun, qu'il vient d'épouser.

L'ONU fait ses premiers pas. La réunion constitutive se tient le 25 avril à San Francisco, avec cinquante délégations. Elle vote sa Charte à peine cinq jours plus tard.

Elles sont revenues, les vastes migrations des temps barbares. Prague fait chasser de Tchécoslovaquie les quatre millions d'Allemands des Sudètes. Les Polonais expulsent les Allemands de leurs provinces « désannexées » de Posnanie et de Haute-Silésie. La peur des « Mongols » vide les Etats baltes et la Prusse-Orientale. D'autres fleuves humains coulent de Hongrie, d'Autriche, de Roumanie, du Danemark, d'Alsace et de Lorraine. Se produit la migration la plus colossale de toute l'aventure humaine. Environ 15 à 16 millions d'êtres humains errent sur les routes, « déracinés de la vingt-cinquième heure ».

L'Allemagne dans son ensemble capitule deux fois.

Le général Jodl signe la première capitulation le 7 mai, à minuit et une minute à Reims. (La France y est représentée par le général Sevez, en place de De Lattre qui, en son PC de Lindau, sur le lac de Constance, n'a pu être prévenu à temps. D'ailleurs, furieux, de Lattre proteste. « Il vaut mieux être le vainqueur que le signataire », lui explique de Gaulle, lui tout radieux — de Gaulle qui annonce la grande nouvelle à la radio.)

De Lattre figure cependant à la seconde, qui s'effectue le 8 mai à Berlin. Le soir du 7, un avion américain vient le prendre à Lindau. Joukov est le premier étonné : on ne lui avait pas annoncé du tout un représentant de la France. En revanche, l'air marshall Tedder ne l'est pas, non plus que le général Spaatz, commandant américain des escadres de bombardement, qui prépare le cérémonial. De fait, on improvise. Pour tout logement, le général français a droit à une chambre de sous-officier, en toute hâte libérée pour lui et ses adjoints. Trois matelas sont jetés à même le plancher. Comme il a faim, il s'exprime par gestes devant le colonel soviétique de service, qui sourit. Le colonel hoche la tête. Compris ! Il disparaît et revient avec... un phonographe !... Le 8 mai au matin, le malentendu reste tel que le fier gentilhomme doit encore plaider, de tout son sourire, pour obtenir confirmation de sa place. Du coup, obligation est de retaper les protocoles. Ça prend des heures. J'attendrai, nous attendrons, dit de Lattre. En toute hâte, deux secrétaires soviétiques confectionnent un drapeau tricolore en utilisant le rouge d'un emblème nazi, le blanc d'un drap de lit et le bleu d'une combinaison de tankiste. Encore faut-il le refaire : dans la première version, les bandes sont cousues horizontalement ! Mais enfin, tout est bien qui finit bien. Cadre : la salle d'honneur de l'école des sous-officiers de

Karlshorst. Le maréchal Joukov préside. On fait entrer les plénipotentiaires allemands, le maréchal Keitel en tête. « Les Français aussi ! » observe-t-il avec une moue en apercevant de Lattre. Il salue en levant son bâton de maréchal sans recevoir de réponse. Il reconnaît la reddition inconditionnelle de toutes les armées allemandes et n'obtient même pas le moindre délai pour en faire l'annonce à ses soldats. On amène les protocoles. Il n'y en a que neuf, trois en russe, trois en anglais et trois en allemand. Les épreuves en français n'ont pu être terminées à l'heure dite. De Lattre juge vain d'exiger une version française. Au moment des toasts, après le départ de Keitel, on boit à l'épique Russie, à la toute-puissante Amérique, à l'héroïque Angleterre, cul sec tovaritch ! On oublie de trinquer à la France. De Lattre choisit de hausser les épaules. De Gaulle, prévenu, n'a qu'un commentaire : « Je ne voulais que la photo. »

Les dernières garnisons allemandes restées fixées sur le territoire français se rendent dans les derniers jours. Royan est délivré à la mi-avril ; l'île d'Oléron le 29 avril. La libération définitive de La Rochelle a lieu le 8 mai à six heures du matin. Les « poches » de Lorient et de Saint-Nazaire sont liquidées dans la matinée du 9. Ce même 9 mai dans l'après-midi, le rude amiral allemand Frisius, commandant la base de Dunkerque, signe son acte de capitulation. C'est la dernière ville française à être libérée, mais Frisius ne dissimule pas son mépris quand il rend son épée, refuse de déposer ses armes entre les mains des maquisards, et les honneurs du jour vont aux unités anglaises et à la « brigade indépendante tchèque » engagées sur le secteur. Les correspondants de guerre français sont même exclus de la cérémonie !

L'univers horrifié découvre l'enfer des camps de concentration. Aux limites de l'inimaginable. Noms à jamais maudits : Buchenwald, Maïdanek, Dachau, Ravensbrück, Bergen-Belsen (où les Anglais trouvent 13 000 cadavres de typhiques gisant sur le sol, qu'il faut enterrer au bulldozer[1]). Les survivants sont des squelettes en pyjama rayé. Horreurs indescriptibles. Il faut même apprendre que des médecins SS, dans des « blocs spéciaux », se seront livrés à des vivisections humaines, des expériences sur la survie en mer des aviateurs (le docteur Holzlöhner à Dachau), la fiabilité de nouveaux vaccins (docteur Ding à Buchenwald), la stérilisation des « sous-hommes » (les Juifs, les Gitans et les dégénérés), la transplantation de tissus ou d'os (docteur Gebhardt à Ravensbrück).

Décision est confirmée que les plus grands dirigeants nazis seront jugés comme « criminels de guerre » devant un tribunal quadriparti à Nuremberg.

A Moscou, le 24 juin, Staline préside la grandiose parade de la victoire, sur la place Rouge. Défilant sous une pluie battante, des milliers de soldats jettent aux pieds de leur imperator, par brassées,

1. Dans l'immédiat, on ne parle pas encore d'Auschwitz qui ne sera découvert ou révélé que plus tard.

des drapeaux de la Wehrmacht et les lourdes bannières nazies copiées sur les aigles romaines.

Tandis que les Européens, Russes compris, commencent à faire le décompte de leurs ruines, les Américains engagent le maximum de forces contre le Japon, qui résiste encore.

Fin juillet, la conférence de Potsdam confirme les décisions de Yalta — mais c'est Truman qui représente les Etats-Unis et, les derniers jours, le travailliste Clement Attlee, flanqué d'Ernst Bevin, représente la Grande-Bretagne en place de Winston Churchill, vaincu aux élections à la surprise générale. La France n'y participe encore pas. Comme prévu, elle n'en aura pas moins droit à une zone d'occupation (deux territoires séparés par une solution de continuité, l'un couvrant tout le Palatinat et le sud de la Rhénanie, l'autre englobant une partie du pays de Bade et du Württemberg) et à un secteur d'occupation à Berlin (les quartiers de Fronehau et de Wedding).

Staline se retrouve maître d'un formidable empire. Il s'approprie toute l'Europe de l'Est, depuis le cap Nord jusqu'à l'Isonzo. Toutes les capitales danubiennes et balkaniques tombent entre ses griffes. Plus que jamais, il ignore le traité de Versailles, par exemple proclame que l'Allemagne ne sera plus demain ni après-demain telle qu'elle était en 1937, antérieurement à l'expansion hitlérienne. A ses yeux, l'Allemagne n'est plus qu'un « pays sans gouvernement ni frontières », un domaine sans maître sur lequel il entend se servir à discrétion. Ainsi rattache-t-il d'autorité à l'Union soviétique la Prusse-Orientale, les provinces polonaises qui se trouvent sur la frontière russe (la Pologne recevant en échange les provinces allemandes situées à l'est de l'Oder-Neisse, plus, sur la rive gauche du fleuve, sur la Baltique, le port de Stettin), et de larges pans du territoire roumain. A se demander même si le « tsar rouge » ne projette pas de s'emparer de tout le continent européen.

La bombe atomique entre dans l'histoire. La première est expérimentée le 16 juillet par les savants américains dans le désert du Nouveau-Mexique. La deuxième, déchaînant tout un enfer, est larguée le 6 août, à huit heures quinze, sur la ville japonaise d'Hiroshima, par la superforteresse *Enola Gay* du colonel Tibbets (il l'a baptisée des deux prénoms de sa mère). A peine trois jours après, le mercredi 9, un autre champignon d'apocalypse s'élève sur Nagasaki. « *My boys*, annonce le président Truman à ses marins tandis qu'il s'en retourne de Potsdam à bord de l'*Augusta*, nous leur avons collé sur le citron un pavé de plus de 20 000 tonnes de TNT... »

La Japon capitule le 15 août. La soumission des Nippons s'effectue le 2 septembre, au cours d'une cérémonie sur le *Missouri*, que préside le général MacArthur et où la France est représentée par le général Leclerc.

La guerre mondiale s'achève dans son 2 194e jour, presque heure pour heure six ans après son commencement. Soixante et une nations et 100 millions d'hommes y ont pris part. Entre 32 et 40 millions de vies humaines ont été sacrifiées.

Toute une explosion de joie de vivre : les caves joyeuses

Pas étonnant si, à peine le canon s'est-il tu, toute une explosion universelle de joie éclate — particulièrement en France.

A nous ainsi, les joyeuses et délirantes caves de Saint-Germain-des-Prés.

La première à s'ouvrir, à la diligence du sculpteur Yves Corbassière, s'appelle *Le Tabou.* Quand il la découvre, à la lueur d'une bougie, elle est pleine de tonneaux et de pneus neufs (fournitures américaines que des soldats noirs ont entreposées là pour satisfaire aux commandes du marché noir). Quinze jours plus tard, le local est flambant neuf. On danse follement à qui mieux mieux des be-bop et des boogie-woogie. Atmosphère déchaînée. « Début d'une nouvelle ère joyeuse », annonce Corbassière, dès lors porte-drapeau de la joie de vivre. L'ère des folles caves commence. Naissance d'un mythe. Des « rats de cave » font le spectacle, garçons à longs cheveux pas propres, filles sanglées dans des pantalons corsaires, virtuoses du jitterburg.

Impossible d'ignorer l'événement. On voit se précipiter au spectacle des personnages mondialement célèbres, Christian Bérard, Ali Khan, Marlene Dietrich, Orson Welles, Greta Garbo. On se sert à des baquets de champagne qu'on distribue à la louche. Roger Pierre et Jean-Marc Thibault débutent. Surgit avec son saxo Boris Vian, ancien élève de Centrale, auteur, sous le pseudonyme américain de Vernon Sullivan, du roman best-seller des caves, *J'irai cracher sur vos tombes.* C'est fou, fou, fou.

A nous toutes sortes de ruches sœurs, caves ou bistrots, *Le Bar vert*, ancienne boucherie ; le *Club Saint-Germain ; Quod Libet*, où s'imposent le père Bruckberger, dominicain de choc et de cinéma, scénariste à ses heures, et un jeune auteur de chansons au vitriol, Léo Ferré.

A nous les zozos — frères des muscadins du Directoire, des tenants médiévaux des chaussures à la poulaine, des mignons du Valois, et des zazous des premières années 1940 — danseurs de swings frénétiques. Les fous de jazz. Longs cheveux lustrés à l'huile de salade, pantalons étroits foncés sur de gros souliers non cirés, une cravate de laine grossière, avec leurs nanas, ce n'est même pas le swing qu'ils dansent, c'est l'ultra-swing.

A nous l'existentialisme, philosophie indéfinissable dont Jean-Paul Sartre est le pape et dont se réclament tous nos zozos. Il habite une chambre plus que modeste et mal chauffée à l'*Hôtel de Louisiane*, rue de Seine. Tous les matins, avec sa compagne, Simone de Beauvoir, du coup surnommée « Notre-Dame de Sartre » ou la « Grande Sartreuse », ancienne sévrienne aux beaux yeux de palombe, agrégée de philosophie comme lui, il occupe la place la mieux chauffée du *Café de Flore*, sur le boulevard Saint-Germain, au plus près du poêle à sciure — où se retrouvent aussi Camus, Merleau-Ponty, Picasso, le chanteur bohème Mouloudji. « Il faut toujours y supporter une abominable odeur pauvre d'encre et de saccharine », raconte Guillaume Hanoteau. La maison n'est guère plus brillante que du temps de la guerre, où le philosophe ramassait les mégots pour bourrer sa pipe. Il n'empêche que le bonhomme sait cultiver sa légende : c'est du grand art. Le voici même à s'acharner déjà à se faire passer pour le plus grand penseur de la nouvelle République.

Paris à nouveau capitale de l'esprit, de l'art, de l'élégance

Paris redevient du moins vite capitale de la haute culture.

Récupérant son entresol du Palais-Royal, Jean Cocteau a retrouvé toute sa verve et multiplie les « mots », que le Tout-Paris se répète, en montrant sur ses murs les tableaux de son cher Jean Marais, pour l'heure mobilisé « chez Leclerc ».

Sacha, sorti de Fresnes, termine un livre sur ses expériences de prisonnier, *Soixante jours de prison*. Il dit : « La Libération ? J'en fus le premier prévenu. »

Mauriac polémique tendrement avec les jeunes communistes de l'hebdomadaire de combat *Action*, où Pierre Hervé le traite de « vieille corneille élégiaque ».

Nous perdons Paul Valéry. Le poète du *Cimetière marin* s'en va, le 20 juillet, comme terrassé par une espèce de lassitude et par l'usure des jours, au faîte de la gloire. Le général de Gaulle lui fait consacrer des obsèques nationales. « Il les aurait acceptées, remarque Gide, sauf à en sourire. » L'enterrement a lieu à Saint-Honoré-d'Eylau en présence du Tout-Paris et du chef de l'Etat. La dernière demeure est à Sète, devant la mer « toujours recommencée ». C'est là, au seuil de l'éternité, qu'il appareille, « l'âme exposée aux torches du solstice », comme abandonné au « Temple du temps qu'un seul soupir résume ». Sur la tombe, on peut lire : « O récompense après une pensée — Qu'un long regard sur le calme des dieux. »

L'heure nous prive de nombre d'autres plumes. Pierre Drieu la Rochelle, pour n'être pas emprisonné, se suicide. Robert Desnos meurt en déportation. Montherlant est en quarantaine. Marcel Aymé interpelle Arletty, d'un quai de métro à l'autre : « Vous êtes épurée ? Moi aussi. »

Mais les Lettres françaises retrouvent leur zénith.

Romain Gary donne *Education européenne* ; Sartre, *Les Chemins de la liberté* ; Roger Vailland, *Drôle de jeu* ; Gaston Bonheur, *Le Glaive nu* ; Simone de Beauvoir, *Les Bouches inutiles*.

Colette se distingue. La « grande dame de nos Lettres », la « recluse du Palais-Royal », Gigi pour les intimes, entre à l'académie Goncourt, première femme à violer en France le seuil d'une académie. (On dit surtout que les Goncourt auront été trop heureux de faire la nique aux académiciens en bicorne.)

Camus fait jouer *Caligula*.

A l'Athénée, Louis Jouvet crée une pièce posthume de Jean Giraudoux, *La Folle de Chaillot*. Aurélie, dans le rôle de la Folle, en oripeaux multicolores, est Marguerite Moreno, en guerre contre tous les affairistes, les « mecs », comme les appelle son ami le chiffonnier qu'incarne Jouvet. Pièce sociale, manichéenne et sombre. Décors superbes de Christian Bérard. On applaudit beaucoup une phrase : « La vérité n'a de valeur que ce qu'elle a une encaisse en lingots. »

A nous toute une nouvelle génération d'écrivains, Jules Roy, officier aviateur ; Claude Roy, ancien monarchiste qu'on présente comme le nouvel espoir de l'intelligentsia communiste ; Jean-Louis Bory, prix Goncourt avec *Mon village à l'heure allemande* ; Thierry-Maulnier, rescapé miraculé de l'extrême droite ; le pied-noir Emmanuel Roblès, prix du roman populiste pour *Travail d'homme*.

« Je n'écris qu'avec un lointain devant moi », confie Julien Gracq, le plus ténébreux de nos écrivains, né Louis Poirier à Saint-Florent-le-Vieil, à mi-chemin d'Angers et de Nantes. Quoi qu'il en soit, il a un beau succès avec un ouvrage, *Un beau ténébreux*, qui marque joliment un retour au roman éternel, hors des modes et hors de l'actualité. Un retour au romantisme. Enfin, nous respirons de l'ailleurs.

Nous réapprenons à vivre intensément avec les peintres.

Jean Dubuffet, né au Havre, fils d'un négociant en rhum, père de l'Art brut, joue sympathiquement les insurgés. L'an dernier, il nous donnait *Petit hurleur, Bocal à vache, Grand Nu charbonneux, Petit Nu verdâtre*. Il récidive, dans les mêmes lieux du scandale, galerie Drouin, avec une exposition intitulée *Mirobolus, Macadam et Cie*. Vous découvrez des tableaux faits avec du mâchefer, du sable, du bitume, des cailloux, des poils, des ficelles, des arêtes de poisson, des tickets de métro et de vieux bouts de verre liés avec du Duco ou du Ripolin. Il appelle cela des « hautes pâtes ». Trop près du radiateur, elles fondent. Il commente alors : « Les hippopotames transpirent. » En politique, il se dit pour Gengis Khan, les grands massacres et les époques magdaléennes. Il vous assure que le vase de Soissons ne contient que du vent. « Comment ne pas l'aimer ? s'exclame Alexandre Vialatte. Il rit franchement, parle l'arabe, ressemble à Eric von Stroheim et peint à tour de bras et de squelette de sole. Mais c'est ainsi qu'Allah est grand... »

Il n'est pas le seul à nous interpeller. Le Breton Tal Coat, fils d'un pêcheur de maquereaux, tour à tour forgeron, bûcheron, clerc de notaire, ouvrier agricole, peintre céramiste et modeleur de figurines aux Faïenceries de Quimper, colosse à la gueule taillée à coups de serpe, auteur d'une série de scènes pathétiques sur la guerre d'Espagne, *Les Massacres*, nous donne de toute sa vigueur d'épiques *Coqs, Poissons* et *Taureaux* qu'il fait venir d'une autre planète. Jean Fautrier, que Jean Paulhan appela l'Enragé, expose « à coups de poing ». Cela s'appelle *Les Otages*. A nous torturés, déportés, fusillés, suppliciés.

La situation du cinéma français est présentée comme catastrophique. La pellicule reste trop rare. Les prix de revient sont prohibitifs. Les épurateurs ont dressé de trop longues listes noires. Les films d'Hollywood débarquent en masse, déferlent sur nos écrans.

Il y a des échecs, tel *L'Espoir* ou *Sierra de Teruel* de Malraux : on commence déjà à en avoir assez, des histoires de guerre.

Mais il y a à nouveau d'admirables œuvres.

Un triomphe va à un film tourné en grande partie sous l'Occupation, *Les Enfants du paradis*, de Marcel Carné, dialogues de Jacques Prévert. C'est historiquement la plus grande superproduction française, destinée à occuper l'écran plus de trois heures. Aux rôles : Arletty, qui prend une belle revanche ; Barrault ; Pierre Brasseur ; Maria Casarès.

On galope voir Jean Marais et Viviane Romance réunis dans *Carmen* de Christian-Jaque.

Paris redevient capitale de l'élégance. Larges épaules, taille serrée, chapeaux fantaisie et lourdes chaussures (rarement à semelle de cuir), la nouvelle mode n'a vraiment pas renouvelé celle des années noires. Mais on voit revenir la robe du soir à large décolleté, et voici paraître les « premières collections du pays libéré » avec, en prédominance, selon du moins *Modes et Travaux*, le « tailleur net mi-ville mi-sport, la robe-manteau en lainage écossais, chiné, mélangé de poils de lapin, et le deux-pièces dérivé du sweater et de la jupe plissée ». Les jupes s'arrêtent à la naissance du mollet : on économise le tissu. Les chapeaux ont des fleurs. On croit voir la Française renaître.

De Gaulle à la barre : nationalisations, l'atome, le plan Monnet, l'ENA, la Rhénanie

Et de Gaulle de gouverner.

Avec des hauts et des bas.

Avec aussi de violentes sautes d'humeur, ce qui fait dire à Georges Bidault, s'adressant à Vincent Auriol : « Je n'aurai jamais vu un homme prendre autant de mouches avec du vinaigre. »

Il crée les comités d'entreprise, accordant un droit de représentation au personnel des entreprises de plus de cinquante ouvriers ou employés et leur donnant un droit d'information et de consultation au sujet du fonctionnement de ces entreprises.

Il nationalise la société Gnome et Rhône, ainsi qu'Air France, puis la Banque de France, le Comptoir d'escompte, la Société générale et la BNCI.

Il instaure la Sécurité sociale.

Il arbitre un grave débat entre son ministre des Finances, René Pleven, et son ministre de l'Economie, Pierre Mendès France. Dans une lettre au Général datée du 18 janvier, nourrie d'âpres critiques, Mendès, afin d'atténuer l'inflation, préconise un échange de tous les billets en circulation et le blocage d'une partie des sommes échangées, durant la période de convalescence de l'économie du pays. Il expose les avantages d'une telle réforme. Si elle réduit le pouvoir d'achat, elle ne gêne que quelques catégories privilégiées. Elle permet de déterminer la quantité exacte de la monnaie en circulation. Elle conduit à instaurer un impôt exceptionnel sur la fortune et à prélever les surplus acquis par les profiteurs du marché noir. Il écrit : « On nous a saisis d'un budget dont les dépenses sont trois fois et demie plus élevées que les recettes, sans qu'aucun effort de compression, de classification des urgences ait été opéré... On nous a fait prévoir l'emprunt à jet continu ; il ne manque même pas les douzièmes provisoires à cette série bien connue d'un pays qui réclame du neuf. Tout cela a été fait et refait vingt fois dans les années d'avant-guerre avec les résultats que l'on connaît. Or le manque de courage et d'imagination dans les finances publiques a été, tout autant que les erreurs dans les doctrines militaires, une cause essentielle de la défaite de 1940. » Le procès est celui de la facilité, autrement dit de l'inflation. René Pleven, lui, ne veut pas imposer de traitement de choc à un trop grand malade. De Gaulle opte pour la médecine lente. Mendès quitte le gouvernement.

Nous ne nous laissons pas intimider par l'effort titanesque accompli depuis trois ans par la plus puissante nation du globe sur le plan de l'énergie atomique, par trois villes-usines-laboratoires créées de toutes pièces (Oak Ridge, Hartford et Los Alamos), des dizaines de milliers de savants et de techniciens de toutes disciplines et un effort financier tel qu'il rend ridicule le budget total d'un pays moyen — tant il est évident que la science moderne n'a plus rien à voir avec l'historique et misérable hangar-laboratoire des géniaux Pierre et Marie Curie. Nous pourrions pourtant baisser les bras : la France, isolée, tenue à l'écart ou même dans l'ignorance des grandes réalisations accomplies à la faveur d'un effort de guerre sans précédent dans l'histoire de l'univers, après une interruption de six ans de ses propres recherches, et alors que son infrastructure technique est en grande partie détruite, semble avoir un siècle de retard. Mais de Gaulle relève le défi. Il fonde le commissariat à l'Energie atomique. Maître d'œuvre : Raoul Dautry, pas du tout un atomiste, un polytechnicien spécialiste des chemins de fer, l'homme qui en trois mois, en 1918, mit sur pied les transports nécessaires à l'ultime offensive de Foch, petit bonhomme noiraud au regard vif sous des sourcils noirs et aux méthodes assurées, de surcroît riche de l'expérience qu'on pu lui conférer plusieurs postes ministériels. Il n'y a rien. Tout est à créer. Autant voir naître une nouvelle épopée — dans un appartement réquisitionné, ayant appartenu à Louis

Renault, avenue Foch, auquel va bientôt s'adjoindre (le temps de faire déplacer le lieu des exécutions capitales) le fort de Châtillon. Les hommes : Frédéric Joliot, fils de communard, grand résistant, communiste, ingénieur, ancien collaborateur de Marie Curie, époux d'Irène Curie (fille de Marie), bientôt prenant le nom de Joliot-Curie ; et toute une équipe de jeunes savants, Pierre Auger, Francis Perrin, Léo Kowarski, Jules Guéron, Bertrand Goldschmidt. A ceux qui doutent, ils peuvent du moins faire valoir qu'à la Belle Epoque, la France fut la toute première puissance atomique. Ils peuvent aussi se référer aux admirables travaux de nos savants atomistes dans les années 1930. L'équipe ne s'aventure pas en terre inconnue. Elle a même d'emblée la matière première : un stock jalousement caché durant l'Occupation, une dizaine de tonnes d'oxyde d'uranium.

Le pays répond à l'appel de rénovation. Le Français, dans de multiples domaines, retrouve l'esprit d'imagination, d'invention et de compétition. On teste à Biscarosse les premiers vols du premier prototype de l'aviation commerciale construit depuis la Libération : le SO 30 Bellatrix. Nous inaugurons à Montmorency le téléphone hertzien (ondes centimétriques se rapprochant du radar). Achille Dufour invente un procédé optique permettant d'obtenir au cinéma des premiers plans et des arrière-plans nets. L'avion géant Latécoère 631 effectue son premier grand voyage : Biscarosse-Dakar. L'hydravion français *Lionel de Marmier* (du nom du pilote personnel de De Gaulle durant la guerre) fait merveille dès ses premiers envols ou amerrissages. L'Institut Pasteur à Paris installe un microscope électronique grossissant 50 000 fois les objets.

Télévision en vue. La première démonstration a lieu le 29 mars dans les locaux de la rue Cognacq-Jay en présence de personnalités invitées à visiter le studio de prises de vue et un couloir équipé de quelques récepteurs. Jean Thévenot anime cette « émission historique ». On assiste à la diffusion de *La Danse de la robe de plumes*, réalisation de Pierre Gout, assisté d'Alain Resnais. Artistes : Dany Robin, le mime Marcel Marceau et Paul Barré. On reprend les normes françaises d'avant-guerre : le 455 lignes. Tout un programme d'essais s'ensuit. Des émissions fictives sont réalisées en studio, atteignant jusqu'à trente heures par semaine. Déjà en fin d'année, on peut commencer à passer du fictif au réel.

On reconstruit à tour de bras l'économie française. On s'aligne sur les idées maîtresses figurant dans un ouvrage important de Vincent Auriol, *Hier-Demain*. On conçoit tout un plan de reconstruction, *le Plan*. Le seul paradoxe est qu'il est confié à Jean Monnet, qui n'a rien ni d'un technicien ni d'un doctrinaire. Il n'est pas davantage un économiste classique. Ses meilleurs amis disent de lui qu'il peut confondre milliards et millions de tonnes de charbon. De plus, il n'impressionne pas. Il est dépourvu de tout signe d'autorité. Une courte silhouette. Un visage ovale à mini-moustache pour monsieur Tout-le-monde. Des yeux froids. C'est un personnage neutre, sans le moindre lyrisme, tout à fait à l'opposé d'un visionnaire. On le dit même champion de la lapalissade. Mais il sait avec obstination servir des idées simples dans le langage le plus simple. Il peut indéfiniment répéter les mêmes explications jusqu'à ce que son interlocuteur reconnaisse l'avoir compris. Il rabâche même à un point qu'on croirait entendre un vieux maître d'école radoter. Mais, également champion de la guerre contre tout gaspillage, il n'a pas son égal pour remplir son agenda de bonnes adresses : il se sera fabriqué le plus riche réseau de relations politiques, communales et bancaires jamais connu. Et il sait s'entourer. S'installant rue de Martignac dans un petit hôtel inespérément trouvé par Gaston Palewski, il y réunit un team de premier ordre : Etienne Hirsch, calme ingénieur civil des mines ; Pierre Uri (entré bizuth à Normale supérieure à dix-sept ans, recordman national, dans la même promotion que le numéro un Soustelle), sacré « génie de l'équipe », le sorcier chargé de trouver des idées (si intelligent, dit Monnet, qu'il s'en embrouille), mais aussi Robert Marjolin, Paul Delouvrier, le jeune et étincelant inspecteur des Finances Félix Gaillard. Etienne Hirsch trouve que le budget qu'on leur alloue est trop maigre. « Tant mieux, dit Monnet, nous offrirons moins de surface. » (Le fait est qu'il va rester en place jusqu'en 1952, remplacé par Hirsch, et que la Quatrième République, en fin de course, n'aura compté que deux commissaires au Plan pour vingt-six présidents du Conseil !).

Et de Gaulle de fonder l'Ecole nationale d'administration (ENA), chargée de la formation de fonctionnaires se destinant au Conseil d'Etat, à la Cour des comptes, à l'inspection générale des Finances, aux carrières diplomatiques ou préfectorales.

Et de Gaulle de rendre visite à sa zone d'occupation en Allemagne. Il paraît solennellement à Neustadt-an-der-Weinstrasse. Le Palatinat, qui n'a pas perdu le souvenir de Louis XIV, est terrorisé. Ce de Gaulle passe pour un *Deutsche Fresser*, un bouffeur d'Allemands. On dit qu'il songe à annexer la province. Il parle. Les Rhénans n'en croient pas leurs oreilles. Il dit : « Le temps passera... Les blessures se refermeront... Le monde change... Je crois que nous serons de plus en plus proches, vous et nous... J'espère que les efforts que nous allons faire en commun nous donneront des raisons de vous rendre notre estime et notre confiance. » Il tient à saluer les notables. C'est tout miel qu'il leur souhaite le bonsoir. « *Guten Abend, meine Herren...* » Et même refrain à Trèves, Coblence, Bad Ems, Mayence, Fribourg, toutes cités sur lesquelles veillent désormais nos soldats.

Et d'organiser, au printemps des élections municipales, à l'automne des élections pour les conseils généraux, avec, pour la première fois, les femmes qui votent.

Et de narguer à de multiples occasions les gens de la Consultative, « ces lilliputiens » qui ont le front d'oser discuter parfois ses décisions.

Et d'être magnifiquement reçu par Truman à Washington — de connaître le 27 août un phénoménal succès personnel à New York — et de rencontrer un identique triomphe le 11 octobre à Bruxelles.

Une déception : le ravitaillement ;
un espoir : la rentrée des prisonniers

Evidemment, les difficultés de ravitaillement restent une obsession.

Le panier de la ménagère reste pauvre.

A peine croit-on pouvoir supprimer la carte de pain qu'il faut la rétablir.

Toutes les restrictions demeurent rigoureuses. Le vin ne manque pas moins que le beurre et la viande. « L'intendance suit », a dit le Général. Non. Elle ne suit pas. Le gaz reste coupé à vingt et une heures, l'électricité de neuf heures du matin à dix-sept heures.

Vêtements et chaussures ne sont obtenus, chichement, que contre des « points de textile ». Le combustible reste introuvable.

On jongle avec l'algèbre des tickets. L'utilisation rationnelle des points de textile révèle aux profanes bien des mystères du calcul des probabilités. Chaque matin, entre deux coupures de courant, on a hâte de se plonger dans la rubrique « Ravitaillement » de son quotidien (à pages réduites) afin de savoir où l'on va perdre des heures en d'interminables queues, avant de revenir avec un cabas presque vide.

Le malheureux Paul Ramadier, ministre du Ravitaillement, harcelé de critiques, aura distribué plus de discours que de pommes de terre et ses promesses abondent plus que le sucre dans le « succédané ». M. Ramadan, l'aura-t-on même surnommé.

Il n'y a plus l'alibi des Allemands, dont on disait qu'ils prenaient tout. On chante : « C'était pas la peine, assurément... de changer de gouvernement. »

Ça grogne de toutes parts. Les fonctionnaires, dont le traitement n'a pas été relevé, se mettent en grève. De Gaulle parle-t-il d'interdire le mouvement ? Communistes et socialistes menacent de quitter le cabinet si une telle éventualité se produit. Ils ne se gênent guère pour traiter de Gaulle d'esprit stratosphérique, n'ayant aucun sens des réalités.

Fait-on la chasse aux trafiquants du marché noir, en particulier à tous ces nouveaux riches que l'on appelle BOF (beurre-œufs-fromage), aisément reconnaissables à leur belle mine, à leur heureux pelage, aux triples semelles de leurs chaussures tout cuir, à leur élégance tapageuse, à ce sentiment de pérennité que leur donnent cinq années de prospérité ? Mais pour mieux leur enlever les billets « honteux » cachés dans coffres et lessiveuses, le gouvernement décrète le changement des billets. Cela ne va pas sans heurter tous les rentiers, retraités, fonctionnaires et paysans, tous ceux qui sou après sou ont honnêtement amassé depuis 1939 un légitime magot.

On n'en sort pas.

Par bonheur, vient cette immense joie nationale : le retour des déportés et des prisonniers. Rush énorme. Ils arrivent par trains entiers ou caravanes de camions, reçus magnifiquement dans de vastes camps d'accueil, d'où ils sont dispersés sur toutes les provinces. Rare, une si gigantesque joie collective. Hélas ! Plusieurs dizaines de milliers sont morts ou disparus. L'on n'en salue qu'avec plus d'émotion encore ces trains qui chantent — en particulier ces cortèges hallucinants de déportés à visage de squelettes...

Une magnifique bouffée d'oxygène et de jeunesse qui survient, du même coup, pour redonner à la nation un surplus d'énergie, de confiance et d'espoir. Du miracle.

Et toutes les hautes personnalités internées de retrouver elles aussi la mère patrie.

A peine revenu de Buchenwald, Christian Pineau est promu ministre du Ravitaillement, pour remplacer Ramadier, usé « à la cible ».

C'est par miracle que le colonel de La Rocque survit du camp d'Eisenburg.

Edouard Herriot, épanoui de bonheur, ceint à nouveau son écharpe de maire de Lyon.

Léon Blum se refuse toute trêve. Libéré le 4 mai dans les Alpes par l'armée américaine, arrivé à Naples le 8 et à Orly le 14, il publie dès le surlendemain son premier éditorial dans *Le Populaire*, son cher *Popu*. Ainsi entend-il mieux œuvrer pour le socialisme, qui réclame « la justice dans la nation pour maintenir la concorde, la justice entre les nations pour créer la paix ». Il est logé au Sénat, chez Gouin, en attendant que soit remise en état sa maison de Jouy-en-Josas pillée pendant l'Occupation. A peine quatre jours plus tard, le 20, à Montrouge, à la « conférence des secrétaires fédéraux » du Parti socialiste, follement acclamé, il livre le fruit de ses longues réflexions — déjà, de tout son courage, critiquant quiconque veut réserver le pouvoir politique aux anciens résistants, à l'exclusion des autres. Comme dans son livre *A l'échelle humaine*, conçu et rédigé en prison, qu'il publie en hâte et où il a le cran de présenter le Parti communiste comme un « parti nationaliste étranger », il s'efforce de tracer le contour d'un socialisme à la fois dérivé de Marx dans les analyses des faits économiques et profondément humaniste, dans l'âme de Jaurès. Phrases : « Le libéralisme économique est mort... Tout le monde sent la nécessité d'une organisation collective de la production et de la répartition des richesses. Il a bien fallu créer ces organismes collectifs pendant la guerre. Il faudra bien les maintenir et les renforcer dans chaque nation... On ne s'est pas seulement battu pour la liberté, hors de France et sur le sol français. La justice sociale, qu'est-ce que c'est d'autre, qu'est-ce que cela peut être d'autre que l'élimination progressive des privilèges créés par le capitalisme, que l'instauration d'une société où les inégalités naturelles ne soient surchargées d'aucune inégalité supplémentaire, où chaque individu trouve sa juste place... ? » Il manifeste bien quelque inquiétude quant à l'« espèce de convalescence fatiguée, nonchalante, paresseuse » du pays, mais chante sa foi en l'avenir du socialisme humaniste. Il refuse toutefois de rentrer au comité directeur de la SFIO, où sa belle-fille, Renée Blum, a été désignée pour le suppléer durant sa déportation. Il repousse même, « pour raisons de santé », le poste de ministre d'Etat que lui propose de Gaulle. Il veut se consacrer totalement à la réflexion, non à l'action — donner des avis, non prendre des décisions. Il ne veut pas davantage être candidat député, estimant en avoir passé l'âge : il a soixante-treize ans. Il ne veut même pas rendre visite à son ancienne circonscription de Narbonne. Puis, quand est réparée la petite maison de sa femme aux Metz, hameau dépendant de Jouy-en-Josas, il s'y installe pour y mener essentiellement une vie de méditation. Il devient l'« ermite de Jouy » — n'en jouant pas moins un rôle majeur au trente-septième congrès national SFIO, du 12 au 15 août, rédigeant la nouvelle charte du parti et faisant repousser l'idée de fusion organique avec le Parti communiste proposée par Maurice Thorez (par 9 921 mandats contre 271 et 221 abstentions).

Un certain nombre de personnages, cueillis par les Allemands, étaient « retenus » au château d'Itter, près de Kitzbühl, dans le Tyrol, un édifice gothique que Wagner habita : Gamelin ; Daladier ; Paul Reynaud (avec sa secrétaire qui sera un jour sa femme) ; le glorieux tennisman Jean Borotra (à Vichy haut commissaire aux Sports) ; le général Weygand ; l'ancien ambassadeur à Berlin André François-Poncet ; le secrétaire général de la CGT Léon Jouhaux ; quelques autres. Ils sont libérés par la 103e division américaine du général McAucliffe, qui les régale à sa table à Innsbrück. Ils rencontrent ensuite à Lindau le général de Lattre de Tassigny. C'est le colonel Demetz qui est chargé de s'occuper d'eux. « Vous êtes colonel ? demande Daladier. Je ne vois pas vos galons, votre képi... » Réponse du colonel : « Les galons se portent dorénavant sur les épaules et le képi est remplacé par un calot aux couleurs de chaque arme... » Grognement du Taureau du Vaucluse : décidément, les paysages ont beaucoup changé. Weygand et les anciens ministres de Vichy sont simplement prévenus qu'ils seront accueillis à Paris « sous bonne garde ». « Mais j'ai toujours été anti-allemand, proteste Weygand, et je l'ai prouvé ! » Paul Reynaud ricane. Le général Gamelin, lui qui dit mal supporter l'avion, demande pour rentrer une « automobile avec un bon chauffeur et un excellent sous-off sachant lire une carte ».

Evidemment aussi, l'épuration continue de provoquer tempête sur tempête.

Le vent des châtiments souffle certes sur toute l'Europe. Belgique, Hollande, Norvège exercent sévèrement la justice.

En Allemagne, sept des bourreaux de Belsen et trente-six des bourreaux de Dachau sont pendus après des procès expéditifs.

Même l'Angleterre est impitoyable : on y pend le fils d'un ancien secrétaire d'Etat pour l'Inde, John Amery, propagandiste nazi, et William Joyce, dit lord Haw Haw à cause de sa manie de se racler la gorge quand il parlait à la radio allemande.

On juge à Nuremberg vingt et un « criminels de guerre » avec en tête le maréchal Goering, Rudolf Hess, l'ancien ministre des Affaires étrangères Joachim von Ribbentrop, le théoricien nazi Alfred Rosenberg et le Feldmarschall Wilhelm Keitel. Les débats s'ouvrent le 20 novembre. Ils sont envisagés comme devant durer plusieurs semaines. Les quatre « grands » en assument la responsabilité, Etats-Unis, Royaume-Uni, Union soviétique et France (car nous sommes désormais tenus pour « grands »). Nous comptons donc un juge sur quatre, Henri Donnedieu de Vabres, et quatre membres du ministère public sur seize : François de Menthon, Georges Champetier de Ribes, Charles Dubost et Edgar Faure.

Mais tous les historiens, à l'exception des communistes, conviendront que c'est en France que la répression aura été la plus lourde.

La Haute Cour et les chambres civiques auront prononcé dans la seule année 7 040 condamnations à mort — dont 4 397 par contumace.

Adrien Tixier, ministre de l'Intérieur, estime à 105 000 le nombre des exécutions sans procès, dont environ la moitié dans le seul Midi, de Nice à Toulouse.

Début mai, plus de cent mille personnes attendent encore leur mise en jugement dans des prisons plus surpeuplées que celles de 1793.

Quelques procès font particulièrement sensation.

Robert Brasillach, Catalan de Perpignan, trente-six ans, ancien de Normale supérieure, esprit exceptionnellement brillant, critique littéraire à *L'Action française* dans les premières années 1930, rédacteur de l'hebdomadaire *Je suis partout* à partir de 1937, auteur d'ouvrages réputés comme *Le Voleur, Le Marchand d'oiseaux* et *Comme le temps passe*, poète de génie, a refusé de s'enfuir. Dès qu'il est arrêté, il sait qu'il risque sa tête. Il choisit l'attitude de la fierté. Il reconnaît tout : oui, il a voué les communistes au poteau ; oui, il a écrit que les Juifs devaient être traités sans aucune sentimentalité, sinon avec fermeté. Il ne regrette pas un mot de ce qu'il a écrit. « Vous penseriez, dit-il, que c'est pour sauver ma peau et vous me mépriseriez. » On ne lui donne acte que de sa démission de *Je suis partout* en avril 1943 pour divergence de fond avec une direction et une rédaction devenues doriotistes à outrance. Le réquisitoire, quoique dénué de haine, est implacable. Me Jacques Isorni prononce en pure perte une étincelante plaidoirie. « La justice, s'écrie-t-il, n'a pas le droit de fusiller les âmes. » Brasillach est condamné à mort. « C'est une honte ! » crie une voix dans le public. « C'est un honneur », rectifie-t-il. Vainement, de nombreux écrivains résistants, en tête Mauriac, demandent sa grâce. Le recours en grâce est sèchement rejeté. Le condamné souhaite simplement mourir avec la photographie de sa mère sur son cœur. Il affronte très calme le peloton d'exécution, lié à son poteau, pardessus bleu et foulard rouge. Le maréchal des logis donne le coup de grâce. Il est neuf heures trente-huit, le 6 février.

Avec Joseph Darnand, c'est toute l'extrême droite qu'on semble juger et châtier. Cou de bélier posé sur une carrure de catcheur, silhouette rigide, parler rude et sans détour, on en oublie sa conduite héroïque en 1914 comme en 1939. Il fut de tous les mouvements et complots antirépublicains, Camelot du roi, Croix de feu, cagoulard. Il a été le chef de la si exécrée milice, puis membre du comité directeur de la LVF, officier des Waffen SS sur le front de l'Est après serment à Hitler. Il est arrêté en Italie. Il n'a aucune chance. Il a même porté l'uniforme allemand. Avant de faire face au dernier feu, il dit : « Salauds de communistes... ils ont donc fini par m'avoir... »

Autres exécutés : le « traître de Radio-Stuttgart », Paul Ferdonnet, qui pendant la guerre rédigeait les bulletins de la radio allemande sur Radio-Stuttgart à destination de la France, condamné après dix minutes de délibération. Et Jean-Herold Paquis, commentateur de Radio-Paris durant l'Occupation (durant quatre ans, la BBC n'aura cessé de répéter : « Radio-Paris ment, Radio-Paris est allemand »).

Charles Maurras est arrêté et jugé à Lyon, où *L'Action française* se replia après l'armistice. Le vieux ténor du royalisme, au côté de son collaborateur Maurice Pujo, a un procès de quatre jours, fin janvier, dans la salle trop petite de la cour d'assises. Il arbore ostensiblement la francisque (décoration du Maréchal) à sa boutonnière. Il défie systématiquement le système gaullien avec une audace incroyable. Il est tout à fait tel qu'il fut toujours, courte silhouette nerveuse, austère lorgnon de professeur style 1900, barbiche en bataille. Atteint de surdité totale, il doit recourir à un interprète spécialisé pour comprendre les paroles de l'accusation. Il échappe cependant au poteau. Déclaré coupable d'intelligence avec l'ennemi, il est condamné à la réclusion à perpétuité et à la dégradation nationale.

Les passions sont à leur paroxysme. L'ex-préfet du Rhône Angeli, en faveur de qui témoignent pourtant plusieurs résistants, échappe deux fois de justesse à la mort. Après sa condamnation, à Lyon, à la peine capitale, l'arrêt est si injuste qu'il est vite cassé en appel ; puis il n'est délivré qu'*in extremis* d'une foule d'émeutiers qui assiègent sa prison pour le lyncher.

Procès du maréchal Pétain

Apprenant à Sigmaringen par un petit poste que son procès par contumace doit commencer le 24 avril, le maréchal Pétain demande à Hitler, à deux reprises, de pouvoir regagner la France pour y être jugé contradictoirement. Hitler ne répond pas, mais le Maréchal est transféré le 21 à Zeill, petite localité au nord de Wangen, puis conduit à la frontière suisse au poste de Höschst-St. Margrethen. Il entre en Suisse le 24, jour de ses quatre-vingt-neuf ans. Il loge à Welsen, au bord du Wallensee. De Gaulle aimerait bien qu'il restât en Suisse, mais le vieillard, averti par les autorités de Berne à la demande de Paris, refuse absolument, disant : « On veut me mettre dans mon tort. On veut m'empêcher de sauver au moins mon honneur. Il n'en est pas question. » Il quitte la Suisse le 26 à dix-neuf heures vingt-sept. Il se présente au poste frontière de Vallorbe, où il est accueilli par le général Kœnig, lequel le salue militairement mais refuse de lui serrer la main. Il est ramené en train vers Paris, non sans être insulté de-ci de-là par des manifestants. Il ne prend la route qu'à Igny, pour gagner le fort voisin de Montrouge, logé avec sa femme dans deux petites pièces hâtivement blanchies à la chaux. Il est transféré dès le 22 juillet au Palais de Justice de Paris, où on l'installe dans le bureau du greffier transformé en cellule.

Le samedi 23 juillet à treize heures précises, comparaît donc devant la Haute Cour de justice Henri-Philippe-Bénoni-Omer Pétain, maréchal de France, ancien chef de l'Etat français à Vichy. Il est inculpé d'« atteinte à la sûreté intérieure de l'Etat et d'intelligence avec l'ennemi en vue de favoriser ses entreprises en corrélation avec les siennes » (*sic*). La scène se fixe dans la salle de la première chambre de la cour d'appel, d'ailleurs trop étroite pour la foule qui s'y entasse.

Le président a nom Mongibeaux ; le procureur général, Mornet (cent condamnations à mort dans sa carrière, dont celle de Mata-Hari).

En vérité, le procès intervient dans des conditions très discutables. Non seulement l'instruction, trop précipitée, aura laissé de côté trop de documents et de témoignages, mais un tel tribunal, même intitulé Haute Cour, n'a pas qualité pour juger. Il s'agit d'un procès politique. Philippe Pétain est jugé en tant que ministre d'abord, chef d'Etat ensuite. Il devrait donc être jugé par une Assemblée nationale, par les seuls représentants du peuple. Me Payen l'explique d'emblée : « Dans tous les pays libres, les crimes qu'on prétend avoir été commis contre la nation, contre le régime que la nation s'est délibérément donné, ces crimes sont toujours jugés par les représentants directs de la nation elle-même. »

En 1793, c'est la Convention, assemblée nationale, qui jugea Louis XVI. Sous la Restauration comme sous la monarchie de Juillet, c'est la Chambre des pairs (sur le modèle de l'Angleterre) qui fut chargée de juger les crimes politiques. Sous la Troisième République, Joseph Caillaux fut déféré devant le Sénat constitué en Haute Cour. Il suffisait d'attendre quelques semaines que la France se fût dotée d'une Assemblée nationale élue. L'ordonnance du 18 novembre 1944 qui met en place ladite Haute Cour est arbitraire. Ce tribunal n'est pas moins discutable que la cour de Riom désignée par Vichy pour juger Blum et Daladier. (Encore le Maréchal peut-il faire valoir son droit constituant, qui lui fut légalement reconnu le 10 juillet, et rappeler que c'est en vertu d'une mesure déclarée par lui constitutionnelle, l'acte constitutionnel n° 5, qu'il établit sa cour de justice. L'ordonnance de 1944 ne peut même pas s'abriter derrière une pareille subtilité juridique.)

On ne saurait imaginer système plus discutable que celui qui préside au choix des vingt-quatre jurés chargés de prononcer la sentence : l'Assemblée consultative, assemblée non élue, établit deux listes, l'une de cinquante noms choisis à son gré parmi l'ensemble des anciens députés et sénateurs, l'autre de cinquante « personnalités », après quoi, sur chacune de ces deux listes, douze noms sont tirés au sort pour former le jury.

Autant dire que le gouvernement commet d'entrée de jeu les abus de pouvoir et les arbitraires mêmes dont on va faire grief à Pétain. L'argument est repoussé comme d'une chiquenaude.

Le décor est en place. Mongibeaux : premier président à la Cour de cassation, personnage très grand, barbu et loquace, auquel, fatalement, on a vite reproché d'avoir, sous le régime de Vichy, comme la quasi-totalité des magistrats, prêté le serment rituel de fidélité au Maréchal. Mornet : tiré de la retraite pour la circonstance, petit vieillard piquant et bagarreur, chevelure en bataille, barbiche en lance. La défense : on s'étonne de n'y point voir Me de Moro-Giafferi ; mais le Maréchal l'a récusé disant ne pas vouloir être « défendu par l'avocat de Landru ». La presse est en général contre, style Madeleine Jacob dans *Franc-Tireur* : « On ne nous arrachera pas une once de pitié pour ce nonagénaire de l'infamie... qui mérite cent fois la mort. »

Le Maréchal se présente en uniforme kaki, poitrine barrée de la seule médaille militaire, tenant d'une main ses gants blancs, et de l'autre son képi doré à feuilles de chêne. Il marche du pas le plus assuré. Il affiche un visage sans rides, teint rose. Il semble de la plus profonde sérénité. On ne pourra pas dire qu'il est assoupi par l'âge, l'esprit baignant dans une semi-inconscience. A l'évidence, il vit intensément ce drame. Il s'assied dans le fauteuil qui lui est destiné, un peu en avant de ses trois défenseurs. (*L'Humanité* est le seul journal à déplorer que le « vieillard félon » n'ait pas à être assis sur une classique chaise de paille).

Il restera impassible tout au long des dix-sept interminables séances du procès, main gauche au ceinturon, main droite en cornet derrière l'oreille pour mieux entendre. Il ne rompt son silence que pour lire deux déclarations, dont une tout au début du procès : « Je ne demandais ni ne désirais rien. On m'a supplié de venir : je suis venu... C'est le peuple français qui, par ses représentants, m'a confié le pouvoir. C'est à lui seul que je suis venu rendre des comptes. Cette Haute Cour ne représente pas le peuple français. Je ne répondrai à aucune question. »

Les scènes hautement dramatiques ne manquent cependant pas.

Les avocats mettent en cause l'impartialité de Mongibeaux, qui n'a pas craint d'affirmer peu avant le procès, jugeant Pétain coupable avant de l'avoir entendu : « Pour satisfaire à ses ambitions et à ses visées politiques, Pétain s'est vautré dans l'abjection jusqu'à la trahison. » Le tumulte est tel qu'il faut faire évacuer la foule, parmi laquelle figurent nombre d'anciens soldats de Verdun.

Une formidable confrontation oppose le général Weygand et Paul Reynaud, dressé sur ses ergots avec une stupéfiante arrogance, plus impitoyable que le procureur général lui-même.

Dix-sept témoins à charge défilent, pour quarante-six cités par la défense.

C'est dans une atmosphère écrasante qu'on entend témoigner Edouard Daladier, sans haine ; Albert Lebrun, œil humide, visage bouleversé, qui refuse de croire que le Maréchal ait trahi ; Jules Jeanneney, qui, avec une parfaite honnêteté, convient que le 10 juillet l'Assemblée nationale se fit hara-kiri ; Edouard Herriot, emphatique malgré un pied chaussé d'une pantoufle. (Il souffre d'un œdème.)

Des incidents violents éclatent entre les avocats et des membres du jury, notamment Lucien Mabrut et Pierre Bloch.

Léon Blum, de sa voix la plus soyeuse, mais avec une impressionnante dignité, évoque le « climat de peur qui pesa sur le vote du 10 juillet ».

Le rude commandant Loustaunau-Lacau, chef du réseau Loustaunau-Lacau, de retour du sinistre camp de Mauthausen, se présente appuyé sur deux cannes, mais n'a rien perdu de sa légendaire truculence. Il fait face aux témoins à charge. « Je ne dois rien au maréchal Pétain, dit-il, mais cela ne m'empêche pas d'être écœuré par le spectacle de ceux qui, dans cette salle, essaient de refiler à un vieillard presque centenaire l'ardoise de toutes leurs erreurs. »

Le prince de Bourbon-Parme, retour de Dachau, déclare : « Sans lui, nous n'aurions pas été 200 000, mais peut-être 2 millions de déportés morts dans les camps d'Allemagne. »

On entend Pierre Laval le 3 août, alors qu'il n'est arrivé d'Espagne que l'avant-veille et qu'il n'y a pas encore d'instruction ouverte pour ce qui le concerne. On l'amène de Fresnes. Il paraît traqué. Le cou décharné, flottant dans un col trop large, voûté, moustache jaunâtre, teint livide, cheveux blanchis, costume fripé, il en est méconnaissable. Il témoigne deux jours durant. Il semble vouloir prendre toute la responsabilité sur ses propres épaules. On l'entend : « Là où il aurait fallu Lyautey, nous n'avons eu que Pétain. Ne l'accablez pas ; il n'y est pour rien. »

Mornet prononce un réquisitoire qui dure cinq heures. L'accusé, à ses yeux ? « Un Bonaparte sans victoires... Un antirépublicain qui a voulu fonder un ordre nouveau réactionnaire... Un admirateur de Maurras sur lequel ont misé les partisans français de Hitler... Le signataire d'un armistice déshonorant... L'homme qui a fait condamner à mort le général de Gaulle... L'humiliateur de la patrie... L'auteur d'un abus de confiance constitutionnel qui s'est adjugé les pleins pouvoirs qu'on ne lui avait pas donnés... Le criminel qui opte pour la victoire allemande, se rend à Montoire serrer la main d'Hitler, s'abstient de protester contre l'annexion de l'Alsace-Lorraine, flétrit le Débarquement allié, félicite les combattants volontaires français sur le front russe, décrète un statut spécial pour les Juifs, crée des juridictions d'exception, organise le procès de Riom, qui, sous prétexte de châtier les responsables de la défaite, veut démontrer la culpabilité de la France dans le déclenchement de la guerre, couvre toutes les opérations de la milice, laisse perdre la flotte, et, sous couvert d'une neutralité hypocrite, fait à nos alliés une guerre à coups de poignard dans le dos. » Une seule peine : la mort.

Les avocats plaident durant plus de douze heures.

Le verdict est rendu dans la nuit du 14 au 15 août — la condamnation à mort étant prononcée par seulement une voix de majorité. (Encore la Haute Cour, « tenant compte du grand âge de l'accusé », émet-elle le vœu que la condamnation ne soit pas exécutée.)

Philippe Pétain est déchu de sa dignité de maréchal de France, condamné à l'indignité nationale et à la confiscation de ses biens.

On pense d'abord à l'incarcérer à l'île Sainte-Marguerite, où fut interné Bazaine. Mais, après que de Gaulle a commué la peine en détention perpétuelle (et après que de Gaulle ait refusé de retirer au condamné la dignité de maréchal de France), on préfère l'interner au fort du Portalet, en attendant, le 12 décembre, qu'il soit dirigé sur la forteresse de la Pierre-Levée, dans l'île d'Yeu. (La maréchale devra attendre près de deux ans avant d'obtenir l'autorisation de partager son « exil ».)

Le procès et la mort de Pierre Laval

Pierre Laval, avec sa femme, a pu quitter Sigmaringen à bord d'un avion allemand, dans les derniers jours de la guerre, pour se réfugier en Espagne. Mais aucun de ses amis espagnols n'a voulu intervenir pour qu'on lui fasse bon accueil. On l'a littéralement réembarqué à Barcelone pour Paris.

Il n'a aucune chance face à ses juges. Il est catalogué au même niveau qu'un Mussolini. Il a commis le crime impardonnable de croire à la victoire de l'Allemagne. Dans un discours funestement célèbre, il a même dit souhaiter cette victoire. A sa décharge, il peut avancer comme Pétain qu'il a beaucoup réduit les souffrances du peuple français, obtenu que les livraisons de travailleurs français soient limitées, fait rentrer nombre de prisonniers, sauvé de la prison ou de la mort beaucoup de Juifs et de résistants et, pacifiste de toujours, a sans cesse repoussé l'idée de remettre la France dans la guerre au côté de l'Allemagne, ainsi que l'exigeaient les ultras de la collaboration, les Doriot et les Déat. L'histoire, une fois plus sereine, et son gendre René de Chambrun, qui s'attachera courageusement et magnifiquement à réhabiliter sa mémoire, prouveront plus tard, documents à l'appui, qu'il aura eu des relations suivies, bien entendu souterraines, avec les puissances alliées. Il pourrait rappeler que Washington et Moscou ont longtemps laissé un ambassadeur à Vichy. Mais il a signé trop de textes qui, accumulés, fournissent un accablant dossier dans l'éclairage du jour. La lecture du *Journal officiel* pourrait suffire à le faire condamner. Son exécution passe pour une formalité. Ainsi se présente-t-il en Haute Cour pour la forme. C'est indiscutable : le procès est lamentable, l'instruction nulle. Raymond Cartier pourra aller jusqu'à écrire que « Mongibeaux déshonore sa pourpre en déclarant que tout doit être achevé avant les élections » (législatives, toutes proches). On liquide, quoi. Les jurés interpellent l'accusé : « Fourbe ! Salaud ! Tu gueuleras moins dans quinze jours ! Douze balles dans la peau ! » Les conditions du jugement sont inadmissibles. Pierre Laval essaie en vain de se défendre. La parodie judiciaire est trop évidente — au point de soulever d'indignation les observateurs anglais et américains. Et que dire de l'exécution, le 15 octobre ! Il serait facile d'aider à mourir le condamné, foudroyé par le cyanure qu'il avale en entendant de sa cellule de Fresnes, dans le corridor, les pas de son cortège funèbre. Le docteur Paul, médecin légiste, le conseille, disant que le président n'a plus que quelques minutes à vivre. Le procureur Mornet en juge autrement. Comme le ministre de la Justice du moment, Pierre-Henri Teitgen, en tournée dans sa circonscription en Bretagne, ne peut être atteint, il faut demander l'avis du président du gouvernement. Réponse du cabinet du Général : « Le chef du peloton d'exécution fera ce qu'il doit faire. » Le médecin-chef de la prison, le docteur Masmonteil, procède alors à des lavages d'estomac (dix-sept en tout). Puis, avec une lame de rasoir, on taillade la plante des pieds, moyen, paraît-il, de mieux activer la circulation du sang. Prodige ! Et spectacle hideux ! Laval peut être ranimé. En se redécouvrant dans sa cellule, il grogne : « Sacrée carcasse d'Auvergnat ! » Incroyable, à dix heures, on remet à la presse un communiqué annonçant que « les jours de Laval ne sont pas en danger ». N'aura même pas manqué cet inconscient humour macabre. Incapable de marcher, du fait de ses pieds endoloris, le condamné doit aller au supplice soutenu par ses deux avocats, Naud et Baraduc. Il vomit sept fois. Alors qu'elle était prévue au fort de

Châtillon, l'exécution a lieu dans l'enceinte même de la prison, au milieu d'un terrain vague semé d'immondices. Il meurt tout de même debout, avec, nouée autour du cou, son écharpe tricolore de maire d'Aubervilliers...

Quoi qu'il en soit, le scandale causé par le déroulement du procès Laval et le discrédit porté sur la Haute Cour sont tels que le corps des magistrats qui, dans son ensemble, y est resté étranger proteste.

Le 18 octobre, le garde des Sceaux reçoit la visite de Jean Ausset, président de chambre à la Cour de Paris et président du bureau provisoire de l'Association amicale de la magistrature, et de M. Joulia, substitut du commissaire du gouvernement près la Cour de justice de la Seine. Ces magistrats remettent au ministre, au nom de leurs pairs, une motion très sévère votée à l'unanimité par leur assemblée générale : « L'assemblée, vivement émue par les incidents regrettables qui se sont produits dans le cadre de la Haute Cour et qui, en diminuant l'autorité des décisions intervenues, ont provoqué l'indignation de l'opinion tant française qu'étrangère, s'élève contre l'extension au corps judiciaire tout entier d'un discrédit qu'il a conscience de ne pas avoir mérité. Elle proclame son attachement à ses traditions d'honneur, de dignité et d'impartialité, et entend se désolidariser de tout ce qui s'en écarte. Elle affirme la nécessité plus impérieuse que jamais d'une réforme garantissant la magistrature dans sa compétence et son indépendance, le rétablissement du pouvoir judiciaire étant une des conditions nécessaires du bon fonctionnement des institutions républicaines. »

Ainsi s'impose une réforme urgente de la Haute Cour.

Ainsi le garde des Sceaux, aussitôt élue la première Assemblée constituante, en profite-t-il pour déposer un projet de loi modifiant la composition de la Haute Cour et de son Parquet général.

Ainsi la Haute Cour, aux termes du projet, est-elle désormais composée d'un président, de deux vice-présidents et de vingt-quatre membres tous désignés par l'Assemblée nationale constituante, élue dans l'intervalle.

A nous la « Haute Cour parlementaire » — même si le procureur général près la Haute Cour et ses deux avocats généraux sont désignés parmi les magistrats de la Cour de cassation réunie en assemblée générale : en la circonstance M. Frette-Damicourt, procureur général près la Cour de cassation, et les avocats généraux, Fontain et Jodelet.

C'est Louis Noguères, avocat de profession, député SFIO des Pyrénées-Orientales, qui est élu président, avec pour vice-présidents le MRP Maurice Guérin et le jeune communiste Kriegel-Valrimont. La Haute Cour siégera successivement au Palais du Luxembourg, dans la salle des Congrès de Versailles, au Palais de Justice de Paris dans la salle des Assises, et enfin à nouveau au Palais du Luxembourg en 1955.

Evidemment, enfin, il y a toute l'angoisse de s'interroger sur le destin de notre empire colonial, légué intact au régime.

Il est si beau, si grand ! Nous avons tous appris à l'école que « le drapeau français flotte sur les cinq continents ».

Au total, 103 millions d'habitants.

« Un empire pour mille ans », nous a-t-on dit aussi sur les bancs de l'école.

Or voici déjà les premiers craquements.

Au Moyen-Orient. Le 1er mai, un ultimatum anglais ordonne aux troupes françaises du Levant de rester dans leurs casernes et d'évacuer la Syrie et le Liban sans plus tarder. Il est vrai que, après la guerre franco-française de 1941 (gaullistes contre pétainistes) et la capitulation des troupes vichystes du général Dentz, le général Catroux, dès cette date, « au nom de la France Libre », proclamait que la Syrie et le Liban seraient « au plus tôt des peuples souverains et indépendants pouvant se constituer en Etats séparés ou s'unir ». Londres, qui aime peu partager ses zones d'influence, nous enjoint tout bonnement d'honorer notre engagement. Dès le 23 juillet, non sans avoir eu à réprimer de sanglantes émeutes antifrançaises à Damas comme à Beyrouth, de Gaulle signe avec les Anglais et les Syro-Libanais un accord d'évacuation de la Syrie et du Liban, programmé sur douze mois. Nos deux premières terres perdues.

En Algérie. Drame à Sétif. Sous-préfecture du département de Constantine, c'est la ville de Ferhat Abbas, pharmacien, fils d'un agha mort commandeur de la Légion d'honneur, anticolonialiste déclaré, auteur en 1943 d'un tonitruant *Manifeste au peuple algérien* proclamant notamment : « Les musulmans d'Algérie versent leur sang pour la France, et, étrangers chez eux, sont dépossédés, asservis, cantonnés en dehors de la communauté française dans le système colonial. » Le 8 mai, jour même de la Victoire, après que les anciens combattants musulmans aient refusé d'accompagner les anciens combattants « européens » au monument aux morts, des milliers de musulmans manifestent, débordent le service d'ordre et assassinent vingt-neuf Européens. Le désordre se propage à travers tout le Constantinois. Au total, cent quatre Européens sont égorgés, pour la majorité des fermiers, mais aussi un juge de paix et sa femme. La répression est encore plus sanglante que l'émeute. Les soldats tirent à vue sur la foule. Les autorités d'Alger font donner les chars et le canon. Quelque cinq mille manifestants sont arrêtés. Près de deux cents condamnations à mort sont prononcées. Les nationalistes algériens parlent de plus de quarante mille morts au total. Ferhat Abbas dit : « Cela ne pourra être oublié. » Il est emprisonné, tandis qu'un autre chef du nationalisme algérien, auteur lui aussi d'un manifeste subversif, Messali Hadj, est déporté en métropole.

En Indochine enfin. Le drame se révèle en mars. Curieusement, il est provoqué par les Japonais, qui ne sont pas alors encore vaincus et qui occupent l'ensemble français depuis trois ans. Ils avaient établi une sorte de coexistence pacifique avec les services du gouverneur général « vichyste », l'amiral Decoux, une fois maintenu en place par de Gaulle. Mais, dès les premiers jours de l'année, les gaullistes du secteur, plus ou moins organisés autour du général Mordant, impatients de chasser tout vichyste (puis tout Japonais), commencent à s'agiter — assez pour inquiéter les autorités nippones. Elles décident de réagir avec vigueur. Cela se passe le 9. Les gendarmes japonais font irruption au palais Norodom, où l'amiral Decoux est désormais gardé à vue. A Saigon, une vaste rafle est entreprise. Le général Mordant est fait prisonnier. Tous les civils français sont rassemblés par la force dans six périmètres urbains.

La plupart des garnisons sont désarmées par surprise. Celles qui ont le temps de résister, Hanoi, Hui, Langson, demandent bien appui et ravitaillement à l'aviation alliée qui se trouve en Chine, mais le général américain Wedemeyer oppose l'ordre de Roosevelt interdisant tout concours aux colonialistes français ! Nouvelles atrocités. A Cao Bang, les Japonais se servent de prisonniers français comme mannequins d'escrime à la baïonnette. A Langson, ils ont invité à dîner le résident Auxelle et le général Lemonnier : ils les arrêtent en plein repas, les somment d'ordonner la reddition de la citadelle et, devant leur refus, les décapitent au sabre. En une nuit, quatre-vingts ans de présence française sont moralement abolis. A Saigon, dès le lendemain, huit mille spirites caodaïstes, sous calot blanc, défilent rue Catinat, célébrant bruyamment cette nouvelle défaite des « Blancs ». A mort les pirates colonialistes !

L'ambassadeur Matsumoto s'envole pour Hué annoncer à l'empereur d'Annam, Bao Dai, rentré à peine d'une chasse au tigre, qu'il est désormais un souverain affranchi de la tutelle étrangère ; sur-le-champ, l'empereur dénonce le traité de protectorat, tandis que le roi Norodom au Cambodge et le roi Sisavang, au Laos, en font autant.

Mais ce n'est pas Bao Dai qui va être le bénéficiaire du coup de force.

C'est un communiste : Hô Chi Minh (Hô la Lumière), déjà portrait même de sa légende avec ses joues d'ascète, sa barbiche filiforme, ses oreilles décollées, ses yeux de fièvre, dès septembre 1941 fondateur du Viêt-minh (Ligue pour l'indépendance du Vietnam), et qui vient de créer une armée de libération dont on connaîtra vite les audaces. Convoquant une convention nationale de son goût, après la capitulation du Japon, il peut même se faire élire président d'un gouvernement provisoire, et c'est à ses hommes que les Japonais vaincus remettent les administrations publiques, les sièges des grandes sociétés, les postes de radio et les stocks d'armes pris aux Français — en échange de quoi les Viets n'internent pas les soldats nippons.

Bao Dai est sommé d'abdiquer. D'une sérénité de marbre, à Hué, il regarde le drapeau rouge et étoilé d'or du Viêt-minh remplacer son drapeau jaune sur la façade du palais Kien Troung. « Vive notre République démocratique ! » s'écrie-t-il. Il dit ne vouloir plus être que le simple citoyen Vinh Thuy, « conseiller suprême » du nouveau gouvernement. Dès le lendemain, il repart pour la chasse. Quand, le 16 août, l'amiral-moine Thierry d'Argenlieu est nommé haut commissaire pour rétablir la souveraineté française, il y a de quoi se demander ce qu'il pourra bien faire.

Dès le 2 septembre, la République populaire du Vietnam est fondée. De plus, Hô a l'habileté de cacher ses convictions marxistes. Il hisse le nationalisme à tous ses frontons. Plus de dictature du prolétariat ! Vive l'union nationale ! Non seulement il sait rassembler les masses de son Tonkin, au cri de « Doc Lap ! Indépendance ! » mais, depuis les massifs calcaires troués de cavernes de la haute région tonkinoise où il s'abrite, son action rayonne sur l'ensemble de la péninsule, de la frontière chinoise jusqu'à Saigon. Paris est absolument désemparé. Le « mandat du ciel » paraît bien devoir aller à cet énigmatique « oncle Hô » dont nul ne sait encore au juste s'il ambitionne d'être un Lénine ou un Gandhi. Le drapeau rouge flotte tous azimuts. A Saigon, la rue Catinat est rebaptisée « rue de la Commune de Paris ». On abat toutes les statues colonialistes (sauf celle du docteur Yersin, un des fondateurs de l'institut Pasteur de la colonie). Paris a la folie de parachuter sur Saigon le colonel Jean Cédile, avec mission de s'imposer comme commissaire de la République en Cochinchine : il est immédiatement pris avec ses deux compagnons d'équipée par des paysans qui, les bourrant de coups, les remettent au Viêt-minh. C'est nu, trimballé sur un vieux camion que le colonel fait son entrée dans la capitale qu'il a calculé de reconquérir.

Suivent plusieurs semaines d'extrême confusion. La situation ne s'éclaircit qu'avec la puissante intervention du général Leclerc et de sa 2e DB à partir du 29 septembre. On voit survenir le croiseur *Triomphant*, le croiseur de bataille *Strasbourg*, le croiseur *Suffren*, le porte-avions *Béarn*. Voici même des chars qui délivrèrent Paris. Il ne manque même pas Raymond Dronne, promu commandant. Le général Massu occupe en éclair Tay Minh. Les parachutistes du commandant Ponchardier s'abattent sur le Cambodge. Les ordres sont de faire vite. C'est la tornade. Saigon est dégagé en quelques jours. Les Viets et les sectes se battent : le général Salan et le colonel Mirambeau sont éclaboussés par le sang du conducteur de leur Jeep, tué net à son volant. Mais toute la Cochinchine est à nouveau française avant la fin de l'année.

Par ailleurs, à Hanoi, Jean Sainteny, ex-membre du réseau Loustaunau-Lacau, fin diplomate, sait dans ses négociations habilement jouer la seule carte possible : faire redouter à Hô Chi Minh que les Français, une fois chassés, soient vite remplacés par des « seigneurs de la Chine », lesquels ne sont certes pas tendres. Oncle Hô se laisse finalement convaincre, accepte d'entrer dans le dialogue.

Cependant, l'amiral Thierry d'Argenlieu, à peine promu haut commissaire, se révèle plus inquisiteur qu'administrateur, plus guerrier que diplomate, du gaullisme le plus raide, et se découvre en opposition totale avec le général Leclerc qui, lui, tout victorieux qu'il soit, reste persuadé que la solution du problème n'est pas militaire, mais politique, et que, tôt ou tard, il faudra accepter ce que d'Argenlieu appelle l'inacceptable.

Oui-oui, mais

Cependant, la Quatrième République s'installe.

La France vote le 21 octobre — d'une part en référendum, d'autre part pour désigner ses députés.

Quant au référendum, le Général demande deux « oui ».

Oui : la Constitution de 1875 doit disparaître.

Oui : l'Assemblée nationale qui sera élue ce même jour sera constituante et ne recevra un mandat que de sept mois, au terme duquel elle devra soumettre, par un nouveau référendum, au peuple français le projet de Constitution qu'elle aura élaboré.

« Répondre non (à la seconde question), précise le Général, reviendrait à faire de l'Assemblée un corps omnipotent exerçant une véritable dictature. Cela s'est vu plusieurs fois dans l'histoire de France et toujours avec des conséquences funestes. De toute mon âme, je vous demande de voter oui-oui. »

Les socialistes avec Léon Blum, les démocrates-chrétiens du MRP avec Georges Bidault et la plupart des chefs modérés suivent, aussitôt dénoncés par les communistes sur tous les murs de France comme des « béni-oui-oui ».

Les radicaux chers à Edouard Herriot votent non à la première question, parce qu'ils ne veulent pas mettre à mort la Troisième République (« quelques hommes ont pu démériter, elle non »), et se partagent sur la seconde question, les uns se résignant à une Assemblée nationale ultrapuissante, les autres préférant jouer la carte d'une Constituante (en référence à deux assemblées nationales dictatoriales, la Convention de 1793 et l'Assemblée de 1848, qui amenèrent tant de malheurs et terminèrent mal).

Les communistes, appuyés par la CGT et dénonçant à grand tamtam de Gaulle comme un apprenti dictateur, votent oui-non — oui pour la mise à mort de la Troisième République, mais non à une Constituante, parce que, fidèles à la leçon de Robespierre, ils veulent tout le pouvoir pour une « Assemblée du peuple » (dont la première initiative serait bien entendu de congédier l'apprenti César).

La droite en tant que telle est totalement absente du débat.

Toute la France se couvre de oui-oui, de non-non, et de oui-non inscrits sur les routes et les murs au goudron.

De Gaulle triomphe.

La Troisième République est enterrée par 15 656 283 oui contre 596 743 non.

Le second oui surprend par la netteté de sa victoire : 10 847 925 voix contre 5 381 106, soit 66 % des votants. Compte tenu de la vigueur de la campagne du camp communiste, massivement mobilisé, c'est énorme.

En revanche, la France n'aura jamais eu une Assemblée aussi rouge.

On vote au scrutin départemental de liste, à la représentation proportionnelle, suivant la plus forte moyenne sans panachage ni vote préférentiel. Obligation est de voter liste entière.

Nous eûmes en 1919 l'Assemblée bleu horizon. Nous voici avec une Assemblée écarlate horizon (dont le mandat expire le 21 mai 1946).

Avec 160 députés communistes et 146 SFIO, les marxistes s'adjugent la majorité absolue des sièges (plus de 5 millions de voix pour les communistes et apparentés, soit 26,2 % — et quelque 4 500 000 à la SFIO, soit 23,4 %).

Le MRP obtient un résultat qui fait sensation, meilleur même que celui de la SFIO : 23,9 % des suffrages ; 150 députés.

Radicaux et droite sont réduits à la portion congrue.

Les radicaux qui ont constitué des listes fusionnées avec l'UDSR (Union démocratique et socialiste de la Résistance dont les principales personnalités sont René Pleven, Henri Frenay, Pierre Bourdan, Jacques Baumel) n'obtiennent que 2 millions de voix, soit 10,5 %. Une misère.

Les modérés n'en rassemblent que 3 millions, soit 15,6 %.

Le Parti communiste peut se proclamer premier parti de France.

Symbole des nouveaux temps : dans son Vaucluse, Edouard Daladier effectue une campagne sous des volées de tomates mûres et d'œufs pourris, et se fait battre à plate couture.

Et députés et journalistes parlementaires de se retrouver dans un Palais-Bourbon briqué de neuf. A nous de nouveau le célèbre hémicycle trop morne et ironiquement solennel, surchauffé en hiver à la demande des doyens, surchauffé en été à cause de sa verrière, le « perchoir » du président (Félix Gouin, tout naturellement), la tribune hantée de tant de fantômes de tribuns disparus, les loges des galeries où parfois une élégante à beau chapeau aimante tous les regards, la salle des pas perdus sous l'œil de la statue de marbre de la déesse de la Sagesse, le salon des Quatre Colonnes avec ses deux bustes de Jean Jaurès et d'Albert de Mun, les mille et une rumeurs des « couloirs », toute cette suite de salons chauds, meublés de fauteuils et de canapés tendus de velours pourpre, où les députés discutent par petits groupes, adossés à quelque peinture murale de Delacroix ou sous le fameux bronze représentant Mirabeau en train de lancer le défi du peuple à la force des baïonnettes. Les uns sommeillent près d'une large cheminée sans feu, d'autres se réunissent chez Jules, le vieux coiffeur, « notre historique Jules », dit Herriot, Gaulois à lourde moustache blanche, lui aussi l'un des survivants d'avant-guerre ; d'autres se retrouvent sous la superbe voûte de la bibliothèque, entre cinq et six heures, pour le seul plaisir de parler latin entre eux...

Oubliée, la campagne électorale ? Le 13 novembre, dans l'après-midi, le général de Gaulle est élu président du Gouvernement provisoire à l'unanimité des 556 députés, également unanimes pour proclamer qu'il « a bien mérité de la patrie ». On chante une vibrante *Marseillaise*. Le héros, ce même jour, dans sa villa de Neuilly, déjeune tranquillement en compagnie de Churchill, puis discute avec lui durant plus de trois heures. « A se croire chez un gentilhomme campagnard, à des centaines de lieues de Paris », commente le vieux lion.

De fait, le rusé a eu l'habileté de ne pas poser sa candidature. Au contraire, jusqu'au vote, il aura affecté de vouloir se retirer. Il a dit à Yvonne : « Préparez-vous donc à aller au Canada... Je pêcherai des poissons et vous les ferez cuire. »

Il en aurait peut-être été fort bien inspiré. A peine est-il plébiscité que tout se complique. Dès ses premiers pas, c'est-à-dire dès qu'il doit installer un nouveau gouvernement, il doit, comme il le racontera lui-même, « marcher sur des nœuds d'intrigues ».

Il ne s'agit de rien moins que de concilier des inconciliables. Déjà les communistes ont baptisé le MRP « machine à ramasser les pétainistes ». Socialos et cocos restent des frères à jamais ennemis. « La mystique laisse à nouveau place à la politicaille », peut grommeler de Gaulle.

Maurice Thorez rend visite au Général en sa résidence de Neuilly. Il exige l'un des trois ministères clefs : Intérieur, Défense ou Affaires étrangères. De Gaulle refuse catégoriquement tout diktat. Il s'en explique même dans une allocution à la radio. Il entend « attribuer les portefeuilles selon les capacités de chacun ». Il précise que « pour de claires raisons nationales et internationales », il ne rendra pas les communistes « à même de dominer notre politique en mettant entre leurs mains la diplomatie qui l'exprime, l'armée qui la soutient ou la police qui la couvre ».

« On me prendra comme je suis ou on ne me prendra pas », lance-t-il aux délégués MRP qui ont trouvé un tel texte trop coupant.

Puis, comme les communistes semblent vouloir rester intransigeants, dès le 16 novembre, « faute de pouvoir constituer un gouvernement d'unité », il remet à l'Assemblée le mandat qui vient de lui être confié. « Et vlan ! son vinaigre », soupire Bidault.

Mais les trois partis majoritaires — le tripartisme, comme on dit — ne sont pourtant pas de taille, ou encore de taille, à affronter un tel défi. De Gaulle est trop manifestement le seul homme à pouvoir assurer la stabilité gouvernementale et concilier les contraires.

Il obtient donc finalement raison. Deux jours plus tard, après un débat auquel il ne participe pas, il est réélu président par toutes les voix, à l'exception des communistes. Dès le lendemain, les communistes s'en viennent lui dire qu'ils sont prêts à entrer dans son gouvernement *en dehors de toute condition*.

Faut-il que le Général sache cultiver l'humour noir ! Le 23 novembre, il constitue un gouvernement à l'architecture politicienne la plus raffinée. Un modèle du genre.

Quatre ministres d'Etat : le SFIO Vincent Auriol, le communiste Thorez, le modéré Louis Jacquinot et le grand sage du MRP Francisque Gay.

Quatre socialistes : Moch, Tanguy-Prigent, Eugène Thomas et Tixier, qui a l'Intérieur.

Quatre communistes : Billoux, Croizat, Tillon et Marcel Paul.

Quatre MRP : Teitgen, Prigent, Bidault aux Affaires étrangères et Edmond Michelet à la Défense.

Deux résistants de l'UDSR : Pleven et Soustelle.

Un radical : Giaccobi (Education nationale — « un radical à un tel poste, vous êtes sûr que ça ne gêne personne »).

Et deux non-parlementaires : Malraux à l'Information et Dautry à la Reconstruction.

Le temps de faire connaître l'état de nos pertes totales de cinq ans de guerre.

Et déjà éclate un nouvel incident : Félix Gouin fait savoir à Jacques Dumaine, chef du protocole, qu'il ne fera pas rendre au général de Gaulle les honneurs dus à un chef d'Etat quand il viendra à l'Assemblée. « De Gaulle sera simplement reçu comme chef du gouvernement. » Nouvelle colère. On va mettre des semaines à trouver une formule... très plate.

A l'évidence, il reste entre de Gaulle et les députés une formidable allergie.

Au Palais-Bourbon, la fronde est ouverte.

De Gaulle veut-il interdire telle grève ? Les socialistes sont contre.

Proteste-t-il contre l'idée des constituants d'envisager une Constitution avec assemblée unique ? Le rapporteur de la commission spéciale chargée de préparer le projet constitutionnel, François de Menthon, lui rappelle tout sec qu'il n'est pas un constituant.

Entend-il soustraire la Rhénanie et la Westphalie à l'administration allemande ? C'est à Bidault de montrer ses réticences.

Parle-t-on de la future structure de l'Etat ? Il se découvre en désaccord total avec Vincent Auriol, le ministre d'Etat précisément chargé des rapports entre le gouvernement et la Constituante.

C'est à quel député ira racontant dans les couloirs que l'on a affaire à « un mythomane... un don Quichotte qui n'a aucun sens de l'administration... un fier-à-bras... un maurrassien qui se redécouvre ».

Il soupire : « Comme la République était belle quand nous en portions l'espérance ! »

III

1946

L'ANNÉE CONSTITUANTE

Une année qui commence mal — Les rêves brisés — Le départ du Général — La présidence Félix Gouin — De Gaulle à Colombey, Pétain à l'île d'Yeu — L'Amérique au secours de la France — Gouin perd la bataille du référendum — La présidence Georges Bidault — La Constitution de la Quatrième République — Maisons closes et tractions avant — Angoisses et drames sur l'univers : rideaux de fer — Indochine en sang — La présidence Léon Blum — Le procès de Flandin.

Une année qui commence mal

Réellement mal.

Dès le 1er janvier.

Un incident grave éclate à l'Assemblée. Celle-ci a décidé de siéger en ce jour férié pour achever de voter le budget de 1946. Elle a prié de Gaulle de venir assister aux débats, une fois terminées les réceptions protocolaires rituelles. Il paraît au banc des ministres en fin d'après-midi. C'est pour subir une attaque en règle des socialistes.

André Philip et Albert Gazier mènent le tir. La cible est le budget de la Défense nationale, que le Général a tendance à considérer comme sa propriété exclusive : 28 % du budget total ; 550 000 hommes encore sous les drapeaux ; de lourdes dépenses prévues pour le corps expéditionnaire chargé de réoccuper l'Indochine. Les socialistes réclament une réduction de 20 % des crédits prévus. Albert Gazier cite des « dépenses ridicules et injustifiées » ; achat de milliers de mètres de drap rouge pour les uniformes alors que la couleur rouge est bannie depuis les tueries de 1914, flots d'essence gaspillés et... dix mille soutiens-gorge kaki pour les AFAT !

De Gaulle, blême, tambourine des doigts sur son pupitre. Il comprend trop ce que cela signifie : on le somme de se plier à la volonté des parlementaires. Il se contente d'une sèche réplique : « Si les crédits ne sont pas votés ce soir même, le gouvernement ne restera pas en fonction une heure de plus. J'ajouterai un mot. Ce n'est pas pour le présent, c'est déjà pour l'avenir. Le point qui nous sépare, c'est une conception générale du gouvernement et de ses rapports avec la représentation nationale... Je dois vous dire en conscience — et sans doute est-ce la dernière fois que je parle dans cette enceinte — que si vous ne tenez pas compte des nécessités absolues d'autorité, de dignité, de responsabilité du gouvernement, vous regretterez amèrement d'avoir pris cette voie... »

La séance se termine à vingt heures. L'Assemblée cède et vote le budget. Elle n'est élue que pour sept mois. Le risque d'un heurt avec l'exécutif, la peur d'une crise à six mois des prochaines élections, la peur d'avoir à assurer l'intérim dans une période de restrictions draconiennes n'incitent guère les partis à ambitionner la succession.

Mais de Gaulle, dans l'esprit, d'évidence, a déjà rompu ; d'autant plus qu'il est en désaccord fondamental avec les partis de gauche sur un problème primordial. Pour la prochaine Constitution, ils veulent proposer une assemblée unique et souveraine qui choisirait l'exécutif, lui accorderait ou lui retirerait sa confiance, alors que lui-même n'admet qu'un pouvoir exécutif sans contrainte parlementaire. Il répugne par avance à une joute qui sera trop fastidieuse.

Simplement le temps de marier à Notre-Dame-des-Champs, dans la plus stricte intimité, sa fille Elisabeth avec le chef d'escadron breveté d'état-major Alain de Boissieu Déan de Luigné, et d'aller se recueillir quelques jours à Eden Roc, ses premières vacances depuis sept ans. Il n'emporte aucun dossier, uniquement quelques livres, les Mémoires du cardinal de Retz ainsi que ceux de Saint-Simon et de Bülow. Il se promène sur la côte à longueur d'heure, fumant ses soixante cigarettes anglaises par jour. Il dira lui-même avoir médité « face à la mer » la façon de « quitter la barre en silence, sans accepter aucune sorte de fonction, de dignité ou de retraite ».

Circonstance aggravante, un incident soulevé à l'Assemblée le 16 janvier par Herriot, qui déclare : « Je suis surpris de relever au *Journal officiel* la régularisation d'un certain nombre de citations dans l'ordre de la Légion d'honneur. Le gouvernement n'ignore sans doute pas que ces distinctions attribuées par le général Giraud en 1942 l'ont été à des hommes qui ont obéi en Syrie aux ordres de Darlan et tenté de repousser les Alliés. C'est insulter la Résistance. Je demande au gouvernement de choisir. Il faut supprimer notre ordre national ou bien le respecter. » Acclamations et ricanements sur les travées. La réplique de De Gaulle est cinglante. « En effet, prononce-t-il, le gouvernement de la République n'a pas jugé bon d'arracher ces décorations du cercueil des morts et de la poitrine de malheureux mutilés. Elles ont peut-être été obtenues dans des conditions affreuses, mais les hommes qui les ont gagnées n'en sont pas responsables. Quant à M. Herriot, il me permettra de m'expliquer là-dessus avec d'autant plus de simplicité qu'avec Vichy, moi, je ne me suis pas borné à des lettres et à des conversations. J'ai tout de suite procédé à coups de canon ! » (allusion trop claire au déjeuner partagé par Herriot avec Abetz et Laval en août 1944).

Les rêves brisés

En vérité, chez lui, un songe d'or se brise.

A Londres, il rêva de délivrer la France autant du totalitarisme que des féodalités. Il calcula de rompre autant avec Vichy qu'avec l'esprit de la Troisième République. Il le proclama hautement dès son retour en France. « La France est décidée à abandonner son ancienne figure politique, sociale et morale, et veut faire en sorte que la souveraineté nationale puisse désormais s'exercer sans intrigues. » Durant toute la guerre, Henri Frenay ne se lassait pas de répéter que la reconstitution des partis politiques serait une erreur grave. Le magnifique Pierre Brossolette proclamait que les partis traditionnels étaient morts ou moribonds. Les premiers mouvements de résistance ignoraient les distinctions entre droite et gauche. Le plus grand espoir était de ne plus revoir les marécages et les sables mouvants des années 1930.

Hélas ! Très vite des divisions déchiraient la Résistance. Les principaux mouvements, Combat de Frenay, Libération d'Emmanuel d'Astier et Franc-Tireur de Jean-Paul Lévy, agissaient en ordre trop dispersé. Jean Moulin lui-même ne réalisait qu'une unité de façade. De fait, en définitive, les mouvements de résistance rééditaient tous les schémas d'avant-guerre, retrouvaient le style et les querelles des vieux partis.

Surtout, le Parti communiste intervenait de tout son monolithisme. D'entrée de jeu, dès 1941, il manœuvrait de toute sa masse en tant que tel. Il tenait un rôle moteur dans ce que Soustelle et Passy dénomment la « politisation de la Résistance », d'autant plus que la multiplicité des autres partis rendait encore plus fort le monolithisme du PC. Celui-ci, automatiquement, conduisait d'abord le Parti socialiste à exister à son tour par lui-même, en dépit des Lacoste et des Brossolette, qui avaient pensé pour lui à d'autres destins. Puis il obligeait tous les autres partis à s'organiser en force et en hiérarchies, ne serait-ce que pour mieux faire échec aux « staliniens ». Autant dire qu'il faisait rebâtir, entre tous les partis, tous les vieux murs.

Un an après la libération de Paris, qui parle encore du CNR, de Combat, de Franc-Tireur, de l'utopique MUR (Mouvement uni de la Résistance) ? Les annalistes et les nostalgiques. Les vieux partis accaparent déjà impérialement le champ public.

De Gaulle regarde, écoute.

Mais oui. C'est toute la Troisième qui revient, Edouard Herriot, Léon Blum, Yvon Delbos, Paul Reynaud, Maurice Thorez.

Le Parti communiste français s'impose avec l'italien et le chinois comme l'un des plus puissants du monde. Il en vient à exercer une sorte de dictature morale à travers le pays. Il s'attribue avec un fier cynisme le monopole du patriotisme, jusqu'à en devenir presque chauvin : ses journaux s'intitulent *La Marseillaise, Le Patriote, Le Front national.* Alors qu'il n'était en 1938 qu'un simple parti d'ouvriers, implanté dans des régions industrielles strictement délimitées, il s'impose comme parti national. Il fait des voix partout. Il peut passer pour un Etat dans l'Etat. Mais ce sont des hommes d'avant-guerre qui l'ont en main : Thorez, Duclos, Marty.

Côté syndical, Léon Jouhaux et Benoît Frachon sont eux aussi des hommes de 1930.

Vichy relève la tête. Les vichystes sont de plus en plus insistants à faire valoir que Pierre Laval, en « véritable homme d'Etat », ne cédait jamais aux Allemands que sur l'accessoire avec la ferme volonté de sauver l'essentiel ; que, sous des dehors roublards, il demeurait nourri d'un patriotisme vigilant ; qu'il ne s'attachait au pouvoir que parce qu'il était le plus habile et le plus lucide et qu'il avait le courage de prendre sur lui toutes les impopularités pour mener sa tâche jusqu'au bout. Phrases qu'on trouvera sous la signature de Jean Tracou, préfet de Tours en 1940, ancien directeur de cabinet du Maréchal à Vichy, dans son ouvrage sur *Le Maréchal aux liens* : « Laval, écrit-il, ignore le scepticisme et le découragement. Nous avons vu en juin 1940 un chef de gouvernement (Reynaud) qui ne pensait qu'à fuir, à se dérober. Celui-là est d'une autre trempe. L'idée de se mettre à l'abri, ce qui lui serait facile, ne lui traverse même pas l'esprit. Il luttera, au contraire, jusqu'à la dernière minute, jusqu'à ce que les Allemands, inquiets de tant d'activité, l'arrachent de la scène et l'amènent prisonnier. » C'est rendre hommage à un homme qui a été lui aussi un prototype de la Troisième déchue.

Tout se passe comme si ladite Troisième prenait une revanche posthume. De Gaulle peut avoir dans la bouche un goût de cendre.

Le départ du Général

C'est le dimanche 20 janvier. Par motards, la veille, tous les ministres ont reçu l'ordre de se trouver à midi, salle des Armures, au ministère de la Guerre. L'initiative est doublement étrange : le repos dominical n'est pas observé ; les réunions du cabinet ont eu lieu jusqu'ici à l'Hôtel Matignon. Les ministres n'en sont pas moins presque tous là. Il n'en manque que quatre à l'appel. Jacques Soustelle, ministre des Colonies, est en tournée d'inspection au Gabon. Francisque Gay participe à une chasse dans le Loiret, et n'a pu être prévenu à temps. Vincent Auriol et Bidault participent à une conférence à Londres.

Autre surprise pour nos Excellences : rien n'est prêt pour un conseil. Pas le moindre feuillet, pas le moindre encrier.

De Gaulle fait son entrée en uniforme, suivi de Louis Joxe, secrétaire général du gouvernement (un Joxe affreusement grippé, mais de Gaulle a insisté : « Vous, vous ne pouvez pas manquer ça »).

Il serre des mains.

Puis, sans inviter ses ministres à s'asseoir, il déclare :

« Messieurs, ma mission est terminée. Le régime exclusif des partis a reparu. Je le réprouve. Mais à moins d'établir par la force une dictature dont je ne veux pas et qui sans doute tournerait mal, je n'ai pas les moyens d'empêcher cette expérience. L'action que vous menez à l'intérieur du gouvernement ne correspond pas à l'idée que je me fais de la solidarité gouvernementale. Vous passez votre temps, je vous l'ai dit à plusieurs reprises, à vous manger la laine sur le dos. Vous épousez les querelles de vos partis respectifs. Ce n'est pas ainsi que je comprends les choses. J'ai donc décidé de me retirer. Ma décision est irrévocable. »

Sept minutes auront suffi.

Le Général serre quelques mains d'un air lointain, puis s'en va.

On n'entend que deux commentaires.

Thorez : « Un départ qui ne manque pas de grandeur. »

Moch : « Une décision grave. Pourtant, d'un mal, peut sortir un bien. Pourquoi pas ? La personnalité du Général étouffait l'Assemblée. Celle-ci va pouvoir enfin se révéler librement. »

« Ça, par exemple ! » dit Francisque Gay, qui survient une fois messe dite, encore harnaché des leggings et de la veste qu'il portait le matin pour sa chasse.

On discute de la suite dans le désordre.

Comment donc assurer une si géante succession ?

Il faut un coup de fil de Palewski pour mettre fin au brouhaha : c'est le Général, priant ces messieurs de quitter des lieux où ils n'ont plus droit.

De Gaulle rassemble en hâte quelques dossiers, le fanion du régiment de chars qu'il commandait en 1940, l'épée de Hitler que Leclerc lui remit après la prise de Berchtesgaden. Il regagne sans délai sa résidence de Neuilly.

Il n'a plus qu'à mettre au point deux textes.

Il s'y consacre dans l'après-midi.

Le premier : une lettre au président de l'Assemblée pour l'informer de sa décision — du reste, véritable satisfecit qu'il dresse de son passage au pouvoir. « Certes, maintes souffrances pèsent encore sur le peuple français et de graves problèmes demeurent. Mais la vie même des Français est pour l'essentiel assurée, l'activité économique se relève, nos territoires sont entre nos mains, nous avons repris pied en Indochine, la paix publique n'est plus troublée... J'ai remis le train sur les rails. » Départ à la Charles Quint, dira-t-on, il ne part que pour mieux régner. D'autres, plus cruels, affirmeront qu'il inaugure au fond ce qui sera une grande marque de la Quatrième République : échapper à temps aux conséquences de ses erreurs, ne pas attendre que sa responsabilité éclate d'une façon trop voyante, s'octroyer un brevet de bonne conduite quoi qu'il arrive.

Le second : une déclaration qu'il compte faire à la radio pour expliquer les raisons de son départ. Texte : « Les partis qui, depuis de nombreuses années, sont à la tête des destinées de la patrie et dont j'avais espéré la rénovation pendant la lutte commune contre l'envahisseur ont fait aujourd'hui la preuve éclatante de leur ignorance, de leur mauvaise foi et de leur impéritie... L'honneur, le bon sens, l'intérêt de la patrie m'interdisaient de me prêter plus longtemps à une manœuvre qui aurait finalement pour but de laisser l'Etat plus méprisé, le gouvernement plus impuissant, le pays plus divisé et le peuple plus pauvre. Je me suis donc démis de mes fonctions que l'on semblait ne m'avoir confiées que pour m'empêcher de les exercer. Un jour, je vous le promets, et tous ensemble, nous rendrons à la France la liberté et la grandeur. » Seule une intervention *in extremis* de Vincent Auriol, enfin arrivé de Londres, faisant valoir qu'une déclaration d'un président démissionnaire à la radio friserait l'illégalité, fait renoncer le Général à son réquisitoire.

Il n'y aura que la lettre à Gouin.

Dans le pays, la stupeur domine.

On n'en cherche pas moins aussitôt un successeur.

« De Gaulle ou Thorez ? La comparaison ne nous fait pas peur », proclame Pierre Hervé dans *l'Huma*.

Bidault ricane : « Il y a un grand homme impossible et trop d'hommes moyens possibles. »

Blum repousse l'offre, arguant de sa mauvaise santé.

On hésite finalement entre deux hommes : Gouin et Auriol.

Mais les communistes refusent tout net Vincent Auriol, au demeurant satisfait d'être dispensé d'une telle corvée.

Force est à Gouin d'accepter — même objectant que, n'ayant jamais été ministre, il n'a aucune expérience de gouvernement.

La présidence Félix Gouin

Par-dessus tout, il n'inquiète personne.

Il est jovial, débonnaire. Parler volubile, verbe intarissable, on ne saurait être davantage Canebière. Il ne fera jamais trembler.

Il naquit en 1884 à Peypin, Bouches-du-Rhône, fils d'un instituteur et d'une institutrice. Taille moyenne, visage carré, cheveux noirs en brosse, inséparable de ses lunettes, *Le Parisien* peut se régaler de le décrire comme le « parfait provincial moyen ».

Lycéen de Marseille, licencié en droit de la faculté d'Aix, il est avocat depuis près d'un demi-siècle, socialiste depuis 1902. Ancien combattant de la Grande Guerre, il était élu député dès 1924. Il fut des 80 qui refusèrent les pleins pouvoirs au maréchal Pétain. Il a été au côté de Daniel Mayer l'un des bâtisseurs du parti socialiste clandestin.

Il a beau être un conciliateur-né, la formation du ministère n'en est pas moins toute une affaire.

Les communistes récusent Malraux, un « aventurier qui n'est même pas parlementaire ». Soustelle est récusé pour la même raison.

Mendès décline les Finances, parce qu'on n'accepte pas le programme d'extrême rigueur qu'il propose. C'est André Philip qui prendra les rames.

On cherche désespérément un ministre pour le trop impopulaire ministère du Ravitaillement, lequel échoit en fin de compte à un professeur de minéralogie nommé Henri Longchambon. Imaginez la joie des chansonniers !

On finit tout de même par échafauder une formule, au parfait miroir du tripartisme.

Gouin prend pour lui-même la Défense.

Maurice Thorez et Francisque Gay sont vice-présidents.

Aucun ministère clef ne va aux communistes, même si Tillon réussit à se faire nommer à l'Armement.

Bidault reste aux Affaires étrangères.

Tout est pour le mieux dans le meilleur des mondes : la confiance est votée par 503 voix contre 44.

Le pays sera resté comme indifférent au départ du grand homme.

« Après tout, dit Bidault, Jeanne d'Arc ne revendiqua pas le poste de Premier ministre du roi de Bourges. »

De Gaulle à Colombey, Pétain à l'île d'Yeu

De Gaulle quitte la rue Saint-Dominique sans même revoir ses collaborateurs. « Surtout, a-t-il dit, ni larmes ni chichi. » Ce n'est que quelques heures après son départ que Palewski les réunit, pour leur transmettre les « remerciements chaleureux » du Général et leur demander de... vider à leur tour leurs tiroirs.

Le Général quitte aussi Neuilly. Il loue au service des Beaux-Arts le pavillon de Marly-le-Roi. Il attend que les travaux de réparation à la gentilhommière qu'il possède dans la Haute-Marne à Colombey-les-Deux-Eglises soient terminés. Il refuse le maréchalat. Il tient à rester à jamais « général de brigade à titre temporaire ». Tout au plus finit-il par accepter une maison militaire (et une voiture, avec chauffeur).

Etonné de ne pas voir accourir la foule, ni la moindre délégation, il dépêche un officier de reconnaissance afin de vérifier si la police n'a pas ordre d'empêcher les Parisiens de se précipiter vers lui. C'est alors qu'il prononcerait la fameuse phrase : « Les Français ? Un peuple de veaux... »

Simplement, comme tout le monde, il se limite à dauber le nouveau président, « ce pauvre homme ».

Le 29 janvier, il s'installe à six kilomètres de Mézières, au château de Sept-Fontaines, chez son beau-frère Jacques Vendroux. Il joue les décontractés. Il rappelle la phrase du maréchal Clauzel au duc d'Orléans, devant Constantine : « Et maintenant, Monseigneur, vous allez voir ce qu'il y a de plus difficile dans l'art de la guerre : la retraite. »

Enfin, il peut se fixer en sa chère Boisserie, à Colombey. Aux confins de la Champagne, à une douzaine de kilomètres de Bar-sur-Aube, au cœur de ce village très discret de 350 habitants, dans un environnement de prairies et de forêts, c'est une maison d'aspect bourgeois d'une douzaine de pièces, achetée en viager pendant la guerre, flanquée d'une tour hexagonale qui fut rajoutée à un angle et entourée d'un parc et d'un jardin, l'ensemble couvrant environ trois hectares.

Quelques fidèles viennent lui dire que le système Gouin ne peut que rapidement s'écrouler. « Non, répond-il, il n'y a rien à faire. La gauche est contre l'Etat et la droite contre la nation. »

Il ne manque jamais la messe du dimanche, dite par le bon abbé Drouot, curé de la paroisse, petit homme épais et court, figure ronde et pourpre. La famille de Gaulle a son banc aux deux tiers de la petite nef, côté épître, à la hauteur d'un vitrail représentant Saint Louis. « Ce qui est surtout reposant, ici, c'est ce silence, ce calme ! Voyez comme cela favorise la détente et aussi la réflexion, la méditation, comme cela permet de récupérer après l'effort et la fatigue... Et puis regardez cette solitude, la grande forêt des Dhuits là-bas... » La forêt des Dhuits, « vieille comme la Gaule », que « même les moines n'osèrent pas défricher... » Hors sa famille, il n'a plus réellement pour se consoler que cette forêt, ce déferlement saisissant de chênes, de charmes, de hêtres et de sapins, désormais sa seule armée.

Il relit Chateaubriand, Nietzsche, *La Légende des siècles*.

Il s'abandonne à un certain pessimisme.

« L'avenir, Pleven, croyez-moi, c'est la guerre », confie-t-il à son ancien ministre venu le voir, et avec qui il vient d'évoquer le sort de la Pologne, où les communistes, appuyés par l'armée et la police soviétiques, s'adjugent tous les pouvoirs, où toutes les libertés sont suspendues, toutes les propriétés confisquées.

Il entend déjà les galops des cosaques.

« Mais oui, vous les aurez, les Russes à Paris », insiste-t-il.

Puis il réagit. Il attaque la rédaction de ses Mémoires. Il peut écrire de six à sept heures par jour. Alors, il peut sortir les mots les plus extraordinaires sur tout homme ou toute chose.

« Eisenhower ? Le premier des généraux fonctionnaires.

« Juin ? Pas exceptionnellement brillant, mais exceptionnellement solide.

« Weygand ? Un grand second, à qui il aura manqué d'exercer des commandements. Nul régiment, nulle brigade, nulle division, nul corps d'armée, nulle armée ne l'auront vu à leur tête. Il arriva généralissime sans avoir jamais entendu une balle siffler. Un as pour bâtir sa légende.

« Pétain ? Au fond, un grand monsieur. Pendant la Première Guerre, nul n'a combattu comme lui les idées toutes faites... Sa contribution à la victoire fut indéniable, essentielle, capitale... Dès les premiers contacts, alors qu'il était colonel, je fus impressionné par sa tournure d'esprit, sa façon d'aller toujours au fond des choses, sa gouaillerie... 1940 ? J'ai toujours pensé que s'il avait eu quelques années de moins, il n'aurait jamais agi ainsi.

« Malraux ? Le malheureux est trop gaulliste ; il n'aura jamais le prix Nobel. »

Il s'amuse à prononcer Rrrrramadier et Vin-inceng Aurrrriol.

« Churchill ? Davantage un lutteur qu'un homme d'Etat... Et puis, le whisky...

« Roosevelt ? Sur sa fin, il aura tout bâclé... Alors, ce fut Yalta. La plus lourde défaite de l'Occident libre... La grande affaire, cher ami, c'est de savoir se retirer à temps.

« Truman ? Ah ! ce chemisier ! ce marchand de bretelles !... Ne l'imaginez surtout pas se laissant intimider par un Staline. Il saura tenir tête, le bougre.

« L'intendance ? Ne me parlez pas de sardines, ni de harengs... Dans le concours des grands hommes, Napoléon passe toujours avant Parmentier.

« Ces fichus ministres à la radio ? Les baveux ! Les imbéciles !... Ils vivent couchés... Ils aiment ça... Les requins ont mangé les apôtres...

« Le MRP ? Ils ne l'emporteront pas en paradis.

« Les socialistes ? Ils adorent Blum comme un totem... fétichisme... Mais dès qu'il s'agit de De Gaulle, le fiel envahit la salade.

« La politique française ? De la zizique. »

Dans le petit cabinet de travail qu'il a fait aménager au premier étage de la tour, il travaille à une table surchargée de brochures et de journaux. Il noircit laborieusement ses feuillets de sa longue écriture, avec d'innombrables ratures et surcharges. « Je graticule », dit-il. Passons.

Quant au maréchal Pétain, le voici donc à l'île d'Yeu.

Il y était venu en août 1921, au faîte de sa gloire, en visite d'inspection officielle à bord d'un chasseur de sous-marins, puis en vacances, en 1925, à la villa des Simounelles. Il est incarcéré au fort situé au point culminant de l'île. Du haut d'un mirador, les guetteurs surveillent de jour et de nuit les alentours. Une douzaine de personnes veillent sur le prisonnier, dont un médecin militaire. Les visiteurs sont rarissimes. Le curé de l'île vient chaque dimanche à bicyclette dire la messe dans la cellule où le condamné couche sur un lit de fer. Une sœur du Sacré-Cœur, supérieure de l'hôpital de Joinville, se charge des soins les plus délicats. Le prisonnier devra attendre cinq ans avant d'être transféré de sa cellule du premier étage (où il gèle l'hiver et où on étouffe l'été) dans une chambre plus humaine du rez-de-chaussée. En vain les interventions se multiplient-elles pour que le sort du vieillard soit amélioré — dont celles de blessés de Douaumont, de Mgr Feltin, ancien aumônier à Verdun, et du colonel Rémy, héros de la Résistance. D'autres jouent en sens contraire. « C'est une mort lente », soupire la maréchale. « Le péché de la France », dit Isorni.

L'Amérique au secours de la France

Au vrai, Gouin trouve une France en plein scepticisme.

Non que les énergies profondes manquent. L'esprit d'initiative est toujours là.

En janvier, un avion français bat le record mondial de vitesse sur le parcours Paris-Saigon à l'allure moyenne de 435 km/h. A Marignan s'effectue le premier vol d'essai du Morane Saulnier MS 474. Un Bloch 161 Languedoc parcourt la distance Paris-Alger dans le temps record de trois heures et vingt minutes. René Couzinet met à l'essai avec succès dans la baie de Rio l'hydroglisseur RC3 *Arc-en-ciel.*

Nous expérimentons à Meudon un four solaire à haute température.

On inaugure les travaux de percement d'un tunnel du Mont-Blanc, réalisation d'un rêve vieux de deux siècles.

On décide l'ouverture des chantiers de la chute de Donzère-Mondragon, qui aura la plus forte capacité de production des chutes prévues sur le bas Rhône. Déjà l'aménagement du cours moyen du Rhône entre Donzère et Mondragon se compare à l'équipement grandiose du Tennessee outre-Atlantique. Et la perspective est triple : production massive de courant électrique, aménagement de la navigation et fertilisation des terres. Les travaux à Génissiat reprennent sous le même éclairage.

Paris retrouve joyeusement en octobre son Salon de l'auto. Le premier de l'après-guerre. Le trente-troisième depuis sa création. Dès l'ouverture, on s'amasse sous les voûtes du Grand Palais. Bien sûr, il y a à admirer les Américaines, longues et puissantes, ainsi la Studbaker, le « paquebot de la route ». Mais les Delage et autres Delahaye savent aussi fasciner le visiteur. Peugeot, sous le signe de la « renaissance de Sochaux », a beaucoup de succès avec des « variations » de sa 202. Citroën expose fièrement sa 11 CV et sa 15 CV. A la 4 CV de Renault d'être la super-vedette de l'année. Gloire à la mini-voiture ! Préparée par Louis Renault dès 1941, œuvre de l'ingénieur Fernand Picard, présentée par Pierre Lefaucheux, premier PDG des usines nationalisées, la voici en plein triomphe. Caricaturistes, revuistes et chansonniers s'amusent à qui mieux mieux sur la position de son moteur à l'arrière — toute nouvelle en France.

La télévision présente un premier programme qui « tient », midirect, mi-télécinéma. Simplement, faute de crédits, le programme se limite à une émission par jour, de seize heures trente à dix-sept heures trente. Il n'en reste pas moins que l'on avance à grands pas. Déjà, un vendredi soir voit programmer un *Barbier de Séville.* Gilles Margaritis crée la *Piste aux étoiles.* Le premier bulletin météorologiste télévisé paraît. Même la gastronomie a droit à des séquences ; cependant, pour les conseils culinaires, n'ayant pas de fourneaux à leur disposition, les commentateurs en sont réduits à ne donner que des recettes de plats froids (un jour, faute de blanc d'œuf, ils utilisent même de la mousse de savon à barbe !).

Jean Monnet, au Plan, se révèle un maître animateur. Il aura été le premier à réunir patrons et ouvriers pour élaborer une politique constructive, alors que les conflits professionnels pullulent. Il sait atteler au même char Benoît Frachon[1] et Georges Villiers, le patron des patrons. A force de commissions et de sous-commissions, il animera jusqu'à plus de mille personnes, travaillant pour une fois à une œuvre nationale commune, désignées en dehors de toute hiérarchie pour leur seul savoir-faire. Comme le dit Pierre Uri : « Pour une fois, enfin, nous cousons ensemble. » Mieux encore : le Plan joue carrément l'avenir contre le présent. Jean Monnet se refuse à promouvoir une politique de cadeaux. On ne va pas consacrer aux biens de consommation l'essentiel des ressources. Programme : pour affronter la concurrence internationale, porter en 1950 la production française à un niveau supérieur de 25 % à celui de 1929, le plus élevé que la France ait jamais connu. Comment ? Principalement en servant par priorité trente-cinq industries-clefs à partir de six programmes de base (charbon, électricité, sidérurgie, ciment, transports intérieurs et machinerie agricole).

Mais le malheur est que la circulation monétaire augmente dans les proportions les plus inquiétantes. La France est littéralement à genoux. Entre les destructions dues à la guerre et les spoliations nazies, la moitié de la fortune nationale a disparu. Les deux tiers de notre marine marchande ont été anéantis. L'outillage industriel est pratiquement inutilisable. La production agricole stagne. Les prix montent à la verticale. Le marché noir bat les records de l'Occupation.

Pas étonnant que le discours d'investiture de Gouin soit une litanie de deuils. Du moins, de toute sa simple honnêteté, ne cache-t-il rien de la gravité de la situation, et s'attaque-t-il avec courage à la besogne, allant jusqu'à bloquer prix et salaires, supprimer les subventions, envisager un impôt de solidarité, réduire considérablement les dépenses de l'Etat.

Dieu merci, l'Amérique envoie bouée sur bouée. Entre le 1er mars 1945 et le 24 avril 1946, 906 navires américains auront

1. Secrétaire général de la CGT avec Léon Jouhaux.

relâché dans les ports français, amenant 7 millions de tonnes de marchandises. Ainsi la France peut-elle surnager.

Et Gouin de confier à Léon Blum une mission d'ambassadeur extraordinaire aux Etats-Unis. Bidault donne son accord. Thorez ? Blum lui demande : « Un gouvernement communiste reconnaîtrait-il les obligations que j'aurais à contracter à l'égard des Etats-Unis ? » Thorez joue les indignés. Mais comment donc ! En vérité, la mission ne va pas de soi. Blum est devancé par les Anglais, qui demandent et obtiennent par lord Halifax un prêt exceptionnel (il fait préciser qu'aucun autre pays n'obtiendra d'aussi favorables conditions). Il donne à son arrivée l'image d'un homme écrasé, le souffle coupé face aux gratte-ciel et aux lumières de Broadway (c'est la première fois qu'il traverse l'Atlantique). Il s'attendait à découvrir l'Amérique de la surabondance : il est ahuri de la trouver souffrant de restrictions. Il espérait obtenir au moins 2 milliards de dollars : on lui rappelle que Washington en a déjà prêté à Jean Monnet près de 400 millions et que la France en doit une « montagne » aux Etats-Unis. En romantique impénitent, il croyait rencontrer des négociateurs appliqués à être gentils, admirateurs de la France : il se trouve face à des businessmen qui discutent serré. Il reste six semaines : il aura été si souvent humilié qu'à plusieurs reprises il aura songé à couper court. Quand il signe le 28 mai avec le secrétaire d'Etat James Bird l'accord financier total, il obtient certes que les Etats-Unis abandonnent tout droit sur les dettes françaises jusqu'à un montant de 2 774 millions de dollars ; il se voit accorder pour la France un crédit nouveau de 300 millions (elle devra encore 720 millions de dollars, remboursables en trente-cinq ans à un taux d'intérêt de 2 %) et l'Export-Import Bank consent à Paris un crédit de 650 millions pour ses achats aux Etats-Unis, mais il doit prendre l'engagement que la France cessera de limiter les importations américaines et notamment acceptera une importation massive de films américains. (Suffocant : les propriétaires des salles françaises projetteront *une semaine par mois* des films français, le reste du temps l'écran sera libre pour les productions américaines !) Blum triomphe en public : « La négociation menée à Washington n'a comporté ni explicitement ni implicitement, ni directement ni indirectement aucune condition d'aucune espèce, civile, militaire, politique ou diplomatique. » En privé, il ne dissimule pas sa « tristesse infinie ».

D'ailleurs, Thorez contre-attaque aussitôt. Dès le 29 mai, à peine vingt-quatre heures après la signature des accords de Washington, le bureau de la CGT réclame une augmentation immédiate et générale des salaires.

Tout ce que sait faire finalement Gouin, c'est nationaliser les compagnies d'assurances, le reste des houillères demeurées dans le secteur privé, les Messageries maritimes et les compagnies de gaz et d'électricité.

Gouin perd la bataille du référendum

La commission dite de la Constitution a commencé ses travaux le 30 novembre.

On ne tarde guère à déceler son problème fondamental : faire table rase de tout ce qui peut menacer l'hégémonie de l'Assemblée.

Le problème de Gaulle ? L'ombre gigantesque est toujours là. Car personne ne croit qu'il soit allé s'enterrer à jamais. « Raisonnablement, explique Léon Blum, il ne devrait jamais revenir au pouvoir. Cependant, les choses sont-elles raisonnables ? » De Gaulle considère lui-même son retour comme inévitable, et on le sait. Du coup, ou bien on l'ensevelit sous les fleurs (Gouin lui rend hommage à tout propos : « il restera sans cesse notre orgueil, notre guide »), ou bien on s'applique d'autant mieux à l'oublier que, de janvier à juin, le Général ne paraît pas une seule fois en public.

L'argent ? Pour la plupart de ces idéologues, le libéralisme est devenu une forme de réaction. Même la reconnaissance solennelle de la liberté de la presse est tenue pour suspecte : on redoute qu'elle aboutisse à servir les « puissances d'argent ». De fait, la commission sert une pensée de classe.

Inévitablement, le texte final consacre la toute-puissance de l'Assemblée et des partis.

De l'inédit, cependant : en hommage aux jeunes résistants, on votera à vingt ans, au lieu de vingt et un ; on pourra être élu à vingt-trois ans, au lieu de vingt-cinq.

Les députés seront élus à la représentation proportionnelle par département (le système qui sert le plus efficacement le règne des partis).

L'appartenance à un parti est *obligatoire* pour tous les élus. En cas de conflit, le parti pourra même révoquer le député, annuler l'élection. (C'est une autre nouveauté : cette manière de donner aux partis une existence légale.)

Il n'y aura qu'une Assemblée. Il sera interdit de confier à l'exécutif les pleins pouvoirs ou toute possibilité de gouverner par décrets-lois.

Le gouvernement responsable pourra être renversé par un vote de censure, mais, pour empêcher l'excès d'instabilité, la dissolution sera automatique après deux crises ministérielles. C'est l'Assemblée qui désignera le président du Conseil. On tient pour antidémocratique toute création de Cour suprême. Enfin, les préfets sont supprimés ; les départements seront administrés par les présidents des conseils généraux.

A l'évidence, les partis marxistes imposent leur volonté.

Mais les MRP, animés par un Maurice Schumann déchaîné, n'acceptent pas. De surcroît, ils n'ont pu faire mentionner dans le projet la « liberté d'enseignement » solennellement demandée par l'Association des cardinaux et archevêques de France. Ils ne peuvent davantage faire inscrire le « droit à la propriété ». Ils ne veulent ni d'une Assemblée unique, fatalement vouée à être dictatoriale, ni d'un président de la République élu par la seule Assemblée. Ils ont en vain exigé que fût organisé un contrôle de la constitutionnalité des lois.

Vincent Auriol, qui occupe le perchoir, joue vainement les médiateurs, proposant de créer un Conseil économique et un Conseil de la France d'outre-mer, lequel participerait à l'élection du chef de l'Etat. Les communistes font échouer la médiation. A Gouin qui fait observer que l'appui du MRP va gravement manquer dans le référendum, Thorez réplique : « Tu galèjes. Quel besoin crois-tu que nous ayons de tous ces curaillons ! » Voire !

Si, après de suprêmes débats confus où Vincent Auriol essaie aussi inefficacement de rafistoler une entente, le projet constitutionnel socialo-communiste est adopté à l'Assemblée le 19 avril par 309 voix contre 249 (tous les MRP ont voté contre), il en est autrement devant le suffrage universel.

La France vote le 5 mai. Les non l'emportent sur les oui par 53 % des suffrages contre 47 %.

Le slogan des communistes, « Thorez au pouvoir », aura effrayé trop de monde.

Un seul étonnement : le général et Mme de Gaulle sont attendus en vain à la mairie du XVIe arrondissement, où ils sont inscrits. Ils ne votent pas. Le Général confie à Maurice Schumann : « J'étais sûr que la Constitution serait repoussée. Je n'avais donc aucune raison de me prononcer. Et puis, les photographes m'attendaient et cette perspective m'était physiquement désagréable... »

A présent, en application de la loi votée le 21 octobre 1945, il faut donc élire, encore pour sept mois, une nouvelle Constituante.

Curieusement, la bataille s'enflamme soudain. Atmosphère nouvelle. Ça va mal entre socialistes et communistes : dans un meeting de Moulins, Le Troquer traite même Thorez de « déserteur » qui n'a, « sans honneur, aucun droit à gouverner la France ». Un candidat MRP, M. de Villeneuve, est assassiné à la Réunion ; les communistes crient à la provocation fasciste quand, sans délai, le gouverneur de l'île ordonne l'arrestation du fils du maire communiste Vergès. De multiples bagarres se signalent sous les préaux et entre colleurs d'affiches.

Le vote a lieu le 2 juin.

Le MRP triomphe, obtenant 28,1 % des suffrages.

La SFIO souffre, passant de 23,8 à 21 % du total (128 élus).

Le Parti communiste réunit encore 26 % des voix, mais, avec 153 sièges, cède la place de « premier parti » au MRP, qui en compte 166.

Les marxistes perdent la majorité absolue.

Quoi encore ? Les radicaux, qui ont fait voter non, gagnent 10 sièges ; avec 67 élus, la droite améliore ses positions ; et Daladier prend sa revanche dans son Vaucluse.

La présidence Georges Bidault

La nouvelle Assemblée élit à sa présidence Vincent Auriol — par 466 voix. Mais Gouin démissionne et Georges Bidault, candidat d'un MRP fort de son importance, n'est investi huit jours plus tard que par 384 voix, les communistes préférant s'abstenir.

Le temps d'entendre Zeus tonner. Le 16 juin, le général de Gaulle, profitant d'une visite à Bayeux, se manifeste en plein ciel avec un discours qui déchaîne aussitôt les passions. Il dit : « C'est du chef de l'Etat, placé au-dessus des partis, élu par un collège qui englobe les parlementaires, mais beaucoup plus large et composé de manière à faire de lui le président de l'Union française en même temps que celui de la République, que doit procéder le pouvoir exécutif. Au chef de l'Etat, la charge d'accorder l'intérêt général quant au choix des hommes avec l'orientation qui se dégage du Parlement. A lui la mission de nommer les ministres et d'abord, bien entendu, le Premier, qui devra diriger la politique et le travail du gouvernement. Au chef de l'Etat, la fonction de promulguer les lois et de prendre les décrets, car c'est envers l'Etat tout entier que ceux-ci et celles-là engagent les citoyens. A lui la tâche de présider les Conseils du gouvernement et d'y exercer cette influence de la continuité dont une nation ne se passe pas. A lui l'attribution de servir d'arbitre au-dessus des contingences politiques, soit normalement par le Conseil, soit, dans les moments de grave confusion, en invitant le pays à faire connaître par des élections sa décision souveraine. A lui, s'il devait arriver que la patrie fût en péril, le devoir d'être le garant de l'indépendance nationale et des traités conclus par la France. » C'est prendre évidemment par là le total contre-pied des « lilliputiens ».

Il effraie tellement que les communistes (Thorez dénonce le « général factieux ») ne font aucune difficulté pour entrer dans le gouvernement, encore que Bidault leur refuse tout poste clef.

On n'en observe pas moins que le gouvernement continue d'être une émanation des partis : Bidault demande aux responsables des formations politiques de désigner eux-mêmes ceux de leurs membres qu'ils délèguent dans son gouvernement.

Quoi qu'il en soit, voici le cabinet Bidault formé.

Maurice Thorez reste vice-président du Conseil avec à ses côtés six camarades.

Les socialistes sont cinq (dont Gouin vice-président, le bouillant Edouard Depreux remplaçant Le Troquer à l'Intérieur, et le solide Marius Moutet désigné aux Territoires d'outre-mer).

Les MRP sont huit.

Aucun élu n'étant assez kamikaze pour piloter le Ravitaillement, celui-ci échoit à Yves Farge, « sans parti » (en vérité cryptocommuniste).

La surenchère communiste ayant eu raison de la « sagesse » de

Gouin, Bidault se trouve face à une situation financière aggravée ; il songe donc, lui aussi, à Mendès comme ministre des Finances, mais Mendès préconise encore une fois une politique de rigueur si « inquisitoriale » que Bidault ne se juge pas à même de pouvoir la faire accepter. « Nous revotons dans six mois, mon cher, dit-il. Je ne peux pas fermer mon parapluie. » C'est d'ailleurs sur le conseil de Mendès qu'il prend finalement comme grand argentier le Lorrain Robert Schuman — lui-même conservant les Affaires étrangères.

Encore un étrange personnage que l'ancien président du CNR.

Né en 1899 à Moulins, fils d'un agent d'assurances, ancien élève des jésuites, puis de la Sorbonne, agrégé d'histoire, brillant éditorialiste de *L'Aube* avant-guerre, démocrate-chrétien de toujours, antimunichois passionné en 1938, résistant sans faille, principal fondateur du MRP avec Teitgen et Maurice Schumann, Georges Bidault a de multiples titres aux premiers rôles. Vous découvrez une courte silhouette frêle, un regard qui aime défier, une voix sèche et métallique. Bien sûr, il s'accompagne de tout un cortège de rumeurs cruelles. Comme il manque de discipline personnelle, est incapable de s'imposer un horaire strict ou un régime alimentaire normal, s'épuise à trop travailler de nuit, prépare ses discours à la dernière minute, et comme du coup le moindre verre de cognac le trouble, on le surnomme vite le « Soda inconnu » ou l'« Eminence grise » (par exemple grise de champagne). Il est secret, n'a pas d'amis.

Le 27 décembre 1945, étant chef du Quai d'Orsay, il épouse Suzanne Borel, fonctionnaire au ministère des Affaires étrangères, devenue son chef de cabinet : on va partout racontant que c'est elle qui est « ministre par personne interposée », du coup surnommée « le soutien-Georges ». Elle a un ennemi personnel, l'étincelant et paradoxal romancier Roger Peyrefitte, qu'elle fit exclure de la carrière diplomatique pour affaire de mœurs (après vingt années de batailles judiciaires et administratives, Peyrefitte obtiendra d'ailleurs raison en se faisant réintégrer, juste avant sa mise à la retraite) ; celui-ci n'est pas le moins ardent à dauber le couple. Les caricaturistes, pour leur part, taquinent beaucoup Bidault sur son violon d'Ingres : la recherche de champignons. Mais il a un certain sens du compromis. Il est habile à noyer ses interlocuteurs sous un flot de phrases obscures. Surtout, il est d'un indéniable courage.

Il s'attaque à sa besogne avec l'allégresse « étudiante » qu'il met en toute chose. Sauf à connaître bien des malheurs.

En prévision des élections trop proches, il choisit la facilité. Les salaires, les allocations et les primes s'augmentent d'au moins 20 % — de 25 % pour les ouvriers du bâtiment. Du coup, les prix industriels progressent de 19 %, les prix des denrées alimentaires de 82 % ! A nous ce que François de Menthon appelle joliment des « queues de hausses ». Dans la région parisienne, l'ensemble des tarifs, en moyenne, double en l'espace de quatre mois. On a ouvert les vannes de l'inflation — aux humoristes de préciser que « les prix prennent l'ascenseur, les salaires l'escalier ».

Les scandales fleurissent de toutes parts. Il y a scandale sur tout, le cuir, la laine, les points de textile, la viande, le sucre. On rit plutôt jaune lorsqu'un chansonnier propose de suivre à la piste une mite pour découvrir les réserves cachées de tissu.

Les restrictions continuent de sévir. Toutes les cartes de rationnement demeurent en circulation. La guerre ressuscita les fiacres à cheval, les « sapins » : ils sont toujours là. Les taxis restent aussi rares que poussifs. Les journaux, comme *Marie-Claire* pendant la guerre, continuent d'expliquer comment couper une robe dans un rideau, un manteau dans une couverture ou comment tirer un trousseau des chemises de nuit de grand-maman. Il faut beaucoup de chance pour trouver de la laine kaki pour les layettes.

Surtout, éclate le scandale des vins. A partir de début octobre, il couvre la une de tous les journaux — à quelques semaines du référendum constitutionnel et des nouvelles élections législatives. Les « précisions » ou prétendues telles ne manquent pas. Il est expliqué que, sous prétexte d'acheter en Suisse du tissu destiné aux populations musulmanes, une société de Marseille, la Sapvin (Société d'approvisionnements vinicoles), aurait été chargée d'importer d'Algérie 125 000 hectolitres de vin destinés à la Suisse ; or 40 000 seulement ont été livrés à destination ; le reste, en chemin, est passé au marché noir. L'accusation est le fait du ministre du Ravitaillement, Yves Farge. Autre scandale : alors que le vin manque en France, 125 000 hectolitres sont livrés à la Belgique, et l'on va aussitôt racontant que cette exportation a été confiée presque exclusivement, comme le marché algérien, à des amis de Félix Gouin. On évoque des vaisseaux fantômes chargés de transporter illicitement des vins entre l'Algérie et la métropole. Les communistes assurent de toutes parts qu'ils ont sur Gouin des documents accablants. Gouin et Yves Farge, dont on apprend enfin qu'il est communisant, s'affrontent, par journaux interposés, puis directement en plein Conseil des ministres. Le scandale est né. Même si la justice finira par découvrir plus tard que « dans l'état du dossier, il ne se trouve ni pièce ni document qui permettent d'utiliser de telles poursuites à des fins politiques, ni quant aux partis, ni quant aux hommes », Gouin et la SFIO se trouvent, dans l'immédiat, gravement éclaboussés. Les journaux exploitent des détails sordides. Les noms de deux collaborateurs de Gouin, son directeur de cabinet Zerbini et le lieutenant-colonel « affairiste » Savy, sont cités avec insistance. Ça grenouille de la manière la plus écœurante. Si incontestable que soit l'honnêteté de l'ancien président du gouvernement, si irréelles que doivent se révéler les accusations de Farge, l'autorité morale de Gouin restera très atteinte. Calomniez, calomniez ! Il suffit d'un petit fait précis sur lequel on affabule. La rumeur s'enfle. Les ennemis inventent des amalgames. Les autorités judiciaires sont saisies. La justice traîne. Les personnalités en cause sont finalement innocentées. L'opinion n'en demeure pas moins « mise en condition ». L'antiparlementarisme rituel aidant, l'affaire des vins finit même par se fixer comme un important événement politique.

Précisément, les socialistes reprochent à Bidault de ne pas assez fermement les défendre, voire de jubiler de leurs malheurs.

La Constitution de la Quatrième République

L'on arrive tout de même à mettre sur pied un nouveau projet de Constitution — qu'on a voulu améliorer sur le « monstre de mai ».

On opte pour un régime à deux assemblées : l'Assemblée nationale et le Conseil de la République, dont les membres s'appellent sénateurs.

Le président de la République est chef de l'Etat, élu pour sept ans, rééligible une seule fois, par les deux Chambres réunies en congrès à Versailles sous la responsabilité du bureau de l'Assemblée nationale. Irresponsable politiquement, il ne peut être renversé ni destitué par l'Assemblée nationale, mais il est responsable en cas de haute trahison et peut être mis en accusation par l'Assemblée. Il signe et ratifie les traités, dispose des forces armées, préside le Conseil des ministres, promulgue les lois, peut adresser des messages à l'Assemblée.

Le gouvernement est formé, présidé et animé par le président du Conseil (désigné comme tel, alors qu'il ne l'était pas dans la Constitution de la Troisième), investi par un vote de confiance de l'Assemblée et *à la majorité absolue des députés*. Il pose la question de confiance (responsabilité collective des ministres devant l'Assemblée) après délibération du Conseil des ministres. Il peut décider en conseil la dissolution de l'Assemblée (par décret du président de la République) seulement *si deux crises ministérielles surviennent (après les dix-huit premiers mois de la législature), par refus de la confiance ou motion de censure.*

L'Assemblée est élue au suffrage universel direct pour cinq ans (âge minimum d'éligibilité : vingt-trois ans). L'Assemblée, qui compte 544 députés pour la métropole et 619 au total, vote seule la loi, a seule l'initiative des dépenses, élit le président du Conseil et peut renverser le gouvernement *seulement à la majorité absolue.*

Le Conseil de la République est élu au suffrage universel à deux degrés (par les collectivités territoriales métropolitaines et d'Algérie, l'Assemblée nationale et les conseils et assemblées d'outre-mer) pour six ans, renouvelable par moitié tous les trois ans (âge minimum d'éligibilité : trente-cinq ans). Il participe à l'élection du président de la République. Il n'intervient pas dans la formation du gouvernement, qui n'est pas responsable devant lui. Son droit d'initiative, en fait, se limite à présenter des amendements aux textes transmis par l'Assemblée, laquelle n'est pas tenue de donner suite aux propositions qu'il lui transmet. Il doit communiquer dans un délai maximum de deux mois son avis sur les textes votés par l'Assemblée, qui statue souverainement en seconde lecture.

Trois assemblées *consultatives* sont créées : le Conseil national économique, 184 membres (réduits plus tard à 169) désignés pour trois ans par les organisations professionnelles, syndicales et corporatives, plus quelques-uns nommés par le gouvernement ; l'assemblée de l'Union française, 260 membres ; et le Conseil constitutionnel de 13 membres qui peut être saisi par le Conseil de la République sur demande du président de la République et du président du Conseil pour contrôler la constitutionnalité d'une loi.

Enfin, les préfets sont maintenus dans la plénitude de leur autorité.

Bidault a pris l'engagement de faire voter la Constitution avant octobre. Reste le plus difficile : la faire approuver par le pays.

« Constitution bonapartiste », rugit Duclos. « Du pur gaullisme », commente Thorez. « L'écho plat de Bayeux », ricane Etienne Fajon. Devant la commission spécialisée, le projet ne passe que par le soutien des socialistes et du MRP (le 2 août).

Les communistes ne s'insurgent que davantage quand ils entendent Maurice Schumann dire que, par rapport au premier projet, « nous avons surtout fait du plus intelligent », et que « nous en avons enfin terminé avec le danger d'une Assemblée unique et dictatoriale ». Quant au président, « il ne sera plus une ombre ». Bidault soupire : « Ce n'est pas demain que les tuiles remonteront sur le toit. »

De plus, à la même heure, René Capitant — sans aval du Général — crée une « Union gaulliste » qui, dès sa fondation, connaît un incroyable succès.

Bidault se découvre devant un choix cornélien : ou bien se rallier les gaullistes, ou miser sur un ralliement des communistes.

Il envoie plusieurs dirigeants à Colombey tenter de convertir le Général au nouveau texte. Schumann et Teitgen sont les premiers à faire le pèlerinage. Le Général est intraitable. Il dit à Teitgen : « L'affrontement avec les Soviets est tout proche. Votre président de la République, dans votre truc, a des pouvoirs qui n'en sont pas. Je ne veux pas retrouver la situation de 1940. La primauté absolue des pouvoirs du chef de l'Etat est vitale. » Il dit à Schumann : « Inadmissible, votre Constitution... Elle n'est pas meilleure que l'ancienne. Vous me dites que vous fabriquez un Conseil de la République, et après ?... Il n'y a qu'un contrepoids valable à l'omnipotence de l'Assemblée, c'est le chef de l'Etat, et le texte n'en prévoit pas !... » Il dit à Léo Hamon, qui envisage la perspective où le Général ne serait pas suivi : « Et alors ?... Quand, en 1936, j'ai dit au gouvernement de prévoir des divisions blindées, il ne m'a pas suivi, dommage ! Quand, dans l'hiver 1939, j'ai dit au gouvernement qu'il devait mener autrement la guerre, il ne m'a pas suivi, dommage !

Quand, en juin 1940, j'ai dit au gouvernement qu'il devait gagner l'Afrique du Nord pour continuer la guerre, il ne m'a pas suivi, dommage ! Quand j'ai tenté de rallier Dakar à la cause des Alliés, le gouverneur Boisson ne m'a pas suivi et m'a fait recevoir à coups de canon, dommage ! Quand j'ai dit aux Américains qu'ils avaient tort de négocier avec Darlan, ils ne m'ont pas suivi, dommage !... Mes poumons sont exercés au contre-courant... »

Du moins le « non » du Général donne-t-il la clef du côté des communistes. Ils tiennent désormais de Gaulle pour l'ennemi public numéro un. Il leur suffit que le « factieux » trouve la Constitution mauvaise pour qu'eux la jugent acceptable. Il y a espoir de leur faire tourner casaque.

Encore un important événement manque-t-il tout faire capoter.

Il y a drame au trente-huitième congrès national de la SFIO réuni à Paris le 29 août. Les socialistes frondent contre Léon Blum, les uns l'accusant d'anticommunisme primaire, d'autres de « collusion avec les bolchos ». Guy Mollet, député-maire d'Arras, mène la révolte. Le secrétaire général en place, Daniel Mayer, se demande même s'il ne s'agit pas d'un « coup des francs-maçons contre les Juifs » (on sait que les Juifs, serrés autour de Léon Blum, de Jules Moch à Oreste Rosenfeld, de Salomon Grumbach à Daniel Mayer, sont très influents sur le vieux parti ; et il est exact que nombre des « comploteurs » et Guy Mollet lui-même sont des membres actifs de la franc-maçonnerie). De fait, il s'agit surtout d'une ambition qui se révèle à elle-même. Effectivement, Guy Mollet affiche un exceptionnel talent. Il s'impose comme un diabolique prince des congrès, un maître manœuvrier entre courants et tendances. Il cultive habilement la déception qu'éprouve le parti à être moins important qu'il ne l'a rêvé. Il va jusqu'à demander que les ministres socialistes quittent le gouvernement. Pâle visage sec, blonds cheveux frisés tout ébouriffés, yeux brumeux de myope, éloquence à la mitraillette, il exprime tout le désir de renouveau de la base socialiste qui ne trouve pas ses dirigeants assez révolutionnaires. Pour la première fois dans l'histoire de la SFIO, un rapport moral présenté par un secrétaire général est repoussé. En dépit d'une longue et pathétique intervention de Blum à la tribune, au secours de Daniel Mayer, le rapport est rejeté par 2 975 mandats contre 1 365. « Je souffre », fait savoir Blum. Mayer démissionne. Pour sa succession, les blumistes pensent à Naegelen, qui se récuse, puis à Augustin Laurent, maire de Lille, prestigieux patron de la fédération du Nord. Mais, en définitive, le comité directeur élit Guy Mollet (16 voix contre 14 à Augustin Laurent).

Les ministres socialistes vont-ils démissionner ? A part Tanguy-Prigent, ils ont tous soutenu Blum contre les molletistes.

C'est Vincent Auriol qui trouve la solution : tenter une ultime conciliation entre MRP et communistes (si les communistes marchent, Guy Mollet perd tous ses arguments et les ministres socialistes n'ont pas à quitter le gouvernement).

Le maître magicien opère à la perfection. Les communistes marchent !

Il était temps — car Herriot fait lui aussi connaître qu'il est décidé à voter non, parce qu'il considère que les textes concernant l'Union française, « dictés par Ferhat Abbas, concoctés par l'esprit fumeux d'André Philip », ouvrent la « porte à la sécession ». A ses yeux, le gouvernement, par pure faiblesse, va larguer tout l'Empire.

Pour leur part, les élus d'outre-mer, du vieux militant socialiste sénégalais Lamine Gueye, maire de Dakar, au poète communiste martiniquais Aimé Césaire, maire de Fort-de-France, se déclarent contre un texte, le titre VIII, qui prévoit un « double collège électoral » et paraît considérer qu'il existe deux sortes de Français, « ceux de la métropole et ceux d'outre-mer ».

Le 2 août, Ferhat Abbas, député de Sétif, pourtant longtemps partisan de l'assimilation de l'Algérie à la France, dépose même une proposition de loi tendant à établir la constitution d'une République algérienne « en tant qu'Etat fédéré membre de l'Union française ». Argument : « Le maréchal Pétain, en affirmant que la France était un Etat chrétien à civilisation latine, a montré à lui seul que les Algériens, qui ne sont ni chrétiens ni latins, ne pouvaient pas compter parmi ses ressortissants. » « Qui vous a donc appris à lire ? », lance une voix en pleine séance. Autant dire que toute la France d'outre-mer veut voter contre.

Quoi qu'il en soit, les communistes s'engagent à voter tous les textes (en contrepartie Bidault aurait notamment promis à Thorez de faire voter le statut de la fonction publique, réclamé par les communistes à cor et à cri).

Les dés sont jetés.

Le 20 septembre, par un communiqué à l'agence France-Presse, le général de Gaulle dénonce une Constitution « qui ne peut nous mener qu'à l'anarchie ou à la dictature ». Il adjure la France de voter non.

Le vote national intervient le 13 octobre.

La Constitution qui établit définitivement la Quatrième République n'est votée qu'à une minorité de faveur.

9 263 416 voix pour, 8 143 931 contre et 8 147 537 abstentions. 35 % des inscrits. 53 % des votants. C'est maigre, mais ça passe.

Quant à la nouvelle Assemblée, elle est élue le 10 novembre.

Le Parti communiste, avec ses apparentés, rassemble cinq millions et demi de voix, redevenant le premier parti, avec 28,3 % des voix, contre 25,9 % au MRP et 17,8 % à la SFIO qui ne cesse de fondre.

Aucun battu notoire.

Du moins voici la Quatrième République officiellement en place.

Hors les joutes électorales ou référendaires, quels sujets passionnent nos concitoyens ? Ils ne manquent pas.

Marthe Richard obtient spectaculairement la fermeture des maisons closes. Née Marthe Betenfeld à Blâmont en Lorraine voilà cinquante-sept ans, l'une des premières Françaises à savoir piloter en 1912, épouse d'un riche mandataire aux Halles qui lui offrait deux avions pour ses meetings aériens, veuve de guerre, espionne médaillée du 2e bureau durant la Grande Guerre, remariée avec un Anglais de la fondation Rockefeller, à nouveau veuve, superbe résistante sous le nom de Lucienne Hasmanel, organisatrice de réseaux d'évasion, député, elle s'engageait à peine élue à faire fermer les maisons de prostitution. Elle prononçait l'année précédente, le 13 décembre, un discours historique : « Je suis allée dans l'une des maisons que vous appelez des bordels, messieurs. Et j'ai demandé à une fille : combien as-tu fait de clients aujourd'hui ? Elle m'a répondu : 82. Vous entendez bien, 82 ! Là, pour quelques francs, chaque client a droit à une chambre, à une fille, à une serviette et à un morceau de savon. C'est pire que l'esclavage, messieurs, le bagne ! » Elle estime à 70 000 le nombre de prostituées dans la seule capitale. La fermeture des maisons de Paris devient du coup effective à partir du 15 mars. Ferment 190 maisons, dont les plus célèbres, *Le Chabanais, Le Sphinx* (rendez-vous préféré des hommes politiques) et le *One-two-two*, mais aussi les plus immondes, véritables entreprises d'abattage, comme *Le Panier fleuri* ou *Le Fourcy*, surnommé par les filles l'« Hôpital ».

Le gang des tractions avant fait boom. C'est un nommé Pierrot le Fou qui mène le jeu, avec pour lieutenant Jo Attia et pour première gâchette Jo Boucheseiche. Ils acquièrent vite la réputation de rois du hold-up. Cibles : les banques et les hôtels des postes. Légende : des insaisissables. Mais, en novembre, Pierrot le Fou est blessé ou se blesse d'un coup de pistolet au ventre dans des conditions mystérieuses. Hospitalisé, enlevé mourant de l'hôpital par ses amis, il meurt sans être jamais tombé aux mains de la police.

Le médecin criminel Petiot, après un procès sensationnel, est condamné à mort. Le principal problème est toutefois de savoir comment l'exécuter. Les journaux pensent qu'il faudrait le fusiller, car la guillotine a été gravement endommagée par les bombardements de Paris, sans compter que les exécuteurs, qui trouvent leur salaire trop chiche, menacent de se mettre en grève. Tout s'« arrangera » finalement, et c'est une « guillotine de voyage », celle qui sert habituellement au bourreau, M. Desfourneaux, pour ses déplacements en province, qui est utilisée. Il est quatre heures vingt-cinq, le 25 mai, lorsque Me Floriot, accompagné de la cour, vient réveiller pour la dernière fois le condamné, lequel dort à poings fermés. Petiot se lève, endosse coquettement le beau costume qu'il a arboré aux assises, s'installe tranquillement à sa table pour écrire à sa femme et à son fils. On lui demande s'il a d'ultimes révélations à faire. « Aucune, répond-il, je suis un voyageur qui emporte ses bagages. » C'est de la manière la plus désinvolte, « pour faire un dernier plaisir » à sa femme, qu'il accepte la bénédiction de l'abbé Beyer, le vieil aumônier de la Santé. Au pied de l'échafaud, il embrasse son avocat. « Et maintenant, prononce-t-il, un dernier conseil. Ne regardez pas, messieurs. Ça ne va pas être beau. » Le couperet tombe.

Nos tennismen se distinguent. Yvon Petra gagne le premier Wimbledon de l'après-guerre : il y avait dix-sept ans qu'un Français — Henri Cochet en 1929 — n'avait pas triomphé sur le fameux gazon ; et Marcel Bernard s'adjuge le premier Roland-Garros international. Les deux compères remportent même à Paris le double, qu'ils disputent pourtant après toute une nuit de fête et de champagne dans la boîte à la mode, *Chez Patachou.*

Les grandes amours de nos grandes vedettes défraient plus que jamais la chronique. On pleure : Marlene Dietrich, après avoir tourné à Nice son dernier film, *Martin Roumagnac*, repartant pour les Amériques, se sépare le cœur brisé de son adoré Jean Gabin ; Pépé le Moko fait guincher l'Ange bleu. On rit : Hollywood nous restitue un couple prestigieux, Jean-Pierre Aumont, le « séducteur plus blond que le soleil », et sa Maria Montez, la créole de Saint-Domingue, née de sang espagnol et de sang irlandais, « plus brune que la plus chaude nuit des tropiques » (à rappeler que sous les drapeaux des Forces françaises libres, lui a rapporté des combats deux blessures et la Légion d'honneur).

En dépit d'un lugubre Palais-Bourbon, on chante, on chante. Jacqueline François se prépare à être *Mademoiselle de Paris.* Yvette Giraud pousse « Le bon petit vin blanc... qu'on boit sous les tonnelles du côté de Nogent » et, made in Far West, *Ma guêpière et mes longs jupons.* Un certain Charles Aznavour, Arménien né Aznavourian, connaît son premier succès swing, *Le Feutre taupé.* On découvre à *La Rose rouge* un drôle d'hurluberlu nommé Philippe Clay. Le célèbre Georges Ulmer, Danois de Copenhague, devient Parisien d'honneur avec *Pigalle.* Pierre Dudan, lui suisse, ce qui ne l'empêche pas d'être fantaisiste, chantonne : « Elle avait des mollets à la Winkelried, elle avait des jarretelles à la Guillaume Tell, c'était la plus belle de l'hôtel » ou encore « Le café au lait, au lit... avec des gâteaux ou des croissants chauds ».

Le 20 septembre, s'ouvre le premier Festival de Cannes qui, d'emblée, détrône celui de Venise. L'historien diplomate Philippe Erlanger en est le papa. On découvre d'adorables starlettes qui s'exhibent sur des sables blonds, dont Brigitte Auber et Françoise Christophe, des cocktails d'affamés, les producteurs américains havane-entre-les-dents, les commères américaines voraces de ragots « mordants » et des soirées de songes d'or, avec somptueuses robes du soir et stars d'Hollywood, limousines bleues et visons blancs, rois de la finance et jeunes premiers gominés. Un seul regret : à la distribution des prix, Cannes se prend pour Yalta et partage le gâteau entre Est et Ouest à parts égales.

Le cinéma redevient roi de l'univers. Ses salles ne désemplissent pas.

Pour autant, le théâtre n'abdique pas. Voir Jean Marais. « Cet hyperboréen aux yeux bleus dont parle la mythologie grecque », comme dit Jean Cocteau, joue idéalement au côté d'Edwige Feuillère *L'Aigle à deux têtes* au théâtre Hébertot. Seule la critique tient à bouder ces « clichés gothiques » d'une « parodie hugolienne » dans un décor de « pâtisseries bavaroises ». Le public est conquis. Et, enchanté, Cocteau de se mettre à tourner un conte de fées sans fées, dans les somptueuses ruines végétales de Raray : c'est *La Belle et la Bête*, avec son hyperboréen naturellement. Exploit : chaque matin, Jean Marais, pour être la Bête, s'impose un grimage, un supplice, de cinq heures.

La mort de Raimu constitue un événement. Les adieux au « grand Jules » sont universels. « Artisse » dès ses quatorze ans, il aura tenu tous les rôles, comique troupier, figurant d'opérette, souffleur, comique de vaudeville, avant de s'imposer comme un prince du théâtre et du music-hall, puis un roi du cinéma, muet ou parlant. Qui oubliera le César de la trilogie de Pagnol ? Tout le monde pleure littéralement ce magnifique cabot avec ses colères légendaires, son « assen » de la Canebière, les éclairs de sa malice, le poids de sa démarche, l'orgue de sa voix.

L'Académie aussi a sa nouvelle vague, car force est de remplacer les académiciens épurés. On élit Edouard Herriot, Jules Romains, le « jeune » Maurice Genevoix et Jean Tharaud, qui rejoint sous la coupole son frère Jérôme. Nous avons même droit à un nouveau « perpétuel » des immortels : Georges Lecomte.

Paul Eluard publie son plus beau poème d'amour, dédié à « celle de toujours », Nusch, sa Femme, sa Muse et son Amour « aux yeux fertiles », *Poésie ininterrompue*. Du coup, on relit *Nous ne vieillirons pas ensemble*, car Nusch meurt subitement fin novembre.

Le Goncourt va à Jean-Jacques Gautier pour *Histoire d'un fait divers*, le Renaudot à Jules Roy pour *La Vallée heureuse*.

Picabia le libertaire fait sa réapparition sur les cimaises parisiennes — un vieux jeune homme de soixante-six ans, au teint cuivré sous des cheveux immaculés, réussissant à survivre à deux récentes hémorragies, une fois sorti des geôles de la Libération, aussi fier que toujours d'être milliardaire anarchiste. Il fut d'abord postimpressionniste, made in Sisley. Puis il fut cubico-abstrait, « orphique », disait Apollinaire. Puis il fut dada, exposant un singe en peluche cloué sur un cadre avec pour titre *Portrait de Cézanne*. Le voici à nous donner des « monstres mondains » et des « nus hollywoodiens ».

Retour des chefs-d'œuvre. *Notre-Dame de Boulogne*, escortée de ses fidèles, retrouve sa place à Notre-Dame de Paris. Au prix de cinq heures de manipulations, la *Victoire de Samothrace* est hissée de nouveau sur son socle du Louvre.

Nous récupérons tous les tableaux volés par Goering.

Angoisses et drames sur l'univers : rideaux de fer

Mais Staline continue de coloniser méthodiquement son morceau d'Europe.

Les cohortes de Mao, en Chine, bousculent les armées nationalistes.

Le 5 mars, à Fulton, bourgade du Missouri, siège d'une université de quatre cents étudiants nommée Westminster College, Winston Churchill, venu y recevoir les insignes de docteur *honoris causa*, prononce un discours retentissant. Phrases : « Prenez garde, vous dis-je, le temps peut être court... De la Baltique à l'Adriatique, un rideau de fer, *an iron curtain*, est tombé sur l'Europe... La menace d'une victoire de la tyrannie pèse sur le toit de chaque cottage, sur la tête de chaque être humain... Mon expérience de la guerre m'a prouvé que les Russes ne respectent que la force. » Les réactions au discours de Fulton, qui restera historique, sont détestables. Presque tous les journaux américains déplorent cette vision d'un monde en deux blocs ennemis. Staline se fait interviewer par la *Pravda* pour dire que « le monde n'a pas fait la guerre pour remplacer Hitler par Churchill ». On n'en observe tout de même que mieux le géant soviétique. L'empire de Staline couvre le sixième des terres émergées : plus de 22 millions de kilomètres carrés. Les habitants sont 225 millions, dont 120 de slaves. Le « tsar rouge » contrôle de surcroît en servage 16 millions de Roumains, 7 de Bulgares, 2 d'Albanais, 16 de Yougoslaves, 24 de Polonais, 9 de Hongrois, 4 d'Autrichiens et 35 d'Allemands. Son empire extrait à lui seul 12 % de la production annuelle mondiale de houille et 11 % de celle de pétrole. Il est le deuxième producteur aurifère du monde. Il tire de ses énormes fleuves la plus forte production mondiale d'énergie électrique. Il possède l'armée de terre la plus puissante de tous les temps. Et si Churchill avait raison ?

Tous les vieux tissus de l'Europe historique se déchirent. Michel de Roumanie est sommé d'abdiquer. L'Italie chasse son roi et vote pour la République. C'est à se demander par quel prodige le général Franco, « *caudillo de España* », réussit à échapper à l'« ouragan de démocratie » qui souffle sous le signe des Nations unies (il retire simplement de sa table de travail les photos de Hitler et de Mussolini pour les remplacer par celle de Pie XII ; entre une partie de chasse et une séance de peinture, il attend placidement que se dissipe la « *noche negra* », la nuit noire, l'opprobre dans lequel l'Europe libérée enferme le franquisme).

Le 30 juin à l'aube, la super-forteresse volante *Dave's Dream* décolle de l'aéroport de Kwajalein. A neuf heures précises, au-dessus d'un atoll du Pacifique nommé Bikini, le major Wood largue une bombe atomique dite d'expérimentation. Le nom de Bikini entre dans l'histoire. Il s'agit d'une bombe de type Hiroshima, réglée pour exploser à 500 mètres d'altitude. Cible dans le lagon : 73 unités de la Navy bourrées de munitions, de mazout et d'essence. Deux mille chèvres figurent les équipages. Nom de code de l'opération : *Crossroads*, Croisée des chemins. L'Amérique a lancé des invitations tous horizons comme pour un gala. Paradoxe ? Seuls deux transports, le *Carlisle* et le *Gillian*, sont coulés. Presque toutes les chèvres sont retrouvées vivantes, mâchant paisiblement leur foin. Il est vrai que la seconde bombe, qui explose le 24 juillet, encore à Bikini, mais cette fois souterraine, est beaucoup plus efficace.

Truman crée le *Famine Committee*, avec à sa tête l'ex-président Herbert Hoover, qui dit : « Nous sommes devant le spectre de la plus sinistre (*the grimest*) famine de l'histoire. » Un grandiose effort se déploie. Les *Liberty Ships* qui rouillaient dans les estuaires sont réarmés pour transporter vers l'Europe affamée des milliers de tonnes de blé des Etats-Unis, du Canada, d'Argentine et d'Australie. Jefferson Caffery, ambassadeur à Paris, pourra annoncer que du 1er août 1945 au 1er avril 1946, près de 2 millions de tonnes métriques de blé américain seront parvenus en France et en Afrique du Nord. Le 30 juin, les 60 millions de quintaux promis à l'Europe auront été non seulement atteints, mais dépassés.

Indochine en sang

En Indochine, comme dit Bidault, « ça grenouille, ça gargouille et ça vasouille ». C'est dans des conditions impossibles que Jean Sainteny a à négocier le départ des 180 000 Chinois de Tchang Kaï-chek qui tiennent le Tonkin : le commissaire de la République à Hanoi est l'objet de multiples polémiques, les Français nationalistes le soupçonnent d'être un suppôt de la politique d'abandon et il échappe de peu au lynchage par une foule annamite un jour qu'il se risque à arborer sur sa voiture un fanion tricolore. Le 18 mars, après de laborieuses négociations avec le Viêt-minh — qui semble honnir les Chinois autant que les Français —, Leclerc peut cependant enfin faire son entrée dans Hanoi, « dernière ville libérée » ; les postes vietnamiens lui présentent les armes ; les Français chantent *La Marseillaise* ; Leclerc et Sainteny se donnent l'accolade, mais Leclerc, avant de regagner la France, donne le plus grave des avertissements : « La France ne jugulera pas par les armes un groupement de 24 millions d'habitants qui prend corps et dans lequel existe une idée xénophobe et peut-être nationale. » Effectivement, si les troupes du général Salan relèvent sur tout le Tonkin les troupes chinoises qui se retirent enfin, le problème politique reste entier. Par bonheur, pour l'immédiat, Hô Chi Minh a choisi de prendre son temps et de cultiver son personnage de « bon oncle », tonton gâteau des petits enfants, doux prophète à barbichette, avec lequel quiconque peut discuter. Il a vraiment l'air de se satisfaire d'une « indépendance par étapes ». De plus, pour relever économiquement le pays, il préfère essentiellement compter sur la France. Il tient pour trop intéressées les avances des Américains, ne saurait miser sur les Anglais qu'il considère « en pleine décadence », « faux vainqueurs d'une guerre qui les aura ruinés », redoute systématiquement les Chinois. (Il dit : « J'aime encore mieux renifler la crotte des Français que la merde chinoise. ») Il a maille à partir avec ses propres réactionnaires, les ultra-asiatiques, qui vont jusqu'à kidnapper Giap, qu'ils tiennent captif durant quelques jours. Alors, on palabre. On palabre d'autant mieux que, en dépit de l'opposition de Thierry d'Argenlieu, « le gouvernement français reconnaît la République du Vietnam comme un Etat libre ayant son gouvernement, son Parlement, son armée et ses finances, faisant partie de la Fédération indochinoise et de l'Union française ». Seul « hic », quoique d'importance : la France refuse de lier le sort de la Cochinchine, vieille colonie, capitale Saigon, à celui des protectorats d'Annam et du Tonkin, alors que Hô Chi Minh s'obstine à envisager d'un bloc le destin des trois « Ky » — des trois grandes régions, Tonkin, Annam et Cochinchine.

Ainsi vient la conférence de Fontainebleau, d'ailleurs dans l'indifférence totale de l'opinion métropolitaine. Hô s'envole de Hanoi le 31 mai en compagnie du général Salan. Il survient en pleine crise ministérielle ; son avion est détourné sur Biarritz, en attendant que le nouveau gouvernement soit formé. Il est logé au *Carlton*. Il assiste à un match de pelote basque, pêche au thon, est invité à un *toro de fuego*, s'en va visiter Versailles, l'Opéra, l'Arc de Triomphe et le mont Valérien. C'est l'extase de ces dames quand, à une réception dans les jardins de Bagatelle, le vieux révolutionnaire offre une rose à chaque invitée. Il assure Bidault que « l'Union française étonnera le monde par sa cohésion ». Les conversations s'engagent à Fontainebleau le 6 juillet dans l'atmosphère la plus sympathique.

Mais le climat se dégrade vite. On découvre pour la première fois dans la délégation viet Pham Van Dong, petit bonhomme malingre au visage d'ambre, yeux d'halluciné, silhouette ascétique, fils de mandarin, ancien prisonnier du bagne de Poulo Condor, « moribond volcanique », dit Salan. Il s'écrie qu'il ne sera jamais dupe d'une politique de finasserie et de double jeu. Par ailleurs, Thierry d'Argenlieu prend en Indochine des initiatives de « colonialiste » qui heurtent l'entourage de Hô Chi Minh. Une polémique virulente se déclenche dans les milieux politiques parisiens. Les colons de Saigon exigent l'arrestation des négociateurs. Le lobby de l'hévéa joue à fond. Hô se raidit. Il proclame que « la Cochinchine est aussi vietnamienne que la Corse est française ».

Les entretiens se rompent le 13 septembre. Les Vietnamiens quittent la conférence avec éclat. « Ne me laissez pas repartir les mains vides, demande Hô, armez du moins mon bras contre les ultras qui cherchent à me déborder. » Marius Moutet refuse tout net de céder la « moindre once » d'autorité sur la Cochinchine, « colonie française et qui le restera ».

Le 11 novembre, à Hanoi, Giap refuse toute participation des troupes vietnamiennes aux cérémonies commémoratives. On glisse vers l'irréparable. L'amiral d'Argenlieu se dresse plus que jamais contre les « bradeurs d'empire ». La carte autonomiste se révèle sans valeur en Cochinchine : les maquis y refleurissent de plus belle.

Dès le 22 novembre, le sang coule à Haiphong, que le *Suffren* bombarde. Autant découvrir le début d'une guerre de sept ans. La foule et la police se heurtent violemment à Hanoi, que Hô Chi Minh quitte précipitamment le 20 décembre. Il s'installe à dix kilomètres de la capitale, à Hadong, siège de son gouvernement, en attendant de rejoindre ses grottes de la jungle.

Déjà, Giap — s'imposant en général Giap et dont la femme est morte dans les prisons françaises — organise son armée en profondeur, remplace en toute hâte vieux fusils rouillés, arbalètes et piques de bambou par des carabines et des mitrailleuses achetées aux troupes chinoises.

La présidence Léon Blum

Pour autant, la laborieuse chronique du Palais-Bourbon se poursuit.

Le président Bidault ayant remis ses pouvoirs le 28 novembre au doyen d'âge Marcel Cachin, vétéran des luttes communistes, et l'Assemblée nationale ayant élu à sa présidence Vincent Auriol, il s'agit d'élire au plus tôt un quatrième chef du gouvernement intérimaire.

Alléguant la position dominante de son parti, Maurice Thorez brigue cette responsabilité. Mais les socialistes eux-mêmes hésitent à voter pour lui. Le comité directeur SFIO qui se saisit du problème est même dramatique. J'aime mieux me suicider clame Max Lejeune, député de la Somme. André Philip surenchérit : « J'aime mieux me faire couper les poignets que de mettre dans une urne un bulletin au nom de Thorez. » Pour obtenir l'adhésion du groupe parlementaire, Guy Mollet fait simplement valoir que « laisser les communistes affronter au sommet les réalités est le seul moyen de mettre un terme à leur démagogie ». Gouin est le plus sincère : « Votons pour lui. De toute manière, il ne peut pas être élu. Les communistes, ensuite, n'auront aucune raison de nous refuser leurs voix. » Je ne vote pas, proclame Gaston Defferre, « le pari est trop dangereux ». Le scrutin s'ouvre le 4 décembre. Sur un total de 579, Thorez n'obtient que 259 suffrages. Une vingtaine de socialistes ont refusé leur voix. Gouin avait raison : le niveau est loin de la majorité absolue.

Au tour de Georges Bidault de se porter candidat. L'échec du leader MRP est encore plus cuisant que celui du leader communiste. Il ne rassemble que 240 voix.

Le 8 décembre, la France est encore sans gouvernement.

Vincent Auriol décide alors d'en appeler à Léon Blum.

Une délégation de socialistes se rend à Jouy-en-Josas expliquer au vieux mage que lui seul peut sauver la République.

Il devrait même ensuite se faire élire président de la République. Blum répond : « Quand on est juif, il y a des postes qu'on ne demande pas. » Il accepte néanmoins de briguer l'investiture comme président du gouvernement. Sur 590 voix, il en obtient 575.

On ne se souvient plus qu'il fut un temps l'homme « le plus haï de France », le seul haut personnage de la Troisième République à avoir failli périr lynché par la foule (boulevard Saint-Germain, par des royalistes, le jour de l'enterrement de Jacques Bainville).

Au Parti socialiste, il est quasiment béatifié. À sa première apparition devant une assemblée SFIO, à son retour d'Allemagne, tout le monde pleurait. Avec les militants, il s'adresse plus à des dévots qu'à des camarades.

Il naquit à Paris rue Saint-Denis dans une famille israélite d'origine alsacienne, fils d'un modeste couple de commerçants. Commerce des parents : soieries et rubans. Esprit d'une intelligence aussi souple que précise, pur intellectuel, normalien supérieur, critique littéraire distingué à *La Revue blanche*, il semblait davantage promis à la destinée d'un Valéry qu'à celle d'un Disraeli. On connaît peu d'hommes qui possèdent une telle culture encyclopédique.

Elevé par sa mère dans la pratique du judaïsme, il abandonna tôt toute conviction religieuse. Il écrivit même en 1903 qu'il ne gardait pas le moindre vestige de ses croyances d'enfant, ni même d'une « solidarité de race toute chimérique ». Pour autant, il assume pleinement ses origines. Il n'aura jamais pensé à changer son nom pour un patronyme à consonance plus gauloise. Plus on attaque les Juifs, plus il se dit fier de l'être.

Il raconte qu'il adhéra au socialisme dès son adolescence, en lisant dans une pièce peu connue d'Emile Augier, *Les Effrontés*, cette réplique : « La fortune est héréditaire et l'intelligence ne l'est pas. » Plus réellement, l'influence de Lucien Herr, prestigieux bibliothécaire à Normale sup, fut déterminante. De surcroît dreyfusard, ami et collaborateur de Jaurès, il adhérait dès 1902 au Parti socialiste français.

Si intellectuel raffiné fût-il, « tout près d'être poète », il n'en préparait pas moins le Conseil d'Etat, où il fut reçu second et où il aura siégé un quart de siècle. Il n'en restait pas moins journaliste, de plus en plus engagé, écrivant pour le *Gil Blas, Comœdia* et *La Renaissance latine*, mais aussi pour *La Petite République* et *l'Humanité* (alors socialiste).

Chez les socialistes, au plus tôt, il cherchait des formules de conciliation entre purs révolutionnaires et purs réformistes. Au passage, en 1911, cet homme de compromis ne s'en battait pas moins en duel, au Parc des Princes, avec l'auteur dramatique Pierre Veber, qui l'avait giflé, et il manquait le tuer d'un coup droit près du foie.

Réformé pour myopie, il servit durant la Grande Guerre comme chef de cabinet de Marcel Sembat, ministre SFIO des Travaux publics.

Il devint leader des socialistes, tout en rejetant le monde bolchevique « pour sa cruauté et son fanatisme ». Il prit carrément parti contre la méthode des émeutes et des barricades. Il annonça le socialisme comme le triomphe de la raison. Il fut le premier Occidental à dénoncer les crimes de Lénine.

Elu député de la Seine au troisième rang sur une liste Paul-Boncour en 1919, il joua un rôle déterminant, au nom des socialistes libres contre les socialistes moscoutaires, dans la scission du congrès de Tours entre socialistes et communistes. Il ne se sépara plus de l'action politique, dès 1924 homme clef de son parti, député de Paris puis député de Narbonne, en 1936 président du Conseil du gouvernement de Front populaire. En 1940, quoique muet dans les débats des 9 et 10 juillet à Vichy, il fut l'un des 80 à refuser les pleins pouvoirs au maréchal Pétain. Réfugié dans la propriété d'un militant, L'Armurier, non loin de Muret, il fut arrêté dès l'aube du 15 septembre 1940, interné au château de Chazeron, près de Châtel-Guyon, puis à Bourassol, puis une fois jugé par la cour de Riom sous l'inculpation d'avoir trahi les devoirs de sa charge, au fort du Portalet dans les Pyrénées. Ce fut ensuite l'arrestation par les Allemands, qui l'emmenèrent en Allemagne.

Marié en 1896 avec Lise Bloch, jeune femme passionnée de théâtre, remarié veuf avec la militante socialiste Thérèse Peyrera, puis encore veuf, remarié par procuration à Buchenwald avec une femme de la plus haute qualité (divorcée du célèbre avocat Henri Torrès), c'est chez elle qu'il vit à Jouy-en-Josas.

Mince, grand, séduisant, longtemps harnaché d'un pince-nez qu'il n'a remplacé que récemment par des lunettes, typique avec son long visage émacié, la moustache drue qui pèse sur sa bouche, ses costumes impeccables, ses souliers recouverts de guêtres claires, son chapeau à large bord, il affiche un style très « vieux gentilhomme ».

On le dit réservé, peu familier, avare de confidences : exact.

Il aime se lever tard — au point qu'il en conserva l'habitude comme président du Conseil en 1936 (dans son domicile du quai Bourbon, il aura souvent reçu en pyjama d'illustres visiteurs, d'ailleurs non sans avoir pris « le temps de terminer sa gymnastique suédoise »).

Il parle d'une curieuse voix saccadée, grêle, chevrotante, aux inflexions presque féminines.

Si délicat et sensible soit-il, si caressant, il n'en peut pas moins s'emporter, ainsi en 1925 quand il lança à la droite son fameux : « Je vous hais ! »

« Son extrême sensibilité, pourra même écrire Jacques Chastenet, l'entraîne à des complications de pensée dont il ne se dégage qu'à coups de boutoir, tandis que sa frémissante sensibilité lui fait ressentir comme cruelles blessures les moindres piqûres d'épingle. »

Il aime en tout cas séduire. Il faut le voir dans sa villa accordant audience. Il est allongé sur un divan recouvert de velours marron, encadré de rayonnages. Il dit, de sa voix dolente : « Je me repose d'un livre en en prenant un autre », même si Stendhal demeure son auteur préféré et s'il a une véritable répulsion pour Sartre.

Mais il est fondamentalement un homme de courage et peut passer pour le Juste parmi les justes. Sous des allures d'une grande fragilité physique, il cache une volonté qui peut confiner à l'entêtement. Il a le regard ample.

L'Assemblée ressent une forte émotion à le voir paraître.

De plus, il y a urgence à avoir un gouvernement. Les événements extérieurs ne tiennent aucun compte des caprices constitutionnels français. Les trois grands alliés de la guerre ne s'entendent plus sur rien. Les Anglo-Américains se heurtent avec Tito au sujet du sort de Trieste. En Allemagne, ces mêmes gouvernements de Londres et de Washington souhaiteraient unifier leurs zones d'occupation et remettre leurs moyens de production en marche, de manière à mieux subvenir aux besoins des populations locales. Pareille tendance émeut le Quai d'Orsay, qui réclame à titre d'indemnité le charbon sarrois tout en recherchant la désunion de l'ancien Reich par le biais d'un statut international de la Ruhr.

Ainsi, à défaut de pouvoir former un gouvernement d'union nationale, et dans l'idée d'administrer les affaires jusqu'au 16 janvier (date à laquelle le premier président de la Quatrième République doit être élu), Léon Blum se résout-il à constituer un gouvernement socialise homogène, approuvé à l'Assemblée par 544 voix contre 2.

Félix Gouin, Augustin Laurent et Guy Mollet sont ministres d'Etat. Marius Moutet garde la redoutable charge de l'Indochine. Blum garde pour lui-même les Affaires étrangères.

Et en avant toute pour un mois de pouvoir !

La première mesure sensationnelle intervient le 31 décembre. Pour prendre de court la CGT qui redemande un réajustement des salaires, Blum propose un remède choc : une baisse autoritaire de 5 % sur tous les prix...

Le procès de Flandin

La Haute Cour de justice que préside Louis Noguères a à se prononcer sur le sort de quatre-vingt-cinq inculpés, ministres et hauts fonctionnaires du gouvernement de Vichy. Vingt-cinq d'entre eux sont détenus, six hospitalisés, vingt-deux en fuite et trente-deux laissés en liberté provisoire.

La première affaire à être appelée, en mars, est celle de Jacques Chevallier, secrétaire d'Etat à l'Education nationale, puis à la Famille et à la Santé. La sentence est d'une sévérité qui dépasse de loin toutes les prévisions : pour atteinte à la sûreté de l'Etat, vingt ans de travaux forcés, dégradation nationale à vie et confiscation de la moitié des biens de l'accusé. L'émotion est d'ailleurs si considérable que l'arrêt suscite deux fortes protestations : celle de la commission d'instruction et celle du conseil de l'ordre des avocats près la cour d'appel de Paris.

Mais le premier procès à sensation est celui de Pierre-Etienne Flandin, élu de l'Yonne, ancien président du Conseil.

Il se déroule du 23 au 26 juillet.

Les charges retenues contre l'accusé sont minces. Pendant une cinquantaine de jours, il a appartenu au gouvernement de Vichy en qualité de ministre des Affaires étrangères, de surcroît successeur de Pierre Laval, lequel, le 13 décembre 1940, venait d'être congédié (pour un temps) par le maréchal Pétain. Et la promotion de Flandin, dont les sympathies politiques pour l'Angleterre étaient connues, avait soulevé la fureur des Allemands.

Il reste que Flandin, à la Libération, est tout de même resté vingt-cinq mois en prison — plus ou moins victime de décisions arbitraires trop typiques de ces temps d'exception.

Le procès occupe quatre audiences.

On fait surtout grief à l'accusé d'un fameux télégramme de félicitations envoyé à Hitler au moment des accords de Munich, en 1938, et d'une conférence prononcée à Dijon au début de l'Occupation, où il sembla préconiser la collaboration entre la France et l'Allemagne.

Par bonheur pour lui, Flandin, quoique malade, fait valoir un grand talent et une extraordinaire autorité personnelle.

Durant quatre heures, il dissèque les événements qui conduisirent aux accords de Munich.

Puis il apporte la preuve que la victoire de l'Allemagne lui sembla impossible après l'échec de la Luftwaffe de Goering dans la bataille d'Angleterre en octobre 1940.

Il sait rappeler aussi que, durant les cinquante-six jours où il fut ministre à Vichy, il ne cessa d'être violemment combattu par la presse allemande et par la presse collaborationniste de Paris.

Fièrement, il va jusqu'à préciser que, d'accord avec Madrid, il s'employa à contrecarrer les projets de Hitler qui, à l'époque, pensait occuper Gibraltar. « Et, dit-il, c'est moi qui ai refusé à Hitler le concours de Vichy pour une expédition contre le Tchad, qui aurait entraîné la France dans la guerre. »

Il indique que, dès le 8 janvier 1941, il noua des contacts avec l'Angleterre et autorisa le gouvernement américain à ouvrir de nouveaux consulats au Maroc, en Tunisie et en Algérie, ce qui devait faciliter la préparation du futur débarquement américain en Afrique du Nord.

Enfin, il cite un document clef : une lettre de Winston Churchill (dont le fils viendra à la barre comme témoin à décharge), dans laquelle le Premier britannique écrit notamment : « Quand, en 1940, j'ai appris que vous étiez entré au gouvernement de Vichy, je m'en suis réjoui, car je pensais en moi-même : *Voici un ami de l'Angleterre dans une haute fonction du gouvernement de Vichy*. Je vous ai toujours considéré comme étant de notre côté et contre l'ennemi commun et ses collaborateurs. »

Pour l'historien, la cause paraît entendue.

Les questions que posent quelques jurés ne permettent à l'accusé que de mieux préciser sa situation exacte : « Je vous répète, déclare-t-il, que je considère que le général de Gaulle a fait une résistance utile. *Mais je ne lui ai jamais concédé le monopole de la résistance.* Il y a eu d'autres résistances que celle du général de Gaulle. Lorsque, par exemple, l'Afrique du Nord s'est rangée du côté des Alliés, elle n'était pas sous le commandement du général de Gaulle : elle était sous le commandement du général Giraud. A ce moment-là, l'armée d'Afrique du Nord, qui comptait 60 000 combattants, était six fois plus forte que l'armée du général de Gaulle... Il y a eu beaucoup de manières en France d'exercer la résistance. La France, je le soutiens et je voudrais pour moi-même qu'on s'en rende compte, la France a voulu résister aux Allemands dans son immense majorité ; cela ne veut pas dire qu'elle se soit tout entière embrigadée dans des organisations spécialisées. »

Tous les témoins sont à décharge.

Dès lors l'impression est profonde. Et si la Haute Cour condamne Flandin à cinq ans de dégradation nationale, elle l'en relève immédiatement « en raison des services rendus à la Résistance ». On peut sourire. *Sic transit...*

IV

1947

L'ANNÉE DES GRÈVES INSURRECTIONNELLES

Vincent Auriol, premier président de la Quatrième République — Le gouvernement Paul Ramadier — Le plan Marshall — Le général de Gaulle fonde le RPF — Tempêtes sur l'Union française — Ramadier : je fous les communistes à la porte — La terre tremble sous les pas de Ramadier — Le procès de Jacques Benoist-Méchin — Le procès de Xavier Vallat — Triomphe de De Gaulle aux municipales — Le gouvernement Robert Schuman — Scission à la CGT — L'année du New Look — La mort d'un héros.

Vincent Auriol, premier président de la Quatrième République

La Quatrième République officielle naît dans la pagaille, l'ennui et le débraillé. A croire que rien n'est plus laborieux que de sortir d'un régime provisoire.

La scène politique n'offre que confusions et batailles pénibles. Le système des partis, si l'on peut dire, est dans sa perfection. Les gaullistes, René Capitant en tête, dénoncent le MRP comme le « parti de l'infidélité ». De Gaulle en personne dénie audit MRP le droit de faire croire « qu'en disant oui quand je dis non, on est d'accord avec moi ». Yves Farge, inlassable procureur, poursuit Gouin de ses accusations. Il y a de nouveau un fossé de haine entre socialistes et communistes. Les radicaux sont au marais. Centre et droite se déchirent entre sept ou huit formations rivales.

Léon Blum aura en vain essayé d'imposer une baisse des prix. On ne retient de brillant, dans sa gestion, qu'un voyage à Londres où il va renouer avec ses amis travaillistes une forte alliance franco-britannique.

Les prix auront augmenté de près de 100 % en un an. Le franc s'écroule. Le rationnement des denrées alimentaires reste sévère. Les socialistes peuvent se venger de l'affaire des vins en traitant Yves Farge de « calamité agricole ». A se demander comment le tripartisme, aux élections de novembre, est arrivé à conserver les trois quarts de ses électeurs.

C'est dans un tel climat qu'intervient, en congrès, à Versailles, l'élection du premier président de la Quatrième République. Jusqu'ici, nous avons bien eu depuis la Libération quatre chefs d'Etat,

Charles de Gaulle, Félix Gouin, Georges Bidault et Léon Blum, mais avec le titre de président du Gouvernement provisoire. Cette fois-ci, enfin, nous allons en avoir, comme ricanent les chansonniers, un « vrai de vrai ».

Le scrutin a lieu comme prévu le 16 janvier.

Dès le 14, Vincent Auriol, président de l'Assemblée, fait connaître officiellement sa candidature.

Les communistes ont songé à présenter Marcel Cachin. Mais Jacques Duclos, vice-président de l'Assemblée, leur fait remarquer que, dès lors qu'il n'y aurait pas d'élection au premier tour et qu'à partir du deuxième le champ resterait ouvert « à toutes les manœuvres des gaullistes », tous les résultats étaient possibles. L'accord est dès lors rapide. Pour rallier les voix radicales, socialistes et communistes s'accordent même pour, après l'élection de Vincent Auriol, élire à sa place au perchoir Edouard Herriot.

En revanche, les MRP ne marchent pas. Avec leur nouveau président, François de Menthon, ils reprochent aux socialistes, tout diminués qu'ils soient à chaque élection, de vouloir monopoliser les postes officiels.

Le candidat fait ses additions. Il peut compter *a priori* sur 434 voix. Mais si tous les parlementaires sont présents (932), la majorité absolue s'établira à 467 voix. Avec les amis personnels, il ne peut au mieux compter que sur 443 suffrages. La sagesse commande donc d'amener au plus vite les 11 députés noirs. Il n'a pas oublié d'engager leur reconnaissance en faisant instituer l'assemblée de l'Union française, composée pour moitié des représentants des dépendances outre-mer : à ce cher Jules Moch, ministre des Transports, d'affréter l'avion spécial qui amènera à la date exacte, gratis, les onze bienheureux.

Trois candidats se font connaître contre le favori : Georges Champetier de Ribes, avocat de Paris, l'un des pionniers du syndicalisme chrétien, sénateur des Basses-Pyrénées, président du Conseil de la République ; Jules Gasser, élu d'Oran, doyen d'âge du Conseil, candidat du RGR ; et Michel Clemenceau, fils du Tigre, candidat du PRL (à droite ; Parti républicain de la liberté).

On se réunit par temps beau et froid.

Pour la circonstance, les organisateurs auraient pu mieux s'appliquer. La salle du Congrès est mal chauffée. Les couloirs du château sont sales. Faute de voitures et d'essence, la plupart des congressistes arrivent de Paris par le train, mêlés à la foule des voyageurs. Compte tenu des difficultés de ravitaillement, peu iront en ville en quête d'un restaurant. Ils prendront un en-cas dans la galerie des Batailles : au menu, trois sandwiches, un chou à la crème et un verre de vin.

On a tout de même pensé à installer des cabines téléphoniques (dans la galerie des Bustes), sept pour les parlementaires et trente et une pour les journalistes ; un bloc chirurgical à l'entresol, et, au premier étage, une chambre Empire, pour le cas où l'élu déciderait de passer la nuit à Versailles.

Aucune solennité. Le camarade Vincent Auriol a tenu à présider en veston bleu et cravate classique.

Le vote a lieu au scrutin secret par appel nominal à la tribune. La majorité absolue des suffrages exprimés est requise.

On débute par la lettre L, désignée par tirage au sort (curieusement, la même lettre « sortit » pour la réélection de Lebrun en 1939 et l'élection de Paul Doumer en 1931).

Chaque parlementaire monte à la tribune pour voter — à l'exclusion de Jeannette Vermeersch, qui boite suite à un accident et est autorisée à voter à sa place.

Votants : 883. Majorité absolue : 442.

Vincent Auriol est élu, avec 452 voix contre 242 à Champetier de Ribes, 122 à Gasser, 60 à Clemenceau et 7 divers.

10 voix de plus que le niveau exigé.

Les suffrages des onze voyageurs noirs de Jules Moch ont été les bienvenus.

Députés et sénateurs, debout, entonnent en chœur *La Marseillaise*.

La séance est levée à seize heures cinquante. Jacques Duclos congratule l'heureux élu qui, bouleversé d'émotion, attend au salon Marengo avec toute sa famille, y compris ses petits-fils Jean-Paul et Jean-Claude, respectivement âgés de huit et cinq ans. Première déclaration du président : « Je vous avertis loyalement que je ne resterai pas cloîtré dans la maison où vous allez m'amener. Ayant été en prison, je saurai faire des trous dans les murs. »

Il n'a plus qu'à regagner l'Elysée, à côté de Blum dans la voiture : on imagine avec quel sentiment les deux hommes, qui ont milité durant des années côte à côte, traversent un tel instant de gloire.

Les cavaliers de la Garde en grande tenue, au pont de Saint-Cloud, remplacent les motocyclistes militaires qui ont assuré la première escorte.

Le cortège des voitures arrive à dix-huit heures dix-sept à l'Elysée, tout flambant astiqué de neuf, et où pour la première fois depuis sept ans flotte sur le toit un drapeau tricolore. Les honneurs sont rendus par un détachement de la Garde, dont Vincent Auriol embrasse l'étendard.

Quelques minutes plus tard, le grand chancelier de la Légion d'honneur, le général Pierre Bloch-Dassault, remet au président le grand cordon, la plaque de grand-croix et le collier de l'ordre en prononçant les paroles rituelles : « Monsieur le président, au nom de la Légion d'honneur, nous vous reconnaissons comme grand maître de notre ordre. »

Un beau couronnement pour une belle vie.

Vincent Auriol est né à Revel voilà soixante-deux ans, fils de boulanger. Il porte l'un des noms les plus courants du Languedoc, déformation occitane de *loriol*, sobriquet formé sur le nom de l'oiseau. A trois ans, pour avoir mal ajusté un pistolet d'amorce que son grand-père a rapporté de la ville, il subit l'ablation de l'œil gauche. « Je ne suis pas un titan, je suis un cyclope », lancera-t-il un jour à un interpellateur. Borgne, il n'en brille pas moins à l'école. Il passe le bac en se jouant — quitte, durant les vacances, à effectuer la tournée avec maman pour distribuer le pain de papa de ferme en ferme. Etudiant à l'université de Toulouse, licencié en droit et en philosophie, docteur ès sciences politiques, il adhère dès 1905 au socialisme, accédant vite à des responsabilités dans la fédération de la Haute-Garonne, fondant avec Albert Bedouce le journal *Le Midi socialiste*, ferraillant contre les radicaux de *La Dépêche de Toulouse*, qui tiennent solidement la province. Il milite, milite... Ainsi, en 1911, chez un actif militant syndicaliste de Carmaux, Michel Aucouturier, ouvrier verrier, fondateur de la Verrerie coopérative d'Albi, fait-il la connaissance de Jean Jaurès et de... Michelle Aucouturier, quinze ans, l'une des filles de son hôte, déjà grave et digne, haute taille et lumineux sourire, qu'il épouse dès l'année suivante, s'installant comme avocat à Paris, domicilié rue du Laos. Il est élu à Muret dès ses trente ans, en mai 1914 ; il fait ses débuts à la tribune en interpellant le général Gallieni, ministre de la Guerre. Sous le Front populaire, il est ministre des Finances dans le premier cabinet Blum, ministre de la Justice dans le cabinet Chautemps, ministre de la Coordination des services ministériels dans le second cabinet Blum. Si, réformé, il ne fait pas la Grande Guerre, il s'engage à fond en revanche dans l'anti-hitlérisme — jusqu'à devenir, lui le meilleur ami de Léon Blum, le meilleur conseiller du général de Gaulle, du moins l'un des plus écoutés. Il est des 80 à Vichy. Emprisonné à Pellevoisin d'abord, puis à Vals, enfin en résidence surveillée à Muret, dans sa propriété de La Bourdette, sur les bords de la Longe (où on l'aura souvent vu taquiner la truite), il s'en échappe en octobre 1943 pour, tout barbu par camouflage, rallier par avion clandestin la France Libre ; il tiendra un rôle essentiel de rouage dans les moteurs du gouvernement provisoire. Il fixe déjà une figure nationale populaire, fort typée, avec son visage rond et pacifique de brave rentier, des lunettes d'artisan appliqué, peu de cheveux sur un crâne qui luit, l'air grognon mais artiste du bon-garçonnisme, une petite moustache coupée court et cet accent si clair qui fait chanter les diphtongues à la manière d'oc.

Le voici donc au sommet de l'action. Un « fanatique de la tolérance », ainsi le définit un jour Anatole de Monzie. Un « médiateur intransigeant et heureux de vivre », disait Poincaré. Il reste tel quel.

Passons sur le style que le couple présidentiel donne vite au palais. Lui confirme sa manière bon enfant, joviale, chaleureuse, ensoleillée, inégalable dans l'art de recevoir le muguet des Halles, souriant aux vendeuses de violettes, donnant un poutou de papi à un pitchoun de Muret, au paradis quand il inaugure une foire agricole, décorant tout souriant d'héroïques religieuses, recevant avec un cassoulet Son Excellence Winston Churchill, racontant des blagues avec le nonce Mgr Roncalli, capable de s'amuser de ses propres travers ou revers, invitant autour d'une bouillabaisse les caricaturistes les plus mordants, Sennep, Gassier, Effel, « afin que mes caricatures soient encore plus ressemblantes ». Elle, style grande reine, modèle pour Winterhalter, belle avec son harmonieux visage, son regard qui scrute, ses deux mèches blanches de chaque côté du front, sa haute et forte silhouette toute d'élégance, donnant des réceptions éblouissantes, faisant admirer sur elle la haute couture, rendant au palais sa noblesse première en faisant abattre la verrière, dite « cage aux singes », qui déparait la façade et en supprimant, côté jardin, la marquise disgracieuse de Napoléon III, accrochant aux vieux murs des toiles de Braque, de Rouault, de Dufy, mobilisant toutes les cretonnes fleuries pour mieux chasser les draperies trop lugubres, faisant jeter au rebut les potiches dindonnes qui respirent l'ennui, faisant ravaler la pierre, reconstituant le salon Doré tel qu'il était du temps d'Eugénie de Montijo...

Mais le vrai Vincent Auriol s'exprime dans l'action et l'efficacité. Il ne va certes pas se limiter cordialement à assister, en jaquette et tube gris, au grand steeple-chase, au Grand Prix de Paris ou au prix de l'Arc de Triomphe. Le temps de s'amuser à se découvrir co-prince d'Andorre et protecteur de l'Académie française, et le voilà, « mélasse ou pas, tempête ou point » à bien happer la barre.

Le gouvernement Paul Ramadier

Première décision : Vincent Auriol refuse la démission de Léon Blum, lequel la lui donne dès le premier jour. Il le supplie de rester en place. Mais Blum fait valoir son âge, sa mauvaise santé. Alors, qui ? Un instant, les deux hommes songent à Depreux. Cependant, ils le trouvent un peu trop brouillon, et trop nerveux dans les orages. Ils optent vite pour Paul Ramadier, député-maire de Decazeville.

Avec lui, arrive du moins l'un des personnages les plus pittoresques de l'Assemblée. Il y a même du lama tibétain en lui, avec sa barbichette poivre et sel de vieux bouc (un *barbichou*, dit-on dans son cher Aveyron), ses lunettes cerclées d'acier sur des yeux en demi-lune qui pétillent d'humour, sa carcasse massive, son pas lourd de laboureur du Rouergue, son large chapeau noir, son manteau flottant comme une houppelande, sa montre à grosse chaîne sur son gilet, ses poches boursouflées de paperasses. Cinquante-neuf ans. « Plus franc-maçon que socialiste », grogne Salomon Grumbach. En tout cas, mille fois plus humaniste que marxiste. « Radical raté », dit Guy Mollet. Pour autant : grand blessé de la guerre de 1914 ; décoré de la Médaille militaire sur le champ de bataille ; l'un des 80 de Vichy le 10 juillet 1940 ; valeureux résistant (quoique sous le poétique surnom de « Violette » !) ; solide avocat (gagnant ses procès). Monumentale culture : il a pour livres de chevet Hérodote, Eschyle et Cicéron ; il parle latin couramment ; il rêva d'être professeur, chercheur ; il se passionna un temps pour l'histoire des Ruthènes ; il peut réciter par cœur des tragédies entières de Racine. Il est si tolérant, si humaniste et si profondément démocrate qu'il n'admet pas que l'on défende la démocratie avec des moyens d'exception, par définition antidémocratiques ; de la sorte, en 1939, après le pacte germano-soviétique, il fut même le seul député socialiste à voter contre la déchéance des députés communistes. Mais surtout, il est un formidable bourreau de travail, à qui cinq heures de sommeil suffisent. Reste à le voir à l'œuvre au sommet.

Paradoxe : quand la Quatrième entre en lice, on réalise que ses quatre présidents sont tous des hommes de la Troisième, Vincent Auriol à l'Elysée, Ramadier à Matignon, Champetier de Ribes au Luxembourg et Edouard Herriot hissé comme promis au perchoir du Palais-Bourbon.

Par la force de l'habitude de la Troisième, Ramadier, en toute honnêteté, viole même d'entrée de jeu la toute neuve Constitution quand, après avoir été investi à titre personnel par l'unanimité des 549 députés, il demande sur une déclaration du gouvernement un vote de confiance que les textes ne prévoient pas (et non sans perdre au second examen de passage une trentaine de voix). On voit intervenir le « double vote » alors que rien de tel n'a été établi par la Constitution de 1946.

Il forme un gouvernement à base de tripartisme (qui sera le dernier du genre). On croit encore en ce début d'année pouvoir faire cohabiter dans la cité et au pouvoir « celui qui croit au ciel » et « celui qui n'y croit pas ».

L'investiture est votée le 21 janvier. Le gouvernement est formé dès le 23. La plus grande innovation consiste à abandonner l'un des trois ministères clefs à un communiste, en l'occurrence la Défense nationale à François Billoux, flanqué du MRP Paul Coste-Floret à la Guerre, du radical André Maroselli à l'Air et de Louis Jacquinot à la Marine. Cependant, Paul Coste-Floret, au triple galop, s'en va occuper rue Saint-Dominique le bureau qui fut celui de De Gaulle pour ne pas le laisser à Billoux, lequel doit patienter quarante-huit heures avant de trouver un « casernement », rue François-Ier, en un hôtel particulier désaffecté qui n'a même pas le téléphone.

Et au boulot, citoyen Ramadier !

Le boulot ne manque pas.

Elle a été réellement loin d'être magique, la baisse autoritaire décrétée par Blum. Les prix ne se lassent pas de grimper. La circulation monétaire bat un record de croissance. L'Etat n'arrête pas de demander des avances à la Banque de France.

Le 1er janvier 1947, les avoirs publics en or et en devises sont tombés à moins de 1 milliard de dollars (y compris l'or de la Banque de France) contre 2 200 millions de dollars le 1er janvier 1946. On calcule que le déficit 1947 de la balance des comptes va être de l'ordre de 1 800 millions de dollars. Ce pays est à bout de souffle et de ressources. Toute la production industrielle est en déclin. Les éleveurs, protestant contre le dirigisme, vont suspendre durant deux mois l'approvisionnement de Paris en viande.

Le ravitaillement reste exécrable. Il n'y a plus de beurre, ni de savon. Des trafics honteux s'organisent sur le sucre et les pâtes. On va jusqu'à envisager de fermer les restaurants une semaine sur deux, les boucheries trois jour sur sept.

Le 1er mars, Ramadier ordonne l'exécution d'une deuxième baisse autoritaire des prix, de 5 %, dont seules les entreprises nationalisées subissent les contrecoups financiers. Pour pallier ces pertes, il est procédé à des subventions. Par voie de conséquence, l'équilibre précaire du budget dont Robert Schuman a la charge est rompu. Celui-ci propose de licencier 50 000 fonctionnaires. Le statut de la fonction publique (cadeau à Thorez) voté le 1er février s'y oppose. Il faut donc trouver autre chose. Quoi ? Chaque ministre défend farouchement ses dotations.

Même le plan Monnet donne lieu à graves problèmes. Jean Monnet établit son programme en début d'année dans un vaste rapport. On a vite fait d'en dénoncer les lacunes : si le plan donne la priorité à la modernisation de l'équipement de la production industrielle et agricole, il n'y a rien sur d'éventuelles réformes quant à la structure démographique et sociale du pays, quant à la répartition souhaitable entre industrie et agriculture, quant au peuplement colonial, quant aux chances pour la France de réduire ses importations.

L'atmosphère morale n'est pas plus agréable que le climat économique.

Le scandale Joanovici éclabousse de hauts fonctionnaires, des magistrats et des policiers que l'on croyait au-dessus de tous soupçons. Une « nouvelle affaire Stavisky », dit Depreux. Une campagne de presse se déchaîne dès lors qu'en mars des poursuites sont décrétées contre le chiffonnier milliardaire Joseph Joanovici, trafiquant international, dit « Joano » ou « monsieur Jo ». Ancien garçon de ferme presque illettré, à la fois fournisseur des Allemands et mécène de la Résistance, associé aux chefs de la Gestapo française et finançant le réseau Honneur de la Police, organisateur roublard de somptuaires parties de poker pour faire gagner des sommes fabuleuses à certains invités soigneusement choisis, porteur d'une carte d'inspecteur de police honoraire, il nargue les enquêteurs du fond d'un exil doré à Munich. Il ne se livrera à la justice que fin novembre, quand tous ses complices seront tombés, apparemment triomphant, tout à fait gros guignol avec son épais visage olivâtre et hilare, ses lourds yeux glauques, ses bajoues mal rasées.

L'épuration continue d'aigrir trop de rapports. Si l'exécution de Fernand de Brinon s'effectue dans une certaine indifférence, il n'en est pas de même pour certains procès. Par exemple, le tribunal militaire de Bordeaux crée quelque malaise quand il juge la « dame Coraboeuf Madeleine, dite Magda Fontanges ou de Fontanges, née à La Roche-sur-Yon, Vendée, le 10 mai 1909, prévenue d'intelligence avec l'ennemi ». Elle est défendue par Me Floriot. « Magda la Scandaleuse » est condamnée à quinze ans de réclusion et vingt ans d'interdiction de séjour. Elle se sera montrée trop belle et trop ambitieuse. Non contente de succès appréciables au théâtre, elle aura été la maîtresse de Mussolini, puis, sous l'Occupation, celle de plusieurs dignitaires de la Gestapo, jusqu'à être surnommée la « Comtesse de la Gestapo ». A se demander surtout, cependant, si cette mythomane ne serait pas plutôt une demi-folle. Il n'en faut pourtant pas davantage pour réveiller trop de fantômes.

Le plan Marshall

Par chance, survient le plan Marshall.

C'est l'heure où en Chine le régime de Tchang Kaï-chek (si cher — à tous points de vue — au gouvernement de Washington) se disloque. Les rêves du « lobby chinois » du Congrès américain tournent au fiasco. Impensable désormais de semer dans les rizières. Les Américains découvrent dès lors l'Europe, cette terre suppliciée par un trop longue guerre, qui leur paraissait à bout de souffle et dont les ressources en matières premières et en main-d'œuvre qualifiée représentent une richesse. Des investissements y sont possibles, et, à terme, rentables. De quoi bouleverser une stratégie.

De surcroît, la guerre froide bat son plein entre Est et Ouest.

Les quatre « grands » ne font accord que pour signer à Paris, le 10 février, cinq traités de paix avec l'Italie, la Roumanie, la Bulgarie, la Hongrie et la Finlande. Staline ne voue que plus de zèle encore à soviétiser les nations placées géographiquement et économiquement dans sa zone d'influence. La Hongrie est durement mise au pas. Nicolas Petkov, chef du parti agrarien bulgare, est arrêté, jugé, condamné à mort et pendu. La Roumanie est directement prise en main après l'abdication forcée du roi Michel Ier ; une République populaire roumaine est instituée ; c'est l'implacable Vychinski, ancien procureur général des grands procès staliniens d'avant-guerre qui, au nom de Staline, conduit les opérations ; « mais, proteste le roi, Staline a promis à Roosevelt à Yalta une Roumanie libre » ; Vychinski réplique : « Yalta, c'est moi. »

Une pression soviétique très forte s'exerce sur la Grèce. Prétexte : le rétablissement de la monarchie. Vingt mille maquisards communistes, à partir de bastions montagnards, entreprennent une active guérilla contre les troupes royales. Ils profitent d'une aide ouverte du Kremlin. Athènes n'est sauvé de la mainmise communiste que par la présence de quarante mille soldats anglais. Or Londres prévient en février Washington que le Royaume-Uni n'est plus en mesure d'assurer une telle charge. Après une série de réunions passionnées, Truman, dès le 11 mars, fait voter au Congrès une aide immédiate au gouvernement grec. Il déclare en même temps sans ambages être désormais décidé à mettre fin à l'expansion soviétique. « J'en ai assez de dorloter les soviets », grogne-t-il.

Le 10 mars, le Conseil des ministres des Affaires étrangères des quatre « grands » se réunit à Moscou, à savoir Marshall, Molotov, Bevin et Bidault. Ordre du jour : l'Allemagne. Les quatre ne sont plus d'accord sur quoi que ce soit. Les Soviétiques sont persuadés que les Américains veulent isoler l'Union soviétique pour mieux la réduire. Bevin en veut à tout le monde. Molotov défend la thèse de l'unité allemande, avec Berlin pour capitale, réclame 10 milliards de dollars au titre des réparations, exige que l'URSS soit associée au contrôle de la Ruhr. Marshall est convaincu qu'un gouvernement central de l'Allemagne entraînerait *ipso facto* une bolchévisation totale. Les 10 milliards ? « Nous ne ferons pas de l'Allemagne, dit-il, un taudis surpeuplé ou un asile de pauvres en plein centre de l'Europe. Nous sommes même partisans d'une reconstruction de l'Allemagne. » Bidault, quant à lui, adversaire déterminé de la « réindustrialisation outrancière », réclame le rattachement économique de la Sarre, que les Soviétiques lui refusent (mécontents qu'ils sont que Blum ait signé en janvier un pacte franco-britannique). La conférence se termine par un échec total.

La tension mondiale s'aggrave à ce point, avec risque de conflit mondial, que les amis du général de Gaulle mettent en place l'appareil secret dont il userait si le territoire national était envahi, dans le sursaut d'un nouveau « 18 juin ». Un équipage a à se tenir prêt, avec comme pilote le commandant Raymond, pilote de guerre du Général après avoir été celui de Leclerc. Dès l'alerte, le numéro de téléphone 40 à Chaumont serait appelé (téléphone de La Boisserie). Une phrase codée serait prononcée. Le Général, sa famille et une petite escorte se rendraient dans une clairière de la forêt toute proche, où un relais les attendrait pour les conduire jusqu'au terrain d'aviation de Saint-Dizier. De Gaulle, consulté, ne donne ni feu vert, ni feu rouge. « Ouais, ouais... », fait-il. Le plan reste néanmoins en vigueur. Mme de Gaulle soupire : « Folie... » De plus, où aller ? Même pas chez le frère aîné, Xavier, consul général de France à Genève. « Cette fois, si Staline lâche ses paras, même la Suisse sera envahie. » C'est dire si la panique mondiale est profonde.

Quoi qu'il en soit, après une discussion serrée avec Staline, le 15 avril (entre minuit et deux heures du matin !), au Kremlin, Marshall emporte de Moscou la conviction irrévocable que le chaos économique est pour les Soviets l'instrument de leur victoire. Avant de constituer l'Europe à leur manière, ils veulent manifestement s'en rendre maîtres. Or les ruines, la faim, le désespoir travaillent pour eux. Plus l'Europe occidentale souffrira, plus facilement elle sera pour Staline une proie.

Ainsi vient le plan Marshall annoncé solennellement le 5 juin, à Harvard, par celui qui lui donne son nom.

Processus : l'Amérique fournira à l'Europe des matières premières et des objets fabriqués qui seront payés aux producteurs américains, à fonds perdus, par le budget des Etats-Unis ; cependant, les bénéficiaires américains de ces produits ne les recevront pas gratuitement ; que ces bénéficiaires soient des entreprises privées ou des services d'Etat, ils doivent en payer le prix, dans leur monnaie nationale, à leur propre gouvernement ; ledit gouvernement, de son côté, ne pourra pas disposer librement des sommes ainsi rassemblées ; elles seront versées dans une caisse à part, et ne pourront être débloquées que sur contrôle américain de l'utilité de leur emploi ; ce seront divers comités, tant américains qu'européens, qui régleront le fonctionnement.

Il s'agit d'un système rigoureux, de nature à soulager les budgets européens, mais redoutable, car il peut ôter aux Etats beaucoup de leur indépendance (ainsi le plan Marshall peut-il contredire le plan Monnet). Toutefois, la Quatrième République, dès l'année suivante, en recevra un renfort considérable qui lui évitera bien des plans de détresse. Pour la première fois aussi dans l'histoire, un grand peuple libre tirera du chaos vainqueurs aussi bien que vaincus. Tâche gigantesque. Certes, Truman impose des conditions qui appellent grimace. Sa règle : pas de dollars dans le tonneau des Danaïdes ; aide-toi, l'Amérique t'aidera. Mais, c'est indiscutable, une chance inespérée est donnée à la France.

Le général de Gaulle fonde le RPF

Et, pour compliquer encore une situation politique déjà vertigineuse, le général de Gaulle de paraître dans l'arène sous tous les projecteurs.

Il s'arrache à sa retraite avec un vaste vacarme.

Il attaque le 30 mars à Bruneval, à quelques kilomètres d'Etretat, sous l'aisselle du cap d'Antifer, devant cinquante mille personnes qui s'étagent sur la dune sauvage. Il prophétise : « Le jour va venir où, rejetant les jeux stériles de la politique des partis, et réformant les cadres mal bâtis où s'égare la Nation et se disqualifie l'Etat, la masse des Français se rassemblera. » Bruneval a été choisi car il fut le théâtre en février 1942 du premier exploit d'un commando allié en France occupée (pour démolir un radar allemand) ; autant retrouver autour de De Gaulle de nouveaux « commandos de l'audace ». Déjà la foule crie : « De Gaulle au pouvoir ! »

Au colonel Passy, son ancien chef des services spéciaux, venu le voir de retour d'Amérique, il expose : « Nous allons avoir la guerre. Il est nécessaire que je revienne sur la scène publique. Je créerai un vaste rassemblement. Je provoquerai un sursaut national, pour que la France soit entendue. Les Français sauront qu'ils peuvent faire appel à moi. Je mettrai en place le substratum du recours. » Il demande : « N'ai-je pas naguère reconstruit la France avec des bouts d'allumettes ? »

Ramadier réplique depuis Capdenac, Aveyron : « Il n'y a point de sauveur suprême, ni César, ni tribun... »

Vincent Auriol souffle à Jules Moch : « Cet escogriffe n'a pas fini de nous casser les pieds. »

Le discours de Bruneval indigne littéralement Léon Blum, qui écrit dans *Le Populaire* : « La lutte est ouverte. Le Parti socialiste se range sans restriction du côté de la République. »

Le Conseil des ministres décide qu'à l'avenir les autorités civiles et militaires ne seront présentes au côté de De Gaulle que lors de cérémonies purement commémoratives.

Ramadier s'en va en vain conférer à Colombey avec « ce diable d'homme ». Il racontera lui-même l'entrevue. Il sort de Matignon par une porte dérobée, rue de Babylone. Le directeur du cabinet militaire, le général Bonnafé, un aviateur de la France Libre, prend la place du chauffeur. L'entretien se déroule à partir de minuit. Ramadier exprime son admiration, mais tient à exprimer la volonté du gouvernement de « distinguer le passé héroïque du présent partisan ». Il dit : « Les institutions se mettent en place. La Quatrième République montre parfois quelques hésitations dans ses actes, mais ni sa sincérité ni sa bonne volonté ne sont niables. Elle ne sombrera pas dans le désordre et la décadence. Vous pouvez encore travailler au renforcement d'un régime qui est le seul capable de conduire la France à son relèvement. Vous devez nous aider. » Réponse : « Le régime des partis est trop malfaisant. Il interdit que soit menée une grande politique extérieure tout comme il compromet la stabilité et la paix intérieures... Vous me reprochez d'être devenu un chef politique. Oui, c'est vrai, je suis un chef politique. La Résistance n'a pas été seulement nationale. Monsieur le président, elle a été aussi politique. Je maintiens mon rôle, figurez-vous... N'attendez donc pas de moi un renoncement. » Le Général offre un café que Ramadier trouve très mauvais, puis l'accompagne jusqu'à sa voiture. « Rassurez-vous, conclut-il, je ne serai pas le général Boulanger. » Ramadier rapporte le propos à Vincent Auriol : « Et moi, Rama, je ne serai pas Hindenburg ! »

La rupture définitive entre le Général et le système s'opère à Strasbourg, le jour de Pâques.

De Gaulle y arrive pour fêter le deuxième anniversaire de la libération de l'Alsace. Le lendemain, en civil, du haut du balcon de l'Hôtel de Ville, il annonce *urbi et orbi* le « grand rassemblement du Peuple français, dans le cadre des lois, pour promouvoir un grand effort de salut commun et faire triompher une réforme profonde de l'Etat ».

Dès la fin de 1947, les statuts sont déposés. Le RPF entre dans l'histoire républicaine.

Signataires fondateurs : avec de Gaulle, André Malraux, Jacques Soustelle, Louis Pasteur Vallery-Radot, Gilbert Renaud dit le colonel Rémy, Gaston Palewski. La Garde impériale, dit Bidault.

Secrétaire général du mouvement, dont de Gaulle est président : Jacques Soustelle.

Emblème : une croix de Lorraine servant de mât et de hauban au navire France.

Le matériel ? Qui vivra verra.

Les finances ? « L'intendance suit. » On commence par chercher des imprimeries acceptant d'imprimer *à crédit* les premières affiches. Songeur, Louis Joxe murmure : « Des boy-scouts tout exaltés avant une longue promenade. »

Communiqué fondateur : c'est une déclaration personnelle du Général. « Aujourd'hui est créé le RPF. J'en prends la direction. Il a pour but de promouvoir et de faire triompher par-dessus nos divisions l'union de notre peuple dans l'effort de rénovation et la réforme de l'Etat. J'invite à se joindre à moi dans le Rassemblement toutes les Françaises et tous les Français qui veulent s'unir pour le salut commun comme ils l'ont fait hier pour la liberté et la victoire de la France... »

Duclos parle de « Pétain II ».

Daniel Mayer d'un « sous-Doumergue voulant mater le peuple français ».

Et de Gaulle, dans un meeting à Rennes, d'attaquer violemment les communistes, baptisés « séparatistes ». « Sur notre sol, au milieu de nous, des hommes ont fait vœu d'obéissance aux ordres d'une entreprise étrangère de domination dirigée par les maîtres d'une grande puissance slave... Pour atteindre leurs fins, il n'y a pas de moyens que ces hommes n'emploient... »

Et de Gaulle, en programme « social et humaniste », de préconiser l'association capital-travail et l'allocation-éducation (celle-ci naturellement pour rallier les masses catholiques).

Le succès est foudroyant.

Depuis le siège social, 81, rue Taitbout, on présente le RPF comme la « seconde France Libre ». Les communistes ne sont plus que des bolchos, les socialistes des combinards, les MRP des renégats.

Le RPF obtient 12 700 adhésions en vingt-quatre heures dans le seul département de la Seine — elles sont 800 000 à la date du 1er mai. Dans toutes les provinces, c'est l'enthousiasme. Raz de marée.

Cadres : les anciens de la France Libre ; tous les résistants abandonnés sur le bord de la route par les partis ; les anciens combattants déçus par la « politicaillerie » ; les professions libérales, une nouvelle fois plus sensibles à une rude autorité simple qu'aux jeux byzantins des assemblées parlementaires.

Un demi-million de Parisiens applaudissent à l'hippodrome d'Auteuil (on a refusé le Champ-de-Mars) un discours superbement populiste : « La République, c'est le peuple, c'est nous !... Bien sûr, toute cette combinaison politicienne prétend à grands cris qu'elle est la République. Ma parole, elle finit par le croire ! C'est un peu, révérence parler, ce qui se passe dans le livre célèbre de Kipling, où une certaine troupe se promène dans la jungle en disant : nous sommes rois de la jungle parce que nous le disons... »

« Il n'y a qu'une chose à faire, commente Ramadier, attendre patiemment une autre heure, faire le dos rond... »

Tempêtes sur l'Union française

Autres épreuves pour Ramadier : coloniales.

Incendies sur Madagascar. La surprise est totale. Paris pensait tenir tout tranquillement cette population où 37 000 Européens voisinent avec 900 000 Havas issus de Malaisie, oppresseurs déchus, et 3 millions de « Nègres émancipés ». Le gouverneur de Coppet n'a pas cru devoir entendre l'avertissement pourtant réitéré des planteurs. « Peuh ! dit-il. Des bruits. On ne fait pas de la politique avec des rumeurs. » Les autorités sur place n'auront même pas pris au sérieux la proposition de loi déposée devant l'Assemblée nationale aux termes de laquelle deux députés de la grande île demandent l'indépendance immédiate. Texte : « Foulée aux pieds, réduite en esclavage en plein XXe siècle, la nation malgache a le droit de rompre définitivement avec les auteurs de son malheur. Elle consent à rester au sein de l'Union française, mais c'est son ultime concession. » L'ouragan se déclenche dans la nuit du 28 mars. La première cible est la garnison de Moramanga, une petite station ferroviaire sur la ligne de Tamatave à Tananarive. Les baraquements flambent. Officiers français et tirailleurs sénégalais sont totalement surpris. Certains officiers sont égorgés dans leur lit. Vingt Sénégalais tombent. Mais d'autres attaques s'effectuent dans la même nuit, conduites par d'identiques foules hurlantes, armées de sagaies et de flèches, échouant à Tananarive, Diégo-Suarez et Farafangana, réussissant à Morondova et Mohannoro. Signe de ralliement des rebelles : un turban blanc. Par bonheur pour les administrateurs et planteurs, les insurgés sont mal armés. Il reste que de nombreux Européens sont massacrés, de nombreuses femmes violées. On décide de mater durement la révolte. Pierre de Chevigné est nommé haut commissaire. L'horreur répond à l'horreur. Aviation, Légion étrangère, tirailleurs de Djibouti interviennent. On pulvérise à coups de bombe les villages de la zone déclarée insurrectionnelle. Les tués se comptent par milliers. La marine elle-même fait donner ses canons.

En Algérie, « ça bouge » à nouveau chez les nationalistes.

A Casablanca, on déplore cent morts dans un affrontement entre dockers et tirailleurs. Le sultan Mohammed V, dans un discours à Tanger, brosse un vibrant hommage de la Ligue arabe, précisant : « Le Maroc est un pays arabe, attaché par des liens de plus en plus forts aux pays d'Orient. » Le général Juin est nommé résident général en remplacement d'Erik Labonne, jugé trop libéral. Fils d'un gendarme de Bône, élevé dans les poussières du Maghreb, sans illusions sur les « châteaux en Espagne », le « vainqueur de Cassino » annonce d'entrée de jeu la couleur : « Le Maroc est la clef de voûte de notre Afrique du Nord, proclame-t-il. Les aspirations marocaines doivent se concilier avec les nécessités françaises. Que chacun se le tienne pour dit ! » Au demeurant, pour une fois, les instructions du gouvernement sont tout à fait nettes : « Dans le cas d'une opposition systématique du sultan Mohammed V au plan de réforme que vous lui présenterez, vous devrez envisager soit une abdication volontaire, soit une déposition par l'autorité française elle-même. »

A New Delhi, le 15 août, à huit heures trente du matin, une claire sonnerie de trompettes accompagne l'arrivée, à pas lents, de lord Mountbatten dans la salle du Trône du palais du gouverneur. En uniforme d'amiral, le dernier vice-roi des Indes embrasse la Bible et prête serment à la Constitution du jeune Etat — tandis que le drapeau de l'Union Jack le cède aux couleurs de l'Union indienne. L'Inde entre comme Etat totalement indépendant dans l'histoire. L'un des premiers télégrammes de félicitations adressés au pandit Nehru est de Hô Chi Minh : « L'indépendance des Indes fortifie le peuple vietnamien dans sa lutte pour sa propre indépendance. »

En Indochine, effectivement, la guerre redouble de rage. Marius Moutet s'est converti à la reconquête. En six mois, les effectifs du corps expéditionnaire auront doublé, s'élevant à 90 000 hommes. Leclerc explique bien que le problème est avant tout politique. « Si on ne veut pas se laisser entraîner à une nouvelle guerre d'Espagne au temps de Napoléon, ou à une expédition du Mexique, il est absolument nécessaire de gagner la partie politique dans les meilleurs délais. » Il n'est pourtant pas écouté. « Ah ! grogne Moutet, tous ces généraux qui se mêlent de politique ! » Etrange. D'une part on crée à grand spectacle l'Union française, on parle d'« Etats associés » ; l'assemblée de l'Union française se réunira solennellement le 10 décembre. D'autre part, toutes les garnisons françaises du delta sont dégagées. Comble d'infortune : la chance n'est pas pour nos soldats ; une demi-brigade de paras est larguée au-dessus de Cao Bang et de Baekan, où l'état-major rebelle est signalé ; les Viets, surpris au gîte, fuient dans la jungle ; des groupes désemparés agitent des drapeaux blancs ; un ministre viet est tué, un autre fait prisonnier ; Hô et Giap, serrés l'un contre l'autre, se terrent dans un trou recouvert de broussailles, tête sur la poitrine, genoux près des épaules ; ils imaginent déjà les radios du monde entier annonçant leur capture ; mais vainement les patrouilles françaises sondent les trous, battent les fourrés, passent et repassent ; elles ne mettront pas la main sur les deux fugitifs, dont tous les gardes du corps ont été abattus. Que l'armée communique à Moutet des photos de cadavres d'Européens atrocement suppliciés et mutilés, et la détermination du ministre de livrer la guerre jusqu'à la victoire devient irrévocable. Il dit : « On ne me verra jamais négocier avec des sauvages. »

Ramadier : je fous les communistes à la porte

Le faisceau de ces trois séries de raisons, nationales (RPF), internationales (entreprise stalinienne de soviétisation de l'Europe) et coloniales (le PC ne voulant assumer aucune responsabilité dans une politique de guerre ou de répression) crée les conditions d'une inévitable rupture entre les communistes et le gouvernement.

Dès lors, tout va assez vite. En mars, la fièvre monte. Le 4, le gouvernement signe avec les Britanniques le traité d'alliance militaire de Dunkerque négocié par Léon Blum. Le 12, les communistes sont exclus du cabinet belge. En avril, des grèves éclatent aux usines Renault contre la vie chère — Renault, principale machine d'assaut du PC et de la CGT. Pour tous les protagonistes, l'heure irrémédiable est proche.

Déjà le 11 mars, un débat houleux se déroule à l'Assemblée sur l'Indochine. « Hitlériens ! fascistes ! A Munich ! » hurlent les communistes.

« A Moscou ! » hurlent les MRP.

Ce n'est que la préface d'une tempête de quinze jours.

Quand Paul Reynaud dénonce la présence, dans une tribune du public, du nommé Duang Bach Mai, négociateur du Vietnam à Fontainebleau, qu'il présente comme un assassin, tous les députés communistes quittent l'hémicycle, y compris Thorez et Billoux.

Le 18 mars, quand les députés se lèvent à leur banc en témoignage de reconnaissance aux soldats d'Indochine, Billoux, ministre de la Défense nationale, reste ostensiblement assis à sa place. « Tu exagères, François, lui dit Gouin. Lève-toi ! » Billoux ne bronche pas. Gouin lance à Thorez : « Si vous continuez de la sorte, ça va casser. »

Maurice Schumann demande : « Serait-il possible d'être à la fois dans l'opposition et au gouvernement ? » Le 19, Ramadier pose la question de confiance. Au nom des députés communistes, Duclos annonce qu'ils vont désapprouver la politique indochinoise de Ramadier — alors que quinze jours auparavant, à la commission des Finances, ils votaient les crédits militaires pour l'Indochine. Effectivement, si les ministres communistes votent pour (c'est la moindre des choses), les députés communistes s'abstiennent.

« J'aurai tout vu », grommelle Ramadier, qui, dans le même temps, doit apprendre que de Gaulle refuse la Médaille militaire que le gouvernement veut lui décerner.

Le 22 mars, les députés communistes refusent de voter les crédits de guerre.

Circonstance aggravante : un nouveau désaccord intervient avec la demande de la levée d'immunité parlementaire des députés malgaches jugés coupables du soulèvement de Madagascar — que les communistes soutiennent.

Autre « hic » : la crise économique s'aggrave en crise sociale. Thorez prévient que l'on va vers une « explosion ouvrière ». Le 1er Mai se déroule dans une atmosphère de défi. La CGT décide qu'au lieu de défiler selon la tradition de la Bastille à la Nation, le cortège se déroulera de la République à la Concorde. Le gouvernement redoute à ce point un coup de force avec envahissement des ministères que, en cachette de Billoux, Ramadier et Coste-Floret rassemblent des chars dans la cour de l'Ecole militaire.

Ramadier s'en va trouver le soir même Vincent Auriol, lequel, rentré d'Afrique, digère mal un festin de gazelle « trop faisandée » servie à Niamey. « J'en ai par-dessus la tête, signale-t-il, ma décision est prise : je fous les communistes à la porte. » Auriol accepte. Une décision aussi capitale est ainsi prise par deux hommes dont la bonhomie est proverbiale, et que le puissant Thorez pense sans doute pouvoir aisément dominer. Il se trompe pourtant. Il va se faire savamment piéger.

Scénario de fine allure.

Au Conseil des ministres qui suit, Thorez avance que la baisse de 10 % visée par l'expérience Blum s'est réduite à 3 %, que les prix ne cessent de grimper, que les revendications ouvrières sont hautement légitimes et que le moment est venu de leur donner satisfaction en s'attaquant aux revenus. Pour l'immédiat, Ramadier se limite à constater que les ministres communistes sont en désaccord avec la majorité du cabinet et que « cela donne à réfléchir ». Il ajoute : « L'Assemblée jugera. »

Paradoxalement, le débat au Palais-Bourbon se déroule dans une rare bonne humeur. Atmosphère étudiante. Le personnage grenouillard qu'est Jacques Duclos est hilare à la tribune comme pour une bonne blague quand il déclare que les communistes voteront contre la question de confiance, mais que, pour autant, ils n'entendent pas rompre la majorité gouvernementale. Ils demeurent fidèles au tripartisme. « Nous marquons uniquement notre désaccord sur un point particulier », dit-il.

Le vote a lieu le 4 mai, un dimanche. Comme annoncé, tous les députés communistes sans exception, ministres compris (on sait que sous la Quatrième République, à l'inverse de ce qui se pratiquera sous la Cinquième, les ministres gardent qualité de députés et votent en tant que tels dans les débats), repoussent l'ordre du jour de confiance. Pour la première fois, on voit des ministres voter contre le gouvernement dont ils font partie et où ils comptent rester !

La confiance est tout de même votée, par 360 voix contre 186.

Sans délai Ramadier réunit un conseil de cabinet (à ne pas confondre avec le Conseil des ministres, qui se réunit à l'Elysée sous la présidence du président de la République ; le conseil de cabinet siège à Matignon sous la présidence du président du Conseil).

Il demande : « Après le vote négatif qu'ils viennent d'émettre, les ministres communistes estiment-ils que leur présence au gouvernement demeure possible ? » Thorez répond : « Assurément. Au reste, nous n'avons pas démissionné. »

A ce moment-là, il est vrai qu'il croit être maître du jeu. Il est même convaincu que Ramadier va démissionner, et que, profitant de la crise qui s'ensuivra, le PC fera valoir sa prépondérance numérique et revendiquera la direction du gouvernement. N'est-ce pas un axiome depuis la Libération que les communistes sont indispensables à toute formation gouvernementale ?

Qui mieux est : vis-à-vis du RPF Thorez a changé de stratégie. Tout en continuant à l'attaquer avec force, il va s'en faire une sorte d'« allié objectif » ; il va imposer au système une guerre sur deux fronts jusqu'à ce que l'édifice finisse par se disloquer ; alors, sur les ruines du centre, il se retrouvera seul face aux « fascistes ». A défaut de pouvoir s'imposer tout de suite à la tête des destins, tout se passe comme s'il entendait préparer son règne à une autre date.

Ramadier chausse tranquillement ses lunettes. C'est pour donner lecture de deux articles de la Constitution.

Article 75. Le président du Conseil et les ministres choisis par lui sont nommés par décret du président de la République.

Article 84. Le président du Conseil peut déléguer ses pouvoirs à un ministre.

Il commente : « Par le vote qu'ils ont émis aujourd'hui, nos collègues communistes membres de l'Assemblée nationale ont rompu la solidarité ministérielle. En vertu des pouvoirs qui me sont confiés par la Constitution, je leur retire la délégation que je leur avais accordée. Le gouvernement les remercie du concours qu'ils lui ont apporté. La séance est levée. »

Thorez reste sans voix. Ecarlate, il semble au bord de l'apoplexie. Il sort sans un mot, ses camarades sur ses pas.

Un seul cas est à part : celui de Georges Marrane, ministre de la Santé publique, sénateur-maire d'Ivry, qui, en tant que sénateur, n'a pas voté à l'Assemblée. Mais pour être solidaire de Thorez, il démissionne le lendemain de son ministère.

Dans le pays, des mesures de précaution ont été prises. Armée et police sont mises en alerte. Mais rien ne bouge. « Jamais, reconnaîtra Thorez, je n'aurais cru ce bonhomme capable d'un coup pareil. »

La terre tremble sous les pas de Ramadier

Mais Ramadier entre en enfer.

Des feux menacent de toutes parts.

Guerre civile à la SFIO. Guy Mollet demande la démission du

cabinet, qu'il accuse de trop soutenir la « bourgeoisie ». Le comité directeur du parti l'approuve par 12 voix contre 9. Consulté à son tour, le groupe parlementaire SFIO contredit le comité directeur par 69 voix contre 9. Il faut recourir à un conseil national des secrétaires fédéraux, qui donne gain de cause à Ramadier le 6 mai par 2 529 mandats contre 2 125. Le comité directeur lui-même ne revient sur sa décision que par une voix de majorité. « J'aurai eu mes pires ennemis dans ma propre chaumière », dit Ramadier.

La troisième force prend la relève du tripartisme. Dès le 9, Ramadier présente son nouveau gouvernement. Deux socialistes et deux MRP remplacent les Excellences démissionnées. On ne juge pas utile de remplacer à la Défense nationale Billoux, « si peu ministre ». Encore faut-il trouver une majorité à ladite troisième force. Cela ne va pas de soi. Ramadier n'en a pas fini avec les pénibles marchandages. Par exemple, les radicaux subordonnent leur soutien à la reparution de *La Dépêche du Midi* interdite à la Libération : Vincent Auriol doit intervenir en personne pour que les socialistes de la Haute-Garonne admettent de voir réapparaître le « plus grand monument radical de France ».

Une ligne de clivage internationale rejoint une ligne de clivage très nette sur le plan intérieur. L'attachement viscéral des communistes à la politique stalinienne, les sympathies socialistes pour les travaillistes au pouvoir en Angleterre, le sentiment pour une Amérique qui distribue la manne, les liens du MRP avec un Vatican qui a misé sur le bouclier américain deviennent des éléments majeurs du jeu politique à Paris. Le réseau impose des manœuvres parfois périlleuses, de toute manière délicates. Il y a tant d'espaces entre la Capitale Staline et la Capitale Truman !

La « guerre des communistes » donne lieu à bien des surprises. Quand Max Lejeune, ministre des Anciens Combattants, succède en novembre 1946 rue de Bellechasse au communiste Laurent Casanova, c'est pour y découvrir que tout un parc automobile important — plusieurs milliers de voitures, de cars et de camions — a été constitué. En principe, ces véhicules ont été prévus pour le rapatriement des prisonniers et déportés. Au vrai, ils ont été confiés au délégué de la CGT, le camarade Zimmermann, qui les a uniquement affectés au transport de militants communistes pour grossir les manifestations antigouvernementales. Mieux encore : Lejeune découvre que, par les soins du dénommé Zimmermann, les communications téléphoniques du ministre sont toutes mises à l'écoute de la CGT. Enfin, prenant prétexte de certains licenciements, toujours le même Zimmermann fait envahir par ses troupes les bâtiments ministériels, lesquels, une fois évacués (à grand mal), demeurent harcelés de piquets de grève.

L'Indochine reste un cauchemar. On ne voit pas finalement d'autre solution que d'en appeler à Bao Dai. L'ancien empereur est intelligent, malin, connaît son pays et son peuple sur le bout des doigts. Sa femme est catholique. Il a du charme, non moins que le sens du commandement. Même s'il paraît blasé et affiche une trop forte passion pour le jeu et la chasse, lui seul semble avoir la stature suffisante pour regrouper les nationalistes non marxistes. Contre Hô, on jouera donc Bao. On arrive à le faire revenir de Hongkong, où il est réfugié depuis un an. Des pourparlers s'ouvrent avec lui en septembre. Force est à Ramadier de demeurer malgré tout sceptique pour l'avenir.

Septembre : c'est la date où toute la métropole s'embrase. Grèves et manifestations se succèdent sans interruption. Branle-bas général. Boulangers, pompistes, métallos, cheminots, gaziers, employés de banque cessent le travail. Pour leur part, les consommateurs, furieux de la cherté de la vie, encerclent des préfectures : à Lyon, le préfet Grégoire voit son bureau envahi par des ménagères auxquelles les gardiens de la paix ont ouvert les portes toutes grandes. En prévision d'un coup de force communiste de plus en plus envisageable, le gouvernement nomme comme chef d'état-major de l'armée un homme réputé singulièrement énergique, le général Revers. Le 30 septembre, à Verdun, le député communiste Savard, prenant la tête d'une véritable révolte, fait intercepter par ses commandos deux péniches de sucre en provenance des Etats-Unis et destinées à l'Allemagne : « Insulte à la ville héroïque ! » titre *l'Humanité* ; les écluses sont obstruées ; des barricades dressées.

Puis voici que Staline installe le Kominform. Cela se passe le 22 septembre en Pologne, près de Wroclaw (ex-Breslau), au château de Szlarska Poreba, sous la présidence de Jdanov. La conférence réunit sept partis des « démocraties populaires » et deux de pays bourgeois (l'Italie et la France, représentée par Duclos et Etienne Fajon). Au reste, Duclos y reçoit une belle volée de bois vert : il doit entendre que les communistes français ne sont que des « valets maladroits », de parfaits modèles du « crétinisme parlementaire », et n'ont pas su s'assurer une victoire pourtant facile. Néanmoins, ce Komintern bis est surtout voué à une énergique reprise en main des communistes européens qui doivent se mobiliser en masse contre l'agresseur, cet impérialisme américain « qui s'efforce comme un usurier d'exploiter les difficultés d'après-guerre des pays européens... pour leur dicter des conditions asservissantes de secours ». Il devient aussi une arme formidable de la guerre froide. Thorez lui-même devra y aller de son autocritique, convenir qu'il a été jusqu'ici trop tiède dans son action contre le plan Marshall. Ramadier ne peut être qu'une cible privilégiée.

La répression stalinienne se poursuit. En Hongrie, le cardinal Mindzenty est emprisonné. La Tchécoslovaquie a accepté au départ le principe du plan Marshall : elle est sommée de le refuser. Même aux Indes, une république paysanne communiste se constitue dans l'Etat de Haiderabad, dès lors théâtre d'atrocités. Le ciel du monde entier est à l'orage — à plus forte raison quand Molotov annonce que « l'Union soviétique elle aussi possède le secret de la bombe atomique ».

« Il doit exister des univers plus humains », murmure Ramadier.

Le procès de Jacques Benoist-Méchin

Il se déroule du 29 mai au 6 juin 1947.

Parmi tous les procès de la Haute Cour, il fait date. Car, pour la première fois, elle juge un accusé directement mêlé à la politique de collaboration du gouvernement de Vichy au vu d'un dossier, sinon complet, du moins substantiel. Les dossiers du maréchal Pétain et de Pierre Laval, on peut tout à fait le dire, étaient vides. On a jugé à travers leur personne ce qu'ils représentaient, ce qu'ils incarnaient. Les actes d'accusation furent établis dans la hâte, voire dans l'improvisation. On les jugea trop vite parce qu'on voulait des condamnations rapides et exemplaires.

Désormais, on prend le temps d'approfondir l'instruction, de consulter les archives tant françaises qu'allemandes, de requérir des témoins sérieux.

Le ton lui-même du débat se modifie. S'il reste tendu, il devient courtois. Le jury a enfin cessé de donner le sentiment d'être une meute attachée à une proie.

La personnalité de l'accusé joue aussi son rôle. D'une grande distinction, avec un français impeccable, visage glacé, regard austère, voix calme et patiente, il apparaît avant tout comme un dialecticien, qui connaît bien ses preuves — mieux même, comme un historien, aussi capable de vues amples que d'analyses détaillées.

Enfin, le cas est réellement singulier. Il ne s'agit ni d'un soldat égaré, ni d'un scrogneugneu primaire, ni d'un maquignon de la politique, ni d'un personnage de forum. Il s'agit d'un pur écrivain, au talent indiscutable, homme de plume par le hasard mué en diplomate et en homme de responsabilité.

« A la vérité, attaque le président Noguères, vos ouvrages le prouvent : vous êtes un germanophile de longue date. »

Réponse : « Germanophile ? C'est une position sentimentale qui n'a pas de sens en politique. J'ai été un homme qui a cherché sincèrement à s'entendre avec l'Allemagne. »

Il vient en une phrase de révéler toute la clef de sa défense. Il va s'interdire toute interprétation passionnelle, même simplement sentimentale. Il ne demande pas pitié. Avec fierté, il ne défend pas son cas, mais une politique. Autant nous dire, avec une stupéfiante aisance, que l'amitié franco-allemande doit être un commandement permanent de la politique française et ne saurait être un accident de l'histoire.

Vous croyez rencontrer un gentilhomme du XVIIIe siècle surpris dans un maelström du XXe.

Mais la discussion est serrée.

Il est vrai aussi que le dossier est lourd. L'accusé assuma à Vichy les plus redoutables responsabilités ; il fut délégué général aux Prisonniers de guerre à Berlin en décembre 1940 ; il fut l'un des collaborateurs de l'amiral Darlan en 1941 ; il participa aux négociations pour le passage d'armes à travers la Syrie, destinées aux rebelles irakiens pro-allemands ; ambassadeur à Ankara lors de l'affaire de Syrie, on l'accuse d'avoir travaillé à obtenir du gouvernement turc le passage de renforts allemands ; son rôle fut important dans les négociations du protocole de Paris de mai 1941 qui assurèrent des avantages substantiels aux Allemands en Afrique du Nord ; il aurait envisagé avec Darlan un véritable renversement des alliances.

Le président cite même une note de l'accusé, datant du 17 novembre 1941, ainsi formulée : « Un pays vaincu peut prendre trois positions : *contre* son vainqueur, *pour* son vainqueur ou *avec* son vainqueur... Je suis partisan de la troisième : *avec* le vainqueur. »

Exact, confirme l'accusé, j'ai choisi d'être *avec* le vainqueur.

Noguères : « Reste la principale question. Est-ce que vous ne pensez pas qu'être *avec* le vainqueur, c'est en réalité être *pour* le vainqueur ? Voilà toute l'affaire. Voilà tout le drame. »

Benoist-Méchin : « C'est qu'il y a une situation de fait. La commission de Wiesbaden en 1940, aux termes de l'armistice, a le droit d'ordonner et d'exiger. Que peut faire alors le gouvernement français ? S'opposer aux exigences allemandes ? Ce serait aboutir à la mainmise de l'occupant sur toute notre production. Or, à cette date, il n'y a pas de perspective de recours venant de l'extérieur. L'Angleterre est acculée à la défensive. L'Amérique ne manifeste pas l'intention de s'engager dans le conflit. Le pacte germano-soviétique joue toujours : Staline est l'allié de Hitler. L'Allemagne est au zénith de sa puissance en Europe. Elle peut descendre sur Gibraltar, attaquer l'Afrique du Nord. Nous avons pensé que nous ne pouvions que négocier. Tout le reste s'ensuivit. »

La négociation en Syrie ? Simple marchandage. L'accusé fait valoir que, contre le transit de trente à quarante avions allemands, la France put obtenir le retour de prisonniers anciens combattants, l'assouplissement de la ligne de démarcation et la diminution des sommes exigées pour les frais d'occupation.

Est-ce que Vichy n'a pas commis le crime de briser l'unité française ? Telle est la thèse du président et de plusieurs jurés. « Vous avez pris le grave risque d'égarer l'opinion, dit Noguères, d'entretenir chez elle l'équivoque, de démobiliser une partie du pays qui, sans vous, aurait rallié la Résistance. En vous engageant dans une politique de négociations, de compromis, donc de ruse, vous avez opté pour la politique du mensonge permanent, non seulement à l'égard des occupants, mais, ce qui est plus grave, à l'égard de l'opinion française. Vous avez trompé tout le monde. Par exemple, le 9 juillet 1941, lors de la rencontre du maréchal Pétain avec Goering à Saint-Florentin, Goering fut d'une humeur épouvantable. L'entrevue fut très orageuse. Vous, vous fîtes savoir par un communiqué que l'entretien avait été de la plus franche cordialité et qu'il "permettait d'envisager l'avenir avec une confiance accrue". Vous dites que c'était parade diplomatique. Non. Vous trompiez tout le monde. »

L'accusé demande : « Est-ce donc que l'unité française aurait empêché l'occupant d'exprimer ses exigences ? En d'autres termes, aurait-elle empêché l'occupant d'occuper ? Tout le problème est là. »

Oui. Tout le problème est là. Thèse gaulliste : résister totalement. Thèse de Vichy : ne jouons pas à tout perdre.

Dans un tel contexte, la sentence tombe comme un couperet.

L'accusé est condamné à mort — excepté qu'à peine quelques semaines plus tard, la peine est commuée par le président Vincent Auriol en travaux forcés à perpétuité et que, en liberté conditionnelle dès 1954, Jacques Benoist-Méchin pourra à nouveau nous offrir de beaux livres...

Le procès de Xavier Vallat

Il se déroule entre le 2 et le 16 décembre, dans la grande salle des Assises de la Seine.

On prévoyait un procès à grand spectacle. Les spectateurs ne sont pas déçus.

D'abord, tout le personnage porte à dramatisation. Il est l'un des plus glorieux combattants de la guerre 1914-1918. Il fut trois fois blessé, amputé de la main gauche, eut droit à la Légion d'honneur avec deux citations à l'ordre de l'armée. Il est aussi inattaquable dans son passé d'homme public que dans sa mémoire d'homme privé. Son interrogatoire révèle qu'il est le dixième enfant d'un instituteur, qu'il a toujours mené la vie la plus modeste, qu'il ne profita ni de sa profession d'avocat ni de son mandat de député pour s'enrichir. Eloquent, à l'occasion truculent, il peut être de la franchise la plus brutale. « Je suis un très mauvais républicain, lance-t-il à la ronde, je ne m'en cache pas... » La peur lui est inconnue. Ici, loin de penser à essayer d'amadouer, de flatter ses juges, de rechercher leur indulgence, il préfère les provoquer. Il vous dit par exemple : « Ce n'est pas le Maréchal que j'ai servi, c'est l'Etat dans sa permanence. » Sa forte voix ne fait que davantage contraste avec la voix très grêle, une voix de bouche, du président Noguères.

Ensuite, d'entrée de jeu, bille en tête, il s'en prend rudement au vice-président communiste de la cour, Kriegel-Valrimont. Il lui reproche d'avoir, en pleine séance de l'Assemblée nationale, prononcé cette terrible phrase : « Tous les justiciables de la Haute Cour passés, présents et à venir ont choisi d'être responsables avant d'étaler leur lâcheté devant les juges. » Xavier Vallat poursuit : « Il n'est pas discutable un instant que cette phrase constitue une insulte collective et qu'à travers cette insulte M. Kriegel-Valrimont a fait connaître son sentiment par avance sur les hommes qui auraient à comparaître devant lui et qu'il se permettrait de juger.

Je laisse entièrement à M. Benjamin Kriegel, dit Kriegel-Valrimont, le droit de m'insulter, mais je lui retire le droit de me juger. » En foi de quoi, il déclare qu'il ne répondra à aucune des questions posées par Kriegel-Valrimont, attitude qu'il observera effectivement pendant tout le procès.

Ensuite encore, il tient à faire connaître que ses fonctions exercées à Vichy ne l'ont pas davantage enrichi que ses activités d'avant-guerre. « Je dois même ajouter, dit-il, que mon appartement et mes biens ont été mis arbitrairement sous séquestre, et que je me suis vu obligé de déposer une plainte contre le dénommé Pascal Copeau [membre communiste de l'Assemblée constituante] qui, occupant mon logis, a fourgué tout ce qu'il a pu... » Un ange passe.

Enfin, il fait feu de tout bois. Accusé d'avoir été du 12 juillet 1940 au 29 mars 1944 secrétaire général de la Légion des anciens combattants, présentée par le président comme une « entreprise de mouchardage », non seulement il défend l'esprit désintéressé de la Légion, mais aussi révèle qu'il est intervenu à plusieurs reprises en faveur d'anciens combattants communistes internés, entre autres Jean Duclos, frère du leader communiste, qui siège parmi ses juges.

Ses rapports avec les Allemands ? « Ils furent tous orageux. Je n'ai pas cessé d'être dénoncé par Abetz à Berlin comme un ennemi. »

Son activité comme commissaire aux questions juives du 1er avril 1941 au 30 mai 1942 ? Il n'esquive pas du tout ses responsabilités. Il ne s'abrite pas derrière des ordres supérieurs ni ne fonde sa défense sur le double jeu. Il proclame qu'il a toujours été antisémite et qu'il le reste. « Je n'ai pas eu, dit-il, à attendre les Allemands pour l'être. Je n'ai qu'à me référer aux actes des rois de France, aux écrits de Voltaire, de Renan et de Taine, voire de Proudhon, et à la tradition de l'Eglise. »

Démonstration : selon lui, le Juif, respectueux de la loi mosaïque, est inassimilable ; il veut former un Etat dans l'Etat ; force est donc d'édicter contre lui des mesures limitées afin de lui interdire les secteurs où il a tendance à prendre les leviers de commande ; d'où les mesures de *numerus clausus* que Vallat, comme commissaire aux questions juives, fit appliquer. Il précise : « Mon antisémitisme n'a rien de commun avec celui des Allemands, fondé sur l'idée de race et sur la volonté d'exterminer le peuple juif. Nous nous sommes uniquement inspirés d'une doctrine qui a ses titres d'ancienneté dans la doctrine même de l'Eglise. »

Le président : — Il est trop terrible pour des républicains d'entendre parler comme vous le faites. Il me suffira d'évoquer la mémoire des quarante-deux avocats juifs fusillés et de demander que nous observions tous une minute de silence.

L'accusé : — La République ne se gêna pas, en son temps, pour prendre des mesures d'exception contre les congrégations catholiques.

Toute la discussion qui suit est à l'avenant : un dialogue de sourds — y compris au moment de la déposition des témoins, dont certains rendent grâce à l'accusé d'être dans plusieurs cas intervenu en faveur de familles juives, mais dont d'autres sont moins indulgents.

Enfin, l'on en vient à parler du temps, juillet 1944, où Xavier Vallat succéda à Philippe Henriot en qualité d'éditorialiste de la radiodiffusion nationale. L'accusé garde le même ton. Il ne cède pas d'un millimètre. « J'ai accepté une si lourde succession parce que je croyais — et je continue à croire — qu'il était nécessaire qu'une voix se fît entendre qui invitât, et jusqu'au dernier jour, les Français à rester serrés derrière le chef de l'Etat... Il fallait qu'un Français continuât à demander que l'on s'abstînt de tous les actes de terrorisme, qu'on les condamnât. Tant pis, messieurs, si c'est là m'exposer à une sévérité encore plus grande, puisque vous avez tous été des résistants actifs... »

Le président : — Dans l'un de vos éditoriaux parlés, vous avez même mis en cause Georges Mandel après son assassinat. Vous le haïssiez.

L'accusé : — Je ne retire rien de ce que j'ai dit ou écrit. Parlons plutôt de l'assassinat de Thierry de Ludre, abattu au moment de l'exode de 1940 dans un convoi de prisonniers, dit le « convoi de la mort » organisé par Mandel — Mandel, compromis d'ailleurs dans le scandale Stavisky.

Michel Clemenceau (juré, fils du Tigre) : — Comment supporter de n'entendre de la bouche de Vallat, en guise d'oraison funèbre de Georges Mandel, grand patriote assassiné par des hommes de main du maréchal Pétain, que des ricanements et des accusations odieuses ? Vous êtes l'un de ces hommes qui me font horreur.

L'accusé : — Je maintiens ce que je dis.

Incroyable, compte tenu de l'ambiance des séances : après une brillante plaidoirie de Me André Viénot, Xavier Vallat n'est condamné qu'à dix ans de prison — et il sera vite libéré.

Triomphe de De Gaulle aux municipales

Cela dit, la situation économique devient alarmante. Les experts calculent que la moisson de 1947 ne livrera à la consommation générale que 20 millions de quintaux de blé. Il en faudrait 47 pour maintenir la ration de pain à 250 grammes, chiffre le plus bas depuis 1940 ! « Si le Bon Dieu lui-même s'y met ! » s'écrie Vincent Auriol.

Le lait reste rare. On redoute de manquer totalement de charbon.

L'impopularité du gouvernement est à son maximum. Pas étonnant si, de grand-messe en grand-messe, le Général est de plus en plus religieusement accueilli. Il va même jusqu'à proclamer (et pour mieux aussi dénoncer le nouveau statut de l'Algérie proposé par le gouvernement, « statut de l'abandon ») que « l'Algérie est partie intégrante de la France, qui ne l'abandonnera jamais... » Car, « en cas d'offensive soviétique, seule l'Algérie pourra offrir un asile à un gouvernement de combat ». Entre la troisième force et le RPF, c'est du coup la lutte à mort. Léon Blum écrit : « La République est en danger. Le danger est double. D'une part, le communisme international a ouvertement déclaré la guerre à la démocratie française. D'autre part, s'est constitué en France un parti dont l'objectif unique est de dessaisir la souveraineté nationale de ses droits fondamentaux. »

Les gaullistes somment Vincent Auriol de démissionner ou de dissoudre l'Assemblée.

Même Sartre en prend pour son grade. Texte lu dans la parution gaulliste *L'Etincelle ouvrière* : « Un certain M. Sartre, philosophe des bas-fonds et grand prêtre de la lâcheté, compare froidement le Libérateur de la patrie à Pétain ou à Hitler : il oublie que, pendant qu'il savourait douillettement le succès de ses pièces sous l'Occupation allemande, l'homme qu'il accuse aujourd'hui ouvrait avec ses soldats les chemins de la liberté. »

Dans la langue gaullienne, les gens de la troisième force deviennent des « politichiens ».

Le 5 septembre, la confiance n'est accordée à Ramadier que par 292 voix contre 243 au sujet de la subvention à attribuer aux charbonnages de France. En vain sacrifie-t-il ses deux ministres les plus dirigistes, André Philip et Tanguy-Prigent. Les flots l'emportent.

Les 19 et 26 octobre, aux élections municipales, les gaullistes, alliés aux radicaux et aux modérés, remportent un triomphe inouï. Ils s'adjugent 40 % des voix (tandis que le MRP tombe à 10 % du corps électoral). Ils enlèvent 52 villes préfectorales sur 92, dont Lille, Nîmes, Nantes, Reims et Bordeaux. Ils l'emportent même dans des cités ouvrières comme Lens, Le Creusot, Limoges et Valenciennes. Ils vont jusqu'à gagner à Marseille, où Me Michel Carlini, professeur de droit, est élu maire en conseil municipal contre le leader communiste local Cristofol. Les communistes ne gardent que 20 communes sur les 60 qu'ils détenaient dans la « ceinture rouge » de Paris.

Le 12 novembre, à la salle de la Résistance, rue François-Ier, de Gaulle commente : « La vague est lancée... Je plains ceux qui ne voudraient pas comprendre... Leurs critiques, leurs malédictions n'ont pas plus d'importance que des crachats dans la mer. »

Son plus beau succès est à Paris, où il rassemble la majorité absolue et où son frère Pierre est élu président du conseil municipal.

C'est pourtant de son propre parti que Ramadier reçoit le coup qui l'achève. Déjà en août, au congrès socialiste de Lyon, il est l'objet d'attaques qui l'écœurent. Guy Mollet lui reproche de « faire mieux qu'un ministère bourgeois le travail de la bourgeoisie ». Il prédit : « Lorsque la crise de régime s'ouvrira, notre parti sera diminué, disparu, et la République sera en danger. » Il est suivi par la majorité du congrès. Ramadier, dès cette date, se retrouve dans la situation paradoxale d'un président en liberté surveillée. Guy Mollet, pour sa part, multiplie les critiques et les défis, tire flèche sur flèche, souhaite publiquement que Léon Blum prenne le gouvernail. Sur une incartade encore plus vive du secrétaire général, Ramadier finit par démissionner. Il dit à Vincent Auriol : « Trop amère, la soupe des camarades. »

Le gouvernement Robert Schuman

Il faut préciser que tout ce mois de novembre est agité de graves tumultes et de grèves qui prennent parfois un aspect insurrectionnel. Dans plusieurs villes, des batailles rangées opposent forces de l'ordre et cohortes communistes. Les brutalités de masse n'épargnent aucun secteur. Le 12, à Marseille, à l'appel de Cristofol, des milliers de manifestants, exigeant la démission du « maire mal élu », Me Carlini, prennent d'assaut le tribunal correctionnel où se jugent quatre dockers arrêtés pour « rébellion », puis se ruent vers la mairie, où le conseil municipal délibère dans une incroyable atmosphère d'insultes et de vociférations (Me Carlini s'entend traiter de « fumier, Hitler, saloperie, vendu, froussard »). La foule, grossie des pires individus de la ville, enfonce portes et barrières, cherche le maire, aussitôt trouvé, insulté, matraqué à coups de gourdin. La police ne bronche pas. On entend même un CRS crier : « Vive Cristofol ! » On manque jeter Me Carlini par la fenêtre, qui est à sept mètres au-dessus du parvis. Un commissaire ne le sauve qu'en annonçant qu'il a en poche sa démission de maire. Jeté ensanglanté dans une ambulance, le malheureux restera tout étonné d'avoir survécu au lynchage. « La maison du peuple est à nous ! rugit Cristofol à la foule du haut du balcon. Nous avons remporté une grande victoire. Nous ne désarmerons jamais. » A longueur de nuit, devant une police toujours aussi impassible, la foule, comme folle, saccage bars, cafés, vitrines, cabarets. Durant quarante-huit heures, les communistes sont littéralement maîtres de la ville.

Le secrétaire général de la Fédération du sous-sol Delfosse, leader des communistes du Nord, proclame : « Si Thorez était encore au gouvernement, la vie serait moins chère. » A Strasbourg, où se tient le douzième congrès communiste, Cachin, du haut de la tribune, désignant Thorez, s'exclame : « Voilà l'homme dont on se prive pour gouverner la France. »

C'est dans cette ambiance que Vincent Auriol doit trouver un successeur à Ramadier. Il fait d'abord appel à Léon Blum, qui sollicite son investiture au plus tôt, le 21. C'est que la situation dans le pays demeure extrêmement tendue. Les grèves ne cessent de se multiplier, gardent un tour révolutionnaire. Des piquets de grève et des signaux coupés arrêtent les trains, en priorité ceux ravitaillant Paris. Pour le transport des voyageurs, Jules Moch doit transformer l'esplanade des Invalides en une vaste gare routière d'où cars et camions, bourrés, rayonnent vers les grandes métropoles nationales. L'une des premières proclamations de Léon Blum : le droit au travail doit être aussi respecté que le droit de grève. Texte exact : « Il faut dissocier, dans les mouvements ouvriers, ce qui est entreprise d'agression et de destruction contre les institutions et les doctrines de la République, et ce qui est traduction légitime, ou en tout cas naturelle, de l'inquiétude et de la souffrance. Il faut rechercher une collaboration confiante avec les organisations corporatives de la classe ouvrière, *sans aliéner entre leurs mains la moindre parcelle de souveraineté de l'Etat démocratique.* » En conclusion de sa déclaration, il souhaite souder la troisième force intérieure. Mais il tient à mettre sur le même plan le danger gaulliste et le danger communiste. Même sachant que par là il va indigner un certain nombre de députés du centre droit, il refuse de nuancer sa position. De Gaulle ne lui paraît pas moins dangereux que Thorez. Il dit à Guy Mollet, qui accepterait lui-même de le voir nuancer sa thèse : « J'entrerai le mois prochain dans ma soixante-seizième année. Je dois donc m'attendre à comparaître bientôt devant le Juge suprême. Ne me demandez pas de commettre de telles habiletés. » Les radicaux le lâchent. Il lui manque neuf voix pour être investi. Léon Blum se lève tristement de son banc et gagne la sortie.

Vincent Auriol prospecte du côté des radicaux — principaux responsables de l'échec du premier désigné. Yvon Delbos, pressenti, allègue un mauvais état de santé. André Marie « ne se sent pas encore mûr » (on va simplement le mettre à l'école en lui confiant un ministère important). Queuille n'est pas assez sûr de lui-même. « Appelez donc un MRP, conseille-t-il, eux du moins ont l'eau bénite. » André Marie se montre plus cynique. « Rien de mieux qu'un MRP pour contrer le RPF — jésuites contre jansénistes. »

Ainsi Vincent Auriol appelle-t-il Robert Schuman, chaudement recommandé par Queuille et Blum, et le député de la Moselle accepte-t-il de briguer l'investiture, avec 412 voix, dépassant de loin, le 22 novembre, la majorité requise.

Il constitue son gouvernement dans la nuit même.

Encore a-t-il de suprêmes difficultés avec les socialistes, qui s'opposent à la collaboration de Paul Reynaud et exigent le maintien de l'un d'entre eux à l'Intérieur. Depreux étant malade, ils avancent le nom de Jules Moch. Les négociations sont presque rompues, Schuman ayant une autre vision de la formule. Cependant, la situation sociale, qui empire toujours, impose une fin rapide de la crise. Blum intervient pour appuyer Moch, « homme d'ordre et d'énergie ». Le cabinet peut être enfin mis sur pied. Bidault demeure incrusté aux Affaires étrangères. Teitgen a la Défense. Paul Coste-Floret glisse de la Guerre à la France d'outre-mer. L'Intérieur va donc à Jules Moch, remplacé aux Travaux publics et Transports par Christian Pineau. Ouf !

Au demeurant, Jules Moch va se révéler extrêmement précieux. Il démontre une assurance que rien ne déconcerte. D'une rigueur toute polytechnicienne, soucieux de l'exactitude et du détail jusqu'à la manie, servi par un courage de fer, pilotant lui-même ses avions (encore que par formation ingénieur du génie maritime, et ayant servi durant la guerre dans les sous-marins), il suit ses cartes de bataille, contre les communistes, comme Joffre à la Marne, avec drapeaux de toutes les couleurs. Il pousse la précision jusqu'à envoyer des consignes méticuleuses à préfets et généraux sur... la meilleure manière de lacérer les affiches des manifestants.

Certes, le mouvement gréviste s'amplifie. Aucune corporation n'est épargnée. Fin novembre, trois millions de travailleurs sont en grève. Mes forces luttent à un contre cinq, signale Moch. « Une chance, observe le préfet de police Léonard, que les communistes ne déclenchent pas l'insurrection armée. Les surveillances me bouffent tous mes effectifs. Je n'ai plus en réserve que cent cinquante hommes de réserve mobile. Je suis englué... » Les rumeurs les plus effarantes courent : les avions soviétiques, de nuit, parachuteraient des armes à leurs complices. Le pays est au bord de l'explosion. Tandis qu'une tempête identique souffle sur l'Italie, tout s'agite, Renault, Simca, Citroën, cent mille mineurs, les dockers. Durant quinze jours, Paris ne peut ni ramasser ses ordures, ni enterrer ses morts. Assaut sur assaut. Les communistes en viennent à des violences pires encore. Plus de cent sabotages sont commis en trois semaines. Des puits de mine sont inondés. A Marseille, des commandos font sauter à la dynamite des roches pour obstruer certaines routes. Les durs des usines Renault stockent des explosifs et des mitraillettes. Des trains déraillent. Les hauts fourneaux ne fondent plus.

Le Palais-Bourbon connaît des séances houleuses. Une véritable rage transporte les députés communistes, que le seul nom de « compagnies CRS » fait bondir de fureur. Duclos hurle : « Salauds ! Chiens couchants ! Hitler ne se conduisait pas autrement ! » Ramette lance à Schuman : « Vous êtes pire que Badinguet ! » Fajon à Jules Moch : « Sale matraqueur ! Nous nous reverrons ! » Ramette encore : « Buveurs de sang ! » Duclos, inlassable : « Ce gouvernement n'est qu'un ramassis de faussaires et d'escrocs. » Germaine Peyroles, qui préside un après-midi endiablé entre tous, se fait elle-même couvrir d'insultes. Moch devient l'« émule de Goebbels et de Philippe Henriot ». Laurent Casanova, citant son Victor Hugo, hurle : « Vous traitez la loi comme une fille. »

La violence atteint son paroxysme quand le gouvernement demande un vote de confiance sur un projet de loi voué à faire respecter la liberté du travail et envisageant un certain nombre de mesures répressives contre tout contrevenant. La séance du 29 novembre est singulièrement dramatique. L'hémicycle n'aura jamais entendu autant d'invectives. Duclos qualifie Schuman de « sale Boche ». Florimond Bonte mugit : « Vos lois scélérates sont encore plus réactionnaires que les ordonnances royales de Charles X. » Roger Garaudy ne fait point que citer Cavaignac,

Changarnier, Odilon Barrot et Napoléon le Petit, il dit, le doigt accusateur : « C'est la France de Néron. »

Les vociférations se succèdent dans un tumulte indescriptible. Pierre Villon : « Vous êtes le gouvernement de la misère et de la matraque. »

Arthur Ramette : « Misérables ! Vous avez soif de sang ! »

Edouard Herriot, qui préside, veut rappeler qu'« une immense partie de la population française, composée elle aussi de petites gens, souffre, à l'heure actuelle, cruellement ». Ramette, dressé à son banc, visage à la limite de l'apoplexie, lui jette : « Ces gens, vous les aimez comme les biftecks saignants ! » Florimond Bonte surenchérit : « Vous n'êtes, vous, qu'un républicain en peau de lapin. »

Eugène Claudius-Petit, héros de la Résistance, se fait traiter par Laurent Casanova d'« hitlérien » et de « fasciste ».

Le groupe communiste dépose amendement sur amendement, contre-proposition sur contre-proposition, n'arrête pas de demander des scrutins publics à la tribune.

Georges Gosnat, pour gagner encore plus de temps, ne monte à la tribune que pour y lire les œuvres de Jaurès.

Les plus déchaînés : Marty, Tillon, Georges Cogniot, Raoul Calas, rival direct de Jules Moch dans l'Hérault, instituteur révoqué deux fois (en 1924 et en 1942) pour son activité révolutionnaire, condamné à mort puis gracié par Vichy ; Roger Garaudy, Jeannette Vermeersch, Cristofol.

Cette seule séance s'étire du 29 novembre au 3 décembre ! On n'a jamais vu un tel spectacle. La droite invective « les marquis dégénérés qui siègent à l'extrême gauche » (les aristocrates « cryptos », d'Astier de la Vigerie, Boysson, Chambrun). L'extrême gauche épuise son plus riche répertoire d'injures ; Raoul Calas, à la tribune, adjure même l'armée de désobéir au gouvernement, et l'Assemblée, jugeant que l'orateur a dépassé les bornes, vote son exclusion temporaire : il refuse de quitter la tribune, repousse à coups de pied les huissiers qui veulent l'en déloger, y reste accroché de huit heures du soir à six heures du matin, protégé, alimenté et abreuvé par ses camarades, agglutinés autour de lui. Herriot doit faire appeler la garde pour faire évacuer la salle.

Scission à la CGT

Le gouvernement arrive pourtant à l'emporter.

Schuman affiche un calme impressionnant.

Il obtient la confiance, le 4 décembre, sur la loi organisant et protégeant la liberté du travail.

Jules Moch ne faiblit pas un seul instant, fait rappeler 80 000 réservistes de l'armée, requérir des unités d'occupation en

Allemagne, joue comme voluptueusement avec ses CRS et ses gardes mobiles.

La CGT éclate. Scission. Les travailleurs libres se rebellent. La minorité hostile à tous ces excès se détache de la centrale. Elle reproche à Benoît Frachon d'utiliser à des fins politiques les revendications ouvrières et d'avoir « engagé le syndicalisme français dans une aventure sans issue ». Les plus ardents l'emportent, débordent Léon Jouhaux et Daniel Mayer qui déconseillent la rupture. Elle s'effectue le jeudi 18 novembre à Paris. Les « minoritaires » se réunissent en congrès. Excédés par les provocations et les brutalités des meneurs communistes, ils décident de quitter un syndicat « qui ne respecte ni la liberté, ni l'équité ni la camaraderie ». Dès le lendemain, Jouhaux lui-même va porter sa démission à la CGT. Enfin, le 19 décembre, Jouhaux, Neumeyer et Robert Bothereau fondent le syndicat libre CGT-FO (Force ouvrière).

Le gouvernement, raffermi, se sent assez de vigueur pour faire passer en justice 1 375 accusés pour « entrave à la liberté de travail » et obtient 1 228 condamnations.

Schuman sait à point nommé dénoncer une « entreprise factieuse synchronisée à travers l'Europe ».

La CGT demande vainement à Vincent Auriol, en termes de sommation, d'user de sa prérogative constitutionnelle afin d'ordonner une deuxième lecture de la « loi scélérate ». Auriol, comme il dit, l'« envoie paître », s'exclamant : « Comme si j'avais besoin de leçons en matière de problèmes sociaux ! »

« Je ratisse », annonce Jules Moch. Il faut savoir qu'il a donné l'ordre à la police de tirer si nécessaire. Les villes sont ainsi pacifiées progressivement. A Marseille, les derniers grévistes sont chassés *manu militari* de la gare Saint-Charles. Une véritable expédition militaire s'organise dans le bassin minier du Nord. Tous les piquets de grève sont vigoureusement dispersés.

Hélas ! La grève coûte cher. Plus de 25 millions de journées de travail auront été perdues.

Mais Schuman obtient totale raison.

Echec à Thorez. La France, lasse de trop de secousses, ne le suit finalement pas. Toutes les grèves s'éteignent progressivement. Schuman, avec habileté, sait accorder une indemnité de vie chère à tous les ouvriers reprenant le travail avant le 10 décembre. « Il est temps d'arrêter les frais », avoue Benoît Frachon. Avant la fin de l'année, la France retrouve son calme.

La Quatrième République, surtout, vient de faire preuve d'une maturité inattendue et d'une étonnante autorité.

De Gaulle a beau dire : « Tous des garçons coiffeurs ! » (il a en dédain les garçons coiffeurs comme d'autres les lampistes, les bedeaux ou les croque-morts), Schuman et Moch viennent de forcer le respect de la nation.

A se demander même si, dans ses profondeurs, elle ne commence pas à ne plus ressentir le besoin d'un sauveur...

Et dire que, dans les mêmes saisons, ce même pays peut montrer un tout autre visage !

Malgré cet hiver rigoureux, la neige qui obstrue les rues, des vitrines qu'un décret de restriction sur la consommation de l'électricité obscurcit, le Paris de l'élégance revit. Les étalages d'Hermès retrouvent leur splendeur, les restaurants renommés leur prestige. Les étrangers reprennent en masse le chemin de *La Tour d'Argent* et du *Grand Véfour*. Les caves de Saint-Germain ne désemplissent pas. On se précipite à *La Rose rouge* où Juliette Gréco chante à ravir *Si tu t'imagines, fillette, fillette*, ou au Vieux-Colombier pour la clarinette de Sidney Bechet. Dans les maisons de couture, les mannequins connaissent leur âge d'or. Toutes les élégantes étrangères veulent voir la princesse de Faucigny-Lucinge, d'ailleurs un peu russe, qui assure les relations publiques de Jacques Griffe, ou la princesse Bibesco chez Jacques Fath. Les noms des mannequins à succès sont aussi connus que ceux des couturiers dont elles portent les couleurs, telles chez Fath la diaphane Louise, l'exotique Doudou, la troublante Bettina, définie comme la « mélancolie sublimée » ; chez Pierre Balmain, l'« indescriptible » Pauline qui pique des « colères de volcan » quand une de ses robes n'est pas assez applaudie. Vous n'avez plus le droit d'ignorer que Louise de Vilmorin ne porte que des robes de Lanvin, la princesse Troubetzkoy, que du Jacques Fath.

Pour un peu, nos médias, las de disputes et d'angoisses, présenteraient le New Look comme le plus retentissant événement de l'année, à savoir la nouvelle mode lancée à grand spectacle à l'occasion de la première collection présentée à Paris et à l'univers par un couturier nommé Christian Dior. Date : mercredi 12 février. Lieu : 30, avenue Montaigne, un vaste salon, gris perle et blanc, parmi d'immenses ovales de fleurs, muguet, pois de senteur roses, delphiniums bleus. Mécène : Marcel Boussac, roi du coton, archiduc des champs de courses. Sens de l'événement : alors que l'on en est aux robes courtes (rationnement textile exige), voilà des robes à jupe ample qui descendent jusqu'à mi-mollet — qui, de plus, pincent la taille et présentent la poitrine comme dans une corbeille. Sublime, prononce Christian Bérard en caressant sa barbe : Bérard, dit Bébé, le Parisien éminentissime dont, en matière de mode, les mots d'ordre ont force de loi. Carmel Snow, prestigieuse directrice du *Harper's Bazaar* en Amérique, s'exclame : *It's quite a revolution, dear Christian, your dresses have such a new look, they are wonderful, you know* — c'est une révolution complète, cher Christian, vos robes ont une telle nouveauté, elles sont merveilleuses, savez-vous... *New look*, a-t-elle dit, et le mot est dans le télégramme qu'elle envoie outre-Atlantique. Mot historique. Portée par câbles sousmarins, répétée par tous les moyens intercontinentaux, la bombe du New Look va faire en quelques jours le tour des deux Amériques, de l'Angleterre et de ce qu'il reste de pays européens en mesure de prendre la mode au sérieux. Sur les téléscripteurs, le nom de Dior éclipserait presque celui de Grace Moore — tuée dans un Dakota écrasé au sol à Copenhague — et celui de René Hardy, héros de la Résistance, accusé d'avoir livré Jean Moulin à la Gestapo, et qui, après un procès sensationnel, vient d'être acquitté. L'événement n'échappe à peu près qu'au seul Paris, où sévit pour un mois une grève de la presse quotidienne. Seules protestations : les ennemies de toute nouvelle ligne, les technocrates du rationnement que terrorise une éventuelle inflation des tickets de textile et une Ligue de femmes américaines qui s'offusquent de cette détestable « exhibition de poitrines arrogantes », exposées, dit un général, « comme deux melons à l'étalage du marchand de fruits ». Ainsi que l'assure un journal américain, « les élégantes y mordent comme des mouches à un rayon de miel ». Colette peut dire que « d'un tour de reins, le nioulouk aura reconquis l'Amérique ». L'économie chère à papa Ramadier y gagne elle-même : les soixante ouvriers de Dior triplent leur nombre ; la « guêpière » relance l'industrie du corset ; le « balconnet » en mousse de plastique (invention de Marie-Louise Lebigot), qui se fait complice des « seins insuffisants », devient l'objet d'une industrie considérable. Et le nom de Christian Dior devient un nom mondial.

Paris fait joyeusement fête à la toute belle et blonde Eva Perón, ancienne fille de ferme, ancienne chanteuse de cabaret, épouse du dictateur argentin Juan Perón, « moitié star moitié sainte », la « Jeanne d'Arc des descamisados » qui passe sur les Champs-Elysées comme une enchanteresse.

Paris réapprend à se passionner pour les beaux mariages — à plus forte raison quand la princesse Elisabeth, fille aînée de George VI, épouse son *midship*, jeune et beau Viking blond, un *midship* qui, il est vrai, a le sang aussi bleu que sa royale fiancée, le lieutenant de vaisseau Philip Mountbatten, descendant à la fois de la reine Victoria et d'un roi des Hellènes. C'est « Lilibeth au Pays des Merveilles », titre un journal.

Marcel Pagnol, comme dit *Paris-Match*, « le plus parisien des Marseillais », est admis à l'Académie française au fauteuil de Maurice Donnay. Le pion Topaze aura eu donc droit aux plus grandes palmes académiques.

André Gide se voit décerner le prix Nobel de littérature. On peut s'étonner. Il n'est plus le maître à penser qu'il fut jadis. En tout cas, il n'est plus le roi au royaume des Lettres. Sans doute est-il devenu trop difficile, de nos jours, de croire à l'acte gratuit de Lafcadio. Force est de reconnaître que Nathanaël tourne ailleurs ses regards. La faveur de la jeunesse va à des Sartre et à des Camus. Les nouveaux penseurs sont « engagés totaux ». Les sceptiques s'effacent. On reconstruit de nouvelles assises. On définit une morale de la liberté fondée sur la responsabilité personnelle. « Gide ? écrit

Combat, c'est bien faisandé. » On l'accuse de « préciosité vieillotte et artificielle ». On hausse les épaules quand, vieillard las de soixante-dix-huit ans, il se définit comme un « petit garçon qui s'amuse, doublé d'un pasteur qui s'ennuie ». On demande d'autres nourritures pour de nouveaux banquets. « Pas moins prud'homme que Pétain », juge Jean Nocher. On rirait si, comme naguère, on le comparait à Goethe. L'Immoraliste ne fait plus recette. De ce fait, tout se passe comme si l'Académie royale de Suède avait voulu présenter au grand écrivain les excuses de l'univers. Attendrie, la France officielle n'en dit que mieux merci.

Jean Genet provoque son premier scandale : à l'Athénée, avec *Les Bonnes* sur scène. Encore Jouvet a-t-il refusé de faire jouer les trois rôles féminins par des travestis. C'est l'histoire de terribles bonnes, lesbiennes et meurtrières, inspirées des sœurs Papin, deux domestiques qui assassinèrent leur patronne au Mans en 1933. Abjection, juge Jean-Jacques Gautier pour *Le Figaro*. D'autres saluent un nouveau Villon, « le mauvais larron, écrit Billetdoux, nécessaire à la Trinité de la Crucifixion ». Il faut ajouter qu'il n'y a plus rien à ignorer du « génial profanateur ». Il se raconte lui-même sans aucun masque dans le *Journal d'un voleur* : pédéraste, au bagne dès l'enfance, taulard à perpète. Ecoutons du moins Malraux : « La liberté n'a pas toujours les mains propres. »

Dans un sens, l'année restera comme un festival Louis Jouvet. Il monte un *Dom Juan* qui tiendra la scène plus longtemps qu'au siècle de Molière. Il réussit à occuper la vedette dans trois films à la fois (même s'il vous lance : « le cinéma, cette invention mécanique... »), inspecteur de police dans *Quai des orfèvres*, bourgeois lyonnais dans *Le Revenant*, déménageur et aristocrate dans *Copie conforme*. Et il garde une prodigieuse autorité comme professeur à « ce damné conservatoire », où il fut recalé trois fois de suite.

Fatalement, il nous faut dire adieu à des artistes dont le nom nous restera cher. Pierre Bonnard, peintre du bonheur, décède à quatre-vingts ans dans sa maison du Cannet (dernière toile : *L'Amandier en fleur*. Dernier message : je ne serai bien que sous les choux). Albert Marquet, peintre des fleurs, des ponts et des quais, appelé le « fauve sage » par opposition à ces fous de Derain et de Vlaminck (son père, cheminot bordelais, navré qu'il ne fût pas assez appliqué à l'école, lui avait prédit : « Tu finiras sous les ponts »), meurt dans son atelier du quai des Grands-Augustins, face au Pont-Neuf. Nous quittent aussi Reynaldo Hahn, Vénézuélien français de cœur, ami intime de Proust, auteur de *Ciboulette* et de *O mon bel inconnu*, si typé avec son monocle coquet et sa silhouette artistiquement démodée, et dont toute la Belle Epoque fredonna les mélodies rêveuses et tendres — et Tristan Bernard, notre plus glorieux humoriste, né Paul Bernard à Besançon, autoprénommé Tristan en hommage à un cheval qui le fit beaucoup gagner aux courses, ancien avocat, ancien directeur sportif du vélodrome Buffalo, ancien directeur du journal *Le Chasseur de chevelure*, une des figures du Tout-Paris...

Mais l'exposition Van Gogh mobilise les foules à l'Orangerie.

Les cinémas font salle comble. Le public ne court pas qu'aux films étrangers, *Monsieur Verdoux*, avec un déroutant Charlie Chaplin, *Sciuscia*, de Vittorio De Sica, *Paisa* de Rossellini. Jacques Becker donne *Antoine et Antoinette*, chronique conjugale entre un ouvrier et une vendeuse. René Clair interprète à sa manière *L'Ecole des femmes* avec *Le silence est d'or*, où Maurice Chevalier joue... sans chanter. Pierre Fresnay campe un puissant *Monsieur Vincent*. D'après le chef-d'œuvre de Raymond Radiguet, Claude Autant-Lara brosse un *Diable au corps* qui révèle Micheline Presle en grande star et un éblouissant Gérard Philipe.

La radio offre aux auditeurs le plus vaste choix. Certaines émissions ont un immense succès, ainsi *On chante dans mon quartier, Vous avez la parole, Les Beaux Jeudis, Girandoles*, tous les radio-crochets. De superbes dramatiques se jouent. La RTF mobilise nombre de chefs d'orchestre prestigieux, de Munch à Poulet, de Rosenthal à Désormières. Les chansonniers brocardent allègrement nos technocrates, notre ravitaillement et nos impôts. Wladimir Porché poursuit avec maestria toute une « politique des auteurs » — fait enregistrer à Francis Carco ses souvenirs ; obtient d'André Breton, « papa du surréalisme », de lire quelques pages de ses *Vases communicants* ; fait défiler au micro Boris Vian, Sartre, Prévert, Cocteau. Pour *La Dame de Montsoreau*, sur Radio Monte-Carlo, Francis Blanche incarne un moine inénarrable. Ça vit.

La télévision poursuit son petit bonhomme de chemin. En juin, elle reçoit son premier car de téléreportage ; le deuxième en septembre. François Chalais lance sur le petit écran *Le Cinéma à Paris*. André Lucot et Claude Barma débutent. Jacques Chabannes et Roger Féral créent *Télé-Paris*, pour l'heure du déjeuner. Apparaissent les premières émissions sportives : de la natation et des sauts d'obstacles.

A nous le sport roi.

Les bolides sont de retour. L'inaction due à une trop longue guerre n'a d'ailleurs pas gâché la main de nos meilleurs pilotes. La preuve : la manière brillante et intrépide avec laquelle notre superchampion franco-monégasque Louis Chiron, dit Louis le Débonnaire en raison de son flegme quasi britannique, remporte, sur Talbot le premier Grand Prix de l'Automobile Club de France disputé depuis la guerre. Et à nous à nouveau la « guerre pacifique des fauves », Delage contre Maserati, Delahaye contre Bugatti, Mercedes (mais oui, à nouveau, déjà !) contre la redoutable Scuderia Alfa Romeo...

Les catcheurs sont revenus. Ils ont survécu au régime de Vichy et des rutabagas. Ils retrouvent tout leur public au Vel' d'hiv' — à commencer par Charles Rigoulot, 110 kilos, « monument historique du catch français », l'« homme le plus fort du monde », seul capable ici-bas d'affronter victorieusement Nanan Martison, le « Viking de Copenhague », et Bert Hélion, dit le « fantôme d'Edimbourg ».

Le foot reconquiert les foules, à plus forte raison dès lors que le Onze national bat le Portugal (1 à 0) et la Belgique (2 à 0).

A dix-huit ans, Christian d'Oriola, issu d'une vieille famille où l'on compte les plus fines lames du Roussillon, né sur la place d'Armes de Perpignan, remporte à Lisbonne le championnat du monde de fleuret, dominant en finale celui que l'on appelait l'« invincible Italien Di Rosa » dont on disait : « cette rosa-là, jamais personne n'arrivera à l'effeuiller ». Voilà qui est fait par cet adolescent gaucher, « fulgurant comme l'éclair », dit *L'Equipe*, et que, pour ses yeux candides et ses cheveux rebelles, on surnomme vite le « Gérard Philipe du fleuret ».

Le Tour de France cycliste ressuscite. Le « Tour des restrictions », l'appellent les spécialistes, pour la seule raison que les vedettes manquent, tel le Belge Sylvère Maës, vainqueur en 1939, maintenant forfait. Le jeune Bobet n'est pas encore le grand Louison. Le seul « géant » engagé, René Vietto, trente-trois ans, part du coup favori, même si aucun as n'aura toute sa vie eu autant de guigne, d'où son surnom de Nénesse la Malchance. Le départ de la course est donné par le boxeur Marcel Cerdan. Dans les premières étapes, Vietto semble effectivement devoir répondre à l'espoir de ses supporters. Mais il sera dit qu'il restera guignard jusqu'au bout. La victoire lui est soufflée sur la dernière étape par Jean Robic, dit Biquet, roi du Tourmalet, un Breton aussi maigre qu'un ascète hindou, visage ridé, haut comme trois pommes, inélégant au possible, tirant rageusement des braquets énormes, arborant un lourd casque de pistard, et avec cela cabochard en diable, emportant son bidon de gros rouge pour mieux se donner du punch. Même le brave Fachleitner, le « berger de Manosque », ne peut lui faire la pige. Mais, vedettes ou pas, le Tour retrouve instantanément le même succès qu'avant-guerre, avec la même caravane tonitruante, les mêmes foules délirantes...

La France a beaucoup plus d'énergies et de ressources que ne l'indique sa politique.

La mort d'un héros

Par malheur, l'année se termine sur un immense deuil.

Le légendaire général Leclerc de Hauteclocque, alors inspecteur des Forces françaises d'Afrique du Nord, se tue accidentellement. Son avion, pris dans une tempête de sable du côté de Colomb-Béchar, s'écrase sur le remblai de la voie du Méditerranée-Niger, à quelques kilomètres de la gare de Menabah. Il est tué net, ainsi que ses onze compagnons.

Yves Chataigneau, gouverneur général de l'Algérie, lui fait rendre les « honneurs de toute l'Afrique ».

Le corps est ramené en métropole par le croiseur *Emile-Bertin*.

« Il n'y a pas une ombre sur cette vie », prononce de Gaulle.

Les obsèques ont lieu le 6 décembre.

Une énorme foule rend l'hommage, derrière de Gaulle et Juin.

Mme de Hauteclocque et ses six enfants sont présents.

Le cercueil, hissé sur le char *Alsace*, escorté de deux autres chars, le *Tailly*, char personnel du général Leclerc, et le *Romilly*, premier char de la 2e DB à pénétrer dans Paris encore occupé, défile lentement sur les Champs-Elysées.

C'est le dôme des Invalides, illuminé dans la nuit glaciale, qui va abriter le grand soldat — au côté de Rouget de l'Isle.

V
1948
L'ANNÉE PAGAILLE

Une intense année internationale — Robert Schuman à l'œuvre — Nuage sur nuage dans le ciel de France — Le Général ne désarme pas — Le gouvernement André Marie — Le gouvernement Henri Queuille — Un nouveau statut pour l'Algérie — Paris en fête ; Saint-Trop — La pile Zoé ; Orly ; la télé.

Une intense année internationale

C'est une année lourde d'événements à puissant retentissement et à longues conséquences.

La guerre froide devient chaude. Elle ne se limite plus à des échanges d'invectives dans les conférences internationales ou à la tribune de l'ONU, ni à cette concurrence qui consiste à rassembler des clientèles politiques ou gouvernementales avec un écrasant pilonnage des propagandes. On passe à des défis plus directs.

C'est le « coup de Prague ». Par un audacieux coup de force organisé de main de maître, les communistes, sur ordre de Staline, s'emparent du pouvoir en Tchécoslovaquie.

C'est le coup de Tito. Le président de la République fédérative de Yougoslavie a refusé de laisser réduire son pays à l'état colonial. En août, il est banni du Kominform, au terme d'une campagne d'opinion à l'échelle du continent et dont les arguments rappellent assez ceux employés par les vieux procès en sorcellerie, accusé d'hérésie et de manquements graves à la solidarité des pays socialistes, traité en traître et en pestiféré, accusé même d'avoir mal géré les coopératives agricoles. Vrai crime : avoir exigé le droit de choisir une voie nationale pour aboutir au communisme. Personne ne donne cher de son avenir.

C'est le blocus de Berlin. Le problème allemand réapparaît au premier plan — dès lors source permanente de souci pour le gouvernement français. Sous l'impulsion de Bidault, le Quai d'Orsay a toujours soutenu la nécessité de maintenir l'Allemagne divisée de manière à éviter la constitution d'un « Quatrième Reich ». Il a d'autre part constamment soutenu le principe de l'internationalisme du bassin de la Ruhr et demandé l'intégration de la Sarre à l'économie française à titre de réparations. Les Soviétiques n'auront pas saisi l'opportunité que leur aura offerte une telle thèse. En n'adoptant pas le point de vue français, ils laissent les Anglo-Américains réaliser la « bizone » dont la Ruhr sera le puissant moteur. Bidault cesse enfin de miser sur la carte Moscou. L'aide financière américaine puis le coup de Prague lèvent ses dernières hésitations. Le 6 mai, à l'occasion de conversations à trois sur l'Allemagne avec ses deux alliés occidentaux, il consent à des concessions importantes, admet l'abandon du contrôle de la Ruhr, envisage l'adhésion de la zone franc d'occupation à la bizone pour former la « trizone », et ne s'oppose pas à la convocation d'une Assemblée constituante de l'Allemagne de l'Ouest. Mieux encore : le 16 juin, intervient une réforme monétaire qui revalorise le mark des trois zones occidentales. Staline réagit quatre jours plus tard par le blocus de Berlin. On sait que, par l'arbitraire de la conférence de Potsdam, l'ancienne capitale du Troisième Reich se retrouve en plein océan stalinien, partagée entre le secteur soviétique et celui des trois Occidentaux — ce dernier étant du coup une véritable île de la liberté dans les eaux du totalitarisme. Berlin-Ouest a statut de ville « internationale » en zone russe. Staline calcule qu'en bloquant tous les accès, en affamant la zone ouest, il va rapidement réduire Berlin à sa merci. Opération asphyxie. Blocus total. Les Alliés sont même convaincus que Staline engage par là la troisième guerre mondiale, d'ailleurs comme Staline est persuadé que les Alliés la préparent contre lui et subodore autant d'agressions dans chacune des mesures que ses adversaires présentent comme des structures défensives. Par bonheur, les accords de Potsdam laissent un couloir aérien à la libre disposition des Alliés. Paris étant désormais en totale solidarité avec Londres et Washington, les trois Occidentaux se lancent alors dans une stupéfiante et grandiose entreprise : relevant le défi, forcer le blocus, ravitailler Berlin-Ouest par la voie des airs. Exploit unique : le « pont aérien » assurera le transport de 1 600 000 tonnes de marchandises en 195 000 vols étalés sur 318 jours, avec en priorité charbon, vivres et médicaments. D'ailleurs, au passage, Harry Truman, grand défenseur de l'Occident, y acquiert un tel prestige que, en novembre, à l'élection présidentielle, il bat son rival républicain Thomas Dewey, donné ultra-favori par tous les sondages.

L'Alliance atlantique se prépare. Dans le même temps que se déroule la bataille de Berlin, des conversations d'états-majors ont fréquemment lieu pour élargir le pacte de Bruxelles signé le 17 mars par les Français et les Britanniques d'une part, par les Belges, les Néerlandais et les Luxembourgeois d'autre part. Américains et Canadiens sont prêts à y participer, de même que d'autres nations européennes. C'est l'ébauche d'une alliance élargie qui couvrira l'Atlantique Nord et l'Europe occidentale, depuis la Norvège jusqu'à la Turquie. Il est même déjà entendu que l'Allemagne, tôt ou tard, ne saurait longtemps être tenue à l'écart. Au demeurant, ladite Allemagne bénéficie déjà pour sa reconstruction des crédits du plan Marshall, définitivement votés par le Congrès américain le 3 avril. Cette nation, écrasée trois ans plus tôt, resurgit de ses cendres (cela vaut à Bidault tout un assaut de critiques à l'Assemblée nationale, à ce point qu'il ne peut faire voter les nouveaux accords que par une faible majorité, 297 voix contre 289). Dès novembre, les hauts commissaires anglais et américains restituent aux autorités locales allemandes le contrôle de la Ruhr.

Et il n'y a point que de grands drames Est-Ouest.

L'Inde pleure son prophète. Le mahatma Gandhi, « Bapuji », le Père, est assassiné à New Delhi le vendredi 30 janvier. L'apôtre de la non-violence est abattu de trois coups de Beretta parmi la foule de ses fidèles. Accompagnant au bûcher le catafalque que recouvrent sept cents roses, le Premier ministre Nehru dit : « Le soleil qui réchauffait et illuminait nos cœurs s'est couché. Nous frissonnons dans le froid et la nuit. »

Israël ressuscite. Cela se passe en moins d'une heure dans l'après-midi du 14 mai, 5 iyar 5708, un vendredi, veille du sabbat, au musée de Tel-Aviv, sous le portrait du mage du sionisme Theodor Herzl. Un petit bonhomme râblé au style de berger biblique, devant du crâne largement dénudé, crinière blanche sur la nuque, long visage de bélier, nommé David Ben Gourion, en hébreu « fils de lion », se lève à la table présidentielle, proclame l'Etat d'Israël et lit les quatorze paragraphes de la déclaration d'existence du nouveau pays. Debout, pleurant, les quelque deux cents dirigeants juifs présents entonnent la *Hatikvah*, l'Espoir, devenue hymne national. Les Etats-Unis sont les premiers à reconnaître le jeune Etat *de facto*, les Soviétiques les premiers à le reconnaître *de jure*. Paris tarde peu à envoyer un ambassadeur. Evidemment, aussitôt, les Etats arabes limitrophes déclarent la guerre. Les Nations unies envoient en vain un négociateur, le comte suédois Bernadotte, qui est assassiné. Le jeune Etat résiste d'autant mieux aux assauts des Arabes qu'il est aidé en armes à la fois par les Américains et les Soviétiques. On voit même le front arabe s'effondrer. Un demi-million de Palestiniens fuient la Palestine. Les troupes du général en chef de la Haganah, armée nationale juive, occupent tout le Néguev. Le tout se termine le 30 novembre par un armistice négocié au nom de l'ONU par le docteur Bunche. Un « accord de cessez-le-feu » est signé à Government House entre Juifs et Transjordaniens. Jérusalem devient un nouveau Berlin, coupé en deux secteurs : aux Juifs la ville nouvelle, aux Arabes la vieille ville.

Des volcans partout, commente Vincent Auriol.

Robert Schuman à l'œuvre

Mais autant la vie internationale est intense, autant la vie nationale est terne et pénible.

A Paris, l'année commence sous la pluie. Vincent Auriol demande : triste symbole ? Oui.

On comptera trois gouvernements en un an — avec crise économique et sociale, crise de l'Union française, crise des institutions sous la double offensive des communistes et des gaullistes. « Père, gardez-vous à droite ; père, gardez-vous à gauche », l'appel de Crécy est quotidien. On ne saurait imaginer atmosphère politique plus suffocante.

Les hommes à la barre peuvent pourtant être d'une forte qualité.

Ainsi Robert Schuman.

Le personnage est surprenant. Il fait la joie des caricaturistes. Ce nez proéminent, ce crâne chauve en pointe ne peuvent que stimuler les crayons. Et autant rencontrer un moine égaré au forum. Vous découvrez un sexagénaire haut et osseux, d'une discrétion distinguée, tout en humilité et onction. Il écoute tous les visiteurs avec déférence — non sans beaucoup d'humour pour juger les uns et les autres. Il a une vie réglée comme une horloge. Invariablement, chaque vendredi après-midi est consacré à sa marotte : la chasse aux livres anciens chez les bouquinistes. Vieux garçon, presque maniaque, il veille à ce que les lampes ne brûlent pas inutilement dans les palais officiels. Il est si réservé de style que même son pesant accent lorrain paraît en devenir doux.

Né à Luxembourg en 1887 sous loi allemande, fils de Lorrains, élève des universités allemandes, mais patriote français intransigeant, il est élu pour la première fois député en 1919, l'un des vingt-quatre députés d'Alsace-Lorraine venus récupérer les sièges vides depuis 1871. On lui reprochera d'avoir porté l'uniforme allemand — puisque né et formé sous la loi allemande. En vérité, il n'aura jamais été soldat du Kaiser. Il aura simplement servi dans une « compagnie d'ouvriers d'administration », employé auxiliaire de bureau à Boulay. (De toute manière, il ne se sera jamais caché et ne se cachera jamais d'être imprégné autant de culture allemande que de culture française.) Il n'est ministre de Pétain (aux Réfugiés) qu'avant le 10 juillet 1940. Il est le premier parlementaire français à être arrêté par la Gestapo, envoyé en résidence surveillée dans la Forêt-Noire à Neustadt, d'où il s'évade en août 1942, allant à Vichy prédire à Laval la défaite de Hitler, puis trouvant asile à la Trappe de Notre-Dame-des-Neiges en Lozère, sous l'identité de M. Durenne, professeur d'histoire, de Belfort. Naturellement, après la guerre, la Lorraine, par Metz, le réélit au plus tôt.

Mais on ne s'amuse qu'un temps de son crâne à la Nimbus, de ses oreilles décollées, de son nez qui rougeoie. Au demeurant, il a lui-même un assez dur sabot pour se défendre. A Bidault, qui ne l'aime pas, le trouve trop calfeutré et dit qu'« il fonctionne au gaz pauvre », il réplique, une pointe de joyeuse malice au coin de l'œil : « Tout le monde ne peut pas avoir un moteur à alcool » — allusion trop nette à la proverbiale faiblesse de Bidault pour le cognac.

En vérité, il est avant tout un homme du plus puissant caractère, inébranlable dans ses convictions, capable des plus amples visions, et apte à tenir tête aux plus tumultueuses tempêtes. Un roc.

Durant tout son règne, il a justement besoin d'un tel caractère.

Le 1er janvier, par rapport au 1er janvier précédent, on découvre que l'augmentation du coût de la vie a été de 40 % ! Une calamité.

Le 4, de Gaulle définit à Saint-Etienne la politique sociale de son mouvement ; il n'a que sarcasmes pour la « politique ruineuse de la troisième force ».

Le 5, le gouvernement, qui, dès le jour de l'An, a relevé les prix et les salaires, doit demander la confiance dans cinq scrutins successifs — n'obtenant chaque fois que de justesse des votes positifs.

A la première session ordinaire de l'Assemblée, le doyen d'âge Marcel Cachin prononce un discours de combat. Si Edouard Herriot est maintenu à la présidence au cours d'un vote relativement calme, une tempête se déchaîne quand il s'agit d'élire les vice-présidents. C'est que la majorité ne veut à aucun prix d'un premier vice-président communiste (en l'espèce Jacques Duclos) qui pourrait dans tel ou tel cas bloquer le fonctionnement de l'Assemblée. La dispute se prolonge sur trois jours et trois nuits. Herriot doit faire appel à l'arbitrage de Vincent Auriol. C'est dans une atmosphère de typhon que le socialiste Max Lejeune est finalement élu premier vice-président, devant Germaine Peyroles et... Jacques Duclos.

Le 29 janvier, c'est non sans une certaine ambiguïté que René Mayer, ministre des Finances, afin d'assainir la circulation monétaire, effectue une ponction de 150 milliards et retire de la circulation tous les billets de 5 000 francs — quatre jours après avoir, pour faciliter les exportations, source de devises étrangères, procédé à une dévaluation du franc.

Nuage sur nuage dans le ciel de France

L'Indochine reste incertaine. Bao Dai est partout, de Cannes à Genève, de Paris à Hongkong, sauf sur ses terres. C'est toute une prouesse pour les autorités françaises que de le faire venir négocier à bord du croiseur *Duguay-Trouin*, ancré dans la baie d'Along, au large de Haiphong. Après de longues palabres, auxquelles participe le général Xuan, président du gouvernement cochinchinois, on y arrive bien à une formule d'accord. La déclaration commune qui est publiée à l'issue de la conférence stipule que « la France reconnaît l'indépendance du Vietnam et son unité dans le cadre de l'Union française ». L'empereur, rétabli dans ses prérogatives, acquiert ainsi sans guère forcer beaucoup plus que n'en réclamait le Viêt-minh deux ans plus tôt. La signature intervient le 5 juin. Encore Bao Dai fait-il savoir qu'il n'est pas encore prêt à remettre le pied sur le sol indochinois (on va attendre un an qu'il s'y décide).

Nouvelles inquiétudes. Nous avons cru faire un impérial cadeau en acceptant pour l'avenir l'unification du Vietnam par fusion des trois Ky (Tonkin, Annam, Cochinchine). Les maquis de Hô Chi Minh n'en perdent pas leur ardeur. Si l'armée française s'enorgueillit à juste titre de tenir toutes les villes de l'ensemble, y compris les principales places fortes de la frontière chinoise, Lao Kay, Cao Bang, Langson et Moncay, elle perd brutalement Vinh Ni Thanhoa. Le terrorisme persévère. Les pertes françaises restent sévères (en 1947, 4 081 tués, qui seront 4 821 pour 1948). De surcroît, une nouvelle menace se précise sur la frontière nord du Tonkin. Des unités nationalistes chinoises débandées passent la frontière, où elles sont désarmées. Le régime du maréchal Tchang Kaï-chek s'effondre sous les coups des armées communistes de Mao Tsé-Tung. A peine quelques mois plus tard, la frontière sino-tonkinoise est contrôlée par des armées chinoises de Mao, favorables à la cause du Viêt-minh. Le général Giap va être désormais abondamment alimenté en armes et en munitions. Le rapport des forces se trouve bouleversé dans l'année même où Paris pensait avoir découvert la solution miracle.

Mêmes nuages dans le ciel européen. Certes, l'Europe passe à l'ordre du jour. On croirait réentendre les fantômes des années 1920, les Coudenhove-Kalergi, les Briand. De Paris, Londres, Bruxelles, Liège et La Haye partent cinq mouvements pour la création d'Etats-Unis d'Europe. En mai, La Haye abrite la première grande réunion européenne, le « congrès de l'Europe », où une résolution est adoptée qui demande pour la première fois convocation d'une Assemblée européenne. « Debout, l'Europe ! » s'est écrié Churchill, du reste plus européen dans l'opposition qu'il ne le sera une fois retourné aux affaires. Par ailleurs, la Grande-Bretagne, la France et les trois pays du Benelux constituent un comité de défense pour lequel le gouvernement français fait mettre en état le château de Fontainebleau. Ce comité sera présidé par le maréchal Montgomery. Le maréchal de l'air sir James Robb assurera le commandement des forces aériennes communes. Les forces navales seront confiées à l'amiral français Robert Jaujard. A défaut de Juin, qui préfère veiller sur le Maroc, le commandement des forces terrestres ira à Jean de Lattre de Tassigny. Même si l'ensemble est dramatiquement faible (12 divisions européennes disparates, c'est dérisoire face aux 144 divisions de l'Europe rouge ; la France et la Hollande sont pompées par l'effort qu'elles doivent consentir en Indochine et en Indonésie ; autant découvrir un château de cartes), la construction collective n'en est pas moins en chantier. Mais les communistes animent toute une campagne ardente contre tout projet d'unification européenne. De Gaulle à son tour s'insurge. Phrases : « L'Angleterre est une île ; je n'y peux rien, et elle non plus. Le centre de défense de l'Europe est la France. Elle est à peine présente à Fontainebleau. Le centre de défense de l'Europe ne devra être reconsidéré que lorsque la France aura un gouvernement réel. »

La Quatrième République est partout désormais interpellée par le problème de la renaissance de l'Allemagne. Car les Etats-Unis et la Grande-Bretagne sont décidés à faire de l'Allemagne de Bonn une partenaire. De ce point de vue, en un an, Bidault n'aura pas arrêté d'accorder des concessions. En bonne logique, on dirait que si l'Allemagne doit contribuer au relèvement de l'Europe, il faut cesser de la détruire, notamment par les démontages d'usines auxquels pour leur part les Américains renoncent. Mais, comme l'observe Joseph Barsalou, « le gouvernement n'opte ni pour la politique ancienne, celle du démembrement et des réparations, ni pour une politique de coopération, et selon la fatalité qui accable la politique française à l'égard de l'Allemagne depuis 1919, elle accumule les inconvénients de ces deux politiques, pour se voir obligée, sous peine de voir les gouvernements de Washington et de Londres aller de l'avant sans elle, d'accepter les recommandations anglo-américaines ». Bidault grince : « On va dire que je me suis converti au schnaps. »

Le Général ne désarme pas

Sans pitié, Charles de Gaulle, brillamment épaulé par Malraux, poursuit sa terrible croisade.

Tous les orateurs du RPF sont à l'unisson.

Malraux donne à son accoutumée dans l'épique. Parfois même, comprenne qui pourra ! Sommets : « Athènes est morte parce que Athènes voulait mourir... Les nations meurent, d'abord, de leur cancer intérieur... L'énorme Colisée de Rome est peu de chose à travers les siècles, en face du premier chant de la première esclave crucifiée... Assez de théories de l'histoire. Il y a un théoricien de l'histoire par siècle et nous n'avons pas le temps d'attendre cent ans... »

De Gaulle plus clair, multiplie les mots.

Robert Schuman ? Il aurait dû naître ailleurs.

Les Pays-Bas ? Quel drôle de nom !

Le syndicalisme ? Il serait temps qu'il se lave de la politique.

La troisième force ? Des usurpateurs... des pisse-vinaigre...

Vincent Auriol ? Une borne suffirait.

Cette République ? Des sportulaires... des thuriféraires, avec les porte-plumes de la léthargie... Des eunuques ou des stérilisateurs... malades de la capitulation.

Dans les meetings, il n'aura jamais été aussi violent.

« Ah ! Quand nous disons qu'il faut arracher la République à la discrétion des partis, comme nous dépassons de beaucoup les controverses constitutionnelles ! Nous sommes au cœur du problème économique et social. Grand essor de production ? Association entre ses éléments ? Changement de la condition ouvrière ? Indépendance vis-à-vis de l'étranger ? Equilibre financier et stabilité du franc qui conditionnent tout le reste ? Oui, certes ! Mais comment y parvenir aussi longtemps que les pouvoirs publics demeureront condamnés aux cotes mal taillées, aux incessantes oscillations, aux échéances affolées ? Quant à moi, ayant assez vécu et ayant assez fait pour me moquer des propos outrageants, je déclare simplement qu'un pouvoir fort et stable est indispensable au redressement de la France... »

Partout, les Français adhèrent au Rassemblement en telles masses qu'il va atteindre son chiffre record...

Le gouvernement André Marie

Robert Schuman ne tombe pourtant pas sur un problème important.

Il est victime, le 20 juillet, d'un litige anodin — né d'une initiative d'un député socialiste, Jean Capdeville, qui demande la réduction des crédits militaires et que Guy Mollet soutient.

Robert Schuman s'en va à l'Elysée remettre sa démission. Vincent Auriol l'accepte, bien qu'aucune question de confiance n'ait été posée.

L'Elysée lance dans la mêlée le radical André Marie — un homme neuf, et puis, l'heure des radicaux n'est-elle pas venue ?

Il est député de Seine-Maritime. Il a cinquante et un ans. Fils et petit-fils d'instituteur, capitaine d'artillerie valeureux en 1914, un temps « homme de lettres spécialisé dans le livret d'opérette » puis avocat à Rouen, maire de Barentin, élu député dès 1928, déporté durant la dernière guerre, il réunit bien des titres à l'estime de tous. Forte stature, œil direct, mâchoire forte, il a la poignée de main facile. Il parle sans effort, sans trop d'emphase, d'une voix forte. Roublard et bonhomme, dit Bidault. Il n'oublie jamais de bien cultiver ses électeurs (ministre de l'Education nationale, il ne laissera pas sa commune manquer de statues des Musées nationaux). Il a le sens de l'amitié et de la fidélité. Il a été un excellent garde des Sceaux dans les deux gouvernements précédents. Les observateurs lui prédisent une belle carrière et un non moins long ministère.

Il constitue un gouvernement que les journalistes qualifient de « grand ».

Léon Blum est vice-président. Bidault cède le Quai à Robert Schuman. Moch reste à l'Intérieur. Paul Reynaud a les Finances.

L'exploit consiste surtout à faire cohabiter Reynaud et Blum.

De fait, l'élargissement qui s'est voulu force et cohésion en faisant cohabiter « l'aigle et le requin » se révèle une faiblesse. Les conceptions libérales des indépendants et les convictions dirigistes des socialistes sont trop éloignées.

Le gouvernement ne dure qu'un mois et un jour.

Un dialogue âpre oppose Reynaud et Blum au cours du dernier Conseil, où Reynaud présente ses projets financiers.

Reynaud : — Les usines chômant un ou deux jours par semaine faute de charbon ou d'énergie électrique, il n'y a qu'à suspendre la loi de huit heures dans les mines et prolonger de deux heures la durée du travail au fond ; alors seulement nous aurons assez d'énergie.

Blum : — Allons donc, cher Paul Reynaud, croyez-vous physiquement possible d'allonger la durée de travail des mineurs de fond ?

Reynaud : — Qu'on institue alors le travail à deux équipes par jour, au lieu d'une, et le résultat sera atteint.

Blum : — Où trouverez-vous donc les centaines de milliers de mineurs nécessaires pour constituer la deuxième équipe ?

Autant dire que le gouvernement est mort.

Le grand ministère annoncé n'est qu'un intermède.

Que vienne une grève de fonctionnaires, et les socialistes en prennent sans délai prétexte pour rompre.

Le gouvernement Henri Queuille

La suite est laborieuse.

Paul Ramadier, pressenti, refuse quasiment aussitôt, disant : « Je n'ai nulle envie de reguymolletiser. »

Robert Schuman obtient l'investiture, mais renonce parce que les socialistes lui refusent leur participation.

Edouard Herriot se récuse, craignant une crise plus profonde du régime et préférant conserver son fauteuil de président de l'Assemblée nationale, fonction qui lui vaudrait la présidence du Conseil en cas de vacance du pouvoir aux termes de la Constitution. « Appelez donc ce brave Henri Queuille ! conseille-t-il. Il a du savoir-faire pour administrer l'impossible. »

Va pour Queuille.

Soixante-quatre ans. Elu de la Corrèze depuis 1914. Toujours radical-socialiste. Médecin de campagne, d'une politesse raffinée. Recordman de France du portefeuille : vingt-deux fois ministre sous la Troisième République, avec une préférence pour l'Agriculture. Auteur d'un seul ouvrage : *Le Drame agricole*. Scrupuleux, appliqué, économe, modèle de modestie et d'intégrité. Vous rencontrez un petit-bourgeois, tout menu, avec un visage comme monsieur Tout-le-monde : cheveux sages avec une raie sur le côté, regard de grand-père, visage tranquille, courte moustache grisonnante. Seule particularité : il souffre de troubles de l'équilibre ; il doit s'aider d'une canne pour marcher droit.

Mais son absence de forfanterie n'a d'égale que sa force de caractère. Il a le plus ferme sens de l'Etat. Il sait, sans éclat, imposer les plus profonds respects.

Il est très estimé des socialistes. Ainsi obtient-il leur participation, y compris au côté des modérés. Il leur épargne simplement d'avoir à voisiner avec leur bête noire, Paul Reynaud. Il prend pour lui-même le ministère des Finances.

La plupart des ministres d'André Marie restent en place, à l'exception de René Mayer, qui cède la Défense nationale à Ramadier, et de Robert Lecourt qui, à la Justice, s'efface pour André Marie.

La troisième force mérite bien son nom. Elle est nettement canalisée entre ses opposants de gauche et ses opposants de droite, telle une rivière entre ses berges. Ses membres sont condamnés à vivre ensemble. Précisément, de sa douce voix, Queuille sait admirablement le faire admettre à des ministres trop souvent oublieux de cette donnée fondamentale.

Le RPF ? Il est toujours aussi virulent. De Gaulle poursuit sa croisade vengeresse. Tout bonnement, Henri Queuille, qui l'a fort bien connu à Alger, évite d'entrer dans son jeu. Vis-à-vis des gaullistes, il adopte la tactique de la « défense élastique ». Il ne répond pas aux sarcasmes. Il ignore l'interpellateur. Il réussit ainsi à obtenir le report des élections cantonales d'octobre 1948 à mars 1949 sans provoquer de tempête.

Il a plus de mal avec les communistes. C'est que, si la situation alimentaire s'améliore, les prix demeurent élevés. La vie chère sert aisément de prétexte à des grèves de harcèlement.

Les modifications apportées par le gouvernement à la hiérarchie des Charbonnages de France, des menaces de licenciement, le remplacement du directeur des Houillères du Nord et du Pas-de-Calais créent même en septembre les conditions d'une nouvelle épreuve de force.

Le 4 octobre, la CGT va jusqu'à donner l'ordre de grève générale.

Henri Queuille rencontre les mêmes défis que Robert Schuman onze mois plus tôt, de plus avec les mêmes ministres — socialistes — aux mêmes postes délicats (car, comme cela se produira tout au long de la Quatrième République, un changement de ministère n'impliquera que rarement un bouleversement dans la répartition des portefeuilles). Ainsi retrouvons-nous en première ligne Daniel Mayer au Travail, Christian Pineau aux Transports, Eugène Thomas aux Postes, Jean Biondi à la Fonction publique et, à l'Intérieur, l'inévitable Jules Moch, surnommé le « briseur de grèves ». Notons d'ailleurs en passant qu'ils auront eu un rôle absolument déterminant dans l'échec aux grèves insurrectionnelles.

Les affrontements sont d'une extrême violence, même si Queuille opte comme Schuman pour la tactique de l'usure et mise sur la lassitude des manifestants. Bagarres et heurts sont quotidiens. Aggravation par rapport à l'année précédente : les hauts-fourneaux s'éteignent. L'eau monte dans les puits : près de 4 millions de tonnes de charbon seront perdus. On se bat sur les corons entre « durs » et « jaunes ». On se bat au fond des mines. Moch doit envoyer des troupes et des chars pour venir à bout du désordre.

Le 17 octobre, une nouvelle guerre insurrectionnelle se

déclenche. Les troupes doivent occuper sept des mines les plus importantes. Emeutes et contre-émeutes. La CGT ne met fin que le 27 novembre à un mouvement qui aura duré huit semaines.

Queuille n'en fait que mieux figure de vainqueur — même s'il sait éviter tout triomphalisme.

De Gaulle a d'ailleurs grand tort de sous-estimer la puissance de défense du régime (et le savoir-faire de Vincent Auriol). Comme la Troisième sut se protéger de Panama, du boulangisme et des contre-chocs de l'affaire Dreyfus, la Quatrième République vient une nouvelle fois d'administrer la preuve qu'elle peut assurer la sécurité et l'ordre. Cela se retrouvera.

Un nouveau statut pour l'Algérie

Pour le reste, Queuille s'attache à une œuvre de pacificateur.

On en termine avec l'épuration. La Cour de justice de Paris prononce sa dernière condamnation à mort, celle du milicien Jean Bassompierre, fusillé.

La Haute Cour juge avec intelligence et clémence.

Il y a même indulgence pour la Cagoule, née de l'émeute avortée du 6 février 1934, renforcée pour mieux lutter contre le Front populaire en 1936, confortée avec la défaite et l'Occupation, jugée devant la cour d'assises de la Seine en octobre. Encore que le procès manque d'éclat, puisque les principaux cagoulards sont en fuite, que leur chef Eugène Deloncle est mort (liquidé en 1944 par la Gestapo) et que le maréchal Franchet d'Esperey, leur « caution morale », a lui aussi disparu, le jugement fait tout de même quelque sensation, étant donné que comparaissent des témoins de grand renom, Blum, Daladier, Gamelin, Loustaunau-Lacau. On croit voir jouer *Le Temps retrouvé.* Programme de la Cagoule : anticommunisme, antisémitisme, antiparlementarisme. Fond de l'accusation : avoir fomenté plusieurs grands attentats, avec victimes... Sept ans ont passé... Les jurés préfèrent recourir à l'éponge. Toutes les peines prononcées sont modérées. Maximum : travaux forcés à temps. Il n'y a de condamnations à mort que par contumace.

Queuille n'oublie bien entendu pas de s'employer à calmer les palabres qui, toute l'année, auront enflammé les esprits à Alger. La querelle porte sur le nouveau « statut de l'Algérie », résultat d'un compromis inventé par Depreux qui ne satisfait personne. Prévoyant une Assemblée algérienne élue par deux collèges comptant chacun le même nombre de délégués, le premier qui représente un million d'hommes pour huit millions au second, il indigne les nationalistes algériens alors que les représentants des Français crient à l'abandon. Les autres mesures engagent le vote des femmes et la disparition des « communes mixtes », lesquelles, jusque-là dirigées par un fonctionnaire, vont l'être désormais par un maire élu. Pour mieux faire, voici que cette année on aura jugé utile de changer de gouverneur général. René Mayer, député de Constantine, le sénateur Henri Borgeaud et les colons dont il sont les porte-parole obtiennent le rappel d'Yves Chataigneau, accusé de vouloir promouvoir des réformes trop dangereuses (éconduit d'ailleurs malgré les protestations véhémentes de Moch). C'est le ministre socialiste Marcel-Edmond Naegelen qui est nommé à sa place. Mais Naegelen déplore lui-même ledit statut : alsacien, il a toute sa vie lutté contre l'autonomisme alsacien et a une forte tendance à voir en Algérie un rejeton de ce mouvement. De plus, pour être aimé, il comprend vite qu'il doit appliquer les nouvelles règles avec une extrême parcimonie. L'administration française, de fait, continue de contrôler toutes les élections. Ferhat Abbas quitte avec éclat l'Assemblée algérienne. Dès lors, les polémiques restent vives. Le président du Conseil, de toute sa bonhomie, s'emploie précisément à les apaiser, en attendant de pouvoir ouvrir d'autres chemins.

Curieux : personne ne songe à gravement commenter une phrase prononcée dans *Le Maître de Santiago* qu'on joue cette même année — « Les colonies sont faites pour être perdues. »

Paris en fête ; Saint-Trop

Quant au pays profond, il continue de ne pas se reconnaître au miroir de l'obscur labyrinthe de sa politique.

Dès juin, la France retrouve joyeusement enfin de vraies vacances. Après l'Occupation et ses contraintes, la Libération et ses restrictions, à nous les retrouvailles entre l'été et la foule des estivants. On découvre les poisons et les délices de Saint-Tropez, « Saint-Trop », qui a tout ce qu'il faut, un vieux clocher, une profusion de cafés en terrasse, la plus grande liberté vestimentaire, un Noir jouant du saxo dans une cave, pour prétendre au titre de « Saint-Germain-des-Prés-sur-Mer ». On dit qu'il y a quatre populations : les autochtones, les estivants (à la saison), les clients de l'apéritif (en fin d'après-midi) et celle des yachts (flottante). Les *pescadous* (pêcheurs du cru) et les philosophes en congés payés portent les mêmes chandails à haut col et les mêmes pantalons retroussés. André Carton peut écrire pour *Paris-Match* que « les femmes y sont moitié loups de mer, moitié gitanes... cheveu raide et cou sans bijoux ». On s'entasse gaiement au cœur de la cité, à l'ombre de la vieille cathédrale romane, sur la placette ombragée de platanes, la Ponche. Sport de prédilection : le bistro. On peut librement faire du nudisme sur la plage blonde et déminée de Pampelonne où le gros des armées d'Afrique débarqua le 15 août 1944 ; peu importe si les fermiers n'ont pas perdu l'habitude d'y mener leurs vaches à la baignade (sous le doux regard de Mrs Elise Hunt, baptisée le « plan Marshall en chair et en os »). Récit d'André Carton : « Les gens se rissolent au soleil jusqu'à s'enlever la peau par bandelettes comme Lazare... Hommes et femmes s'aperçoivent qu'ils peuvent se regarder les uns les autres nus sans en mourir... » La nuit est inévitablement existentialiste. Le grand frisson du bebop est garanti. Toujours le même joyeux récit : « Pour les jeux nocturnes, on se retrouve à *L'Amiral*. On joue au cercle vicieux. Les femmes doivent décrocher une bouteille avec leurs pieds. Au jeu du Caïman, le caïman est le meneur de jeu et donne ses ordres en chantant *Caï-Caï, caïman...* On lance une danse nouvelle, la boomsie-daisie, qui tient à la fois de la java, de la tyrolienne et de la polka piquée. »

Il y a autant foule à Antibes qu'à Juan-les-Pins, à Beaulieu qu'à Saint-Jean-Cap-Ferrat. Monaco « affiche ses suicides, ses cactus compliqués, ses uniformes à aiguillettes... » ; Nice sa gloire, la promenade des Anglais, le carnaval, la « pissaladiera », les tableaux de Marie Bashkirtseff...

Cannes se veut Hollywood.

La ruée. Sex-appeal et auto-stop. Le dieu Soleil attend. Ne le faisons surtout pas trop attendre. Alléluia ! Les temps feldgrau sont décidément passés. Des tentes de campeurs, rouges, vertes, blanches, fleurissent sous les pins de la Garoupe, devant les remparts d'Antibes, sur les pentes rouges de l'Estérel. Les « congés payés » sont aspirés par la même trombe que les milliardaires. Toute l'Amérique semble nous arriver. Même la Suisse et la Belgique affluent. « Le mètre carré monte... tandis que décroît le nombre de centimètres carrés du soutien-gorge et du slip. » Ah ! le beau royaume du bikini !

Et à nous, pour mieux rouler encore, la deux-pattes, autrement dit la 2 CV Citroën, vraie vedette du Salon d'octobre et qui va devenir la « voiture nationale », tous terrains et tous métiers, inventée pour les agriculteurs mais idéale pour partir familialement en vacances à bon marché...

Paris en fête reçoit en mai la princesse Elisabeth et le prince Philip — dernière étape de leur lune de miel. La Quatrième République se met en grands frais. Vincent Auriol remet à la princesse le grand cordon de la Légion d'honneur, au prince la croix de guerre (car il fut vaillant au combat), les invite à un dîner somptueux. Menu : potage printanier, bar braisé au champagne, selle d'agneau à la Pauillac, ananas voilés à la Loïe Fuller, le tout servi dans de la vaisselle d'or par des valets en habit à la française. Après que le couple ait salué le Soldat inconnu, Elisabeth inaugure au musée Galliera l'exposition « Huit siècles de vie britannique à Paris », où elle prononce son discours en français. Côté officiel encore, elle est reçue à l'Hôtel de Ville par Pierre de Gaulle, qui lui remet un « nécessaire du soir » serti de brillants et de saphirs, frappé des armes de la capitale. Elle en est royale, notre brave Quatrième. Côté privé, on visite le Versailles de Louis XIV et le Fontainebleau de Napoléon. Mme Auriol offre un déjeuner dans la Grande Galerie de Trianon. A Barbizon, on « casse la croûte » à *L'Auberge des Charmettes*, face à l'atelier de Millet. On assiste aux courses de Longchamp — où Philip gagne mille francs sur Rigolo. On dîne à *La Tour d'argent*. On passe une soirée chez *Carrère* où, après son tour de chant, Edith Piaf s'assied à la table du couple. Allons ! La France sait encore manier l'hospitalité et le sourire.

C'est aussi le temps où la nouvelle gauche campe au *Flore*, à en oublier qu'au début du siècle l'établissement servit de quartier général à la jeune droite, que les Maurras et les Barrès y écrivirent les premiers articles de *L'Action française*. A nous maintenant Prévert, Aragon, Picasso, Camus, Alexandre Astruc la poitrine barrée de sa caméra-stylo, Audiberti chaussé de spartiates pour mieux crier misère auprès de ses éditeurs, Tristan Tzara cherchant le filon d'un nouveau Dada, le père Bruckberger qui arrive toujours en selle sur une énorme moto. Jean-Paul Sartre, domicilié à présent chez sa mère dans un appartement bourgeois rue Bonaparte, mène sans remords une vie de confort, déjeune chez *Allard*, dîne chez *Lipp*, ne manque aucun cocktail mondain, peut vous arriver de Londres les cheveux teints en blond vénitien, triomphe avec *Huis clos* et *La P... respectueuse*, connaît un succès inouï avec *Les Mains sales* et ne saurait s'imaginer sans avoir auprès de lui sa chère Simone de Beauvoir, bien entendu en turban... C'est le temps où s'invente le terme de *respectueuse...*

Oublions que le Parti communiste demande qu'on boycotte *Les Mains sales*, cette « littérature boueuse ». Le théâtre traverse une grande saison avec *L'Etat de siège* de Camus, *Le Voleur d'enfants* de Supervielle, *Ardèle ou la marguerite* de Jean Anouilh, *Le Maître de Santiago* de Montherlant.

Nous accompagnons certes à leur dernière demeure Georges Bernanos, écrivain aussi catholique qu'anticlérical, adorateur frénétique de don Quichotte, qui s'éteint à l'Hôpital américain de Neuilly à peine achevé son *Dialogue des carmélites*, et Antonin Artaud, le Van Gogh des Lettres, épuisé de trop de migraines, de drogues et d'électrochocs, notre Poe. Mais l'année voit publier une vingtaine de grands livres.

Bernard Buffet a son premier prix : le prix de la Critique, ex aequo avec Lorjou. On a sans doute voulu récompenser un artiste au cœur même de son époque, avec ses corps décharnés aux visages de concentrationnaires, ses impitoyables lignes verticales pour gratte-ciel, ses meubles ascétiques, le tout en gris et noir. Il n'est pourtant pas le seul à vouloir symboliser l'absurdité du monde : Wolfgang Wols, à raison d'un litre et demi de rhum par jour pour faire face à ses démons, peint en dispersant sur sa toile, au gré du hasard ou de son subconscient, des taches de couleur (d'où le nom de *tachisme*) et en obtenant du désordre même une magie qui peut avoir puissance d'envoûtement. En général, on grimace ou on ricane. Pourtant, le jeune Georges Mathieu, lui, s'extasie. Il trouve que l'exposition Wols est l'événement pictural le plus important depuis Van Gogh, et déjà il lance, contre ce qu'il nomme le « formalisme géométrique », ce qu'il appellera un jour l'« abstraction lyrique ».

Renaissance de la musique française. Pierre Schaeffer crée la « musique concrète », faite de tous les bruits du monde moderne, mais de telle sorte qu'ils produisent des sons musicaux. Pierre Boulez, vingt-trois ans, ingénieur qui a préféré la musique aux maths spé, donne sur des poèmes de René Char *Le Visage nuptial* et *Le Soleil des eaux*. Olivier Messiaen, ancien prisonnier de guerre, offre une œuvre monumentale qui dure une heure et demie, la *Turangalila Symphonie*, inspirée d'Extrême-Orient (en hindou, *Turanga* est quelque chose comme le rythme et le temps — *lila*, le jeu de l'amour et de la mort).

Magnifique année de cinéma. Marcel Carné affiche *Les Portes de la nuit* ; Julien Duvivier une *Anna Karénine* raffinée, avec Vivien Leigh dans le rôle ; Marcel L'Herbier *L'Affaire du collier de la reine* avec une succulente Viviane Romance ; Yves Allégret *Une si jolie petite plage* fort réussie, avec Gérard Philipe et Madeleine Robinson ; Jean Delannoy un film puissamment dramatique, *Aux yeux du souvenir* ; Louis Daquin, hissant son cher drapeau rouge, *Le Point du jour*, prototype du réalisme socialiste, avec pour fond de sujet la « vie quotidienne des couches sociales travaillant aux Charbonnages du Nord » ; Christian-Jaque, *La Chartreuse de Parme*, Gérard Philipe étant Fabrice ; et Sacha Guitry *Le Diable boiteux*, hommage à un Talleyrand qu'il campe lui-même, satanique occasion d'allusions multiples à la politique contemporaine que le public salue de ses rires, de ses bravos ou de ses sifflets. On en oublie qu'il faut rivaliser avec une phénoménale production étrangère, *Ambre* d'Otto Preminger, *Riz amer* avec une prodigieuse Silvana Mangano, *Le Voleur de bicyclette* de De Sica, *Le Trésor de la Sierra Madre* de John Huston... et *Le Troisième Homme* à l'envoûtante cithare, de Carol Reed, avec un Orson Welles inouï.

Nous perdons la « reine Marguerite », Marguerite Moreno, incomparable *Folle de Chaillot*, gloire de la Comédie-Française, une voix qui venait d'ailleurs, une présence, un regard à la Goya, quelque chose de mystique, mais nous retrouvons Michèle Morgan. Elle nous revient d'Hollywood, avec son beau regard de brumes, afin de tourner avec Jean Delannoy *La Symphonie pastorale*.

Le sport français retrouve son zénith, même si nos as ne peuvent rien sur les routes du Tour de France contre l'irrésistible Gino Bartali.

Jacqueline Auriol commence ses essais pour battre le record mondial de vitesse aérienne en circuit.

Nous faisons glorieuse figure aux premiers jeux Olympiques de l'après-guerre, qui se déroulent à Londres. Les XIVe. Pourquoi Londres ? On récompense « la plus courageuse ville de la guerre mondiale ». La plupart des épreuves se disputent sur le stade de Wembley. Un premier record mondial est battu d'entrée : celui du nombre des participants, 4 468 athlètes (dont 436 femmes), représentant 59 pays (sans l'Allemagne et le Japon, non invités, ni l'Union soviétique, guerre froide oblige). Nous obtenons 29 médailles et une Française fait merveille, Micheline Ostermeyer, deux médailles d'or (poids et disque) et une médaille de bronze (saut en hauteur), pour autant aussi virtuose concertiste de piano, premier prix de conservatoire, jouant aussi divinement Bach ou Liszt que Mozart ou Khatchatourian.

Marcel Cerdan, au Roosevelt Stadium de Jersey City, en septembre, connaît l'apothéose au cours d'un match homérique retransmis pour la première fois en « direct » sur les antennes de TSF. Il bat l'Américain Tony Zale par abandon au onzième round et s'adjuge la ceinture de « champion du monde poids moyens ». En métropole, c'est du délire. A Casablanca, sa ville natale, plus encore.

La pile Zoé ; Orly ; la télé

Savants et techniciens accomplissent des prouesses et donnent du moins quelque consolation à nos parlementaires, lesquels, en fin d'année, constatent atterrés que, de toutes les sommes prévues au budget des deux années précédentes pour les premiers travaux de réparation et d'équipement prévus par le plan Monnet, un tiers seulement en 1947 a correspondu à sa destination régulière. Le reste a été employé, grâce aux facilités que donne l'absence de tout contrôle, à boucher les frais de gestion toujours grandissants des divers services nationalisés (notamment EDF, les mines et la SNCF), ce qui a bouleversé en fait tout le programme et toutes les prévisions si optimistes de départ.

Le docteur Bessis réussit à sauver un enfant atteint de leucémie par sondage de la veine cave et remplacement du sang par transfusion.

Un monde nouveau se met en place. Bousculant l'architecture traditionnelle, l'architecte suisse Le Corbusier, qui travaille en France, bâtit à Marseille la *Cité radieuse*. Fantastique pari d'urbanisme : un immeuble de 17 étages, 52 mètres de haut, 135 mètres de long, pour faire vivre 2 000 personnes. Un total de 324 appartements de 23 sortes différentes. Une buanderie équipée des machines les plus modernes. Une bibliothèque enfantine. Des boutiques et des ateliers. Des clubs de jeunesse. Une façade à larges taches multicolores. Les ultramodernistes s'extasient, même si les Marseillais, eux, parlent de « maison du fada ».

Tandis que la technique américaine offre le transistor, la France entre dans le « club nucléaire », quoique à titre modeste et « pour la seule utilisation pacifique de l'énergie atomique ». Au fort de Châtillon, le 15 décembre, à midi douze, le président Auriol met en marche Zoé, notre première pile atomique, sous l'œil heureux de l'équipe du Commissariat à l'énergie atomique, Irène et Frédéric

Joliot-Curie (couple Nobel), Francis Perrin, Lev Kowarski... Pourquoi Zoé ? De trois initiales de *zéro* (pile expérimentale ne fournissant pas d'énergie électrique ou mécanique), *oxyde* (son combustible étant l'oxyde d'uranium) et *eau* (le modérateur étant de l'eau lourde). Zoé parce que ZOE.

On met en eau le barrage de Génissiat.

On inaugure le dernier tronçon de la route qui surplombe les gorges du Verdon.

Un train à bandages pneumatiques entre en service sur la ligne Paris-Strasbourg.

Le prototype de l'hydravion amphibie Nord 1 400 est mis à l'eau au Havre.

Quatre ministres, pas moins, inaugurent en juin le nouvel aéroport d'Orly, « premier aéroport d'Europe », « un gigantesque bâtiment, raconte *Le Figaro*, un toit en auvent... une façade style colonial... un salon d'attente aux teintes chaudes... un restaurant dont les fresques représentent de manière humoristique les transports à travers les âges ». Le journal assure qu'Orly sera un jour autant visité que la tour Eiffel.

Paul-Emile Victor, engagé durant la guerre dans l'aviation américaine, animateur d'une escadrille de recherches et de secours basée à Nomé en Alaska, déjà héros avant-guerre d'intrépides expéditions au Groenland, ami de Jean Charcot, vieux compagnon des Esquimaux, n'aura pas laissé la guerre tarir sa passion pour les terres glacées. Le voici à repartir pour la banquise. Au printemps, le gouvernement lui confie un navire, vingt-huit hommes et un matériel scientifique des plus modernes pour la première d'une longue série de quarante expéditions polaires qui doivent notamment mettre en évidence au pôle Nord l'existence d'une chaîne de montagnes à hauts sommets.

On considère que la télévision sort du stade expérimental et qu'il est déjà possible d'envisager des émissions régulières sur une vaste échelle. Compte tenu des résultats obtenus et avis pris auprès des techniciens autorisés, le gouvernement fixe en novembre par arrêté les normes du réseau français : 819 lignes. Avantage d'une telle définition sur le 455 : une image beaucoup plus fine. Les programmes ne peuvent dès lors que s'améliorer. Jacques Sallebert, au micro, commente en direct, grande innovation, les images de l'arrivée du Tour de France cycliste à Paris. Gilles Margaritis réalise *Toulouse-Lautrec au music-hall*. Max de Rieux donne *La Tosca* de Puccini. Joséphine Baker apparaît, éblouissante. On donne en direct la séance d'ouverture de l'Assemblée générale des Nations unies au palais de Chaillot, la cérémonie commémorative de la victoire du 11 Novembre, la messe de minuit célébrée à Notre-Dame...

VI

1949

L'ANNÉE DU PACTE ATLANTIQUE

La fausse colombe de la paix — Pacte atlantique ; fin d'un blocus ; les deux Allemagnes — Henri Queuille au travail — La troisième force à l'épreuve — Des travaux d'Hercule pour Bao Dai — L'affaire des généraux — Le gouvernement de Georges Bidault — Le procès de René Bousquet — La France préserve cependant la joie de vivre — Sciences et techniques.

La fausse colombe de la paix

En avril, le Congrès mondial de la paix — à la vérité organisation crypto-stalinienne — se réunit à Paris salle Pleyel. Aragon, assis à côté de Picasso, lui demande s'il ne pourrait pas imaginer et dessiner une affiche pour la circonstance. Pendant qu'ils en discutent — le temps passe —, Aragon fouille dans ses dossiers. Il y trouve l'épreuve d'une lithographie de Picasso qui vient d'être publiée. Les familiers du peintre l'appellent *Le Pigeon*, dessiné en janvier au lavis sur une planche de zinc. Encore que très belle, cette colombe blanche sur fond noir, avec sa petite houppe de plumes, n'a toutefois rien de révolutionnaire ; elle est tassée sur ses pattes et non présentée en plein vol les ailes déployées ; elle ne porte même pas au bec le classique rameau d'olivier. Aragon, avec son sens très sûr de l'effet, ne se rend pas moins compte que cette colombe est capable de s'imposer de la façon la plus symbolique comme le signe de l'éternelle aspiration de tous les hommes vers la paix. « Tu nous la donnes ? » Accord conclu. Il est midi. Aragon emporte l'oiseau, le fait reproduire à des milliers d'exemplaires. Dès cinq heures du soir, les affiches portant la colombe blanche couvrent tous les murs de Paris. Le Congrès de la paix a beau être outrancièrement communiste, n'être qu'une manifestation grossière de propagande, paraître légitimement suspect à tous les démocrates, le symbole de la paix s'impose aussitôt avec ce pouvoir mystérieux dont se doublent exceptionnellement certaines images. *La Colombe* trouve le chemin des villages les plus perdus, bat en brèche l'éternel *Angélus*, rivalise sur les murs avec le calendrier des PTT. Pas étonnant que l'artiste, qui ce même mois a de Françoise Gilot une fille, l'appelle « Paloma », Colombe...

Colombe ou pas, le stalinisme n'en continue pas moins de sévir.

Dans les premiers mois de l'année, le blocus de Berlin reste rigoureux.

Purges et épurations se multiplient sur toute l'Europe de l'Est.

La rupture de Moscou avec Tito est totale.

La presse communiste du monde entier, à énorme tam-tam, est mobilisée pour couvrir d'insultes Victor Andreïevitch Kravchenko, auteur du réquisitoire le plus explosif contre le communisme soviétique, *J'ai choisi la liberté*, du coup formidable best-seller. En avril 1944, chargé de la mission d'achats soviétiques à Washington, Kravchenko demandait le droit d'asile à l'Amérique de Roosevelt. Deux ans après, il publiait cet accablant témoignage sur le paradis socialiste du Petit Père des peuples, où il n'aura vu que misère, famine, terreur et désespoir. Tiré à trois millions d'exemplaires, traduit en vingt langues, le gros ouvrage — 650 pages — produit une fantastique sensation. Aussi les staliniens réagissent-ils avec une violence exceptionnelle, criant à la trahison et à la calomnie. Cela nous vaut même devant la Xe chambre correctionnelle de Paris un procès en diffamation de Kravchenko contre la revue communiste *Les Lettres françaises*, qui accuse les services secrets américains et les exilés russes d'avoir « fabriqué » l'ouvrage sous le nom de Kravchenko, « incapable d'écrire plus de soixante pages et n'écrivant que des articles illisibles et pratiquement inutilisables ». Le 4 avril, Kravchenko a partie gagnée. On découvre du moins à quel paroxysme peut monter une telle campagne. Un invisible rideau de fer divise la salle, y compris le public. Les deux mondes refusent même de partager l'interprète : chacun son russe. Le PC a délégué ses témoins de choc : André Wurmser, chroniqueur de *l'Humanité*, Pierre Cot, Roger Garaudy, Fernand Grenier, d'Astier, qui attestent l'Union soviétique patrie de tous les bonheurs. Jamais tribunal n'aura entendu s'abattre sur un plaideur de telles insultes : rat immonde, traître, escroc, espion, vipère lubrique, vendu. Le flot des injures ne se ralentit même pas quand Kravchenko fait défiler ses propres témoins, des rescapés de la Volga, des déracinés de la vingt-cinquième heure, des paysans ukrainiens, d'anciens prisonniers des camps sibériens décrivant impitoyablement la terreur quotidienne, avec en vedette, toute de noir vêtue, une toute petite femme, Margarete Buber-Neumann, écrivain, fille du philosophe allemand Martin Buber, ancienne militante communiste, veuve de Heinz Neumann, ex-dirigeant important du Komintern victime des purges, racontant sa vie de déportée en Sibérie, « dans un camp deux fois grand comme le Danemark », sa remise à la Gestapo par le Guépéou en 1939 six jours après le pacte germano-soviétique, de ce fait passant quatre ans d'enfer à Ravensbrück.

Et Mao Tsé-Tung de se rendre maître de toute la Chine. Le 1er octobre, sur l'immense esplanade proche de la Cité interdite, debout sur le haut de la monumentale porte de la Paix céleste, entouré de ses principaux lieutenants, il se fait acclamer comme vainqueur total par plusieurs millions d'hommes qui lui souhaitent « dix mille ans d'existence » et chantent les hymnes de ses légions. A nous la République populaire de Chine. Toutes les provinces, l'une après l'autre, basculent sous sa loi. Tchang Kaï-chek ne peut même pas se fixer à Canton, qui se rend sans combat. Le maréchal, échappant de justesse aux triomphateurs, ne trouve d'autre refuge que dans l'île de Formose — demeurant du moins en principe « cinquième grand » et à ce titre conservant droit de veto au Conseil de sécurité des Nations unies.

C'est en pharaon, dans le faste de prodigieuses cérémonies, parmi l'adoration de délégués communistes du monde entier, proclamé par les plus glorieux intellectuels communistes comme le « Pionnier du Bonheur », le « Génie de la Justice » et la « Locomotive de l'Histoire », que Staline fait célébrer à Moscou le 21 décembre son soixante-dixième anniversaire.

Pacte atlantique ; fin d'un blocus ; les deux Allemagnes

A Pie XII de condamner solennellement le stalinisme, pour beaucoup sur l'insistance du cardinal Ottaviani, appelé le « carabinier de l'Eglise. » Il faut dire qu'il ne saurait faire moins. Staline mène de gigantesques campagnes « psychologiques » visant à détacher les Eglises nationales, situées sur ses territoires, de l'obédience romaine. Le pape est dénoncé lui-même comme le pire suppôt du capitalisme et de l'impérialisme américain, à l'occasion même « criminel nazi ». Tous les religieux qui protestent sont cruellement frappés. Les autorités staliniennes, à travers toute l'Europe de l'Est, font juger et emprisonner jusqu'à des cardinaux et des évêques, ou d'éminents jésuites, franciscains ou dominicains. Pie XII fait précisément connaître que tout communiste sera excommunié.

Mais surtout à Harry Truman de réagir avec une extraordinaire et impressionnante vigueur. Il est vrai que les Etats-Unis restent armés pour dominer le jeu. Non seulement ils ont démontré avec la guerre qu'à condition d'avoir un délai suffisant pour mobiliser leur énorme potentiel, ils pouvaient faire régner partout leur loi, dans leur esprit la loi des justes, mais surtout, même démobilisés, ils préservent une précieuse avance en matière d'armements nucléaires. De plus, peut dire le physicien anglais Patrick Blackett, « l'utilisation de la bombe d'Hiroshima n'a pas tant été le dernier acte militaire de la guerre mondiale que le premier acte voulu de la guerre froide avec l'Union soviétique ». Même si l'Amérique soudain épouvantée découvre qu'il n'y a plus que le qualificatif de « froide » qui la sépare de la vraie guerre, si elle est secouée de grèves, émue de trop de menaces sur le dollar, exposée à un problème noir de plus en plus douloureux, alarmée par l'inflation due à la reconversion des industries de guerre en industries de paix, elle garde un leadership indiscutable.

En tout cas, voici Truman en pleine action pour constituer un « bouclier de la liberté ».

Et, appuyé sur Dean Acheson, successeur de Marshall comme secrétaire d'Etat, de prendre l'initiative d'une formidable alliance occidentale : l'Alliance atlantique. Cet historique événement se conclut à grande cérémonie le 4 avril à Washington. Le pacte — qui donnera l'OTAN, Organisation du traité de l'Atlantique Nord —, un parchemin relié en maroquin bleu à coins d'or, est signé au nom de douze pays par les ministres des Affaires étrangères respectifs. Robert Schuman signe pour la France. « La nouvelle Atlantide vient de naître », commente James Reston, éditorialiste du *New York Times*. L'orchestre des marines joue la valse populaire *I got plenty of nothing*, Je n'ai rien mais en abondance, avant d'entamer les notes de *Ce n'est pas toujours nécessaire*, extrait de l'opéra noir de George Gershwin *Porgy and Bess*. Nonobstant ce joyeux flonflon, Truman déclare que, si nécessaire, il se servira de la bombe « tout de suite et à fond » et décrète sans délai la construction d'un porte-avions de 65 000 tonnes, le *United States*.

Et Truman de gagner la bataille de Berlin. Est-ce le fait, comme ministre soviétique des Affaires étrangères, du remplacement inattendu de Molotov par Vychinski ? Celui-ci est-il appelé pour faire du neuf sur les points chauds ? Quoi qu'il en soit, tout se passe, au printemps, comme si Staline, las de tenir un trop périlleux défi, en était venu à considérer le blocus de Berlin comme sans issue. De plus, par le phénoménal pont aérien qui assure en avril quasiment un avion à la minute, la vie des secteurs occidentaux (où la France a pris dans l'opération une très vaillante part) est redevenue pratiquement normale, alors que la zone soviétique connaît de telles privations que deux cents fugitifs par jour cherchent asile à Berlin-Ouest. Paradoxe : l'arme se retourne contre ses inventeurs ; on voit fonctionner jusqu'à un contre-blocus sur Berlin-Est. Jacob Malik, ambassadeur soviétique, est chargé dès fin avril d'engager des négociations secrètes (seul espoir du Kremlin : faire échec à la création d'un Etat allemand de l'Ouest). Le 11 mai, à minuit, les barrières soviétiques tombent à Helmstedt et Bablesburg, libérant l'accès à l'autoroute bloquée depuis un an. Le 12, Moscou lève toutes les restrictions imposées aux communications entre Berlin-Ouest et les secteurs d'occupation occidentaux en Allemagne. L'Air Lift a fonctionné 318 jours et a transporté 1 500 000 tonnes de marchandises sur près de 200 000 vols. Pour Truman, c'est l'un des plus beaux triomphes de sa vie. Du moins la Quatrième République peut-elle y prendre sa légitime part.

Et en dépit des menaces de Staline, Truman de fonder, avec les trois secteurs occidentaux, un Etat allemand à l'Ouest, baptisé République fédérale d'Allemagne, avec la ville universitaire de Bonn comme capitale. Il ne reste plus à Staline qu'à faire évoluer sa propre zone vers le concept d'un Etat bolchevique. Le 12 septembre, Bonn salue son premier président de la République, le libéral Theodor Heuss. Le maire démocrate-chrétien de Cologne, Conrad Adenauer, est son premier chancelier — élu par une voix de majorité, la sienne. C'est le chef des sociaux-démocrates, le grand mutilé Kurt Schumacher, un Prussien prisonnier douze ans des camps de concentration hitlériens, qui fait admettre le nouveau drapeau, trois bandes verticales rouge-jaune-noir.

Portée sur les fonts baptismaux, si l'on peut dire, par le général Tchouïkov, qui commande en chef les troupes soviétiques à Berlin, la République démocratique d'Allemagne est proclamée le 7 octobre. Le Présidium du conseil du peuple décide la constitution d'un gouvernement allemand, confié à deux proconsuls staliniens de toujours, Otto Grotewohl et Wilhelm Piek, et publie un manifeste appelant à lutter « contre l'Allemagne de l'Ouest, l'Union européenne, les fauteurs de guerre et traîtres allemands au service de l'impérialisme américain ». Staline envoie un télégramme de félicitations. Le soir, dans une avalanche disciplinée de drapeaux bariolés et de torches embrasées, des milliers de « jeunesses rouges » défilent en rangs serrés sur toute la largeur de la célèbre avenue Unter den Linden en poussant des *Hoch !* à pleins poumons. Puis viennent les cohortes casquées de la Volkspolizei, défilant au pas de l'oie...

Berlin-Est n'est séparé que théoriquement de l'Allemagne communiste, dont la capitale officielle, Pankow, n'est qu'un faubourg de l'ancienne capitale du Troisième Reich. En revanche, Berlin-Ouest, qui relèvera de l'autorité de Bonn, se consacre pour longtemps comme une île occidentale de 155 kilomètres de circonférence en plein univers stalinien — ce qui ne saurait aller sans poser un jour ou l'autre bien des problèmes.

Et à nous, le 5 mai, le Conseil de l'Europe.

Enfin, dans le domaine européen, on fait du nouveau. La Quatrième République révèle là beaucoup plus d'imagination que la Troisième. Après la guerre de 1918, la SDN, torpillée par le Sénat américain, fut une mort-née. La France et l'Allemagne ne surent pas tirer des tueries de 1914-1918 les leçons nécessaires pour un statut nouveau de leurs relations réciproques. Enfin, avec la Quatrième, voici des hommes qui, ayant connu les affres de la défaite et de l'humiliation et réfléchi sur trop de fautes commises, cherchent à réaliser une réforme de structures.

Jean Monnet mène le jeu. Il pense d'abord à créer une Union franco-britannique. En avril, dans sa propriété près de Montfort-l'Amaury, il étudie le problème avec ses collaborateurs et des Anglais. Mais les Britanniques ne se laissent pas convaincre. Ils rejettent toute « institution » nouvelle qui aboutirait à bouleverser les cadres nationaux traditionnels. Il n'y a plus qu'à nous entendre avec l'Allemagne, prononce ce grand réaliste.

Un autre atout intervient : la rapide harmonie qui s'établit entre Robert Schuman, Conrad Adenauer et Alcide de Gasperi, président du Conseil italien. Profondément chrétiens, les trois hommes ont en commun, outre leur foi, leur drame personnel ; ils ont été tous les trois déchirés entre des nations différentes ; Gasperi, autrichien ou italien (il est du Tyrol) ; Robert Schuman sur la frontière franco-allemande ; Adenauer, rhénan peu porté au règne de la Prusse. Ils en reçoivent comme une mission sacrée.

Il y a des épines. Notamment, Schuman et Bidault n'ont pas les mêmes vues sur l'avenir de l'Allemagne. Bidault en reste aux réflexes nationaux classiques ; il se préoccupe davantage de neutraliser le danger allemand que de donner à l'Allemagne un rôle constructif en Europe. Schuman, lui, cherche à asseoir l'Allemagne en Europe le plus étroitement possible, même s'il se déclare encore adversaire de tout réarmement allemand. Il tient du moins à répondre à l'attente d'Adenauer, qui multiplie les propositions « européennes » : internationalisation de la production sarroise et union franco-germano-britannique avec Parlement commun.

En tout cas, grand événement : le 10 août, à quinze heures trente, à Strasbourg, « capitale de la réconciliation européenne », dans la cour couverte de l'université transformée en hémicycle, l'Assemblée consultative européenne tient sa séance inaugurale. Des délégués de douze nations y assistent, élisant par acclamations le « premier président européen » : le Belge Paul-Henri Spaak. Ainsi naît la première Assemblée européenne, qui sera l'Assemblée du Conseil de l'Europe.

Henri Queuille au travail

Cependant, Henri Queuille poursuit à Matignon son laborieux devoir.

La radio devient problème d'Etat et querelle d'Etat. Elle n'a certes pas attendu l'après-guerre pour ses débuts politiques. Dès 1921, elle donnait des bulletins d'actualités déjà discutés. Dès 1932, le « mirobolant » André Tardieu tenait absolument à passer ses messages « par micro ». Dès 1936, après la victoire du Front populaire, la radio d'Etat était épurée pour la première fois (une vingtaine de journalistes licenciés ou déplacés). Les communistes créaient leur propre poste, *Radio-Liberté.* Roosevelt institutionnalisait l'usage de la radio dans la vie politique. On sait ce que Hitler a pu devoir à la radio, et de Gaulle aussi. Dès avant-guerre, s'ouvrait le problème de la « liberté d'expression dans un organisme public ». Le maréchal Pétain, techniquement, utilisa l'instrument à la perfection. Simplement, la radio d'aujourd'hui est plus politique que jamais. La guerre froide elle-même est d'abord une guerre des ondes. Tous nos hommes politiques s'emploient donc à qui mieux mieux à choyer la chose. *La Tribune de Paris* invite à des débats avec un énorme succès les personnalités les plus contradictoires. Aucun sujet n'est tabou. Du coup, les partis écoutent de beaucoup plus près les bulletins d'informations et les commentaires qu'ils inspirent. La moindre incartade fait scandale. Queuille se découvre beaucoup plus interpellé que ses prédécesseurs.

On en termine péniblement avec l'épuration. La dernière Cour de justice, celle de Paris, ferme en août. Lesdites cours furent 90 au départ en 1944, 30 en 1946, 25 en 1947. Elles auront instruit 140 000 affaires, jugé 57 000 cas, prononcé 6 763 condamnations à mort, dont 4 397 par contumace. Au total, on évalue à entre 1 500 000 et 2 millions les personnes touchées d'une façon ou d'une autre par des mesures d'épuration. Environ 990 000 auront été arrêtées, ne serait-ce que quelques jours. Le gouvernement dit impossible d'apprécier le nombre même approximatif des centaines de milliers de victimes de sanctions professionnelles ouvertes (limogeages) ou déguisées (retraites anticipées, retards dans l'avancement). Il reste encore en prison quelque 4 800 condamnés. On aura estimé à 49 723 le total des personnes frappées de dégradation nationale. Or, comme les communistes déplorent la clémence dont les derniers gouvernements auront fait preuve, Queuille doit s'expliquer.

Même les fortes puanteurs ne manquent pas. Ainsi le procès Joanovici. Par une chaleur torride, le 6 juillet, la Xe chambre de Paris juge Joseph Joanovici, ancien plombier bessarabien devenu trafiquant milliardaire, arrêté l'année précédente. On découvre un personnage obèse, hilare et porcin, presque crasseux, espèce de Bouddha gitan capable de vendre sa propre statue, qui put être pourtant, comme roi de la « chine » et empereur de la « zone », l'hôte fastueux du Tout-Paris, de surcroît médaillé de la Résistance. Vedette de la saison, il n'hésite pas à faire dans le comique. Les journaux peuvent dire qu'il parle un « sabir de Nucingen bessarabien ». Il ne sait pas lire, mais indique avec un rire gras qu'il sait compter. Le procès devient même politique. Le 8 juin, à la tribune de l'Assemblée nationale, le radical Vincent Badie interpelle sur le « scandale Joanovici », va jusqu'à accuser le garde des Sceaux de retarder « volontairement le procès jusqu'à la disparition des cours de justice, prévue pour le 31 juillet ». L'orateur déchaîne un beau tumulte. Le garde s'appelle en effet Robert Lecourt, MRP (il a remplacé en février André Marie). Authentique résistant, il est aussi l'ancien chef du réseau Honneur de la police. La décision est prise : « M. Jo » sera bien jugé à temps. Ainsi vient ce procès dont les personnages (170 cités) se partagent en deux camps, les uns tenant l'accusé pour un pro-nazi, protégé de la Gestapo, les autres pour un antinazi. Surtout, la scène, en vérité, donne lieu à des boutades et répliques qui font la joie des spectateurs et de la presse. Les « mots » se succèdent.

Le président : — Vous faisiez circuler vos camions avec des laissez-passer allemands.

Joanovici : — Monsieur le président, s'ils avaient eu des laissez-passer anglais, croyez-moi, ils n'auraient pu rouler...

Le commissaire du gouvernement : — Avec quoi payiez-vous vos petits copains ?

Joanovici : — Avec n'importe quoi, café, pognon, cigarettes anglaises...

Le commissaire : — Anglaises ? Allons bon ! Comment vous les aviez ?

Joanovici : — Au marché noir, monsieur, comme tout le monde...

Verdict : cinq ans de prison, confiscation des biens et indignité nationale à vie (alors que l'accusé est bessarabien apatride !).

Ahurissant : le procès de Joanovici aura même éclipsé celui d'Otto Abetz, l'« ambassadeur espion », condamné à vingt ans de travaux forcés.

La troisième force à l'épreuve

Dès le premier jour de l'an cela s'engage mal.

Il y faut même défier Einstein et la dynamique du temps et de l'espace : on immobilise les aiguilles des pendules de l'Assemblée à minuit moins une de la Saint-Sylvestre. Encore le 3 janvier 1949, nous nous datons à l'Assemblée du 31 décembre 1948.

Harassés, yeux cernés, les orateurs défilent, tandis que sur les travées les députés rédigent leurs cartes de vœux de fin d'année.

Motif : le budget à voter, et cela ne va certes pas tout seul.

Dans le chassé-croisé des amendements et des contre-amendements, jamais le chef du gouvernement n'aura eu autant besoin de sa science de joueur de billard pour manier artistiquement les coups par la bande, les coups de recul et au besoin le cinq-bandes (il y joue beaucoup, dans la commune dont il est le maire, à Neuvic-d'Ussel, chez une conseillère municipale, dame Chartreuse, qui tient un café).

Ou alors, aux moments de répit, il dessine sur papier à en-tête de l'Assemblée les caricatures des orateurs qui passent, lesquelles caricatures iront rejoindre sur les murs de son appartement de la rue du Cherche-Midi les notoriétés de la Troisième et de la Quatrième qui y figurent déjà, entre autres Poincaré, Briand, Tardieu, Louis Marin, de Gaulle...

Le budget n'est adopté que dans la nuit du 2 au 3, à deux heures trente.

Queuille regagne méditatif son appartement (il a refusé d'habiter Matignon). Avec quelle délectation, demain, il reverra la petite cité natale d'où, jeune médecin, il faisait ses tournées avec un cabriolet que tirait son cheval Colombe, retrouvera des hommes simples, son cher adjoint Demathieu, son secrétaire de mairie l'instituteur Manzacol !

Il est tous les matins à Matignon à neuf heures précises — y arrivant dans une Hotchkiss noire sans cocarde (6126 RN 7) —, pose tranquillement le chapeau taupé à bord roulé qui couvre rituellement sa tête tonsurée par la calvitie, appelle son directeur de cabinet, le fidèle Chaussade — et en avant !

Tout va mal. Il n'y a que Neuvic qui aille bien.

Inflation, chômage, reconstruction, équipement, ravitaillement, grèves, impôts, guerre d'Indochine, Europe à défendre face à un Staline de plus en plus redoutable — il y a de quoi se dire qu'« il faut être fou pour faire de la politique ». Et ce Thorez dont les crocs ne lâchent pas ! Et ce damné de Gaulle, tout en griffes !

Le Général partage son temps entre Colombey et son bureau de la rue de Solférino. Jamais il n'aura été aussi acerbe. Parfois même, le vocabulaire bivouaque ou s'encanaille. « Vos parlementaires ? Des zigotos. Je les vomis... Des pleurnichards !... Les farfadets de l'abandon !... » La série de ses aimables définitions est interminable... « Les paralytiques de la politiciennerie... les infirmes de l'Etat... les chevrotants de l'abandon... les trotte-menu de la décadence... les équipes du chloroforme... des Pygmées émasculés... » Quand les compagnons lui offrent une édition rare des *Mémoires d'outre-tombe* (la France, nation immense et légère), il grommelle : « Qui peut prétendre que la sombre comédie, le ballet d'ombres chinoises, les funambulesques intrigues par quoi le régime exclusif des partis ravale les trois pouvoirs et bafoue la République aient le moindre rapport avec les exigences du siècle, les énormes problèmes à résoudre ? »

Queuille dit : « Le malheureux ! Ne sait-il donc pas qu'on trouve toujours quelqu'un de plus grand que soi ? »

Et de bosser, de bosser, mais, comme c'est tout de même trop lourd, il abandonne le portefeuille des Finances, qu'il détenait en même temps que la présidence, et le confie à un homme qu'il estime entre tous, son ami Maurice Petsche, ancien auditeur du Conseil d'Etat, ancien conseiller financier de Briand, banquier député de Briançon, lourd géant au pas lent, faciès à la Louis-Philippe, large sourire sur bajoues, et qui fume malgré son asthme Gitane sur Gitane au bout d'un long fume-cigarette noir.

Petsche a une idée et un complice. L'idée : un plan de redressement fondé sur un emprunt national. Le complice : le talentueux Wilfrid Baumgartner, jeune gouverneur de la Banque de France.

Du moins va-t-on voir si ce qu'il dit est vrai, qu'il s'inspire beaucoup des deux tapisseries d'Aubusson qui ornent son bureau de la rue de Rivoli, *La Flèche du Parthe* et *La Cueillette des poires*. On ne tarde pourtant guère à vérifier son propos.

La flèche du Parthe ? C'est celle qu'il tire contre tous les « démagogues de l'opposition » en supprimant les tickets de rationnement. Dès le 19 janvier, la carte de pain disparaît. Et vlan !

La cueillette des poires ? C'est l'emprunt — désapprouvé par certains gaullistes qui parlent d'escroquerie nationale, mais approuvé par d'autres, dont Chaban. Le succès est complet. La France répond. En une semaine, 100 milliards de francs, dont 60 milliards d'argent frais, entrent dans les caisses de l'Etat.

Queuille peut du coup mieux se consacrer à l'une de ses passions : l'Europe — bien entendu en pleine entente avec Robert Schuman. Dès le 28, les deux hommes obtiennent l'accord de principe pour la création d'un Conseil de l'Europe composé de deux organes, le Comité des ministres et l'Assemblée consultative. Peu importent les protestations du général de Gaulle, pour qui l'Europe intégrante signifie la fin d'une certaine idée de la France, et celles des communistes, pour qui l'Europe est une machine de guerre américaine.

Mais, à nouveau, les menaces s'accumulent.

Les trotskistes et les communistes internationalistes multiplient les défis, fomentent des attentats et des sabotages.

Même si le RPF n'est plus en croisade continue, ne procède de plus en plus que par à-coups, est loin de briller aux élections cantonales de mars et si Malraux, secrétaire du mouvement à la propagande, entendant accuser de Gaulle d'aspirer à la dictature, lâche, cigarette pendante, moue désabusée : « Le Général ? Dites-nous plutôt qu'il nous a amenés au bord du Rubicon pour y pêcher à la ligne », les leaders de la troisième force ne sont pas pour autant rassurés. Les orateurs gaullistes, Vallon, Capitant, Palewski, Soustelle, Frey, savent comment accuser l'« immobilisme » de la Quatrième et les traîtres du MRP. Du haut de son bureau du troisième étage de la rue de Solférino, Malraux n'est pas le seul à distiller mot sur mot assassin.

L'emprunt Petsche ne donne du souffle que pour quelques mois. A nouveau les finances boitent.

Crise d'été. La solidarité ministérielle se rompt sur la question d'une prime de vacances au personnel de la Sécurité sociale. Les tenants d'une économie orthodoxe et sévère trouvent cette brutale augmentation de dépense d'autant plus mal venue que le gouvernement s'est engagé au mois de mai à réaliser 36 milliards d'économies. Daniel Mayer, ministre du Travail, qui le 11 juillet a défendu dans un discours mémorable de quatre heures l'institution contre toutes les attaques, vient le 25 déclarer vers l'heure du déjeuner à ses collègues, et sur le ton le plus sec, que la prime en question est le fruit d'un accord intervenu secrètement entre l'administration des caisses de la Sécurité et les syndicats du personnel. Lui n'a fait que l'agréer. Sur-le-champ, les quatre ministres modérés donnent leur démission, que Queuille a le plus grand mal à leur faire reprendre.

Le Centre national des indépendants, constitué le 6 janvier à l'initiative du dynamique sénateur de la Côte-d'Or Roger Duchet, et qui finira par regrouper tous les modérés, se révèle dans les six mois extrêmement envahissant et autoritaire. Queuille n'est pas le seul radical à s'en inquiéter.

Le 28 juillet, dans un vote précisément sur la « Sécu », le gouvernement ne s'en tire que par trois voix de majorité. L'Assemblée redevient nerveuse, insaisissable.

Les vacances ne font reculer l'explosion que pour mieux sauter. A peine sont-elles terminées, le drame se renoue.

Le coup vient simplement cette fois des Anglais. Serrée dans un carcan d'austérités obligatoires, la Grande-Bretagne — inattendue victime de la guerre mondiale — n'a pas d'autres ressources pour essayer de relancer son économie que de rendre ses prix de vente concurrentiels sur les marchés de l'économie mondiale. Sir Stafford Cripps, qui tient ses finances, a donc été dans l'obligation d'aller à Washington demander l'autorisation de dévaluer la livre de 30,5 %. Profitant de la présence concomitante de Petsche dans la capitale américaine, sir Stafford lui fait part de sa décision. Les autres monnaies, australienne, irlandaise, danoise, norvégienne, sud-africaine, emboîtent bien le pas en catastrophe. Mais la France qui, elle, n'a dévalué que de 22,4 % par rapport au dollar, se retrouve du coup en réévaluation par rapport à la livre sterling. Le mark l'imitera. Les prix ne peuvent que monter. Le nombre des chômeurs ne peut que croître. Autant dire que les jours du gouvernement Queuille sont comptés.

Des travaux d'Hercule pour Bao Dai

De surcroît, l'Indochine redonne plein souci. Nous aurons sans doute trop misé sur Bao Dai.

Nous n'avons que le contentement de le voir revenir sur ses terres.

Le 8 mars, il signe à Paris le traité solennel par lequel la France reconnaît l'indépendance du Vietnam et la réunification des trois Ky, puis prend enfin le bateau « pour la maison ».

A la vérité, il se sait confronté à une tâche d'Hercule qui le dépasse : les soldats de Mao campent sur la frontière du Tonkin ; « de l'oxygène arrive », commente gaiement le général Giap ; l'empereur n'a même pu obtenir droit à une représentation diplomatique (« gouvernez d'abord, nous verrons ensuite ») ; les lacunes de l'administration du pays sont accablantes depuis le refus de Paris de budgétiser les dépenses de l'Etat ; Bao sait pertinemment que s'il est soutenu par Vincent Auriol et le MRP, il est haï par nombre de socialistes, qui adjurent Queuille de négocier directement au plus tôt avec Hô Chi Minh. Enfin, il ne peut pas ne pas avoir connaissance d'un rapport brutal du général Revers, chef d'état-major général : « Il faut savoir se laisser couper un doigt plutôt que de se laisser couper la tête. Craignons que le sacrifice de nos hommes n'apparaisse un jour comme inutile... *Nous serons sages si nous évacuons la région montagneuse du Tonkin pour ne garder que les parties utiles de l'Indochine...* La France se doit d'autant plus de réussir que tout échec ou toute abdication dans cette région asiatique serait à notre sens le signal de la dislocation de l'Union française. Dans les temps actuels, cette dislocation aurait une autre portée, dans l'espace comme dans le temps, que la perte des colonies françaises au XVIIIe siècle. »

Il n'y a pas à s'étonner si l'empereur refuse toute entrée solennelle à Saigon, et choisit de s'installer discrètement à Dalat. A l'évidence, il n'y croit plus. « Je sens comme un grand froid », commente Vincent Auriol.

Surtout, le Tonkin suscite désormais toutes les angoisses.

C'est en vain qu'en Cochinchine le général de La Tour réussit à rallier à son panache les principales sectes.

Dans sa jungle, Hô Chi Minh a pu rapidement installer tout un réseau d'administrations, d'arsenaux, de camps et d'imprimeries. Lui et Giap ont tout loisir de préparer la contre-offensive qui balaiera les forces françaises. D'ailleurs, le rideau de nos défenses paraît si léger à notre propre commandement en chef qu'il en vient à proposer d'évacuer l'une des trois places fortes qui tiennent la frontière chinoise, Monçay, Lang Son ou Cao Bang. Il se décide effectivement pour l'évacuation de Cao Bang, tenue par la Légion étrangère — mais dont la route RC3 qui la relie à Hanoi est coupée par le Viêt-minh — et uniquement ravitaillée du coup par la route RC4, elle-même très exposée. Au reste, comment faire autrement ? Il ne peut plus ravitailler la place que par des convois exposés à de cruels désastres (nous y perdons cent camions en février). Va donc pour l'évacuation.

Plus rien n'est simple. Les socialistes demandent déjà d'abandonner « tout le Tonkin pour mieux sauver l'Annam et la Cochinchine ». Les MRP détestent ce général Joseph Revers, ancien employé postier, officier de réserve, ancien collaborateur de Darlan, que les gaullistes quant à eux appellent le « connétable du Parti socialiste », à coup sûr l'homme de Ramadier. Nomme-t-on un nouveau commandant en chef, le général Marcel-Maurice Carpentier, à peine a-t-il annoncé : « Je ne serai pas le général de l'abandon », qu'il doit convenir que « toutes nos positions ne peuvent être tenues ».

L'affaire des généraux

Cela s'enclenche dans la nuit du 22 septembre, rue des Saussaies, dans le salon de l'appartement privé du directeur de la Sûreté nationale, Pierre Bertaux, réveillé d'extrême urgence par un coup de téléphone de Roger Wybot, directeur de la DST (surveillance du territoire — police spécialisée dans le contre-espionnage), qui a demandé à le voir sans délai. « Monsieur le directeur, déclare Wybot à peine entré, si l'on cherche à arrêter l'auteur des fuites, il faut donner l'ordre d'arrêter le général Revers. » Pas moins : le chef d'état-major de l'armée en personne. Les fuites ? Elles concernent le fameux « rapport » aux termes duquel Revers a recommandé l'évacuation du haut Tonkin. Le 29 juin, le document était tiré, à l'imprimerie de l'armée, à cinquante exemplaires numérotés, ce avec d'infinies précautions. Or, à peine quinze jours après, le rapport « top secret » était connu de tout Paris. Les espions du Viêt-minh, comme en se jouant, pouvaient comme quiconque lire ces terribles phrases : « Personne ne sait pourquoi l'on se bat... les cadres doutent de notre volonté de nous accrocher à l'Indochine, et spécialement au Tonkin. » Immédiatement, Jean Pignon, haut-commissaire à Saigon, tempêtait d'indignation. Dès les premiers jours d'août, la radio du Viêt-minh faisait état de toutes les conclusions du général en chef. Jean Pignon ne décolérait pas, à plus forte raison en apprenant que Revers intriguait pour le faire remplacer par le général Mast, ancien résident général en Tunisie.

Mieux encore : Wybot apporte un renseignement supplémentaire. Il y a quatre jours, non loin de minuit, sur la plate-forme d'un autobus, gare de Lyon, un pugilat a opposé un ancien soldat d'Indochine à deux Vietnamiens. Les trois hommes étaient conduits au poste de police. Dans le porte-documents de l'un des Vietnamiens, on trouvait l'une des copies. Mieux toujours : on perquisitionnait sans délai chez d'autres Vietnamiens dont les adresses figuraient dans le carnet de l'homme en question. On découvrait trente-sept exemplaires du rapport ! A vous couper le souffle. D'enquête en interrogatoire, on remontait jusqu'au conseiller du gouvernement central du Vietnam, Hoang Van Co, lequel expliquait avoir reçu le texte d'un négociant, nommé Roger Peyré, ami du général Mast et du général Revers — Peyré, qui accompagnait Revers en mai lors de sa longue inspection en Indochine. On perquisitionnait chez Peyré : il n'avait même pas dissimulé des copies du rapport ni ses lettres personnelles avec les deux généraux.

Et plus grave toujours : on découvrait que Van Co était très introduit dans les milieux politiques français ; qu'il donnait beaucoup de déjeuners ; on trouvait chez lui un carnet de chèques dont les talons portaient des noms de journalistes et de personnalités. A la question : à quoi a servi cet argent ? Mais, a-t-il expliqué le plus naturellement du monde, à acheter des consciences. Il a même fait état d'une somme réservée pour soutenir la campagne vouée à faire nommer Mast (ce qui ne sera jamais prouvé). Ahurissant même : on découvrait des lettres incroyables de Revers à Peyré, où le général en chef s'adressait comme à un supérieur et traitait légèrement de graves secrets d'Etat et des lettres non moins stupéfiantes de Mast à ce personnage qui ne pouvait être qu'un trafiquant de bas étage.

Pierre Bertaux réveille d'urgence Queuille, Moch et Ramadier. Les trois ministres sont atterrés — d'autant plus qu'il précise que Peyré accuse les deux généraux d'avoir vendu le rapport. Compte tenu de l'état de guerre, pour ne pas laisser porter une terrible atteinte au moral de l'armée, Ramadier fait décider que l'on couvrira Revers. On verra à conclure à un non-lieu. Mais Coste-Floret, ministre de la France d'outre-mer, indigné de la décision de non-lieu, se proclame prêt à dénoncer la « corruption des milieux socialistes ». Invité à donner sa démission par Ramadier, Revers refuse, protestant de son innocence, accusant Wybot et le MRP d'avoir conduit une machination contre lui. Ça cafouille gravement.

Le 29, la lettre confidentielle de Paul Dehème dévoile au grand public le scandale, insinuant que Revers a reçu de l'argent d'un escroc.

C'est toute une pluie de boue.

Toutes les feuilles confidentielles (bulletins d'informations ronéotypés, souscrits par abonnement assez onéreux et qui auront d'ailleurs joué un rôle non négligeable durant toute la Quatrième République) se mettent à « sortir » des détails croustillants. Paul Dehème y va de toute sa science (de son vrai nom Paul de Méritens, ancien membre du cabinet du ministre Bichelonne à Vichy).

Autant assister à la mise à mort du gouvernement.

Le gouvernement de Georges Bidault

Queuille fête le 9 septembre « une année à Matignon » (ses ministres lui offrent les œuvres complètes de Maupassant).

Il tombe le 5 octobre. Daniel Mayer, d'accord avec le comité directeur de la SFIO, déclenche la crise en réclamant la liberté des salaires. Le renouvellement des conventions collectives doit en effet avoir lieu en octobre. Queuille ne peut accepter. La crise est devenue inévitable.

Queuille porte de nuit sa démission à Vincent Auriol au château de Rambouillet. « C'est comme ça, dit-il, c'est de nuit que les femmes accouchent et que les gouvernements tombent. » Auriol regrette simplement que le gouvernement en exercice se retire sans avoir comparu devant l'Assemblée. Du moins Queuille aura-t-il duré plus d'un an — un exploit.

Suit une assez longue crise.

Vincent Auriol demande aux socialistes, ayant renversé le gouvernement, de prendre leurs responsabilités. Jules Moch est désigné. Autant contempler don Quichotte montant à l'assaut de moulins trop cuirassés : les modérés exigent une rigoureuse gestion financière, le maintien des salaires à leur niveau, une sévère réduction des subventions et des charges de la Sécurité sociale, une stricte réglementation du droit de grève et la réforme électorale. Il s'agit d'un avis de non-recevoir. Si persévérant soit-il, et si ambitieux, le député de l'Hérault échoue.

Il faut attendre le 20 avant de voir chevaucher un second don Quichotte : René Mayer. Il est bien investi par une majorité confortable. Mais les difficultés surgissent quand il doit répartir les portefeuilles. Les socialistes lancent l'exclusive contre Petsche, prévu pour les Finances. La tentative tourne court le 22 au soir. C'est une agonie, juge de Gaulle.

Par chance, Daniel Mayer, qui craint une crise de régime, demande à Guy Mollet d'être relevé par la SFIO de son mandat « impératif » au ministère du Travail (formule d'ailleurs ô combien caractéristique du « régime des partis »). « Je bloque tout, dit-il, mets-moi à la trappe. »

Ainsi la route s'ouvre-t-elle largement pour le troisième impétrant, qui est Georges Bidault — d'autant plus que des inquiétudes se manifestent à Londres et à Washington, que le problème du réarmement allemand commence à se poser, que le maréchal soviétique Rokossovsky prend le haut commandement des forces polonaises, que Mao arrive à Canton et que des négociations de première importance doivent s'ouvrir entre les Etats-Unis et les signataires du Pacte atlantique. « Quand aurez-vous fini de jouer au bowling ? » demande Truman.

Bidault est investi le 28 octobre, à quatre heures du matin.

A nous donc à nouveau « *that dear little man* » — ce cher petit homme », comme l'appelle Foster Dulles : Augustin-Georges Bidault, né à Moulins, Allier, le 5 octobre 1899, agrégé d'histoire, un mètre soixante-cinq de haut, soixante-deux centimètres de tour de tête. Caporal lors de la Première Guerre mondiale (mobilisé à dix-huit ans), sergent lors de la seconde (je n'ai, dit-il, aucune envie de passer sergent-chef, il en faudrait une troisième), prisonnier, libéré comme ancien combattant de la Grande Guerre, résistant, il fut sacré président du CNR en 1942 après la disparition de Jean Moulin. Jamais Georges Bidault (nom de guerre *Xavier* ou *Bid*) n'a possédé de faux papiers. Jamais il n'est allé durant la guerre à Londres, et il ne fit connaissance avec de Gaulle que dans le Paris libéré. Par rapport au professeur bohème d'avant-guerre, éditorialiste de *L'Aube*, le personnage a bien changé : finis les pantalons en accordéon, les vestons aux coudes râpés, les cravates de travers et les souliers mal cirés. Ce qui demeure du style, c'est seulement le plaisir de boire un verre de temps en temps (une coupe de champagne au saut du lit) et de faire des « mots » avec sa voix sèche et nasale. Mais l'esprit reste étonnamment clair, le courage intact.

La formation du cabinet est rapide. Le bon docteur socialiste Pierre Segelle, du Loiret, prend le Travail. Les socialistes cessent de récuser Petsche pour les Finances. Queuille, sans portefeuille, est vice-président, de même que Moch, qui garde l'Intérieur. Jean Letourneau se voit confier la France d'outre-mer.

Puis, comme on n'en est pas à un paradoxe près, Bidault fait voter un projet gouvernemental prévoyant l'aide aux travailleurs les plus défavorisés, cette même aide qu'exigeait Daniel Mayer en mettant sa démission dans la balance du gouvernement Queuille.

Mais on découvre vite la fragilité de la nouvelle formation.

Bidault doit se garder à droite des indépendants qui réclament à cor et à cri une réforme constitutionnelle, à gauche des radicaux que mène à l'attaque un Daladier tout revigoré.

L'affaire des généraux ne cesse d'empoisonner le climat. L'impétueux gaulliste Jean Nocher étale tout le scandale dans son journal, *L'Espoir* de Saint-Etienne, accusant les politiciens de poignarder dans le dos les héroïques combattants des rizières. Le colonel Nicolas Fourcaud, numéro deux de nos services de renseignement, qu'on dit possesseur de multiples secrets, s'en va trouver fin octobre Wybot et lui déclare tout de go que Moch et Ramadier doivent passer en Haute Cour, voire être fusillés pour trahison et forfaiture, puis dit que le trafic des piastres sert principalement à remplir les caisses de la SFIO. Va-t-on prêter foi à ce condottiere ? demande Moch. Cela devient un complot contre la République, proteste Ramadier, dont personne ne songerait à discuter un seul instant l'exemplaire intégrité. Le bulletin secret de renseignements n° 45 de l'état-major du commandement en chef en Extrême-Orient, le 15 novembre, indique que la divulgation « criminelle » du rapport Revers a permis aux Viets de prévoir l'attaque franco-vietnamienne sur Fat Diem et obligé les troupes françaises à renoncer à une attaque programmée sur Nam Dinh et Ninh Binh. Dans *Carrefour*, hebdomadaire gaulliste, Pascal Pia consacre au sujet un véritable feuilleton à épisodes, jusqu'à dénoncer une tentative d'empoisonnement dont Revers aurait été victime. Une guerre des polices commence. Le scandale redouble quand on apprend que le principal accusé, Paul Peyré, s'est enfui en Amérique du Sud avec femme et enfants. Jules Moch en vient à être directement mis en cause alors qu'à l'évidence il n'a aucune responsabilité dans ce tumulte. L'Assemblée est saisie d'une demande tendant à le faire passer en Haute Cour. Les communistes mènent le jeu, avides de vengeance, n'oubliant pas le rôle éminent joué par l'accusé contre leurs grèves en 1947. De plus, assez hautain, maladroit dans ses rapports avec ceux qu'il appelle les « députés moyens », Moch est personnellement peu aimé dans les groupes. Il n'échappera à la Haute Cour que de justesse. Le gouvernement ne souffre pas moins de l'affaire que le régime.

Faut-il reconnaître Mao ? Bidault se saisit du problème. Nombre de ministres recommandent de le reconnaître au moins *de fait*, si on ne le peut *de droit*. Un comité de défense réuni à Saigon le conseille. La sagesse aussi. Londres y a déjà pourvu. Mais le gouvernement tergiverse, palabre avec Washington, voudrait de Truman une autorisation qu'il refuse. Du coup, Paris est pris de vitesse. Dans l'intervalle, Mao a reconnu le gouvernement de Hô Chi Minh. Fallait-il ou non agir plus vite ? Une chose est sûre : dès lors qu'il y a jonction entre Pékin et le Viêt-minh, la guerre est perdue. Dure perspective. En vain doublons-nous encore les forces du corps expéditionnaire : 221 000 hommes. Giap reçoit désormais du matériel chinois en abondance. Les postes français se font bombarder au canon de 105 et au mortier de 120.

Les effets de la dévaluation se répercutent gravement sur les prix.

Les syndicats, ouvertement appuyés par les socialistes, revendiquent une augmentation des salaires. Le 5 novembre, *Le Populaire* envisage le retrait des ministres SFIO. Guy Mollet paraît même tenté par une stratégie de « soutien sans participation ».

Les députés sont d'autant plus nerveux que les élections législatives se rapprochent : elles sont prévues pour 1951.

Estimant que le prix de la betterave fixé par le gouvernement est insuffisant, Pierre Pflimlin se démet à grand fracas de son portefeuille de l'Agriculture.

Bidault doit poser la question de confiance à répétition.

Le vote du budget s'annonce comme une épreuve insurmontable.

Le procès de René Bousquet

La répression des actes de collaboration économique et politique touche cependant à sa fin. La Haute Cour, en citant à la barre René Bousquet, qui fut à Vichy secrétaire général de la police, aura ouvert sa dernière session (c'est le 23 juin).

Il comparaît, au demeurant, tout à fait tranquille. « Allure sportive, petits yeux vifs, grand nez pointu, à l'aise comme dans un salon, nous dit le chroniqueur du *Monde*, avec une sorte de gentillesse dégagée, sûre de soi, méridionale. » Un petit accent presque imperceptible flotte par instants à travers ses phrases nettes — de quoi du moins ne pas oublier que le personnage est fils de Montauban.

La première partie de sa carrière, on ne lui en fait que des compliments. Tout jeune sous-préfet dans un département du Sud-Ouest en 1930, au cours de graves inondations, au péril de sa vie, il sauve de la noyade plusieurs enfants, d'où sa « première gloire ». Promu préfet dès ses vingt-sept ans, on le cite comme un « excellent administrateur, habile et ferme, ayant toujours négocié au mieux des intérêts français ». Il est toujours préfet de la Marne quand les armées allemandes font irruption sur le territoire national. Solide et loyal, voilà les qualités qu'il revendique. Il précise : « Je me suis enfermé moi-même dans une ligne de conduite d'union nationale dont personnellement je n'ai exclu personne. Depuis le 18 juin 1940, je n'ai accepté dans aucun domaine aucune déviation. Je n'ai jamais eu d'autre souci politique. » Il prouve d'ailleurs assez facilement qu'à la tête de « ce beau département de l'Est », il n'a eu que le souci constant de servir ses administrés. « Et si, dit-il aussi, j'insiste sur mon comportement en 1940 et 1941, époque à laquelle l'accusation reconnaît qu'aucun grief ne saurait m'être adressé, c'est pour mieux faire comprendre mon attitude en 1942 et en 1943, car je ne demande pas des circonstances atténuantes ; je veux être jugé sur des faits. » L'accusé s'honore même d'avoir rétabli la souveraineté française dans la Marne, en s'opposant sans relâche aux projets allemands.

Laval ? Réponse : « Je vous remercie de me poser cette question. Je suis l'ami de M. Laval. Je ne l'étais pas quand il m'a appelé.

Pourquoi je le suis devenu ? Pendant dix-huit mois, j'ai vu un homme malheureux, seul... Il avait beaucoup de patience pour ma franchise... Je ne suis pas de ceux qui désertent l'amitié... Vous me demandez s'il m'a choisi à cause de mon attitude anti-allemande dans la Marne ? J'en ai l'impression. » Et Bousquet de raconter comment, en avril 1942, Pierre Laval, qui venait d'avoir une très dure entrevue avec le maréchal Goering, le convoqua à Paris. « Les nouvelles sont mauvaises, aurait dit Laval à Bousquet. Nous sommes menacés d'une véritable colonisation. Il faudrait que je sois entouré d'hommes comme vous, de fonctionnaires musclés. » Il s'agissait bien, poursuit l'accusé, de tenir tête aux Allemands. « C'était donc pour moi un cas de conscience. Mon devoir seul m'imposait l'acceptation du poste que l'on m'offrait : celui de secrétaire général de la police. »

« Surtout, insiste-t-il, faites-moi la grâce de n'établir aucune confusion entre mes fonctions et celles de mon successeur, Joseph Darnand. Lui participait aux délibérations du gouvernement de Vichy et pouvait en conséquence faire prendre des mesures, des décisions. Moi, je n'étais qu'un fonctionnaire exécutant les ordres des ministres.

— Il n'en reste pas moins que vous étiez le chef suprême de la police française, lance M. Frette-Damicourt.

— Je vous mets au défi d'apporter la moindre preuve de ce que vous avancez, monsieur le procureur général. »

On en arrive au général allemand Oberg, à qui Hitler voulait donner autorité directe sur toute la police de la zone Nord.

Bousquet explique : « C'est ce qu'on fit dès le 1er janvier 1944, lendemain de mon propre départ. Moi, je l'ai empêché aussi longtemps que je suis resté en fonction... J'ai essayé de vivre avec cette certitude que j'étais le dernier Français qui pourrait occuper ce poste à l'Intérieur... J'ai essayé d'exploiter au maximum l'autorité que j'avais pu gagner... L'article 3 de la convention d'armistice, c'était la subordination complète de l'administration. Je mets au défi quiconque de dire ce qu'on pouvait répondre aux Allemands qui en réclamaient l'application... C'est moi qui ai fait rentrer les Allemands dans une conception stricte de l'armistice, alors que depuis deux ans on était noyés... »

La question juive ? Bousquet se défend en disant qu'il a essayé de toutes ses forces de limiter l'action du commissaire général Darquier de Pellepoix, tout en paraissant le soutenir. « Pour moi, s'écrie-t-il, pendant l'Occupation, il n'y avait pas de problème israélite et, à aucun moment, je n'ai suivi ou servi une politique de persécution raciale. Si tous les Juifs que j'ai fait libérer des camps d'internement devaient défiler à cette barre, ce procès ne serait pas près de sa fin. » Bousquet rappelle d'ailleurs à cet égard qu'il fit partir quatre mille Juifs pour Casablanca et qu'il s'opposa à l'arrestation du RP Billard, lequel, dans une église de Vichy, avait exprimé son indignation. « Je n'avais que compassion, dit-il, pour les 80 000 de nos frères condamnés à porter l'étoile jaune. » Quant à la rafle du Vel' d'hiv' de juillet 1942, pas la moindre allusion n'y est faite durant tout le procès.

René Bousquet s'entend plus sévèrement reprocher un télégramme, signé de lui, ordonnant de n'opposer aucune résistance aux troupes ennemies lorsqu'elles pénétrèrent en zone libre le 11 novembre 1942. L'accusé, précise le président, aurait en outre ordonné l'arrestation du général de Lattre de Tassigny, à la même époque, du côté de Montpellier. En revanche, il aurait refusé aux Allemands livraison des Alsaciens et des Lorrains réfugiés en zone libre, ainsi que celle des prisonniers de guerre évadés. Bousquet répond, en ce qui concerne de Lattre de Tassigny, que celui-ci fut arrêté non sur son ordre, mais sur celui du ministre de la Guerre. Et d'ajouter : « Sachez donc que je suis le seul haut fonctionnaire français qui ait refusé la main au consul général d'Allemagne à Vichy lors de l'entrée des troupes allemandes en zone libre. »

L'accusé se défend avec habileté. Amené à s'expliquer sur l'administration des GMR (groupes mobiles de réserve) qui étaient sous ses ordres, il affirme que cette administration, « parfaitement indépendante », lui a permis de dissimuler beaucoup de jeunes gens menacés d'être enrôlés dans le STO (service du travail obligatoire). « Jamais, s'écrie-t-il, je n'ai voulu opposer les GMR aux Français résistants. Je voulais au contraire en faire une formation militaire et la mettre au service de la France. »

Les débats prennent néanmoins un ton plus aigre quand le président Noguères donne lecture d'une série de circulaires, signées de Bousquet ou de son principal collaborateur, textes qui concernent les tracts de la Résistance, les émissions de la BBC, les stocks d'armes, le matériel parachuté, le fichier des étrangers, l'internement des « terroristes », le recensement des israélites, l'inventaire de leurs biens et même les « mauvaises conditions regrettables dans lesquelles étaient exposés, chez les libraires, les journaux allemands tels que *Signal* ». L'accusé hausse les épaules. « Mais enfin, proteste-t-il, vous n'allez tout de même pas mettre à ma charge la totalité des actes administratifs de l'Intérieur ! Il vous faut bien admettre que je n'ai agi que sur ordre de mon ministre. »

Vient enfin la plus lourde accusation, qui porte sur l'attitude de Bousquet dans l'affaire de la mission allemande chargée de dépister en zone libre les détenteurs de postes clandestins. Des Allemands portant des vêtements civils pour ne point attirer l'attention et nantis de pièces d'identité délivrées par le ministère de l'Intérieur devaient franchir la ligne de démarcation en juin 1942 et s'égailler dans les provinces. Pour les loger, on avait procédé à de nombreuses réquisitions et un château fut même mis à leur disposition dans l'Hérault. Des officiers français leur faisaient escorte.

« De telles décisions me sont absolument étrangères, déclare l'accusé. Sur ce sujet, jamais je n'ai discuté de quoi que ce soit avec les Allemands. Bien plus, en contrecarrant systématiquement l'amiral

Darlan, lui acquis à une collaboration totale, j'ai retardé de trois mois l'entrée de la mission allemande en zone non occupée. Au sujet de ces cartes d'identité que je différais sans cesse, j'eus même une entrevue orageuse avec Oberg, qui n'était pas dupe de mon attitude. Finalement, c'est Laval qui me donna l'ordre d'obtempérer, disant que la plaisanterie avait assez duré et que je devais faire le nécessaire. »

Louis Noguères ne se satisfait pas de la réponse. Il rétorque : « Vous saviez pourtant, Bousquet, qu'il s'agissait d'une mission ennemie, ayant un caractère militaire, puisqu'elle était chargée de rechercher les résistants en liaison avec Londres grâce à des postes émetteurs et récepteurs. Vous connaissiez donc la gravité de cette affaire et vous pouviez aisément présumer que les sanctions seraient très rigoureuses. Il y eut, vous ne l'ignorez pas, des déportés et des morts. Pourquoi, dans ces conditions, n'avez-vous pas démissionné ?

— Mais cela n'aurait rien changé, proteste l'accusé. Le soir même, j'eusse été remplacé par un homme de Himmler ou de Darnand. Ma démission, je l'ai offerte toutes les fois qu'elle pouvait, à mon sens, peser sur une décision du gouvernement. Ce fut le cas après l'arrestation de Maurice Sarraut (sénateur, propriétaire directeur de *La Dépêche du Midi*, l'un des grands leaders radicaux-socialistes protecteurs du préfet Bousquet avant-guerre).

— Je vous demande pardon, reprend Noguères, cela aurait changé quelque chose. Car si vous vous étiez désolidarisé de Laval au sujet de cette affaire, vous ne seriez probablement pas aujourd'hui sur ce banc. »

Il est de fait que lesdits espions allemands firent d'effroyables ravages dans la Résistance. Accompagnés de serruriers, perquisitionnant de jour et de nuit, non seulement ils furent extraordinairement nocifs, mais aussi leurs télégrammes rendant compte des opérations entreprises étaient adressés aux services de Bousquet, qui les transmettaient à la Gestapo.

Il reste que le procès, commencé le matin du 23 juin, se termine dès l'après-midi du lendemain.

A peine entend-on quelques témoins.

Le réquisitoire du procureur général est bref. Le représentant du ministère public se limite à demander une peine modérée d'emprisonnement et une sanction morale : la dégradation nationale à vie.

Après une courte plaidoirie du défenseur, le bâtonnier Ribet, René Bousquet lui-même se contente d'une rapide déclaration. « Vous savez, dit-il s'adressant aux jurés, quelle fut mon attitude en 1930 lors des inondations du Midi de la France. En 1940, devant le déferlement des armées allemandes, mes réactions furent les mêmes. Je vous affirme que j'ai toujours défendu avec cœur la République et la France. »

Le jury ne délibère pas plus d'une heure.

La sentence tombe le soir même du 24.

L'arrêt constate que, si regrettable qu'ait pu être le comportement de l'accusé pendant l'Occupation, *la preuve n'a pas été apportée qu'il ait accompli sciemment des actes de nature à nuire à la défense nationale.* René Bousquet est donc acquitté de ce chef d'accusation.

Comme il a été cependant secrétaire général de la police, il est passible de l'indignité nationale, et une peine de cinq ans de dégradation nationale lui est infligée ; toutefois, « en raison des services certains qu'il a rendus à la Résistance, il est relevé de cette condamnation ».

Dans la salle, des applaudissements accueillent la sentence.

Après Bousquet, la Haute Cour n'a plus que deux dossiers à étudier, dits mineurs, ceux de Felix-Olivier Martin, secrétaire d'Etat à la Jeunesse, et d'André Parmentier, secrétaire général à l'Intérieur.

Les journaux communistes sont encore une fois les seuls à s'indigner de la mansuétude des juges.

Et cette dite mansuétude étonnera, bien plus tard, au point que l'on voudra réviser le procès.

Mais la sentence est bien dans l'esprit du temps.

La plupart des journaux sont presque totalement indifférents à de tels procès. Même *Le Monde et Le Figaro* n'en donnent compte rendu que dans de courtes colonnes, en troisième ou quatrième page.

C'est que l'esprit du pays porte plutôt à la réconciliation nationale. Le général de Gaulle lui-même, dans tous ses discours, semble y appeler. « Passer l'éponge » est à l'ordre du jour.

Au total, René Bousquet aura simplement profité d'un climat qui sera entièrement changé quarante ans plus tard.

La France préserve cependant la joie de vivre

La vie dément pourtant la politique.

Crise de régime ou pas, la France préserve pleine joie de vivre. Elle se fixe à nouveau à l'opposé d'un peuple de pleureurs.

Faut-il d'ailleurs que l'Economie aille mieux que les Finances, voici qu'on voit même réapparaître dans les journaux et à la radio la publicité pour les produits de consommation — ce qui ne s'était pas vu depuis 1939. Et quelle publicité ! Dynamique, allègre, imaginative...

Il n'y a qu'à feuilleter *Paris-Match*, qui renaît après des années de purgatoire (confisqué d'abord par les Allemands, puis par les épurateurs).

A nous le premier placard de pub pour une machine à laver, en l'espèce la machine à laver Conord, et dont, en termes lyriques, le producteur-vendeur nous dit tout le bien miraculeux qu'il faut en penser. En quelques lignes, la *société de consommation* vient de publier son acte de naissance.

Elle est bien finie, la société de restriction. Adieu lugubres années noires ! Banania redevient Banania, avec l'ample sourire de son tirailleur sénégalais d'avant-guerre : « Y a bon Banania. » Après quatre ans de grisaille et de lumières camouflées, à nous savons miracles, eaux de Cologne divines, lotions paradisiaques, shampooings de rêve, parfums à se pâmer, déodorants suprêmes et rouges à lèvres qui font de toute femme une star — la brillantine Cadoricin, « qui est lustrale » ; la brillantine Roja, contenant de la « Pennsylvania Oil qui ne poisse pas » ; le vernis à ongles Cutex, « qui est américain, ce qui est tout dire ».

La gaine Scandale inaugure sa plus glorieuse époque (non, non, je n'en veux pas d'autres, je veux une Scandale).

A nous le bas Gui et le premier rasoir électrique Philipshave, qui permet de « se raser n'importe où en gardant col, cravate et veston ».

Dans le même temps, la beauté de la femme reprend pleins droits.

Ne sont-elles pas fraîches comme des hirondelles venues annoncer des printemps, ces deux nouvelles modes, qui ne réjouiront pas que les messieurs gourmands et les barbons salaces : la gorge pigeonnante, manière Martine Carol, et l'œil de biche, à l'opposé des regards incendiaires des Carmen ou ensorcelants de la vamp ?

Nouvelle querelle des anciens et des modernes : faut-il ou non dénuder, comme nous y appellent les grands couturiers ? Un argument entendu entre autres : l'échancrure reproduit tout de même le V de la victoire, alors...

Question fondamentale : madame doit-elle porter le short ? Et que penser du pantalon long féminin ? Ils paraissent bien révolus, les temps où, encore en 1946, les portiers du *Ritz* en interdisaient l'entrée à Barbara Hutton, richissime héritière des grands magasins Woolworth, en short de tennis...

Autres vogues : le chirurgien esthétique ; le bain de mousse ; le *spring charming* (nettoyage de printemps) ; la ligne « Fleur épanouie » que lance Jacques Dessès ; le bronzage en atelier...

Car la vie d'un pays, ce n'est pas seulement la politique, la grève et l'art militaire.

C'est aussi un sourire, une fleur, un outil, une âme.

La vie, cela peut être une simple chanson, ainsi celle qui révèle Line Renaud, grand prix du Disque 1949, *Ma cabane au Canada* : « Ma cabane au Canada — est blottie au fond des bois — on y voit des écureuils — sur le seuil... » Toute la France s'attendrit devant cette jeune chanteuse, qui nous vient d'Armentières, un peu cousine de la « couturière de Lunéville », un peu sœurette de cette *Rose de Picardie* qui fit pleurer tant de tommies nostalgiques, blonde, rose, éclatante de santé, yeux myosotis, sourire de chatte douce... La chanson, signée du mari, Loulou Gasté, avec 600 000 disques vendus déborde même le succès, dans la même année, de *Maître Pierre*, de *Où vas-tu Basile ?* et de la 4 001e chanson de Vincent Scotto, *Sous les ponts de Paris.*

La vie, c'est un film. Précisément, la plus belle salle de Paris, le Gaumont, affiche, concomitamment avec l'immense Rex, un film « à quatre sous » (à budget dérisoire) mais qui connaît un triomphe immédiat, *Le Silence de la mer*, d'après le roman de Vercors, tourné par un inconnu nommé Jean-Pierre Melville. L'œuvre crève l'écran. La nièce, notamment, Nicole Stéphane (c'est une Rothschild, fille de James, nièce de Philippe, petite-fille d'Henri), une beauté sans apprêt, emporte tous les suffrages.

La vie, c'est une chronique taquine — par exemple Sacha Guitry épousant sa cinquième femme, Lana Marconi. Cela se passe en novembre dans l'église orthodoxe de la rue Georges-Bizet. En 1907, il épousait la comédienne Charlotte Lysès, de onze ans son aînée ; en 1919, la tempétueuse Yvonne Printemps ; en 1935 Jacqueline Delubac, disant : « Je fête mes cinquante ans ; elle en a vingt-cinq ; normal qu'elle devienne ma moitié » ; juste avant-guerre, Geneviève de Seréville. Lana, il la conquiert en l'invitant à dîner en son hôtel particulier de l'avenue Elisée-Reclus, et en lui dévoilant tous ses trésors, la canne de Talleyrand, la baguette de Toscanini, les gants de Clemenceau, le diplôme de bachelier de Verlaine, le manuscrit des *Ronds-de-cuir* et l'ordre du jour de la bataille de la Marne. L'un des témoins de mariage est Paul Fort, prince des poètes. Le soir, on soupe chez *Carrère.* On danse aux accents nostalgiques d'un orchestre tsigane.

La vie, c'est Edwige Feuillère, ensorcelante *Dame aux camélias* au théâtre Sarah-Bernhardt ; Gérard Philipe créant un nouveau type de séducteur qui détrône le costaud aux larges épaules ; Louis Jourdan, pour qui les Américains créent le mot *French appeal* ; Joséphine Baker ressuscitant, à la fois parisienne et ouistiti, diva d'opéra et Diane chasseresse, aussi primitive qu'une enchanteresse de dinosauriens, aussi raffinée qu'une marquise et aussi tendre qu'une mésange, poudre d'or et poivre rouge ; Edith Piaf connaissant un nouveau triomphe avec *Mon amour, je te retrouverai dans l'éternité*, pauvrette toute ratatinée, chétive, marchant comme à regret, genoux pliés, mais une voix qui monte des profondeurs de l'humanité, une voix pour cathédrale ou pour vastes cérémonies orgiaques, avec des ensorcellements de sanglots martyrs et tout le magnétisme de jouissances d'enfer.

C'est le Goncourt pour *Week-end à Zuydcoote* de Robert Merle.

C'est Albert Fratellini faisant sa rentrée chez Bouglione.

La vie, c'est Christian d'Oriola, à nouveau champion du monde ; la France dominant grâce à Alain Mimoun l'« International » de cross-country à Dublin ; le petit Français Jacques Marinelli, dans le Tour de France, impuissant à défendre son maillot jaune contre un impérial Fausto Coppi ; la plus célèbre course d'autos du monde, les Vingt-Quatre Heures du Mans, qui ressuscite.

La vie, c'est même l'adieu bouleversé qu'un peuple adresse à ceux qui lui ont valu quelque gloire, ainsi au pilote Jean-Pierre Wimille qui se tue en voulant éviter des spectateurs lors des essais du Grand Prix de Rosario en Argentine ; ou au boxeur légendaire Marcel Cerdan, 109 victoires pour 113 combats, parti de Paris pour reconquérir le titre mondial des poids moyens, que, blessé à l'épaule, il a dû céder à l'Américain Jack La Motta cinq mois plus tôt, dans la pleine maîtrise de ses forces trouvant la mort en avion dans un accident aux Açores ; ou à la merveilleuse violoniste Ginette Neveu, qui meurt dans le même avion que Cerdan.

Sciences et techniques

La vie, ce sont enfin tous les progrès que le pays accomplit dans le domaine de la science et des techniques.

La France poursuit sa conquête de l'atome. Le 14 juillet, à Saclay, l'ancien ministre Raoul Dautry, administrateur général du CEA, et Frédéric Joliot-Curie, qui en assure la direction scientifique, posent la première pierre d'un centre atomique. Incroyable, mais vrai : la France ruinée, sans moyens, se maintient dans la plus formidable compétition scientifique et technique de tous les temps, l'aventure atomique. Certes, nous avons déjà Zoé, première pile expérimentale française, dont les servants, de Francis Perrin à Kowarski, constituent une rare concentration de matière grise. Mais l'ambition est plus grande encore. Programme : construire ensuite au plus tôt la seconde pile atomique, EL2, et un accélérateur de particules Van den Graaff. Bien sûr, les débuts restent modestes, les effectifs du CEA ne dépassent pas un millier d'agents, son budget s'établit au centième du budget américain mais nos savants y vont avec une allégresse qui fait plaisir à voir. Dès la fin de l'été, on décide l'avant-projet d'un réacteur refroidi au gaz carbonique. On ne doute déjà pas que, pour la troisième génération des réacteurs, les « surgénérateurs » de demain, la technique française née sur le plateau au pied du Christ de Saclay, sera en pointe sur toutes les autres. Pourquoi pas ?

Dès janvier, se met en place le troisième groupe de la centrale de Génissiat.

En novembre, à l'usine du Bouchet, Seine-et-Oise, nos chimistes réussissent à isoler un milligramme de plutonium extrait des barreaux d'uranium irradiés dans la pile Zoé — premier vrai pas vers l'utilisation pacifique de l'énergie nucléaire.

En mai, un train composé de cinq voitures et d'une locomotive électrique parcourt le trajet Paris-Bordeaux, 581 km, en quatre heures vingt-six et atteint ainsi à 131 km/h de moyenne le record mondial, qui est américain.

Nous entreprenons à Vitry-sur-Seine la construction d'une vaste usine de production de streptomycine.

Sous la direction du professeur Derot, on achève le premier rein artificiel, mis en service à la Salpêtrière.

Les progrès de la télé sont de plus en plus étoffés. Pour alimenter un budget de plus en plus exigeant, se crée même une taxe sur les récepteurs : la fameuse *redevance*. Le programme de construction de nouveaux émetteurs se poursuit méthodiquement. Certes, les pannes sont fréquentes, les horaires des programmes peu respectés. C'est à des difficultés techniques qu'on devra l'invention de speakerines, chargées de prononcer les paroles de réconfort qui feront patienter les téléspectateurs (les premières : Jacqueline Joubert et Arlette Accart). Il y a encore peu de monde devant le petit écran : Georges de Caunes salue un soir ceux qui le regardent par ces paroles : « Messieurs les directeurs, monsieur le téléspectateur... » Mais l'ensemble de l'appareillage se structure vigoureusement. La RTF (Radiodiffusion et Télévision française) entre dans l'arène. Henri Spade lance *Le Magazine du cinéma*. On donne plusieurs dramatiques de qualité. Apparaît même le premier carré blanc — pour signaler aux parents les spectacles non recommandables aux enfants. Vient la première émission pour enfants, *Télévisius* — les aventures du bon magicien Télévisius et de son aide la fée Stella aux prises avec le méchant sorcier Cataclysme. Surtout, ce 29 juin, paraît le premier *Journal télévisé*, qu'invente et anime Pierre Sabbagh entouré d'une équipe prestigieuse. Toutes les étapes du Tour ont droit à des séquences, naturellement en différé : on s'agglutine dans les cafés qui ont des récepteurs pour voir Coppi grimper l'Izoard.

VII

1950

L'ANNÉE DU DEMI-SIÈCLE

Georges Bidault à la peine — Les « lois scélérates », nouvelle tornade sociale — Première crise grave au sein du RPF — La Quatrième et la Troisième — Le plan Schuman — Le gouvernement René Pleven — La guerre de Corée — Tragédies en Indochine — Faut-il réarmer l'Allemagne ? — La joie de vivre est toujours là — Victoire sur l'Annapurna : premier « 8000 m » atteint par les hommes — De Lattre au secours de la France.

Georges Bidault à la peine

Londres, New York, Moscou vivent déjà depuis plus de vingt-quatre heures en 1950 que les députés français en restent au 31 décembre 1949, minuit moins une. De sa voix la plus sarcastique, Bidault a beau remarquer : « Ma république est en progrès. L'an dernier, le budget n'était bouclé que le 3 janvier. Cette année le 2 », c'est la risée générale.

Infortunée Quatrième République ! Les vœux du Nouvel An ne changent rien à la détestable atmosphère. Des grèves violentes éclatent sans délai dans la métallurgie, chez Renault, dans les ports. Des actes de sabotage graves sont même signalés. La majorité n'est toujours pas soudée. Si le gouvernement ne tombe pas, il ne le doit qu'aux peurs qu'inspire toute une Union française en effervescence.

L'affaire des généraux est loin d'être terminée. Le 17 janvier, Bidault doit lire sur le sujet une communication à l'Assemblée nationale. Communistes et gaullistes attaquent le gouvernement à boulets rouges. L'Assemblée constitue une commission d'enquête que préside le gaulliste Edmond Michelet et où les communistes jouent les grands accusateurs. Elle impose le secret à ses membres ; toute la presse divulgue ses travaux jusqu'au moindre détail. On attaque jusqu'à Vincent Auriol parce que, dans les télégrammes échangés entre Roger Peyré et Hoang Van Co, il est question d'un certain M. Paul (prénom de son fils, qui est aussi son collaborateur à l'Elysée). Qui est M. Paul ? interroge *Carrefour*. « Mon pauvre Paulo, soupire le président, on me le met à toutes les sauces. » Evidemment, l'accusation se révèle absurde. Du coup, on cherche d'autres « Paul ». Pourquoi pas Paul Grossin, chef de la Maison militaire présidentielle ? Ou le général Paul Campana, de l'état-major du président ? Cela tourne au mauvais roman d'espionnage. Le colonel Fourcaud remet à la commission les « comptes » de Van Co, avec toute une liste de personnages qui seraient passés à la caisse. *L'Huma* remplit des colonnes contre les « chéquards ».

Mais quelle folie emporte donc le régime et le pays ?

Les gaullistes soutiennent que la Constitution est coupable. Cela ne peut être. Une Constitution vaut ce que valent ses hommes. Les textes constitutionnels de 1875 qui s'écroulèrent en 1940 permirent tout de même la conquête d'un magnifique empire colonial, la victoire de 1918 et la révolution pacifique du Front populaire.

La conjonction des communistes et des gaullistes ? Dans cette Assemblée, les gaullistes ne sont pas plus de quarante. La troisième force est à l'évidence une excellente solution de sagesse, avec toutes les forces nécessaires.

A la vérité, si la Quatrième République se sent si mal dans sa peau, les explications doivent être davantage recherchées en profondeur qu'en surface.

La France n'a pas encore surmonté l'effroyable saignée de 1914-1918. Trop de jeunes hommes ont été sacrifiés. La sensation d'épuisement demeure.

L'inflation lente qui perdure est comme une leucémie. Deux générations auront vu la monnaie se déprécier. Or mieux vaut une brutale poussée de fièvre, avec thermomètres affolés, comme la chute spectaculaire du mark sous la République de Weimar dans les années 1920, que ce phénomène pernicieux. Le mal éprouve beaucoup la classe dirigeante qui, rongée par l'inflation, a l'impression que ses biens fondent. Elle perd tout sentiment de sécurité. Elle en rend coupable le régime, à la défense duquel elle ne se sent plus vouée à se sacrifier.

Une épuration pratiquée sur une trop large surface a trop frappé des cadres traditionnels plus pétainistes que collaborationnistes. Ils ont été mal remplacés. Le commandement civil est dès lors imparfaitement assuré. La classe politique elle-même s'est privée d'éléments valables. Or l'improvisation ne peut sur un long temps suppléer au métier ou au sens des responsabilités. Le système D n'y suffit pas.

Enfin, s'impose à la France la conviction profonde de n'être plus une grande nation. Le peuple français sait tout à fait que la victoire de 1945 fut pour la France une fausse victoire. De Gaulle en convient lui-même. « Maintenant que les Français sont forcés de reconnaître la réalité, que la France n'est plus la première puissance du monde, dit-il, ils se désolidarisent de son destin. » On garde en mémoire ce désastre de mai-juin 1940 où tout sombra.

Et n'oublions pas ce démon qu'aura toujours eu la France à se faire à elle-même beaucoup de mal.

Les « lois scélérates », nouvelle tornade sociale

Le 3 mars, commence à l'Assemblée l'examen des projets de loi destinés à réprimer les actes de sabotage. C'est qu'à Grenoble, Nice et Saint-Pierre-des-Corps, on a détruit d'importants matériels militaires. L'opération consiste pour Bidault à aggraver les peines prévues pour les atteintes à la sûreté intérieure de l'Etat.

L'agitation communiste reprend. A nouveau, les fronts sociaux s'enflamment. De plus, la guerre froide a ses rigueurs. Thorez ne tient pas à déplaire à Staline. Les premiers soldats américains arrivent, alors que le Kominform a programmé l'échec total de la défense atlantique. Si, à La Pallice et à Saint-Nazaire, les dockers refusent de débarquer le matériel de guerre arrivant des Etats-Unis, il est surtout clair que Thorez veut afficher sa part au combat. Il envisage d'ailleurs même des heures si sombres qu'il charge l'un de ses lieutenants, Auguste Lecœur, de mettre en place toute une organisation pour l'éventualité où le Parti devrait un jour à nouveau se battre dans la clandestinité.

Le Palais-Bourbon retrouve son atmosphère la plus électrique. D'entrée de jeu, les communistes qualifient les textes gouvernementaux de « lois scélérates ». Leurs députés multiplient les manœuvres d'obstruction. Le camarade Duprat, député du Lot-et-Garonne, s'incruste à son tour à la tribune, où les copains lui apportent bière et sandwiches. Il est relayé par Lamps, ardent député de la Somme, puis par le nordiste Arthur Musmeaux. Heures délirantes.

Non seulement les communistes occupent la tribune, mais, à nouveau, comme au temps de Raoul Calas, refusent de quitter l'hémicycle. Ils luttent pied à pied, hurlant : « Fascistes ! Pourris ! Chéquards ! » Nouvelle tornade. Des bagarres éclatent. François de Menthon est précipité à terre, piétiné, frappé. Herriot doit se décider à l'expulsion *manu militari*. Lui-même n'est pas épargné par les injures : traître ! collabo ! gros plein de soupe !

Les femmes députées communistes sont les plus acharnées. Elles se roulent par terre, griffent, crachent, brandissent leurs souliers à talons. Les gardes les plus robustes sont requis pour les soulever du sol et les emporter sous leurs bras. La moins déchaînée n'est pas Jeannette Vermeersch, épouse de Maurice Thorez (le mariage a été célébré, il y a trois ans, par le maire de Choisy-le-Roi, M. Lebidon). Elle s'en prend comme une furie à Herriot, qui n'aura jamais été plus abasourdi.

Alfred Malleret-Joinville, élu sur la liste de Thorez et « général » issu de la Résistance, se lance en vain au secours de ces dames. Il crie aux gardes : « Je suis général... Je suis général... Vous ne porterez pas la main sur moi. » Il est immédiatement emballé et emporté à travers l'Hémicycle sous les moqueries des députés de droite. C'est alors que le président du groupe PRL, Michel Clemenceau, a un mot digne de son père, le Tigre : « Tiens, voilà le général qui passe... »

A vingt-deux heures, ce même 4 mars, on voit intervenir jusqu'à trois cents gardes républicains, en casque et sans armes, sous les ordres de leur commandant, le général Marquant, qui n'a pu trouver aucune forme de conciliation. Les communistes — les *moscoutaires*, comme les appellent les socialistes — ne cèdent pas pour autant. Les coups de poing n'épargnent personne. Les pupitres sont défoncés. La comédie va durer des heures. Amazone en transes, la camarade Vaillant-Couturier, veuve du grand révolutionnaire devenue la compagne du camarade Villon, est mise quasiment knock-out par un coup de tête d'une citoyenne non marxiste.

Une douzaine de députés communistes et quatre gardes républicains doivent être transportés à l'infirmerie.

Le général Marquant n'a plus qu'une solution. Homme compréhensif et respecté, il s'avance vers Thorez. « Monsieur le président, ne trouvez-vous pas que cela doit suffire ? » L'ancien vice-président du Conseil hésite deux secondes, puis dit : « Vous avez raison. Finissons-en. » Il serre la main du général. Les communistes sortent en chantant *L'Hymne aux soldats du 17*[e].

Bidault ne peut que tirer la leçon pour tout le monde. « La vérité, déclare-t-il, est que pour poser ces mesures élémentaires de sécurité nationale, la question de confiance met en cause et en évidence non pas l'existence du ministère, mais, ce qui est infiniment plus grave, la sauvegarde du pays et ses raisons d'être. »

Première crise grave au sein du RPF

Précisément, ce même mercredi après-midi où Bidault pose la question de confiance, le conseil de direction du RPF tient sa délibération hebdomadaire. « Bien entendu, annonce de Gaulle de sa voix la plus naturelle, les députés de l'intergroupe gaulliste voteront contre le gouvernement. » Il ne faut cependant pas croire que, cette fois-ci, l'oracle fasse autorité.

Député de la Seine, anticommuniste déterminé, Edmond Barrachin sursaute. « Ai-je bien entendu, mon général ? » De Gaulle répète : « Eh bien oui, je dis : les députés gaullistes voteront contre le gouvernement. » Un dialogue sec s'ensuit, d'autant plus que Barrachin est encore tout ému de la folle nuit du Palais-Bourbon.

Barrachin : — Impossible, mon général, nous n'avons pas été élus pour voter avec les communistes. C'est épouvantable.

De Gaulle : — Vous figureriez-vous que j'aurais créé le RPF pour soutenir M. Bidault ?

Barrachin : — Là n'est pas la question. Nous votons presque constamment contre le gouvernement. Mais, en l'occurrence, il s'agit de circonstances exceptionnelles.

De Gaulle développe encore ses arguments : la grandeur est dans l'intransigeance ; composer, c'est trahir.

Pourtant, devant les mines boudeuses de ses députés, Barrachin étant appuyé par plusieurs intervenants, le président du mouvement, agacé, excédé, finit par concéder : « Eh bien, soit ! Faites donc comme vous l'entendrez ! »

La confiance est ainsi votée à Bidault massivement.

Naturellement, à travers tout le pays, le Général, entêté, continue sans trêve d'attaquer le régime, de dénoncer infatigablement « tous ces partis dans leurs coquilles vides ».

Il s'aigrit même. Il en veut à tout le monde.

Voici qu'il s'en prend à Juin, son ancien camarade de Saint-Cyr, vainqueur du Garigliano, coupable de n'avoir pas rejoint la France Libre dès son retour de captivité. On prétend que lorsque la conversation vient à porter sur Juin, il demande en gloussant : « Juin ? De quelle année ? » Il vous dit, sarcastique : « J'ai enfin trouvé la dédicace pour la photo que Juin me réclame — *au général Juin, qui a su saisir la victoire lorsqu'elle s'est offerte à lui, affectueusement. Charles de Gaulle.* Comme ça, je suis sûr qu'il ne la mettra pas sur le piano. »

Plus encore, il tend à tout dramatiser.

A tout propos, il annonce que les grands orages approchent. Il déclare tout de go que Renault, au lieu d'équiper la *Frégate*, serait mieux avisé de fabriquer des chars de quarante tonnes.

C'est Cassandre, avec le plus épique langage : « Les 175 divisions soviétiques déferleront. Alors on se battra sur le Rhin, peut-être même sur la Loire et ensuite sur les Pyrénées. On peut se demander si les Etats-Unis auront le temps d'envoyer le million d'hommes nécessaires pour barrer la route à la ruée, lorsque les troupes de Boulganine approcheront du Rhin. Voilà pourquoi aux Etats-Unis de bons experts préconisent la tactique des porte-avions, ces porte-avions devant être l'Angleterre, la péninsule Ibérique et l'Afrique du Nord. Vous avez compris, cela signifie qu'on abandonne l'Europe aux Mongols... Imaginez donc quel coup porterait au monde libre la chute de Paris et de Rome ! Or les avant-gardes cosaques, figurez-vous, campent à 158 kilomètres du Rhin, et derrière ces avant-gardes, on découvre 30 000 chars, 20 000 avions, toutes ces divisions. »

Manifestement, il s'applique à faire peur.

Il n'en ressent pas moins très cruellement le coup que vient de lui porter son groupe parlementaire en refusant de le suivre. Ça a tangué. Même durement. D'où question déjà lancinante : et si le RPF, d'aventure, ne tenait pas la route ?

La Quatrième et la Troisième

6 mars. Mort d'Albert Lebrun. Fils de cultivateurs de Mercy-le-Haut en Lorraine, reçu à Polytechnique à dix-neuf ans après seule-

ment un an de préparation en mathématiques spéciales, sorti major de l'école, député dès avant ses trente ans, sénateur, toujours élu à forte majorité par ses fidèles Lorrains, plusieurs fois ministre, élu en 1932 président de la République, il incarna l'Union sacrée lors de sa réélection en 1939 à quelques mois de la guerre mondiale. Encore à soixante-dix-neuf ans, il gardait l'allure d'un officier de cavalerie, avec sa haute et mince silhouette, son allure assez raide, ses cheveux brun et blanc taillés en brosse, une moustache en crocs qu'il aura fait teindre en noir jusqu'à ses derniers jours. Au temps de sa grandeur, il aura certes fait la joie des caricaturistes et des chansonniers qui se seront largement moqués de son éloquence, pompeuse et volontiers larmoyante, de sa tendance à avoir le pleur facile, lui infligeant du coup toutes sortes de cruels surnoms, *Pleurard, Sot Pleureur, Aux larmes citoyens* (au vrai, sa voix, lorsqu'elle s'élevait, prenait un trémolo. Myope, comme il répugnait à porter des verres dans les cérémonies officielles, l'effort qu'il imposait à ses yeux faisait jaillir des larmes). On ne saurait en oublier que cet intraitable patriote aura été avant tout un modèle de gentillesse, d'urbanité et d'honnêteté. Il meurt d'une pneumonie, à Paris, non sans avoir assisté quelques mois plus tôt au « Point Gamma » (bal de Polytechnique). Après des obsèques nationales à Notre-Dame, il est inhumé dans son village natal.

30 mars. Mort de Léon Blum. Chez lui, à Jouy-en-Josas. La Quatrième République perd son meilleur ami, en même temps que le Parti socialiste son prophète. Ce jour-là, l'ancien leader du Front populaire, après une mauvaise nuit, avoue au cours du déjeuner qu'il ne se sent pas très bien. Peu avant quinze heures, il est pris d'un malaise. Peu avant seize heures, il succombe à un infarctus. Avant-guerre, il fut à coup sûr, durant des années, l'homme le plus haï de France. C'était le temps où Léon Daudet l'appelait « le lévrier hébreu » et où, lui-même, las d'être traîné dans la boue, en pleine séance, le doigt accusateur, lançait à la droite un fameux : « Je vous hais ! »

Et voici qu'il meurt dans le respect universel. Les hommages sont unanimes pour cet homme de bonne volonté, père des congés payés et haute figure de temps révolus. Son éloge funèbre est lu le soir même à l'Assemblée par Herriot. Ses obsèques ont lieu sous une pluie battante. Les adieux sont prononcés successivement par Daniel Mayer, fils spirituel du défunt, Guy Mollet au nom de la SFIO, Yvon Delbos en tant qu'ancien ministre du Front populaire, le Belge Louis de Brouckère au nom de la IIe Internationale, et Vincent Auriol, qui a le plus grand mal à dissimuler son émotion.

Occasion pour nos journaux d'évoquer maints souvenirs de la Troisième — de chercher aussi tout ce qui sépare les deux Républiques — même si, décidément, l'une et l'autre auront eu la même propension à l'abus de crises ministérielles (avec Bidault, en seulement cinq ans de régime, nous en sommes déjà au dixième gouvernement).

Les différences ? Nettement, on en distingue au moins trois importantes.

A l'opposé de la Troisième, la Quatrième n'aura pas eu d'extrême droite — d'où d'ailleurs l'effort désespéré des orateurs de la troisième force pour faire admettre dans l'opinion les gaullistes comme fascistes. *L'Action française*, qui fut une terreur, est devenue quelque chose de fantomatique. Nos braves anciens combattants n'ont plus rien de commun avec les fanatiques Croix de feu de 1934. Où es-tu, implacable *Gringoire* ? A la Libération, presque tous les journaux « nationaux » ont été interdits, leurs biens confisqués par la SNEP (Société nationale des entreprises de presse, que préside Pierre Bloch), et leurs imprimeries occupées purement et simplement par leurs adversaires. Empêchés d'utiliser des titres prestigieux, parfois même frappés d'indignité nationale en raison de leur fidélité au Maréchal, les ultra-nationalistes, voire de simples nationalistes, en sont réduits à créer des publications qui, faute de moyens, n'occupent qu'une partie infime du terrain politique.

L'antisémitisme n'est pas visible. La guerre aux Juifs n'est absolument pas à l'ordre du jour. Pourtant, les israélites occupent des postes de direction très voyants dans la presse. Pierre Lazareff aura dirigé avec Robert Salmon, Sam Cohen et Georges Gombault (né Weiskopf) l'important groupe de la Franpar qui comprend à la fois *France-Soir* et *Paris-Presse-L'Intransigeant*. Robert Lazurick dirige *L'Aurore* ; le docteur Henri Smadja, *Combat* ; Maurice Berlow, ex-directeur de *L'Opinion juive*, anime le *Journal du Parlement* ; André Wurmser est billettiste à *l'Huma* ; André Bollack est un prince de la presse. On retrouve d'avant-guerre les deux groupements juifs les plus actifs sur terres politiques, la Ligue internationale contre l'antisémitisme (LICA) et le Mouvement contre le racisme et l'antisémitisme pour la paix (MRAP). Mais on ne voit se développer aucune campagne antisémite. Cela contraste beaucoup avec les vastes polémiques antijuives de l'entre-deux-guerres et de la Belle Epoque et d'autant plus que comme les catholiques, comme les protestants, les Juifs sont eux aussi partagés entre une droite et une gauche, des réactionnaires et des progressistes, des libéraux et des dirigistes.

Enfin, on sent revenir la querelle des écoles, qui avait certes douloureusement marqué les débuts de la Troisième, mais qui s'était éteinte entre les deux guerres. Effet du vote des femmes, qui aura puissamment « christianisé » le corps électoral ? Ou parce que, désarmée, la foi laïque ne sait plus s'exalter ? La franc-maçonnerie aurait-elle cessé de faire peur aux jésuites et aux « jésuitières », du fait qu'elle est plus discrète que sous la Troisième ? En tout cas, les partis catholiques, sur le plan de l'école libre, paraissent devoir être plus hardis que leurs aînés d'avant-guerre, ne serait-ce que parce qu'ils sont plus puissants.

Mais trêve de philosophie.

On ne peut longtemps se distraire des exigences de l'action.

La guerre d'Indochine reste obsédante. Le Viêt-minh en est à dépasser le niveau des régiments : il constitue déjà des brigades, qui ne tarderont pas à s'organiser en divisions. Il n'a plus rien de commun avec des groupes de « pirates » incapables de soutenir une bataille rangée. La situation s'aggrave de jour en jour. Qu'en pense de Gaulle ? demande un jour Bidault. De Gaulle lui-même peut exprimer sur le sujet les interprétations les plus contradictoires. D'une part, il vous dit : « La situation en Indochine est très simple. On nous fait la guerre. Il ne nous reste qu'à résister et à gagner. » Il affirme devant Louis Armand : « Si elle ne tenait plus Bizerte, Mers el-Kébir et Dakar, la France ne serait plus une grande puissance. » D'autre part, dans la même période, il déclare devant André Frossard : « Les empires sont faits pour se défaire. »

Toute l'Union française est en effervescence. Les Malgaches ruminent leur vengeance. Au Maroc, les rapports entre Juin et le sultan ne cessent de se tendre. En Tunisie, les bourguibistes multiplient leurs défis (qui se limitent heureusement pour l'immédiat à être purement verbaux). En Algérie, les fidèles de Messali Hadj s'agitent dans l'ombre. En Afrique noire, se fonde le Rassemblement démocratique africain (RDA), qui prend dans plusieurs colonies un aspect ouvertement révolutionnaire, étend ses ramifications à l'intérieur de la brousse et crée maints soucis aux gouverneurs locaux. En Côte d'Ivoire éclatent des incidents sanglants, que le gouverneur Pécoux impute à la responsabilité du « député agitateur » Félix Houphouët-Boigny, l'homme qui, aussitôt élu en 1945, a fait abolir à Paris par l'Assemblée nationale le « travail forcé » (le devoir de corvée).

L'Allemagne relève ses ruines. Avec sérieux et persévérance. Son application, son efficacité, comparées au byzantinisme français, poussent les Américains à donner au gouvernement de Bonn des pouvoirs accrus.

La Sarre en arrive à s'imposer comme un grave sujet de discorde entre Français et Allemands. L'histoire recommencerait-elle ? En 1928, nous crûmes pouvoir l'absorber : en 1935, les Sarrois votèrent pour le rattachement à l'Allemagne de Hitler. En 1945, nous fîmes une nouvelle tentative d'intégration. Désignée par le gouvernement français, une commission de vingt notables du cru fabriqua une Constitution qui détacha politiquement la Sarre de l'Allemagne et la rattacha économiquement à la France. Paris eut quelque espoir : en 1947, lors des élections pour une assemblée sarroise, 91 % des suffrages se prononçaient pour l'autonomie. Mais, l'Allemagne renaissant, voici que le climat change brutalement. Fort du soutien américain, Adenauer, se payant d'audace, déclare la Sarre territoire

« allemand de cœur et de droit ». Les trois grands partis d'Allemagne occidentale publient une déclaration commune aux termes de laquelle ils refusent absolument le « rapt de la Sarre par la France ». Une entrevue Schuman-Adenauer, au château Ernich, résidence du haut-commissaire français André François-Poncet, n'arrange rien. Le 2 mars, la France signifie à Bonn la signature des conventions qui règlent les modalités de l'absorption économique de la Sarre par la France. Les régimes monétaires, douaniers et fiscaux sont harmonisés. Les mines vont toutes à la France. Les journaux d'en deçà et d'au-delà du Rhin engagent une vive polémique.

Plus rien ne va pour le gouvernement.

C'est pourtant alors qu'intervient le plan Schuman. Objet : *réunir sous autorité supranationale, dans un marché commun, le charbon et l'acier français et allemands*.

Dean Acheson est le premier informé, le dimanche 7 mai, où il fait escale à Orly avant de gagner Londres, qui va abriter la première conférence de l'alliance de l'Atlantique Nord. Il s'agit d'un entretien ultra-confidentiel auquel seul assiste l'ambassadeur Bruce. En dehors des trois hommes, seul Bidault a été tenu au courant. Les autres ministres ne savent encore rien. Une divulgation prématurée pourrait tout faire échouer.

Ahuri, Acheson présente une seule objection. La politique des Alliés outre-Rhin consiste à démanteler tous les cartels. N'est-ce pas un paradoxe, ou un défi, ou un contresens que d'en édifier un qui sera colossal ? Tranquillement, Schuman répond que c'est la seule manière de bloquer tout risque d'une nouvelle guerre franco-allemande. De surcroît, d'autres nations pourront y adhérer. La CECA (Communauté européenne du charbon et de l'acier) fournira à l'Europe libre le socle de puissance industrielle sur lequel, fatalement, son unité politique se construira. Il assure d'ailleurs que l'idée de départ n'est pas de lui, mais de Jean Monnet. Schuman a beau parler comme si toutes ses phrases l'embarrassaient, il a l'enthousiasme communicatif. Bravo, bien joué, approuve finalement Acheson.

Puis on prévient en grand secret Adenauer. Le chancelier réfléchit trois secondes. Il dit : « Comment refuser une proposition aussi magnanime et intelligente ! »

Les ministres français adoptent le plan sans discuter. Il n'y a pas une seule fausse note. L'unique réserve, légère, est de Petsche, vieil adversaire de Jean Monnet, qui demande que l'on y aille prudemment.

Guy Mollet, consulté, appuie à fond le projet. Il tient en effet désormais l'Europe pour la « préoccupation essentielle de la SFIO ». Il dit : « Notre position est celle qu'exprime Léon Blum dans *A l'échelle humaine*. Dès cette époque, il perçut qu'il fallait intégrer l'Allemagne dans un monde qui lui fût supérieur. Nous ne saurions donc formuler la moindre objection à ce projet. »

C'est depuis le salon de l'Horloge, au Quai, que Schuman informe de son plan la France, l'Europe et l'univers.

« L'Europe, explique-t-il, se fera essentiellement par des réalisations concrètes créant des solidarités de fait... Son rassemblement exige que l'opposition séculaire de la France et de l'Allemagne soit éliminée... La mise en commun des productions de charbon et d'acier manifestera mieux que tout que toute guerre entre la France et l'Allemagne devient non seulement impensable, mais matériellement impossible. »

La sensation du message est énorme.

« Sublime » est le qualificatif le plus souvent entendu.

Un seul homme, hors les communistes, pique une rage monumentale : le chef du Foreign Office, Ernest Bevin. Il faut préciser que l'homme est dramatiquement hanté par la situation de l'Angleterre. Elle est ruinée. On va disant : « Avant-guerre, chaque Anglais était créditeur de 100 livres sterling ; depuis la guerre, chaque Anglais est débiteur de 100 livres sterling. » Tous les avoirs extérieurs ont été dévorés et remplacés par des dettes. Accoutumée à être la reine du monde, elle se découvre réduite à l'état de pauvresse. Du coup, un rien peut irriter le cuir du personnage. Il s'emballe. Il tient l'affaire Schuman pour une vaste combinaison continentale contre le commerce britannique. Il déclare tout net à Acheson qu'il n'acceptera jamais un « si honteux coup bas ». Il traite Schuman d'« irresponsable ».

Dès le 25 mai, imperturbable, le Lorrain lance néanmoins ses invitations.

Une seule condition à l'adhésion : accepter le caractère supranational de la Communauté.

Bonn, Rome, Bruxelles, La Haye et Luxembourg répondent positivement.

Le 3 juin, au profond regret de beaucoup de Français, le gouvernement travailliste de Clement Attlee informe qu'il ne saurait participer à la « conférence constitutive d'un tel pool ». Eh bien, rétorque Schuman, nous avancerons à six.

D'ores et déjà, la CECA est sur les rails.

Mais, si grand que soit le prestige que lui vaut ce formidable coup d'éclat, le gouvernement, sous trop de coups, est à bout de forces.

Il tombe même sur un sujet relativement dérisoire par rapport aux enjeux mondiaux : un reclassement de fonctionnaires. Les socialistes mènent une nouvelle fois l'offensive. Sans doute sont-ils surtout obsédés par l'approche des élections législatives, qui doivent avoir lieu en principe en octobre 1951. L'hostilité systématique à l'égard des « partis bourgeois » leur semble la meilleure tactique — du moins la seule qui puisse leur éviter d'être laminés par les communistes. Bidault pose la question de confiance le 24 juin. Il n'obtient que 230 suffrages face à 352. Notons uniquement en passant que, pour la première fois, un gouvernement est renversé dans les formes prévues par la Constitution et non plus à la suite de la lassitude ou du découragement d'un président du Conseil.

Le gouvernement René Pleven

Bidault tombe le 24 juin.

Le 25, la Corée du Nord attaque la Corée du Sud ; la guerre de Corée éclate ; elle peut être le prélude à une guerre mondiale.

Pourtant, le monde politique français, tout à ses propres calculs, traite cette nouvelle crise ministérielle comme les autres.

Byzance oblige. A se demander comment ce pays, dans les mêmes saisons, aura pu proposer un projet aussi grandiose que le plan Schuman qui doive interdire à jamais toute guerre franco-allemande.

Mais c'est ainsi.

26 juin. Queuille, premier pressenti, renonce : les socialistes lui refusent leur appui.

27 juin. A quelques heures d'intervalle, Vincent Auriol pressent en vain Pleven, puis René Mayer.

28 juin. Revoilà Bidault, qui renonce, sur sèche opposition de Guy Mollet.

29 juin. Revoilà Queuille. Il accepte. Vincent Auriol a dit à Guy Mollet : « Attention, mon vieux, tu vas tout foutre en l'air. Cessons de plaisanter. Le régime est réellement en danger. » Guy Mollet marche. Queuille, de « désigné », devient « investi », à raison de 363 voix contre 208.

30 juin. Queuille forme un gouvernement sans socialistes, premier gouvernement de la Quatrième qui soit de centre droit.

4 juillet. Socialistes, gaullistes et communistes votant contre, Queuille n'obtient pas la confiance. Il ne réunit que 221 voix contre 334. Son gouvernement n'aura pas duré quatre jours. Il est vrai qu'on y retrouvait Paul Reynaud.

5 juillet. Guy Mollet est chargé d'une mission d'information. Curieusement, le Parti socialiste est satisfait de lui-même. Jules Moch le dit en clair : « Jamais le parti ne s'est si bien porté. L'espérance reprend, la propagande aussi, la fierté aussi. Le parti respire mieux. Il se regonfle. » Guy Mollet échoue à son tour.

La clef du rébus n'est trouvée que le 11 juillet.

C'est René Pleven qui l'apporte. Il obtient l'investiture par 377 voix contre 185, la plus forte majorité qui se sera rassemblée sur un tel vote. Il persuade les socialistes d'entrer dans le gouvernement. Après vingt jours de crise, le 14 juillet, pavoisons ! Nous avons enfin un nouveau cabinet. « Du surréalisme », commente Ramadier.

Guy Mollet est ministre d'Etat avec le portefeuille dont il rêvait : chargé du Conseil de l'Europe. Autre ministre d'Etat : Jean Letourneau, pourvu des Etats associés d'Indochine. Schuman conserve les

Affaires étrangères ; Petsche les Finances. L'Intérieur est confié à Queuille, la Justice à René Mayer. Jules Moch se récupère à la Défense nationale. Albert Gazier a l'Information, François Mitterrand la France d'outre-mer, le si doué Edgar Faure le Budget. Le radical Paul Giaccobi recueille la Réforme électorale, ministère délicat à un an des élections. Antoine Pinay prend les Travaux publics. Bidault disparaît.

Pleven ? Un solide et grand Breton. Né en 1901 à Rennes, il ne naît à la politique qu'en juin 1940, en ralliant de Gaulle à Londres. Dans l'intervalle, fils d'officier, docteur en droit, diplômé des Sciences politiques, il est surtout durant dix ans directeur général pour l'Europe de l'Automatic Telephone Cie. Marque essentielle : un flegme tout britannique, malgré quelque chose de chinois dans la physionomie, sans doute du fait de pommettes fortes et d'un regard qui se glisse volontiers sous les austères lunettes. Il déteste réellement les tumultes. Dans la polémique, il ne s'autorise que l'humour glacé : ainsi se dit-il tout fier d'être l'inventeur du mot *immobilisme*, créé pour mieux clouer au pilori la paralysie des partis, et précise-t-il même que, si le mot avait été protégé par un copyright, sa fortune était faite (pas sûr ; Joseph Caillaux, avant-guerre, employa le terme pour mieux dénoncer les méfaits du scrutin à la proportionnelle). Républicain de conviction et de famille (un ancêtre maire de Morlaix sous la Révolution), gaulliste de cœur (« plus que de raison », dit-il), très pénétré de la notion de service public, il est curieusement tenu, malgré ses choix carrés, pour être plutôt un fin manœuvrier qui attaque rarement les problèmes de front et contourne les difficultés plus qu'il ne les traite. « Prenez, conseille un de ses amis, un grand parlementaire britannique, un businessman américain, un marin breton, un officier de carrière, un républicain laïque, un militant catholique, un gaulliste de la bonne époque, un champion de l'Europe et un père de famille classique, secouez, versez, et vous avez René Pleven. »

Nous allons bien voir.

Il aura de toute manière grand besoin de son flegme *made in London* : tout se passe comme si tous les problèmes à la fois, comme le dit Edgar Faure, « lui sautaient aux lunettes ».

L'affaire des généraux, que les communistes définissent comme le *scandale des piastres*, continue de faire des siennes, soigneusement soutenue par les feuilles confidentielles.

La guerre d'Indochine reste cruelle : chaque année, nous y sacrifions l'équivalent d'une promotion moyenne de Saint Cyr, 323 officiers.

Les communistes ne désarment pas. Les gaullistes non plus.

Les grèves continuent de pulluler.

La guerre de Corée fait vite sentir ses effets sur les prix, étant donné que le conflit provoque un réarmement général et par conséquent accroît la demande des matières premières. Les prévisions des économistes sont profondément bouleversées. Il est dès lors loisible de prédire une hausse du coût de la vie, des demandes d'aménagement des salaires et donc des difficultés avec les socialistes sur le plan intérieur (l'indice des prix de gros va passer de 2 040 en juin à 2 470 au 31 décembre).

La guerre de Corée

Sans oublier que cette nouvelle guerre en Extrême-Orient recule *sine die* toute solution pacifique du conflit mondial.

C'est à l'aube, ce dimanche 25 juin, que le dictacteur communiste de la Corée du Nord, Kim Il-Sung, lance ses légions à l'assaut de la Corée du Sud du président Syngman Rhee. Grand drame au « pays du matin calme ». La nouvelle est d'autant plus saisissante que les uniformes des assaillants sont du type soviétique et que leur matériel, chasseur Yak, bombardier Iliouchine, char T34, est entièrement fourni par l'Armée rouge. L'assaut est irrésistible. La capitale du Sud, Séoul, tombe dès les premiers jours. Mais, à la demande de Truman, le Conseil de sécurité des Nations unies se réunit d'extrême urgence et invite tous les membres de l'organisation à apporter à la République de Corée toute l'aide en leur pouvoir « afin de lui permettre de repousser l'agression armée dont elle est l'objet ».

Inexplicablement, l'ambassadeur soviétique, Malik, absent, n'oppose pas son veto. Truman a les mains libres pour agir. MacArthur reprend le harnais une nouvelle fois. Au plus vite, il engage ses meilleures troupes, sous drapeau de l'ONU, au secours des agressés. Il s'agit bien d'une guerre.

Les premières conséquences sont vite visibles.

La nouvelle guerre provoque en France comme en Allemagne une psychose de panique. On stocke riz, sucre et savon dans toutes les chaumières. Par millions de devises, les capitaux prennent le chemin de l'exil, coffres suisses, investissements marocains, banques sud-américaines.

On voit se casser le processus qui, en Occident, engageait à la reconnaissance du gouvernement chinois (les Anglais venaient de se déclarer partisans d'accords avec Mao et Paris était disposé à suivre leur exemple).

Tout l'Occident se demande s'il ne s'agit pas là de la première phase d'une troisième guerre mondiale. Staline, abandonnant la méthode de la subversion lente, prendrait-il le risque d'un conflit total ? La réponse est d'ailleurs vite connue. Washington demande à Moscou d'arrêter les armées nord-coréennes. Pour une fois, les Soviétiques ne réagissent pas brutalement. Ils déclarent simplement se refuser à se mêler des affaires intérieures des autres peuples, vouloir rester attachés au principe de non-intervention. Conclusion : ils ne vont aider les Nord-Coréens que souterrainement. Dean Acheson le dit à Schuman : « Les Russes craignent trop de se faire entraîner trop loin par les Chinois. Ils ont davantage peur de Mao que de MacArthur. » Pour autant, il y a aussi de quoi se demander si le Kremlin ne serait pas en train de détourner l'attention en Orient pour avoir un terrain mieux dégagé en Occident.

Le gouvernement français ? Il réagit avec netteté. Sans délai, le représentant de la France à l'ONU, Jean Chauvel, reçoit instruction de coopérer à fond avec son collègue britannique sir Gladwyn Jebb, « afin de donner un effet prompt et vigoureux aux résolutions concernant l'agression contre la Corée du Sud ». Paris se met comme Londres sous drapeaux onusiens et propose même avec Londres que tous les contingents nationaux engagés en Corée soient groupés sous un commandement unique désigné par les Etats-Unis (résolution adoptée sans débat au Conseil de sécurité). Unique réserve : la France fait valoir que son effort sera limité, du seul fait de son engagement en Indochine. Se constitue aussitôt un bataillon de volontaires français, qui seront commandés par le général Monclar.

Quoi qu'il en soit, sur le terrain, les débuts sont difficiles.

A la Maison-Blanche, tout le monde pense à Pearl Harbor.

Le président de la Corée du Sud, Syngman Rhee, doit se réfugier à Suwon.

Force est de reconnaître que l'offensive communiste évoque une avalanche. Du coup, on ne pense que davantage à toutes les forces révolutionnaires qui menacent de balayer la Malaisie, la Birmanie, les Philippines, l'Indonésie (où les militants communistes sont au nombre de cinq millions). L'affolement est tel aux Etats-Unis que le général Lucius Clay est rappelé de Berlin pour organiser, tâche surhumaine, la défense passive de New York. L'Amérique, ahurie, plus riche que jamais, est piégée en pleine euphorie l'année même où elle a amputé de près d'un quart son budget militaire.

Que six pays, outre la France, se déclarent solidaires des Etats-Unis — le Royaume-Uni, qui envoie deux navires, le Canada, l'Australie, la Nouvelle-Zélande, les Pays-Bas et, inévitablement, la Chine nationaliste — ne console pas les Américains des cuisants échecs subis sur place : le détachement du lieutenant-colonel Charles B. Smith balayé ; des soldats qui, menacés d'encerclement, prennent la fuite, « votent avec leurs pieds » contre l'ordre de résister à tout prix ; la 24e division du major général William F. Dean complètement disloquée.

C'est seulement le 20 août que les Américains, appuyés par une forte aviation, remportent leur premier succès : ils exterminent, grâce à d'inébranlables Marines, la 4e division nord-coréenne qui se ruait sur le dernier obstacle, la poche de Pusan. L'affrontement est terrible. Cinq mille officiers soviétiques conseillent l'armée de Pyongyang. Pour la première fois on voit se dérouler dans le ciel des combats d'avions à réaction, F80 Shooting Star contre Mig 15 (les Mustang et les Yako font déjà figure d'ancêtres).

Il faut attendre septembre pour que le général Douglas

MacArthur, commandant suprême des forces alliées au Japon, à qui Truman confie la bataille, renverse la situation, par un hardi débarquement dans le dos de l'ennemi, à Inchon. Il a alors soixante-dix ans. Il dit être resté aussi jeune que du temps où il était reçu à West Point et où son père lui racontait ses combats contre les Indiens dans le Far West. Peu importe si nombre de gens voient en lui un cabotin : il s'est toujours refusé, malgré le règlement, à porter un casque d'acier ; il continue à arborer ses fameuses casquettes, de préférence les plus sales et les plus informes. Il est capable de toutes les audaces. En particulier, ce débarquement à Inchon est un coup de poker. Mais la chance est avec lui, et aussi une armada de 282 navires, et aussi de remarquables chasseurs-bombardiers Corsair, et aussi d'irrésistibles Marines. Le 27 septembre Séoul est libérée. La Corée du Sud est entièrement libérée. Si les Américains ne franchissent pas le 38e parallèle et si la 1re division de cavalerie ne s'élance pas pour s'emparer de Pyongyang, c'est que Harry Truman en décide autrement.

Il reste que l'échec de Kim Il-Sung est patent. En vain la Chine engage-t-elle dans les combats un important corps expéditionnaires : 56 divisions, commandées par le meilleur général de la guerre civile, Lin Piao. Elles contre-attaquent par vagues successives, au rythme de klaxons, de sirènes, de crécelles et de sauvages hurlements. Même la nuit de la Saint-Sylvestre, dans un brouillard glacé, elles se ruent sur les lignes mal consolidées de la VIIIe armée américaine. Elles en viennent à menacer Séoul.

Néanmoins, le principal est là : l'effet de surprise, sur lequel Kim Il-Sung misait, n'aura pas joué ; la Corée du Sud reste solidement défendue.

« Ouf ! soupire à Paris Georges Bidault, l'Occident n'a pas démissionné, et tout cela redore nos espérances pour l'Indochine... »

Tragédies en Indochine

Hélas ! Tel ne paraît pas le cas.

La France va même y subir un désastre qui pèsera lourdement sur toute la suite des opérations.

Le drame se situe — en plusieurs phases — sur la RC4.

Première phase : en février, pour la dernière fois, un convoi français emprunte ladite route, entre That Khe et Cao Bang. Il met dix-huit jours pour effectuer la rotation, perdant le tiers de ses véhicules et consommant la moitié des munitions qu'il apportait. Le haut commandement français doit prendre une décision de désespoir : transformer Cao Bang et le poste intermédiaire de Dong Khe en « hérissons », ravitaillés uniquement par voie aérienne, le premier par atterrissage, le second par parachutage. Les deux garnisons sont totalement bloquées.

Deuxième phase : à Paris, la politique s'en mêle. Le MRP s'est fait de l'Indochine une sorte de domaine réservé. On le constate vite aux nominations qui interviennent. Par exemple, on avait promis le commandement en chef au général Alessandri, on lui a préféré le général Carpentier. Or Carpentier est ouvertement le protégé de Paul Coste-Floret, ministre de la France d'outre-mer, alors que Marcel Alessandri, déjà commandant en chef des troupes du Tonkin et riche de solides expériences, a contre lui le triple handicap de passer pour être socialiste, d'être athée et de ne pas avoir renié l'amiral Decoux, haut-commissaire de Vichy. Il s'ensuit un malaise qui ne tarde guère à se retrouver dans tous les états-majors d'Indochine.

Troisième phase : en mai, le hérisson de Dong Khe est attaqué par surprise, écrasé sous un tir de mortiers lourds, obligé de braver des troupes d'élite qui ont été instruites dans trois camps spécialisés de Corée du Nord. La compagnie de la Légion qui le tient flanche. Le hérisson tombe. Il faut faire intervenir un bataillon de parachutistes coloniaux pour le reprendre, au prix d'un carnage.

Quatrième phase : en août, après une minutieuse autocritique, les Viets reprennent l'assaut contre Dong Khe. Le poste ne tient pas plus d'un jour.

Cinquième phase : le 3 octobre, nous abandonnons Cao Bang. La garnison quitte la place, sous les ordres du lieutenant-colonel Charton, en tout 3 200 hommes et 80 officiers. Mais ordres et contrordres se succèdent, entre Carpentier, Charton, le colonel Constans, arrivé depuis très peu en haut Tonkin, et le colonel Lepage, qui commande une colonne de secours. La marche de la colonne s'alourdit du fait de blessés qu'on transporte sur des civières et de toute une nuée de civils indigènes. On se précipite vers une catastrophe. La colonne Charton se fait piéger. En vain Lepage, *in extremis*, aura-t-il réussi à rejoindre Charton. C'est le désastre. Le général Giap, implacable, fait donner ses meilleures troupes, qui ne font pas de quartier. Le commandant Secrétain est tué. Lepage se rend. L'administrateur vietnamien Tu, capturé, est torturé à mort. Charton est pris, criblé de blessures. Nous perdons plus de 3 000 hommes.

Sixième phase : la garnison voisine de Lang Son panique à son tour et quitte ses remparts, en laissant intact dans la cuvette un énorme matériel, abandonnant aux Viets d'immenses stocks d'armes, de munitions et d'essence. Du moins a-t-on la sagesse d'éviter la trop redoutable RC4 et de prendre la petite route provinciale n° 13 : ainsi Constans, qui assure le commandement, peut-il se glorifier de ne subir aucune perte. Mais l'humiliation est totale. On peut même dire que, davantage encore que la déroute de Cao Bang, la fuite de Lang Son jette sur l'armée française une ombre inattendue. On aura vu les plus hauts responsables s'affoler, les abandons se succéder, un sournois défaitisme envahir même des unités de la plus haute valeur. Déjà on abandonne vite à leur tour

Phu To, Hung Hoa, Hoa Binh, Vu Ban, pourtant postes installés parmi des populations qui nous sont fidèles. C'est Gibraltar, disait-on de Lang Son. « Non, c'est Sedan », rétorque Jules Moch. Et c'était surtout une pièce fondamentale dans l'échiquier français, puisqu'un seul pont séparait ce poste très avancé de la Chine devenue maintenant communiste. Notre frontière nord du Tonkin devient béante.

Mais il y a pire.

Le scandale des généraux ne cesse de s'aggraver.

Dès le tout début de l'année, la revue américaine *Time* accuse le général Revers, provisoirement démis de ses fonctions de chef d'état-major et « mis à la disposition du président du Conseil », d'indiscrétions graves. Le gouvernement essaye en vain d'étouffer l'affaire devant l'Assemblée. Un député, avec une implacable vigueur, au scandale de tous les groupes, rappelle tout de go que l'agent secret Roger Peyré, distributeur du rapport de Revers, condamné en 1938 pour une affaire de recel, était un ancien chef de la section doriotiste de Tonneins, frappé d'indignité nationale. Or voici qu'à la stupéfaction générale il a été acquitté sur la caution morale du général Revers. Question : comment Georges Bidault, le successeur de Jean Moulin à la présidence du Conseil national de la Résistance, et Revers, qui fut chef de l'armée secrète, auront-ils accepté de couvrir un aventurier aussi inquiétant, doublé d'un collaborateur déclaré ? On hurle dans les travées, et plus encore lorsqu'on apprend que le bonhomme est en fuite, sans doute réfugié à Rio de Janeiro, avec sa femme, son fils, sa fille et... le ruban de chevalier de la Légion d'honneur...

Le nom de Georges Revers, du jour au lendemain, est du coup jeté en pâture à la vindicte publique. Il aura eu pourtant dans sa vie d'éminents mérites : fils d'un modeste facteur des PTT, il a été lui-même employé des postes à Saint-Malo ; officier de réserve, mobilisé en 1914 comme sous-lieutenant, il gagna sur le front toute une série de citations et la Légion d'honneur ; il décida en 1918 de rester dans l'armée ; bien que n'étant passé ni par Saint-Cyr ni par Saint-Maixent, il était breveté de l'Ecole de guerre, puis professeur de tactique à l'Ecole supérieure de guerre ; après la débâcle de 1940, il était choisi comme chef d'état-major par l'amiral Darlan ; il était ensuite chef de l'ORA (Organisation de la Résistance armée). Mais le scandale est trop grand. Le général Revers doit comparaître devant la commission d'enquête, est harcelé de questions, se défend maladroitement, s'indigne en vain de se voir traiter de vendu. D'être socialiste et franc-maçon ne le protège plus. Sur un rapport extrêmement sévère de Roger Duveau, député UDSR de Madagascar, il est déféré, ainsi que Mast, devant une instance disciplinaire, « pour fréquentations insolites et une correspondance avilissante ». Le 21 juin, toujours de même que Mast, il est mis à la retraite d'office par le Conseil des ministres.

On en entend de belles, que tout le monde trafique en Indochine, qu'une partie du corps expéditionnaire est en pleine délinquance, que la Légion elle-même monopolise le trafic de l'opium, que les piastres de la corruption se distribuent à tout va, que la SFIO se sera acharnée à essayer de faire réhabiliter les deux généraux. On mêle au scandale toutes sortes de noms. Le bouillant journaliste gaulliste Jean Nocher met en cause les socialistes, les accuse de profiter de la guerre d'Indochine et des trafics de piastres pour alimenter leurs caisses, clame que l'armée est trahie par les politiciens. Un nouveau torrent de boue déferle sur Paris.

Faut-il réarmer l'Allemagne ?

A voir le système s'engluer dans les boues, les gaullistes exultent. Les communistes plus encore qui, à grand fracas, déclenchent une gigantesque campagne contre la « sale guerre ».

Même la subite maladie de Maurice Thorez ne ralentit pas leur ardeur.

L'événement survient brutalement alors que, dans son bureau du Parti, le secrétaire général reçoit une délégation de mineurs.

Soudain, en plein entretien, il est pris d'une violente hémorragie nasale. Il ouvre de grands yeux, puis sa tête s'affale sur sa table. Les communiqués l'annoncent frappé d'une congestion cérébrale. Il est rapidement embarqué dans un avion envoyé par Staline, pour être soigné par les médecins soviétiques sur les bords de la mer Noire à Soukhoum. Tous les chefs historiques du Parti le saluent à son départ ; un seul, avec Jeannette Vermeersch, est du voyage, Auguste Lecœur. C'est précisément Lecœur qui, à son retour, prend le Parti en main. Moscou préfère confier la cause à ce dur combattant qu'au trop léger et trop comédien Jacques Duclos. Or Lecœur a toujours été partisan d'une politique de dureté. Il ne tarde pas à le prouver sur le terrain.

L'ambassadeur américain à Paris, David Bruce, nous promettait de nous aider à financer une vaste politique du logement. Il était prêt à constituer un fonds roulant destiné à faciliter, en vue de la construction, les prêts aux particuliers. Le financement devait en être assuré par les dollars encore bloqués de la contrepartie du plan Marshall. Mais Washington et Trygve Lie, le Norvégien secrétaire général de l'ONU, demandent à la France une contribution sous une forme ou sous une autre. Pour décourager l'agression communiste en Corée, désormais toutes les sommes disponibles seront affectées au budget de guerre. Pleven doit faire son deuil de l'aide au logement.

L'or monte en flèche. Le franc est condamné à perdre de sa valeur.

Plus grave : la crainte d'une conflagration générale incite les stratèges du Pentagone à réclamer le réarmement de l'Allemagne de l'Ouest. Le général Clay, à Berlin, est le premier à le demander publiquement. Dean Acheson confirme. Ainsi s'engage un des plus épineux problèmes de l'après-guerre et vient pour la Quatrième République l'une de ses plus douloureuses interrogations.

Le 15 septembre, lors de la réunion des ministres de la Défense des douze pays du Pacte atlantique, Jules Moch déclare tout net que la France s'opposera à toute forme de réarmement allemand. La conférence est dans l'impasse et ses membres décident de se retrouver le 28 octobre. C'est pour entendre l'Américain exiger une solution positive et rapide : la France devra se soumettre ou se retirer de l'alliance. Glaciation.

C'est Jean Monnet qui trouve la solution. Il reprend l'idée du pool charbon-acier pour proposer un pool militaire. La nouvelle armée allemande intégrée sera moins dangereuse, assure-t-il, que si elle était autonome. On avait le « plan Schuman », voici le « plan Pleven » pour une Communauté européenne de défense (CED).

La querelle pour la CED commence d'ailleurs tout aussitôt. Des oppositions se manifestent tant au gouvernement qu'à l'Assemblée. Jules Moch demeure contre. Vincent Auriol fait connaître ses réticences. Les communistes déclarent ne pas admettre que des soldats français du contingent puissent être « commandés par d'anciens tortionnaires nazis ».

Il faut bien comprendre la thèse américaine. Les Alliés, à l'ouest du rideau de fer, n'ont que quatorze divisions ; ils n'alignent pas plus de mille avions ; l'intégration n'est réalisée qu'au sommet de la pyramide ; les unités sont purement nationales ; par exemple, l'état-major de la 1re armée française à Cologne dépend à la fois en tant qu'unité de l'OTAN du groupement terrestre américain d'Heidelberg et en tant qu'unité française de l'état-major de Paris ; les forces alliées en Allemagne ne dépassent pas deux cent mille hommes, de surcroît armés et équipés de matériel vétuste. En face, sur l'Europe de l'Est, Moscou aligne vingt-cinq divisions, soutenues par six mille avions d'attaque, confiées à un commandement centralisé ; ce n'est pourtant qu'une avant-garde, derrière laquelle veille l'énorme masse de l'Armée rouge ; le général Lemnitzer dit : « Tout ce dont les Russes ont besoin pour atteindre la Manche, c'est d'une bonne paire de souliers. » Les Européens craignent même que, pour tenir la Corée, les Américains abandonnent l'Europe (au reste, c'est pourquoi, à la demande de Schuman et de Bevin, un Américain figure à la tête des forces atlantiques). Automatiquement, Truman en sera venu à se dire que la défense de l'Europe ne pourra être sérieusement assurée qu'avec plus de coordination et le concours de soldats allemands.

Ils sont dramatiques, les Conseils des ministres français qui s'ensuivent — d'autant plus que tous les pays de l'OTAN acceptent le réarmement allemand, que la France est seule à récuser.

Le plan Pleven est ainsi tout d'abord le bienvenu.

Le 24 octobre, le président du Conseil expose son projet devant l'Assemblée nationale : une armée européenne sous la responsabilité d'un ministre européen de la Défense, responsable devant des organismes politiques européens.

Gaullistes et communistes sont évidemment contre. Capitant dénonce la « politique d'abandon et de trahison ». Billoux s'écrie que « l'Europe est une idée de Hitler ». L'ordre du jour gouvernemental est toutefois adopté : 340 voix contre 256.

De Gaulle fulmine sans tarder. Il proclame que « la France ne peut avoir qu'une épée, la sienne ».

Plus paradoxalement, Vincent Auriol lui-même, en privé, se déclare carrément contre. Il ne peut, explique-t-il, désarmer sa hantise de revoir des militaires allemands. Il maintient que le péril allemand n'a pas disparu. Il voue aux gémonies André François-Poncet, notre représentant à Bonn, « qui a entrepris toute une croisade pour nous faire avaler ses conneries ». Il affirme qu'il ne se laissera pas « entraîner par la Lorelei au fond du Rhin ».

Pleven est perplexe. Il dit : « Je puis prendre mon parti de l'opposition de Colombey. Mais l'Elysée ! »

Le malheureux n'est pourtant pas au bout de ses peines. La Tunisie s'incendie à son tour. Le résident général Jean Mons, socialiste, ancien directeur de cabinet de Léon Blum, taxé de faiblesse et d'excès de réformisme, est remplacé par Louis Périllier qui, en octobre, proclame la « pause nécessaire des réformes ». La décision est prise à Paris sous la pression de René Mayer et de ses amis radicaux, inquiets des mesures trop libérales annoncées. Dès lors, s'ouvre le cycle infernal de la violence et de la répression. Le 21 novembre, à Enfidaville, on signale cinq ouvriers tués et cinquante blessés, ainsi qu'une centaine d'arrestations. Pour sa part, le RPF crie à la trahison quand Périllier, prenant soudain le sillage de Mons, propose de conférer la présidence du Conseil tunisien au Premier ministre tunisien et de répartir à parité entre Français et Tunisiens les postes supérieurs de la fonction publique, les Tunisiens prenant droit aux deux tiers des emplois moyens et aux trois quarts des postes subalternes. Habib Bourguiba, leader des nationalistes du Néo-Destour, quitte aussitôt le pays pour se faire en Asie et en Afrique le « pèlerin de l'indépendance ».

Robert Lacoste hoche la tête. « C'est foutu, dit-il, ce gouvernement a trop de formules. »

La joie de vivre est toujours là

Et pourtant, la joie de vivre, elle, ne désarme pas.

La Côte d'Azur et la Riviera retrouvent tout leur brillant. La saison de Deauville ressuscite des fastes qu'on put croire à jamais disparus.

Principaux sujets de conversation dans les dîners : le mariage d'Henri-Georges Clouzot avec Vera Gibson Amado, la belle Brésilienne, fille de l'ambassadeur du Brésil à l'ONU, jolie, mystérieuse et alerte comme le rythme d'une samba, héroïne troublante du *Salaire de la peur* et des *Diaboliques*, assistée ici (mairie du Ve arrondissement) par Louis Jouvet comme témoin de mariage (il paraît que pour une fois le grand Clouzot, le cinéaste aux colères homériques, le maître qui bat ses actrices pour leur arracher des larmes, a un trac fou) ; les premières noces de Liz, Liz Taylor, la « Fiancée de l'Amérique », la nouvelle reine d'Hollywood, la Belle aux yeux mauves, qui épouse Nickie Hilton, le fils du roi de l'hôtellerie et choisit la France pour son voyage de noces ; les fantaisies du maître de ballet le marquis de Cuevas, authentique descendant du conquistador don Juan de Cuevas (il reçoit ses visiteurs au lit, entouré de boîtes de bonbons, enveloppé d'un châle blanc ; sa salle à manger de marbre fut celle de Cécile Sorel ; il tente d'égaler en magnificence scénique le génial Diaghilev ; il a des larmes de joie en regardant danser Serge Golovine ou Rosella Highthower) ; le coup de foudre de Michèle Morgan pour Henri Vidal (voilà ce qui advient quand on joue *Fabiola* et que l'on a à embrasser ce beau gladiateur au physique de dieu grec, qui fut même élu Apollon 1949) ; le mariage de Sa Majesté impériale Mohammed Reza Pahlevi, chah d'Iran, avec une princesse d'une beauté somptueuse, Soraya Esfandiari.

Vrais rois de cet été du demi-siècle : maillots corsaires et falbalas.

Féeries de plage : tel maillot long Schiaparelli ; tel pantalon de zouave Piguet ; la chasuble Heim ; les courts paletots éponge de Germaine Lecomte ; les ensembles Balmain.

L'ivresse est telle qu'une seule mode ne suffit plus.

A preuve les collections d'hiver que l'on nous affiche au plus beau soleil d'août : impossible réellement d'enfermer la manière 1950 dans une formule. Pleine liberté pour tous les couturiers à la ronde. Le style de Balenciaga garde sa sobriété, celui de Balmain son exotisme. Jacques Fath gagne en classicisme ce qu'il perd en fantaisie. Il n'y a pas une mode, mais tout un feu d'artifice de modes. Dispersion anar ? Non, richesse. Tel est au fond le véritable adieu aux dures années de guerre où les plus grands artistes durent se plier à couper dans la toile de genêt, du drap de caserne et des soieries de matériaux plus étranges encore. Chacun veut sa fête, sa propre fête. Joie, joie, joie : Jacques Griffe sort une robe orange pour légende ; Balmain invente le « décolleté bénitier » ; chez Alwyn, « même la fourrure se colore » ; Christian Dior baptise « Picasso » un décolleté mauve en ailes déployées, et fait présenter par son mannequin vedette, « France », un fastueux manteau noir à manches « oreilles d'éléphant », dont la couleur deuil vibre elle-même de toutes les intensités de la vie.

Et personne ne s'étonne quand Christian Dior reçoit la Légion d'honneur — des mains de James de Coquet, prince des gourmets.

Grande année pour le cinéma français. René Clair affiche *La Beauté du diable* ; Clouzot *Miquette et sa mère* (avec Danièle Delorme et Bourvil) ; Jean-Pierre Melville *Les Enfants terribles* ;

Richard Pottier *Meurtres* (avec Fernandel dans un rôle tragique) ; Max Ophuls une folle *Ronde* (avec Gérard Philipe et Danielle Darrieux).

André Cayatte est Lion d'or de Venise avec *Justice est faite*.

Certes, les foules françaises se précipitent en masse au célèbre film américain tiré du roman unique de Margaret Mitchell, *Autant en emporte le vent* — *Gone with the wind* — avec Vivien Leigh dans le rôle de Scarlett O'Hara, qu'encadrent Clark Gable, Olivia de Havilland et Leslie Howard (c'est même la mode de comparer l'aveuglement des peuples occidentaux à celui des Sudistes inconscients à la veille de la guerre de Sécession). On peut s'émerveiller de la fantastique production du cinéma américain, qui donne maints chefs-d'œuvre et garde une formidable avance sur le cinéma européen.

Mais, outre les films déjà cités, nous affichons *Manèges*, d'Yves Allégret, avec Simone Signoret et Bernard Blier (apogée du « réalisme noir ») ; *La Marie du Port*, de Marcel Carné, avec Jean Gabin et la toute jeune Nicole Courcel (une jeune ambitieuse épouse un riche commerçant de Cherbourg) ; *Orphée*, de Jean Cocteau, avec Jean Marais, Maria Casarès, François Périer et Marie Déa (savoureuse variation moderne autour du mythe d'Orphée et Eurydice). La Quatrième République peut être fière de son cinéma.

Le théâtre n'est pas en reste : André Roussin crée *Bobosse* (qui est François Périer) ; Salacrou, *Si c'était vrai* ; Achard, *Harvey* ; Anouilh, *La Répétition ou l'amour puni* ; Camus, *Les Justes* ; Marcel Aymé, *Clérambard*.

Le minuscule théâtre des Noctambules n'en finit pas de nous étonner. Il vit au cœur du Quartier latin, sur cette rue Champollion qui est plutôt une ruelle et qui, sur son trottoir de droite, recueille arrières, billards ou cuisines des grands cafés du Boul' Mich. Sous l'Occupation, l'on y vit créer *Le Bout de la route* de Giono (le plus grand succès jamais remporté par la politique de « retour à la terre » si chère à Vichy). Au lendemain de la Libération, Maurice Clavel y donnait sa première pièce, *Les Incendiaires* : les tourments d'un résistant poursuivi par la Gestapo, recueilli par un couple et enlevant la femme de son hôte. En 1947, Henri Pichette y créait *Les Epiphanies*, où Gérard Philipe et Maria Casarès ne dédaignaient pas de paraître. Voici cette année deux pièces qui ne manquent pas de faire beaucoup parler. D'abord, *L'Equarrissage pour tous*, vaudeville paramilitaire de Boris Vian, lequel n'hésite pas à s'en prendre à des totems jusqu'ici intouchables, la guerre, la Libération, les FFI, les Américains (enfin les fétiches qui tombent), et ose terminer la représentation par une *Marseillaise* éraillée et un Français qui marche au pas de l'oie. Ensuite *La Cantatrice chauve* d'un inconnu, mais du coup vite célèbre, nommé Eugène Ionesco, Roumain de Paris : la moitié de la salle hue ; l'autre moitié ovationne ; on aura rarement vu un auteur jouer avec un tel génie du jeu pour le jeu et de l'absurde pour l'absurde. Toute la ville en parle.

Les libraires peuvent faire de superbes vitrines : Giono offre *Les Ames fortes* ; Kessel, *La Tour du malheur* ; Roger Nimier, *Le Hussard bleu* ; Jean Hougron, *Tu récolteras la tempête.*

Best-seller : *Le Salaire de la peur*, de Georges Arnaud.

La peinture connaît un nouvel apogée. Voici même la première année où le nombre des visiteurs de musées dépasse le nombre des clients de stades.

C'est la lumineuse époque où un peintre comme Picasso est non moins roi de l'actualité qu'un de Gaulle ou un Jean Gabin : il est vrai qu'il en est à peindre toute une invincible joie de vivre, tant il est fort de son rayonnant amour pour la toute fascinante naïade Françoise Gilot, d'où bien sûr de nombreux et superbes tableaux inspirés de la belle. Et de créer même la sensation de l'année : *il dessine avec de la lumière.* C'est le photographe Gjon Mili qui lui en donne l'idée. Dans le noir absolu, une lampe à la main, le magicien dessine dans le vide tandis que Mili garde son appareil braqué, l'objectif ouvert. L'opération dure exactement trente secondes. *Paris-Match* publie les photos — une merveille.

A nous toute une nouvelle grande génération, de René Magritte à Ladislav Kijno, auteur virtuose d'hallucinants « papiers froissés » ; de Roger Bissière, fût-ce en travaillant sur des tentures composées de vieux chiffres reliés par des ficelles, à Bernard Buffet, inventeur de la peinture-écrit (il pourrait travailler avec un stylo. Sa peinture est en traits. Sa signature même, tout en jambes minces, semble s'incorporer à chacune de ses œuvres). Georges Mathieu invente la peinture-spectacle : moustaches fièrement brandies, œil de braise, dès 1947, à vingt-six ans, il fit scandale par sa peinture en tube et un prodigieux art de la mise en scène ; on l'appelle le « peintre le plus rapide du monde » ; il se vante de pouvoir couvrir cinquante mètres carrés de toile en une demi-heure ; Malraux peut le désigner comme le « premier calligraphe occidental ». A l'empire soviétique de veiller sur la citadelle imprenable du réalisme socialiste académique ! A nous l'abstraction lyrique, la bombe tachiste, l'Action Painting, les nuagistes, en attendant l'école de la matière et l'art convulsif. A nous l'*op'art* de Victor de Vasarely, autrement dit l'*optical art.* A nous la progéniture de Kandinsky et de Delaunay, pour laquelle sujet et anecdote deviennent inutiles. On aime ou on n'aime pas. Pourtant, il y eut rarement une telle fermentation des esprits et des talents.

Mais oui, c'est cela aussi, la Quatrième République : tout ce fantastique bouillonnement de talents, de recherches, de sorcelleries.

Et le grand prix de la XXVe Biennale d'art de Venise d'aller à Henri Matisse, que ses quatre-vingt-un ans n'empêchent pas de continuer de travailler d'arrache-pied (le voici depuis deux ans à réaliser la décoration de la chapelle du Rosaire pour les dominicaines de Vence).

Et le musée national d'Art moderne de révéler la peinture quasiment inconnue de Christian Bérard, mort il y a un an, dit « Bébé »

— des études brumeuses et mélancoliques où vous êtes invités à découvrir le « Watteau du XXe siècle ».

Et la télévision de poursuivre sa patiente épopée. Nous ne comptons pas plus de quatre mille postes récepteurs pour tout l'Hexagone. Il y a échec du standard européen unique : nous en restons au 819 lignes, les Anglais au 405, la plupart des autres pays européens au 625 ; cette « guerre des lignes » ne va pas sans beaucoup gêner le développement de la technique. Nous n'en poursuivons que plus allègrement en France nos progrès. La télévision gagne la province : Teitgen, ministre de l'Information, inaugure en avril la station de Lille. Nous en sommes à deux journaux et à cinq heures de programme par jour. Pierre Sabbagh, sa proverbiale pipe au bec, inaugure le *Magazine des explorateurs*. Nous avons droit à la grand-messe télévisée chaque dimanche à onze heures. Nous donnons en direct *Le Jeu de l'amour et du hasard* de Marivaux, première représentation de la Comédie-Française sur petit écran. Claude Barma tourne le premier feuilleton, *L'Agence Nostradamus*. Dramatiques de l'année : *Les Précieuses ridicules* et *Le Barbier de Séville*. Jacques Tati s'illustre dans *Les Rois de la nuit*. Tous les plus grands artistes se pressent aux portes, Piaf, Raimu, Bourvil, Fernandel, Aznavour, Eddie Constantine. L'équipe du *Journal* multiplie les prouesses : un jour, Waklevitch se fait hisser par une grue dans une benne pour avoir une vue plongeante sur un chantier de construction géant ; filmant le Tour de France sur une moto, Henri Percin assure le reportage debout sur le tan-sad, moyennant quoi pour la première fois la caméra suit l'épreuve au milieu du peloton et le téléspectateur assiste à la course comme s'il courait lui-même parmi les Bartali, les Coppi et les Kubler (vainqueur cette année). Sabbagh commente lui-même en direct le défilé militaire du 14 Juillet. Elle ne produit point que des crises ministérielles, la Quatrième République...

Victoire sur l'Annapurna : premier « 8 000 m » atteint par les hommes

L'année est belle pour l'audace française et le sport français.

La mission Liotard dans l'Antarctique, après avoir franchi à bord du *Pourquoi-pas ?* une barrière de glace de soixante kilomètres de large, débarque en terre Adélie avec son matériel pour y procéder à des recherches de première valeur.

Paul-Emile Victor entame sa troisième exploration sur le Groenland.

Haroun Tazieff, au prix de beaucoup de risques, révèle au grand public la vie secrète des volcans.

Notre avion biréacteur Nord 1601, destiné à l'étude des vitesses proches de celle du son, accomplit ses premiers essais : il doit atteindre 920 km/h.

James Couttet enlève le Kandahar : pour la troisième fois, il s'octroie le K de diamant.

Mais surtout, exploit sans précédent : une équipe d'alpinistes parvient au sommet de l'Annapurna, dans le Népal, l'un des points culminants de l'Himalaya, 8 078 mètres. Jamais encore une telle altitude n'a été atteinte, et cette équipe est française.

Nom des six membres des cordées d'assaut : Maurice Herzog, chef de l'expédition, avec ses deux lieutenants Jean Couzy et Marcel Schatz, et trois guides (venus en amateurs), Louis Lachenal, Lionel Terray et Gaston Rébuffat.

Autres participants : le photographe Marcel Ichac, le secrétaire d'ambassade Francis de Noyelle, qui, connaissant l'hindoustani, est l'« officier de transport » de l'expédition, et le docteur Jacques Oudot.

L'ascension se déroule heure par heure selon le chronométrage établi au départ.

Entreprise le 22 mai, elle est couronnée de succès le 3 juin.

Partis à six heures du matin ce jour-là de leur ultime camp d'altitude, Herzog et Lachenal foulent la cime à quatorze heures, lèvent au ciel à bout de bras, au bout d'un piolet, un petit drapeau tricolore, connaissent l'exaltation des confins surhumains.

Par malheur, à l'instant de descendre, les conditions atmosphériques se gâtent. Lachenal, égaré à travers le brouillard, les yeux fous, n'est récupéré qu'après de longues recherches. Herzog, qui a perdu ses gants, a les mains gelées. Terray et Rébuffat, partis à leur rencontre, écrivent une page unique dans l'histoire du sauvetage montagnard : atteints tous deux de la cécité des neiges, s'égarant sans cesse dans la brume polaire, poussant des cris pour ne pas se perdre, ils entreprennent, avec des infirmes qui sont déjà des amputés en puissance, la plus périlleuse descente de glacier jamais effectuée à une si hallucinante altitude. Lachenal a les pieds gelés, Herzog à la fois les mains et les pieds. Les quatre hommes passent une première nuit dans un bivouac arctique en surplomb d'une crevasse ; la suivante au camp V, le camp supérieur, à 7 500 mètres, en pleine furie d'une tempête des cimes, cramponnés aux mâts des tentes pour éviter qu'elles ne soient arrachées par les rafales et qu'ils ne soient entraînés avec elles dans les abîmes. Ils ne rejoignent leurs compagnons, de crevasse en crevasse, cheminant dans la neige jusqu'à mi-corps, qu'au prix de souffrances indicibles. Herzog est traîné vers le bas comme un moribond. « La vie n'est plus guère qu'une idée qui trotte », soupire Rébuffat. Sur le chemin du retour, ils passent tous un mois atroce. Herzog et Lachenal subissent un véritable martyre, d'autant plus que la gangrène attaque les doigts et les orteils des deux vainqueurs de l'Annapurna et qu'il faut sans cesse pour les sauver d'une putréfaction totale avoir recours au bistouri : sans anesthésie, au cognac ! On donne Herzog pour perdu quand on le dépose sur une civière au palais royal de Katmandou. Dès le lendemain, rasé de frais, maigre à faire peur, il n'en est pas moins transfiguré. Son smoking blanc jeté sur ses épaules, il tient absolument à se faire porter à la réception donnée par le maharadjah en l'honneur des alpinistes français. « Vous êtes un brave et nous vous recevons ici comme un brave », lui dit le prince. C'est comme si le maharadjah parlait au nom du monde entier.

De Lattre au secours de la France

Et Pleven de chercher désespérément un sauveur pour prendre directement en main les destins de l'Indochine.

Il pense d'abord au général Alphonse Juin. Mais, après une brève tournée d'inspection sur place, Juin a rédigé un rapport suggérant de se décharger du fardeau viet sur les Nations unies. Par ailleurs, c'est un secret de Polichinelle qu'il juge la guerre perdue. Par ailleurs aussi, il aime volontiers dire qu'il est un « Africain », et non un « Asiatique ». Par ailleurs enfin, il se juge indispensable comme Résident général au Maroc. Il dit : « Ma place est à Rabat. Mon départ, même pour une mission temporaire, serait interprété comme une grande victoire pour le sultan. » Disons qu'il s'esquive.

Pleven pense ensuite à Kœnig. Mais le « héros de Bir Hakeim » pose une condition rejetée d'avance : la mobilisation en Indochine des soldats du contingent.

Seul des possibles, Jean de Lattre de Tassigny accepte tout de suite. C'est qu'il se morfond alors à Fontainebleau, comme second de Montgomery dans la hiérarchie atlantique. Il piaffe d'impatience dans ce « rôle de bureaucrate ». Il ne supporte pas de voir son épée se rouiller. Convoqué par le ministre des Etats associés, Letourneau, il répond : « Je suis prêt à partir demain... »

Il arrive à Saigon dès la mi-décembre, investi de tous les pouvoirs civils et militaires — alors que la guerre d'Indochine entre dans sa cinquième année.

Au gouvernement comme à Saigon ou à Hanoi, tout le monde ne pavoise pas. Le personnage a des ennemis entêtés qui, à qui mieux mieux, dénoncent son goût excessif pour le faste, ses insupportables poses théâtrales, son égocentrisme solennel, et, comme dit Cogny, ses « favoritismes à éclipses ». D'aucuns affirment que c'est autant appeler Sardanapale pour lutter contre les Spartiates. Il arrive, à leurs yeux, pour essayer de survolter au service de sa propre gloire un peuple vietnamien libre qui, face aux « barbares soviétiques », était tout près de se décourager. N'est-ce pas une attitude trop médiévale ? N'est-ce pas vouloir à l'excès singer MacArthur ? Raymond Cartier, pour *Paris-Match*, de ce point de vue, analyse le problème mieux que quiconque : « De Lattre de Tassigny, superbe comédien, est prêt à jouer du nationalisme vietnamien comme MacArthur jouait du nationalisme philippin à Manille, ou le jeune Bonaparte de l'Islam au Caire. Mais aucune réponse ne lui vient de son public. La guerre d'Indochine n'est plus désormais que l'aventure particulière d'un prodigieux dynamisme individuel. » De Lattre ajourne, reporte une défaite déjà consommée ; retarde, alourdit une liquidation nécessaire. Brillante prouesse parée de la séduction de l'inutile : éclatante, émouvante et creuse comme Cyrano de Bergerac »

On en oublierait les fortes qualités de l'homme, son allant, son volontarisme, ses dons innés de grand chef, son regard de stratège lucide, son courage. Il prend pleins risques à pleine conscience. Ses soldats ne s'y trompent pas, qui aussitôt l'adulent. « Peu m'importe d'avoir avec moi des généraux, prononce-t-il de toute sa morgue. J'ai pour moi le principal : les sergents. » Du coup, il n'y a pas à s'étonner qu'il débarque à Saigon comme un César triomphant, menton haut, hautain regard qui défie : à l'évidence, il entend redonner au corps expéditionnaire du panache et du nerf. « Je viens au secours de la France », proclame-t-il.

Mais il est trop vrai que sa solitude, sans délai, est aussi visible que sa superbe. Bao Dai n'est même pas là pour le recevoir. Le principal hommage manque, et c'est souligné. L'empereur, au risque d'outrager, n'est pas au rendez-vous du proconsul.

Dès ses premiers pas, en dépit de ses dons immenses de grand soldat, le héros peut sentir que, même pour lui, le sol vacille...

VIII

1951

L'ANNÉE DES APPARENTEMENTS

Mort du maréchal Pétain — La chute de Pleven — Queuille fait voter la loi des apparentements — La victoire des apparentés — Le retour de Pleven et la guerre des écoles — La guerre froide continue — Construction européenne et armée européenne — En Indochine du roi Jean — La société de consommation.

Mort du maréchal Pétain

Début 1914, le colonel commandant le 33e régiment d'infanterie à Arras se préparait à prendre sa retraite avec, du moins l'espérait-il, ses étoiles de général de brigade. Au cours de sa carrière déjà longue, il n'avait jamais vu le feu. Deux ans plus tard, à la tête des armées françaises de Verdun, il était mondialement célèbre. En 1918, il commandait en chef les armées françaises victorieuses (Foch étant commandant en chef de toutes les armées alliées). Trente-sept ans plus tard, Philippe Pétain s'éteint à l'île d'Yeu (qu'il n'aura orthographiée jusqu'à ses derniers jours que l'« île Dieu »). Il a quatre-vingt-quinze ans. Dans ce délai de trente-sept ans, il était devenu maréchal de France, ministre, ambassadeur, membre de l'Académie française, chef de l'Etat français, capitale Vichy. Dans cette dernière fonction, il aura suscité des passions, des ferveurs et des haines que même sa mort ne parviendra pas à apaiser. Après cinq ans de prison à l'île d'Yeu, le 7 avril, il doit s'aliter à la suite d'un refroidissement. Puis, de rechute en rechute, son état ne cesse de s'aggraver. Le 8 juin, Vincent Auriol commue en résidence surveillée la peine de détention. « Le plus vieux prisonnier du monde » passe des mains de la justice entre celles de l'armée. Le 29, presque inconscient, quittant le fort de la Pierre-Levée, il est transporté à la villa Luco, 27, rue Guist-Haut, à Port-Joinville, installé dans un lit de cuivre dressé dans le salon, mais il est trop tard. Sa femme n'est prévenue en toute hâte que pour assister à son agonie. Le 22 juillet, le médecin-capitaine Maître signe le dernier bulletin de santé : perte totale de conscience, pouls faible et irrégulier. L'illustre prisonnier n'aura même pas appris la mort du fils du kaiser Guillaume II, le Kronprinz, qui lui fit face à Verdun, décédé trois jours plus tôt. Il s'éteint le 23, à neuf heures cinquante-deux minutes. Les obsèques ont lieu le 25. La maréchale conduit le deuil avec le général Weygand en grand uniforme. Le cercueil est porté par six anciens combattants et deux anciens prisonniers de guerre. Et Philippe Pétain d'être inhumé au cimetière de Port-Joinville, même s'il a demandé par son testament du 18 août 1938 à être enterré à Douaumont, parmi ses soldats. Tandis qu'à Paris, durant toute la journée, une foule anonyme défile devant le Soldat inconnu pour y déposer des fleurs en l'honneur du « vainqueur de Verdun » (elles forment une gigantesque croix), un ancien combattant donne au général Weygand la médaille militaire que lui remit son général en chef à Douaumont afin qu'il la jette sur le cercueil. Et c'est là que la dépouille va demeurer, pour de longues années encore, « pour toujours » disent ses ennemis, dans ce petit cimetière marin, sous une simple pierre tombale blanche qui porte pour toute inscription « Philippe Pétain, maréchal de France ».

Dès novembre, les fervents fondent l'Association pour défendre la mémoire du maréchal Pétain (les plus déterminés : Weygand, Jean Borotra, Maurice Genevoix, Pierre Benoît, Henry Bordeaux, Claude Farrère, le duc de Lévis-Mirepoix, l'amiral Decoux, Me Jacques Isorni, Me Jean Lemaire, Jean de La Varende, auxquels se joindront plus tard le duc de Broglie, Daniel Halévy et le docteur Schweitzer), avec aussi comme objectif d'« obtenir conformément au désir exprimé par le Maréchal la translation de son corps au cimetière de Douaumont, au milieu des soldats qu'il commanda et conduisit à la victoire ».

L'association n'entend jouer aucun rôle politique. Elle se limite pour l'immédiat à vouloir organiser des pèlerinages sur le tombeau, décerner la « médaille de l'île d'Yeu » et faire célébrer des messes anniversaires en l'église Saint-Philippe-du-Roule.

La chute de Pleven

Cependant, la lutte politicienne n'a aucune trêve.

Le 8 janvier, René Pleven doit poser trois fois la question de confiance sur son budget de réarmement devant l'Assemblée nationale réunie en session extraordinaire.

Le 9 — surlendemain de l'arrivée à Paris du général Eisenhower, le vainqueur de la bataille de Normandie, venant en qualité de commandant en chef des forces atlantiques —, au perchoir du Palais-Bourbon, le discours d'ouverture de Marcel Cachin, doyen d'âge, déchaîne une tempête. Phrase choc : « Le peuple français se souvient d'Oradour et atteste aujourd'hui même, au passage de M. Eisenhower, qu'il ne saurait souscrire à d'intolérables prospectives de guerre. »

Car à nouveau le Parti communiste appelle à des grèves. Tout le pays se retrouve secoué. Les manifestations de rue se succèdent pour protester contre la visite du « provocateur ».

Pleven n'admet pas un si grossier défi.

Le 10 janvier, après un demi-échec patent d'une « grève patriotique », le Conseil des ministres décide que tout fonctionnaire ayant cessé le travail la veille sera suspendu de ses fonctions.

Le 11, vingt et un ouvriers travaillant dans des établissements relevant de la défense nationale, pour fait de cette grève, sont licenciés.

Le 22, le ministre de l'Intérieur, Queuille, interdit la manifestation prévue pour le surlendemain par le PC et ses « organisations satellites ». Un communiqué du gouvernement rappelle les titres du général Eisenhower à la reconnaissance de la nation et qualifie la manifestation programmée de « scandale intolérable ».

Le 24, les journaux *l'Humanité* et *Libération* sont saisis à leur sortie des presses, tandis que le service d'ordre stoppe difficilement la ruée des manifestants devant l'hôtel *Astoria*, où siège l'état-major atlantique. Trois mille suspects sont appréhendés. Décidément, Auguste Lecœur, à la tête de ses commandos les plus durs, n'aura guère tardé à démontrer sa détermination et son savoir-faire.

En définitive, cependant, Pleven l'emporte. L'agitation s'apaise peu à peu. Pas du tout intimidé, le 19 février, le gouvernement fait don à l'état-major atlantique de vingt-cinq hectares à Rocquencourt. Là s'installera le SHAPE (Supreme Headquarters Allied Powers Europe), dont l'état-major, le SACEUR (Supreme Allied Commander Europe), est officiellement désigné le 9 mars.

Pleven, aussi imperturbable, s'envole pour Washington. Il a des entretiens d'une importance fondamentale avec Truman. Il sait faire valoir que la France n'est pas en mesure de soutenir une campagne de longue haleine en Extrême-Orient sans compromettre son redressement économique et son équilibre national. Il étale le coût effrayant de la guerre d'Indochine : un milliard par jour. Il plaide d'autant plus efficacement que la campagne de Corée et l'agressivité de Mao font taire les présomptions anticolonialistes du Département d'Etat et de la Maison-Blanche. Un communiqué commun des deux hommes souligne l'identité de vues et la « solidarité indéfectible des deux pays sur la politique à conduire en Extrême-Orient ». Lorsqu'il regagne Paris, Pleven peut annoncer à ses ministres que les livraisons d'armes des Américains en Indochine seront accélérées, quoique dans le cadre des crédits fixés, et que la guerre d'Indochine est désormais intégrée dans la stratégie occidentale. Par ailleurs, les Etats-Unis s'engagent à soutenir la politique française d'intégration européenne. Pleven peut préciser que « entre Truman et nous, tous les soupçons sont effacés ».

Le succès du missionnaire est indiscutable.

Le 7 février, par 401 voix contre les 182 communistes et cryptos, l'Assemblée approuve le compte rendu du voyage du président du Conseil.

Mais, si solide que soit le Breton, le voilà épuisé, puis vient sur le tapis le délicat problème de la réforme électorale.

On assiste à un invraisemblable méli-mélo.

Les partis de la majorité ne sont d'accord que sur un point : modifier la loi existante qui avantage à l'excès les communistes et les gaullistes.

Le 24 février, l'Assemblée repousse le système de la proportionnelle, puis les scrutins d'arrondissement. Rarement il y eut une pareille confusion. Pleven se voit refuser successivement dix-huit projets. Il croit avoir gagné le dix-neuvième, pas plus évident que les précédents. Il pose sur le texte la question de confiance le 28.

« Byzance en pire », peut dire Louis Vallon. Il s'agit d'un système majoritaire qui enchante les radicaux et dont se satisfont les socialistes. Il est effectivement agréé par 243 voix contre 216, mais... le projet déplaît aux MRP, qui se sont abstenus.

Impossible de continuer dans de telles conditions.

A bout de nerfs ou de souffle, Pleven renonce. En vain Vincent Auriol insiste-t-il pour le faire rester. Pleven répond qu'il a épuisé « toutes ses patiences ».

Queuille fait voter la loi des apparentements

Oui, Byzance.

Il faut trois semaines de crise avant que l'Elysée et la France puissent retrouver un gouvernement.

Premier appelé : Bidault. Il se convainc vite de l'inanité de ses chances.

Deuxième appelé : Guy Mollet. Par une habileté très visible, il élude la question électorale. Il donne priorité dans son discours d'investiture aux préoccupations économiques tout en cessant de se montrer intransigeant sur les méthodes dirigistes, jugées indispensables il y a peu. Edgar Faure peut trouver que « le diable a mis du rose dans son rouge ». Par malheur pour le leader socialiste, il ne peut empêcher les interpellateurs de lui poser des questions précises au sujet du prochain scrutin. Ses réponses sont trop évasives. Le 5 mars, il se fait congédier.

Il faut attendre plusieurs jours encore avant que l'Assemblée se dote d'un président du Conseil, en l'occurrence Henri Queuille, pontife incontournable des Valoisiens, plus que jamais semblable à lui-même, avec son gentil petit sourire, ses clins d'œil, sa canne, sa démarche hésitante. (« A Alger, il s'empêtrait déjà dans les tapis », dit trop cruellement de Gaulle.)

Queuille se contente de reconduire la précédente formation en accordant des postes de vice-présidents à Guy Mollet, René Pleven et Georges Bidault.

Il est investi personnellement par 359 voix contre 205. Son gouvernement est accepté par 388 voix contre 180.

Sauf à noter que, dans son discours d'investiture, il a déclaré avancer à juin les élections législatives prévues initialement pour octobre (la date ultérieurement choisie sera le 17 juin).

Sauf à noter aussi que, dans les mêmes dates où se forme le gouvernement, le parti radical interdit la « double appartenance » : plus personne ne pourra être à la fois radical et gaulliste. Principaux personnages visés : Michel Debré et Jacques Chaban-Delmas. (Comment pourrais-je préférer Herriot à de Gaulle ? demande Chaban.) Reste à gouverner.

Le coût de la vie a augmenté de 13 % en moins d'un an.

La CGT ne désarme pas.

La situation est si brûlante que lorsque le président et Mme Vincent Auriol quittent l'Elysée pour aller s'embarquer sur le *France* à destination de New York, ils apprennent au dernier moment que les cheminots refusent de mettre en route leur autorail et ils doivent gagner Le Havre en voiture.

Tous les débats au Parlement sont extrêmement pénibles.

Queuille, impassible, n'en poursuit pas moins son action.

Surtout, il accomplit avec maestria le travail « impossible » pour la réalisation duquel il a été rappelé. Le 7 mai, il réussit, par prodige, à faire voter une loi électorale. (Il en a même l'air de traiter tout le reste en affaires courantes.)

Il s'agit d'un scrutin de liste départemental à un tour *avec apparentements* — dont l'idée première serait d'un modeste député MRP de la Haute-Garonne, Me Roques, avoué à Villefranche-de-Lauragais, second de la liste d'Alfred Coste-Floret (frère jumeau de Paul, lui-même député de l'Hérault).

C'est une idée miracle car on ne voit pas vraiment d'autre truc pouvant permettre de porter remède au désarroi des partis de la majorité, et leur donner la possibilité d'unir leurs forces pour se battre sur deux fronts.

Texte : « Quand une liste de partis apparentés obtient la majorité absolue, elle dispose de la totalité des sièges, qu'elle répartit alors proportionnellement entre les alliés. S'il n'y a pas d'apparentements, la proportionnelle joue entre les candidats comme pour le scrutin de 1946. »

Pour s'apparenter, il n'y a pour les candidats, quand ils déposent leur candidature à la préfecture, qu'à faire déclaration réciproque d'apparentement.

L'opération est remarquablement habile : il est bien évident que les listes communistes ne peuvent s'apparenter avec les listes de la majorité, donc se retrouvent totalement isolées ; si les listes gaullistes ne s'apparentent pas, elles s'isolent à pleins risques elles aussi ; si les gaullistes acceptent de jouer le jeu de l'apparentement, ils entrent dans le système et ne peuvent plus défier la Quatrième République.

Malin, très malin, confirme Vincent Auriol.

Machiavélique, estime Malraux.

Tour de passe-passe, dit Soustelle, *ils* sont plus forts que nous ne l'aurions pensé.

Escroquerie morale, ignoble, crache de Gaulle.

La loi n'en est pas moins adoptée, le 5 avril.

La victoire des apparentés

A la vérité, la troisième force affronte un terrain difficile.

Sa campagne ne va pas de soi.

Les listes de la troisième force, socialistes, radicales, MRP et autres, ont souvent du mal à expliquer pourquoi elles sont apparentées alors qu'elles sont gravement divisées entre elles sur presque tous les problèmes, salaires, politique financière, guerre froide, réarmement allemand, Indochine, école.

La masse des citoyens paraît assez désenchantée. Guy Mollet doit reconnaître que « le vrai problème reste le pouvoir d'achat des travailleurs ». Le petit peuple continue de déplorer de trop difficiles conditions quotidiennes d'existence. La modernisation n'a pas encore fourni de bienfaits au niveau individuel et familial. Tout au contraire, trop de Français se plaignent de vivre moins bien qu'avant-guerre.

Une sourde angoisse persévère. L'après-guerre n'a pas apporté la sécurité espérée. La menace atomique pèse. Les Français se demandent ce qu'ils seront demain : américains ou soviétisés. Peu de crédit s'accorde aux témoignages des politiciens. Les états-majors, en début de campagne, ont l'impression désagréable que les électeurs vont miser au hasard.

« Le cadavre bafouille », peuvent assurer les gaullistes, qui attaquent non moins puissamment que les « orgues de Staline ».

De Gaulle se déchaîne, s'en prenant férocement au système des apparentements. « Les partis sont moribonds, ils vont mourir et ils ne saluent pas, s'écrie-t-il. Ce mode de scrutin est une farce, une imposture, l'ignoble mariage de la carpe et du lapin. » Il déploie en dix-huit jours un effort colossal. Il parcourt à travers toute la métropole vingt-quatre étapes, prononçant cinquante discours ou allocutions. Il essaie par la méthode Coué de se convaincre que les apparentements auront un effet de boomerang, qu'ils se retourneront contre leurs auteurs. Les gaullistes ironisent à qui mieux mieux sur le « sauve qui peut » de la troisième force. Ainsi Malraux, qui vous lance : « Prenez un Français moyen, ajoutez un évêque, retranchez un vénérable de la Loge, multipliez par un patron et divisez par un ouvrier : la racine carrée du résultat est un député. »

Mais deux interventions sont déterminantes et finissent par changer totalement l'aspect de la bataille.

La première est celle du Vatican. Rompant avec sa politique de neutralité traditionnelle, et sans doute resté plus pétainiste que gaulliste, l'*Osservatore romano* conseille ouvertement aux catholiques de voter pour le MRP. Sans doute aussi l'Eglise espère-t-elle par là mieux obtenir le rétablissement des subventions à l'école libre. Elle intervient en tout cas nettement, dans les bulletins paroissiaux comme en chaire. « Les socialistes devront bien renvoyer l'ascenseur », souligne Paul Coste-Floret, apparenté dans l'Hérault au socialiste Jules Moch et au radical Vincent Badie.

La seconde est celle des puissances d'argent. Elles décident d'appuyer à fond les listes apparentées. André Boutemy persuade le patronat que les divisions provoquées par une victoire gaulliste ouvriront largement la porte aux communistes. Raisonnement : si les gaullistes gagnent, les communistes les balaieront comme en s'amusant. « Il n'y a donc qu'une voie intelligente : plein appui au centre. » Or, dans la coulisse, voilà un fort puissant personnage. Fonctionnaire au ministère des Finances avant-guerre, il fut le collaborateur très écouté d'un grand pontife du Parti radical, de la franc-maçonnerie et de la Troisième, Jammy-Schmidt, dont il dit qu'il lui apprit surtout le « maniement des hommes ». Après-guerre, d'abord protégé par le grand préfet Paul Demange, directeur des Renseignements généraux, il se retrouva ensuite collaborateur du président du patronat, Georges Villiers, rentré de déportation. Il s'appelle lui-même un « deus ex machina de la politique française ». Il est installé dans de superbes bureaux rue de Penthièvre. Au nom du CNPF, il dispose de sommes colossales. Il reste que le RPF n'aura reçu de la pluie d'or que la portion congrue.

De surcroît, de Gaulle commet une faute énorme : il refuse tous les apparentements (à trois exceptions près). Qui a osé dire que de Gaulle ne se trompait jamais ? Il se rendit coupable d'une erreur patente en 1947 quand il fonda le RPF trop tôt : il le projeta au combat avant les *élections municipales* ; il aurait dû patienter jusqu'aux *élections législatives* ; il obtint aux municipales un triomphe inutile ; surtout, provoquant chez ses adversaires une immense peur, il leur a laissé le temps de se réorganiser et d'allumer des contre-feux dont il pourra voir maintenant les effets. Voici qu'il aggrave sa faute en s'isolant ; il se recroqueville sur lui-même dans un scrutin dont l'évidence est qu'il avantage en fait la stratégie de l'alliance. « Non, réplique sèchement le Général, je n'ai pas créé le RPF pour m'acoquiner avec les partis moribonds... Les partis sont foutus. Ils seront écrabouillés. »

Non, ils ne sont pas foutus.

Déjà même Vincent Auriol, incomparable dans l'art du pronostic électoral, se frotte les mains.

Le 17 juin, les Français votent.

Principal résultat : sur un total de 627 députés, de Gaulle n'en compte que 118, là où il en espérait au moins 300, là où il en aurait eu plus de 200, appuyés par des alliés, s'il avait accepté les apparentements.

Le président Queuille ne dissimule pas sa satisfaction : gaullistes et communistes ne détiennent pas la majorité absolue ; la Quatrième République est sauve ; même si elle doit gouverner cahin-caha, du moins une majorité existe-t-elle.

Les communistes, quant à eux, perdent près d'un demi-million de voix. (Ils ne sont plus, si l'on peut dire, qu'à 26,9 % des suffrages.)

Certes, la majorité ne saurait pavoiser à l'excès. Les socialistes, amers, constatent que l'hémorragie de la SFIO ne se tarit pas ; ils ne réunissent plus que 14,6 % des votants. Malgré l'appui du Vatican, le MRP est abandonné par la moitié de ses électeurs, ne rassemblant plus que 12,6 % des suffrages. Les radicaux atteignent péniblement le niveau des 10 %. Les modérés ont espéré beaucoup plus que leurs 14,1 %.

Mais le verdict est là : échec aux communistes, qui perdent quasiment la moitié de leurs sièges, et échec à de Gaulle.

Il éclate de fureur, accuse le gouvernement d'avoir « truqué le verdict du corps électoral ».

André Malraux a beau chercher un baume pour les plaies (« Il n'y a pas de plus beaux visages que les visages qui portent des blessures »), le coup fait mal — d'autant que le tir de Queuille a été parfaitement ajusté : les apparentements ont obtenu la majorité absolue dans trente-huit circonscriptions. De Gaulle ne serait-il plus devin ? demande Lacoste, excellemment élu dans son Périgord.

Jacques Vendroux, beau-frère du Général, gémit : « Prenons un exemple concret : trois listes sont en présence, la liste bleue, la liste rouge et la liste verte. Il y a 4 élus à désigner dans ce département. La liste bleue obtient 4 000 voix, la liste rouge 18 000 voix et la liste verte 20 000. La liste bleue et la liste rouge sont apparentées. Donc, leurs voix s'ajoutent, soit 22 000 — dépassant la majorité absolue (20 000). Tant pis si M. Dupont, qui a voté pour la liste bleue, déteste les candidats de la liste rouge autant que les candidats de la liste verte. Résultat : la liste verte n'a aucun élu, bien qu'elle arrive en tête ; la liste rouge a 4 élus sur 4, grâce à l'appoint des 4 000 voix bleues. Et M. Dupont, avec ses amis, par le système de l'apparentement, a fait élire malgré lui ses adversaires rouges. Voilà ce que l'on appelle la démocratie... »

Entrons mieux dans le détail. Justement, deux exemples entre autres permettent de mesurer l'efficacité du scrutin choisi.

LOT-ET-GARONNE	4 sièges — Suffrages exprimés : 119 346		
	Majorité absolue : 59 674		
Listes apparentées :	radicaux	28 007	2 élus
	SFIO	22 256	1 élu
	MRP	11 556	1 élu
	TOTAL	61 789	

(Obtenant ensemble la majorité absolue, les apparentés ramassent tous les sièges.)

Communistes	40 123	aucun élu
RPF	11 413	aucun élu

NORD (2e)	10 sièges — Suffrages exprimés : 451 713		
	Majorité absolue : 225 857		
Listes apparentées	SFIO	107 392	5 élus
	MRP	84 480	4 élus
	Ind. paysans	39 409	1 élu
	Total	231 281	

Les communistes avec 106 146 voix n'ont pas d'élu, non plus que les gaullistes avec 95 054.

Avec le même nombre de voix, les socialistes ont 5 élus, les communistes aucun.

De Gaulle n'arrêterait pas de citer des exemples criants, mais bel et bien Auriol et Queuille ont eu raison de lui. Le Général n'a plus qu'à se lamenter — à prédire que la nation va s'abandonner à la « veulerie générale » — à comparer sa France à l'« enfant transi que le roi des aulnes entraîne aux enchantements de la mort ».

Le retour de Pleven et la guerre des écoles

Le 10 juillet, Edouard Herriot est aisément réélu à la présidence de la nouvelle Assemblée.

Ce même 10 juillet, Queuille, malgré l'insistance de ses amis et de Guy Mollet, porte sa démission à Vincent Auriol. Vous allez créer le désert, avertit le leader socialiste. Fin sourire de l'interpellé : « J'ai fait pour ma part ce qu'il fallait faire. Vous saurez bien trouver un autre chameau. »

Vincent Auriol en appelle d'abord à celui qui est devenu le grand homme du centre droit, Maurice Petsche.

Pendant six jours, du 12 au 18, le digne homme prend donc des contacts. Par malheur pour lui, non seulement il ne peut au départ compter que sur un demi-soutien des socialistes, mais, en quarante-huit heures, le problème de la laïcité, brutalement réveillé par les socialistes et sataniquement exploité par les gaullistes, brise la sainte alliance des vainqueurs. Car voici qu'existe pour la première fois au Palais-Bourbon une majorité favorable à l'aide à l'enseignement libre et le MRP a pris des engagements précis pour obtenir l'appui de la hiérarchie face à la surenchère du RPF, alors que les socialistes ne peuvent renoncer à la laïcité sans se suicider. Les candidats s'apparentèrent ; les élus se désapparentent. Petsche préfère ne pas insister, conseille qu'un autre effectue le « premier tour de piste ».

Vincent Auriol pressent alors Robert Schuman, qui refuse, disant qu'il peut être plus utile sur d'autres scènes.

Il lance René Mayer, mais qui se fait coller à l'oral : alors que 314 voix sont dorénavant nécessaires pour être investi, il n'en a que 241. Comme les socialistes le soutiennent, les MRP l'abattent.

Tentant vainement de rallier les laïques à son projet d'aide à l'enseignement libre, Petsche, relancé, ne recueille que 281 voix.

« Vous allez me tuer la République », gronde Vincent Auriol. Il appelle Guy Mollet, qui démontre aisément qu'il n'a pas la moindre chance.

Pleven, alors ? Il n'est ni laïque, ni clérical, ni dirigiste, ni libéral, ni socialiste, ni radical, ni MRP, ni gaulliste, ni antigaulliste. Va pour Pleven. Il n'obtient pas la participation socialiste, mais l'investiture, le 8 août, enfin, par 391 voix contre 102 (communistes) et 130 abstentions (RPF et quelques radicaux).

Voici donc de retour notre Breton des Côtes-du-Nord avec son style super-officiel, ses lunettes de financier distingué, ses complets stricts, sa voix nette, son français très soigné. Il a dû prendre le temps de se consacrer beaucoup à ses chers rosiers du jardin de sa villa, car il nous revient apparemment en forme.

Il en aura besoin.

Quand on établit le bilan de la première législature, il n'y a pas de quoi pavoiser. 15 % des Français n'ont pas de toit ; 300 000 familles vivent dans des taudis.

Si les institutions ont été préservées, elles n'enthousiasment pour autant pas. La Quatrième République n'est que tolérée, au seul titre de garde-fou. Ses crises ministérielles répétées sont trop irritantes. Edgar Faure s'en console, expliquant : « Ne pleurons pas. La Quatrième vit tout bonnement sous le principe du gouvernement à secousses. Les crises, si mauvaises soient-elles, ont cependant leur utilité. On avance à petits pas, on bute sur un obstacle, le ministère tombe, les concessions réciproques s'opèrent, le problème est résolu et personne n'a perdu la face, sauf que le courant de confiance et de compréhension entre représentants et représentés est interrompu. Nous ne sommes pas du tout dans le non-sens. » Mais ce n'est sûrement pas à dire à Pleven tandis qu'il forme son gouvernement sans socialistes. Nouveau casse-tête chinois. C'est un exploit, encore une fois, que de mettre en place un échafaudage. L'entêté Breton y arrive pourtant. Mais la guerre des écoles de se déchaîner dès le 10 septembre.

Une proposition de loi de Charles Barangé, député MRP du Maine-et-Loire, la déclenche — loi d'aide à l'enseignement privé. Elle ne va plus cesser de torturer toute la vie politique française.

Les laïques font aussitôt bloc, implacablement déterminés à ne pas laisser porter la moindre atteinte à cet enseignement primaire, le « premier du monde », dont la France républicaine « a le droit de s'enorgueillir ». Charles Lussy, vétéran du congrès de Tours, député SFIO du Vaucluse, est l'un des premiers à intervenir. « Chaque fois qu'on nous proposera, prévient-il, par n'importe quel biais, de toucher à la laïcité, nous ferons comme Ulysse : nous nous attacherons au mât et nous nous boucherons les oreilles avec de la cire. » Maurice Deixonne, proviseur député du Tarn, et Jean Minjoz, avocat député du Doubs, entreprennent une farouche contre-croisade. « Imprudents ! avertit Guy Mollet à l'adresse des MRP. Vous ne réalisez pas que vous touchez là à quelque chose de fondamental. »

Certes, comment imaginer qu'il puisse y avoir guerre des écoles dans un pays où, à cette date, 94 % des habitants sont baptisés, 40 % sont catholiques pratiquants et seulement 25 % des enfants élevés dans les écoles privées ?

Qui mieux est : l'école privée n'est guère différente de la communale. Mobilier identique, mêmes tilleuls ou mêmes platanes, même préau, même poêle, mêmes encriers, mêmes plumes Sergent-Major. Seule différence : au mur un crucifix et parfois, dans la cour de récréation, une statue de la Sainte Vierge.

On croyait à jamais reléguée au grenier de l'histoire la guerre menée par le petit père Combes, faisant dissoudre toutes les congrégations, séparant les Eglises de l'Etat et fermant plus de trois mille écoles libres. Depuis ces débuts du siècle, on n'avait pas eu conscience qu'une rivalité survécût, ou un besoin de revanche. La guerre de 1914-1918 finissait d'apaiser les passions. « Dans la vaste mêlée, l'instituteur lieutenant, le curé sergent fraternisèrent dans la boue des tranchées. » La guerre de Verdun enseignait du moins cette paix-là.

Mais le fait est là, dans toute sa sévérité.

L'école privée veut vivre, et elle assure qu'elle ne le peut pas.

Non seulement elle veut vivre, mais dans de nombreuses provinces, elle a retrouvé depuis quelques années un extraordinaire élan.

En Bretagne, 64 % des habitants dans les villes, 90 % dans les campagnes veulent envoyer les enfants dans une école de leur choix, qui convienne à leur conscience. Dans l'Ille-et-Vilaine, sur 24 communes, 14 écoles laïques n'ont pas un seul élève, tandis que 24 écoles libres en accueillent 3 172. Dans 11 départements (de Bretagne et du Massif central), 40 % des enfants fréquentent l'école primaire libre.

Du coup, on se rappelle d'autant mieux que, durant l'Occupation, le maréchal Pétain rétablit les subventions à l'école privée et que Pierre Laval fit accorder 490 millions de subventions en compensation de traitement aux instituteurs des écoles libres.

Au reste, les premiers grincements de dents se perçurent quand, à la Libération, cette aide fut abrogée par le gouvernement de Gaulle, René Capitant étant ministre de l'Education nationale — d'où sans doute aussi les fortes réticences de l'Eglise à l'égard du RPF.

Puis la situation ne cessa plus de s'envenimer.

On entendit à Luzon Mgr Cazaux prêcher la guerre sainte contre l'« impôt des Bleus ». Un notaire angevin demanda aux catholiques de retirer leur argent de la Caisse d'épargne.

Dans le même temps, le procès de l'école publique commençait : « Trop de sectaires, trop de communistes, trop de laïques. »

C'est cependant vraiment 1951 qui aura été l'année de la rupture.

On aura réuni en vain une commission spéciale de vingt membres — dont Mgr Blanchet — sous les girandoles de l'ancien salon de la duchesse d'Abrantès au ministère de l'Education nationale, sous la présidence du socialiste humaniste Joseph Paul-Boncour, ancien président du Conseil (l'un des derniers monuments qui nous restent de la Troisième, si pittoresque et charmant avec son opulente chevelure blanche lui faisant perruque, sa minitaille de « petite souris », son visage comme poudré, ses guêtres soignées, ses mines de gentilhomme bien élevé), commission chargée de trouver une formule de conciliation. La Ligue de l'enseignement, la Ligue des droits de l'homme et le Syndicat des instituteurs refusèrent de participer aux délibérations. Le rêve se brisa.

De fait, le problème est aussi brutal que simple.

4 182 000 enfants fréquentent l'école laïque.

1 643 000, l'école privée.

L'éducation d'un enfant coûte à l'Etat chaque année 11 488 francs.

La prise en charge par l'Education nationale des élèves de l'école libre entraînerait 19 milliards de dépenses supplémentaires, alors que l'augmentation de la population laisse prévoir pour la nouvelle décennie l'arrivée d'un million d'élèves en surnombre, entraînant la création de 32 000 classes.

« Alors, expliquent les partisans de l'école libre, puisque nous économisons déjà 19 milliards par an à l'Etat, il doit en tenir compte. Nos maîtres restent les plus mal payés de France. Ils touchent en moyenne de 35 à 40 % du salaire d'un instituteur. Aidez-nous du moins à leur donner un salaire décent. »

Les laïques refusent au nom du principe même de la laïcité : « A école publique, fonds publics ; à écoles privées, fonds privés. »

Ainsi éclate, aussitôt la nouvelle Assemblée nationale réunie, un inévitable conflit aigu entre socialistes et MRP.

Gigantesque tumulte.

L'Assemblée passe son été à une indescriptible mêlée de propositions, de contre-propositions, de questions préalables, de rappels au règlement, de motions de censure, de suspensions de séance et de toutes sortes de manœuvres d'obstruction. Un été pourri.

A travers le pays, associations de gauche et CGT appellent à des rassemblements pour la défense de la laïcité. En face, un non-parlementaire, Edouard Lizop, crée une Association parlementaire pour la liberté de l'enseignement, à laquelle adhèrent 293 députés, dont Pleven.

Le président du Conseil navigue de Charybde en Scylla.

Voilà qu'il va pouvoir prouver sa réputation : celle de savoir métamorphoser les problèmes insolubles.

A dire vrai, il va surtout faire du suivisme, manœuvrant pour ne pas paraître pris de vitesse.

Tout ce qu'il entreprend, c'est de confier à son ministre de l'Education nationale, André Marie, le soin de faire voter une loi étendant les bourses aux élèves du second degré dans l'enseignement libre. La « loi André Marie » est approuvée par 361 voix, contre 236, le 3 septembre.

Néanmoins, le vrai problème reste entier : l'aide à l'enseignement libre.

C'est alors — une semaine plus tard — que vient la proposition de Charles Barangé, percepteur de profession, calme personnage grand et brun, regard clair, tempes grisonnantes, éloquence pieuse, élu d'une région catholique entre toutes. Il prévoit une allocation éducation, versée directement aux écoles publiques et indirectement aux écoles privées. Jamais l'école laïque n'a encore obtenu pareilles subventions, font même remarquer les défenseurs de la loi. Barangé maintient son projet contre vents et marées. Il ne cède pas d'un pouce. Il ne se laisse à aucun moment intimider par les assauts des Lussy, des Deixonne, et autres Depreux.

Pleven soutient le texte. Il précise que la loi vient à l'aide des deux enseignements : elle met à la disposition de *tout* chef de famille ayant des enfants recevant l'enseignement du premier degré une allocation importante par enfant et par trimestre de scolarité (ce qui donne 3 000 francs par an). Pour les enfants fréquentant l'école publique, l'allocation doit être mandatée directement à la caisse départementale scolaire, laquelle est gérée par le conseil général (les fonds de ces caisses seront du reste employés à l'aménagement, l'entretien et l'équipement des bâtiments scolaires). Pour les enfants de l'école privée, l'allocation doit être mandatée directement à l'association des parents d'élèves (en fait à la direction de l'école privée) et le montant de l'allocation est affecté par priorité à la revalorisation du traitement des enseignants des écoles libres.

Dès le 21 septembre, la « loi Barangé » est votée par 313 voix contre 255.

La guerre froide continue

Pleven peut donc espérer, une fois déblayé ce terrain, qu'après le vote les socialistes accepteront de rejoindre la majorité centriste. Dans ce but, il prend au plus tôt un certain nombre de mesures sociales. Le premier acte de son gouvernement a été de décréter une confortable avance à la Sécurité sociale pour en combler d'urgence le déficit. Puis, le 8 septembre, le minimum de salaire horaire est fixé à un niveau (100 francs) qui satisfait les experts socialistes. Enfin, avant la clôture de la session parlementaire d'inauguration de la législature, le projet d'échelle mobile des salaires est présenté, et adopté par une très forte majorité. Toute la partie droite est contre, mais le projet est voté par 410 voix contre 101 (d'ailleurs aussitôt bloqué au Conseil de la République). Avant même que la session ne soit close, le gouvernement aura donc été amené à s'appuyer sur deux majorités différentes ! Passons : simple paradoxe après tant d'autres. Mais, au total, l'opération de charme auprès des socialistes échoue. Ils restent sur une attitude de bouderie.

Pour toute bonne nouvelle, qu'a le président du Conseil ? Les élections cantonales des 7 et 14 octobre confirment le retour en force des radicaux et des modérés, ainsi que le déclin du RPF. Le leader historique de Force ouvrière, Léon Jouhaux, obtient le prix Nobel de la Paix, ce qui ne peut que conforter le syndicalisme libre. Un calme total règne en Afrique noire : René Pleven aura réussi une opération superbe en obtenant le ralliement complet de Félix Houphouët-Boigny et du RDA, négocié sur place en Côte d'Ivoire par François Mitterrand. Lors de l'inauguration du port d'Abidjan, les dirigeants du RDA sont comme tout naturellement mêlés à la foule des officiels qui, cinq ans auparavant, les tenaient pour des ennemis ; le pacte avec Houphouët se révèle l'une des plus éclatantes réussites du gouvernement.

Tout le reste est forêt de cactus.

Les difficultés financières demeurent obsédantes. René Mayer demande 200 milliards d'impôts nouveaux sous les huées des communistes et des socialistes.

Les Etats-Unis, passant outre aux réticences de leurs alliés européens, négocient avec l'Espagne de Franco des accords militaires.

La guerre froide est plus dure que jamais. Staline continue implacablement de soviétiser ses colonies européennes et de faire régner la terreur à travers son empire.

« Le ciel de l'univers sent le soufre », peut dire Winston Churchill, qui, prenant sa revanche sur les travaillistes, se retrouve au 10, Downing Street. Tout l'univers vit dangereusement. Les Egyptiens du roi Farouk font des difficultés à Suez. Le Foreign Office annonce la disparition de deux grands espions, Burgess et McLean, qui filent de l'autre côté du rideau de fer. Un vaste vacarme mondial fait écho au dramatique procès des époux Julius et Ethel Rosenberg jugés pour espionnage pro-soviétique aux Etats-Unis. Monstre d'acier contre rideau de fer : l'express 365 011 Asch-Prague choisit la liberté ; à plus de cent à l'heure, le « train tchèque » entre dans l'histoire ; les héros de l'exploit sont deux cheminots qui ont eu assez de vivre sous le régime policier de Prague, où la police terroriste de Gottwald règle à sa façon les lendemains qui chantent ; les familles des deux hommes figurent parmi les 108 passagers ; le train fou brûle allègrement tous les terminus.

A Téhéran, un prodigieux acteur du théâtre politique, Mohamed Hadayat, riche propriétaire foncier égaré dans la politique internationale, célèbre en quelques jours sous le nom de Mossadegh, ahurissante tête oblongue de chameau malade, larme rapide avec accompagnement de violents sanglots, virtuose de l'évanouissement spectaculaire et dont *Time* dit qu'il « pleure au spectacle de son propre patriotisme, lequel est aussi sincère qu'hystérique », défie victorieusement le lion britannique, nationalise les compagnies de pétrole anglaises, amène la planète au bord de la guerre et provoque dans l'industrie du pétrole une crise qui n'a pas fini de faire des émules.

Le drame coréen se poursuit. Dès l'aube du 1er janvier, les champs de bataille s'embrasent comme jamais encore. Nonobstant le brouillard gelé, les Chinois se lancent au secours des troupes nord-coréennes trop bousculées par les troupes onusiennes, se ruent à l'assaut direct de la VIIIe armée de MacArthur. Ils ont tôt fait de franchir le 38e parallèle, qui dessine la frontière entre les deux Corées. Ils surprennent totalement les troupes alliées. Dès le 4, ils prennent Séoul. Cette intervention abrupte et inattendue de la Chine fait sensation mondiale. A Washington, le sénateur Taft, leader de l'opposition, demande que les Etats-Unis déclarent la guerre à Pékin « plutôt que de poursuivre en Corée une guerre non déclarée ». Pour autant, sur place, la fortune change vite de main. Les Américains, dès le 15, ont remonté tout le terrain. En vain Lin Piao lance-t-il en contre-attaque trois armées chinoises et deux corps nord-coréens. Les Américains les écrasent sous une énorme puissance de feu. Les Chinois se rendent par milliers. Le général Ridgway, qui conduit la bataille, semble irrésistible. Le 14 mars, il reprend Séoul ; le 16, franchit le 38e parallèle. Truman entreprend dès lors de négocier la paix. MacArthur ne s'en satisfait pas, projette de porter la guerre en territoire chinois, demande à utiliser au besoin la bombe atomique. Tranquillement, avec un impressionnant sang-froid, Truman le destitue et le remplace dans toutes ses fonctions par le général Ridgway. En vain encore, au printemps, les Chinois reprennent-ils puissamment l'offensive. Les Américains rétablissent aussitôt la situation. Le 20 mai, le front communiste se disloque. Chinois et Nord-Coréens refluent en désordre. Dès le 23 juin, aux Nations unies, Malik, le délégué permanent de l'URSS, suggère des « discussions entre les belligérants en vue d'un cessez-le-feu et d'un armistice prévoyant le retrait réciproque des forces à partir du 38e parallèle ». Le gouvernement français, qui entrevoit là une possibilité de régler le problème indochinois par un élargissement de la négociation, appuie discrètement la proposition Malik. Ainsi des négociations se nouent-elles, à Kaesong d'abord, ensuite à Panmunjom.

Construction européenne et armée européenne

L'Europe ? On commence à y croire vraiment.

Certes, elle reste encore fort éclipsée par les deux « super-grands ». Elle continue de cruellement payer ses folies. C'est pourtant déjà beaucoup qu'elle croie en elle-même.

Dira-t-on jamais assez ce qu'elle devra à Truman ? Par le plan Marshall, il a injecté dans les économies européennes la masse incroyable de 13 milliards de dollars. Le 24 mai, sous étiquette du Mutual Security Program, il demande encore à son Congrès 8 milliards et demi de dollars pour l'aide à l'étranger au cours du seul exercice 1951-1952. L'Europe profite de la plus grosse part de cette inestimable offrande : plus de 5 milliards d'aide militaire, plus de 1 milliard d'aide économique (au reste, l'Amérique latine s'en plaint). Du point de vue économique, le continent est sauvé.

Tous les éléments d'un grand jeu européen se mettent en place.

L'Allemagne de l'Ouest effectue un redressement inouï.

Le 6 mars, le statut d'occupation est révisé et la République fédérale est autorisée à avoir un ministère des Affaires étrangères qu'Adenauer prend sous sa responsabilité directe.

Le 12 juin, l'Allemagne entre à l'Organisation internationale du travail. Le 16, elle est admise à l'Unesco.

Le 9 juillet, faute de pouvoir signer (du fait de l'opposition soviétique) une paix dans les règles, le Royaume-Uni, les dominions britanniques, les Etats-Unis, la France et vingt-six puissances du monde libre déclarent solennellement que la guerre avec l'Allemagne a pris fin.

A l'appel de Schuman, l'Assemblée nationale, le 13 décembre, vote la ratification du traité de la CECA — par 377 voix contre les 233 opposants gaullistes et communistes.

L'aventure européenne est bien lancée.

Mais l'armée européenne, elle, continue de faire des vagues.

Les communistes et les gaullistes ne sont pas les seuls à la combattre. Nombre de patriotes de la majorité redoutent qu'elle ne nous empêche de défendre nos « colonies ».

Par ailleurs, de multiples questions délicates se posent.

A qui devra obéir la CED ? Faute de créer un Etat européen, comment faire évoluer une armée sans chef ni objet ? Or la solution proposée est plutôt boiteuse. Les rédacteurs du traité décident que le Commissariat (équivalent de la Haute Autorité de la CECA) sera uniquement responsable de la formation, du recrutement et de l'entraînement de l'armée européenne ; les divisions, une fois prêtes, relèveront du commandement du général Eisenhower. Dans ce cas, faut-il encore parler d'armée européenne ?

Comment aussi la France pourra-t-elle défendre les « Etats associés » ?

Comment va se faire l'intégration des forces nationales ? Car plus son niveau est bas, plus la dénationalisation est poussée. Lorsque l'intégration est effectuée au niveau de l'état-major, les unités conservent leurs cadres nationaux. En revanche, lorsqu'elle est exécutée à l'échelon du bataillon, les hommes des différentes nationalités se retrouvent « mélangés » les uns aux autres. Les adversaires du réarmement allemand, du coup, souhaitent que les forces soient intégrées au stade du bataillon, ce qui condamne tout réveil du militarisme allemand. D'autres, au nom de l'efficacité, déclarent qu'il n'est possible d'intégrer des troupes de nationalités différentes qu'à l'échelon de la division. Par exemple, les Américains « tranchent » le débat en imposant l'intégration de troupes allemandes sous forme de *combat teams* de 5 000 à 6 000 hommes. Jules Moch, qui acceptait seulement l'idée de bataillons allemands de 1 200 soldats, cesse dès lors d'être d'accord. Jean Monnet aura eu beau savoir vendre sa marchandise, grâce à l'ambassadeur David Bruce se mettre au mieux avec le général Eisenhower, persuader Ike que sa tâche de commandant en chef sera facilitée s'il a en face de lui un seul interlocuteur, l'Europe et non douze Etats individuels tirant à hue et à dia. Trop de réponses restent floues et discutables.

En Indochine du roi Jean

Il y a les affres de l'Union française.

La situation reste dramatique à Madagascar.

Au retour de l'Indochine, le paquebot *Champollion* bourré de troupes fait escale à Alexandrie : des tirailleurs algériens en profitent pour déserter (résultat de l'insidieuse campagne menée par les Viets auprès de nos troupes non européennes dans la jungle).

De mauvaises rumeurs parviennent du Maroc. Deux membres du Conseil du gouvernement poussent l'audace jusqu'à déposer des rapports qui mettent proprement en accusation toute l'armée française sur place. En pleine séance du Conseil, Juin les flanque dehors. Surprise : les sept élus de l'Istiqlal emboîtent le pas. Plus désagréable encore : sans tarder, Mohammed V leur accorde gravement audience et leur exprime sa sympathie. Le sultan se met même en grève : il refuse de signer les dahirs que les administrateurs français lui préparent. Il s'ensuit « entre le protégé et le protecteur » une entrevue d'une extrême violence. Juin tempête, somme le souverain de faire son métier, de congédier ses ministres et de désavouer l'Istiqlal, mais « Sidi Mohammed, comme le raconte brillamment Raymond Cartier, personnage aux manières fuyantes... capable d'une résistance de gélatine..., répond que le Coran interdit à un musulman de désarmer un autre musulman et qu'en donnant satisfaction aux autres demandes de Juin, il paraîtrait céder à une pression ». Puis il écrit à Vincent Auriol pour lui demander d'exercer son arbitrage. Vincent Auriol répond d'ailleurs sans guère tarder qu'il est totalement derrière son résident général. « J'ai quand même un foutu pavé sur l'estomac », grogne Juin. Pour venir à bout du souverain (qui l'est alors si peu), il décide du coup de s'appuyer à la fois sur les ulémas, et sur le pacha de Marrakech, plus connu sous le nom d'El Glaoui, l'homme aux cent surnoms, grand partisan du maintien du protectorat. Les ulémas font rigueur au sultan de vouloir rendre la couronne royale héréditaire, alors qu'ils tiennent farouchement au principe coranique de l'élection. Thami El Glaoui, totem des Berbères, a jeté un jour à la face du sultan : « Tu n'es pas sultan du Maroc, tu es sultan de l'Istiqlal, tu mènes l'empire à la catastrophe. » Extraordinaire personnage, né aux environs de 1875 derrière les créneaux enneigés d'une forteresse de l'Atlas où l'on décorait les murs avec les têtes des prisonniers décapités, comme l'écrit encore Cartier, « tête de tortue momifiée, noire et hermétique où le regard lui-même est couleur des temps morts... une fortune à milliards... toute une armée de cavaliers d'élite... un Greco survivant, comme dit de lui Churchill... ». Le Glaoui entre même en dissidence. Aussitôt que Juin donne le signal, les cavaliers du pacha se mettent en marche. Environ trois mille, ils entrent à Fez, cœur du nationalisme marocain, fief de l'Istiqlal, et y défilent sous drapeau français. Ce même jour, 25 février, un ultimatum, à Rabat, est remis au sultan. Il a deux heures pour se soumettre. S'il s'entête dans son refus, il sera enlevé en avion avec sa famille. Le sultan, pour sauver la face, persiste dans son refus théologique de désavouer l'Istiqlal. Pour tout le reste, il accepte. Il signe les dahirs. Il est vrai que Juin ne triomphe pas longtemps. Il a ses propres ennemis à Paris. Il est nommé au commandement des troupes Centre-Europe de l'OTAN. A peine a-t-il le droit de désigner pour Rabat son successeur, qui sera le général Guillaume. Mais le problème des rapports de forces entre la France et le protectorat est posé. A tout moment, le Maroc, à son tour, peut entrer en tragédie.

Paris sait d'ailleurs peu protéger ses proconsuls. Marcel-Edmond Naegelen, accusé d'autoritarisme par ses camarades socialistes eux-mêmes, est proprement « débarqué » d'Alger au profit d'un fonctionnaire réputé libéral, Roger Léonard.

Irritations en Tunisie, où Jean de Hauteclocque arrive comme résident général. C'est qu'on vient d'accorder l'indépendance à la Libye voisine, confiée au chef religieux Idriss, lequel aussitôt se fait roi. Habib Bourguiba, chef des nationalistes du Néo-Destour, demande : « En quoi sommes-nous moins capables que les Libyens de gérer nous-mêmes nos affaires ? » Déjà le Néo-Destour se prépare à déposer aux Nations unies une plainte contre la France, lui reprochant de marchander l'autonomie interne et de vouloir préparer une cosouveraineté donnant à 150 000 Français un poids égal à celui de 3 millions de Tunisiens — ces mêmes Français proclamant pour leur part : « L'autonomie interne, c'est notre ruine et notre mort. »

« Nous serons à Hanoi pour le Têt », a annoncé Hô Chi Minh à ses militants. Le Têt est le jour de l'An vietnamien. Il tombe cette année le 6 février. Le slogan s'est inscrit sur tous les murs de la capitale tonkinoise. Tel n'est pas le cas. Il reste que le sort de l'Indochine nous échappe de plus en plus. Giap déclenche même une offensive qui renverse les plans de De Lattre. Jamais jusqu'ici une telle violence. Il attaque le 4 janvier, puis le 13, avec quarante bataillons fanatiques, soutenus par des mortiers, sur un front de 130 kilomètres. De Lattre découvre à Saigon une atmosphère de défaite. Il déclare dans une conférence de presse : « Nous ne serons foutus que si les journaux racontent que nous le serons. » Il dit aussi : « Eh bien oui, ils attaquent Hanoi et ils sont plus nombreux que nous. Et alors ? » Mais le verbe est plus facile que l'action — d'autant plus que la guerre à mener est hideuse, entre une montagne abrupte et un delta infecté de miasmes, sur des massifs envahis d'une jungle épaisse, dans une atmosphère oppressante.

Le « roi Jean » ne lésine certes pas sur les moyens.

Giap engageant ses meilleures troupes, il fait appel lui-même, pour leur faire front, à des formations d'élite.

Quand, sur le massif du Tam Sao, dernière courtine de la haute région dominant de mille mètres le delta, les divisions 308 et 312 de Giap menacent Vinh Yen, de Lattre les fait bombarder au napalm : les Viets croient qu'il a fait jeter des bombes atomiques ; la brousse s'enflamme ; une certaine débandade s'ensuit. Des King Cobras mitraillent en rase-mottes les fuyards ; la route RC2 est ouverte ; pour la première fois, le Viêt-minh n'emporte pas ses morts, ils sont trop nombreux ; Vinh Yen est dégagé ; le jour du Tet, renversant le défi de Hô Chi Minh, de Lattre fait lever le couvre-feu à Hanoi et préside somptueusement un défilé des troupes victorieuses.

Il obtient quarante appareils des Etats-Unis pour épauler sa propre escadre d'assaut.

Il équipe quatre divisions vietnamiennes.

Il fait de Haiphong un véritable camp retranché.

« Je ne céderai pas d'un demi-millimètre », dit-il même après avoir appris que les assaillants de la 308, quand ils sont atteints par les balles, explosent comme des obus, tant ils sont bourrés de dynamite, ceinturés de chapelets de grenades au plastic.

Il est si plein de lui-même et de son sujet que, partant en mars pour la France où il va commémorer la libération de l'Alsace — et demander des renforts —, il donne un seul ordre à Salan : « Ne faites rien ; comme cela, vous ne ferez pas de bêtises. »

Il dédaigne l'opposition sourde qu'anime contre lui Bao Dai lui-même, qu'il appelle « ce souverain des boîtes de nuit... ce putois se prenant pour un tigre », dont le message du jour de l'An ne fait pas la moindre référence à la France et qui refuse de se rendre à l'invitation du haut commandement sur le champ de bataille de Vinh Yen voir les centaines de cadavres de Viets brûlés vifs.

Contre tous les pronostics, il obtient de Paris un envoi supplémentaire de 15 000 hommes, prélevés sur les armées d'Afrique du Nord (opération qui entraîne d'ailleurs le démantèlement de précieuses unités du Maghreb).

Il s'emploie à former à Saïgon un gouvernement « nationaliste » de coalition, fièrement anticommuniste. A défaut de Ngo Dinh Diem, admirateur de l'Amérique, qui se met en position d'attente chez les Maryknoll Fathers du New Jersey, il lance dans l'arène Nguyen Huu Tri. Quand celui-ci lui claque dans les doigts, refusant d'être son « toutou », il reprend obstinément son projet, en dépit des efforts répétés de Bao Dai pour le torpiller. « Sa Majesté se trompe ; elle n'arrivera pas à m'enserrer dans ses lianes », grogne-t-il.

Il fait échec en avril à une nouvelle offensive de Giap.

Rongé par le cancer, il n'en paraît que plus dynamique encore.

Il fonde l'école interarmes de Dalat.

Il monte tout un plan pour faire échec aux terroristes qui, soudain, multiplient leurs actions en Cochinchine, notamment dans la plaine des Joncs.

Il stoppe en mai une nouvelle grande attaque.

Il semble même pouvoir dominer la pire des épreuves : dans ces derniers combats, le dernier jour du mois, il perd son fils. A la tête de sa compagnie, le lieutenant Bernard de Lattre de Tassigny défend le piton de Ninh Binh, roc escarpé entre les bras de la boueuse rivière Day. Il tombe tué net d'une balle. Il a vingt-trois ans. Le père télégraphie à la mère : « Pardonne-moi de n'avoir pas su protéger notre enfant. » Il accompagne lui-même à Paris le cercueil, lequel est encadré de deux autres, ceux du lieutenant Mercier et du brigadier Mellot, tués aux côtés de Bernard.

La cérémonie funèbre a lieu à Saint-Louis-des-Invalides. Le corps est inhumé au cimetière du village familial, Mouilleron-en-Pareds, en Vendée — où survit encore le grand-père, doyen des maires vendéens, chef de la tribu, quatre-vingt-seize ans.

Il obtient de Bao Dai en juillet qu'il signe l'ordonnance de mobilisation mettant la nation vietnamienne sur le pied de guerre — résultat appréciable, encore que l'empereur refuse d'instaurer le service militaire obligatoire.

Il dit : « Rien ne me fera faiblir, rien... »

Il s'en va aux Etats-Unis, où il séjourne trois jours en septembre, informer les milieux officiels et l'opinion américaine de la situation en Indochine et du caractère exact de la lutte qui s'y déroule, obtenir une intensification de l'aide américaine, et convaincre les dirigeants américains de la nécessité de former une armée vietnamienne anticommuniste. Il explique à Truman : « Militairement, Hanoi ouvrirait à l'invasion communiste le chemin de Bangkok, le chemin de Singapour et bien d'autres chemins encore... Hanoi, aujourd'hui, c'est pour le monde libre du Sud-Est asiatique à la fois le Bastogne de décembre 1944 et le Berlin de juin 1945. Une fois perdu le Tonkin, il n'y a plus de barrière avant Suez. »

Dès le 1er octobre, le navire américain *Eartham* lui apporte à Saigon toute une cargaison de matériel et d'armes.

Il se rend à Londres rencontrer les stratèges britanniques.

Il va jusqu'à demander la bénédiction du Vatican.

Sur une excellente initiative de Salan, il fait échouer en automne une nouvelle offensive de Giap, cette fois double, dans le Nord-Vietnam, au pays thaï, offensive déclenchée avec l'objectif d'étendre la guerre dans la direction du Laos et qui permettrait d'assurer une liaison avec la rébellion cochinchinoise. Il parvient à dégager Nghia Lo, assiégé par la division 310, larguant sur les lignes de ravitaillement de Giap trois bataillons de paras qui décident de la victoire.

Non content de défendre, il anime des offensives, occupant Choben le 10 novembre, Hoa Binh le 13.

O vaillante et héroïque armée ! Mais la principale question demeure : jusqu'à quand l'impossible sera-t-il jugé possible ?

La société de consommation

Guerre d'Indochine ou pas, cependant, la métropole continue de construire, de créer, de s'amuser, de vivre une vie normale.

Renault lance la Frégate.

Nous sortons le « biscooter » Voisin, voiturette à petites roues, atteignant 60 km/h, bon marché, deux places confortables — à regretter seulement que les Espagnols l'adoptent avec plus de ferveur que les Français.

La France présente son premier « cerveau électronique ».

Des médecins français démontrent — les premiers au monde, le 3 juillet — que la méningite tuberculeuse est guérissable.

D'autres utilisent en pionniers les ultrasons, d'où un important pourcentage de guérison des sciatiques par hernie discale.

Au 1er janvier, nous comptons dix-neuf paquebots en construction (la France se hissant au deuxième rang mondial de la construction de ce type de bateau).

Nous nous illustrons mondialement dans l'exploration du monde sous-marin grâce au commandant Jacques-Yves Cousteau. Le voici à nous offrir le premier grand film sous-marin en couleur, *Carnets de plongée*. Comme tout naturellement, il va chez des poissons qu'on n'a jamais vus.

La société de consommation connaît son plein règne. Il n'y a pour le savoir qu'à contempler l'invasion universelle de la publicité. De bas Steam en bas Scandale ou en matelas Dunlopillo, elle en devient obsessionnelle. Force est de tenir pour historiques la première annonce Air France, la première annonce Airwick et la première annonce, dessinée par Jean Effel, de la pointe Bic : « Au point du jour, la pointe du jour. » Dès avril, la « pub » des alcools et des spiritueux, Saint-Raphaël, Byrrh, Courvoisier, occupe non plus des quarts de page, mais des pages entières en couleur. Nous découvrons même en anglais la première annonce pour une marque de whisky : *« Don't be vague, ask for Haig. »*

Nous réalisons les premiers essais de la télévision en couleur. Le *Journal télévisé* multiplie les performances : les élections législatives font l'objet d'un reportage en direct de Pierre Sabbagh au ministère de l'Intérieur le soir du scrutin ; pour la première fois, les Français suivent le fleuve des pointages et la proclamation des résultats. Le Tour de France donne l'occasion d'une vente record des postes récepteurs. Un film d'action suit désormais le *Journal* chaque soir.

Producteurs, réalisateurs, artistes s'en donnent à cœur joie. On programme *Le Malade imaginaire* et *Le Bourgeois gentilhomme.* Charles Trenet fait ses débuts avec dix chansons dans un décor de Peynet. René Lucot réalise une émission intrépide, *Camera dell'arte*, où deux couples de comédiens improvisent une scène, de préférence comique. Henri Spade produit *Batailles entre deux guerres*, toute une évocation des manifestations d'avant-garde entre 1919 et 1939, le surréalisme, Dada, les Arts Déco, Picasso, *Le Bœuf sur le toit*, Le Corbusier, Paul Poiret, les films de Buñuel, les fantaisies de Cocteau, *Ballet mécanique* (d'où quelqu'un jaillit devant l'immense totem et crie, à la mode des années folles : « Faut-il brûler le Louvre ? »). Pierre Tchernia présente un grand succès, *Les Amoureux de la tour Eiffel*, entièrement tourné en extérieur, avec en particulier au pied même de la tour la descente impromptue d'un hélicoptère qui amène Danièle Delorme en visite. Pierre Sabbagh filme même les Six Jours, faisant appel aux projecteurs de l'armée pour mieux illuminer le Vel' d'hiv'.

Crises ou pas crises, la joie de vivre est partout. A Paris, c'est l'année de Patachou. Curieuse destinée que celle de cette gamine au visage de Gavroche, adorable gavrochette, née Henriette Ragon à Ménilmontant, fille d'un modeste artisan céramiste, pour devenir dès cet automne une grande dame de la chanson ! Pour toute culture musicale, elle n'eut que les leçons de solfège de son école communale. Elle n'a pour tout diplôme que le brevet élémentaire. A la Libération, elle vendait des chaussures. Elle rêva de tenir une rôtisserie. Elle fut pâtissière, virtuose de la pâte à chou. Puis, avec son mari, elle ouvrit un restaurant jouxtant sa boutique. Elle trinquait avec les rares clients, elle entonnait des couplets de salle de garde, des airs coquins que les dîneurs chantaient avec elle. Soudain venait un coup de génie : couper la cravate des messieurs — inédite danse du scalp. La petite de Ménil devenait reine de Montmartre. A trois heures du matin, *Chez Patachou*, cinquante cravates trophées étaient accrochées à la hotte de la cheminée. Puis elle supprimait ses chansons à boire et choisissait d'être artiste. Elle s'en allait chanter *Le Fiacre* ou *Montmartre* jusqu'aux Amériques. La voici triomphante. Elle se fait ovationner à l'Olympia. Elle aura même coupé cette année la cravate de Humphrey Bogart, l'acteur le plus payé de Hollywood, ancien des Marines, héros de *High Sierra* et du *Faucon maltais*, jeune premier gominé et falot avant de devenir cet irremplaçable dur au regard insoutenable, venu à Paris jouer les touristes milliardaires avec sa quatrième épouse, Lauren Bacall, cette ex-ouvreuse qui a les plus beaux yeux du monde.

Bien sûr les grands deuils ne manquent pas.

André Gide s'éteint à quatre-vingt-deux ans, en son domicile parisien de la rue Vaneau. Il a une mort de sage, sans lutte ni fracas. Son dernier mot, confié au professeur Delay : « Il n'y a qu'une lutte, entre ce qui est raisonnable et ce qui ne l'est pas. » Le Satan de jadis dénoncé par les bien-pensants était devenu une sorte de patriarche, avec un sourire mi-asiatique. Il s'en va comme sur la pointe des pieds. Il est inhumé au cimetière de Cuverville-en-Caux, sous la pluie et sous les prières d'un doux pasteur.

Louis Jouvet meurt comme Molière. Inoubliable *Docteur Knock*, chevalier d'*Ondine*, Siegfried de Giraudoux, Arnolphe de *L'Ecole des femmes*, partenaire d'Arletty dans *Hôtel du Nord*, don Juan de Molière, il est terrassé par un infarctus du myocarde alors qu'il répète à l'Athénée une pièce tirée d'un roman de Graham Greene, *La Puissance et la Gloire*. On le transporte à son bureau. On l'étend sur un divan. Il meurt là, tandis que dans son appartement du quai Blériot, son chien Till Eulenspiegel — « Salopard » pour les intimes — hurle à la mort. Une foule énorme assiste à ses obsèques, en l'église Saint-Sulpice.

Nous perdons Maxence Van der Meersch, Peter Cheney, Ludmilla Pitoëff.

Maria Montez nous quitte. Elle succombe à une syncope dans sa baignoire où elle a l'habitude de prendre un bain bouillant chaque jour à midi. Toute la France partage le deuil de son mari Jean-Pierre Aumont. Nous n'oublierons pas de sitôt cette Shéhérazade de rêve, qui joua si adorablement à *La Fée invisible* et à *La Fille de Tahiti*.

Mais 1951 restera surtout une grande année littéraire. Aux vitrines : *Malatesta*, de Montherlant ; *L'Armée des ombres*, de Joseph Kessel ; *Les Enfants terribles*, de Jean Cocteau ; *L'Eau grise*, de François Nourissier ; *Madame de...*, de Louise de Vilmorin ; *Le Hussard sur le toit*, de Jean Giono.

Polisson de génie, Roger Peyrefitte, par *Les Ambassades*, fait scandale en s'y vengeant, en langue éblouissante, à la Voltaire, de l'épouse de Georges Bidault, Suzanne Borel, qui le fit exclure naguère de la carrière diplomatique pour affaire de mœurs et dont il fait dans le roman un personnage qu'on n'est pas près d'oublier, sous le nom de Crapotte.

Goncourt : *Le Rivage des Syrtes*, de Julien Gracq (prix refusé par l'auteur).

Le théâtre parisien affiche *Colombe*, de Jean Anouilh ; *Le Diable et le Bon Dieu*, de Sartre ; *Lorsque l'enfant paraît*, d'André Roussin ; *La Leçon* de Ionesco ; *Bacchus*, de Jean Cocteau ; *Vogue la galère*, de Marcel Aymé.

On inaugure le Théâtre national populaire — TNP — confié à Jean Vilar, installé à Suresnes, et non sur sa colline de Chaillot, occupée par l'ONU. Dans une salle, dit Vilar, austère comme un hangar de brique. Nous entendons un programme de musique contemporaine, du Darius Milhaud et du Honegger. Après les Concerts Lamoureux, on nous sert sur les genoux un dîner immangeable : 35 grammes de saucisson, 70 grammes de viande, 150 grammes de petits pois, 150 grammes de pain, une pomme et un verre de vin. Mais quel dessert ! *Le Cid*, avec Gérard Philipe. Puis, bal, où les machinistes font valser des duchesses. Alice Cocéa a le mot de la fin : « Formidable, ce Vilar... Il réussit même à rendre snobs les prolos... »

IX

1952

L'ANNÉE DU MIRACLE PINAY

Le premier gouvernement d'Edgar Faure — Psychose mondiale de guerre — Le gouvernement d'Antoine Pinay — La baisse Pinay et l'emprunt Pinay — Les deux pigeons de Jacques Duclos — Viets et fellaghas — Croisade contre la CED — Les malheurs et la chute de Pinay — Les réalisations de la Quatrième République — L'affaire Dominici.

Le premier gouvernement d'Edgar Faure

Sur la fin de 1951, nous avons vu Pleven ne survivre que par une sorte de jonglerie perpétuelle entre diverses majorités. Effectivement, il est renversé dès le 7 janvier. Sur la loi des finances. Le problème en discussion porte sur le fonctionnement de deux grands services nationaux, chers au cœur des socialistes et lourds à supporter pour les modérés : la Sécurité sociale et la SNCF. Pour tenter d'éviter les trop durs récifs, le gouvernement demande le vote de « lois-cadres » qui lui laissent les mains relativement libres pour agir. Mais, dans l'équipage de l'inconstante majorité, les matelots socialistes se refusent à la manœuvre. Ils y voient un procédé de vieux loup de mer pour « revenir sur les conquêtes sociales ». Ils rejoignent l'opposition automatique des communistes et des gaullistes. Le gouvernement ne réunit qu'une minorité de voix — Pleven n'a plus qu'à porter sa démission à qui de droit.

Le moment d'une telle crise est loin d'être idéal. C'est qu'elle coïncide avec une crise financière du plus haut degré de gravité. La circulation monétaire est passée durant le seul gouvernement Pleven de 1 742 à 1 874 milliards de francs, le litre d'essence de 54 à 59 francs, le litre de lait de 44 à 48, le Napoléon de 4 320 à 4 410. Le journal quotidien s'élève à un niveau qui peut paraître surréaliste : 15 francs. Entravées par les jeux des prix intérieurs, les exportations tombent à 57 milliards par mois, ne compensant que pour 50 % les achats à l'étranger. Les avances de la Banque de France à l'Etat se sont élevées de 15 à 160 milliards. Le dollar qui valait 35 francs en 1938 en vaut 350 au marché officiel, plus de 500 au marché parallèle. La guerre pour l'Indochine coûte 1 milliard par jour. La France commence à en avoir des vertiges.

Force est pourtant de trouver un amateur pour Matignon.

Le fastidieux défilé des « pressentis » recommence donc à l'Elysée.

Christian Pineau, premier appelé, se récuse.

Deuxième appelé pour le tour de piste : Jacques Soustelle, député leader des parlementaires gaullistes. La vérité est que Vincent Auriol a décidé de travailler le RPF au corps. A défaut de pouvoir rallier de Gaulle à la Quatrième, il a résolu de poser aux députés gaullistes les questions fondamentales susceptibles de les troubler. Fin limier, solidement informé, il sait aussi à quoi s'en tenir sur les rapports exacts entre le capitaine et son lieutenant. Trop souvent humilié par un de Gaulle qui supporte mal son apparente docilité de « gros matou » qui fait mal le dos rond, mais s'exaspère aussi de ses initiatives, Soustelle est devenu un anxieux, un indécis, déchiré entre sa fidélité à de Gaulle et son ambition personnelle. « Quoi de commun aussi, peut demander Georgette Elgey dans son brillant ouvrage sur *La République des contradictions*, entre Jacques Soustelle effacé, tremblant, osant à peine parler lorsque de Gaulle est là, et Jacques Soustelle brillant, tranchant, autoritaire, lorsque de Gaulle est absent ? » On finira bien aussi par enlever au grand homme les vingt députés qui nous manquent, se dit tout ricanant le vieux renard de l'Elysée. « Ce brave général a trop de ministrables dans son groupe : ils ne vont pas rester éternellement au poulailler. » En tout cas, l'opération est mi-réussie : un certain fossé se creuse entre de Gaulle et son premier féal. Devant le comité de direction du mouvement, de Gaulle trouve même « idiot » un communiqué préparé par Soustelle pour la presse.

Paul Reynaud apparaît tout guilleret, pour refuser dans l'heure qui suit.

Georges Bidault ne refuse jamais avant d'avoir essayé. Il doit renoncer au bout de deux jours.

La crise n'est résolue qu'avec le cinquième appelé : Edgar Faure, député radical du Jura, garde des Sceaux dans le précédent gouvernement.

Il se présente à l'investiture dans les jours mêmes où meurt le général de Lattre de Tassigny, auquel le gouvernement confère sans délai, comme à Leclerc, le titre posthume de maréchal de France, où l'ONU se déclare compétente quant à la plainte déposée contre la France par le gouvernement tunisien, et où d'âpres combats se livrent au Tonkin autour de Hoah Binh encerclé.

L'Assemblée, quoique sceptique, admet le candidat, par 401 voix contre 101, et malgré l'abstention des gaullistes, le 17 janvier.

Petit, rondouillard, chauve, volubile, zozotant, mais un regard exceptionnellement perçant derrière ses lunettes, l'heureux élu est tenu à la ronde pour l'un des futurs grands caciques du régime. « Homme de juste milieu, inégalable dans l'art de concilier les inconciliables », le juge André Siegfried. Et Pierre Viansson-Ponté, du *Monde* : « Sous son allure quiète et sa faconde, le plus redoutable séducteur politique qui se puisse rencontrer, empaumant tout le monde. »

Petit-fils d'instituteur, fils d'un père médecin militaire à cinq galons, né en 1908 à Béziers au hasard d'une vie de garnison, avocat, le voici en carrière rapide. Même si, aux législatives de 1945, il essaya en vain d'obtenir l'investiture MRP et s'il a dû s'y reprendre à deux fois avant d'être élu député radical-socialiste du Jura, il était secrétaire d'Etat dès 1948, ministre du Budget dès 1950, ministre de la Justice dès 1951.

C'est un perpétuel optimiste que les doctrines ne sauraient entraver et un Florentin de la Renaissance, sauvé de lui-même par les robustes bûcherons qui votent pour lui en son Jura d'adoption. Il connaît assez Mendès France, qui est un ami personnel, pour se méfier des énonciations trop catégoriques. Il déteste la cruauté. Il abhorre les ostracismes. On ne l'aura jamais vu en rage. Seule coquetterie : accompagner beaucoup dans les soirées littéraires et les clubs artistiques et mondains de la rive gauche sa chère femme Lucie, directrice de revues d'avant-garde, née Meyer, nièce de Julien Caïn (mariage en 1931, voyage de noces en Union soviétique sous les auspices de l'Intourist et en compagnie de Mendès). Prince du sourire, incapable de la moindre rancune comme de la moindre méchanceté, parfaitement loyal avec ses amis comme avec les hommes qu'il sert, il ne faudrait surtout pas le prendre pour un désinvolte : non seulement il possède sans doute la plus belle mécanique cérébrale de tout le Parlement, mais, à l'occasion, il sait être diablement efficace et constant.

Queuille et Bidault, celui-ci chargé de la Défense nationale, sont vice-présidents. Pas moins de quatre ministres d'Etat s'alignent sur la fiche : Laniel, Mitterrand, Pflimlin et Letourneau, qui a les Etats associés. On voit apparaître l'un des maîtres du parti radical, Léon Martinaud-Deplat, à la Justice. Le président garde pour lui les Finances.

Ce jeune homme est un classique : le retour à l'austérité lui paraît inévitable. Le plus délicat est de faire adopter la chose. Il faut des impôts nouveaux, que refusent les modérés, et des économies draconiennes, auxquelles répugnent tous les élus « sociaux ».

Il joue par la bande gauche. Il augmente les impôts de 10 %. Il préconise un rapide vote définitif de l'échelle mobile des salaires — pour laquelle il demande une procédure d'urgence. Le 26 janvier, il obtient un vote favorable des socialistes, des communistes et des MRP, soit 355 voix (où se retrouve donc le tripartisme de la Libération, l'Assemblée n'en étant décidément plus à un paradoxe près) contre 246, le RPF votant contre, avec les radicaux et les modérés. « Ze zouis pour la mazorité d'idées », dit-il avec son impayable zézaiement.

Mais le ciel est trop noir.

La situation ne cesse de s'aggraver en Indochine. Salan doit décrocher à Hoah Binh.

La Tunisie est toute meurtrie d'incidents sanglants.

Un débat labyrinthique se déroule à l'Assemblée à partir du 11 février sur la CED. Chacun y perd le nord. Edgar Faure pose d'abord la question de confiance sur un ordre du jour socialo-radicalo-MRP favorable à l'institution. Mais voilà que, si on vote contre, on va provoquer la chute du gouvernement sur un problème de politique étrangère exceptionnellement important. « Surtout, gardez-vous de tout aventurisme », supplie Robert Schuman. Alors, juste avant le vote, Edgar Faure, sous d'énormes clameurs, retire sa question de confiance, pour en proposer une autre, susceptible de mieux plaire aux « zozialistes ». Encore ce nouveau texte ne passe-t-il pas de lui-même. La question de confiance s'impose à nouveau pour l'appuyer. On aura pinaillé sur des virgules et des points-virgules. Du moins « Edgar » obtient-il enfin, le 19, son quitus, 327 voix contre 287. Il n'est que temps pour permettre à l'acrobate de filer sur Lisbonne, où se tient le 20 une conférence du Pacte atlantique destinée précisément à étudier les modalités de constitution de cette armée européenne — un acrobate du reste fort méditatif sur la suite du programme, puisque vingt députés socialistes, et non des moindres, ont voté contre le projet et qu'il devient de plus en plus net que l'on aura le plus grand mal à faire ratifier le traité.

Cependant tout se passe à Lisbonne comme si les cédistes pouvaient y croire encore, Edgar Faure le premier, n'oubliant d'ailleurs pas au passage de demander une nouvelle avance au Trésor américain. Le 23, les « accords de Lisbonne » sont signés. Ils prévoient la mise sur pied, dans un délai rapide, de 30 divisions : 12 françaises, 10 allemandes, 5 italiennes et 3 du Benelux.

L'habile négociateur n'en est pas pour autant mieux reçu à Paris. Les adversaires sortent leurs gourdins aussitôt que, si fringant soit-il, il demande une augmentation de 15 % des impôts. Car, circonstance aggravante, le budget de 1952, deux mois après le dernier jour de 1951, n'est toujours pas voté !

La discussion s'engage le 27 février. Edgar Faure passe deux nuits blanches. Il pose vingt fois la question de confiance. Il en devient méconnaissable, les traits tirés, le regard éteint, la parole moins assurée. Les coups pleuvent de tous les côtés. Un lynchage. Le malheureux ne bénéficie même pas de la totalité des voix radicales.

Un dernier vote l'achève. Le 29, il est mis en minorité.

« Ces modérés qui n'ont de modéré que le nom ! » s'exclame Vincent Auriol.

« Edgar » n'est même pas au bout de ses malheurs. Renversé, alors qu'il n'a plus à charge que les affaires courantes, il doit demander une avance à la Banque de France, ne serait-ce que pour pouvoir payer ses fonctionnaires. Or celle-ci fait preuve d'une audace inouïe ; en son nom, le gouverneur, Wilfrid Baumgartner, protestant rigoriste, le prototype de ces grands commis tels que sut les créer la Troisième République, fait savoir au président du

Conseil démissionnaire qu'il refuse de relever le plafond des avances provisoires de la Banque de l'Etat. Suit de surcroît un commentaire de remontrance qui fait sensation : « L'Etat, comme les particuliers, vit au-dessus de ses moyens... Il faut de toute évidence un redressement dont la ligne générale ne saurait être qu'analogue à celle qui a été suivie par d'autres nations... » La Banque daigne seulement accorder une avance dérisoire — restituable dans les vingt jours. Nous aurons tout vu.

Psychose mondiale de guerre

Tandis que Paris persévère en Byzance, les nouvelles dramatiques se succèdent sur le plan international.

Les Etats-Unis vivent littéralement dans une psychose de guerre inévitable. Un signe le montre bien : l'indication de l'abri atomique le plus proche, qui figure partout, sur les programmes de *Porgy and Bess*, le plus grand succès actuel de Broadway, comme dans les chambres d'hôtel ou dans les amphithéâtres des universités. « Les Américains se croient à l'heure de vérité, explique le général Valluy qui représente la France au Standing Group de l'OTAN, la confrontation avec les communistes leur semble inéluctable. » Le maccarthysme bat son plein : profitant de l'émotion née de différentes affaires d'espionnage, jouant de l'esprit de solidarité avec « nos boys » de Corée aux prises avec les communistes, exploitant la hantise de la trahison, Joe McCarthy, sénateur du Wisconsin, a déclenché sur tout le territoire américain une gigantesque « chasse aux sorcières » qui va jusqu'à s'accompagner d'autodafés de livres et n'épargne aucune catégorie sociale ni professionnelle. On aura même vu s'exiler, à soixante-deux ans, Charlie Chaplin, dénoncé comme Juif communiste dangereux. L'accès du territoire nord-américain est interdit à tous les « communistes et anarchistes ». Graham Greene est refoulé à Ellis Island. La France est ouvertement suspectée de sympathie ou de faiblesses excessives pour les « rouges ».

A Prague, plusieurs anciens grands chefs communistes sont condamnés à mort et exécutés. Epuration stalinienne.

A peine annonce-t-on le 11 avril que le général Eisenhower a demandé à être relevé de son poste de commandant suprême allié en Europe pour être candidat — républicain — aux élections présidentielles américaines, à terme va-t-il être remplacé à Rocquencourt par le général Mathew Ridgway (lui-même relevé en Corée par le général Clark) que les communistes déclenchent en France une fantastique campagne de protestations, avec de multiples incidents.

Les discussions de Panmunjom pour un cessez-le-feu ayant échoué, les hostilités ont repris en Corée.

« George VI est mort. Vive Elisabeth II ! » Le deuil de l'Angleterre semble être le deuil de l'univers. Le roi ne se remet pas d'une opération au poumon. Le 6 février, il meurt dans son sommeil, au château de Sandringham. Ainsi se termine un règne de quinze ans, pendant lesquels l'Angleterre, au risque de sombrer dans la tempête, aura été le bastion avancé du monde libre. La nouvelle surprend la fille du roi, héritière du trône, alors qu'elle accomplit avec le prince Philip, sous prétexte d'inspection, ce qui s'annonçait comme le plus fabuleux voyage de noces de tous les temps (le tour du monde en six mois), plus exactement lors de son étape au Kenya, à Treetops, installée pour la nuit dans une cabane observatrice, construite dans un figuier haut de treize mètres d'où l'on peut regarder les fauves venus boire dans la mare aménagée sous les balcons. Elle est accueillie à l'aéroport de Londres par Churchill, foulard de soie autour du cou et canne à la main gauche, Attlee, appuyé sur un parapluie, et Eden, tiré à quatre épingles. « *God save the Queen* », prononce Churchill s'inclinant devant la jeune souveraine. Elle dit : « J'ai le cœur trop gros pour parler longuement. » Elle a vingt-six ans. Le roi est enterré à Windsor. La cloche de Sébastopol, souvenir de la guerre de Crimée, sonne le glas du haut du donjon.

Enfin, ce n'est pas sans angoisse que l'on voit retraiter Harry Truman, formidable défenseur du monde libre. La très démocratique Amérique choisit son successeur. « *I like Ike* », clament les supporters républicains d'Ike Eisenhower. « *We want Adlai* », s'écrient en chœur les fans démocrates d'Adlai Ewing Stevenson, gouverneur de l'Illinois, que Truman soutient avec moins de conviction que les intellectuels de Broadway. *I like Ike* l'emporte sur *We want Adlai.* Le vainqueur de la bataille de Normandie rassemble 32 millions de voix contre 27 à Stevenson.

Le gouvernement d'Antoine Pinay

L'infortuné Vincent Auriol n'en a pas moins à rechercher un nouveau président du Conseil — d'autant plus soigneusement qu'il sait lumineusement la vraie partie qui s'engage : ou lui-même l'emporte, ou de Gaulle.

Pour Charles de Gaulle, il n'est pas de salut pour la France sans la disparition de la Quatrième et la création d'un Etat que lui-même incarnera. Pour Vincent Auriol, la mort de la Quatrième signifierait la mort de la démocratie. Et pourquoi pas une guerre civile ? Il dit : « Je vais prendre des coups, le match va être difficile, mais c'est jouable. Ce pète-sec a déjà bien fait des conneries. Il en fera d'autres. Il s'est trompé lors de son départ de 1946 : il croyait revenir dans les huit jours. Il s'est trompé en 1948 : il croyait que la tension internationale nous l'imposerait comme sauveur. Il s'est trompé en 1951, par refus de tout apparentement. Tout borgne que je sois, je vois souvent plus clair que lui. » Il rugit : « Et que vient-il nous casser les pieds, en pestant sempiternellement contre la Quatrième République, c'est lui-même qui l'a faite... »

Simplement, il y a une seule voie pour éliminer le gêneur : la mise à mort en douceur. Nous allons bien voir.

Paul Reynaud est le premier appelé, l'homme qui fit de De Gaulle un ministre. L'Elysée lui téléphone à Oxford, où il est en train de discourir sur l'armée européenne. Le « petit bonhomme », comme l'appelle son ennemi Daladier, arrive au palais dans son style de toujours, mollet raide, plastron de coq, menton haut, œil au combat. Il feint de ne pas entendre, dans la meute des journalistes, la voix qui lui rappelle le mot malheureux qu'il prononça en plein désastre de mai 1940 : « Monsieur le président, nous vaincrons parce que nous sommes les plus forts. » Une vive pirouette sert de réponse. Vincent Auriol lui dit : « Vous êtes un expert financier. Vous avez réussi la stabilisation monétaire de 1938. Je vous redonne le trapèze. » Il répond : « Je m'élance. » Peu importe si Louis Terrenoire, alors secrétaire général du RPF, glisse : « On ne nous fera pas faire du poincarisme sans Poincaré. » Le pressenti propose un grand gouvernement d'union nationale, formule inévitable en ces temps de déroute financière où nul parti ne veut être seul à assumer l'impopularité des mesures de salut nécessaires. Il insiste. Le fait est que, déjà, Soustelle fléchit, disant : « Paul Reynaud a talent et énergie... Il peut résoudre la crise sans se plier aux compromissions de ses prédécesseurs... » (Sur un coup de téléphone furieux de Colombey, Soustelle s'alite, refusant de recevoir quiconque.) Mais Guy Mollet, d'un seul coup de trique, rompt le charme : « Vous ne verrez plus jamais un socialiste dans un gouvernement à gaullistes. » Encore une fois, une tentative de Paul Reynaud aura tourné court.

Vincent Auriol pressent Pleven, qui répond que ce n'est plus son heure.

Il réunit ses collaborateurs. Tour de table. Laniel ? Trop réactionnaire. Duchet ? Trop léger. Jacquinot ? Il relève d'une double pneumonie. Quelqu'un prononce le nom de Pinay. « Bah ! » fait Vincent Auriol.

La scène se déplace dans la cour de l'Elysée. Ce 3 mars, à peine si la nuit s'efface. Le temps est maussade. Les journalistes se sont agglutinés sur les marches du perron, attendant le futur désigné, qui ne peut être à nouveau que Reynaud.

Une 15 CV Citroën roule sur le gravier. La cohorte se précipite, brandissant micros et caméras. Déjà les premières armes crépitent, les premiers flashes s'illuminent. Mais, surprise ! Ce n'est pas le sémillant et bourdonnant ancien président du Conseil qui apparaît. On découvre sous un feutre gris un bon visage de bourgeois sans prétention, tout tranquille. Pinay ! Antoine Pinay !

Plus d'un journaliste sourit, sceptique.

Il faut dire que seul un géant semble dans l'instant pouvoir faire face à une telle avalanche de difficultés, et voilà que se présente ce simple brave homme, ministre des Travaux publics dans les deux précédents gouvernements — avec un nom dont on s'amusa beaucoup quand il remplaça boulevard Saint-Germain Christian Pineau. Imaginez donc, Pinay après Pineau !...

Il est en tout cas indiscutable que tout est aujourd'hui contre tout gouvernement.

Les finances, d'abord. La banqueroute se profile. La Banque de France affiche un total mépris d'un Etat aussi faiblard. A la Bourse, toutes les valeurs sont à la baisse.

Les partis, ensuite — ces mondes de plus en plus fermés et jaloux. C'est l'époque reine des majorités illusoires, des gouvernements éphémères, des questions de confiance en cascade, des intrigues de couloir à n'en plus finir. Chaque gouvernement devient vite la cible d'un jeu de massacre. Entre les boulets du PC, les mitrailleuses du RPF, les trahisons des amis et les désertions imprévisibles des alliés de la veille, la tranchée du pouvoir n'offre aucun abri. Dans son bureau élyséen, le grand chef des armées avoue son impuissance : « Je cherche des hommes, je ne trouve que des ombres. » En deux mois, l'Assemblée vient de dévorer lugubrement deux gouvernements, celui de René Pleven, pourtant administrateur solide, et celui d'Edgar Faure, grand espoir du système. Entre deux crises, l'ennuyeux ballet rituel des pressentis et des chefs de parti recommence sempiternellement à l'Elysée, du petit Reynaud au petit Bidault, en passant par Guy Mollet tout grognon, Henri Queuille tout titubant, Pleven tout morose, Herriot tout perclus de rhumatismes, Yvon Delbos tout débonnaire... défilé guignolesque dont seuls sont friands chansonniers et caricaturistes.

Ensuite encore, la statue du Commandeur de Gaulle n'interrompt pas sa veille hautaine. Il dit : « Le régime tombe en déliquescence, les partis sont incapables de le sauver. Le RPF n'a pas le droit, en entrant dans le système, de lui insuffler le ballon d'oxygène qui lui permettra de subsister quelques mois encore. Il doit au contraire l'abandonner à son triste sort. »

Enfin et surtout, l'opinion gronde. « On nous flanquera dans la Seine », ricane Bidault. Derrière ce « cirque » et ces gouvernements qui n'achèvent même pas leur tour de piste, les Français ne voient qu'une chose : la montée vertigineuse des prix, la valse infernale des étiquettes. La pagaille de ce régime sans tête a cessé d'amuser. Ces « clowns » font désormais grincer des dents.

3 mars. Pinay est « pressenti ». Il accepte de tenter le coup. Il n'en paraît que plus dérisoire. « Ça va faire rigoler », dit Paul Reynaud. Il ne semble réellement pas avoir la moindre chance, ce sexagénaire patron de cinquante ouvriers (dont l'entreprise, une tannerie, est dans la famille depuis 1870), certes combattant émérite de la Grande Guerre et fort honnête parlementaire avant-guerre, mais qui vota le 10 juillet à Vichy l'abdication de la République, dont on dit qu'il fut conseiller national de Pétain et ne fut relevé de l'inéligibilité qu'en raison de son courage face à l'occupant

comme maire de Saint-Chamond. Les journaux ne savent pas toujours dire qu'il fut engagé volontaire en 1914, grièvement blessé, décoré de la Médaille militaire, qu'il eut sa vie personnelle bouleversée par un drame familial (la maladie de sa femme le condamna à assumer seul l'éducation de ses trois enfants), connut une élection exceptionnelle de député en 1936 (puisqu'il se présenta contre le candidat Front populaire entre les deux tours et fut élu sans faire campagne), fut sénateur dès 1938 et a un tel culte de l'amitié qu'il ne dissimule pas son attachement personnel au président Pierre-Etienne Flandin, à Yves Bouthillier, remarquable ministre des Finances à Vichy, et à Jean Jardin, principal collaborateur de Pierre Laval. « Je ne vous cacherai même pas, dit-il, que j'ai fait trois jours de prison à la Libération. » On tient partout pour impossible qu'il puisse rallier une majorité. « Il se cassera la gueule dès la première marche de l'escalier », prédit-on à la SFIO.

4 mars. Pinay consulte — au ministère des Travaux publics. « Encore ! pense le sens commun. Comme s'il n'y avait pas assez de polichinelles dans la baraque ! » Dans les couloirs tout bruissants du Palais-Bourbon, c'est à quel cacique ira du meilleur mot. Les députés rient d'autant plus que les feuilles confidentielles racontent comment, la veille, on faillit ne pas trouver le personnage. On lui téléphona chez lui à Saint-Chamond, Loire. Il était parti pour Lyon. On essaya de l'alerter à Lyon. Il venait de sauter dans le Mistral. C'est seulement en gare de Dijon que le super-préfet Haas-Picard réussit à informer le voyageur, qui n'en manifesta pas le moindre émoi.

« Je vous lance dans une cage à lions », a dit Vincent Auriol.

D'entrée de cirque, le mot est vrai. Non seulement communistes, socialistes et gaullistes sont donnés comme devant voter contre lui, mais ses amis ou soi-disant tels n'y croient pas. « Fi, s'écrie Duchet, ce chef de rayon de la Belle Jardinière ! » Ne me faites donc pas rire, supplie Jacquinot. Ils lui ont déjà trouvé un surnom : *L'homme au petit chapeau.* « Regardez ! disent-ils, il s'est déjà fait une tête d'électeur ! » ou bien : « Il veut être M. Tout-le-monde, et il ne sera jamais que le président Personne », ou encore : « Vincent nous aura proposé un poisson d'avril avec trois semaines d'avance. » A travers tous les groupes, on parle avec commisération de ce « pauvre Antoine ».

Tout cela est un piège à modérés monté par un maître socialiste, commente Paul Reynaud, surtout dépité de ne pouvoir être l'homme du salut. Edgar y va de sa voix zozotante : « Pas zérieux ! Pinay ignore zusqu'au mot de dévaluation ! »

Oui, mais aussi typhon chez les gaullistes.

5 mars, veille du scrutin. Au Musée social, rue Las Cases, le général de Gaulle, entouré de sa garde, réunit les groupes RPF du Palais-Bourbon et du Luxembourg. Malraux, silencieux, dessine des têtes de loup. Phrases du Général : « Je vous le dis, le système est mort. Nous ne ferons pas de piqûres à un cadavre... Je n'ai pas

sauvé la France pour M. Pinay. Je vous répète qu'il faut précipiter le drame... Il faut donc refuser de voter l'investiture... Les Français souffriront ? Eh bien, ils comprendront. » En vérité, la responsabilité qui pèse sur le RPF est assez dramatique. Il suffit que ses députés s'abstiennent pour que Pinay n'obtienne pas les 314 voix nécessaires à son investiture. Après lui, nul n'aperçoit la moindre possibilité gouvernementale. Des 25 milliards prêtés par la Banque de France, 20 sont déjà consommés. La faillite est sur le seuil, avec le trouble social et le péril révolutionnaire qu'elle laisse imaginer. De Gaulle prend le risque. Nombre de députés sont d'un tout autre avis. Edmond Barrachin est le premier contradicteur. « Je ne suis pas d'accord, mon général. Si nous refusons l'investiture à Pinay, le franc est en péril. Déjà l'émotion, l'inquiétude et même l'angoisse gagnent le pays. Nous risquons la catastrophe, la panique financière... Laissez-nous du moins la liberté de voter selon notre conscience... Vous voulez nous faire voter de façon unanime. Précisément, le RPF n'a-t-il pas toujours mené campagne contre les partis monolithiques ? Prenez garde ! Les électeurs ne nous comprennent plus ! » De Gaulle insiste. « Erreur, ajoute-t-il, il n'est absolument pas question de composer avec le régime et de le prolonger. C'est l'Auriol qui serait content ! Nous ne devons à aucun prix voter pour M. Pinay. Pourquoi pas, demain, pour M. Queuille ?... Tant que la masse française pourra vivre sur sa subsistance, ou bien de la mendicité internationale, elle n'éprouvera pas le besoin de recourir à nous. Mais lorsqu'elle touchera au drame, lorsqu'elle arrivera près de la catastrophe, elle fera appel à celui qui a déjà sauvé la France dans des circonstances encore plus dramatiques. C'est dans le drame que les régimes s'effondrent. Ah ! messieurs, vous prétendez modifier le système qui est mauvais et, à la première tentation, vous voulez vous fondre dans le système... Je comprends vos raisons. J'ai les miennes... » La discussion prend vite un ton plus vif. Pour moi, énonce Louis Vallon, il nous faut suivre le Général comme son ombre. André Diethelm est du même avis. Mais pas Edouard Frédéric-Dupont, député de Paris, ni Jean Legendre, député de Compiègne. Saint-cyrien comme de Gaulle, homme du plus clair bon sens, sage parmi les sages, grand mutilé de guerre, Henri Bergasse, député des Bouches-du-Rhône, déclare ne pas vouloir suivre ce « véritable cours de sabotage du régime » qu'il vient d'entendre. « Mon général, poursuit-il, nous rêvons de vous voir accéder au pouvoir, mais nous ne pouvons vous suivre sur la tactique à adopter. Nous voulons essayer d'arrêter le pays sur la pente qui le mène à la ruine. La politique du pire n'a jamais rien donné de bon. Nos électeurs, de qui nous sommes plus près que vous-même, ne nous pardonneraient pas de ne pas tout essayer pour sauver le franc, et ils ont raison. M. Pinay vaut ce qu'il vaut, mais nous estimons qu'il peut aider à remettre la barque à flot. »

Sèchement, de Gaulle conclut : « Je n'ai pas à démordre de ma vérité. »

Non que tout soit rose pour Pinay lui-même. Dans la nuit du 5 au 6, à quelques heures de son scrutin d'investiture, il se fait malmener par son propre groupe. Il rencontre trop de regards incrédules ou moqueurs. Il éclate : « Eh bien, puisque vous voulez faire les emmerdeurs, j'en ai assez. Je m'en vais ! » Il prend son célèbre petit chapeau et claque la porte. Y aurait-il un style Pinay ? Pinay serait-il un homme de caractère, qui ne se laisse pas marcher sur les orteils ? Bel et bien, en pleine nuit, il va porter sa démission à l'Elysée. En foi de quoi, réveillé en hâte, en pyjama, Vincent Auriol lui déclare tout net : « Je refuse votre démission, vous devez continuer dans la voie choisie. On n'abandonne pas au milieu du gué. A ce soir, après l'investiture de l'Assemblée, monsieur le président du Conseil ! »

Deux heures plus tard, l'équipe ministérielle est formée.

Le président du Conseil garde pour lui les Finances. Henri Queuille est vice-président. En ce qui concerne les principaux postes, Letourneau a les Etats associés, Schuman le Quai, Brune l'Intérieur, Marie l'Education, Pleven la Défense nationale.

Au total, six avocats, deux vétérinaires, deux ingénieurs, deux directeurs de société, deux fonctionnaires, un administrateur, un médecin, un entrepreneur, un avoué, un professeur, un agriculteur, un publiciste et un expert-comptable.

La petite-bourgeoisie de province au pouvoir. Et, pour la première fois, s'annonce à Matignon un parlementaire de la droite classique.

« On ne saurait mieux annoncer, note Georgette Elgey, la fin de l'après-guerre et le retour à une France moyenne, éprise de calme et de stabilité, allergique à toute secousse. » Fin des illusions de la Libération, des rêves déchaînés. A nous de nouveau la République des notables, qui administrent en réalistes et refusent de pratiquer une politique de songe. « Je n'aime pas les idéologues, précise Pinay ; moi, je gère. »

La baisse Pinay et l'emprunt Pinay

6 mars. Il est tout à fait calme quand, à trois heures de l'après-midi, il pénètre dans l'Hémicycle tant redouté, puis monte à la tribune, sous le perchoir où trône, mi-Jupiter observant les mortels, mi-proviseur paterne surveillant ses potaches, Son Excellence le grand pontife Edouard Herriot.

Le discours est impressionnant de sobriété et de courage. Le député de la Loire parle d'une voix posée, sans une seule envolée lyrique ou mélodramatique, sans geste de tribun, les mains bien à plat sur ses dossiers. Clair, précis, il se limite à faire le bilan d'une société au bord de la faillite.

Phrases : « Voici le constat. Nous sommes en présence d'un triple déficit : les devises, le Trésor, le budget... Les remèdes ne sont ni de droite ni de gauche ; ils n'ont pas d'étiquette parlementaire... Ce sont des mesures techniques à prendre dans un climat de trêve politique... »

Suit une énumération sèche des remèdes indispensables au « traitement choc », « remèdes simples et rigoureux » : mettre fin par tous les moyens à la hausse des prix ; rappeler l'Etat et les citoyens aux vertus civiques en obligeant le premier à une gestion stricte et en persuadant les seconds de renoncer à toute fraude fiscale ; investir par l'emprunt ; « *éviter la banqueroute sans avoir recours à l'impôt* ». Il s'agit de la phrase clef.

Ça murmure dur dans les travées. C'est qu'on vient d'entendre un langage inhabituel. « Ainsi parla Moïse. »

Le débat tire vite à sa fin. A peine quelques orateurs viennent-ils présenter des objections ou demander des précisions. Pinay répond sans même consulter les éléments de réponse préparés par ses collaborateurs. « Je ne peux entrer dans le détail d'un programme précis. Je ne suis pas de ceux qui disent : je ferai. Le gouvernement agira... Je ne reçois pas d'inspiration du Saint-Esprit et je ne possède pas la solution de tous les problèmes... Mais j'aurai été loyal envers le Parlement et véridique à l'égard du pays. »

La partie est gagnée : sur les bancs du RPF, une trentaine de députés applaudissent avec passion ; l'un d'eux, Frédéric-Dupont, a même une violente altercation avec Louis Vallon.

Seuls les socialistes et les communistes votent contre. L'investiture est votée par 324 députés.

27 députés gaullistes optent contre la politique du pire pour la politique du moindre mal. Sans ces « hérétiques », Pinay ne passait pas.

Vincent Auriol peut jubiler : dans l'ombre, il vient de réussir un coup magistral contre le RPF, qui ne s'en relèvera pas. Pour la première fois aussi, une majorité se constitue qui n'est pas soumise aux caprices ou aux injonctions de la SFIO.

A peine descendu de son trône, Herriot embrasse avec effusion le vainqueur de cette journée épuisante : « Pinay, beugle-t-il, vous êtes l'enfant du miracle. »

Au siège du Rassemblement, parmi les fidèles du gaullisme pur et dur, c'est la rage et la consternation. Les « traîtres » sont maudits, en attendant d'être excommuniés. A Colombey, goguenard, le Général ricane : « Ils ont donc choisi d'aller à la soupe. » Avec une moue, il ajoute : « Et voilà, j'aurai sauvé la France pour un tanneur. » Il ressent pourtant au plus profond de lui-même la gravité du coup qui vient de lui être porté.

Mais déjà le pays apprend à mieux connaître son nouveau sauveur, M. Bon-Sens incarné, sans rodomontades ni éclat, de plus entouré d'une équipe de collaborateurs immédiats de la plus haute valeur, tels Henri Yrissou, très remarquable inspecteur général de l'Economie nationale, de longtemps convaincu de la nécessité de repenser la politique financière de la France, Raymond Arasse, le

« normalien qui sait écrire », et le très fin Henri Libersart, inspecteur des Finances du plus haut vol, même s'il adore les formules paradoxales et énigmatiques du style « il vaut mieux se laver les dents dans un verre à pied que les pieds dans un verre à dents » (formule prêtée à faux à Bidault).

A la vérité, le personnage est expert dans l'art de plaire. Il a le sens des formules qui créent la popularité. Il dit à des journalistes qu'il ne peut acheter qu'un journal par jour. « Deux, ce serait trop cher pour moi. » Son petit chapeau rond, sa coquette moustache courte, ses bons yeux de père tranquille, sa voix sans prétention séduisent instantanément le populo. Sa simplicité devient en quelques jours légende. « Ce n'est pas un clown, lui... » dit-on. Ah ! soupire Laniel : « La popularité de Pinay, c'est du Brigitte Bardot. Il existe cent mille femmes plus belles que BB : aucune n'a sa célébrité. »

Mais, surtout, il a un rare génie pour simplifier les problèmes et aller à l'essentiel. Même si, sur les problèmes compliqués, il consulte des experts qu'il estime profondément comme les éminents Jacques Rueff et Wilfrid Baumgartner, il préfère pour le principal s'en tenir à la thèse Yrissou. « La situation du pays est aberrante. L'augmentation des prix de détail varie entre 1 % et 2 % par mois depuis le début de 1951. Cette galopade française a la singularité d'être à rebours de l'évolution mondiale. La guerre de Corée se termine, le cours des matières premières est stabilisé. Il est absurde d'entrer dans le monde des échanges réguliers et normaux avec un tel handicap. Nous n'allons donc pas augmenter les impôts pour pressurer le contribuable. Ces mesures, se répercutant immédiatement sur le prix de revient, auraient pour effet d'accentuer la hausse des prix et d'augmenter notre déséquilibre dans le monde, nous condamnant à une dévaluation de plus, cette espèce d'alcaloïde, de fiscalité qui ne résout rien. Il faut, au contraire, mettre un frein à la fiscalité, réviser le budget, retenir comme investissements ceux qui correspondent à la capacité technique et industrielle du moment, assurer le financement par l'emprunt. » De grands amis de Pinay sont pourtant eux-mêmes réticents. André Boutemy soupire : « Antoine va nous amener des histoires effroyables. » Georges Villiers ne fait pas moins de réserves que Gaston Rueff. Roger Goetze, directeur du Budget, se dit alarmé. Pinay passe outre. Il mise sur l'épargne. Il reprend à son compte un mot de Bidault : « L'or est sous le pommier. » Il y a en France et hors de France, dans les lessiveuses ou dans les banques suisses, des fortunes trop stérilisées.

La situation financière se rétablit en quelques mois — d'une façon si étonnante que le magicien va y gagner une réputation définitive de grand financier, devenant du même coup magique l'incarnation de la solidité de la classe moyenne française entre les réclamations du prolétariat et les calculs des grandes banques.

Il dit tout bonnement : « Je ne suis que monsieur Consommateur.

Je vais faire de Matignon le siège d'une ligue de consommateurs groupant 43 millions de Français. Je vais convoquer, par groupes de soixante personnes à la fois, tous les commerces et toutes les industries, des plus petits détaillants aux plus gros producteurs, sans oublier les intermédiaires. Je vais dire à tous ceux que je convoquerai : "Aidez-moi à sortir du chaos. Il y va du salut public". »

Et « M. Pinay » fait réellement ce qu'il dit.

Du coup, tout se passe comme si les eaux s'apaisaient.

Il écarte la faillite, restaure la confiance, tient les prix.

Dès le 19 mars, à Matignon toutes portes ouvertes, commence le cortège des représentants de toutes les spécialités.

Aux présidents des grands magasins, il déclare : « Beaucoup dépend de vous. Faites un effort et tout le monde suivra. » (Ils marchent. Le soir même, dans toute la France, chefs de rayon et vendeurs, réunis en vrais conseils de guerre, dressent les listes des baisses possibles. Le lendemain, des milliers de panneaux tricolores et de banderoles préparés à la hâte fleurissent sur les étals et dans les vitrines — avec la mention *Défense du franc* et l'emblème du coq gaulois.)

Aux pharmaciens, il tient leur langage : « Pourquoi mettez-vous en vente des boîtes de cinquante ampoules alors que, le plus souvent, les acheteurs n'en consomment que douze ? Gâchis. Faites-moi plaisir : baissez vos prix de 5 %. »

Les bouchers, il les voit dans un célèbre restaurant des Halles. Il parle rumsteck, entrecôte et pot-au-feu : « Je ne vais pas vous apprendre votre métier... Tout de même, notre système de découpe date de Napoléon III. Il vous suffit de le supprimer, vous gagnerez 20 francs par kilo. »

Aux teinturiers, il parle dégraissage et nettoyage à sec. Aux coiffeurs, coupe, frictions et indéfrisables.

Rengaine : baissez les prix, baissez les prix...

Vive la baisse Pinay ! Le plus fort est que le miracle s'accomplit. Moi-même, j'ai failli ne pas y croire ! s'exclame, extasié, le jeune Félix Gaillard, secrétaire d'Etat aux Finances.

La baisse Pinay se révèle même contagieuse. De mars à juillet, l'indice de gros passe de 152 % à 143,5 %, celui de détail de 148,5 % à 142,8 %. Pontifes de tout grade, techniciens, technocrates, experts, inspecteurs des Finances en restent bouche bée.

Et Pinay d'organiser une vaste chasse aux abus dont il fait deux fois par mois le bilan à la radio.

Et de hausser les épaules ou de sourire gentiment quand les socialistes s'alarment de voir leur clientèle « céder à l'appel des sirènes », quand Paul Reynaud va racontant que « ce brave homme n'a que le génie de faire sa réclame ». Il explique qu'il a le peuple avec lui. Effectivement, le 20 avril, à l'inauguration de la Foire de Lyon, la foule enthousiaste rompt les barrages, ignore les autres personnalités, du cardinal Gerlier au comte de Paris, et lui fait une interminable ovation.

Louis Vallon ironise : « Paris est une nouvelle Cléopâtre : après César, Antoine... » Herriot trouve que « c'est un drôle de malin ». De Gaulle, en privé, fait fi de ce « petit marchand... portrait de la bourgeoisie étriquée et bornée ». Mais chaque Français paraît se retrouver dans le personnage.

Et, le 12 avril, après dix scrutins de confiance consécutifs, Pinay de faire adopter la loi de finances — sans impôts nouveaux. Pour le contribuable successivement menacé d'une majoration de 10 % par Pleven et de 15 % par Edgar Faure, c'est un « don de Dieu ». Pinay en obtient du coup l'approbation de toute la partie droite de l'Assemblée. Tout est voté avec l'appui du RPF contre la coalition socialo-communiste.

Et, le 26 mai, de lancer l'emprunt Pinay — émission de la rente de 3,5 % à capital garanti avec clôture le 17 juillet. Encore des sceptiques. Ils font circuler un dicton : « Cette mise en Pinay précède la mise en bière. » La France y va néanmoins allègrement. L'appel de Pinay encadré de reproductions de pièces de 20 francs (le fameux « louis » de 1907), affiché à travers toutes les communes et paraissant dans tous les journaux à grand tirage, trouve des arguments propres à mobiliser toute l'épargne française. Amortissables en soixante ans, *exempts de droits de succession* comme de tout impôt présent et à venir sur les valeurs mobilières, les titres seront remboursés en tenant compte de la valeur de l'or *au moment du remboursement* ; ainsi, une coupure de 100 francs sera remboursée à vingt-cinq fois la valeur de la pièce d'or française de 20 francs, le cours de 4 000 francs ayant été pris comme référence au moment de l'émission. Dès les premiers jours, c'est la ruée. 428 milliards sont souscrits. Il dit : « Et dire que chaque milliard aura évité un milliard d'impôts ! »

Et de mériter une grande consécration : figurer à la couverture du magazine *Time*, à côté d'un louis d'or, sous la devise *Sécurité, Tranquillité, Stabilité.*

Le RPF se retrouve désarmé, anesthésié. Les députés restés fidèles au Général ne sont plus que 89 au lendemain du conseil national de Saint-Maur qui consomme le divorce. Toutes les tentatives de conciliation entre gaullistes et pinaystes échoue. Le Général s'entête. Il s'exclame devant M. de Sesmaisons, député de la Loire-Inférieure : « Le Christ aussi a été trahi. » Il maudit « toutes ces barrachinades... ce quarteron de farfelus ». Il explique à quelques rebelles : « Quand de Gaulle recule, c'est la France qui recule. Vous prolongez le train-train. Vous me dites que l'opinion publique appuie votre M. Pinay. Méfiez-vous de l'opinion publique. Versatile, elle est capable de se retourner contre vous avec autant de violence et d'injustice qu'elle a manifesté d'enthousiasme en votre faveur. L'opinion publique était pour Munich en 1938 et pour Pétain en 1940. Ceux qui ont pris position contre la capitulation et contre l'asservissement avaient-ils donc tort ?... Il faut penser à l'histoire et non à la petite histoire... » Les dissidents répondent par un proverbe anglais : « A trop attendre les souliers d'un mort, on risque de marcher longtemps pieds nus. »

Les deux pigeons de Jacques Duclos

Pour relancer « contre ce phénomène » une certaine agitation, les communistes ne trouvent qu'un prétexte d'ordre international : l'arrivée à Paris, le 27 mai, de l'ex-commandant en chef des forces des Nations unies en Corée, le général Ridgway, promu à la tête de l'OTAN.

Go home, Ridgway ! Le slogan s'inscrit de toutes parts à la peinture sur les murs et sur les routes. A défaut de pouvoir ameuter contre « Pinay la Baisse », les communistes mobilisent contre « Ridgway la Peste », « ce tueur microbien qui parachutait aux petits Coréens des jouets empoisonnés, à leurs mères des ustensiles de cuisine contenant des germes de choléra ».

Il faut dire que le Parti communiste n'est pas moins en crise que le RPF. Si puissant demeure-t-il, il traverse de réelles difficultés. Thorez, toujours en Russie, manque. Il y a eu échec presque total des manifestations ordonnées le 12 février pour l'anniversaire du Front populaire. La politique rassurante de Pinay démoralise les militants. Certes, la direction multiplie les appels à la lutte révolutionnaire, s'emploie à mobiliser les masses contre la « sale guerre » d'Indochine. André Stil, écrivain communiste de grand talent, dans son roman *Le Premier Choc*, dépeint sous des traits de héros le cheminot qui ne veut pas conduire un train chargé d'armement capitaliste. On va jusqu'à passer aux actes, on prend d'assaut des convois de matériel militaire dans les gares. On salue comme une nouvelle Jeanne d'Arc la camarade Jeanne Bergé condamnée à vingt ans de travaux forcés par le tribunal militaire de Saigon pour aide au Viêt-minh. On immortalise de son vivant Henri Martin, second maître de la marine nationale, communiste, condamné à cinq ans de réclusion par le tribunal militaire de Brest sous l'inculpation de participation à une entreprise de démoralisation de l'armée. Sur tous les murs de France, on lit : *Libérez Henri Martin !* Le ministre de l'Intérieur, Charles Brune, paisible vétérinaire radical-socialiste, prototype du politicien jacobin et patriote, a même prévu tout un réseau de surveillance spéciale dont se chargent en particulier le préfet de police Jean Baylot et le commissaire Jean Dides, lequel joue les James Bond avant la lettre. Mais le Parti mobilise moins qu'il ne l'a espéré. « Les masses traînent les pieds », doit convenir Auguste Lecœur. Le zèle de la Libération est bien tombé !

Ainsi le Politburo compte-t-il beaucoup sur cette « opération Ridgway ».

Effectivement, les mots d'ordre prennent. Paris retrouve une atmosphère de guerre civile. Les durs, casqués et maniant les cocktails Molotov, recherchent carrément le contact brutal avec les forces de l'ordre. Le 28 mai, le sang coule. La police procède à mille arrestations. Un militant communiste est tué par balle dans le XVIIIe arrondissement. On dénombre plus de deux cents blessés.

Mais aussi, à vingt et une heures, sur les lieux mêmes des troubles, on arrête qui ? Jacques Duclos en personne, secrétaire général par intérim du Parti. Il se fait coincer dans un mouvement de rue. « Il aura été une nouvelle fois trop léger », grogne Auguste Lecœur. Dans sa voiture, les policiers saisissent un revolver, une matraque, un récepteur radio, des dossiers et... deux pigeons,

« Flagrant délit, juge Brune. Je garde le bonhomme en taule. » Car on lit dans un carnet de notes cette phrase : « Nous travaillons pour la défaite certaine de l'armée française au Vietnam, en Corée et en Tunisie. » Duclos ne se retrouvera à l'air libre que le 1er juillet, par la bonne grâce de la chambre des mises en accusation. Sur sa lancée, Brune va oser jusqu'à faire perquisitionner au siège du PC, carrefour Châteaudun, et jusqu'à mobiliser un serrurier pour forcer les portes.

Surtout, la France rit. Ces pigeons n'étaient pas voyageurs. Ils étaient simplement voués à rôtir sur canapé. Il paraît que Mme Duclos adore le pigeon farci sur des toasts au foie gras. Tous les journaux s'amusent du « complot des pigeons ». Vite, les chansonniers font rire à gorge déployée.

Décontenancés, les militants désarment.

Même cette affaire-là aura tourné au bénéfice du magicien Pinay.

Tout est décidément rose.

Viets et fellaghas

A chaque élection des comités d'entreprise, la CGT perd des voix — notamment 10 % dans son fief de Renault-Billancourt.

A une élection législative partielle de Paris, le pourcentage du RPF se révèle tombé en un an de 24 % à 13,8 %.

Les dissidents gaullistes vont jusqu'à démissionner du RPF et constituer un groupe parlementaire distinct, les Indépendants d'action républicaine et sociale (ARS, avec Barrachin comme président).

Amputé de plus du quart de ses effectifs, le « monstre RPF » tombeur de ministères cesse de faire peur. Daladier ricane : « Le de Gaulle a perdu ses griffes. »

Pour autant, Pinay n'obtient pas la longue trêve escomptée.

Au Palais-Bourbon, le mal de fronde est incurable. On n'y sait vivre sans tirs de foire. La popularité de Pinay est mal ressentie. On en vient même à le soupçonner, sous ses airs de M. Prudhomme, d'aspirer à une certaine dictature.

La situation n'arrête pas de se dégrader en Indochine. Le miracle Pinay n'y aura pas joué. « Dans quel guêpier sommes-nous tombés ! » se lamentait le roi Jean. « Garderons-nous même le droit de visiter les ruines d'Angkor ? » demande de Gaulle, lequel n'accable que mieux à nouveau ce « régime de gouvernements pousse-pousse ». Qui nous débarrassera donc de ce fardeau ? On se contente de lever les bras au ciel. La métropole communie de moins en moins avec les lointains centurions qu'elle identifie trop facilement à des mercenaires, à des « suisses ». Phrase souvent entendue : « Ils font la guerre ? Ne sont-ils pas payés pour ? » Au 1er avril, nous comptons pourtant sur place plus de cent mille hommes. Rien n'y fait. Tout va de mal en pis. A peine Hoah Binh dégagé par Salan, Giap lui redonne l'assaut : on voit des grappes de Viets s'accrocher comme des kamikazes aux tourelles des chars. Bientôt ne reste plus pour ravitailler le poste que la RC 6 enfouie dans une jungle de bananiers sauvages et de bambous. Nous reculons sur tous les fronts. Nous perdons Nghia Lo. Evacuons-nous Son La en pays thaï, pour nous retrancher à Na San, que Na San est aussitôt attaqué. Nous pouvons dire adieu au delta, cet inestimable grenier à riz. On aura vite vu de longues caravanes de coolies viets transporter à dos de lourdes charges de paddy à destination des « pays libérés ». Les rapports d'Hanoi comme de Saigon signalent une lassitude croissante de nos troupes. Cette armée ne remporte plus que des victoires tactiques. Est-ce que nous ne nous battrions plus que pour le roi de Prusse ? C'est le général Gonzalès de Linarès qui a pris la relève de De Lattre. Que pourrait-il donc faire ? On dit même que si de Lattre n'était pas mort, il aurait subi la disgrâce de MacArthur...

En Tunisie, l'arrestation d'Habib Bourguiba et des principaux chefs du Néo-Destour, le 18 janvier, n'aura servi qu'à mettre le feu aux poudres. Le 22, Jean de Hauteclocque, résident général, prend tranquillement le thé, au palais de Hamman Lif, à Tunis, en compagnie de S.A. Sidi Lamine Pacha Bey, « Possesseur du Royaume », lorsqu'on lui apporte les premières terribles nouvelles. Le sang coule. Les destouriens se rendent maîtres de plusieurs bourgades. Le colonel Durand est poignardé à Sousse. Le nom de *fellagha* commence à courir sur les ondes. Jusqu'ici on ne cassait que du Viet ; voici qu'il faut casser du bougnoule. La France envoie immédiatement d'importants renforts. De l'aviso *Elan* et de l'escorteur *Mameluk*, débarquent des commandos qui reprennent Sousse. Bourguiba est interné à Tabarca, en attendant d'être transféré en métropole. Le couvre-feu est décrété sur les villes toutes les nuits. Le Premier ministre Chenik et trois autres ministres sont internés à l'oasis de Kelibi. L'un d'eux dit : « Je préfère que la France me traite en martyr plutôt qu'en ami ; cela n'amènera plus loin. » De fait, la situation ne peut plus que s'aggraver. Les fellaghas en viennent à occuper ou à pourrir des provinces entières, tandis que, depuis Le Caire, des hommes comme Salah ben Youssef s'emploient à mobiliser l'opinion mondiale contre la colonisation française.

Le Maroc se déstabilise. Dès le 14 mars, le sultan demande la révision du protectorat. Puis l'Istiqlal, parti de l'indépendance, prend la direction de la lutte. Le 7 décembre, à Casablanca, dans le quartier de la Nouvelle Médina et des Grandes Carrières, sept mille manifestants se répandent en désordre à travers les rues, criant que « l'heure de la vengeance a sonné » et massacrant sept Européens dont les corps, atrocement mutilés, sont retrouvés dans des fosses à égout. « Je vais tout écraser », avertit le général Guillaume. Le mouvement n'en est pas pour autant arrêté.

Le 15 octobre, malgré l'opposition de la France, les questions tunisienne et marocaine sont inscrites à l'ordre du jour de l'Assemblée générale des Nations unies.

Croisade contre la CED

Le traité de la CED est signé le 27 mai par les Six à Paris, au Quai d'Orsay, dans le salon de l'Horloge. Des négociations fastidieuses ont présidé à la mise au point. Principaux accords : l'Allemagne aura droit à 12 divisions (et non plus 10) ; on a fini par abandonner la prétention de limiter l'intégration allemande au niveau du « *combat team* » ; on sauve la face en parlant seulement de « groupements tactiques », dont l'effectif, pour chacun, sur le pied de paix, ne pourra pas dépasser 13 000 hommes. L'Allemagne en constituera donc 12, dont 3 blindés, l'Italie 12, le Benelux 5 et la France — on lui fait une fleur — 14. Il y aura des formations aériennes allemandes, même si l'Allemagne se voit interdire le droit de produire des avions. L'Allemagne n'aura pas davantage droit aux armements nucléaires, ni chimiques ni biologiques. La CED aura la même structure que la CECA (Conseil des ministres, commissariat, Assemblée et Cour de justice). Elle comptera quelque 2 millions d'hommes, servant sous le même uniforme. Elle fera partie de l'OTAN *comme un tout*, sous un chef unique (en l'occurrence Alphonse Juin, promu maréchal pour les besoins de la cause). Il ne reste plus aux six Parlements qu'à ratifier le traité. Toutes les tentatives pour y amener les Anglais ont été inutiles. Churchill — « ce génie au cerveau étanche », comme dit Bidault — a été totalement rétif.

Mais dès septembre, une gigantesque offensive se déclenche contre l'institution.

La moitié des socialistes s'y engage. Jules Moch et Daniel Mayer sont hostiles à tout réarmement allemand. Robert Lacoste et Max Lejeune ne supportent pas l'idée que la France délègue à une autorité supranationale le commandement de son armée. Au départ, en attendant de se convertir au cédisme, Guy Mollet lui-même est contre : une CED sans les Anglais lui paraît un contresens historique.

Edouard Daladier tient l'armée européenne pour un nouveau Munich ; « parole d'orfèvre », ironise Félix Gaillard qui, lui, est pour. Edouard Herriot se dit « effaré », ne serait-ce que parce que « l'article 11 reconstitue la Gestapo et la Feldgendarmerie ». A la tribune du congrès radical, il va jusqu'à affirmer qu'« on s'est fait rouler par les Allemands » (alors que, plus exactement, ledit article 11 se borne à énoncer que « des forces de police et de gendarmerie exclusivement préposées au maintien de l'ordre intérieur peuvent être recrutées et entretenues au sein des Etats membres »).

Les communistes sont évidemment « contre » d'un seul bloc.

De Gaulle considère que la CED menace l'indépendance de la patrie plus sûrement encore que la crise de l'Union française. Théorème : la France peut perdre ses colonies, elle restera la France ; la France perdant son armée se perd elle-même.

Michel Debré se met à harceler le Conseil de la République de questions orales et écrites. Lorsqu'il invective Robert Schuman, autant imaginer Cicéron accusant Catilina.

Des réserves se manifestent jusqu'au sein du MRP. Bidault — qui a une insurmontable aversion pour Robert Schuman, ce « moine boche » — vous dit : « Je ne suis pas un songe-creux, moi, je suis un patriote. »

Enfin, Vincent Auriol lui-même ne dissimule pas son hostilité pour ce « magma de Dada pour zozos ».

L'ensemble n'est pas pour aider le président du Conseil, fermement solidaire de son ministre des Affaires étrangères.

Les malheurs et la chute de Pinay

Il ne connaît plus alors que des difficultés.

A l'occasion d'un débat sur la Tunisie, l'Assemblée repousse successivement les six ordres du jour qui lui sont proposés.

Le plan gouvernemental de réformes est rejeté : la droite le juge excessif, la gauche insuffisant.

L'atmosphère se dégrade de semaine en semaine.

Les circonstances cessent d'être favorables ; le Bon Dieu ne prête plus son bouclier : une impressionnante épidémie de fièvre aphteuse survenant après une sécheresse exceptionnelle provoque une légère flambée des produits alimentaires ; les commerçants, malgré les pressions du gouvernement, se refusent à la « digérer » ; tout l'échafaudage de Pinay est mis en cause. Pire : contraint dès lors de pratiquer du dirigisme malgré lui, Pinay ordonne une importation massive de viande, bloque les prix, prend des mesures autoritaires de baisse. Il se met immédiatement à dos les syndicats agricoles. A l'Assemblée, Paul Antier, leader des paysans, proteste et passe à l'opposition.

Puis un conflit éclate avec la Banque de France. Le 21 juillet, le refus *in extremis* des Britanniques de procéder à un alignement simultané, et pourtant accepté, de la livre et du franc rend impossible tout redressement de la balance commerciale. Or, alors que

Pinay s'oppose à toute dévaluation, Baumgartner, pour sa part, refuse une détente du crédit susceptible de soutenir l'économie. Au tour de la situation financière de se dégrader. Le Trésor public est de nouveau à la peine. Le gouvernement doit emprunter aux banques helvétiques 100 millions de francs suisses. Queuille lui-même, vice-président du Conseil, ne cache pas ses alarmes. « Va-t-on seulement pouvoir payer les fonctionnaires ? »

Hallali.

Le 4 novembre, à Lille, Guy Mollet dénonce violemment « le conservatisme social et la réaction anti-ouvrière », éventuelles « fourrières du stalinisme et du fascisme ».

La fédération MRP de la Seine réclame une « nouvelle majorité républicaine ».

Le 11 novembre, aux assises nationales du RPF, René Capitant proclame la nécessité de « renverser au plus vite ce régime illégal » ; Louis Vallon déclare le « moment venu de manger le dompteur ».

Le dénouement vient le 22 décembre.

A vingt et une heures trente, alors que l'Assemblée va reprendre en séance de nuit l'examen de la loi de finances, on apprend dans les couloirs que le groupe MRP, réuni pendant une suspension, a décidé de s'abstenir dans le scrutin de confiance demandé par le gouvernement sur le problème des allocations familiales.

Autant dire que le ministère est condamné.

Déjà, de la buvette, des Pas-Perdus, les aficionados des crises arrivent en rangs serrés pour assister à la mise à mort. Précédé des roulements de tambour entre les deux haies rituelles de gardes républicains, Herriot, tout perclus, traînant des genoux énormes, arc-bouté sur sa canne, portrait même du régime en détresse, traverse la salle des Pas-Perdus pour regagner le perchoir. La séance est reprise. Le temps pour le porte-parole des républicains populaires, Charles Moisan, d'annoncer à la tribune la décision de son groupe, et voici que Pinay, tout pâle, déclare : « J'enregistre la défaillance d'un groupe particulièrement important de la majorité. Je demande à l'Assemblée nationale de constater qu'il est impossible dans ces conditions au gouvernement de poursuivre sa tâche. »

Silence de mort. Pas la moindre exclamation.

A pas vifs, le vaincu quitte l'Hémicycle, traverse les Quatre-Colonnes, s'engouffre dans sa voiture, gagne l'Elysée où, à vingt-deux heures quinze, il remet sa démission.

Vincent Auriol tempête. « Votre attitude est inconstitutionnelle. Vous n'avez pas été renversé. » Mais M. Pinay est intraitable. « Je ne suis pas du style marionnette, moi... »

Il est minuit quand il repart.

La France est une fois de plus sans gouvernement.

Tandis que l'homme au petit chapeau rond s'en retourne à Saint-Chamond, à nous de nouveau le défilé des pressentis en voiture noire à cocarde tricolore... Rituel inamovible.

Premier consulté, Guy Mollet explique qu'il ne tient pas du tout à « essuyer les plâtres ».

Deuxième consulté : Jacques Soustelle.

Son premier réflexe est de galoper à Colombey. Le dialogue est tout miel. De Gaulle, bonasse, observe : « Vous ne pouvez pas être investi. Ou alors, cela signifiera que vous entrez dans une combinaison inadmissible. » Soustelle pense qu'il y aurait tout de même peut-être à faire un tour de piste, ne serait-ce que pour disposer à loisir, durant plusieurs jours, de la radio, « cette radio qui nous manque tant », pouvoir largement exposer les thèses du gaullisme, ouvrir les dossiers de l'Etat. De Gaulle, toujours aussi gentil, indique que l'on aura tout le temps d'en reparler « demain » (demain mercredi, jour de la réunion du conseil de direction du mouvement). Il demande simplement que Soustelle dise à Vincent Auriol que si l'Elysée veut étudier la situation avec de Gaulle, de Gaulle ne se dérobera pas. « Par exemple, à Marly, où j'ai habité un temps, où j'ai même reçu ce brave président. »

Mais il y va d'une tout autre atmosphère à la réunion prévue du lendemain.

Soustelle quitta un papa Noël. Il trouve un père Fouettard, maussade, désagréable, agressif, d'une humeur épouvantable.

Devant ses amis, pour être mauvais, le Général n'attend même pas que Soustelle soit de retour de l'Elysée. Phrases : « Quel besoin avait-il, dites-moi, d'aller bavasser devant les micros ?... La tournée des chevaux de bois... Le cirque perpétuel... Un discours sur nos objectifs ? *Ils* les connaissent... De Gaulle les a indiqués une fois pour toutes... Le truc Soustelle ne fera pas avancer le problème d'un pouce !... Je ne comprends pas ce besoin d'aller trafiquer chez Auriol... Ah ! Passez-moi la casse, je vous passerai le séné... »

Lourd silence.

« Et quel poste va m'offrir M. le président du Conseil ? Sous-secrétaire d'Etat aux Beaux-Arts ?... Ou bien l'Education physique ? »

Surtout, abomination des abominations : Soustelle accepte le rituel parlementaire de la Quatrième République, au lieu de le disqualifier sans attendre...

A l'arrivée de Soustelle, le ton reste aigre.

Abasourdi, Soustelle décide vite de ne pas insister. Face au public, il prend prétexte du refus des radicaux de participer à un gouvernement dirigé par un RPF pour annoncer son renoncement.

Revoilà Georges Bidault. Il envisage de poursuivre la « sage politique de M. Pinay ». Mais les indépendants sont réservés. Les socialistes y vont de leur « non » le plus sec. Le leader MRP renonce à son tour.

Quand vient la fin de l'année, nous n'avons toujours pas de gouvernement.

A savoir simplement, de surcroît :

— que quarante-neuf nations, où ne figurent ni la Chine de Mao, ni la Chine de Tchang Kaï-chek, ni l'Union soviétique, signent un traité de paix avec le Japon, réduit à son seul archipel, perdant la totalité de son empire, mais n'encourant aucune restriction de souveraineté,

— qu'à Paris l'Assemblée vote le 28 octobre une amnistie générale pour faits de collaboration,

— qu'aux élections pour le Conseil de la République, les indépendants, enlevant neuf sièges au RPF, deviennent le groupe le plus important de cette assemblée, qui se redonne comme président Gaston Monnerville, élu noir de la Guadeloupe avant de l'être du Lot,

— et que le comité central du PC exclut de son sein Charles Tillon, ancien grand chef des FTP durant la guerre, ancien ministre de De Gaulle, et André Marty, ancien commandant des Brigades internationales, longtemps tenu pour un cardinal inamovible du Bureau politique, ancien membre éminent du Komintern, l'un et l'autre anciens mutins de la mer Noire. Ils sont sanctionnés pour « travail fractionnel ». Tillon retourne à la base « avec l'humilité du pêcheur repenti ». André Marty s'en va se réfugier en son Roussillon natal, à Catllar, petit village dans les paysages du mont Canigou.

Les réalisations de la Quatrième République

On peut d'autant mieux déplorer les vains jeux du Palais-Bourbon que, durant ce temps, hors forum, la Quatrième République a bien travaillé, renforçant sérieusement ses industries de base, modernisant à fond le raffinage du pétrole, reconstruisant la flotte marchande, électrifiant une large partie du réseau ferré, réduisant considérablement le déficit énergétique (l'une de nos plaies).

Après avoir dit l'immense merci que le plan Monnet doit au plan Marshall, notre grand planificateur peut présenter le plus heureux des bilans dans son rapport d'août au président du Conseil. Dans l'ensemble des activités essentielles, la France, en 1952, aura largement retrouvé son niveau de 1928. Dans les cas les plus favorables, elle aura même atteint ou dépassé le niveau de l'année record 1929. La production nationale globale est supérieure à celle de cette année record : elle lui était inférieure de 14 % en 1938 et de 28 % en 1946. Il en est à peu près de même pour la production industrielle.

La production de charbon — 55 milliards de tonnes par an — est au meilleur niveau des années de l'entre-deux-guerres.

En électricité, le programme d'expansion est pratiquement atteint (33 milliards de kWh contre 24,5 en 1946). La France rattrape son retard à grands pas.

En sidérurgie, la capacité de production se situe entre 10 et 12 millions de tonnes — en dépit du lourd handicap qu'impose le manque de coke et de ferraille (c'est le secteur où le retard aura été le plus effarant : en 1947, l'aciérie la plus moderne, Hagendange, avait été construite en 1910 par l'Allemagne en Lorraine). Ainsi naissent Usinor et Sidelor. (Usinor groupe la Société des forges et des aciéries du Nord et de l'Est, et la Société des forges et aciéries de Denain-Anzin ; Sidelor rassemble les Aciéries de Rombas, celles de Michville, les Forges et Aciéries de la marine et les Aciéries de Pont-à-Mousson.)

Les transports sont en plein boom. Le trafic ferroviaire dépasse le trafic record de 1929 ; il passe de 50 % celui de 1938.

L'agriculture a retrouvé ses récoltes d'avant-guerre — avec prix d'excellence à la betterave industrielle.

Il n'y a au vrai que la construction immobilière qui laisse à désirer.

Conclusion de Jean Monnet : « Le pessimisme n'est plus de mise. Le pays s'engage sur la voie de la prospérité. Il tourne le dos aux années noires. »

Et voyez donc tout ce qui se réalise et s'invente !

On pousse à fond les chantiers de gaz naturel à Lacq.

On annonce que d'ici cinq ans l'autoroute du Sud mettra Orly à dix minutes de la place Denfert-Rochereau. Le premier tronçon de l'autoroute du Nord se termine (17 kilomètres).

Il n'y a point que la valeureuse Jacqueline Auriol à faire briller ses ailes : le 21 décembre, elle bat le record mondial de vitesse sur cent kilomètres en avion, soit 855 km/h 920. Nous lançons le plus gros avion de transport commercial du monde, l'Armagnac, 75 tonnes au décollage. Dès le 28 septembre, s'envole le Mystère IV, dernier-né de Dassault — avec le même réacteur que le Mystère II.

On met en service la centrale hydroélectrique de Passy-sur-Arve (capacité de production annuelle : 300 millions de kWh). On termine le barrage de Chastang sur la Dordogne (devant fournir 540 millions de kWh). On active l'aménagement de la Durance. On lance la première turbine du barrage de Donzère-Mondragon.

On inaugure dans les mines de potasse de Mulhouse le « mineur continu », une machine qui conjugue l'abattage et l'évacuation du minerai.

On met au point la première montre électronique.

Le professeur André Thomas expérimente le premier cœur-poumons artificiel.

Nous apprenons fièrement qu'en notre terre Adélie, en Antarctique, de téméraires savants, dans les plus dures conditions atmosphériques, accumulent les expériences les plus fructueuses, en matière de physique, de chimie, de biologie, de géologie et de météo.

La télé progresse à pas de géant — y compris dans le cœur du public : on achète en un jour autant de récepteurs qu'auparavant en un mois. Le Salon TV de cette année, qui est le deuxième, enregistre plus de commandes que le premier, de l'année précédente. Dans la seule journée du dimanche 5 octobre, date mémorable, grâce à la retransmission du match de football France-Allemagne, il en est vendu mille ! A la fin de l'année, le nombre de récepteurs est de 23 954 ; il a plus que doublé en un an. Et, sous la direction de Jean d'Arcy, les programmes de s'améliorer sans cesse. Et le *Journal télévisé* de transmettre en direct la finale de la Coupe de France de foot qui voit Nice battre Bordeaux, 5 à 3 (la première fois qu'un match de ballon rond est intégralement transmis, et en présence du président de la République). Et Jean Nohain d'allumer ses *Trente-Six Chandelles*, à partir de l'Olympia, avec la participation des spectateurs, et la joyeuse compagnie de Pauline Carton et des Tourlourous.

L'affaire Dominici

Quels autres événements relever dans la mêlée de cette année étonnante ?

François Mauriac obtient le prix Nobel de littérature.

Les libraires proposent *Le Naufragé de la Marietta*, d'Henri de Monfreid ; *Le Nouveau Bestiaire*, de Marcel Jouhandeau ; *La Neige en deuil*, d'Henri Troyat ; *Au grand Socco*, de Kessel ; *Féerie pour une autre fois*, de Céline ; *Nostalgie de Paris*, de Carco ; *Les Enfants du Bon Dieu*, d'Antoine Blondin ; *Les Saints vont en enfer*, de Gilbert Cesbron ; *Le Pont de la rivière Kwaï*, de Pierre Boulle.

Nous perdons Pierre Renoir et Gaston Baty.

Nous perdons Paul Eluard, mort à Paris en novembre par temps de neige maigre, succombant à une angine de poitrine en son domicile de Charenton, en bordure du bois de Vincennes, parmi tout un décor d'œuvres de peintres amis, Picasso, Miró, Ernst, Magritte, parmi aussi tout un peuple de masques nègres, de masques de Polynésie et de naïfs. *L'Huma* salue le « communiste de toujours ». L'accord est unanime dans l'hommage au grand poète — même si la presse à sensation titre et glose sur ses trois mariages : la première épouse fut Gala, qui l'abandonna (ou qu'il abandonna) pour Dali ; la deuxième, Nusch ; la troisième étant Dominique Laure. Comme le gouvernement lui refuse des obsèques nationales, c'est tout le Parti qui semble l'accompagner au Père-Lachaise, alors que souffle sur toute la France un cinglant vent aigre, venu du Spitzberg. On n'oubliera pas de sitôt son cri le plus ardent :

Sur le risque disparu
Sur l'espoir sans souvenirs
J'écris ton nom
Et pour le pouvoir d'un mot
Je recommence ma vie
Je suis né pour te connaître
Pour te nommer — Liberté !

Charles Maurras, sorti depuis peu de prison à la suite d'une « grâce médicale », s'éteint, lui aussi en novembre, dans une clinique de Saint-Symphorien, près de Tours, emporté par une crise d'urémie. Il dit avant de mourir que son plus profond regret aura été de n'avoir pas respiré une dernière fois la « bonne odeur d'encre et de papier frais ».

Gaston Bonheur dit que « chaque Français est en deuil d'une chanson ». C'est que Vincent Scotto est mort. Il était devenu une figure légendaire de ce Paris, « mon village », dont il aura fait mille et une fois le tour, silhouette sans cesse fidèle à elle-même, long visage tranquille, sourire furtif sous une moustache de Sarrasin, costume bleu sombre, cravate bleu sombre, cache-nez bleu sombre, souliers cirés comme on ne sait les cirer qu'à Naples (dont il était originaire). Il aura travaillé depuis 1897 sur le même piano, dans un entresol du quartier Saint-Martin, dans une salle qui évoque une étude de notaire, sous lustre rococo. Il aura composé pour tout le monde, Mayol, Polin, Polaire, Fragson, Damia, Dranem, Bach, Fernandel, les Fratellini, Maurice Chevalier, Mistinguett, Joséphine Baker, Tino Rossi, Luis Mariano, Marcel Merkès... *Rosalie elle est partie* et *Si tu veux faire mon bonheur*, c'est de lui. Mais nous lui devons tout ce que la Quatrième aura fredonné, gaiement ou poétiquement, *Le plus beau de tous les tangos du monde, Ramuntcho, Sous les ponts de Paris, Prosper yop là boum, Mon joli cabanon, O Corse île d'amour, Marinella, O Catarinetta bella tchi tchi, J'ai deux amours, Le bal défendu, Ma Tonkiki, ma Tonkinoise* qui au deuxième couplet se change en *Mon Annana... mon Annamite...*

Nous n'avons pas manqué de mariages vedettes. Roger Plemiannikov, dit Vadim, Russe, metteur en scène, épouse en grande pompe à Notre-Dame de Passy une « fillette » de dix-huit ans, du nom de Brigitte Bardot, il est vrai déjà célèbre : on l'appelle la nouvelle Leslie Caron. A New York, Edith Piaf se marie avec son nouveau compagnon de tournée, Jacques Pills, le chanteur de *Couchés dans le foin* ; Edith a un témoin de grande marque, Marlene Dietrich. Trois jours avant Noël, le maire de Saint-Paul-de-Vence célèbre le mariage le moins inattendu de l'année, celui d'Ivo Livi, né à Monsummano, Italie, et de Simone Kaminker, l'un et l'autre plus connus sous les noms d'Yves Montand et de Simone Signoret : le dîner de noces se déroule dans une auberge au nom doublement symbolique de leur engagement communiste et de leur réussite professionnelle, *La Colombe d'or*.

L'admirable église du plateau d'Assy, en Haute-Savoie, s'enrichit de nouvelles œuvres, *La Cène* par Kijno, un vitrail de Rouault, une tapisserie de Lurçat — mais aussi d'un cadeau qui fait scandale, une œuvre de Germaine Richier, un Christ de bronze dont le corps évoque un tronc d'arbre torturé ; le public crie au « diable noir » ; l'évêque, après l'avoir consacré, est contraint de le reléguer dans une crypte.

Au théâtre, Jean Anouilh affiche *La Valse des toréadors* ; Marcel Aymé, *La Tête des autres* ; Ionesco, *Les Chaises*.

L'Opéra crée *Les Indes galantes* avec parfums de roses dans la salle.

Au cinéma, Henri Verneuil offre *La Table aux crevés* (avec Louis de Funès) ; René Clément, *Jeux interdits*, Palme d'or du Festival de Venise (avec une sensationnelle petite fille nommée Brigitte Fossey) ; André Cayatte, *Nous sommes tous des assassins* (avec Mouloudji) ; Julien Duvivier, *Le Petit Monde de don Camillo...* avec un prodigieux Fernandel.

Les XVe Olympiades se disputent à Helsinki, avec participation des Soviétiques et des Allemands des deux Allemagnes. Soviétiques et Américains trustent les médailles. Mais nous faisons figure honorable. Christian d'Oriola remporte la médaille d'or du fleuret individuel tandis que son cousin Pierre Jonquères d'Oriola s'adjuge à cheval le saut d'obstacles ; Jean Boiteux, long adolescent longiligne du club de Toulouse, enlève brillamment le 400 mètres nage libre devant le dit « imbattable » Hawaïen Ford Konno. Celui-ci a beau crawler « comme une otarie », Boiteux réussit ce que ni Padou, ni Taris, ni Jany ne purent faire. (Du coup, Gaston Boiteux, son père, se jette dans la piscine tout habillé, béret basque sur la tête, pour être le premier à embrasser le vainqueur — d'où une photo qui fait le tour du monde.)

Notre quinze national, avec les Jean Prat, les Basquet et autres Martine, bat pour la première fois l'Angleterre à Twickenham.

Mais rien, absolument rien, ne provoque un aussi énorme tintamarre que le sensationnel « crime de Lurs ». Huit colonnes à la une. Un feuilleton noir pour de longs mois. Trois Anglais unis par un grand amour mutuel, sir Jack Drummond, sa femme Ann et leur fille Elizabeth, en vacances en France, circulant en caravane, s'arrêtent pour camper dans un lieu bucolique à huit kilomètres de Forcalquier, tout près de la Durance. Ils rangent sous un vieux mûrier leur Hillman verte. C'est le soir du 5 août. Ils se trouvent sur le territoire de la commune de Lurs, à quelque cent mètres d'une grande ferme aux murs gris. Ils ont vu un vieux berger traverser un petit pont voisin pour ramener ses chèvres au bercail. La fillette lui a même demandé de l'eau. Comment se déroule le drame ? A l'aube, on découvre les trois corps dans des mares de sang. Les Drummond ont été assassinés, en vêtements de nuit, à coups de carabine, une vieille carabine un peu rafistolée, de marque ROK-Ola, trouvée par les enquêteurs dans un bras de la Durance, sans doute un ce des « tromblons » qu'on parachutait dans le proche maquis de Ganagopie il y a huit ans. Les soupçons se portent vite sur les propriétaires de la ferme voisine, les Dominici, surtout sur l'aïeul, Gaston, soixante-dix-huit ans, d'une force peu commune pour son grand âge, moustache gauloise, œil rusé, style vieux berger de Giono, déroutant par ses revirements ou ses saillies. Le commissaire Sébeille est saisi de l'enquête. En vérité, c'est le plus grand mystère de la Quatrième République qui commence, avec mille rebondissements. Les journalistes accourent par centaines, les curieux par milliers. Mille suppositions sont émises. Toute l'Europe se met à parler interminablement du triple crime de Lurs ou de l'« affaire Dominici ». Jean Cocteau, rêveur, dit : « Jamais Sherlock Holmes ne nous aura autant manqué. »

X

1953

L'ANNÉE DES VACANCES CASSÉES

La mort de Staline — Le gouvernement de René Mayer — Le RPF se disloque — René Mayer tombe : une crise record — Le gouvernement de Joseph Laniel : un été chaud — Angoisses pour l'Indochine — Le sultan du Maroc déposé — Un dénommé Poujade — René Coty président de la République — Les enfants Finaly ; les prêtres-ouvriers — En attendant Godot.

La mort de Staline

Ce matin-là, la *Pravda* paraît avec sa première page bordée de noir. « Le cœur du camarade et inspiré continuateur de la volonté de Lénine, chef avisé et maître du Parti communiste et de l'Union soviétique, Joseph Vissarionovitch Staline, a cessé de battre », annonce-t-elle. Dans la soirée du 5 au 6 mars, le « plus grand homme du millénaire », comme l'appellent ses adulateurs, s'enferme seul dans l'une des trois chambres sans fenêtre et à porte blindée qu'il a fait aménager dans sa datcha, aux environs de Moscou. Plus personne ne le reverra debout. On le retrouve tout habillé sur un tapis, terrassé par une congestion cérébrale. Il a droit à des funérailles grandioses. Il est porté à son dernier repos par ses huit plus proches « camarades », uniformément coiffés de la chapka, revêtus d'épais manteaux à col de fourrure et portant à la manche gauche un brassard écarlate bordé de noir. Malenkov et Beria marchent en tête. Suivent par deux Molotov et Kaganovitch, Vorochilov et Mikoyan, Khrouchtchev et Chvernick. Les huit porteurs déposent finalement leur charge dans le mausolée de marbre rouge et noir qui s'appuie sur les hauts murs du Kremlin. Car Staline, en grand uniforme de maréchalissime, épaulettes d'or et sur sa poitrine toutes les médailles de tous les ordres soviétiques, fastueux pharaon, va reposer à jamais à côté de Lénine, qui n'en semble que plus sobre encore, en son costume civil couleur de deuil.

Les télégrammes de regrets affluent du monde entier. Thorez salue un « homme qui incarnait tout ce qu'il y a de meilleur dans le prolétariat international ». Louis Aragon rend un vibrant hommage au « plus grand pionnier de la justice universelle ».

Le seul de l'armée communiste à rater son hommage est Picasso. Il fait, sur commande d'Aragon, pour *Ce soir*, un *Portrait de Staline*, vraie caricature, aussitôt catégoriquement désapprouvé par le Politburo français, pour « manque de réalisme ». Il faut reconnaître que cette œuvre extraordinairement fruste, qui évoque une vision d'enfant, mais d'enfant impitoyable, désigne mal l'« historique grandeur » de celui que Thorez vient d'appeler aussi « le rameau le plus vigoureux, le rameau générateur du prolétariat mondial ». Les Anglais trouvent que l'artiste a dessiné une « Joconde à moustaches ». On rit beaucoup à travers l'univers et le communisme n'aime pas rire. Moscou efface aussi vite le Staline picassien qu'il cajola la Colombe.

Reste la question principale : le stalinisme survivra-t-il longtemps à Staline ?

A Moscou, aucun signe ne permet de dégager une réponse. Comme successeur, tous les experts annonçaient le très redouté Lavrenti Pavlovitch Beria, ministre des Polices : en quelques semaines, il disparaît dans la trappe de l'histoire, accusé de travailler à « saper les fondements de l'Etat soviétique dans l'intérêt du capitalisme international », relevé de toutes ses fonctions et déféré pour activités criminelles devant la Cour suprême ; on ne le verra plus. Celui qui réunit les principaux titres du pouvoir, président du Conseil des ministres et premier secrétaire du Présidium du Comité central, Gueorgui Maksimilianovitch Malenkov, personnage lent et court sur pattes, gros corps de cent kilos, blême visage bouffi de graisse, petits yeux éteints, tout embarrassé de lui-même, ne devrait être manifestement qu'un personnage de transition... Le mystère est total.

Des signes d'ailleurs ? Ils sont contradictoires.

D'une part, bon signe : le cessez-le-feu intervient en Corée. Le 27 juillet, à Panmunjom, l'armistice est signé entre le général Nam et l'amiral Harrison. Eisenhower avait promis aux combattants de Corée de terminer la guerre s'il était élu. Voilà qui est fait — encore que, pour la première fois, les Etats-Unis sortent d'une guerre sans l'avoir gagnée. Il y a de quoi penser que les nouveaux maîtres du Kremlin, dans la coulisse, ont dit leur mot.

D'autre part, mauvais signe : les autorités soviétiques font écraser une révolte des ouvriers de Berlin-Est. Staline est mort depuis à peine cent jours. Alors qu'à l'Ouest, le chœur des cryptos annonce le « dégel », brutalement, à Berlin, le 16 juin, les vingt mille terrassiers de la Staline Allee se mettent en grève. Le 17, cent mille ouvriers descendent dans la rue et bombardent la police à coups de pierre. La foule incendie l'immeuble de la Volkspolizei, arrache le drapeau soviétique de la porte de Brandebourg. Moscou fait donner ses chars T 34 pour écraser la révolte. Coût : cinquante morts, cinq cent blessés.

Il faudra donc beaucoup attendre pour se faire un jugement.

Et la guerre froide continue — étant bien entendu, comme le dit

Truman avant de prendre congé, que « la guerre froide ne pourra prendre fin que par un changement total du monde soviétique ».

Pour le reste de l'actualité internationale, que donnent les dépêches de l'année ?

L'Union soviétique s'arme de la bombe H.

Tous les renseignements s'associent pour confirmer que l'Allemagne fédérale est en plein boom. Sa production industrielle est en essor. Son commerce extérieur est devenu l'un des plus actifs au monde. Son solde créditeur à l'Union européenne des paiements augmente de mois en mois. Le chômage y est absent. Les grèves, connaît pas. Elle aura même su éviter la prolifération des partis, qui fit tout le malheur de la République de Weimar. Deux blocs seuls se disputent le pouvoir, les sociaux-démocrates et les chrétiens-démocrates.

Morts de l'année : le dictateur communiste tchèque Klement Gottwald ; Yves Farge (décédé à Tiflis) ; la reine mère Mary d'Angleterre ; Ibn Séoud d'Arabie ; le sénateur Robert Taft, chef de file des isolationnistes américains ; Ernst Reuter, héroïque maire socialiste de Berlin-Ouest (que remplace Willy Brandt).

Le Suédois Dag Hammarskjöld remplace le Norvégien Trygve Lie comme secrétaire général de l'ONU.

Le premier canon atomique américain arrive en Allemagne.

Le Bundestag, les députés néerlandais et les députés belges ratifient le traité de la CED, contre lequel le général de Gaulle poursuit son ardente croisade. Il ne mâche pas ses mots. Il n'a pas l'ombre d'une considération pour un « projet qui procède de mélanges alchimiques, de combinaisons algébriques et de formules cabalistiques ». Il parle de « prendre le maquis ». Il annonce qu'il galopera s'inscrire « en tête des objecteurs de conscience ». Il menace : « Nos dirigeants sont des criminels et ils seront pendus. » Il projette d'organiser une gigantesque protestation nationale autour de l'Arc de Triomphe. « Alors, vous aussi, vous vous apprêtez à trahir ? » lance-t-il à Teitgen venu le voir. Teitgen rétorque que le vrai problème est de choisir entre cette armée européenne et une armée allemande — la CED et la Wehrmacht. De Gaulle n'enchaîne, que plus amer : « Il n'y a plus d'Etat... Votre CED, c'est le camouflage de l'abdication nationale. » Il prédit que la dispute va être encore plus dramatique que l'affaire Dreyfus. Il n'arrêterait pas de ferrailler contre ce qui lui paraît n'être qu'un « infâme puzzle d'experts... le plan biscornu de géomètres de cœur apatride... une Babel militaire sans vertus... ».

Le gouvernement de René Mayer

Pour la première fois, la France passe un jour de l'An sans gouvernement — même si, pressenti la veille, le radical René Mayer est déjà en train de consulter.

On le tient pour l'homme le plus intelligent de l'Assemblée. Sa femme le surnomme affectueusement GBA, « grosse brute administrative ».

Distingué, grand seigneur, esprit puissant, chacun peut admirer son autorité naturelle, son sens de l'Etat. Son masque d'imperator et sa voix de bronze en imposent.

Cela ne va pas sans défauts. Il est naturellement rugueux, volontiers provocant, trop imbu des mérites de sa riche caste. Il a même un dédain affiché pour le *vulgum pecus*. Jetant un coup d'œil dans son antichambre sur les délégués des partis qui attendent, il lance tout goguenard à Queuille : « Ma parole, vous ne m'avez donc laissé que des culs-terreux, des culs-bénis et des culs tout court ! »

C'est essentiellement par cette absence de contact et de gentillesse envers l'électeur métropolitain qu'il manque en 1946 son élection en Charente-Maritime, ne se récupérant que comme député de Constantine.

Petit-fils de Jacques Mayer, grand rabbin de France, provenant par sa mère d'une vieille famille israélite d'Alsace, il n'en est pas moins souvent tenu pour assez antisémite. Lui-même ne nie pas le mot terrible qu'on lui prête : « La maison d'Israël a trois étages : il y a en bas les youpins, au deuxième les juifs, en haut les israélites. » Je suis israélite, précise-t-il.

Diplômé des Sciences politiques, licencié ès lettres, l'un des plus brillants sujets du Conseil d'Etat, financier émérite, il vous dit avec un cynisme voisin de la candeur qu'il sait depuis ses vingt ans qu'il sera président du Conseil.

Il a des sautes d'humeur. Plus grave : il ne supporte pas la bêtise, et cela se voit — ce qui n'est pas à recommander dans un univers où les esprits faux pullulent.

A se demander comment, durant toute cette première semaine de l'année, il a assez de patience pour « pinailler » avec les uns et les autres, les socialistes qui refusent toute participation, les gaullistes qui ne voteront l'investiture que sous condition que l'on mette en sommeil le projet d'armée européenne, les radicaux qui se disputent férocement les plus humbles strapontins et soumettent cet intransigeant à des marchandages inouïs. Faut-il que ce régime impose à quiconque l'esprit de *combinazione* ! Voici même notre plus viril candidat immolant sur l'autel de la réconciliation gaulliste le grand prêtre de la CED, Robert Schuman en personne, « ce Boche, vient de dire de Gaulle, qui a les pieds à Paris et la tête à Berlin ». Schuman doit abandonner le Quai à Bidault, que ses amis ne surnomment pas par hasard « notre cocardier ». On console le MRP en lui assurant les Etats associés, que « ces grenouilles de bénitier » tiennent pour « leur mare réservée » !

Du moins, le 7 janvier, René Mayer est-il investi par une confortable majorité, par 389 voix, contre socialistes et communistes, pour la première fois les gaullistes acceptant d'entrer en bloc dans le système.

Queuille est une nouvelle fois vice-président. Le personnel rituel se partage les portefeuilles, avec, pour les principaux postes, Maurice Bourgès-Maunoury aux Finances, Pleven à la Défense nationale, Charles Brune à l'Intérieur, Letourneau à l'Indochine.

« Soyez tranquille, déclare l'investi à Vincent Auriol, notre mot clef sera : technicité. Nous éviterons toute vague. »

Il a parlé trop tôt. Brutalement, une tornade se lève. Une énorme vague de fureur secoue toute l'Assemblée. Raison : la nomination, comme ministre de la Santé, d'André Boutemy, le dispensateur des fonds du patronat dans toutes les élections, accusé avec véhémence d'avoir été préfet régional sous Vichy.

Tour à tour, Queuille, Bidault et André Marie refusèrent d'embarquer dans leur galère ce personnage « autoritaire et hautain » à qui on prête les plus hautes ambitions (même s'il est pour l'immédiat furieux de n'avoir pu obtenir les PTT, conservés par Roger Duchet). René Mayer, trop sûr de soi, a même cru devoir passer outre aux adjurations de ses deux plus proches collaborateurs, Paul Delouvrier et Jacques Donnedieu de Vabres, qui l'ont prévenu contre ce « foutricard ». Il n'en a fait qu'à sa tête, leur disant : « Vous n'êtes qu'une bande de cons, vous ne savez pas qu'il y a des choses qu'il faut savoir faire. »

Il va payer cher sa témérité. Imbuvable, votre infirmier, lui dit Guy Mollet. Opportunité inespérée, se réjouit Duclos. C'est Vichy revanchard, clame Garaudy. Jean Pronteau, le « Fouquier-Tinville de la Charente », interpelle, dénonçant ce « massacreur de maquisards ». Pas un seul ami ne se lève pour défendre l'accusé — ne serait-ce évidemment que par peur d'une trop voyante compromission. Je me battrai ! annonce tout de même vaillamment Boutemy. Il se risque à la tribune. Sa voix est couverte par les hurlements des socialistes et des communistes, alors que le reste de l'Hémicycle est comme glacé. En vain se cramponne-t-il à la balustrade, prévenant qu'il parlera « du moins pour le *Journal officiel* » ; en vain lit-il pour les sténographes un bref discours où il rappelle l'arrêt du non-lieu qu'il obtint dès juillet 1945, lançant aux communistes : « Votre haine, c'est ma fierté. »

Non récupérable, juge Roger Duchet. Le défi a été trop gros. Boutemy tombe opportunément malade. Queuille négociera plus facilement sa démission. On voit même fermer ses bureaux de la rue de Penthièvre où les fonds électoraux se distribuent.

Mais, à peine formé, le gouvernement est déjà menacé.

La vérité est même que René Mayer vient de recevoir un coup qui, comme chef du gouvernement, lui enlève toute autorité.

A peine a-t-il remplacé Boutemy par Paul Ribeyre qu'il peut vérifier combien profonde est la blessure.

Le débat financier en est la première illustration. Malgré le redressement opéré par Pinay, les caisses de l'Etat restent vides, du fait que les dépenses budgétaires continuent à excéder de beaucoup les rentrées fiscales. Il faut donc que la Banque de France fournisse la différence en papier-monnaie. Le recours à cet expédient a lieu une première fois le 21 janvier. Le gouvernement demande à l'Assemblée de modifier la convention de la Banque de France et de relever le plafond des avances à l'Etat de 175 à 200 milliards à titre permanent, plus 25 milliards remboursables en trois mois. Le vote est péniblement acquis. Puis, même si voici 50 milliards à la disposition du Trésor pour faire face à ses dépenses les plus criantes, il faut bloquer des crédits d'investissement pour 80 milliards. Puis encore, le 24 mars, veille de son départ pour les Etats-Unis où il doit rencontrer Eisenhower, René Mayer doit demander de toute urgence à l'Assemblée une nouvelle avance de 80 milliards de la Banque de France. Nouvelle séance tumultueuse. « C'est du hold-up », lance un interpellateur. Ce nouveau vote est encore pénible. Le gouvernement ne semble devoir plus éveiller que des suspicions.

Le RPF se disloque

L'histoire ne décernera finalement au gouvernement Mayer que deux bons points.

Dans le domaine de la politique du logement, il fait décider la construction en grande série d'habitations à loyer modéré.

Les élections municipales des 26 avril et 3 mai voient le RPF s'effondrer et les modérés triompher, non moins que les radicaux et les socialistes. Les gaullistes ne gardent plus que des miettes. Les communistes égarent pour leur part 10 % de leurs suffrages.

L'échec frappe d'ailleurs de Gaulle de plein fouet. Voici même le RPF aux abois. Georges Pompidou, dans le civil directeur général de la banque Rothschild, pour l'occasion passé ministre des finances du mouvement, affronte une situation dramatique. Non seulement le RPF est perdant et voit tous les regards se détourner de lui, mais encore il n'a plus le sou. Il est criblé de dettes. Pas rare de voir du papier bleu d'huissier délivré à Colombey, au général de Gaulle, « président du RPF ». Pompidou n'obtient que de maigres subsides d'un patronat qui préfère jouer Pinay ou MRP. Le 6 mai, dans un sec communiqué remis à la presse par Georges Pompidou, de Gaulle rend leur liberté aux élus gaullistes. « Voici venir, dit-il, la faillite des illusions. » Il retourne une nouvelle fois à sa solitude et à son chagrin. Le Rassemblement n'est plus qu'une ombre. « Un huissier, confirme Soustelle, est même venu rue de Solferino menacer de saisir nos meubles. » Même Pompidou reconnaît que « les chances du Général sont désormais inexistantes ». Qui pourrait donc nous ressusciter ? demande Louis Vallon.

Ironie des ironies : la tragédie gaulliste coïncide à peu près avec un drame national qui contribue d'ailleurs lui aussi à affaiblir encore le gouvernement. Il s'agit du jugement des bourreaux d'Oradour. Le 12 janvier, s'ouvre devant le tribunal militaire de Bordeaux le procès des responsables du massacre d'Oradour-sur-

Glane, perpétré le 10 juin 1944 (tout un village de la Haute-Vienne anéanti ; 642 habitants dont 201 enfants massacrés, la plupart enfermés et brûlés vifs dans l'église). Pendant ce temps, le principal coupable, le général SS Lammerding, coule des jours paisibles chez lui en Allemagne, entrepreneur de travaux publics à Düsseldorf, en zone britannique d'occupation. Cent cinquante SS, la 3e compagnie du 4e régiment de la fameuse division Das Reich, ont pris part au massacre. Mais... le gouvernement français n'a pu obtenir l'extradition de Lammerding et les Américains comme les Anglais ont refusé de déférer à la justice française les SS qui participèrent au forfait. Du coup, sur vingt et un à comparaître (presque tous simples soldats), sept accusés seulement sont allemands ; les quatorze autres sont des Français... des Alsaciens et des Lorrains, dont douze engagés de force dans la Wehrmacht, affectés ensuite à la SS un peu comme à un bataillon disciplinaire. Des hommes simples, tourneurs, facteurs, maçons. Presque tous pères de famille. Un très difficile débat en résulte. Toute l'Alsace est dans la douleur. La France va-t-elle encore rejeter ses enfants enrôlés de force dès leurs quatorze ans dans les Jeunesses hitlériennes, dès leurs dix-sept ans dans la Wehrmacht ? Mais tout le Limousin aussi demande vengeance, car, ici, toute pitié devient faute, et, de plus, sur toute sa route, la division Das Reich multiplia les horreurs (99 pendus à Tulle la veille même d'Oradour). Les élus de l'Est et ceux du Sud-Ouest s'affrontent cruellement. Le chancelier Adenauer fait valoir que ce procès n'est conçu que pour « faire renaître aux yeux de l'univers l'image d'une Allemagne féroce et assoiffée de sang ». Le tribunal de Bordeaux se prononce dans la nuit du 13 au 14 février. Un Alsacien (qui fut volontaire pour servir dans la SS) est condamné à mort ; neuf le sont aux travaux forcés, quatre à des peines d'emprisonnement. Des Allemands, un est condamné à mort, un est acquitté, les autres ont des peines de réclusion ou d'emprisonnement. A l'annonce du verdict, Alsace et Lorraine entrent en rébellion. Toutes les églises sonnent le glas. Les drapeaux sont mis en berne. Des combattants et des résistants renvoient leurs décorations. Des maires démissionnent. Tous les élus protestent, de même que Mgr Weber, évêque de Strasbourg — tandis que tous les élus du Périgord et du Limousin se déchaînent contre René Mayer, qui, d'origine alsacienne, plaide pour la loi du pardon et ne peut faire autrement que de laisser le problème de l'amnistie devant le Parlement. Semaines houleuses et pathétiques. Le 20 février, par 318 voix contre 211 et 83 abstentions, l'Assemblée vote l'amnistie pleine et entière pour les condamnés français ; ils quittent aussitôt la prison de Bordeaux. Mais le maire d'Oradour rend à la préfecture de la Haute-Vienne la croix de guerre décernée à la cité, « tant la loi d'amnistie est une insulte à nos martyrs », et, politiquement, le gouvernement vient de passer une nouvelle épreuve qui ne fait que davantage l'affaiblir.

René Mayer tombe : une crise record

Tout tangue.

A Washington, René Mayer et Bidault se font durement rabrouer par Eisenhower et son secrétaire d'Etat, Foster Dulles, un anticommuniste qui ne mâche pas ses mots et a une véritable répulsion pour les alliés qui traînent des pieds. Ils sont tenus de signer un communiqué final où ils admettent que les Allemands doivent bien participer à la CED. (En échange, il est admis que la Sarre soit dotée rapidement d'un statut européen et que les problèmes de Corée et d'Indochine soient liés.) « Du moins puis-je libérer ma conscience ! » s'écrie René Mayer — qui se déclare du coup partisan à fond de l'armée européenne. Il se résout à « sortir la CED du placard » où il avait promis au RPF de la laisser sous clef. Pour sa part, le MRP contraint Bidault à sortir bon gré mal gré de sa léthargie. Le projet définitif est donc déposé officiellement devant l'Assemblée, après un voyage à Londres de nos deux compères qui n'arrivent pas davantage que d'autres pèlerins avant eux à obtenir l'adhésion britannique à l'« armée maudite ». Même si le projet peut rester soigneusement en dépôt dans les cartons des commissions, il n'en demeure pas moins que la procédure est ouverte. Tôt ou tard, l'Assemblée devra se décider. Mais aussitôt, il va sans dire que les gaullistes décident de ne plus soutenir le gouvernement.

Dès lors, les choses ne traînent plus.

Le 12 mai, René Mayer saisit le Parlement d'une demande de pleins pouvoirs. La commission des finances renâcle. Lorsque la requête vient en séance, le 21 mai, René Mayer annonce bien qu'il se prépare à rencontrer Eisenhower et Churchill dans une « importante conférence aux Bermudes ». C'est quasiment renouveler l'astucieux procédé de pression qui lui permit d'arracher le vote du 24 mars. Cette fois le climat politique s'est cependant trop dégradé. Le RPF est décidé à donner une leçon, comme dit Capitant, à ce « trompeur patenté ». Les pouvoirs spéciaux en matière financière sont donc repoussés.

Résultat : 328 voix contre 244. René Mayer n'a plus qu'à remettre son tablier.

Et de quoi vivre une crise record de trente-sept jours !

Le général de Gaulle a tout loisir d'y aller à nouveau de ses sarcasmes, de dénoncer « le chloroforme de l'anesthésie nationale... le perpétuel ballet des guignols... ce théâtre des impuissants », de redoubler de mépris pour les députés qui l'ont trahi, « des aigrefins... des couards apatrides... les débrouillards de la déchéance », de vouer « à l'Erèbe toute cette racaille de parlementaires qui bruissent, jacassent, pérorent, cancanent... et qui croient que gouverner, c'est sommeiller »... La Quatrième République ? « Une glande pourrie nageant sur les eaux sales. »

Premier pressenti, Guy Mollet repousse la corvée. « J'ai mieux à faire à Arras. »

Deuxième appelé, le RPF André Diethelm se dérobe à son tour.

A l'Elysée, le bon Zeus brandit à son tour la foudre. Il n'hésite pas à publier un communiqué sévère. « Le chef de l'Etat a fait observer à M. Diethelm comme il l'avait fait à M. Mollet qu'ils ne peuvent, dans les circonstances présentes, ni l'un ni l'autre, constituer autour de leur groupe et de leur programme une majorité de gouvernement, mais que d'autre part leurs deux oppositions conjuguées et jointes à une troisième rendent absolument impossible le fonctionnement du régime parlementaire... Cette situation risque pourtant de mettre en danger la République elle-même et de porter atteinte à l'influence et au prestige de la France à l'extérieur. »

L'appel n'arrange rien du tout.

Autant essayer de faire croire que la Garonne est le Rhône.

Troisième appelé : Paul Reynaud, tout frétillant, le verbe gai. Il dit n'apercevoir qu'une solution : une sorte de retour à une Troisième République modèle 1875 au goût de 1953. Plus exactement, il propose une réforme constitutionnelle tendant à renforcer l'exécutif : l'Assemblée laissera les mains libres au gouvernement durant dix-huit mois, sous peine de dissolution. Il n'obtient que les voix du centre droit. Si encore il pouvait se consoler avec l'Académie française, dont il rêve ! Mais au quai Conti aussi il a des ennemis irréductibles. « Il ne passera pas », a dit Weygand. Effectivement, il ne passe pas.

Quatrième pressenti : Pierre Mendès France, quarante-six ans, parlementaire depuis 1932. Il s'est tenu obstinément à l'écart de toute combinaison ministérielle depuis sa démission spectaculaire de 1945. Il symbolise principalement pour les Français une politique rigoureuse de planification. Il est tenu pour un dirigiste à outrance. « Avec lui, a prévenu Félix Gaillard, vous savez ce qui vous attend : fisc et inquisition. » Il monte à la tribune le 3 juin. Il réclame les pleins pouvoirs pour réaliser par décrets les réformes nécessaires. Il propose de renvoyer à l'automne le débat de la CED. Il a un charme de velours pour séduire. Mais les mandarins le tiennent pour suspect. Il s'est trop situé hors catégories. Pleven n'a pas oublié leur conflit de 1945. Bidault l'accuse de vouloir larguer l'Indochine. Schuman craint qu'il ne veuille torpiller l'armée européenne. Guy Mollet le suspecte d'un certain progressisme populiste. L'investiture n'est pas votée.

Cinquième appelé : Pinay. Il se récuse, disant à Vincent Auriol : « Je n'ai que vous et le peuple français. Cela ne suffit pas. »

Sixième appelé : l'inusable Bidault. On le sait plus que tiède sur la CED. « Il faut faire l'Europe sans défaire la France », professe-t-il volontiers. MRP oblige, il n'en annonce pas moins qu'il est disposé à poser la question de confiance sur l'armée européenne. Il demande la garantie d'un an de présence à Matignon et le droit, durant ces douze mois, de procéder par décrets aux réformes économiques, telle la réglementation des circuits de distribution. *Bis repetita placent.* Encore que la mise à mort change de manière. Paul Reynaud semblait demander une abdication de l'Assemblée. Le défi de Mendès frôlait la provocation. Avec Georges Bidault, apparaît une autre grande bataille. Il ne s'agit plus de la guerre d'Indochine, ni de l'armée européenne, ni des affaires financières ni de la guerre des écoles. Il s'agit de la course à l'Elysée, de la toute prochaine élection présidentielle, car Vincent Auriol termine son septennat. Or Bidault est partant. Lui donner Matignon, c'est déjà lui offrir l'Elysée. Grimaces des mandarins. Ils dosent superbement le vote. Il ne manque qu'une voix à Bidault pour obtenir l'investiture (313 là où il en faut 314), mais elle manque. Il n'a plus qu'à faire la révérence et repartir au hasard.

Septième appelé : André Marie. L'Elysée peut estimer ce radical classique capable de découvrir dans cette jungle un chemin. Le RPF essaie même de profiter de l'aubaine pour essayer d'enterrer la CED sous des montagnes de fougères. Marie se laisse tenter. On lui prête toutes les ruses d'un Sioux mais aussitôt le MRP se cabre. Ruade. Marie ne rassemble que 272 voix. C'est trop loin du compte.

La crise entre dans son deuxième mois.

Huitième appelé : Pinay, relancé. Il refuse encore : « Pour les gaullistes, je suis un assassin. Pour les MRP, un tricheur. Je n'ai plus ma baguette magique. »

Herriot gémit : « Je ne pense pas que la France ait jamais vécu pareille agonie. » De Gaulle exulte : « Il y a pulvérisation, dislocation, auto-atomisation. » Devant les indépendants, Pinay pique une telle rage qu'il en piétine son chapeau. Vincent Auriol se demande s'il aura été bien inspiré de réunir tous les anciens présidents du Conseil pour les adjurer de former un gouvernement de salut républicain et national. « Qui donc écoute encore la sagesse ? » demande-t-il au préfet Mécheri, le Kabyle qu'il vient de nommer secrétaire général du conseil de l'Union française.

Le gouvernement de Joseph Laniel : un été chaud

La crise ne se dénoue qu'avec le numéro neuf de la série : Joseph Laniel, sobre, terne et richissime député normand, ancien membre du Conseil national de la Résistance, sexagénaire aussi solide au physique qu'au moral, « attendrissant de bonté », dit Bidault.

Signe distinctif : il ne franchit jamais une porte sans en toucher le pêne avec le petit doigt.

Il y a à peine sept ans, le pays penchait vers l'extrême gauche. La paradoxale politique française aboutit à l'un des deux ou trois hommes les plus cossus du Palais-Bourbon. La rumeur assure qu'il possède tout un village, dont il loue l'église à l'évêché, l'école à la préfecture. Il aurait des dizaines de domestiques dans ses châteaux. (L'avenir dira que c'est pure chanson.)

Depuis 1896, un Laniel représente le Calvados dans l'Hémicycle. Lui-même a pris en 1932 le relais de son père.

Né à Vimoutiers, Orne, soixante-trois ans, fils d'Henri, petit-fils d'Eugène Laniel, et arrière-petit-fils de Laniel Fontaine, fondateur en 1806 de la blanchisserie Gosselinaie aux portes de la ville, sans délai l'extrême gauche le traite de « patron de droit divin », et tant pis s'il n'est pas du tout considéré comme tel dans son pays d'Auge, où l'on retient surtout qu'il aura puissamment contribué avec ses frères, par un dur labeur, à la prospérité de la région.

Massif, légèrement voûté, cheveux gris en tête-de-loup, crâne carré, membres noueux, il est exact qu'il donne aussitôt l'impression du bourgeois satisfait de l'être. Il raconte volontiers lui-même qu'il est un bon vivant, un bon fusil, jamais plus heureux qu'en famille — au château de Villers, à Glos, qui a un lac où frétillent trente mille truites — avec sa fille, son fils, ses cinq petits-enfants et une remarquable épouse qui le seconde discrètement.

Méfiez-vous de l'eau qui dort !

On le dit placide : il est en 1914 sous-lieutenant de dragons, arborant avec fierté le casque à crinière de Reichshoffen, et fait une magnifique Grande Guerre.

On le dit amorphe : à Mauriac, qui écrit : « Il y a du lingot chez cet homme-là », il réplique tout tranquille : « Il y a du dingo chez cet homme-là. »

On le dit obtus : dès 1940, il prédit publiquement la défaite du Reich.

On le dit timoré : dès l'armistice, il s'engage à pleins risques dans la lutte contre l'occupant.

On le dit fade : il a assez de sel pour vous affirmer qu'Edgar Faure est un « cousu de paroles » et, parlant de Juin, regretter qu'« un si grand militaire soit un si mauvais fusil ».

On le dit balourd : une fois, le 26 juin, l'investiture obtenue (398 voix contre les seuls 206 socialistes et communistes), il bâtit savamment son gouvernement en quelques jours — le premier à faire rentrer les gaullistes dans le cabinet. (Bidault a le Quai ; Edgar les Finances.)

Mais cet homme tranquille ne tarde pas à être secoué à son tour.

A peine à Matignon, les tempêtes se déchaînent.

Même si M. Joseph, comme on l'appelle en ses villages, peut continuer à griller par jour ses quarante Boyard maïs, ses dix pipes et ses trois cigares, il ne s'agit plus de jouer les pères de famille.

Le voici d'entrée de jeu aux prises avec l'été social le plus chaud de toute l'histoire républicaine.

Tout se déclenche le mardi 4 août — chez les postiers de Bordeaux.

Point de litige : le classement catégoriel « facteurs et facteurs chefs ».

Les responsables syndicaux locaux de Force ouvrière (très puissante chez les fonctionnaires) croient que lesdits facteurs et facteurs chefs ont été classés dans la catégorie des « sédentaires » puisqu'ils ne figurent pas dans celle des « itinérants ». Leur retraite serait donc retardée de cinq ans. Le gouvernement est accusé de « ne plus vouloir tenir compte des fatigues ou risques exceptionnels du métier ». La décision est prise dans l'ancienne bourse du travail — un couvent désaffecté — principalement par deux hommes : les camarades Fouquet, secrétaire de la section, et Richou, secrétaire de l'union départementale. Ils appellent à la grève illimitée.

Le malheur pour le gouvernement est que cette simple grève de Bordeaux fait vite tache d'huile.

Les premiers à suivre sont les membres du bureau fédéral FO réunis ce même jour avenue du Maine à Paris. Ils hésitent d'abord : « C'est un coup des Bordelais, du sang trop vif. Prenons garde à ne pas faire le jeu des cocos. » Mais la majorité déclare en avoir assez d'être toujours à la remorque de la CGT. « Pour une fois, prenons la tête. » En particulier, le secrétaire général, le colosse Camille Mourguès, pourtant d'habitude un freineur, se montre déchaîné : « Les Girondins ont raison. Bondissons sur l'occasion. Je propose la grève générale des PTT à l'échelon national. » Va pour la grève générale...

Le ministre, Ferri, étant à Lisbonne, Maurice Lemaire, ministre de la Reconstruction, assure l'intérim : il se fait complètement déborder. Il ne peut que s'étonner : « Comment pouvez-vous vous dresser, demande-t-il aux délégués, contre des décrets que vous ne connaissez pas ? Moi, ministre, je ne les connais pas ! » Mais les délégués, forts de leur résolution, exhibent une copie — tronquée — du texte qui a fait éclater la bombe de Bordeaux. Ils restent convaincus que le gouvernement veut faire reculer de cinq ans la retraite des facteurs. En vérité, sinistre farce, il s'agit d'une simple faute d'une sténo sur son stencil. Une enquête ouverte au 5 de la rue François-Ier, siège de la direction de la Fonction publique, ne va pas tarder à le démontrer. Le directeur, M. Grégoire, a fait diffuser un texte incomplet. FO n'en réagit pas moins comme un seul homme : le gouvernement veut la mort des lampistes.

C'est idiot mais c'est ainsi : on a touché un point trop sensible ; tous les fonctionnaires emboîtent le pas des postiers.

Les cheminots bloquent tout le trafic ferroviaire en vingt-quatre heures. Le personnel du gaz et de l'électricité, depuis des semaines à l'affût, ne rate pas l'occasion. Dès le vendredi 7, nous voici avec deux millions de grévistes — dès le 15, avec quatre millions.

La SFIO se range « carrément aux côtés des salariés ». Tous les services publics accompagnent le mouvement. Mineurs et métallurgistes ne tardent pas à suivre. Même les coiffeurs ferment boutique.

Le gouvernement doit réquisitionner.

On assiste à d'énormes pagailles, d'autant plus que l'on se trouve en plein dans la transhumance des congés payés. Autant revoir la folle retraite-débandade de 1940. Les gares sont envahies de foules qui ne savent où donner de la tête. Des millions de touristes étrangers sans argent assiègent les ambassades, mendient des aides. Des nuées de vacanciers errent désemparées. Des centaines de colonies de vacances sont bloquées, sans un sou. Spectacle déroutant : gares submergées, bureaux de poste fermés, ordures ménagères amoncelées sur les trottoirs. Des colonnes entières des journaux sont remplies de « messages familiaux ».

« Faisons l'édredon, conseille Laniel, ça passera. » En foi de quoi, les vignerons, nerveux depuis juillet, se mettent de la partie. Ils protestent contre les importations massives de vins d'Algérie. Ils réclament la revalorisation des vins excédentaires (c'est demander à l'Etat de 6 à 7 milliards). Ils bloquent toutes les routes du Midi. Dès le 6 août, ils dressent des barricades dans le Gard, l'Hérault, l'Aude et les Pyrénées-Orientales. Sous les pancartes, le curé défile au côté du maire — don Camillo main dans la main avec Peppone. Aucun heurt n'est signalé avec les cent mille CRS mobilisés sur les lieux. Des routes énormément touristiques n'en sont pas moins obstruées. Surcroît de tourbillons et de mêlées.

L'armée prend la relève des absents. Les troufions auront même fait rouler le métro. Ils acheminent tant bien que mal une partie des sacs postaux qui s'accumulent en himalayas. Ils ramassent des poubelles. Ils pilotent des camions omnibus. Mais la SFIO demande une réunion extraordinaire du Parlement. Réponse d'Herriot : « Soit, mais il me faut légalement 209 signatures, je dis bien : signatures, et non une liste — 209 individuelles et authentiques. » Depreux et Gazier s'emploient à les collecter. Herriot annule une demande de convocation des 96 communistes, qui porte la seule signature d'Etienne Fajon.

Laniel et Guy Mollet s'affrontent dans un entretien homérique. Le leader socialiste mitraille : « Vous avez déjà perdu vos chaussures... Vous dormez... Réveillez-vous, nom de Dieu !... Vous allez vous faire massacrer par les communistes... C'est la classe ouvrière tout entière qui peut se mettre en branle... Ça vous plaît donc, de faire la limace ? » Impavide, Laniel répond : « Personne ne m'a jamais fait perdre mon sang-froid. »

Guy Mollet somme le gouvernement de convoquer la commission supérieure des conventions collectives pour fixer un nouveau salaire minimum. Il est vite appuyé par Léon Jouhaux et Robert Bothereau, chef syndicaliste calme et courtois, pourtant en la circonstance tenace. Certains ministres conseillent de les écouter. Edgar Faure émet l'idée qu'on pourrait « faire un cadeau ». Vincent Auriol, qui passe ses vacances à Rambouillet, s'impatiente. Laniel reste imperturbable. Il dit qu'il ne lâchera pas le barrage. « Je ne reprendrai les conversations que lorsque les grévistes auront repris le travail. J'ai l'autorité de l'Etat à faire respecter » Il lance à Edgar Faure : « Vous me demandez de donner prime à l'anarchie. »

La température monte. Les communistes poussent de toutes leurs forces à la roue. Léon Mauvais salue le retour du Front populaire. Laurent Casanova annonce des manifestations « violentes ». Duclos rue des quatre fers. Laniel réplique « par avance » en faisant spectaculairement défiler des paras et des chars, en confiant aux gardes mobiles, masques à gaz en bandoulière, la garde des abords du Palais-Bourbon.

Sur le problème des 209 signatures, Herriot, amené de Lyon à Paris à bord d'un SO Bretagne gouvernemental, réunit le bureau pour faire le point, le lundi 24 août. On avait 201 signatures le 20. Le 24, on en a 211. Reste à vérifier les authenticités. Or 5 signatures communistes et 5 socialistes doivent être rejetées. Par 10 voix contre 8 et 2 abstentions, le bureau refuse de convoquer l'Assemblée.

Le mouvement ne se ralentit qu'à la fin du mois. A la diligence de Pierre July, secrétaire d'Etat, on noue des conversations « officieuses » qui finissent par s'officialiser. Des délégations CFTC et FO obtiennent en coulisse des satisfactions importantes : pas de modification de l'âge de la retraite ; pas d'arrêt de recrutement ; pas de licenciement des auxiliaires ; pas de sanctions administratives pour faits de grève. Des accords peuvent être paraphés dans cet éclairage.

Des décisions de reprise du travail sont lancées. Les grèves s'achèvent peu à peu. Les postiers lâchent les premiers. Les cheminots suivent. A la fin du mois, le mouvement peut être tenu pour terminé. Il ne reste plus au gouvernement qu'à calculer le coût du mouvement : 25 milliards — aux syndicats de se demander comment une manifestation aussi improvisée, en pleines vacances, a pu prendre une telle ampleur. O imprévisible pays !

Angoisses pour l'Indochine

Et s'il n'y avait que les conflits sociaux !

Avant de se voir confier la direction des opérations militaires en Indochine, le général Henri Navarre y effectue une mission d'inspection. Il y arrive tout neuf : il n'a jamais exercé de vrai commandement de guerre ; il fait grief aux Américains de vouloir prendre notre place dans toutes nos colonies ; il est convaincu que ses prédécesseurs ont été nuls et que Salan, le Mandarin, usé, anesthésié, renonçant à toute stratégie de dynamisme, a essentiellement fait de l'immobilisme sur place. Mais à Saigon, il entend Linarès lui dire : « Tu arrives dans un beau merdier. » Alors que pour commander à la place de Salan les 120 000 hommes du Tonkin, il a pensé à Cogny, Linarès lui déclare crûment : « Mon pauvre vieux, Cogny n'est qu'un saligaud. » Il apprend ensuite que, du fait du réajustement de la piastre, les Etats associés tiennent la mesure pour un diktat colonial, au point que Sihanouk, roitelet du Cambodge, de retour de son exil au Siam, s'installe à Siem Reap, sur la frontière, disant qu'il ne réintégrera Phnom Penh, sa capitale, qu'après avoir obtenu l'indépendance totale. A sa première tournée aérienne au-dessus de la jungle de la haute région, deux coups de DCA touchent son Dakota : il doit en toute hâte se poser à Na San, où on lui décrit la situation sous les couleurs les plus sombres. Alors qu'il arrive à Paris pour rendre compte, c'est par la radio de sa voiture qu'il apprend qu'il n'aura pas le haut commandement civil comme Linarès et qu'il va être « coiffé » par un haut-commissaire, l'ambassadeur Maurice Dejean : il ne peut que râler, ne s'inclinant que pour ne pas avoir l'air de déserter un poste trop dangereux. Il demande au comité des chefs d'état-major un renfort de deux divisions prélevées sur les forces de l'OTAN, on les lui refuse. Il est laissé dans le brouillard quant à savoir s'il doit sauver le Laos. Il ne fait adopter que péniblement son plan, le « plan Navarre » : éviter toute bataille décisive en 1953-1954 ; reporter les chances de victoire sur la campagne 1954-1955. Encore est-il suivi parce qu'il a reconnu chez ses interlocuteurs, de Vincent Auriol à Pleven, une extrême lassitude et un désir « invincible de gagner du temps ». Retourné à Hanoi, il dit à Cogny : « C'est à qui ne sera pas le bouc émissaire de la défaite. »

A peine constitué le cabinet Laniel, Bidault se précipite outre-Atlantique. Il explique à Dulles : « Le magasin de Corée ferme. Le magasin d'Indochine reste ouvert. On ne peut fermer l'un sans l'autre. La paix est contagieuse. Vous terminez la guerre de Corée parce que vous tenez à votre opinion publique. Nous avons aussi une opinion publique. Nous ne pouvons continuer la croisade seuls... Simplement, nous ne voulons pas arrêter le conflit n'importe comment. En particulier, pas de négociation directe avec ce voyou de Hô Chi Minh. » Le courant ne passe pas entre les deux hommes. Bidault présente un compte rendu désabusé devant le Conseil des ministres. Nous avons alors, avec les armées des Etats associés, 500 000 hommes sur place. Paul Reynaud lui aussi prend le « parti de la paix ». Mal remis d'une altercation avec Bao Dai à Rambouillet, il dit que la seule chance de sauver quelque chose en Indochine est de lui accorder une indépendance identique à celle de l'Inde. Il conseille de « pendre les prévaricateurs », de confier les commandements à des « officiers sortis du peuple et des rizières », de cesser de miser sur les « fils de mandarin ». Vous parlez comme le sultan, lui lance le gaulliste Marc Jacquet, robuste élu de Seine-et-Marne, qui vient de remplacer Letourneau au ministère des Etats associés. Rarement Conseil aussi animé. Jacquet dit encore : « Votre Inde, les Anglais la perdront totalement avant deux ans. Ils n'y sauveront pas une pound. » On est tout heureux que se convoque pour avril une conférence des cinq « grands » — Pékin compris —, qui se réunira l'an prochain à Genève et mettra à son ordre du jour « le Rhin et le Mékong ».

Mais on continue la guerre. Et quelle guerre ! Celle que nous n'avons jamais cessé de mener : en hérissons.

Le 12 octobre, atterré, Navarre apprend que Bao Dai vient de faire voter par un congrès de notables (presque tous réputés francophones) une motion qui proclame tout de go : « Le Vietnam indépendant ne participera pas à l'Union française... Après le transfert de toutes les compétences encore détenues par les autorités françaises, le Vietnam signera avec la France, *sur une base d'égalité*, des traités d'alliance, selon les circonstances et pour une durée à déterminer. » Bao Dai ne saurait mieux signifier que la France n'a plus en Indochine que des ennemis.

Mais c'est assez pour que Navarre, du coup, adopte à son tour la stratégie des « nuls », renonce à toute guerre de mouvement, se rallie au système des « camps retranchés ».

Ainsi prend-il la décision de faire réoccuper Diên Biên Phu, ex-place forte du haut Tonkin, près de la frontière laotienne, dans la province de Lai Chau — pour mieux protéger le Laos des entreprises de Giap, mieux disposer d'une base de départ en prévision d'éventuelles offensives, et, de surcroît, assurer la sauvegarde de Lai Chau.

Le 20 novembre au matin, une centaine de Dakota poussifs larguent sur la position — en vérité une cuvette — six bataillons de paras franco-vietnamiens, opérant sous les ordres du général Gilles. On organise les collines en fortins. On prépare des réseaux de souterrains et des postes de commandement « matelassés ». On dégage les champs de tir. On débroussaille les « espaces tactiques ». On installe jusqu'à un bordel mobile de campagne, peuplé de voluptueuses Ouled Naïl aux voiles bariolés, importées d'Algérie. Y a même d' la joie. Avant de remettre son commandement au colonel de Castries, Gilles y vient le soir de Noël, y assiste à une belle messe de minuit. On réveillonne gaiement dans les popotes. « Ils ne passeront pas ! » prédit Castries en levant sa coupe de champagne. Verdun, alors, et non la ligne Maginot ? Qui vivra verra.

Mais Giap a vite réagi. Giap décide un grand coup contre la place. Il donne l'ordre dès le 24 novembre aux divisions d'élite 316, 308 et 312 et à la division lourde 351 de se porter à marches forcées sur Diên Biên Phu. Jour J prévu : le 25 janvier.

Paradoxe, et paradoxe amer : l'engrenage des événements conduit Navarre à une grande bataille rangée que le plan Navarre excluait ; de périphérique, la bataille que vont livrer nos 15 000 hommes de Diên Biên Phu est vouée à être primordiale ; il faudra y engager nos meilleures troupes là même où n'était prévue qu'une majorité de troupes laotiennes et vietnamiennes ; il y faut même prévoir un pont aérien de grand trafic.

Navarre n'est pas sûr de lui-même. Le dernier jour de l'an, il rédige son rapport pour Paris. Il écrit : « En cas d'une attaque de Giap sur Diên Biên Phu, quelles sont nos chances de succès ? Il y a deux semaines encore je les estimais à 100 %... Mais devant les moyens nouveaux que des renseignements très sérieux nous annoncent, je ne puis plus annoncer le succès avec certitude... Du moins Diên Biên Phu aura joué le rôle d'abcès de fixation et permis d'éviter la bataille générale du delta. »

En tout cas, nous évacuons déjà Lai Chau. C'est bien la destinée : Diên Biên Phu qui, à l'origine, devait être un « hérisson agressif » n'est plus au bout de quelques semaines, quasiment réduit à lui-même, qu'un « hérisson en boule ».

Le sultan du Maroc déposé

Les perspectives ne sont pas plus brillantes dans les deux protectorats maghrébins.

Au Maroc, le défi connaît son apogée à la mi-août. Alors que dès le début de l'année 270 pachas et caïds ont demandé la destitution du sultan, le 15 août, tandis que le général Guillaume dénonce la « collusion entre communistes et nationalistes extrémistes », le Glaoui, ayant mobilisé pour la circonstance à Marrakech toute l'infanterie de l'Atlas, et en présence du général d'Hauteville qui commande la région, fait proclamer comme imam Sidi Moulay ben Arafa, le propre oncle de Mohammed V, petit personnage tout calme et serein, style de vieil uléma, très typé, en son burnous, avec son collier de barbe grise entourant un visage d'ascète. On ne prononce pas la déchéance du sultan, mais on désigne un chef suprême religieux, un imam, qui détiendra l'autorité spirituelle que le sultan exerce en même temps que son autorité temporelle. Et le Glaoui d'assembler ses cavaliers par milliers.

Dès lors, les événements se précipitent — tandis que de violentes émeutes ensanglantent Casablanca, Marrakech et Oujda.

Le 20, par dépêche signée de Bidault, le gouvernement français ordonne au général Guillaume d'« éloigner » Mohammed V en Corse. Texte : « Evitez fuite du sultan. Demandez-lui d'abdiquer en faveur de son second fils. S'il refuse, éloignez-le immédiatement par avion en Corse. » C'est le commissaire Perriod qui conduit le commando chargé de l'opération. Il surprend tout le monde, sentinelles de la garde noire, moghaznis, serviteurs. Pas un seul coup de feu. Guillaume a le passage tout tracé. Uniforme blanc, poitrine barrée du grand cordon du Ouissam alaouite, trapu, noir de poil, visage sanguin, il se présente face au sultan assis dans un fauteuil sur une estrade. Il somme le sultan d'abdiquer. Refus sec. « Dans ces conditions, j'ai ordre d'éloigner Votre Majesté. Je vous prie donc de bien vouloir rejoindre le directeur de la sécurité Dutheil qui vous attend dans l'antichambre. » Impassible, sans un mot, le sultan obtempère. A quatorze heures vingt-cinq, suivi de ses fils, il monte dans l'une des trois voitures de police qui attendent moteur en marche. A l'aéroport, il ne demande qu'une chose : un verre d'eau. Le Dakota décolle à quinze heures douze. A son arrivée dans l'île de Beauté, le détrôné, auquel Guillaume n'a pas laissé le temps de se munir du moindre bagage, porte pour tout vêtement une djellaba sur son pyjama (le résident général l'ayant interrompu dans sa sieste). Il grelotte de froid, car il a été embarqué sur un avion militaire sans le moindre confort. Il n'a qu'une suprême émotion : à la vue des troupes sur l'aérodrome, il demande au préfet si on ne va pas le fusiller. Puis il écrit à Bidault : « Après les événements qui ont amené Notre départ du Maroc, Notre seule aspiration est de trouver la paix du cœur en vivant dans l'intimité de Notre sein familial au sein de la Communauté française. Notre préoccupation première est de regrouper autour de Nous celles et ceux qui constituent ce cercle intime : Notre mère et Notre sœur, le Harem composé de celles à qui nous sommes si attaché et qui Nous ont servi durant vingt-cinq ans avec honneur et dévouement, Notre frère SAI Moulay Hassan, Nos serviteurs et familiers qui sont intégrés dans Notre vie familiale et privée. Nous ne doutons pas que le gouvernement de la République ait envisagé les dispositions nécessaires à subvenir à Notre train de vie et à celui de Notre famille. » Il aura réellement redouté d'être traité comme un prisonnier de droit commun. Il est installé à Nonza, puis à l'île Rousse, en attendant d'être dirigé sur Madagascar, où il est hébergé avec tout son monde dans un bel hôtel de la station thermale d'Antsirabé.

Le 21, l'imam ben Arafa est proclamé sultan.

Bien entendu, voici le Maroc à feu et à sang. Aussitôt, attentats et sabotages se succèdent. Des saboteurs font dérailler l'express Alger-Casablanca. On tente même d'assassiner ben Arafa, à Rabat, aux environs de la grande mosquée, lors de la prière du vendredi.

Quant à la Tunisie, elle reste toujours aussi incertaine. Jean de Hauteclocque se trompait, il y a deux ans, quand il annonçait : « D'ores et déjà, les nationalistes ont perdu la partie » et ajoutait : « Bourguiba ? Peuh ! Les Tunisiens l'ont déjà presque oublié... » Erreur totale. Les populations sont très nerveuses. Les fellaghas continuent de s'agiter. Aux élections municipales de Tunis, 90 % des musulmans de la ville s'abstiennent. Même si, le 2 septembre, le successeur de Hauteclocque, Pierre Voizard, est pourvu de consignes plutôt douces, on ne peut pas ne pas remarquer qu'il arrive en avion militaire escorté de douze chasseurs. Même le bey Lamine se fait bourguibiste — d'autant plus facilement que la déposition du sultan le sauve, la France ne pouvant déposer deux souverains protégés en quelques mois.

La CED, pour sa part, demeure un cauchemar. Laniel ne traite le problème qu'en le contournant. Dans un débat sur l'épineux sujet, le 24 novembre, pour obtenir la confiance il se limite à citer les préalables auxquels tient le gouvernement : entente avec Bonn sur le problème sarrois (« européanisation de la Sarre ») ; accord avec la Grande-Bretagne et pas de réduction des forces américaines dans une Europe qui manquera pour longtemps encore du minimum de sécurité nécessaire. Les députés entendent surtout éviter une crise trop près de l'élection présidentielle.

Laniel n'est même pas heureux dans sa rencontre avec Eisenhower et Churchill aux Bermudes du 4 au 7 décembre. Il résiste mal aux méfaits de la climatisation : il est grippé durant les trois jours et doit s'aliter. Au demeurant, les trois hommes n'ont pas grand-chose à se dire.

Un dénommé Poujade

Quel annaliste, quel journaliste, fait donc alors attention à ce qui se passe dans la petite commune de Saint-Céré, dans le Lot ? C'est le 20 juillet. Voici : le bon peuple mobilise contre le « mildiou » du petit commerce, les noirs hannetons, rongeurs de comptabilité, qui terrorisent les braves gens au nom de l'inquisition fiscale, viennent jusque sur de modestes pas de porte faire trembler Birotteau et pleurer la mercière — autrement dit l'ennemi héréditaire et protéiforme des protégés de Robin des Bois, le fisc et ses agents. Précisément, dans quarante-huit heures, ils doivent contrôler la maison Neuvière et Fils — laines, lingerie, chaussures —, un magasin à la devanture bleue avec d'étonnantes bordures noires... Le 22 ! Les culottés, un jour de foire ! Mais cette fois, un triumvirat de protestataires a juré qu'« *ils* ne passeront pas ». Il se compose de l'ébéniste Freizac, du pharmacien Dufour et d'un costaud de trente-quatre ans, grand cœur et grande gueule, nommé Pierre Poujade, dit Pépé, natif du cru, libraire-papetier, conseiller municipal et capitaine du Football-Club de Saint-Céré. Effectivement, on ameute la troupe et, au soir de ce 22, on peut fêter le courage invincible de Pépé et la déroute des polyvalents, qui déguerpissent.

Simple incident. C'est cependant assez pour éveiller une vocation qui aura les plus importantes conséquences.

Jusqu'alors, Pépé, avec sa brune et charmante Yvette, vendait surtout des cartes postales, de l'encre, des crayons. Pour corser le menu, il était aussi représentant en papier d'emballage. Comme illuminé, le voilà à jouer les généreux Robin, à entreprendre, carquois chargé de flèches soigneusement affûtées, une intrépide croisade contre l'« infâme », coupable de tant de faillites et de malheurs.

Il prend son sabre de Croisé. Il s'en va de boutique en boutique chanter la gloire de la maison Neuvière, première à résister au Minotaure. Il voit tout le monde, épiciers fins et charcutiers, pharmaciens de première classe et modestes cafetiers, bouchers et coiffeurs, savetiers et merciers. En deux mois, de Latouille-Lentillac à Saint-Vincent-du-Pendit, il a terminé la tournée des quatorze communes du canton de Saint-Céré. Et distribué à nuées un tract qui fait l'unanimité. Il trouve des formules magiques. Par exemple, *bénéfice* : ce qui reste quand le fisc a tout pris ; *commerçant* : espèce nuisible à liquider ; *direct* : se dit d'un contrôleur ou d'un coup de poing bien envoyé. Et ça marche !

Les gars répondent.

Au passage, il se présente : Auvergnat d'origine, élève de la communale, collégien obligé d'interrompre ses études consécutivement aux difficultés financières de ses parents, tour à tour typo, vendangeur, goudronneur et docker, engagé en 1938 dans l'armée de l'air, rejoignant la France Libre en 1942 par les Pyrénées et l'Espagne, faisant la connaissance de sa femme à l'occasion d'un séjour à l'hôpital militaire d'Alger où elle était infirmière, diplômé de l'école d'Hébert, moniteur d'éducation physique avant de s'établir papetier, élu candidat RPF sur la liste radicale aux élections municipales.

Du canton, on passe à Cahors.

On ne se limite même pas à ce « brave département du Lot » dont on dit avec un gros rire qu'« il ne produit que des noix et des ministres ».

A nous, Brive-la-Gaillarde ! Puis à nous, Limoges !

Les lettres s'accumulent par centaines.

La petite librairie-papeterie est noyée de courrier. « On ne peut pas en rester là, juge Yvette. Faut s'agrandir. »

Cela veut dire : s'organiser. On s'organise.

Cela donne, dès le 13 octobre, un mouvement d'ambition nationale, à membres cotisants, qui n'en finit pas de croître et de prospérer : l'UDCA (Union de défense des commerçants et artisans).

Président : Pépé. Attaché de presse : l'ami Rozières, cafetier à Capdenac, Aveyron.

On n'en reste pas pour autant au sud de la Loire. On désigne le patron d'une épicerie-buvette au Kremlin-Bicêtre, nommé Privat, pour, avec tous pouvoirs, représenter le mouvement sur Paris et l'Ile-de-France. On offre au président une Aronde pour aller plus vite. Et en avant marche, à raison d'une réunion par soir ! De plus, Pépé a un talent inné d'orateur. Il sait parler au peuple, lui. Et il est infatigable. Et il dispose d'un confortable budget de guerre. Et il n'a peur de rien !

« Je dois vous prévenir, avoue Edgar Faure à Laniel dès la fin novembre. Nos contrôleurs ne peuvent plus rien faire au sud de la Loire. Un dénommé Poujade m'a flanqué une pagaille sans nom... »

René Coty président de la République

Il reste pourtant à Joseph Laniel à connaître la plus grande épreuve : le congrès de Versailles — qui lui aura d'abord ouvert tant d'espoirs, et qui lui vaut une déception proche de l'humiliation.

Ledit congrès a beaucoup plus d'allure que celui qui a abouti il y a sept ans à l'élection de Vincent Auriol. Il se réunit à Versailles le 17 décembre sous un ciel de printemps : la Quatrième République s'applique réellement à donner le plus bel éclat à sa parade.

Conformément à la tradition de la Troisième, le Tout-Paris se donne rendez-vous au déjeuner du *Trianon-Palace*, pour un banquet de neuf cents couverts. On y reconnaît au hasard des tables

Jules Romains et Pierre Gaxotte, Marcel Achard et la princesse Bibesco, René Clair et Olivia de Havilland, Pierre-Etienne Flandin et la comédienne Béatrice Bretty, ancienne tendre amie de Georges Mandel. Au menu : langouste froide mayonnaise, poularde de Bresse au feu de bois, ananas glacé Pompadour, Heidsieck monopole brut 1947.

Il est quatorze heures trente quand les 932 députés et sénateurs sont invités à prendre place dans la salle des séances, télévisée en direct par Pierre Sabbagh. On sait que l'organisation de l'événement relève de l'autorité de l'Assemblée nationale : en l'absence d'Edouard Herriot, trop perclus pour un si haut perchoir, resté dans son lit du Palais-Bourbon, c'est le premier vice-président qui officie, en habit, André Le Troquer.

Huit candidats s'affrontent au premier tour.

Marcel-Edmond Naegelen, SFIO, soixante et un ans, Belfortais ancien élu de l'Alsace, cinq fois ministre de l'Education nationale, à présent député des Basses-Alpes, dit Naegelen le Magnifique quand il était impérialement gouverneur général de l'Algérie, tout à fait le style de la fonction, avec son maintien digne, sa voix d'orgue et ses cheveux gérés en perruque immaculée.

Yvon Delbos, soixante-huit ans, radical, professeur, de multiples fois ministre, fervent de rugby et de gastronomie, époux de Germaine Rouer, de la Comédie-Française, style de grand pontife débonnaire.

Georges Bidault, qu'on ne présente plus, cinquante-quatre ans, MRP.

Le communiste *Marcel Cachin*, doyen des huit, quatre-vingt-quatre ans, moustaches tombantes, sourcils broussailleux, émouvant totem pour galerie de tableaux de famille.

Jacques Fourcade, benjamin des huit, cinquante et un ans, avocat, député indépendant des Hautes-Pyrénées, soutenu par les amis de Pinay, jamais ministre, à l'occasion poète, tennisman aussi, candidat de charme, manière presque britannique avec son flegme conscient et sa fine moustache sur sourires de rigueur.

Jean Médecin, soixante-trois ans, apparenté radical, député-maire de Nice, distingué, tranquille, « là pour le cas où il pourrait servir une formule d'équilibre ».

L'URAS *Paul-Jacques Kalb*, sénateur du Haut-Rhin, vice-président du Conseil de la République, candidat des gaullistes, l'un des premiers résistants d'Alsace, discret et courtois.

Enfin *Joseph Laniel*, soixante-quatre ans, le favori de la course.

Le scrutin s'ouvre par la lettre U tirée au sort... U comme Ulver, Henri, député de Paris, secrétaire d'Etat au Budget. « Huissier, veuillez commencer l'appel... » Chaque congressiste reçoit une bille noire et monte les sept marches qui mènent à la tribune, glisse son enveloppe dans une urne, dépose la bille, de l'autre côté de l'escalier de la tribune, dans une seconde urne qui sera vidée sur un plateau contenant cent billes, afin de pointer le nombre de votants.

Déjà, dans les coulisses, on intrigue. Ainsi les radicaux queuillistes, qui parient sur Queuille « mis en réserve », ont consigne de ne pas voter Delbos : certains ont à porter leurs suffrages sur Laniel pour empêcher Bidault d'arriver deuxième, ce qui rendrait difficile le désistement du MRP au second tour. Après l'appel et le contre-appel, les urnes, portées par les huissiers, empruntent la galerie des Bustes, passent dans le vestibule des Présidents (où ils figurent tous en statues de pierre, de Thiers à Auriol) et parviennent au salon Marengo, réservé pour le dépouillement.

Naegelen arrive en tête avec 160 voix, suivi de Laniel 155, Bidault 131, Delbos 129.

Dans la galerie des Bustes, on voit passer un Laniel rayonnant.

De plus, les communistes décident de voter pour Naegelen, connu comme adversaire déterminé de la CED : il s'agit d'un cadeau empoisonné, puisque du coup les centristes cédistes ne « naegélisent » pas ; Guy Mollet lui-même est réservé. Quant aux queuillistes, ils ont raté leur coup : ils ont surtout déchaîné contre eux l'ire des delbosiens.

On revote donc — encore que Kalb, Fourcade et Médecin se retirent.

Effectivement, le résultat paraît assurer une bonne suite pour le président du Conseil puisque, si Naegelen arrive en tête avec 299 voix, lui-même en totalise 276, distançant de loin Delbos, 181, et Bidault, 143.

Mais il est près de minuit.

Le Troquer refuse de faire procéder tout de suite à un troisième tour, en dépit des protestations de la droite. « C'est décidé. A demain ! »

Soit : à demain ! Toutefois encore pour rien.

On vote ce vendredi dans l'après-midi. Si le MRP a retiré la candidature de Bidault, aucun des trois candidats restants n'obtient la majorité absolue : Laniel a 358 voix, Naegelen 313, Delbos 225. Ballottage encore.

Et ballottage encore le vendredi soir, bien que Delbos, sur le conseil pressant d'Herriot, se soit retiré et qu'il ne reste plus que deux candidats. C'est que Delbos, quoique n'étant plus candidat, recueille 42 voix et Médecin, non-candidat lui aussi, 45 — et que certains centristes ont refusé de voter pour Laniel, le trouvant « trop à droite ».

Cela prend des allures de conclave — ou de farce. Enigme pour Œdipe : comment trouver le candidat idéal qui pourra recevoir les environ 460 voix nécessaires ? Au quatrième tour, contre 344 voix à Naegelen, Laniel n'a eu en effet que 408 suffrages. Il lui en a manqué 60 pour être élu. Les journaux titrent déjà sur le « cirque » ou les « Six Jours de Versailles. » Des comités comme celui des classes moyennes ou la Ligue des droits de l'homme déplorent le byzantinisme d'un tel jeu. Demain, la presse occidentale sera très sévère pour cette démonstration de la « paralysie française ».

Pourtant, Le Troquer renvoie encore le verdict au lendemain, malgré les protestations hurlantes des lanielistes, qui pouvaient subodorer la partie tout près d'être gagnée.

Voici donc venir le cinquième tour — le samedi 19.

Joseph Laniel annonce à qui veut l'entendre : « Je resterai jusqu'au dernier quart d'heure... »

« On les aura ! » hurle son frère René, le sénateur, brandissant sa canne. Hélas pour le favori ! Il n'aura pas compté d'ennemi plus nocif que ce frère-là. Incroyable, ce « M. René », sénateur de l'Orne. Il interpelle député après député, même Pierre de Gaulle : « Vous aussi, hein, vous savez ce que c'est d'avoir un frère. » Un caricaturiste n'aurait su mieux inventer. Large visage hilare et huileux de paysan roublard, silhouette grasse de gros maquignon qui tangue, crâne chauve et jaune où ne subsistent que quelques mauvais poils, moustaches tombantes sur un menton qui rutile, canne au pommeau d'or mais caleçons longs qui mal agrafés sortent du bas du pantalon, on l'entend demander avec un rire gras : « Combien qu'ça vaut, l'radical sur pied ? » Il écœure tout le monde. Sans doute est-il surtout malade. Personne n'y pense...

Indescriptible cafouillage. On n'arrête pas de téléphoner à Herriot. Naegelen lui propose de se retirer en sa faveur. L'oracle grogne : « L'Elysée ? Ça m'irait comme des manchettes à un lapin. » Martinaud-Déplat pense que voilà venu le moment de jouer la carte Queuille, recordman de la stabilité avec 389 jours à Matignon. Jean-Paul David ricane : « La stabilité ! Avec un homme qui, sans canne, ne tient pas debout ! » Les coulisses bruissent de multiples entretiens en aparté. Pierre Montel, le Lyonnais, suggère, tout bouillant, de retirer les deux candidats et de chercher un candidat de consensus. Jean Médecin se propose comme « candidat d'union » — tandis que nombre de parlementaires, moins directement intéressés, font une belote à la buvette ou une pétanque dans le parc.

En tout cas, le cinquième tour ne donne rien. Laniel perd même des voix, chutant de 408 à 374. Nouveau match nul.

Nouvelle prolongation, jusqu'à l'après-dîner.

Les lanielistes proclament : « Nous ferons au besoin quarante tours. Nous ne lâcherons pas Laniel. » Entre nous, comment pourraient-ils y parvenir ? Les principaux caïds des indépendants — Pinay et Duchet — sont les plus actifs à faire campagne, souterraine, contre le grand vizir.

Mais le sixième tour est aussi « nul » que les cinq premiers.

Rien de nouveau sous les étoiles...

Et déjà dimanche. 20 décembre. A cinq jours des fêtes.

Les MRP vont à la messe. Herriot, sur ses deux cannes, assiste à l'arbre de Noël de l'Assemblée. Le congrès bivouaque. On peut le dire : il y a là 1 400 CRS, 1 500 gardes républicains, 500 agents de police et deux bataillons d'infanterie ; sous les chevaux du roi, devant la porte des Grandes Ecuries, les soldats du 3e RI sommeillent en attendant de rendre les honneurs à l'élu.

On fait le plein des poêles à catalyse.

Le ciel s'embrume « comme la République ».

On vote et on revote...

Septième tour... Huitième tour... Toujours pour rien.

Mais pourquoi ne pas rappeler Vincent Auriol ? demande Pinay. Il n'y a pas d'écho. Il faudrait au moins convaincre Guy Mollet : il y a autant d'allergie entre l'homme de Muret et l'homme d'Arras qu'entre un équateur et une banquise.

Médecin, n'obtenant que 156 voix au sixième tour, abandonne au huitième. Laniel grimpe du coup jusqu'à 430, mais il lui manque 22 voix. (On n'aurait pas tenu compte de sept bulletins portant son nom, mais sans indication de prénom. Laniel assurera lui-même dans ses *Mémoires* avoir atteint en vérité la majorité absolue dans ce huitième tour, mais avoir été victime des « tricheries » de Le Troquer.)

Laniel ne s'entête que davantage.

Louis Vallon s'amuse beaucoup, disant qu'« il est toujours très difficile de déloger un bœuf de son pré ». Henri Borgeaud remarque : « Laniel me rappelle Mac-Mahon, sauf que lui dit *Je n'y suis pas et j'y reste.* » Tout le monde chez les caciques en vient à jouer contre l'infortuné. Le Troquer convoque à son insu tous les chefs de groupe pour tenter de dégager une candidature nationale. Pleven va partout déclarant que le président du Conseil est en train de déconsidérer le gouvernement. Chaban interrompt un déjeuner à la préfecture pour lui signifier que les gaullistes ne voteront jamais pour lui. Le député du Dahomey Aptithy lui démontre qu'il n'aura jamais les voix nécessaires.

Nous voici à lundi.

Pinay, Duchet et les radicaux poussent Pierre Montel, député nationaliste de Lyon (trois fils assassinés par les Allemands).

« Je fais une opération de commando, déclare Montel. Tant pis si je saute sur une mine. »

Il saute. Il n'obtient que 103 voix. Une misère.

Seul résultat : il fait chuter Laniel de 17 voix (413 contre 365 à Naegelen).

Dixième tour encore négatif.

On s'amuse à relever les noms qui figurent sur les bulletins classés « divers » : cela va du général de Gaulle à Martine Carol, du Glaoui à Barangé, de Trenet à Lop...

Pas de vote le mardi 22. On souffle.

On en profite pour faire le point. Une tentative pour rappeler Vincent Auriol échoue. Le Troquer se prodigue. Les paysans indépendants, consultés à bulletins secrets, désignent trois possibles : le sénateur Georges Pernot, du Doubs ; René Coty et Louis Jacquinot. Pernot, trop âgé, est vite éliminé (et repoussé par les herriotistes comme trop clérical). De fait, on intrigue plus que jamais.

Le plus beau est que les choses ne semblent pas pour autant se décanter quand, enfin, Laniel déclare démissionner.

Le Troquer, main droite gantée de noir (il a été blessé aux Eparges en 1916), annonce un score nul.

A Louis Jacquinot, comme candidat officiel des indépendants, de tenter sa chance. Mal lui en prend. Comme il est suspecté de mœurs très spéciales, la rumeur du palais bruit des mots d'esprit les plus douteux. On annonce que « s'il est élu, il ira planter sa tente à l'Elysée ». On dit : « Laniel était le candidat a priori ; voici le candidat a posteriori. » Comme il est marié avec la richissime veuve de Petsche, on vous demande : « Savez-vous ce que Mme Petsche a dit après sa nuit de noces ? » Réponse de la dame : « Je me suis sentie toute retournée. » Oui, l'atmosphère est tombée aussi bas. Le conclave se disqualifie jusqu'aux pires ordures. Et Jacquinot ne réunit que 338 voix.

Très gentleman, il n'insiste pas et supplie son groupe, « pour en sortir », de voter Coty.

Au douzième tour, Coty ne manque ainsi l'élection que de 11 voix (à la demande de Pierre de Gaulle, les gaullistes votent contre lui parce qu'il vota les pleins pouvoirs à Pétain).

Il appelle sa femme au téléphone. « Germaine, je crois que je vais être élu. Prépare mon habit. Je te rappellerai. »

Effectivement, il est élu, le mercredi 23 décembre.

Votants = 871. Majorité absolue = 436. René Coty : 477. Naegelen : 329. Jacquinot, non candidat = 26. Plus des divers.

C'est l'avant-veille de Noël : il était temps.

L'élu a soixante et onze ans. On sait essentiellement qu'il est sénateur du Havre et vice-président du Conseil de la République. « Modéré dans tous les sens du terme, précise Robert Buron. Fortune modérée, ambition apparemment modérée, opinions modérément fermes... » et... ce qui le sauve, sans conviction arrêtée sur le problème qui divise tout le monde, la CED.

On le découvre en costume bleu à légères raies blanches dont Duchet dit qu'il est « devenu violet à force d'être repassé par Mme Coty ».

Arrivé au salon Marengo, il essuie une larme. Entouré de Gaston Monnerville (président des sénateurs) et d'Albert Sarraut (président de l'Assemblée de l'Union française), André Le Troquer le congratule : « Quand on vous connaît, on est confiant dans les conditions dans lesquelles vous remplirez votre mission. » Laniel est beau joueur malgré l'immense amertume qui doit le poindre : « Je suis sûr, déclare-t-il, que nous venons de remettre en des mains fermes le destin de la France et de la République. » Coty fait surtout l'éloge de son prédécesseur, à qui il exprime la reconnaissance nationale.

Il ne couche pas dans la chambre de M. Thiers, spécialement aménagée. A l'issue d'une réception à la préfecture, il se rend dans la luxueuse Talbot élyséenne (I 75) chez lui 5, quai aux Fleurs. Il revient discrètement à Versailles le matin du 24 pour le cortège officiel. Il est accompagné de l'Etoile à l'Elysée par la Garde républicaine à cheval (dans la Talbot au côté de Laniel).

Vincent Auriol lui dit : « Je n'ai pas été étonné de votre succès, qui m'a beaucoup réjoui. » Il s'amusera surtout d'un mot que Coty lui glisse dans l'oreille : « Si j'ai été élu, c'est parce que j'ai été opéré de la prostate. L'opération m'a dispensé de prendre parti pour ou contre votre si chère CED. »

Il présente à Coty le personnel de la maison tandis que Michèle, présidente sortante, montre à Germaine, présidente rentrante, le salon Doré et le jardin.

Les enfants Finaly ; les prêtres-ouvriers

A politique insipide, opinion indifférente. Pas étonnant que dans les journaux la rubrique des faits divers l'emporte de loin sur les chroniques du forum. Précisément, des faits divers, nous n'en manquons certes pas — et presque tous susceptibles de faire sensation.

Le feuilleton Dominici déroule interminablement ses épisodes. (Le patriarche avoue être le seul assassin de la famille Drummond, mais, écroué à la prison de Digne, il revient sur ses aveux trois semaines plus tard.)

Georges Guingouin, ancien maire communiste de Limoges, ex-dictateur du Limousin à la Libération, est écroué à Tulle pour complicité dans l'assassinat de plusieurs familles d'agriculteurs dans la région.

La Côte d'Azur juge les voleurs des bijoux de la Bégum.

On juge les sept tortionnaires du camp de Schirmeck, répondant du meurtre de 78 Alsaciens-Lorrains et de l'exécution sommaire de 150 maquisards. (Deux condamnations à mort.)

On condamne au bagne à perpétuité Charles Develle, assassin de l'ancien ministre du Front populaire Jean Zay.

Drame de la mer. Au matin du 22 décembre, le paquebot français *Champollion* arrive devant Beyrouth. Il transporte 219 pèlerins qui se rendent à Bethléem pour les fêtes de Noël et 250 hommes d'équipage. A deux cents mètres du rivage, il touche un banc de sable. Une tempête se déchaîne. Le navire se casse en deux dans la nuit. On ramassera des dizaines de cadavres englués dans le mazout.

Des centaines de milliers de pétitions, longuement et puissamment orchestrées par les partis communistes du monde entier, demandent en vain la grâce des époux espions Julius et Ethel Rosenberg, condamnés à mort par le tribunal de Foley Square à New York pour avoir livré de précieux secrets militaires atomiques à l'espionnage soviétique. Simplement, par égard pour la religion des condamnés, l'exécution a lieu avant la tombée de la nuit qui chaque vendredi marque le début du sabbat. Ils sont électrocutés, le 19 juin, à Sing-Sing. Ethel entre dans l'antichambre de la mort en chantant. Avant de mourir, Julius aura déposé une réclamation contre le dentiste qui a refusé de lui confectionner un bridge définitif.

Durant des semaines, on ne parle que de l'affaire des enfants Finaly, Gérard, onze ans, et Robert, douze, disparus au moment d'être restitués à leur famille en Israël, subtilisés par leur mère d'adoption, Mlle Marie-Antoinette Brun, la « bonne dame de Grenoble », directrice d'une crèche municipale dans le chef-lieu de l'Isère, qui les recueillit après l'arrestation de leurs parents par la Gestapo. Mlle Brun, ardente prosélyte, qui, avec beaucoup de cœur, un peu en retard sur les tolérances de son siècle, se bat pour conserver au Dieu des bien-pensants ces deux âmes d'enfants juifs promis à la Torah et réclamés par les kibboutzim, se défend avec une extraordinaire ferveur. Querelle internationale. Le cardinal Gerlier, le grand rabbin, le général Franco, Mauriac, le Vatican, Tel-Aviv, le gouvernement, l'Assemblée nationale interviennent dans la dispute. Les enfants sont orphelins mais demandés depuis quatre ans en justice par leur tante Mme Roessner, installée en Israël, qui a pleins droits. Mlle Brun est finalement perdante. Elle ne reverra plus les enfants qu'elle a crus siens. Vincent Auriol refuse de la recevoir. Récupérés, envoyés en Israël, Robert et Gérard deviennent Reuwen et Gad, membres du kibboutz Neve Iban.

La grippe est reine de toute une saison. Rarement grippe aura provoqué autant de ravages que durant cet hiver. Il ne s'agit pas d'une tueuse d'hommes, style grippe espagnole. Les statisticiens n'en calculent pas moins qu'elle aura coûté une dizaine de millions d'heures de travail. Titres des journaux : *Dix millions de grippés*. On calcule qu'elle s'élève à 13 % pour les vendeuses des grands magasins, à 25 % pour les avocats, à 35 % pour les magistrats, à 40 % pour les infirmières. Quatre cents sapeurs-pompiers de Paris sur trois mille sont reconnus « malades couchés » par les médecins de leurs casernes. Des écoles ferment. Coupable : le virus AI, qui a pris la relève du virus A. Même sur la *Route fleurie* le diable est au rendez-vous : Georges Guétary doit quitter deux fois son rôle. Jules Romains se cloue au lit. *Paris-Match*, qui consacre à la catastrophe un long reportage, nous en apprend de belles : « Touchagues abandonne le pinceau pour le stiligoutte... Suzanne Flon doit déserter le théâtre Antoine... Claude Bessy quitte le ballet de *Blanche-Neige* à l'Opéra. Pedro Armendariz cesse d'incarner César Borgia. Même la chanteuse June Richmond, qui pèse ses 125 kilos, doit renoncer trois soirs au Casino de Paris. » Bien sûr, la Quatrième République — cette « plus grande grippée de toutes », dit Vallon — n'est pas épargnée. Le ministre du Budget Jean Moreau doit multiplier les inhalations. René Mayer a une toux de forge. André Marie ne se console d'une grippe singulièrement entêtée qu'en relisant son cher Corneille. « Bidault n'aura jamais eu un nez aussi rouge. »

Putsch militaire ? Alphonse Juin se met soudain à multiplier les déclarations contre les faiblesses de l'Etat, réclame le transfert des cendres de Pétain à Douaumont, prend durement à partie l'attitude des Américains au Maghreb, affiche le plus audacieux mépris pour la fonction élyséenne, qui « comporte beaucoup plus de corvées ennuyeuses que de satisfactions de pouvoir ». Du coup, Mauriac lui-même évoque un éventuel « putsch maréchaliste ». Laniel préfère hausser les épaules. « Ce brave Juin, un danger ? Allons donc ! Ce n'est qu'un simple éternuement... » Disons : encore un grippé.

Drame autour des prêtres-ouvriers. On en compte entre 300 et 400 en France, dont environ 50 dans le seul diocèse de Paris. Il leur est reproché d'aller au-delà de leur sacerdoce. Certains sont des militants de la CGT, d'autres participent à des bagarres contre la police lors des manifestations anti-Ridgway. Comment surtout peuvent-ils concilier leurs obligations sacerdotales — messe, prière, sacrements — avec le rythme contraignant de la vie d'un travailleur manuel ? Quoi qu'il en soit, les voici au ban de l'Eglise. Le 23 septembre, le nonce Mgr Marella convoque à Paris dans les locaux de l'archevêché, rue Barbet-de-Jouy, vingt-six cardinaux, archevêques et évêques français. Cela se passe dans le salon Rouge au rez-de-chaussée. La décision est sans appel : « Le Saint-Père a décidé de vous demander d'interrompre l'expérience des prêtres-ouvriers. Tous les prêtres actuellement engagés dans cette expérience devront se remettre au plus tôt à la disposition de leurs évêques. » Les prélats sont consternés, mais Mgr Marella insiste : la volonté de Pie XII est irrévocable. Le 4 novembre, trois cardinaux français, Liénart de Lille, Gerbier de Lyon et Feltin de Paris, se rendent bien au Vatican plaider la difficile cause. Ils n'obtiennent qu'une demi-satisfaction : quelques prêtres pourront être autorisés à poursuivre le travail manuel, à condition qu'il s'agisse d'un travail artisanal, non d'un travail en usine (et tout engagement syndical ou politique sera exclu).

En attendant Godot

Une farce absurde, *En attendant Godot*, fait de Samuel Beckett un auteur à succès — et lui ouvre l'aventure du Nobel. Tout Paris y court. Les critiques assurent que la pièce mérite de figurer à l'avant-garde du génie théâtral, avec *La Cantatrice chauve*, de Ionesco. L'auteur ? Un Irlandais écrivant en français, ancien rugbyman, ancien cricketman, ancien lecteur d'anglais à Normale sup. Le thème ? C'est l'histoire de deux clochards qui, tout en discutant à l'infini sur la difficulté d'uriner, attendent un personnage muet et invisible nommé Godot. A la place de Godot, paraît Lucky, qui traîne au bout d'un licou un esclave abject, Pozzo. Au deuxième acte, Lucky est devenu muet et Pozzo aveugle. On ne saurait mieux illustrer l'absurdité humaine. Jean Anouilh dit : « C'est un dialogue de Platon joué par les Fratellini. » Louis Vallon : « Illustration parfaite de l'absurde Quatrième République. Elle aussi, entre vagabonds, muets et aveugles, elle attend Godot. »

C'est dire si les événements littéraires peuvent aussi passionner. Et il est trop vrai que, dans le domaine de la création, littéraire, mais aussi scientifique, artistique, sportive, voici encore une année qui illustre la vitalité de ce pays — même si le clou de la saison est au théâtre de l'Empire l'opéra noir de George Gershwin, *Porgy and Bess* (dix rappels le premier soir), et si, au carnet de deuil, nous avons le regret d'inscrire le magicien de l'aquarelle Raoul Dufy et le violoniste Jacques Thibaud (tué à bord du quadrimoteur Paris-Saigon qui s'écrase sur le mont Cemet, près de Barcelonnette).

Le théâtre affiche *Pasiphaé*, de Montherlant ; *Victime du devoir*, de Ionesco ; *Médée*, d'Anouilh ; *L'Epouse injustement soupçonnée*, de Cocteau.

Le cinéma, *Manon des sources*, de Pagnol ; *Les Amants de Tolède*, d'Henri Decoin ; *Madame de...*, de Max Ophuls ; *Lucrèce Borgia*, de Christian-Jaque (Martine Carol dans le rôle, faisant scandale en dévoilant sa croupe au bain).

Le prix Louis Delluc va à Jacques Tati pour *Les Vacances de M. Hulot* ; le Lion d'argent de Venise à Marcel Carné pour *Thérèse Raquin* ; la Palme d'or de Cannes à Henri-Georges Clouzot pour *Le Salaire de la peur*.

Boris Vian publie *L'Arrache-Cœur* ; Jean Genet, *Pompes funèbres* ; Joseph Kessel, *Nuit de princes* ; Alain Robbe-Grillet, *Les Gommes* ; Aragon, *Le Neveu de M. Duval*.

Olivier Messiaen annonce *Le Réveil des oiseaux* ; Darius Milhaud offre sa *Cinquième Symphonie*.

En sport, nous collectionnons les déceptions dans plusieurs activités, l'athlétisme, la lutte et le tennis. Mais, au Tour de France cycliste, Louison Bobet interrompt la série des succès italiens et suisses. Une étoile naît, Jacques Anquetil, dix-huit ans, éblouissant triomphateur dans les « Nations », déjà sacré « roi du contre la montre ». Christian d'Oriola nous vaut un nouvel or. Le football français monte au zénith : notre jeune onze national remporte cinq des huit matches qu'il dispute, grâce au supercrack Kopa, au virtuose Piantoni, à un canonnier marqueur de buts nommé Just Fontaine et aux exploits « héroïques » du gardien René Vignal, « *the flying Frenchman* ». Le treize de France conserve le haut du pavé — avec le toujours étincelant arrière catalan Puig-Aubert, dit Pipette.

Sciences et techniques sont à l'unisson.

Le nouveau programme en matière de recherches atomiques, pour lequel la pile de Saclay de 1 000 kW, en service depuis peu, fait fonction d'installation pilote, envisage la création aux environs d'Avignon de deux piles dont la première, mise en chantier sans délai, doit avoir une puissance calculée de 40 000 kW (programmée pour 1956) et permettre d'étudier et de réaliser d'autres réacteurs chauds producteurs d'énergie.

L'EDF ouvre un « concours d'idées » pour l'avant-projet architectural de l'usine marémotrice de la Rance.

Un pipeline de 700 kilomètres entre la Lorraine et Paris, première concession de transport de gaz interrégional, préfigure l'industrie nouvelle du gaz.

Des études actives sont menées pour la fabrication d'ailes d'avion en plastique moulé, un composé de fibre de verre et de résine.

Greffe du rein, on l'appela la greffe miracle. Elle entre dans la pratique courante.

Cinémascope. Un astronome familier des nuits du Lavandou, grand savant de soixante-quatorze ans, ancien professeur à la Sorbonne où l'on créa pour lui une chaire d'optique, Henri Chrétien, s'apprête à « transformer sur terre le regard de ses concitoyens ». Son invention, l'hypergonar, peut absolument révolutionner l'industrie et l'art du cinéma. A nous le cinéma panoramique.

Le ministre de l'Information Emile Hugues lance un plan quinquennal de développement de la télévision pour couvrir au plus tard en 1959 la totalité du territoire national. (L'émetteur de Strasbourg entre en service la veille de Noël.) On recense 59 971 récepteurs malgré une forte augmentation de la redevance. Une liaison hertzienne France-Belgique est mise en œuvre. Le centre des Buttes-Chaumont est-il détruit par un incendie ? Au plus tôt, on se met à programmer toute une suite de studios ultramodernes.

Télé en plein boom. Feux d'artifice permanents, quoique toujours, bien sûr, sur une seule chaîne, bien sûr noir et blanc. Le bulletin météo devient quotidien. *La Joie de vivre* accueille un Maurice Chevalier déchaîné, plus jeune que jamais. Dumayet, Desgraupes et Max-Pol Fouchet lancent chaque mercredi soir *Lectures pour tous*, présentation visuelle des dernières créations littéraires : on y va même de l'interview imaginaire d'un auteur ancien. Georges de Caunes offre *Amazone* 52 ou *A travers la forêt brésilienne*, film tourné par lui-même sur les bords de l'Amazone, les chercheurs d'or, les chutes de San Antonio et les recherches du père Maufrais pour retrouver son fils. A nous *La Kermesse des étoiles, La Séquence du spectateur* (équivalent pour le cinéma du *Disque de l'auditeur* à la radio), *Pièces à conviction*... Et, grande date, la télé atteint Lyon et Marseille.

XI

1954

L'ANNÉE DE DIÊN BIÊN PHU

M. et Mme Coty — Laniel de Charybde en Scylla — Au piège de Diên Biên Phu — La bataille de Diên Biên Phu — La chute de Laniel — Eurovision et TVA — Les paris de Pierre Mendès France — Le partage de l'Indochine — La déclaration de Carthage — La CED assassinée — L'affaire des fuites — « L'Algérie, c'est la France ».

M. et Mme Coty

Vincent Auriol, qui se rappelle son arrivée à l'Elysée sept ans plus tôt dans une improvisation manquant d'apparat, a voulu que celle de son successeur soit la plus solennelle possible. Le samedi 16 janvier, le chef du gouvernement vient chercher à son domicile le nouveau président. Le cortège quitte le quai aux Fleurs à dix heures deux pour arriver à l'Elysée à dix heures douze. La cérémonie de la passation des pouvoirs n'a pas eu lieu depuis vingt-trois ans. Elle se déroule dans le salon des Ambassadeurs. Le général Bloch-Dassault, grand chancelier de la Légion d'honneur, prononce les paroles rituelles en passant à René Coty le grand collier de l'ordre. A onze heures trente, les deux présidents se rendent en voiture à l'Hôtel de Ville, où ils sont reçus par le président en exercice du conseil municipal de Paris Edouard Frédéric-Dupont, qui remet à Coty la médaille en or massif de la ville. A douze heures quarante-cinq, en tête du cortège officiel, René Coty accompagne à pied Vincent Auriol à son domicile particulier 2, quai de Gesvres. Après un dernier adieu, il regagne le palais, tandis que dans l'après-midi même Vincent Auriol et sa femme quittent Paris pour leur propriété de Muret.

Inutile d'attendre des Coty de modification importante à la décoration ou à l'ordonnance de l'Elysée : en bons conservateurs catholiques, ils se contenteront de rouvrir la chapelle, désaffectée au moment de la séparation des Eglises et de l'Etat et transformée alors pour moitié en bureau, pour moitié en débarras.

Seule coquetterie : ils prendront beaucoup soin du parc.

Peu mondains, ils mèneront une vie la plus sobre possible, même s'ils se plient de bonne grâce aux réceptions nécessaires — recevant notamment dans l'« appartement royal » le négus Haïlé Sélassié, la reine Elisabeth d'Angleterre, le roi Frédéric IX de Danemark, la reine Ingrid avec la princesse Margarete, Rainier de Monaco, le roi de Grèce, Tito et le président Eisenhower —, se rendant aux Pays-Bas, au Danemark, en Italie, au Vatican et au Luxembourg. Seule note originale : un soir, à un dîner, on verra Martine Carol et Ludmilla Tcherina — tout un événement.

La présidente n'a qu'un regret, en passant de l'anonymat aux ors des palais royaux : quitter l'appartement du quai aux Fleurs qu'elle occupait depuis dix ans, même si le président ne l'a acheté que depuis peu. Il faut dire qu'elle a les goûts les plus simples. Elle adore faire elle-même la cuisine — surtout des pâtes feuilletées — sous l'œil complice du chat Patou qui prend la relève de Fasso, le chien des Auriol. Elle continue d'emprunter le métro. Elle ne s'habille ni chez Fath ni chez Dior. Elle arbore d'archaïques chapeaux à plumes et des robes à résille. On dit qu'elle est si province qu'elle ne peut voir un célibataire sans vouloir le marier. Forte personne, presque obèse, négligemment coiffée, vite surnommée « Mme Sans-Gaine », elle est même dans les premiers temps cruellement prise pour cible par les chansonniers. Ils y vont de leurs traits les plus lourds. Ils caricaturent à satiété ses formes volumineuses, son gros visage de Bécassine ingénue, son manque de style officiel. Ils ont trouvé indécent qu'à l'annonce de l'élection de son mari, elle embrassât de joie sa concierge de deux gros baisers sonores. Certains perdent même toute limite — naturellement les plus parisianistes. Mais le bon peuple, lui, ne s'y trompe pas. Il a vite décelé dans le regard de sa nouvelle reine, si simple, des trésors de sensibilité, toute une finesse d'intelligence discrète. Elle en devient du coup « grand-maman de la France ». Si elle ne peut poser pour un Winterhalter, elle campera la grand-mère typique de nos provinces, non moins attentive à son pot-au-feu qu'à la justesse de son rôle près de son compagnon, si roi soit-il devenu. Elle tiendra exemplairement sa place. Tout le pays la pleurera quand elle partira, trop tôt, laissant à ses filles son rôle de dame du palais, décédée d'une crise cardiaque au château de Rambouillet.

Le président ? On dit que sa préférence, parmi les rois de France, va à Henri IV, même trop parfumé d'ail et de galanterie ; parmi les présidents de la République, aux plus souriants, en même temps les plus sobres et les plus astucieux, Armand Fallières et Gaston Doumergue. A coup sûr, il n'aura pas le dynamisme — volontiers « envahissant » — de son prédécesseur. Pour autant, super-scrupuleux dans la manière de concevoir son rôle, on pourra le voir, à l'occasion, jouer les intervenants, sauf à ne jamais élever la voix.

Non qu'il soit un pâle. Toute sa vie est celle d'un homme de caractère, en même temps que d'un personnage de discrétion.

Vous découvrez le portrait même d'un être digne et sans orgueil.

Le second président normand (après Félix Faure) de l'histoire républicaine, soixante et onze ans, un mètre quatre-vingt-sept, n'aura eu d'exceptionnel que des cheveux presque roux.

Passe-temps favori : écouter du Bach et du Beethoven.

Marque particulière : ne sait pas conduire.

Il naît au Havre le 20 mars 1882, à quatre heures du matin. On pourra dire qu'il tient d'ancêtres vikings sa haute taille, ses mains fortes, ses yeux bleu-vert, sa claire chevelure et probablement sa frappante ressemblance avec le roi Frédéric IX de Danemark.

Première impression : il fait bonhomme, malgré une voix plutôt sèche et métallique.

Famille : une mère exemplairement pieuse et un père directeur d'un établissement d'enseignement libre non confessionnel (la Pension Coty) fondé par un grand-père, lui-même descendant de modestes artisans.

Epouse : donc Germaine Corblet, fille d'un armateur havrais, élevée au pensionnat de la Miséricorde puis dans une école de Southampton.

Enfants : deux filles, Geneviève, épouse d'un ingénieur centralien, Louis Egloff, et mère de six filles ; et Anne-Marie, épouse du docteur Maurice Georges, et mère de trois filles et d'un fils.

Etudes : moyennes, sans plus, à l'institution paternelle, au collège libre Saint-Michel, au lycée du Havre et à l'université de Caen, terminées avec une licence de droit et une licence en philosophie.

Guerre : brillante. Bien qu'exempté du service militaire, il demande dès le premier jour de mobilisation en août 1914 à contracter un engagement pour le 129e régiment d'infanterie. Parti pour le front dès le 12 novembre, il y combat jusqu'en janvier 1918 (sans une blessure, bien que relevant de la « division de fer » du général Mangin), mais terminant avec croix de guerre et croix de combattant volontaire.

Métier : avocat. Inscrit au barreau du Havre en 1902, il est bâtonnier en 1928. Surtout très apprécié par les milieux commerciaux et industriels de la ville, il n'en défend pas moins au besoin les syndicalistes, ainsi Julien Durand, le poète ouvrier, accusé d'assassinat dans un mouvement de grève, condamné à mort, gracié par Fallières et totalement réhabilité huit ans plus tard.

Cursus honorum : classique. Il est successivement conseiller d'arrondissement, conseiller général, vice-président du conseil général, successeur de son protecteur le grand Jules Siegfried comme député dès 1923, réélu en 1924, 1928, 1932 sous l'étiquette de républicain de gauche (à la Chambre vice-président de la commission de la marine marchande, tenu pour un expert de droit maritime, de droit commercial et de fiscalité), enfin en 1935 sénateur de la Seine-Inférieure et, avant la guerre mondiale, sous-secrétaire d'Etat à l'Intérieur dans un cabinet Steeg. Pendant la guerre, il donne deux sons de cloche : il vote les pleins pouvoirs constituants à Pétain, mais refuse en 1941 d'être nommé par Vichy maire du Havre. Déclaré inéligible en raison de son vote du 10 juillet, relevé de cette incapacité par un jury d'honneur, il reprend vite son activité dans l'arène, quoique n'ayant joué aucun rôle dans la Résistance, élu à la première Constituante sur une liste d'entente des républicains de gauche (en vérité de droite), élu à la seconde, élu en novembre 1946 à l'Assemblée nationale, à nouveau sénateur à partir de 1947.

Et le voici au sommet de l'Etat. Il n'a qu'un mot, mais qui dit tout. « Je m'appliquerai. »

Laniel de Charybde en Scylla

Le 2 janvier, Vincent Auriol, encore en exercice, refuse la démission — présentée conformément aux usages — de Joseph Laniel, qui accepte de rester au pouvoir si l'Assemblée lui maintient sa confiance, donnée le 6. Deux seules surprises marquent ce début d'année : d'une part c'est André Le Troquer qui remplace à la présidence de l'Assemblée Edouard Herriot, d'autre part, en Indochine, contrairement aux premières décisions du Viêt-minh, Giap diffère son offensive sur Diên Biên Phu, prévue le 8 janvier.

C'est que ce même jour s'ouvre à Berlin la conférence des quatre « grands ». Chacun sait que Foster Dulles n'y va pas pour faire des concessions aux Soviétiques. Il l'a proclamé à plusieurs reprises : il ne lâchera plus un homme ou un mètre de terrain aux communistes. Par ailleurs, la France est lasse. Elle en a assez de porter seule désormais tout le fardeau du monde libre. Depuis le voyage de De Lattre aux Etats-Unis, on parle avec insistance d'une possible « internationalisation » du conflit indochinois — exactement ce que Hô Chi Minh redoute par-dessus tout. Si les Marines US débarquent à Haiphong, les volontaires chinois franchiront la frontière à Lang Son. La République populaire vietnamienne sera coincée entre deux blocs.

Le « hic » est que le 18 janvier, à Berlin, les « quatre » se mettent d'accord pour se retrouver à Genève le 26 avril : on y examinera les moyens de rétablir la paix en Indochine ; la Chine y sera invitée ; la République démocratique du Vietnam y figurera, présente dans la délégation chinoise. Dès lors, pour le Viêt-minh, la situation politique est radicalement changée. Il est désormais clair que les Occidentaux, et plus encore la France dont l'opinion publique en vient à être excédée par cette aventure coloniale, sont disposés à négocier, quitte à y mettre le prix. Le risque d'une internationalisation du conflit s'efface : Pékin et Washington sauront bien convaincre Paris de déposer les armes. Au contraire, dans ce contexte, une victoire militaire éclatante pourra peser d'une façon déterminante sur la négociation. L'importance du camp retranché est soudain décuplée. Ce n'est plus une simple bataille, mais tout le sort de la guerre qui va se jouer dans la cuvette, quelle que soit la dîme du sang à payer. Alors seulement Giap décide l'« anéantissement à tout prix de la totalité des effectifs de la garnison ».

Et Laniel de ne plus connaître que des tourmentes.

Il continue d'être harcelé de grèves et de manifestations.

Il n'arrête pas d'être interpellé sur les problèmes financiers.

La conférence de Berlin (25 janvier-18 février) n'a révélé aucun accord possible sur l'Allemagne et l'Europe.

Il se découvre au plus mal avec Dulles, qui est convaincu que la France a cessé d'être sûre (d'ailleurs, une puissante campagne de presse sur la « collusion franco-soviétique » est orchestrée en Allemagne et trouve un écho aux Etats-Unis) et ne tient plus que l'Allemagne comme la « véritable gardienne des frontières entre Est et Ouest ». Il est trop vrai que Bidault se demande si la mort de Staline n'autorise pas de nouveaux espoirs pour la reprise d'une alliance avec le Kremlin, une constante de la politique française traditionnelle, la sienne. Fatalement, par là même il éveille une grande méfiance chez les Américains, qui ne comptent pas du tout sur la sincérité de Moscou pour « ramener la paix dans les rizières », sont persuadés que le Kremlin projette en particulier de créer en Europe une zone neutralisée englobant l'Allemagne et, au passage, calculent d'aggraver les divisions entre les puissances occidentales. Laniel n'en sait plus où donner de la tête.

Puis cruellement, il se découvre avec un gouvernement lui-même divisé sur la stratégie à adopter. Il est quant à lui convaincu qu'il faut d'abord faire voter la CED : alors seulement les Américains nous donneront à fond en Asie une aide décisive, soit diplomatique, soit militaire. En revanche, il est impossible de deviner ce que pense exactement Bidault, dont il est même à se demander si le ministre des Affaires étrangères n'a pas les nerfs qui craquent. L'épuisement de Bidault n'échappe à personne. « Il est en voie de dislocation », estime Max Lejeune. Personne ne sait s'il veut négocier ou lutter. Il exprime devant les uns et les autres les jugements les plus contraires. Tantôt il songe à faire de Hô Chi Minh le « Markos asiatique », tantôt il clame que l'empire français ne saurait abdiquer « une once d'autorité ». Les Chinois ? Tantôt il leur promet « force sucreries », tantôt « le seul langage que ces gens-là comprennent : le fouet ». Il ne veut pas être, indique Maurice Schumann, « celui qui aura signé l'abandon du pont Pasteur et du lycée Albert-Sarraut à Saigon ». Il avoue lui-même : « Si je perds l'Indochine, je disparais à jamais dans la trappe : déshonneur et oubli. » Pour autant, il sait trop bien qu'il faut « au plus tôt en sortir ». Précisément Laniel n'arrive pas en tout cas à le fixer sur une direction précise.

Non moins grave : Laniel ne peut qu'être infiniment préoccupé par le moral de son armée. Il tient même pour très réel le danger d'une rébellion militaire. Beaucoup d'officiers parlent effectivement d'*agir*. L'ambiance générale peut prêter à des folies.

Et Laniel de se faire durement secouer à l'Assemblée le 5 mars au cours d'un débat sur l'Indochine, où les socialistes se déchaînent contre le gouvernement, où Mendès prononce un terrible réquisitoire, disant : « Vous avez maintenu les Français dans cette guerre contre leur gré. Vous voulez maintenant y entraîner les Américains contre le leur » et où le cabinet n'obtient qu'une courte majorité.

Et de se faire interpeller par le maréchal Juin, qu'il doit sévèrement sanctionner. A Auxerre, le 31 mars, dans une réunion d'officiers de réserve, puis au bois de Boulogne dans un banquet d'officiers de cavalerie, le vainqueur de Cassino a l'audace de dire que la France n'a pas de gouvernement — dans ce dernier banquet en présence de Weygand, qui applaudit à tout rompre. Il refuse de répondre à une convocation de Laniel rendue publique, grognant : « Merde, je ne suis pas un trompette. » Il commente : « Je ne veux être ni Pétain, ni Weygand, ni Gamelin. Ni Pétain, c'est-à-dire que je ne veux pas couvrir un jour l'impéritie des politiciens et finir à l'île d'Yeu. Ni Weygand, c'est-à-dire que je ne veux pas endosser un jour une défaite et aller ensuite en prison. Ni Gamelin, c'est-à-dire que je ne veux pas garder bouche cousue en présence de l'impréparation de l'armée française. » Autant dire que l'armée n'est plus la grande muette. Juin cite aussi de Gaulle désobéissant en 1940 au vieux maréchal et Lyautey disant que « seule l'indiscipline fait les grands chefs ». Coty lui-même juge une telle attitude « inadmissible ». Juin cesse d'être vice-président du conseil supérieur des forces armées et conseiller militaire du gouvernement. Laniel grommelle : « M. le maréchal oublie qu'il eut en un temps des faiblesses. » Il reste que voici un nouveau coup dur pour le gouvernement.

Au piège de Diên Biên Phu

Peut-on du moins compter sur le grand camp retranché du haut Tonkin, dont on parle beaucoup dans ces débuts de l'année ?

En principe, on doit pouvoir. Tous les rapports du commandant de la place, le colonel Christian de La Croix de Castries, sont optimistes.

Même s'il a dû vite renoncer à la stratégie que lui confiait en décembre Navarre : « Vous êtes spahi. Or il s'agit principalement de mener des opérations de cavalerie de montagne », et s'il doit désormais se préparer à soutenir un siège, il est sûr de lui. « Le corps de bataille viet, assure-t-il, ne peut que se casser les dents sur de telles défenses. »

Il y dispose exactement de 11 000 soldats d'élite.

L'organisation est donnée comme parfaite. Le camp est divisé en CR (centres de résistance) baptisés de prénoms féminins, occupés en général par un bataillon et subdivisés en PA (points d'appui) autonomes et numérotés. *Claudine* est le vaste complexe du commandement, au centre de l'ancienne ville. *Epervier* est le nom de la piste d'aviation (construite par les Japonais), capable de recevoir des Dakota et des C 119 : six chasseurs Bearcats constituent une « aviation autonome » ; les artilleurs sont persuadés que cette piste sera hors de portée de l'artillerie adverse, que notre propre artillerie contraindra à s'abriter derrière les crêtes. Les points fortifiés *Dominique, Eliane, Junon, Claudine, Françoise, Liliane, Huguette* et *Anne-Marie* dessinent une ronde autour du noyau central.

Au nord, deux ouvrages avancés et nettement détachés, *Béatrice* et *Gabrielle*, ont charge de tenir l'ennemi à bonne distance.

Au sud, *Isabelle* dispose de deux batteries de 105 et même d'une petite piste pour avions légers.

Quelque 2 000 petits PIMS (prisonniers internés militaires, tonkinois ou thaïs) servent de coolies.

Les organes principaux du commandement sont aménagés dans des salles souterraines — l'abri de Castries étant le seul à se protéger de tôles d'acier. (Le réseau de souterrains forme d'ailleurs un tel labyrinthe qu'il a vite été surnommé le « métro ».)

Un seul village figure dans le secteur : La Nam Youm, déserté par les paysans.

Le climat est désagréable : brouillard ou poussière. La garnison mange mal : jamais de vivres frais. Le moral n'en est pas moins élevé : les hommes attendent plutôt avec impatience l'heure d'en découdre « avec toute cette punaise ».

Enfin, Castries est flanqué de tout un groupe de remarquables colonels, tels Gaucher (rude prince des légionnaires, qui s'est déjà battu dans le secteur contre les Japs en 1945 et dont le 1er bataillon tient *Béatrice*), Lalande (héros de Bir Hakeim, facilement reconnaissable au casque lourd qui ne le quitte jamais, chargé de tenir *Isabelle*), Tranquart (colonial spécialiste des Thaïs, voué à la défense du secteur nord), Langlais (chef du groupement aéroporté, des deux batteries de paras et de l'escadron des chars Shaffer de 18 tonnes du capitaine Hervouêt, les « pur-sang » de contre-attaque, parachutés en pièces détachées), Keller (cité comme le « plus brillant breveté d'Indochine, de France et de Navarre ») ou Piroth (le « manchot », patron de l'artillerie, six batteries de 105 et une batterie de 105 long, soit 28 pièces approvisionnées pour six jours de combat, parce que, de toute manière, « quelques petits coups suffiront »). Un seul point d'ombre : il y a là un chef de bataillon nommé Pagot, dit le « père Pagot », magnifique combattant qui a perdu récemment sa femme, disparue en mer au cours d'un naufrage dans l'océan Indien alors qu'elle venait le rejoindre ; effondré, il ne pense plus qu'à mourir.

Pleven, venu en inspection fin janvier, a trouvé tous les officiers « pleins de confiance ». Il n'aura eu d'autre avertissement alarmant que du chef de l'état-major de l'air Fay, qui dénonce cette cuvette comme un « trou de mort ». Un trou de mort pour le Viêt-minh, a répliqué Castries.

Il y a certes d'autres réserves. Pierre de Chevigné, ancien colonel d'infanterie, a eu un haut-le-corps, disant : « Depuis Roland de Roncevaux, on n'aura jamais vu des combattants à pied placés dans un tel défilé. » Ministre d'Etat, titulaire de quinze citations pour faits de guerre, le général Corniglion-Molinier se rappelle avoir atterri là au cours d'une mission en 1946 : « Un autodrome qui se trouverait au Champ-de-Mars, avec les Viets sur la colline de Chaillot. » Pleven déclare dans une conférence à Saigon : « J'ai entendu un mot épouvantable. On me rapporte que notre dispositif de Diên Biên Phu offre, comme à Louang-Prabang et dans la plaine des Jarres, autant de réserves de gibier pour le Viêt-minh. » Le général Ely est lui-même assez réservé. Mais presque tous les hauts militaires sur place, Navarre, Cogny, Castries, sont sûrs du coup, convaincus que l'ennemi ne peut s'emparer du camp qu'au prix de pertes folles. Explication : « Les Viets se feront hacher sur nos barbelés. Ils manquent trop des moyens nécessaires. » Même le général O'Daniel, chef de la mission américaine à Saigon, conseiller d'Eisenhower, a exprimé à Washington son enthousiasme pour cette « forteresse jaillie de terre »...

Force est hélas de dire que la lucidité est en face.

Hô Chi Minh et Giap, à travers les bastions montagneux du Nord-Tonkin, en leur capitale itinérante, Hô bambou à la main, le rude Giap en son uniforme de toile vert olive, mènent de paillote en paillote une vie monacale, mais lèvent divisions sur divisions, prélevant des impôts jusque dans l'entourage de Bao Dai. Quand il parle du camp retranché, Hô exhibe son casque de liège, le retourne et explique : « Les montagnes sont là. » Ses doigts minces parcourent le bord extérieur du casque : « Nous sommes bien là. » Puis ses doigts plongent au fond du casque : « Les Français sont là, là, tout en bas. Ils ne peuvent plus en sortir. Ce sera long, mais ils ne peuvent s'en tirer. »

Pour une fois, surtout, nous avons contre nous la logistique. Les Français sont convaincus, alors qu'eux-mêmes sont ravitaillés par air, que les Viets ne pourront pas alimenter un camp trop loin de leurs bases principales. Or Giap a trouvé la solution. Il a agi dès novembre. Depuis lors, à longueur de semaine, un boudin de riz autour du cou, quelque 100 000 coolies poussent des bicyclettes françaises chargées chacune de quelque 300 kilos d'obus, de grenades, de cartouches ou de riz. Cela vaut la Longue Marche de Mao : la ligne d'étapes s'étire de la Chine au pays thaï par Langson, Thaï Nguyen, Son La et Tuau Giao. Autant découvrir une longue fourmilière en ruban ininterrompu, bravant tous les obstacles, franchissant tous les torrents. A l'occasion, interviennent des camions Molotova, que, sur les pentes abruptes, on fait tirer par 150 coolies attelés à des cordages. Du haut du ciel, les caméras des avions de reconnaissance ne décèlent rien de suspect. Or la fourmilière avance même de nuit. Des femmes sont mobilisées par milliers pour tenir des torches de bambou (avec chacune 40 kilos de charge sur le dos). Giap dira : « Ces vélos Peugeot auront été les taxis Renault de la Marne. »

Résultat : le haut commandement français, début mars, ahuri, apprend par son deuxième bureau l'état terrifiant des forces viets rassemblées : 27 bataillons, 30 canons de 105, 18 canons de 75, 100 tubes de DCA de 12,7, 16 tubes de DCA de 37 — et un total de 80 500 hommes. Là où Navarre croyait que l'artillerie viet ne tirerait pas plus de 25 000 coups, la voici capable d'en tirer 200 000 ! Mais inutile de se perdre en regrets ou en remords. Diên Biên Phu aura bien été, d'abord, un piège.

La bataille de Diên Biên Phu

Le premier tir de Giap se déclenche le 13 mars à cinq heures de l'après-midi. Les 105 ouvrent le feu. Les 155 de Piroth ripostent. La bataille vient de commencer. Déjà les réserves de mazout et de napalm brûlent au bord de la Youm ; des tentes flambent ; camions et Jeep[1] sautent. Un coup fait sauter le stock d'essence : un nuage de fumée grasse, noire, crevée par des éclairs, compose tout un ciel de deuil. En vain Piroth tire-t-il sur les positions de tir que trahissent les lueurs fugitives du départ : Giap a su enterrer ses canons en flanc de montagne.

Puis une énorme clameur déferle. Doc Lâp ! Doc Lâp ! Toute une horde jaillie de terre se rue à l'assaut, avec en tête les volontaires de la mort...

Premier objectif : *Béatrice*. Du côté français, les premiers messages dramatiques s'échangent. « *Béatrice*, si vous m'entendez, répondez... J'appelle *Béatrice*. » Réponse vers vingt heures : « Ici, *Béatrice*... *Béatrice* à tous... Commandant Pagot et tous les officiers du PC sont morts... Obus à retardement explosé dans l'abri du PC... tous morts... » Une voix d'outre-tombe qui n'attend même pas la réponse. Le colonel Gaucher a lui-même les deux bras arrachés. Il restera pourtant conscient jusqu'à la fin. Quand l'aumônier s'agenouille près de lui, il lui lance de toute sa gouaille : « Padre, donne-moi plutôt un coup à boire. » On l'enterre entre deux salves, avec un parachute pour linceul.

Au vrai, les Viets réussissent à amener des types de bazookas spécialement conçus tout près des ouvrages et tirent à vue de plein fouet dans les créneaux des postes de commandement. Bravant mines, barbelés et fougasses de napalm, les Viets parviennent à quelques mètres de leur cible, puis lancent leur engin de mort. Les ouvrages résistent d'autant moins qu'au lieu d'être en béton, ils sont en terre, pierres et madriers.

A minuit, *Béatrice* est submergée. A peine quelques légionnaires peuvent s'échapper.

La nuit suivante, c'est au tour de *Gabrielle* de tomber. Là encore, le PC saute. Le chef de bataillon Mecquenem est mis hors de

1. Prononciation de G.P. initiales de *Général Purpose*, « tous usages » : automobiles tout terrain à quatre roues motrices.

combat, son successeur le commandant Kha est tué. Le colonel Piroth, à l'issue d'une vive discussion avec Castries, prend une grenade de sa main valide, la dégoupille et se fait sauter la cervelle. Les paras vietnamiens qu'on vient de parachuter, « élite » de l'armée baodaïste, refusent de se battre : le commandant Botella qui les commande, ivre de rage, cogne sur eux à coups de canne ; ils restent pelotonnés dans leurs trous.

Enorme succès pour Giap. Le moral de la garnison s'effondre. A Paris et à Saigon, on est atterré. La malédiction s'est abattue sur le camp. Il y a même quelque chose d'incompréhensible dans ce qui vient de se passer, comme une intervention de forces obscures. « Rien n'a marché comme prévu », avoue Castries. Et déjà le bataillon thaï chargé de tenir *Anne-Marie* se décompose.

On aura perdu en deux jours les trois points d'appui protégeant la piste d'atterrissage, le poumon de la forteresse. C'est au prix d'héroïques acrobaties que les Dakota sanitaires atterrissent, sous les tirs des mortiers viets. Les blessés s'accumulent dans les abris, faute de pouvoir être évacués. Le plan sanitaire n'a prévu qu'un hôpital de quarante lits, les blessés devant en principe être transportés sans délai vers Hanoi. Détresse et pessimisme total.

C'est une surprise immense, le 16, quand le commandant Bigeard arrive, avec son 6e bataillon, tombant du ciel, tous parachutés de quarante-deux Dakota, gagnant au galop la hauteur derrière *Eliane 1*, qui devient *Eliane 4*.

Mais Giap, après avoir regroupé ses troupes d'assaut, réattaque à plein tonnerre le 30 à minuit. Dès les premiers coups de canon, un bataillon d'Algériens se débande. Autre surprise : voici que tonnent des « orgues de Staline », lance-roquettes multitubes.

Eliane 1 est submergée en moins d'une heure, *Eliane 2* à moitié prise. C'est ce qu'on appellera la « bataille des cinq collines ».

En vain Bigeard, Bréchignac et des capitaines magnifiques déploient-ils avec leurs sergents et leurs hommes des trésors d'héroïsme : on se bat au corps à corps sur *Huguette 6*, trou par trou dans la nuit.

Eliane 2 cède. L'enfer. La terre du sommet de la colline, mille fois labourée, triturée par le fer et le souffle de dix mille obus, est réduite en poudre impalpable. Les parois des tranchées s'écroulent à la moindre explosion, enterrant les hommes, enrayant les armes. Les Viets conquièrent une colline de cendres.

Et si on vous donnait deux bombes atomiques pour sauver le camp ? demande à Paris Foster Dulles à Bidault. Les deux hommes s'entretiennent au Quai d'Orsay dans l'embrasure d'une fenêtre. « Bip » (surnom de Bidault dans la Résistance) a bien entendu : ancien étudiant à la Sorbonne, Mr Secretary parle bien le français. Bip sursaute. Il est encore sous l'impression d'un débat à l'Assemblée où il a été pris vivement à partie par Mendès : « Il y va dans votre politique d'une grande pensée inavouée, celle d'une intervention militaire américaine, a dit Mendès. La conférence de Genève n'est qu'un alibi devant vous permettre de continuer la guerre après avoir fait semblant de rechercher la paix. » Bip dit à Dulles : « Atomiques ? Mais ce serait anéantir toute notre garnison en même temps que les Viets ! » Il n'en croit pas ses oreilles, observe mieux ce grand personnage voûté, visage buriné, menton carré, regard vitreux, dont il sait qu'il croit en sa mission sacrée sur terre aussi fortement qu'il croit en Dieu. Dulles précise : « Il faut mettre un cran d'arrêt à la progression communiste par tous les moyens. » On ne retiendra pourtant pas l'hypothèse atomique. On envisagera de préférence une opération Vautour : sous cocarde tricolore, 300 chasseurs-bombardiers américains décollant de porte-avions et 60 bombardiers lourds venant des Philippines, déroulant « là où il faut » un tapis de bombes de 2 tonnes. Mais il est bien trop tard. Diên Biên Phu ne peut plus être sauvé.

Dès le 31 mars, Giap fait courir sur les ondes un ordre du jour de victoire. Vainement encore interviennent les chasseurs-bombardiers du porte-avions *Arromanches* (le chef de file, le lieutenant de vaisseau Jean-Dominique Andrieux, tombe dans la bataille). Dans tout le siège, les Viets n'auront eu qu'un seul canon détruit.

A destination du camp en ruine, des haut-parleurs clament en vietnamien, en arabe, en allemand, en français : « Soldats, allez-vous mourir pour les colonialistes ? Rendez-vous ! Gagnez nos lignes ! Vous serez traités en amis ! »

C'est une boucherie, téléphone Langlais à Cogny. Quatre mille blessés affluent dans les antennes médicales. Le médecin-commandant Grauwin (dans son livre *J'étais médecin à Diên Biên Phu*) racontera l'enfer de ces abris envahis de boue et de pourriture, le pullulement des asticots « grouillant dans les couvertures sales, les draps, les plâtres, les pansements... vermisseaux blancs, répugnants, se promenant sur les mains, sur les visages, dans les oreilles des blessés » et cet hallucinant *trou des amputés*, « un carré... où l'on jette les membres broyés que l'on a séparés du vif en salle d'opération... des jambes, des bras, des mains recroquevillées, des pieds grotesques, d'énormes lambeaux de chair, mélangés dans un assemblage diabolique... ».

Sans même évoquer la sublime conduite de l'infirmière Geneviève de Galard, les actes de bravoure sont innombrables. Des légionnaires allemands déclarent que même en Russie ils n'auront pas vu telles horreurs. Au flanc des avant-postes, les photographes-cinéastes eux-mêmes paient un lourd tribut : André Lebon perd une jambe ; Jean Peraud, ancien déporté, « cobaye » du camp de Struthof, est porté disparu ; Daniel Camus tombe blessé aux mains des assaillants ; Pierre Schœndœrffer, en attendant de tirer de ses souvenirs un film de choc, *La 317e Section*, connaîtra le long supplice des prisonniers.

Les six *Huguette* tombent l'une après l'autre.

Vainement encore Bigeard, superbe, est-il promu lieutenant-colonel ; Castries, général (ses étoiles parachutées échouent dans les lignes viets, avec les boîtes de Légions d'honneur et de croix de guerre TOE destinées aux combattants français).

Début avril, il ne reste plus que trois mille combattants valides.

Il est même devenu impensable de tenter l'opération baptisée *Percée de sang* et qui consisterait en une sortie en force : comment abandonner tant de blessés ?

Par ailleurs, Eisenhower et Dulles se déclarent hors d'état de porter le moindre secours, Churchill fait rudement savoir qu'« il serait temps que le gouvernement français sût tirer leçon de ses fautes », précisant qu'« il n'y a qu'à partager l'Indochine comme la Corée », « à hauteur de la taille de guêpe ».

Vient le coup de grâce.

Une colonne de secours, commandée par le colonel Crèvecœur, manquant d'appui aérien, doit revenir sur ses pas.

Les Viets prennent poste après poste. Le commandement français est assez insensé pour envoyer d'Hanoi à une mort inutile le bataillon de paras du capitaine Jean Pouget. C'est la fin.

Claudine et *Julie* cessent tout combat, puis *Isabelle*.

Le dernier dialogue de la garnison avec le monde libre s'engage au téléphone.

Castries : — Nous sommes submergés. Je n'ai plus aucune communication à l'intérieur du camp. La fin approche.

Cogny : — Tenez encore. Vous avez été magnifiques. Ne hissez pas le drapeau blanc.

Castries : — Je ne vous appellerai plus. Nous essaierons seulement de détruire le matériel. Au revoir, mon général.

Cogny : — Au revoir, Castries.

Le feu cesse le 7 mai à cinq heures de l'après-midi.

Toute une humiliation s'ensuit.

Les soldats du camp sont catégoriés par grades et nationalités. Castries est amené en voiture vers une destination inconnue. Colonels et chefs des points d'appui sont astreints à un briefing où ils sont durant des jours interrogés par les officiers du Viêt-minh pour faire leur autocritique de la bataille. Puis, après avoir abandonné montres, alliances, rasoirs, stylos et médicaments, les mains liées derrière le dos avec des lianes ou les suspentes des parachutes, ils doivent entendre un commissaire du peuple leur dire : « Vous êtes des criminels de guerre. Vous devriez être fusillés. Vous n'aurez la vie sauve que par la grâce du président Hô Chi Minh. » Encore tous les officiers supérieurs ont-ils le droit d'être véhiculés en camions. Officiers subalternes, sous-officiers et soldats, pieds nus, vêtements bientôt en loques, dévorés par les moustiques et les sangsues, vidés par la dysenterie, vont marcher sur 850 kilomètres à travers la jungle, endurer un supplice de près de deux mois. La colonne perd un quart de ses effectifs. Les Nord-Africains sont les seuls à jouir d'un traitement de faveur. Tout cela pour aboutir dans un camp immonde et puant pour de longs mois — à 60 % de mortalité.

Les vainqueurs, eux, dans les quarante-huit heures, sont dirigés vers d'autres combats. A nous la guerre du delta — celle-là même que Navarre calculait d'éviter. La route et la voie ferrée de Haiphong sont désormais coupées chaque nuit. Tous nos postes de Tonkin sont harcelés.

La chute de Laniel

Navarre dit bien : « Ce n'est qu'une bataille ; la guerre continue ; la garnison du camp retranché ne représente que 5 % des effectifs totaux que nous avons en Indochine », la France ressent le coup au plus profond d'elle-même. Elle ne célèbre que dans une infinie tristesse l'anniversaire de la victoire de 1945.

A Genève, ce même 8 mai, c'est un Bidault mortifié qui propose l'arrêt immédiat des hostilités. Etrange conférence — d'autant plus que, abstraction faite de Panmunjom, c'est la première fois que la Chine communiste apparaît dans une conférence internationale. Il y a là Eden placide, Molotov maussade, Dulles irrité, Chou En-lai qui prend d'entrée de jeu une incroyable autorité et reçoit fastueusement dans une villa-palais, Le Grand Mont-Fleuri, entièrement garnie avec des meubles et des objets d'art de Pékin. Le délégué du Viêt-minh est Pham Van Dong, professeur d'histoire, fils de mandarin, qui débarque directement de ses grottes de Thaï Nguyen et qui, avec son front énorme, ses yeux dilatés par la fièvre, sa voix saccadée, sa face ravagée de grand tuberculeux, personnage pour Dostoïevski, campe la silhouette même du révolté éternel. Il y a pour autant aussi les délégués nationalistes du gouvernement de Saigon qui demandent la reconnaissance de Bao Dai, s'opposent à tout partage du Vietnam et revendiquent des élections libres sur tout le territoire. Eden tente des rapprochements impossibles. Soviétiques et Chinois ne sont déjà plus sur la même longueur d'onde. Dulles semble vouloir casser toutes les porcelaines. Pham Van Dong est si intransigeant que le Viêt-minh se fait soupçonner de vouloir poursuivre la guerre en escomptant d'autres victoires écrasantes. La pensée de Bidault, trop meurtri, s'égare dans des labyrinthes. A se demander si une telle conférence est capable de trouver une solution au conflit.

Un conflit qui, pour sa part, n'a aucune trêve. A peine quelques jours après la chute de Diên Biên Phu, un autre camp retranché, Ankhé, est évacué à son tour, en dépit des avis du général de Beaufort, commandant des plateaux. Non-sens et nouveau désastre. Le GM 100, héritier du bataillon de Corée, y perd son état-major, plus de 1 500 hommes, un groupe d'artillerie et 250 véhicules. « Le corps expéditionnaire est assis dans le vide », signale Crèvecœur. En France, l'impression est telle qu'il y a sensation d'effondrement général. Le général Ely, de retour d'une mission éclair sur place, estime qu'on ne tiendra pas Hanoi plus d'un mois. On craint même une Saint-Barthélemy par les soldats vietnamiens incorporés dans l'armée française. Affolement tous azimuts. On n'en supporte plus la placidité de Laniel. Au lendemain du désastre, tous les orateurs, au Palais-Bourbon, demandent la démission du gouvernement, qui ne s'en tire que par deux voix de majorité. Laniel est un mort en sursis — sans compter que la commission des Affaires étrangères, sur rapport de Jules Moch, se prononce contre la ratification de la CED. Intenable, reconnaît Bidault lui-même.

Mai tire à sa fin. Des colons sont massacrés à Tunis. Toutes les villes du Maroc sont devenues incertaines. Bouleversé par le drame du camp retranché, de Gaulle se proclame plus convaincu que jamais qu'il faut changer de régime, mettre fin à un « système sans tête, sans âme, sans grandeur, rebâti contre moi après la victoire ».

On parle de Haute Cour, de comptes à rendre. Des campagnes ignobles se montent contre les uns et les autres. *L'Express* ose publier *in extenso* — avec l'accord de Salan — les conclusions sévères de son voyage en Indochine avec le général Ely. Le numéro qui contient le rapport Ely-Salan est saisi. L'enquête établit que la fuite vient du rédacteur en chef de l'AFP. Des lettres prouvent que Marc Jacquet a approuvé l'initiative de l'hebdomadaire. Marc Jacquet démissionne sur-le-champ. Il est remplacé par son ami gaulliste Raymond Schmittlein, dont la nomination paraît au *Journal officiel* du 1er juin. Sur injonction de son parti, Schmittlein démissionne dans les vingt-quatre heures. Le « portefeuille maudit » échoit à Frédéric-Dupont, qui dit avoir l'habitude de se sacrifier.

Toujours aussi impavide, Laniel colmate brèche après brèche.

Il nomme un nouveau résident général au Maroc, un diplomate, Francis Lacoste, en remplacement du général Guillaume.

Il fait transférer Bourguiba à l'île de Groix.

Il rappelle Navarre. Il propose la place à Kœnig, qui esquive. Il se tourne vers Paul Ely, qui se résigne, sauf à confondre en sa personne les fonctions de haut-commissaire et de commandant en chef.

Mais comment Laniel pourrait-il remonter la pente ?

Les anciens d'Indochine s'agitent à travers la métropole. Dès 1947, ils ont fondé l'« Association du bataillon de Corée ». Cette association a pris une ampleur extraordinaire sous la direction de son secrétaire général, excellent orateur, Yves Gignac, qui multiplie les manifestations spectaculaires ou gênantes contre la République — jusqu'à faire huer et bousculer le chef du gouvernement et le ministre de la Défense près de la tombe du Soldat inconnu.

L'Express mène contre le gouvernement une campagne terrible. On aura même vu Mauriac, dans son *Bloc-notes*, dénoncer la « dictature à tête de bœuf ».

Laniel sent que même l'Elysée est sur la réserve à son égard. Autour de Coty, s'y est formé un véritable « conseil du règne », avec Charles Merveilleux du Vignaux, secrétaire général, haut fonctionnaire modèle, ancien collaborateur de Bidault, Henri Friol, strict magistrat et radical bon teint, ancien bras droit d'Herriot, directeur du cabinet, et le chef de la maison militaire, le général Ganeval, ancien commandant du secteur français de Berlin, déporté de Buchenwald, gaulliste qui dit que « si nous ne trouvons pas un truc, tout saute ». Laniel sait trop qu'il y est jugé sans indulgence.

Un grand débat s'ouvre le 9 juin. Bidault et Mendès s'affrontent. Ils ont été de grands amis. A présent, une haine implacable les oppose. Chacun est devenu l'incarnation du mal absolu aux yeux de l'autre. Pathétique. Pour Mendès, Bidault peut être le responsable d'une troisième guerre mondiale. Pour Bidault, Mendès est un traître en puissance. Bidault se défend désespérément : « Si quelqu'un peut citer ici un seul acte, s'écrie-t-il, un seul geste que j'aurais fait à Genève et qui soit contraire à la recherche de la paix, j'attends d'un cœur tranquille que cet acte soit rapporté... Et prenez garde ! Chaque geste fait par nous dans une partie du monde retentit dans l'autre ; chaque fluctuation de la bataille que soutient au Tonkin notre corps expéditionnaire, chaque décision prise à Paris par le gouvernement, chaque parole prononcée à cette tribune par un membre de l'Assemblée, chaque article publié par un de nos journaux trouve à Genève un immédiat et parfois redoutable écho, dont je vous conjure de bien vouloir mesurer la puissance et considérer la répercussion. » Mendès : « Au moment où la succession d'erreurs et de fautes qui ont fait du Vietnam le tombeau de tant de vies ou d'espérances françaises prend le relief le plus dramatique, voici que de nouvelles menaces graves et imminentes viennent peser à la fois sur l'avenir de notre Afrique du Nord et sur l'avenir aussi des alliances qui conditionnent notre sécurité et notre indépendance... Cette fois, avec l'Afrique du Nord, il s'agit d'une partie du corps et de l'âme de la France, du soubresaut de notre force politique, économique, militaire et internationale. »

L'Assemblée refuse sa confiance — 306 voix contre 293.

Mais la majorité constitutionnelle de 314 voix requise n'est pas atteinte. Laniel est en droit de ne pas démissionner. Le MRP, qui redoute l'issue d'une nouvelle crise pour sa politique européenne et impériale, tente même de le persuader de se maintenir.

Après réflexion, Laniel se dit décidé à demander un nouveau vote. Par tactique, les républicains populaires seront invités à voter contre. Il sera renversé cette fois à la majorité constitutionnelle. Aussitôt, fort de la loi, il usera du droit de dissolution. Il se dit assuré que le peuple le suivra contre les « trublions de la capitale ».

Toutefois, il est trop blessé.

Les radicaux s'opposent à la manœuvre.

Prévenu par Herriot, Coty convoque Laniel.

« J'accepte votre démission », dit-il.

Eurovision et TVA

Dans les intervalles des guerres impériales, quelles dépêches retiennent notre attention ?

Monument de la Troisième République, le vieux militant syndicaliste Léon Jouhaux meurt, laissant la présidence du Conseil économique pour le radical Emile Roche. A la surprise générale, Auguste Lecœur, secrétaire du PCF, se fait épurer.

On annonce le décès d'Alcide de Gasperi, fondateur de l'Italie nouvelle, de Getulio Vargas, président du Brésil, qui se suicide, et d'Andreï Vychinski, mort subitement à New York.

Au Caire, le colonel Gamal Abdel Nasser, taille de géant, éloquence forte, prend à la tête du gouvernement égyptien la place du brave général Neguib, poussé aux oubliettes de l'histoire : les Egyptiens disent que c'est de Gaulle donnant un suprême coup d'épaule à Giraud.

La conférence de Manille aboutit à la conclusion d'un pacte de défense du Sud-Est asiatique (SEATO) rassemblant les Etats-Unis, le Royaume-Uni, la France, l'Australie, la Nouvelle-Zélande, la Thaïlande, les Philippines et le Pakistan.

Le général Franco penserait à assurer sa succession, prévue pour don Juan d'Aragon.

Au demeurant, Diên Biên Phu ou pas, la France continue de nourrir jalousement une pleine vie quotidienne.

D'énormes foules se rassemblent le long des routes du Tour pour contempler en action notre national Louison, roi de l'Izoard, de surcroît cette année champion du monde.

Colombes ovationne interminablement le quinze de France qui finit en tête le tournoi des Cinq Nations et, sommet de la saison, bat les fameux All Blacks néo-zélandais par 3 à 0, un essai de Jean Prat.

La télévision continue d'innover. *Eurovision* débute. Pierre Corval crée *Face à l'opinion*, le premier programme mettant en présence un ministre (Robert Buron) et plusieurs journalistes interpellateurs. Gilles Margaritis, depuis le *Moulin de la galette*, relance *La Piste aux étoiles*. Igor Barrère et Etienne Lalou présentent *Médicales* (premier sujet traité : la chirurgie du cerveau). Cette première émission est d'ailleurs dramatique. Les deux réalisateurs ont cru bon d'accompagner le générique des battements d'un cœur. Le professeur de Vernejoul s'inquiète de la personne à laquelle il appartient. Mais pourquoi cette question ? demande Barrère. « Parce que la personne dont vous avez enregistré le cœur souffre probablement d'une grave malformation cardiaque. » (Il s'agit de l'ingénieur du son qui, vérification faite, doit être opéré d'urgence.)

Nous achevons la construction du téléphérique de l'aiguille du Midi, qui devient le plus grand et le plus haut du monde. Cinq cents voyageurs à l'heure. Vitesse : 40 km/h.

La RTF met en service un nouvel émetteur de grande puissance destiné à diffuser des programmes de la plus haute qualité musicale : ainsi se consacre l'avènement de la modulation de fréquence.

Entre Dijon et Beaune, la locomotive française CC 7121 bat le record du monde de vitesse sur rail, 243 km/h.

Les professeurs Bérard et Delore démontrent que l'abus de tabac est le principal coupable des cancers du poumon.

A nous ce qui sera considéré comme l'une des plus grandes inventions françaises, vite copiée à travers le monde entier : la TVA, née de l'esprit fertile d'un polytechnicien inspecteur des Finances de trente-cinq ans, Maurice Lauré, votée le 10 avril, soutenue par l'ingénieux Edgar Faure. Il s'agit de la taxe à la valeur ajoutée. Les experts s'accordent presque tous à trouver cet impôt simple, juste, moderne et efficace — « simple parce que chacun sait ce qu'il devra payer, juste parce qu'il suffira de taxer plus lourd le produit de luxe et moins l'article courant, moderne parce qu'elle permet de donner le coup de pouce nécessaire à l'entreprise qui s'améliore, efficace parce qu'elle est bonne pourvoyeuse d'argent (au point de couvrir à elle seule près de la moitié des besoins de l'Etat) ». Malheureusement, on finira par en faire un petit monstre et Lauré devra même écrire un ouvrage, *Au secours de la TVA*. Il reste que l'idée est fameuse. Jusqu'à la Grande-Bretagne elle-même qui trouve cette découverte, quoique continentale, « intéressante », immense compliment de la part d'une Angleterre « mère » des plus grandes idées fiscales.

Nous ne manquons pas de « sujets à passionner ».

Pierre Daninos nous invite à ouvrir *Les Carnets du major Thomson*.

Le Goncourt va à Simone de Beauvoir pour *Les Mandarins*.

Deux signatures obtiennent le plus grand tam-tam.

Celle d'une jeune fille de dix-huit ans, menue, sourire mutin, yeux noirs attentifs sous des cheveux plutôt anars, née Françoise Quoirez, qui signe Françoise Sagan. L'éditeur René Julliard la présente comme pouvant être comparée aux plus fins écrivains du XVIIIe siècle, et son livre, *Bonjour tristesse*, va constituer un prodigieux best-seller.

Et celle du général de Gaulle. Chez Plon, il nous offre le premier tome de ses *Mémoires*. Titre du premier tome : *L'Appel*. Du coup, l'exilé accepte pour la première fois des reporters dans sa propriété de Colombey : ceux de *Paris-Match*.

Nous avons de grands deuils. Nous perdons le grand couturier Jacques Fath.

Nous perdons Colette. Le Palais-Royal prend le deuil de sa grande dame. Souffrant d'une arthrose de la hanche, la Vagabonde était devenue une recluse. Elle ne s'était pourtant jamais absentée du cœur des Français. En deux heures, dix mille personnes défilent en silence sous ses fenêtres. Huit colonnes à la une. Mais les obsèques religieuses lui sont refusées parce que divorcée.

Nous perdons Matisse, frappé à quatre-vingt-cinq ans d'une crise cardiaque, le peintre de la lumière, le « roi des Fauves », auteur de plus de deux mille toiles sublimes. Dans son testament, il lègue au « culte » sa chapelle de Notre-Dame-du-Rosaire à Vence, dont il dessina « pour une lumière supraterrestre » les vitraux, les céramiques, les carrelages, l'autel, la cloche, le crucifix, le prie-Dieu, les chandeliers, la nappe d'autel et jusqu'à la chasuble.

A en croire les journaux, l'année aura connu le plus grand procès à suspense du siècle. Digne juge Gaston Dominici. A-t-il ou non assassiné les Drummond, au cours de cette fameuse nuit tragique de Lurs, à quelques mètres de sa bergerie ? Il est défendu par Me Pollack. Plutôt hautain, même narquois, le patriarche fait front. Il est impressionnant, ce vieux berger bien habillé dans son costume de gros velours des dimanches, plus son pardessus aux revers épointés par les pluies de retours de foire, son cache-nez dont il fait une lavallière, ses cheveux d'argent tout frais coupés par le coiffeur de la prison, sa moustache de grognard. Il accuse toute sa tribu. « Ils ont tous comploté contre moi, ils veulent sauver quelqu'un d'entre eux. » Il a la larme à l'œil quand on évoque sa « Grand-Terre », ou sa femme qu'il appelle la « Sardine » ou la « maman ». Il lui demande : « Marie, dis-leur. Est-ce qu'il était taché de sang, mon pantalon ? » Elle : « S'il avait été taché, je l'aurais lavé. » De fait, le mystère n'en reste pas moins entier. Le patriarche est pourtant condamné à mort. Il ne réagit même pas quand il entend les mots fatidiques : « ... aura la tête tranchée ». Il est ramené à la prison des Baumettes, dont il est le doyen.

Le théâtre affiche *Les Quatre Vérités*, de Marcel Aymé ; *Comment s'en débarrasser*, de Ionesco ; *Port-Royal*, de Montherlant.

Le cinéma : *Le Blé en herbe*, de Claude Autant-Lara ; *Si Versailles m'était conté*, de Sacha ; *Les Diaboliques*, de Clouzot ; *Les Lettres de mon moulin*, de Marcel Pagnol...

Sans omettre que la France aura parlé infatigablement du grand amour de la princesse Margaret d'Angleterre pour un héros de la RAF, le *group captain* Peter Townsend, écuyer de la Maison royale. Mais il est divorcé et a des enfants. Elle ne peut l'épouser, même si toute l'Angleterre se dispute sur le problème. Il est exilé, attaché de l'air à l'ambassade britannique à Bruxelles. Elle, on ne l'appelle plus que la « princesse triste ».

On se dit qu'aucun pays n'aura plus que la France le don de vite oublier ou assimiler les plus lourdes défaites — ni celui d'adorer demain ce qui fut hier brûlé.

Les paris de Pierre Mendès France

Pour une fois, cependant, la crise ministérielle est facile à résoudre. Un nom s'impose irrésistiblement. Les députés en effet se reprochent à présent les quelques voix qui ont manqué au député de l'Eure : c'est lui qui aurait endossé la catastrophe indochinoise, pensent ses ennemis ; il l'aurait évitée en négociant, assurent ses amis. Le coup de grâce porté au « gouvernement Bidault présidé par Laniel » a été le réquisitoire dressé par Pierre Mendès France le 9 juin, auquel le ministre des Affaires étrangères répliqua brillamment en vain. Il ne saurait donc être question d'un autre.

Il crée d'autant moins de surprise que, par ailleurs, la fiche personnelle du personnage est une des mieux connues. Né en 1907 à Paris, Pierre-Isaac Mendès France, fils de Cerf David, marchand de tissus, et de Palmyre Sarah Cahn, est descendant d'une vieille famille israélite portugaise établie à Bordeaux au XVIe siècle et qui sut se garder de toute alliance mosaïque. Il entre tout jeune dans la politique, militant au Quartier latin sous les couleurs de la Ligue d'action universelle républicaine et socialiste (LAURS), filiale de la Ligue des droits de l'homme. Il y serait venu, selon ses propres dires, « à cause d'un coup de poing sur le nez » reçu en 1929 d'un étudiant de droite sur le Boul' Mich'. A dix-huit ans, étudiant en droit, il préside la Ligue. C'est d'ailleurs à ce titre qu'une fois avocat il est appelé à Louviers par la section radicale-socialiste comme candidat à la députation : dans ce département ultra, les « vieilles barbes » radicales font appel à ce dynamique jeune homme pour « secouer toute la chouannerie du coin ». Ainsi bat-il en 1932 le député sortant de droite. Il est réélu en 1936. Entre-temps initié au Grand Orient de France (à la loge Paris) puis affilié à la loge Union et Progrès de Pacy-sur-Eure, il se fait plus encore remarquer à la commission des Finances. Après la victoire du Front populaire, il compose avec Georges Boris, Georges Gombault et Weil-Reynal un brain-trust chargé de mettre au point les mesures financières du cabinet. Remarqué par Blum et Auriol, il est dès 1937 sous-secrétaire d'Etat au Trésor. Arrêté pendant l'Occupation, il s'évade et rallie Londres. Il refuse tout poste civil pour revendiquer un poste de combat dans l'aviation de bombardement. Seulement sur injonction du chef de la France Libre, il quitte son uniforme d'aviateur pour prendre à charge les finances du gouvernement d'Alger. Ministre de l'Economie nationale en 1944 dans le premier gouvernement de la Libération, on sait comment de Gaulle préféra à son plan le plan Pleven. Démissionnaire début 1945, il n'a plus eu de portefeuille depuis lors.

« Notre Necker », dit Herriot, au risque de le rabaisser au niveau du technicien et du comptable. Surtout, on ne croit pas que cet homme de gauche puisse obtenir jamais la confiance d'une Assemblée aussi droitière que celle-ci. Pour ses ennemis, c'est Cassandre prophétisant dans le désert et faisant pâmer d'aise la seule intelligentsia parisianiste. Ils sont convaincus qu'ils vont aisément envoyer promener cet empêcheur de tourner en rond. Puis on dansera à nouveau la farandole sur le volcan. De plus, il a le culot de se présenter en *réformateur*, Moïse chez les injustes, au lieu de se contenter d'être un conformiste brillant manière Chautemps ou Edgar Faure. Mais cela ne se passe pas du tout selon leurs vœux.

Il paraît devant l'Assemblée tambour battant dès le 17.

Premier pari : « Messieurs, nous sommes le 17 juin, je me donne un mois et quatre jours, très exactement jusqu'au 20 juillet, pour rétablir la paix en Indochine. Sinon, je démissionnerai. »

Deuxième pari : il précise que, dans les suffrages qu'il va obtenir, il ne tiendra pas compte des 93 voix des communistes et apparentés. Fièrement, il revendique la majorité constitutionnelle, compte non tenu de « ce groupe qui a même refusé l'hommage à ceux qui pieusement sont morts pour la patrie ». Position sincère, pour mieux asseoir son autorité internationale ? Astuce machiavélique, pour rassembler plus sûrement toutes les voix, y compris les MRP, qui le tiennent pour un incurable anti-européen ? Quoi qu'il en soit, c'est dit, de cette voix de velours qui sait parfois sonner ferme.

Cet homme mélancolique aux beaux yeux sombres n'a plus soudain son allure d'oiseau morose aux ailes noires, hâve (mal rasé) et mal réveillé : dans la douloureuse nuit coloniale, il fait briller des éclairs. Il en prend du coup, avec son menton en avant, son nez bosselé, comme un air de très combatif boxeur poids moyen. Il est trop évident qu'il fait « autre ». Il ne semble pas appartenir à ce qui sera appelé plus tard le « microcosme ». Il sort nettement de la grisaille. Un messie croyant violemment en lui-même. Dans la nuit même, après les explications d'usage, il obtient 419 voix contre 47. (Enlevez les 93 voix non désirées, cela donne 326, largement la majorité constitutionnelle requise.)

Guy Mollet le tient volontiers pour un « velléitaire », même s'il semble porter la certitude gaullienne d'avoir toujours raison envers et contre tous. Il ajoute que Mendès ne cultive le défi que pour mieux dompter des doutes. En tout cas, cette fois-ci, Mendès ne laisse passer ni le jour J ni l'heure H. Regardons-le dans l'Hémicycle tandis que se déroule le scrutin d'investiture. Seul au banc des ministres, c'est tout de même manifeste qu'avec son nez écrasé et son masque de Pierrot funèbre, il peut ressembler à ces boxeurs honnêtes voués aux défaites sans histoire. Ou Cassandre se prenant pour Phénix ? Perdu dans une mystérieuse méditation, sombre archange de la démocratie toujours foudroyé, il en devient tragique.

Et voilà : 419 au score.

Tout zozotant, Edgar Faure ne lui en pronostiquait « pas plus de 290 ». Lui-même est admiratif sur la manière main de maître dont le pressenti a su repousser le « cadeau empoisonné » des communistes, qui rient jaune.

« Un puritain de l'opportunisme », crache Billoux. Mais un puritain qui a ce qu'il voulait.

Le partage de l'Indochine

La presse popularise vite la nouvelle idole. Toutes les revues publient sa photo dans sa bibliothèque avec sa femme Lily et ses deux fils adolescents Bernard et Michel, chez lui, rue du Conseiller-Collignon à Passy. De quoi du moins saisir un autre secret de cet homme en apparence si peu communicatif : le charme d'un sourire d'épouse et la protection d'une famille unie.

Il règle la formation du ministère en vingt-quatre heures — même s'il se voit refuser par Guy Mollet la participation des socialistes. L'ami Edgar Faure a les Finances ; Kœnig, la Défense ; Mitterrand, l'Intérieur ; Jean Berthoin, l'Education ; Emile Hugues, la Justice ; Chaban, les Travaux publics ; Bourgès-Maunoury, l'Industrie ; Guy La Chambre, les Etats associés ; Robert Buron, la France d'outre-mer ; Christian Fouchet, les Affaires tunisiennes et marocaines. Mendès ne s'installe pas à Matignon, mais, étant aussi ministre des Affaires étrangères, au Quai d'Orsay. Une innovation à signaler : il annonce qu'il va s'adresser aux Français chaque soir à la radio.

Et de s'attaquer à son pari principal.

Tandis que, là-bas, en Indochine même, c'est une innommable mêlée. Bao Dai, qui ne quitte plus le doux ciel de Cannes, se résigne à remplacer, à la tête du gouvernement de Saigon, son cousin le prince Buu Loc par son pire ennemi Ngo Dinh Diem. Sur ordre d'Ely, le corps expéditionnaire procède à l'évacuation partielle du delta : opération *Auvergne*, confiée à Cogny et Vanuxem. A l'ouest, on reflue jusque sur le seuil d'Hanoi. Au sud, on repasse le fleuve Rouge, se retirant sur le canal des Bambous. En vérité déjà la France abdique. Chez ses derniers amis des protectorats, c'est la panique. Des villages tonkinois catholiques dans leur totalité, curés en tête, émigrent précipitamment vers le sud. Pendant que les militants pacifistes parisiens, manœuvrés par les communistes, manifestent par milliers à Paris de la République à la Bastille derrière des vedettes de music-hall, de brillants écrivains et des intellectuels ou sous-intellectuels de tout poil qui crient : « Vive le Vietnam libre ! », voici en termes indochinois les défilés de la peur et du malheur. On abandonne intacte la « ligne de Lattre » qui nous coûta des trésors. On lâche Nam Dinh et sa superbe cotonnière. Avant même la fin des entretiens de Genève, 4 000 kilomètres carrés, 3 millions d'habitants (la moitié du delta) basculent sous la domination du Viêt-minh. Sans attendre les ordres de Paris, des officiers français prennent langue avec des officiers viets pour préparer la passation des pouvoirs.

Et Mendès, flanqué de Guy La Chambre, de négocier à fond de train.

Il voit Dulles à Paris. Il s'entretient longuement à Genève avec Molotov. Il multiplie les réunions dans la villa d'Eden, Les Ormeaux. Il fait surveiller étroitement Pham Van Dong qui, dans une villa de Versoix, aura reçu des journalistes par centaines, devant des cigarettes chinoises et de la bière russe — Pham Van Dong qui vous affirme, de sa voix caverneuse de poitrinaire : « Je ne suis pas pressé... On me dit que les Français le sont... Vous voulez dire que M. Mendès France aurait un accident politique si nous n'achevions pas nos travaux dans ses dates ? Bah ! Un accident politique, on n'en meurt pas... Ha ! Ha ! Ha ! » Un rire qui résonne comme un glas. Albert Sarraut intervient, amène Pham chez Mendès. Chou En-lai s'en mêle à son tour. « Ces conversations, c'est encore plus épais que la jungle d'Annam », se plaint Georges Boris, promu directeur du cabinet de Mendès. Du côté français, on est prêt à sacrifier le Tonkin, voué à être Nord-Vietnam, mais en échange de la paix dans un Sud-Vietnam. Le Viêt-minh, en revanche, pense déjà avoir le Tonkin à sa portée et répugne à abandonner les fortes positions des maquis de Cochinchine. Mendès doit menacer de renforcer le corps expéditionnaire, par envoi éventuel de troupes du contingent. Il déclare qu'il ne négociera pas après le 20 juillet. A prendre ou à laisser.

La course arrive néanmoins dans les délais.

On doit simplement tricher un peu avec la montre.

En réalité, la ligne définitive du partage entre Nord-Vietnam et Sud-Vietnam n'est trouvée qu'à quatre heures du matin dans la nuit du 20 au 21 juillet ; pour être dans le principe des temps impartis, on arrête les aiguilles de l'horloge du salon des Conférences. On racontera qu'à l'issue des signatures, l'équipe Mendès aura sablé le champagne : difficile à croire. Il s'agit tout de même d'un Sedan de la Quatrième République.

C'en est donc fini pour la France et la guerre d'Indochine. Les hostilités auront duré six ans et demi, nous auront coûté 92 000 morts et 14 000 blessés.

La France abandonne le Nord-Vietnam, au-dessus du 17e parallèle, au contrôle total du gouvernement du Viêt-minh. En revanche, au sud de cette ligne, les maquis communistes feront leur soumission, avec amnistie totale, ou bien se retireront dans la zone nord. Il en sera de même au Laos et au Cambodge qu'en Cochinchine. Les trois Etats obtiennent l'indépendance immédiate, avec entière liberté d'adhérer ou non à l'Union française. Le Vietnam, partagé provisoirement en deux zones, sera en principe réunifié à la suite d'élections libres « dès que les circonstances le permettront ». Un délai de deux ans est prévu. Un délai de trois cents jours est en outre laissé à l'armée française pour l'évacuation.

Ainsi finit dans la nuit genevoise l'empire français d'Extrême-Orient, tandis qu'à Saigon la relève américaine se dessine déjà.

« Superman », dit Dulles de Mendès. Nul ne saura quelle part d'ironie entre dans le mot.

Au soir du 22 juillet, c'est un Mendès aux limites de l'épuisement qui, plus mal rasé que jamais, vient se poser au banc des ministres. Un oiseau de deuil, dit Bidault. L'Assemblée lui fait une ovation. Ces « accords de Genève » sont approuvés par 471 voix contre 14. Seul Bidault a le cran de reprocher au « faux vainqueur » le « largage du Tonkin ».

Les prisonniers nous reviennent, d'abord Geneviève de Galard et les blessés, puis, sur trois semaines, environ 10 000 hommes. « On en a bavé, c'est tout », grogne Bigeard. L'héroïque capitaine

Lamouliatte dénombre les survivants de son 8e bataillon de choc : 895 paras sautèrent au-dessus du camp retranché ; 200 reverront la France. Il précise avec tous les revenants que « ce fut un indicible enfer ». Il cite les dernières paroles du Can Bo (commissaire politique) avant leur départ : « M. Mendès France a signé la paix. Vous pourrez, une fois libérés, aller défendre en Afrique du Nord les propriétés des gros colons. »

C'est le vendredi 8 octobre que l'armée française dit adieu à Hanoi. Il pleut sur la ville. Les clairons français, pour la dernière fois, sonnent le salut des couleurs. Face au général qui commande la cérémonie, les légionnaires au célèbre képi blanc et les tirailleurs nord-africains présentent les armes. Lentement, le drapeau bleu-blanc-rouge descend le long du mât. Le lendemain même, vingt-quatre coups de canon annoncent l'arrivée des Viets dans la ville, réveillée sous une floraison de drapeaux, de banderoles et d'arcs de triomphe. La division 308 ouvre le défilé. Les soldats s'avancent en rangs par trois, visages rigides sous casque de latanier et filets de camouflage. Puis, derrière un soldat à pied portant un étendard rouge frappé de l'étoile jaune, viennent par centaines des camions Molotova, des batteries antichars avec leurs bazookas, des Volontaires de la mort, vêtus de noir, portant des charges d'explosifs à chaque bout d'un balancier et le général Giap. Chaussés de sandales de toile, ils semblent tous, de leur pas silencieux, jaillir de la nuit et du mystère. La foule jette des fleurs. Les tambours roulent. Les jeunes filles chantent. Hanoi, comme une masse, bascule dans l'univers communiste.

Et personne ne sait dire que la défaite de Diên Biên Phu engage la mort de la Quatrième République elle-même...

La déclaration de Carthage

Et PMF, comme l'appelle affectueusement *L'Express*, de s'attaquer au problème tunisien.

Il est temps de tenir les promesses faites par Robert Schuman en 1951 : il s'agit de l'autonomie interne. Le Conseil des ministres du 30 juillet s'en déclare d'accord. Toutefois, avec un rare sens du grand spectacle (qui frappe les esprits et décuple le retentissement d'une décision qui aurait pu se limiter à une banale prise de position), Mendès, flanqué de Christian Fouchet et du maréchal Juin (lequel appuyait, l'année précédente, la déposition du sultan du Maroc), se rend personnellement en Tunisie. Dans ce qui s'appellera la déclaration de Carthage, par une chaleur torride, devant un bey Lamine stupéfait et ravi, il annonce : « L'autonomie interne de l'Etat tunisien est reconnue et proclamée sans arrière-pensée par le gouvernement français. » Discours fracassant au terme d'un voyage inattendu. Lamine offre au donateur une superbe montre sertie de diamants. Mendès repart en trombe, regagne Paris le soir même

— tandis que Bourguiba est transféré gentiment de l'île de Groix à Montargis.

Mais cette fois, l'entreprise ne va pas sans grincements.

Nombre de frondeurs se lèvent.

Ils font remarquer que les fellaghas ne se soumettent pas pour autant et, violant les accords de Carthage, ne livrent pas leurs armes.

L'opinion française, même quand elle est admirative, est plutôt désarçonnée. On entend ici et là les premiers : « Mendès bradeur ! »

Au sein même du parti radical, une opposition se cristallise.

Le maréchal Juin, qui trouve finalement que l'« on est allé trop loin », sent qu'il a été joué comme un otage et va reprendre dans son Algérie natale le cours de ses vacances interrompues, sans dissimuler sa mortification et sa fureur.

Le mécontentement ne se manifeste pas moins dans le camp libéral.

« A Carthage, je n'ai entendu que palabres », déclare Tahar ben Tammar lui-même, chargé de former le nouveau gouvernement tunisien.

Bourguiba, si choyé soit-il au château de La Ferté, proteste : « Ce n'est pas l'autonomie que nous voulons, c'est l'indépendance totale. »

Salah ben Youssef, réfugié au Caire, ne prononce que des discours de haine.

Pour leur part, les Marocains se plaignent que Superman ne fasse pas améliorer le sort du sultan exilé (maintenu à Antsirabé dans son hôtel), qui s'ennuie en dépit de la compagnie de ses femmes, et se plaint d'insuffisances cardiaques et du mal du pays.

Du coup, au Maroc, la médina de Fez entre en rébellion. La Légion doit être requise pour la mater. L'anniversaire de la déposition de Mohammed V soulève une vague de terrorisme à travers tout le protectorat. Au moins vingt morts.

Puis des difficultés viennent au plan métropolitain.

Mendès n'obtient que péniblement les pouvoirs spéciaux d'ordre économique qu'il exige (après avoir échangé le Quai d'Orsay avec Edgar Faure pour prendre les Finances).

Il doit faire face à une nouvelle guerre de religion : le lait contre le vin (et la betterave). Car, sur ordre du grand homme, on distribue du lait dans les écoles et les casernes. Un immense fleuve crémeux coule. Théâtralement, à la tribune de l'Assemblée, Mendès, au lieu du verre d'eau traditionnel, se fait apporter un verre de lait. « Le député de l'Eure agirait-il de même s'il était comme Blum député de Narbonne ? » demande Paul Coste-Floret, député de l'Hérault, qui, ostensiblement, se fait apporter à la tribune un bon verre de Corbières. Le lobby des bouilleurs de cru entre dans la jacquerie contre l'« infâme Mendès-Lolo ». En France, des provinces entières se dressent les unes contre les autres.

Un autre tourbillon saisit et roule Mendès : la tempête qui se déchaîne à l'échéance de la CED, quand vient l'heure de décider de la création d'une armée européenne intégrée dans l'Alliance atlantique. Faisons le point ; le traité a été ratifié par la Hollande, la Belgique, le Luxembourg et l'Allemagne de Bonn ; la ratification italienne ne prête à aucun doute ; en France, où l'idée est née, quatre cabinets successifs ont différé de le soumettre à la ratification du Parlement (alors que signé déjà par Pleven, ministre de la Défense de Pinay, depuis le 27 mai 1952).

Opinion et partis sont cruellement divisés.

Seuls les MRP (pour) et les républicains sociaux et les communistes (contre) sont unanimes.

Les socialistes ne sont pas moins divisés que les radicaux et les indépendants.

Deus ex machina du combat contre : le sénateur André Boutemy. Il fait feu de tout bois, rassemble pour sa cause fonds sur fonds.

Mendès ? Le Sphinx. Tout au plus sait-on que le traité dans sa forme actuelle ne l'enchante pas, encore qu'il soit convaincu que le réarmement occidental est nécessaire et que l'Allemagne doit y prendre sa part. Sphinx, il est donc partisan d'un compromis. Ainsi tente-t-il d'obtenir des cinq signataires alliés des accommodements sur ce qui lui paraît être la principale pierre d'achoppement : la supranationalité. Hélas pour lui ! A Paris, les « pour », sûrs que Guy Mollet obtiendra un vote unanime du groupe parlementaire SFIO, par conséquent sûrs de leur succès, proclament *urbi et orbi* que le vote est déjà acquis. « Vous rusez, lui dit Guy Mollet, vous voulez faire voter le projet vidé de son meilleur contenu. » Mendès cherche tout de même un compromis franco-français, dans l'idée de soumettre ensuite ledit compromis aux cinq partenaires de la Communauté à la conférence qui doit se tenir le 10 août à Bruxelles, à son initiative. A la différence de Guy Mollet, lui se dit persuadé qu'il n'y a pas de majorité cédiste au Palais-Bourbon : la commission de la Défense nationale a déjà repoussé le projet par 29 voix contre 13 ; celle des Affaires étrangères par 24 voix contre 18. Mais Kœnig, contre, et Bourgès, pour, chefs de file des deux camps de ministres, ne parviennent à aucune entente. Le gouvernement se retrouve divisé. Mendès insiste tout de même. Il met au point laborieusement une formule qui suspend pendant huit ans toute clause supranationale, limite au territoire allemand l'intégration des forces et articule le traité sur le Pacte atlantique. Sur quatre ministres gaullistes, trois démissionnent. (Ils ne sont du reste pas remplacés, d'autres surprises pouvant se produire, y compris celle d'une fausse sortie.) Pour autant, les cédistes eux aussi réagissent vivement. (Robert Schuman dans *Le Figaro*, André Philip dans *Franc-Tireur*.) Le Sphinx tourne en rond.

L'atmosphère est encore plus étouffante à Bruxelles, où les six signataires se réunissent le 19 août. Adenauer porte déjà sur son visage momifié le deuil d'une vaste espérance. Mendès s'emploie malgré tout à convertir à son protocole les deux interlocuteurs les plus réticents : le Hollandais Johann Willem Beyen et le Belge Spaak. « Votre projet n'est qu'une sinistre caricature », tranche Beyen. Spaak est pathétique. Il fait valoir que la CED est le moyen *sine qua non* de mettre fin aux carnages périodiques de l'Europe, qu'elle est une étape capitale de l'intégration européenne. Mendès n'a qu'un argument : sans un rhabillage, la CED ne passera pas. On palabre du coup inutilement. « Posez la question de confiance ! supplie encore Spaak. Votre intervention sera décisive, vous rallierez les voix qui manquent. — Même pas, rétorque Mendès, sur le texte tel quel, il n'y a pas de majorité à l'Assemblée. » Dans la nuit du 21 au 22, d'une voix brisée, Spaak annonce aux journalistes : « Messieurs, tout est fini. Le désaccord est total. »

Dans une suprême tentative, il ne reste plus à Mendès qu'à se précipiter à Londres voir Churchill, qui le reçoit avec Eden dans la maison d'été de Chartwell. Tous deux insistent encore pour qu'il défende le traité et en assure la ratification. Mendès rétorque : « Que les Anglais entrent dans la CED et la CED sera votée à Paris à la quasi-unanimité. » Les deux Anglais confirment leur volonté absolue de rester à l'écart.

Mendès n'arrive à Paris que pour y trouver son gouvernement menacé de dislocation, car ce sont les cédistes qui maintenant veulent s'en aller : il n'évite que de justesse leur départ, au prix d'arguties.

Le débat s'ouvre à l'Assemblée le 29 août — tandis que devant le Palais-Bourbon une foule conduite par les maires communistes de la banlieue manifeste contre tout réarmement allemand.

L'incendie est immédiat. Tous les rapporteurs des commissions compétentes, Jules Moch pour les Affaires étrangères, Max Lejeune et le gaulliste Raymond Triboulet pour la Défense, le radical Moro-Giafferi et Jean-Paul Palewski (frère de Gaston) pour la Justice, le gaulliste Max Brusset pour les Finances, Pierre-Olivier Lapie pour la Production industrielle et Apithy pour la France d'outre-mer, tirent à boulets rouges sur le traité.

Mendès parle le lendemain dimanche à onze heures.

Après un discours laborieux et confus, surprise énorme, il annonce que le gouvernement se tiendra « au-dessus de la mêlée », qu'il ne prendra pas position, que les ministres s'abstiendront dans le vote.

Aussitôt, six ministres « européens » démissionnent, trouvant qu'il s'est exprimé dans des termes qui assassinent la CED.

Mais aussi, dès lors, le débat tourne court.

Les cédistes, inquiets, déposent une « motion préjudicielle » dont le vote doit avoir pour effet un renvoi au 21 septembre : ils espèrent en particulier qu'une négociation pourra s'engager.

Les anticédistes décident alors d'opposer la question préalable — laquelle a la priorité et qui, elle, « supprime le débat ».

Paul Reynaud et René Mayer interviennent en vain pour essayer d'éviter le vote par étouffement : les cédistes ont pensé que leurs adversaires préféreraient l'ajournement à la mise à mort du traité.

Peine perdue. La question préalable vient, signée par un obscur député d'Alger, le général Aumeran.

C'est donc sur elle qu'intervient le vote capital.

Deux orateurs seulement sont entendus, l'anticédiste Herriot et le cédiste Pineau.

Sa jambe malade ne lui permettant pas de gravir l'escalier de la tribune, le vieux leader radical parle assis à son banc, accoudé au pupitre étroit où a été installé un micro. D'une voix grasseyante, il énonce que l'armée européenne sera une armée sans âme. Il interpelle violemment Teitgen (il prononce à l'allemande Taytguen). Il dit que « la CED, c'est la fin de la France ».

Pineau, sobre, soutient qu'il ne faut pas rompre, supplie Mendès de ne pas rester étranger à un débat aussi vital.

Les jeux sont faits.

Le Troquer proclame les résultats à vingt et une heures trente.

La question préalable est votée par 319 voix contre 264 — ce qui signifie que la CED est enterrée.

Bien que le congrès SFIO ait préalablement approuvé le traité par 1 969 mandats contre 1 215, 53 députés socialistes votent la question préalable face à 50 qui la repoussent.

Le bloc victorieux se dresse et chante *La Marseillaise*.

Les cédistes crient : « A Moscou ! A Moscou ! »

Surtout, la plus grave question de toute la politique extérieure française de la Quatrième aura été résolue à la sauvette, sur un vote de procédure !...

Toute l'atmosphère va en rester viciée.

Malgré le vote de confiance qu'obtient le lendemain Mendès sur le renvoi des interpellations de politique étrangère (et non sans entendre des interventions très sévères de Guy Mollet, Schuman, Teitgen et Pinay), les ministres cédistes démissionnent le 3 septembre tandis que Chaban et Lemaire réintègrent un gouvernement dont la porte ne leur a jamais été fermée. Un désastre, dit Bech. « Un triomphe soviétique », dit Spaak.

On doit se demander pourquoi Mendès s'en va rencontrer de Gaulle à l'hôtel *Lapérouse* — de Gaulle qui le félicite pour l'Indochine, la Tunisie et la CED, avertissant simplement et amicalement : « Ils ne vous laisseront pas aller jusqu'au bout, ils vous casseront les pattes dès qu'ils le pourront », mais aussi de Gaulle qui, le même jour, devant des amis qui lui vantent la politique du président du Conseil, a une grosse moue et lâche : « Vous trouvez ? On n'est pourtant jamais grand en reculant... »

Le principal résultat de l'assassinat de la CED est qu'il faut se résoudre, et sans délai, à la création d'une armée allemande autonome. Eden en prend l'initiative. La Grande-Bretagne propose une conférence des « six Européens » et des « trois Anglo-Saxons » à Londres. Elle se réunit le 28 septembre dans le décor démodé de Lancaster House et aboutit le 2 octobre. A la place de la CED, voici l'UEO (Union de l'Europe occidentale, à sept membres, les six plus la Grande-Bretagne). Par-dessus tout, l'Allemagne recouvre sa souveraineté militaire et son réarmement est autorisé. Elle aura les douze divisions qu'elle a demandées. Seule satisfaction accordée à Mendès : Eden, qui domine de bout en bout les entretiens, prend avec un fin sourire l'engagement que Londres laissera ses troupes sur le continent jusqu'à l'an 2000. L'Assemblée nationale approuve les « accords de Londres » le 12 octobre par 350 voix (radicaux, socialistes, indépendants, gaullistes) contre 113 (communistes et divers). Les MRP et nombre d'indépendants s'abstiennent. Les anticédistes ne voulaient pas d'une Allemagne sous les armes : ils l'ont.

Aux termes des accords, l'Allemagne est admise dès le 23 à l'OTAN, souveraine et réarmée (la Sarre devant de son côté recevoir un statut européen).

En vain Mendès remporte-t-il un indéniable succès personnel devant l'ONU le 22 novembre. Sa majorité est ébranlée. Son prestige personnel est atteint.

En novembre, il se voit refuser toute participation de ministres socialistes à son gouvernement. Il a proposé six portefeuilles, dont la Défense pour Robert Lacoste : « Que peut-il espérer ? Il est déjà mort », ironise Guy Mollet, lequel a déjà fait exclure de la SFIO ses plus ardents anticédistes, Moch, Daniel Mayer, Lapie et Max Lejeune.

Les radicaux eux-mêmes sont divisés. Au congrès de Marseille en octobre, même si Mendès y est ovationné et si Herriot, qui préside, tient à incliner devant lui « sa personne et son passé », Martinaud-Déplat, adversaire affirmé du président du Conseil, est élu contre Daladier président administratif du parti grâce à un vote par mandats. Peu importe si on l'accuse d'avoir « fait voter les morts ». Nouvel échec pour le mendésisme.

L'affaire des fuites

Voici aussi la désagréable « affaire des fuites ».

Tout commence le 2 juillet lorsque Christian Fouchet reçoit en audience Jean Dides, commissaire principal, qui dit avoir des communications à lui faire. Ils ont milité ensemble au RPF. Le ministre sait parfaitement aussi que Jean Dides est l'un des hommes de confiance de Jean Baylot, le préfet de police que Mitterrand, ministre de l'Intérieur, vient de limoger pour le remplacer par André-Louis Dubois, préfet de la Moselle. Dides apporte la photocopie d'un compte rendu de séance du bureau politique du PC. Le texte, assez extravagant, indique que Duclos s'est porté personnellement garant de Mendès auprès de l'homme qui paraît être le vrai successeur de Staline, Nikita Khrouchtchev. Après quoi Dides rapporte en détail la dernière réunion de travail du conseil supérieur de la Défense nationale du 28 juin. Fouchet a un sursaut : il y était ; le compte rendu est exact. Dides précise que les communistes sont renseignés « par un ministre du gouvernement actuel ». Il ajoute : « Ce n'est pas Edgar. Je pense donc que c'est Mitterrand. » Fouchet informe sans délai Mendès, qui, simplement, lui demande le secret total et charge d'enquêter l'un de ses collaborateurs, André Pélabon. Ça traîne. On confie en grand secret les recherches à Roger Wybot, patron de la DST. On arrive à mettre en cause un journaliste nommé André Baranès, informateur de Dides. De fil en aiguille, on déniche deux collaborateurs de Jean Mons (ancien résident général à Tunis, présentement secrétaire permanent de la Défense nationale), tous deux amis de Baranès et tous deux comme Baranès collaborateurs du journal cryptocommuniste *Libération* (alors quotidien du député progressiste Emmanuel d'Astier de la Vigerie). Interrogés, les deux collaborateurs de Mons finissent par passer aux aveux et sont arrêtés. A l'évidence, il y a eu une machination montée contre Mendès et son ministre de l'Intérieur. Mons lui-même en sera contraint de démissionner.

Mais il y a plus grave. D'une part, Mendès s'applique à ne pas prévenir Mitterrand, puis le tient à l'écart et dans l'ignorance de l'affaire pendant deux mois — ce qui n'est pas sans blesser profondément Mitterrand, qui ne peut réagir à pleine vigueur que très tard et s'indigne avec juste raison, disant : « L'enquête a été demandée à mon insu à Roger Wybot, dont je suis le supérieur hiérarchique. » Il va en rester un lourd malaise entre Mitterrand et Mendès.

D'autre part, l'affaire passe dans le domaine public. Les journaux s'en emparent. Le gouvernement est interpellé à l'Assemblée le 3 décembre. Le gaulliste Raymond Dronne, puis Jean Legendre attaquent, allant jusqu'à soutenir que Mitterrand s'était déjà rendu coupable de divulgations relatives à la guerre d'Indochine pendant la brève période où il appartint au cabinet Laniel. Bien sûr, Mitterrand se défend comme un beau diable. (Mauriac s'en extasie, écrivant : « S'il est non moins innocent que Dreyfus, il est autrement malin. ») Mendès dénonce ces « mœurs abominables », et rend hommage au courage de son ministre qui, sitôt averti, a rapidement permis de découvrir les vrais traîtres. La machination s'effondre. L'Assemblée n'en a pas moins eu à traiter d'une affaire sale. Le désaccord entre le président du Conseil et son ministre de l'Intérieur n'a échappé à personne. L'ambiance n'en devient que plus détestable.

Et il y a la Toussaint, l'accablante Toussaint.

Avec le plus grand drame pour Mendès et la Quatrième République.

Curieux 1er novembre.

A Paris, les conversations se poursuivent avec Bourguiba pour déterminer le futur statut de la Tunisie. Le Maroc, ça brûle, Mendès préfère ne pas y mettre les doigts.

A Haiphong, le dernier drapeau français est amené et quelques heures plus tard la même lugubre cérémonie se déroule dans cinq villes de l'Inde, les anciens comptoirs français, Pondichéry, Chandernagor, Karikal, Yanaon et Mahé, que nous détenions depuis deux siècles. Toute une époque, une certaine grandeur se meurent en cette Toussaint grise...

Puis, le soir, éclate cette nouvelle en coup de tonnerre, l'Algérie en sang — qui inspire à *Paris-Match* des pages hallucinantes.

La première scène du carnage se situe dans les Aurès. Tout pétaradant, un vieux car Citroën sur le trajet entre Biskra et Arris peine de tous ses vieux chevaux pour gravir la dernière côte des gorges de Thiganimine. Rude paysage d'une beauté sauvage : de la rocaille, des collines couleurs de cendre, à arbres rabougris, où rôdent mélancoliquement des dromadaires. Il y a soudain un brutal coup de frein. C'est qu'un muret de pierres sèches coupe la route. Déjà un homme en treillis kaki bondit dans le véhicule, fusil au poing : « Armée de libération nationale ! Que personne ne bouge ! » Les passagers, aussi ahuris qu'épouvantés, paysans pauvres en cachabia de laine brute, encombrés de poulets piaillants, submergés de couffins, regardent sans comprendre cette silhouette vêtue d'un vieux battle-dress américain qui les menace. Mais l'homme n'en veut qu'à trois passagers dont les tenues détonnent au milieu des burnous grisâtres : Hadj Sadok, caïd de M'Chounèche, en éclatante djellaba blanche, et deux Européens, un grand jeune homme dans un costume sobre et une jeune femme qui se serre peureusement contre lui. Cinq minutes plus tard, les trois voyageurs, sommés de descendre, sont froidement mitraillés, à bout portant, sur les bords de la route, par un groupe d'hommes vêtus du même treillis que le premier intervenant. Demain, toute l'Algérie et toute la France sauront les noms des deux jeunes gens : les Monnerot. Lui, Guy, vingt-trois ans. Elle, Jeannine, vingt et un. Ils sont instituteurs. Ils exercent depuis la rentrée dans une école perdue des Aurès, à Tifellel. Ils viennent de Limoges, où ils se sont mariés juste avant de partir, et s'ils ont demandé ce poste lointain, c'est par idéal : communiquer les merveilles du savoir même à des « enfants gueux ». Et voilà, le car repart. Le commando aussi. Eux sont abandonnés gémissants ; Guy meurt après une agonie de plusieurs heures. Jeannine est sauvée par miracle, recueillie par un hélicoptère-ambulance qui l'évacue sur Batna.

Mais l'attentat d'Arris n'est pas le seul. En fin de journée, on en décomptera une trentaine, depuis Oran jusqu'au front tunisien. A Alger, des bombes explosent à l'usine à gaz et à la discothèque de la Radio, heureusement sans victime. Des casernes sont attaquées à Blida et à Boufarik. Plusieurs fermes sont attaquées dans l'Oranais. En Kabylie, le dépôt de liège de Bordj-Menaïel flambe. Des gendarmes évitent de justesse une embuscade à Tizi Ouzou. Le commandant d'armes et deux spahis sont tués à Khenchela. Des ponts sautent un peu partout. A Ouillis, département de Mostaganem, un groupe surpris en train de saboter un transformateur massacre un garde champêtre. A Dra-el-Mizan, deux policiers indigènes sont assassinés. Déjà, dans les Aurès, les premiers fellaghas, quelques centaines, prêts à tendre la main aux fellaghas de Tunisie, tiennent les djebels. L'un d'eux explique : « On nous avait dit que l'armée française avait été détruite en Indochine... Comment manquer une telle occasion ? »

Action généralisée ? Simples feux de brousse ? On ne s'interroge pas longtemps. La simultanéité des actions, le choix soigneux des objectifs, l'étendue du mouvement sur tout le territoire ne peuvent laisser de doute : il s'agit d'une action de rébellion conçue, montée, organisée et exécutée par un groupe coordonné et relativement puissant, même si, au total, par rapport à l'ampleur des attaques, les pertes en vies humaines — huit morts — et les dégâts matériels sont relativement faibles. Comment même douter longtemps, alors que la radio du Caire, sans délai, adresse un appel à l'insurrection, qui est aussi répercuté sous forme de tracts ? Texte : « Peuple algérien, pense à ta condition humiliante de colonisé... Avec le colonialisme, Justice, Démocratie, Egalité ne sont que leurre et duperie... Nous t'appelons à reconquérir ta liberté au prix de ton sang... Vive l'Armée de libération ! Vive l'Algérie indépendante ! » Ainsi le FLN (Front de libération nationale) entre-t-il dans l'actualité.

L'Assemblée, à Paris, se saisit du drame le 12 novembre.

Mendès déclare du haut de la tribune : « On ne transige pas lorsqu'il s'agit de défendre la paix intérieure de la nation, l'unité, l'intégrité de la République. Les départements d'Alger constituent une partie de la République française. Ils sont français depuis longtemps et d'une manière irrévocable. Leurs populations, qui jouissent de la citoyenneté française et sont représentées au Parlement, ont d'ailleurs donné, dans la paix comme autrefois dans la guerre, sans distinction d'origine ou de religion, assez de preuves de leur attachement à la France pour que cette France, à son tour, ne laisse pas mettre en cause cette unité. Entre elles et la métropole, il n'y a pas de sécession convenable. Cela doit être clair une fois pour toutes aussi bien en Algérie et dans la métropole qu'à l'étranger : ici, c'est la France... Jamais la France, aucun gouvernement, aucun parlement français, quelles que soient les tendances particulières, ne cédera sur ce principe fondamental. » (Applaudissements à gauche, au centre, à droite et à l'extrême droite. Les communistes seuls restent de glace.)

François Mitterrand à son tour : « Voilà donc qu'un peu partout, d'un seul coup, se répand le bruit que l'Algérie est à feu et à sang. De même que le Maroc et la Tunisie ont connu ce phénomène du terrorisme individuel dans les villes et les campagnes, faut-il que l'Algérie ferme la boucle de cette ceinture du monde en révolte depuis quinze ans contre les nations qui prétendaient les tenir en tutelle ? Eh bien, non, cela ne sera pas, parce qu'il se trouve que l'Algérie, c'est la France, parce qu'il se trouve que les départements d'Algérie sont des départements de la République française... L'Algérie, c'est la France. Et qui d'entre vous, mesdames, messieurs, hésiterait à employer tous les moyens pour préserver la France ? »

Les interpellations sont renvoyées, à la demande du gouvernement, par 312 voix contre 272.

Non, historiquement, il n'y a jamais eu de patrie algérienne. Tous les experts le confirment. Carthaginois, Romains, Vandales, Arabes, Ottomans déferlèrent par vagues successives sur le vieux sol berbère. Il en résulte un « magma de peuples et de tribus qui se détestent et sont prêts à s'égorger ». Les Algériens ont cherché une patrie durant des siècles. Beaucoup ont souhaité que ce soit la France : Ferhat Abbas lui-même, d'ailleurs marié avec une blonde Alsacienne, et qui manie la langue française en grand tribun et ne fait que balbutier l'arabe. Encore en 1941, il préconisait l'assimilation dans une lettre au maréchal Pétain.

Il n'empêche que tel est le résultat à cette date : les Aurès en feu — tout un réseau de fellaghas qui se constitue, profitant d'innombrables caches de la montagne.

Bientôt, nous en connaissons le chef, Ahmed Ben Bella, encore un déçu de la fraternité franco-arabe, trente-huit ans, né en Oranie à Marnia, fils d'un modeste commerçant, ex-sergent de l'armée française, quatre médailles gagnées à Cassino dans les rangs des Tabors marocains (de Gaulle en personne épinglant sur sa poitrine la Médaille militaire). Ecœuré par la répression de Sétif, il réussissait dès 1950 à la grand-poste d'Oran un hold-up au profit des premiers conjurés. Arrêté et condamné, il s'évadait de la prison de Blida et se réfugiait au Caire, où il est toujours... avec ses principaux lieutenants, Aït Ahmed, Khider et Boudiaf.

Les autres « chefs historiques » se taillent en Algérie même des zones de commandement qui prendront le nom de *willayas*. Ben Boulaïd se voit confier la willaya n° 1, celle des Aurès. Didouche reçoit la willaya n° 2 sur le Nord-Constantinois. Krim, à la n° 3, a la Kabylie augmentée de la région de Sétif. Bitat a la n° 4 à responsabilité d'Alger à Orléansville. M'Hidi s'adjuge la n° 5, qui couvre l'Oranie. On désignera plus tard le chef de la willaya n° 6, sur les territoires du sud question : et si un patriotisme algérien était en train de se trouver ?

Dans un rapport, le général Cherrière, qui commande les forces françaises, estime à un millier de combattants les forces rebelles de l'Aurès, à une centaine de « hors-la-loi » le « banditisme » pratiqué dans la région de Souk-Ahras ; à quelque deux cents individus le terrorisme exercé sur l'ensemble du territoire. Mais le rapport est du 10 novembre. Déjà en fin d'année, les forces subversives ont dû quintupler.

Evidemment, le haut commandement français réagit promptement.

En quelques jours, une colonne dégage Arris, dont un simple ethnologue, Jean Servier, a organisé hâtivement la défense.

D'importantes mesures de police sont prises dans toutes les villes.

Le général Gilles se voit confier le « nettoyage » des Aurès.

Des compagnies de CRS et des bataillons de paras sont acheminés sur les secteurs chauds.

En quelques jours, Cherrière dispose de 70 000 hommes.

Pour sa part, Mendès multiplie les déclarations solennelles, où il s'engage à mater énergiquement la sédition.

Mais il les assortit de promesses de réformes sociales, politiques et économiques en Algérie. Grief lui est fait aussi de n'avoir pas su prévoir le coup. Dès lors, les multiples oppositions se renforcent encore, convergent, frappent plus fort...

C'est un gouvernement exténué qui arrive à la Saint-Sylvestre.

XII

1955

L'ANNÉE DU MAGHREB

La chute de Mendès — Le second gouvernement Edgar Faure — L'Edgar au boulot — Sommet de Genève : Edgar chez les « grands » — Le Glaoui aux pieds de Mohammed V — Bourguiba triomphe en Tunisie — L'Algérie sur carrefour sanglant — La dissolution de l'Assemblée nationale — La Caravelle prend son vol.

La chute de Mendès

Hâve, le regard traqué, la voix lasse, Mendès fixe le portrait même de la défaite. Les signes se multiplient de sa chute prochaine.

L'échec de Le Troquer, battu le 11 janvier par le MRP Pierre Schneiter à la présidence de l'Assemblée, est un succès de l'opposition. Même si Gaston Monnerville, Emile Roche et Albert Sarraut sont quant à eux facilement réélus à la présidence du Conseil de la République, du Conseil économique et de l'assemblée de l'Union française, la rentrée ne pouvait s'annoncer pour le gouvernement sous de si fâcheux auspices.

Rien ne va plus.

Guy Mollet reste très réservé.

Les MRP accusent le gouvernement de pratiquer une politique de stagnation et de régression.

L'UDCA de Pierre Poujade ne cesse de grandir. Le petit libraire-papetier de Saint-Céré continue de provoquer vague sur vague, traquant les agents du fisc, multipliant les manifestations de protestation. Un seul point noir pour lui : les cordes vocales ont des défaillances. Qu'à cela ne tienne ! Comme les pastilles Valda ne suffisent pas, les amis lui offrent un vaporisateur « espécial ». Il dit avoir du coup une voix à la Georges Thil et pouvoir parler deux heures sans boire un verre d'eau (record : deux heures quarante-huit à Brive). La foule se répète voluptueusement ses formules chocs, par exemple : *Il leur a fallu huit jours aux zigotos de Versailles* (les parlementaires) *pour élire leur patron ; mais pour voter une augmentation de l'indemnité parlementaire, il ne leur faut pas plus de huit minutes.* Ou : *La lutte antialcoolique, je vais vous le dire, c'est pas dirigé contre l'alcool, c'est monté contre les cafetiers.*

Ou aussi : *En France, on a supprimé tous les bordels, sauf le plus grand : le Palais-Bourbon.* Ou encore : *Pour guérir de la contrôlite, un seul remède : la poujadisse.* On crut qu'il n'irait pas plus loin que la France du Midi. Effectivement, l'UDCA, ça a d'abord surtout senti le cassoulet, le béret basque et l'équipe de rugby en déplacement. Or le triomphe n'est pas moins grand au nord qu'au sud de la Loire. Sous ciel gris comme sous ciel bleu, le bonhomme engrange succès sur succès, il est trop vrai irradiant la sympathie avec son jovial visage ovale, sa peau nette, son sourire large, sa chevelure brune qui vole au vent. Plus de « Pépé ». A nous le « chef ». De la gouaille, il en passe à l'épique, style : *Je serai à mon poste, soyez au vôtre... Nous montrerons notre force pour n'avoir pas à nous en servir... Et, comme disait l'empereur romain, le grand, l'illustre Laboremus : travaillons...* Les militants affluent. Les cotisations aussi. En vain ricane-t-on chez l'ennemi, qui s'amuse à parler de la « victoire des zincs de la 5e colonne », « de la légion des bougnats », du « Napoléon du papier-buvard ». En vain même la grande presse engage-t-elle une puissante campagne contre le poujadisme et son chef : le journal mendésiste *L'Express* dénonce « tout ce péril fasciste » et son chef « Poujadolf » ; *Le Canard enchaîné* y va de toutes ses caricatures ; on proclame que « Poupou » est même raciste. Le 24 janvier, cent cinquante mille poujadistes s'assemblent au Palais des expositions de la porte de Versailles. Ce n'est pas seulement « la province à la conquête de Paris », c'est aussi un vaste mouvement déjà tout à fait conscient de pouvoir jouer jusqu'à un grand rôle politique. « Attention ! avertit Guy Mollet. On a tort de rigoler. Ce gars-là peut un jour nous en faire baver... »

Le 20 janvier, Mendès remanie-t-il son gouvernement ? La presse trouve que cette « valse des ministres » fait plutôt « carnaval » et « rafistolage ».

Mendès nomme-t-il Jacques Soustelle gouverneur général de l'Algérie ? Dronne commente : « Cette nomination ne serait excellente que s'il y avait un bon gouvernement. » D'autre part, l'opposition vise davantage le gouvernement que sa politique dans le Maghreb. Dans les couloirs, on va jusqu'à penser à déférer « Mendès le bradeur » en Haute Cour.

Canonnade sur tous les fronts. Le MRP demande l'augmentation de l'allocation scolaire ; les radicaux, le scrutin d'arrondissement ; les poujadistes, une réforme fiscale. Il n'y a plus aucune cohérence.

Désespérément, Mendès essaie bien de faire illusion. Contre l'avis de Guy Mollet, il décide de proposer à l'Assemblée le rétablissement du scrutin uninominal d'arrondissement à deux tours. Il s'en va à Megève se faire photographier en skieur sûr de soi, qu'aucun slalom ne décourage. Il propose à l'UEO la création d'une agence de production en commun des armements. Il effectue un voyage retentissant à Rome avec visite à Pie XII. Il rencontre longuement Adenauer à Baden-Baden. Il essaie de jouer les glorieux à la radio. Peine perdue. L'opposition n'attend même pas le débat sur le Maghreb pour lui manifester son irrévocable hostilité. Elle saisit l'occasion que lui offre le vote sur le 12e provisoire demandé par le gouvernement pour février. Prétexte officiel du refus : la partialité des informations politiques à la radio, dénoncées sur tous les bancs comme « outrancièrement mendésistes ». Guy Mollet glisse : « Même sous de Gaulle, la radio ne pratiquait pas un tel culte d'un messie. » Contrairement à tous les usages, les crédits demandés sont repoussés. Tout se passe comme si le moindre vote technique devait être désormais politique. L'impression est même qu'il y va de toute une tactique de harcèlement.

Le 3 février, le grand débat s'engage dans les pires conditions.

Ruée générale. Trois interpellateurs protestent contre l'évacuation du Fezzan, cédé à la Libye. Quelques autres, pour la plupart élus du premier collège algérien, protestent contre une « politique sans queue ni tête » où Alger ne se reconnaît plus. Pour les plus excessifs, la déclaration de Carthage n'aura été que l'annonce de la capitulation générale de la France. La passion est à son comble. Mais c'est René Mayer qui porte les coups les plus rudes. De sa lourde voix la plus martelante, il dit : « Je ne sais pas où vous allez. Je ne puis croire qu'une politique de mouvement ne puisse trouver de moyen terme entre l'immobilisme et l'aventure. » Il fait sensation. Chaque phrase porte. Réquisitoire sans appel. Conclusion : « Vous avez remplacé la politique des paris par la politique des paradis. Comment y croire ? » Ni Fouchet, ni Mitterrand, ni Mendès ne peuvent remonter le courant. Les jeux sont faits. Les visites fort calculees au pape et à Adenauer n'ont elles-mêmes pas dégelé le MRP.

Le vote est proclamé le 5 février à cinq heures du matin.

Le gouvernement est renversé par 319 voix contre 273.

L'oiseau triste finit cette nuit d'hiver comme cloué à un poteau de haine.

Le vaincu y va même d'une monumentale maladresse après le vote qui le congédie. Furieux, livide, il se précipite à la tribune, contrairement aux règles traditionnelles de dignité qui imposent à un président du Conseil battu de quitter en silence l'Hémicycle. Un effarant vacarme s'ensuit.

L'Assemblée se déchaîne contre un défi dans lequel elle décèle ou feint de déceler quelques relents de césarisme. Les sténographes ont du mal à saisir au vol quelques mots. « Ce qui a été fait pendant ces sept ou huit mois, ce qui a été mis en marche dans ce pays ne s'arrêtera pas. Les hommes passent, les nécessités nationales demeurent... » L'orateur doit s'arrêter après chaque phrase. Les communistes hurlent. « Fasciste ! » crie-t-on sur les bancs du MRP. Debout à son banc, Menthon vocifère. Les pupitres claquent. On en vient à ne plus entendre du tout l'orateur en vain penché la bouche sur le microphone.

PMF rate sa sortie.

Le second gouvernement Edgar Faure

Premier appelé à l'Elysée : Antoine Pinay. Mais le MRP lui refuse son concours. L'homme de Saint-Chamond renonce.

Deuxième appelé : le MRP alsacien Pierre Pflimlin. Mais d'excessives exigences des radicaux sur la répartition des portefeuilles font rapidement échouer la combinaison.

Troisième appelé : le socialiste Christian Pineau — bien que la SFIO se soit refusée jusqu'ici à entrer dans quelque combinaison que ce soit de la deuxième législature. Lui décide de « prendre sérieusement le départ ». Il obtient l'appui des radicaux, de l'UDSR et des MRP. Mais il est recalé devant l'Assemblée.

A Edgar Faure de jouer.

Il joue, et il joue bien.

Il survient, disant, mi-grave, mi-sérieux, que la France est facile à gouverner (*sic*).

Il passe outre au refus des socialistes de participer.

Il forme un gouvernement, désinvolte, « avec tout le reste ».

Le super-supergaulliste Gaston Palewski est promu second personnage du gouvernement, avec titre de ministre délégué à la présidence du Conseil. D'autres gaullistes suivent : Kœnig retourne rue Saint-Dominique ; le général Corniglion-Molinier hérite des Travaux publics. Raymond Triboulet va aux Anciens Combattants. Robert Schuman, écarté depuis deux ans, fait sa rentrée, mais à la Justice, Pinay allant au Quai d'Orsay. Pflimlin se voit confier la charge des Finances, Bourgès prenant l'Intérieur, Berthoin l'Education, Teitgen l'Outre-mer, l'indépendant Pierre July les Affaires marocaines et tunisiennes, Paul Bacon le Travail et le paysan Paul Antier, député de l'Ardèche, la Marine marchande (*sic*).

Le candidat dit : « Je ne veux pas d'un pacte où j'apporterais, moi l'immobilisme et vous la résignation. » Il a l'élégance de rendre hommage, « avec une juste fierté », au redressement économique qui s'est accompli sous ses deux prédécesseurs.

Il est trop exact que l'on est au cœur d'une période d'« expansion dans la stabilité » et ce n'est pas un slogan. La production s'accroît de 10 % par an. Entre 1949 et 1955, le pouvoir d'achat aura augmenté en France de 33 % contre 10 % en Angleterre et 26 % en Allemagne de Bonn. Dans cette même période, les salaires ont doublé, alors que l'indice des prix de détail est passé à peine de 1 640 à 2 339. La balance des comptes s'équilibre grâce à la hausse sensible des exportations. Même si les investissements sont un peu négligés au profit de la consommation, si le décalage entre provinces sous-développées et régions surindustrialisées s'accroît et si la construction piétine en dépit des besoins que traduisent les statistiques démographiques, le bilan est dans l'ensemble honorable.

Edgar obtient ainsi plus de voix que les pronostics ne lui en auront prêté, 369 suffrages contre 210. C'est le 23 février.

Fait exceptionnel : Mendès reste si furieux de son échec que, lors de la passation des pouvoirs, il refuse de serrer la main du nouveau promu (« Edgar, glisse-t-il à un intime, ressemble à Barthou... Lorsqu'il est d'un ministère, il est déjà du suivant »).

Edgar n'en semble retrouver qu'avec plus de bonheur encore — il en frétille — son bureau de Matignon, où il passa quarante jours en 1952 avant Pinay.

Peu lui chaut l'attitude de son prédécesseur qui, de surcroît, s'est abstenu dans le vote d'investiture. Quelle importance ? dit-il.

Et d'esquisser un sourire. Comment ne sourirait-il pas ? Il sourit toujours. Alors son œil pétille sous les lunettes qu'il fait fabriquer spécialement en son Jura. Il dodeline de la tête, se frotte les mains. Il peut d'autant plus sourire que le bilan personnel n'est pas mauvais. Devant les copains, il aime d'ailleurs beaucoup l'établir lui-même, tout ébahi ou émerveillé d'avoir été si gentiment aidé par les destins.

L'ahurissant, le fascinant personnage !

Inconnu en 1945, dix ans plus tard le voici l'un des maîtres du régime. Dix ans pendant lequels, de toute son habileté, il a su remarquablement se roder. Ne s'est-il pas, il est vrai, toujours rodé ? Baccalauréats passés avec dispense d'âge, licence terminée à dix-neuf ans, il se sera toujours refusé — prescience du recyclage — à séparer études et vie active. Il est déjà avocat quand il présente sa thèse de doctorat et enlève le diplôme des Langues orientales, tout content de parler russe et chinois. Au passage, il écrit même en se jouant des romans policiers, ainsi *M. Langlois est toujours égal à lui-même*, qu'il signe Edgar Sanday (*Edgar sans d*). Après avoir été député, ministre, président du Conseil, il décrochera même plus tard — profitant d'un « creux », dira-t-il — l'agrégation de droit romain, non sans écrire sur *Turgot*.

De la robe noire à l'écharpe tricolore : il mord à la politique dès la fin de la guerre. Il hésite entre le parti radical et le MRP. Gageons qu'il joue le choix à pile ou face. Second sur une liste RGR de Bernard Lafay à Paris, c'est l'échec. Il s'en console avec une mission « historique » comme procureur adjoint au tribunal de guerre de Nuremberg. Il n'en est pourtant que plus empressé à se retrouver en métropole, six mois plus tard, pour l'élection suivante. Il hésite encore. Où donc forcer la porte ? A Paris, toutes les voies semblent bouchées. L'Aude ? Le département est solidement tenu par Georges Guille et son armada d'instituteurs socialistes. L'Hérault ? Il y naquit, au hasard des pérégrinations de son père, médecin-major. Mais s'y trouvent déjà Moch, Vincent Badie et Paul Coste-Floret. Du trop-plein. Les Pyrénées-Orientales ? Il y vécut enfant, sur les remparts de Mont-Louis, mais les communistes y sont trop puissants et le Castillet radical est tenu par un vieux briscard, fin joueur, François Delcos, à qui on ne la fait pas. Il opte finalement pour le Jura, où il est élu, au troisième rebond. Il se fait même élire maire du petit village de Port-Lesney, 450 habitants.

A Paris, il sait vite se faire remarquer, simplement attentif à ne pas jouer au paon. Il cultive le style élève déférent. Il n'en charme que mieux les pontifes, qu'il n'inquiète pas, ni ne défie. Dès lors tout est rapide. Il aura été quasiment de tous les gouvernements.

La carrière des lettres, dont il rêva, il l'abandonne à sa femme, Lucie, directrice de la revue mensuelle *La Nef* et auteur de romans distingués, *Les Filles du Calvaire, L'Autre Personne*... La coquette de gauche, l'appelle-t-on à droite. La droite masquée, l'appelle-t-on à gauche. Le couple n'en a pas moins un sceau exceptionnel. « Sans eux, trouve René Mayer, dans le salon de la Quatrième, il manquerait deux consoles indispensables. »

L'Edgar au boulot

Mais voici, comme le dit encore René Mayer, « l'Edgar au boulot ».

Il a à traiter quatre dossiers principaux, qui commencent tous par la lettre M : Maroc, Moscou, Mendès, Monnaie.

Monnaie d'abord. Ce n'est pas le dossier le plus encombrant, pour la simple raison que le personnage le manipule en spécialiste. Il suffit d'y maintenir cette « expansion dans la stabilité » dont il est précisément le promoteur. Pour cette année, il n'y aura qu'à garder un niveau de croissance de 5 % pour que l'embellie se confirme : pour un tel acrobate, formidablement efficace sous ses airs d'étudiant joyeux, c'est tout à fait dans les possibilités. Nécessité absolue cependant : le budget, comme d'habitude, accuse un déficit qu'il faut réduire. Pour mieux réussir, il se fait accorder des pouvoirs spéciaux en matière économique, sociale et fiscale. (Amen, dit l'Assemblée, par 303 voix contre 268.) Et vas-y donc, camarade ! Il s'offre même le chic de complaire aux socialistes en promettant une réforme fiscale, en « augmentant » les fonctionnaires et en élevant le salaire minimum garanti (de 121,50 francs à 126 francs l'heure). Comment ? Le budget de 1955, en juillet, n'est pas encore voté ? Il le fait accepter en prescrivant que le budget de 1956 sera identique. Au demeurant, pour mieux encore suivre ces problèmes, il a constitué un étincelant cabinet personnel que dirige de main de maître Jacques Duhamel, et où vient d'entrer un jeune homme exceptionnellement doué, polytechnicien, énarque et inspecteur des Finances qui porte le beau nom de Valéry Giscard d'Estaing.

Mendès ensuite. Là, il suffit de jouer au plus fin. Mais pour un tel renard, une telle partie ne peut être qu'un régal... d'autant plus que Mendès n'aurait pu trouver successeur plus difficile à toucher. Impossible de l'attaquer directement : ils sont du même parti. Impossible de le surprendre par la bande : l'Edgar glisse plus qu'une anguille. Après un mois de ski à Megève, ayant renouvelé ses globules rouges, l'ancien président du Conseil n'en sort pas moins de sa réserve pour demander convocation d'un congrès radical « au cours duquel les explications devront être franches et loyales, et les positions nettement prises ». Autant dire qu'il veut prendre à l'abordage le précieux galion. Ce congrès extraordinaire s'ouvre effectivement le 4 mai. Commencé salle Wagram dans le chahut, il se termine à la Mutualité dans le tumulte. Il s'agit même de l'une des réunions les plus houleuses et tourmentées qu'aura connues un parti plus habitué à voiler pudiquement ses divisions qu'à trancher dans le vif. Indigné, papa Queuille croit même devoir rappeler que les sifflets à roulette font mauvais genre dans la « vieille maison ». Mais l'Edgar sait une nouvelle fois ne pas prêter le flanc. Il esquive tous les assauts. Tout au plus Mendès parvient-il à s'emparer de l'appareil administratif du parti. Edgar peut hausser les épaules quand on lui rapporte que Superman a bruyamment fêté sa victoire parmi ses meilleurs amis, le soir, à la brasserie *La Lorraine*. Il dit, zozotant plus que jamais : « Moïze au bar... ce n'est pas zon lieu. »

Sommet de Genève : Edgar chez les « grands »

Moscou ensuite.

Voici notre homme au sommet, à la conférence des quatre « grands » à Genève.

Eisenhower représente les Etats-Unis ; Anthony Eden, tout frais Premier ministre, la Grande-Bretagne.

L'Union soviétique a envoyé le couple Boulg et Khroucht, comme les appellent les journaux : autrement dit le maréchal Boulganine et Nikita Khrouchtchev. On les dénomme aussi le « tandem B et K ». Car, deux ans après la mort de Staline, on ne sait pas encore au juste qui lui succédera à pleins pouvoirs — Nikita Sergueïevitch Khrouchtchev, lourde tête au crâne rond et aux petits yeux perçants, mâchoire massive aux dents très écartées et renforcées par un bridge en acier, rire sonore, rages subites, ronde silhouette qui semble plus rouler que marcher, secrétaire général du Parti, soixante et un ans — ou ce maréchal Nikolaï Aleksandrovitch Boulganine, cinquante-neuf ans, président du Conseil des ministres, maréchal sans avoir jamais commandé la moindre escouade, ex-membre de la redoutable Tchéka, ex-maire de Moscou, ex-directeur de la Gosbank, inénarrable avec son allure paterne de Tartarin, sa courte silhouette bedonnante, sa barbichette décorant son gros visage de banqueteur gourmand, sa houppe sur son crâne, aussi peu physiquement maréchal qu'on puisse rêver.

Avec son air le plus naturel parmi tous ces « grands », comme si la chose allait de soi, le 23 juillet, Edgar Faure préside même le dernier jour de la conférence.

En tout cas, il tient élégamment sa place dans le show. Car ce n'est qu'un show. La table carrée de Genève n'aura pas eu l'importance de la table ronde de Yalta, loin de là. Rien d'important n'est décidé. « Conférence de l'espoir », annonçait-on. Elle se révèle plutôt « conférence de la déception ». Aucun problème n'aura avancé, ni l'unification de l'Allemagne, ni l'unité européenne, ni le désarmement. La guerre froide continue. Les oppositions entre Est et Ouest ne sont pas réduites. Le couple B et K n'aura dit ni *da* ni *niet* à la proposition Eisenhower sur les échanges loyaux de renseignements militaires « *from A to Z* » de toute nature et la surveillance « à cieux ouverts ». Khrouchtchev repousse d'un seul mot cette proposition de contrôle mutuel des armements : « Nous, Russes, nous ne permettrons pas qu'on vienne regarder ce qui se passe dans notre salle à manger. »

Edgar Faure n'en aura pas moins gardé bonne figure, en évitant tout style flambant, et n'en aura pas moins fait une expérience utile de l'actualité internationale.

Or l'actualité internationale 1955 aura été exceptionnellement riche.

L'UEO est mise en œuvre.

Par référendum, la Sarre consultée vote le rattachement à la patrie allemande.

L'admission de l'Allemagne de Bonn à l'OTAN coïncide jour pour jour avec le dixième anniversaire de la capitulation du Troisième Reich et avec la fête de Jeanne d'Arc ; Paris est plein de cortèges et d'oriflammes. Dans l'instant même où l'on transfère au cimetière de Saint-Mandé les cendres des fusillés du Mont-Valérien, au quartier général de Rocquencourt, un gendarme français ganté de blanc hisse le drapeau noir, rouge et or allemand au milieu des quatorze drapeaux de l'Alliance atlantique.

Winston Churchill démissionne de son poste de Premier ministre, qu'il abandonne à Eden (d'où Eden à Genève). Inévitablement, il y procède impérialement. Le 4 avril, veille du jour prévu pour sa démission officielle, il invite à dîner, au 10, Downing Street, avec sa lady Clementine, la reine et le prince Philip, lesquels acceptent l'invitation comme si elle venait d'un roi. Après le dessert, l'illustre vieillard se lève pour porter le toast. « Votre Majesté ne s'offensera pas, prononce-t-il, si je lui porte un toast que j'avais déjà la joie de porter lorsque j'étais jeune officier de cavalerie sous le règne de l'arrière-arrière-grand-mère de Votre Majesté, la reine Victoria... »

Grande date : 26 mai 1955. Le tsar va à Canossa. Khrouchtchev et Boulganine, avec tout le Politburo, vont demander pardon à Tito. Cela se passe à Belgrade. Tito, en uniforme rutilant de maréchal, reçoit, visage imperturbable, ces extraordinaires missionnaires. « La rupture entre vous et nous, déclare Khrouchtchev, est uniquement due à des faux fabriqués par Beria. » Et il y va de sa plus ronde révérence.

Il est vrai que le Kremlin excelle à annoncer le chaud et le froid. Molotov, en disgrâce, doit s'abaisser jusqu'à publier son autocritique dans le journal *Communiste*. Malenkov, tombant des sommets, devient simple ministre des Centrales hydroélectriques. Le maréchal Joukov est promu ministre de la Défense (au point d'être donné comme favori dans la course au pouvoir par presque tous les kremlinologues, qui vont partout racontant que voici déjà Brumaire succédant à Thermidor). Réplique à l'OTAN : réunies à Varsovie, les neuf puissances de l'Europe communiste décident de conclure une alliance équivalente à l'Alliance atlantique — avec armées confiées au commandement du maréchal soviétique Koniev.

On n'en salue d'ailleurs qu'avec plus d'étonnement ce miracle : l'Autriche redevient libre. Le Kremlin donne le feu vert. C'est réglé en quelques semaines. Les points litigieux sont liquidés au triple galop. Pinay signe au nom de la France. L'évacuation des troupes d'occupation s'effectue sans le moindre incident. Simplement, l'Autriche, entre Est et Ouest, s'engage à la plus stricte neutralité.

René Mayer remplace Jean Monnet à la présidence de la CECA.

Phénoménale entreprise : le Marché commun européen est lancé. Le 3 juin, en Sicile, dans l'ancienne abbaye dominicaine de Taormina, près de Messine, les ministres des Affaires étrangères de l'« Europe des Six » décident la création de l'Euratom et du Marché commun européen. Il y a là le Sicilien Gaetano Martino, solide et souriant ; le Français Antoine Pinay, « M. Bon Sens » ; le jovial patriarche luxembourgeois Joseph Bech ; le Belge Spaak tout épanoui ; l'Allemand Hallstein toujours sérieux et le Néerlandais Beyen, strict et attentif. La grande scène se passe à quatre heures du matin. Les six hommes ont discuté toute la nuit. Chaque délégué a devant lui un planisphère, offert par Jean Monnet, où figurent les 76 centres d'énergie nucléaire du monde entier ; 43 sont américains, 19 anglais, 10 russes. La France est le seul pays des Six à posséder des piles : 4. « N'oubliez pas, a conseillé Monnet, que *l'Europe doit être constamment en charge.* Vous choisirez les Etats-Unis d'Europe ou la misère. » Pinay fait adopter une proposition tendant à mettre à l'étude un « pool de l'énergie atomique » sur le modèle du pool du charbon et de l'acier ; les Six entendent « grouper les ressources, les recherches, la production et l'exploitation de l'atome européen ». Spaak fait valoir la résolution d'englober dans un vaste tout organique une « communauté économique européenne » (CEE). Pour la première fois, se révèle solennellement la possibilité de constituer en Europe un formidable marché unifié de 200 millions de consommateurs.

Immenses deuils : l'humanité perd Albert Einstein, père de la relativité, et Alexander Fleming, père de la pénicilline.

La polio est vaincue. Dans un grand auditorium du Horace Rakham Hall à Ann Arbor, Michigan, le docteur Jonas Salk, directeur des recherches sur les virus à l'université de Pittsburgh, fait une des communications les plus sensationnelles de l'après-guerre : il annonce avoir découvert le vaccin contre la poliomyélite, qu'il a expérimenté sur lui-même, puis sur ses trois fils. Il apporte des preuves magnifiques de sa certitude. Comme tout change aussi ! La peste, la lèpre, les fléaux du Moyen Age furent éliminés sans bruit de nos villes. La variole, la rage suivirent plus tardivement, puis la diphtérie, l'abominable « croup » qui terrorisa nos arrière-grands-mères. D'autres encore lentement, souvent dans le scepticisme, la méfiance, au prix d'efforts obscurs, de misères sans nombre. Voici une nouvelle immense victoire, qui retentit pourtant sur toute la planète. Et Jonas Salk — qui comme Pasteur et Fleming refuse de monnayer sa découverte — de prendre la direction d'un centre d'avant-garde portant son nom, où, sur la côte californienne, on traque les secrets du cancer.

Les Etats généraux du tiers-monde se tiennent en avril à Bandung, Indonésie. Les délégués de vingt-neuf pays y disent représenter un milliard et demi d'êtres « de couleur ». Dieu n'est plus blanc, dit Nehru. Aucune décision précise n'est prise, mais tout consiste en un long procès spectaculaire du colonialisme et, pour la première fois, comme le pays de Lénine s'est vu fermer la porte de la conférence, on entend attaquer autant le colonialisme soviétique et le colonialisme du dollar que les colonialismes classiques.

Il n'y a plus un seul soldat français au Nord-Vietnam. Hô Chi Minh en est reconnu comme le maître incontesté, aux applaudissements de l'intelligentsia de la gauche française, qui le salue frénétiquement comme un héros de la liberté et de la décolonisation. En vérité, il a beau s'appliquer à camper le personnage débonnaire et gentil, quasiment naïf, de « oncle Hô », les mains chargées de bonbons pour les enfants, il se révèle rapidement implacable. Dès les premières semaines de son règne, il entreprend d'installer le communisme le plus rigoureux, à l'école de Staline, rayant de sa carte toute liberté de pensée et de conscience.

A Saigon, capitale du Sud-Vietnam, un conseil républicain prononce la déchéance de Bao Dai. A nous le règne de Ngo Dinh Diem, autant pétri de civilisation américaine que l'empereur d'Annam put l'être de civilisation française. Installé au palais Norodom qu'il rebaptise palais de l'Indépendance, même s'il ne dispose au départ que de quatre maigres bataillons, « Mister Energie », comme on le surnomme, de surcroît « catholique de croisade », a tôt fait de nettoyer le terrain de toutes les sectes et de toutes les bandes qui l'encombrent. Là non plus, il n'y a plus place pour la « présence française ». Découragé, malade, le haut-commissaire Ely s'en va. La France n'aura plus à Saigon qu'un ambassadeur, comme tout le monde.

Norodom Sihanouk, roi du Cambodge, trente-deux ans, abdique pour la forme en faveur de son père, Suramarit, cinquante-neuf ans. De fait, comme « conseiller » du nouveau monarque, il garde la haute main sur le vieux royaume des Khmers. Petit, potelé, vif comme un diablotin, bouillant, pétulant, loquace, il adore aller à la rencontre des foules, devant lesquelles il discourt durant des heures, au nom de la démocratie directe. « Ici, dit-il et redit-il, tout le monde m'appelle papa. » Il dit aussi : « Je suis un socialiste bouddhiste, comme le roi khmer Jayavarman VII. » Il se faisait jusque-là appeler le camarade-roi. Le voici camarade-prince. Il exerce une sorte de dictature bon enfant, tout à fait appropriée à ce peuple délicieux, qui aime tant s'enchanter. La France ?... Il dit : « Je l'aime bien, la France... bien bien bien bien... Il faudrait seulement pouvoir rapprocher nos géographies. » La France est non moins effacée au Cambodge — et au Laos — que dans tout le Vietnam. A savoir même si ce prince-tourbillon nous laissera longtemps la garde de ces sublimes temples d'Angkor, que notre Ecole d'Extrême-Orient ressuscita...

Le Glaoui aux pieds de Mohammed V

Enfin, pour Edgar Faure, quatrième M : le Maroc.

« C'est l'os », confie-t-il à Jacques Duhamel.

Il peut le dire. D'une part, alors que lui-même a sur le problème les interprétations les plus libérales, il est le chef d'une majorité de centre droit qui pense que la meilleure solution, face à tous les conflits du Maghreb, reste la force. D'autre part, durant les six premiers mois de l'année, il n'est question que de bombes qui éclatent, d'attentats, d'atrocités, de morts, avec chaque fois des victimes dans les deux camps. Dans le seul mois de juin, se sont comptés 805 attentats.

Il croit trouver un commencement de solution en remplaçant comme résident général, le 21 juin, Francis Lacoste par Gilbert Granval, qui vient de Sarre, où il a été dix ans haut-commissaire et qui, d'une famille juive convertie au catholicisme, a une réputation de « gaulliste libéral ». Le président du Conseil calcule que, libéral, le promu pratiquera une politique « généreuse » selon son propre cœur, et, gaulliste, le couvrira éventuellement vis-à-vis des ministres gaullistes, Palewski, Kœnig, Triboulet, qui lui tiennent les rênes courtes. La décision ne conduit que de mal en pis. A peine arrivé, Granval, avec l'autorité la plus tranchante, défie directement la population européenne, faisant expulser les contre-terroristes les plus affichés, libérant un certain nombre de nationalistes marocains emprisonnés, renvoyant en métropole les fonctionnaires français les plus engagés dans le mouvement « colonialiste » Présence française. Il n'en faut pas plus pour que, de part et d'autre, les passions se déchaînent plus encore. Juillet est sanglant. Août ne l'est pas moins. Le 18, il y a dix morts à Casablanca ; huit le 19. Le 20, jour du deuxième anniversaire de la déposition de Mohammed V, les troubles se généralisent. Les guerriers zaïans menacent Khénifra, qui doit être dégagée par les spahis et la Légion. Oued-Zem voit massacrer soixante-dix-sept Français, dont quinze enfants : certains sont jetés dans des fours à chaux ; des bébés sont coupés en lamelles sous les yeux des parents. Au total, on compte quelque deux mille morts. C'est la catastrophe.

Les ministres se disputent entre eux. Pinay apostrophe violemment Edgar Faure : « Avec tes danses et tes contre-danses, tu me fais participer à une connerie effroyable... tu n'écoutes que ceux qui sont favorables à tes idées... Pour les autres, tu lis le journal. J'en ai ma claque, de tes fumisteries. Dis-nous enfin ce que tu veux, au lieu de chinoiser, et je te dirai si je reste... » C'est le moment où Duhamel apporte une dépêche à son président. Pinay la lit à son tour. Je reste, dit-il. La dépêche annonce précisément la démission de Granval, à bout de nerfs. Dans un éclair, Pinay a vu la solution qui, seule, permettra de résoudre le problème : on va échanger un sultan contre un résident, Mohammed V contre Granval. On va calmer les Européens en acceptant la démission du maudit. On va profiter de l'accalmie pour mieux leur expliquer que le nouveau sultan, qui n'a pas une ombre d'autorité, doit être au plus tôt évacué et remplacé : effectivement, Moulay Ben Arafa est si menacé par les Marocains qu'en deux ans il sera sorti à peine trois fois de son palais ; les mosquées lui refusent la prière ; les ulémas qui l'ont élu proclament à la ronde qu'ils ont agi sous la seule contrainte.

Peu importe si le général Boyer de La Tour, rappelé de Tunisie (où il est relevé par Roger Seydoux) et nommé en place de Granval, va devoir encore une fois exécuter une politique d'abandon qu'il n'approuve pas, ce qu'Edgar Faure appelle suavement l'« indépendance dans l'interdépendance ».

L'important est désormais d'aller vite. On va vite.

Passons sur les suprêmes palabres confuses qui précèdent durant quelques semaines la solution définitive (notamment, Ben Arafa essaie de s'accrocher, soutenant qu'il ne peut être relevé du sultanat que par la mort et discutant pied à pied comme un marchand de tapis une « indemnité de compensation »).

Les chefs de Présence française eux-mêmes s'inclinent, désespérés, disant : « Puisque tout le monde se met contre nous... »

Dès le 1er octobre, Ben Arafa s'envole pour Tanger (c'est son baptême de l'air), s'installant avec son unique épouse à la résidence Paradis, ayant eu droit à une confortable cassette et acceptant de lire sans ironie une lettre « réconfortante » de René Coty l'assurant de ses meilleurs sentiments.

Le 6, les ministres gaullistes démissionnent, mais, dès le 9, l'Assemblée nationale ratifie la politique marocaine du gouvernement, pour l'occasion soutenu massivement par les socialistes et les communistes.

Et, fin octobre, Mohammed V de quitter Antsirabé. Il fait escale à Nice, où il séjourne vingt-quatre heures à l'hôtel du *Golf de Beauvallon*, puis est somptueusement logé au *Pavillon Henri IV* à Saint-Germain — drapeau chérifien hissé sur le château.

Et Boyer de La Tour de s'employer à apaiser les dernières protestations de Présence française, qui disent : « Vous n'êtes que des traîtres et des lâches. Nous allons tout perdre. Vous allez nous faire pleurer des larmes de sang. »

Et Antoine Pinay, bousculé par le temps, de signer à La Celle-Saint-Cloud des accords voués à faire accéder le Maroc au « statut d'Etat indépendant uni à la France par le lien d'une interdépendance librement consentie et définie ». Pour parler plus clair, le Maroc français est mort.

Et le Conseil du Trône, présidé par le grand vizir El-Mokri, âgé de cent neuf ans, d'adresser au sultan supplique sur supplique pour un prompt retour.

Et la France coloniale de connaître sa plus grande humiliation. Elle vient de son ultra-fidèle et vieil allié Si Thami el-Glaoui, pacha de Marrakech, trop ulcéré d'être abandonné et désavoué par la puissance protectrice. Accompagné de son fils Abd-el Saddek, il fait lire à Rabat devant le palais impérial cette déclaration : « Je fais mien moi aussi le vœu de la population marocaine qui est la prompte restauration de Sa Majesté Sidi Mohammed Ben Youssef et son retour sur le trône, seul à même d'unifier dans l'ordre les esprits et les cœurs. » Il ne dissimule pas un immense mépris pour la France, « cette putain... ». Il n'y a plus ensuite qu'à filmer la scène de son humiliation personnelle pour figurer l'humiliation même de la France coloniale. Il demande l'*aman*. Il agit aussi dans la noble tradition berbère qui veut que lorsque le seigneur a perdu la bataille, il lui reste à se sacrifier personnellement pour sauver l'avenir de sa tribu. Ainsi, dans les temps antiques, le Kahena des Aurès, ayant perdu la guerre, se tua après avoir envoyé ses deux fils en soumission à Rome. Il se rend au château du vainqueur à Saint-Germain. Il se présente dans sa large djellaba blanche piquée de toutes ses décorations françaises. Il fait antichambre durant plus d'une heure, affalé dans un sofa, tournant nerveusement le chaton de sa bague et balbutiant des prières. Vieil aigle crucifié. La grande scène vient quand le portail s'ouvre : le glorieux rapace de l'Atlas baisse les yeux, s'avance, courbe l'échine, se prosterne à terre devant son maître, baise la babouche royale. « Ils m'ont trompé », prononce-t-il. Un familier de la cour a fait signe à des photographes et des cinéastes de presse de se glisser le long de la terrasse. Les flashes crépitent sur le Glaoui effondré. On cherche avidement au ciel le fantôme de Lyautey.

Et, le 16 novembre, Mohammed V d'atterrir à Rabat, où il a été précédé par ses deux épouses et ses vingt et une concubines. Il passe sous sept arcs de triomphe, accompagné de son fils aîné Hassan et d'André-Louis Dubois, qui sera au jour J le premier ambassadeur de France. L'enthousiasme de la foule tient du délire. Le roi parle deux minutes sur le Méchouar puis entre en toute hâte dans son palais. L'indépendance totale n'est plus l'affaire que de quelques mois.

Tout s'abandonne.

Mêmes délires collectifs d'enthousiasme au royaume de Tunis.

Les négociations sur l'autonomie interne ouvertes le 14 septembre sous le gouvernement Mendès et menées par le Premier ministre tunisien Tahar Ben Amar n'aboutissent à la signature d'une convention que le 29 mai avec Pinay. Mais, dès le 21 avril, Habib Bourguiba, le Combattant suprême, est assuré de sa victoire : il est reçu solennellement à Matignon et son intervention aide d'une manière décisive à la conclusion des accords. Toute l'ovation ne peut plus être que pour lui.

Dès le 1er juin, il arrive au large des côtes tunisiennes à bord du paquebot la *Ville-d'Alger*. Il se présente en triomphateur. Son célèbre menton en tremble. Il a dit un jour : « Je rentrerai à Tunis à cheval. » A un kilomètre de l'écriteau marquant l'entrée de la capitale du protectorat, sous les acclamations folles de l'énorme foule qui lui fait escorte, il échange sa Jeep contre le cheval du chef fellagha de Kairouan, lequel bondit en croupe derrière lui. Puis on le coiffe d'un large sombrero mexicain. Dans cette ombre, ses yeux, tout dilatés, n'en semblent qu'étinceler davantage.

Le bey l'embrasse « comme un fils ».

A peine six jours après son retour sur sa terre natale, le fier tribun paraphe en grande pompe les conventions franco-tunisiennes. Elles ne donnent à la Tunisie que l'autonomie interne. La Défense, la diplomatie, la police des frontières et les finances extérieures restent au pouvoir de Paris. Mais, à peine sa signature apposée, le signataire déclare tout à trac : « Bien entendu, ce n'est qu'une étape vers l'indépendance totale. »

Pour Edgar Faure, cela ne va certes pas sans remous. Le 1er juillet, le maréchal Juin, qui a oublié sa présence à la déclaration de Carthage, démissionne avec fracas du Comité national de coordination pour l'Afrique du Nord. De Gaulle fait savoir son « insatisfaction ». Le remplacement de Boyer de La Tour par l'ambassadeur Roger Seydoux à Tunis fait beaucoup grogner les gaullistes. Nombre d'amis personnels du président du Conseil trouvent que « cela est allé trop vite », préviennent contre l'« excès de bousculade ».

Bourguiba, pour sa part, ne fait pas l'unanimité. Salah Ben Youssef, toujours secrétaire général du Néo-Destour, à peine rentré de son exil au Caire, joue les extrémistes et rejette les conventions franco-tunisiennes comme insuffisantes. Il est appuyé par un certain nombre de chefs fellaghas. Il trouve des intelligences jusqu'au sein du gouvernement tunisien. Bourguiba doit rapidement le faire exclure du bureau politique du mouvement, puis du parti. Ben Youssef, tout près d'être arrêté, demande refuge à la Libye.

Il n'en reste pas moins que, face à l'histoire, telle est la donnée essentielle : la Tunisie se séparant de la France.

L'Algérie sur carrefour sanglant

L'Algérie ? Pour les partisans de l'Algérie française, c'est évidemment l'angoisse. Comment l'Algérie pourra-t-elle rester française alors que les deux autres pays du Maghreb conquièrent la souveraineté ?

Non que, dans un premier temps, le pays s'embrase dans sa totalité. L'Oranie, l'Algérois et la plus large partie du Constantinois demeurent calmes. Les autorités algériennes désapprouvent les attentats, proclament leur attachement à la France, restée pour eux « mère patrie ». L'Aurès est la seule région où la rébellion s'enracine. Les troupes françaises tiennent solidement Batna et Biskra.

Il n'en est pas moins indiscutable que l'inquiétude s'incruste. Le commandant en chef, le général Paul Cherrière, un colosse du plus déterminé caractère, a eu beau passer les Aurès au « peigne fin », il n'a pu, comme il dit, anéantir « toute la vermine ». Les administrateurs civils sont dépourvus des moyens nécessaires pour alimenter sérieusement un service de renseignement. Les caïds, terrorisés, ne quittent plus l'ombre de leur maison. Chars et Jeep sont inopérants dans un paysage de crêtes et de défilés. Le commandement ne dispose que de 50 000 hommes, services compris, pour toute l'Algérie : c'est une force dérisoire.

Soustelle ? Nommé par Mendès, il est maintenu par Edgar Faure. Il est mal reçu. Il est tenu pour « de gauche ». Il est gaulliste activiste alors que les Français d'Algérie ont été pour la plupart de fervents pétainistes. Il passe quelques semaines à se défendre contre une exaspérante rumeur qui le présente à faux comme juif, s'appelant Ben Soussan et natif de Sétif. Le fait de devoir sa nomination à Mendès lui fait une réputation de « bradeur ». C'est une foule de glace qui l'accueille. On ricane même beaucoup quand il fait son entrée à Alger en voiture découverte, jaquette et haut-de-forme, escorté de spahis. Pas la moindre confiance ne se manifeste pour cet expert d'Aztèques et de Mayas, savant fouilleur des vieux millénaires, qui a dû se tromper de siècle et de continent. Il met effectivement des mois avant de se faire admettre comme un authentique et fervent défenseur de l'Algérie française.

Et les hauts et les bas de se succéder.

On arrête sur la frontière algéro-tunisienne le chef des rebelles de l'Aurès, Ben Boulaïd — de quoi apprendre de lui que l'état-major de la rébellion est bien au Caire.

On démantèle le réseau terroriste d'Alger, dont le chef, Rabah Bitat, est arrêté.

Le chef du Nord-Constantinois, Didouche, périt dans une embuscade.

En août, la moisson s'effectue normalement.

Le général Lorillot, qui prend le relais de Cherrière, déploie un très grand dynamisme. « A force de hurlantes », il fait monter ses effectifs jusqu'à 114 000 hommes. Il peut confier la défense de la Kabylie à une unité d'élite, la 2e division mécanique rapide du général Beaufre. Non seulement il reconstitue des troupes à la Bugeaud, « avec des mulets soutenus par des hélicoptères », mais il prévient quiconque : « On nous a fait le coup de l'abandon en Indochine. Peut-être ne pouvait-on pas faire autrement. Je n'en sais rien. Puis on nous a fait le coup en Tunisie où il n'y avait que 3 000 fellaghas qui, quelques jours plus tard, auraient mis bas les armes. On nous a fait le coup au Maroc. On ne nous fera jamais le coup en Algérie, je vous le jure. » Il est vrai que sur les tombes des officiers tués au combat, nombreux sont les chefs d'unité limitant l'oraison funèbre à un serment prêté sur les cercueils drapés de tricolore : « Nous jurons que nous n'abandonnerons jamais l'Algérie. »

Soustelle, dès août, a assis son autorité : il présente son plan, rien moins que l'intégration totale : une seule France « de Dunkerque à Tamanrasset » ; « la Méditerranée traversant la France comme la Seine traverse Paris ». Il peut pousser l'audace jusqu'à soutenir l'institution d'un collège électoral unique (alors que, il faut le dire, les Français d'Algérie calculent tout simplement que, majoritaires en Afrique, les musulmans se retrouveront minoritaires dans la population française totale).

Il se donne beaucoup de peine. On finit par l'adorer. Son hélicoptère ou son Piper Cub le pose dans les secteurs les plus exposés. Ce grand spécialiste des civilisations mexicaines finit par être adopté comme un vrai pied-noir. Il semble infatigable. Il fait organiser des *harkas* avec des *harkis*, combattants algériens volontaires pour casser du fellagha. Il se promène sans protection à travers les rues d'Arris et de Biskra. Pour mieux semer l'espérance, il prend tous les risques. Il semble massivement suivi.

Pourtant, dans l'Aurès, une section de tirailleurs algériens se laisse encercler sans combattre. Les rebelles y assassinent avec une relative facilité le commandant Miquel, l'administrateur Dupuy, l'aumônier Jacq. L'armée doit évacuer le massif des Nemenchas, dont les fellaghas font une vraie forteresse. Le 20 août, une vaste attaque rebelle organisée s'en prend à Constantine, Collo, El-Halia (mine de pyrites de fer), El-Milia, Jemmapes, Gallieni, Oued-Zenati et Condi-Smendou — avec pillages et carnages. Les *moudjahidine* (soldats réguliers de la rébellion) y encadrent des bandes de paysans qui incendient, pillent, massacrent, violent, tuent même un bébé de quatre jours. Le plan de direction serait de Youssef Zighout, successeur de Didouche. Y a-t-il concomitance avec les effroyables manifestations qui, ce même jour, deuxième anniversaire de la déposition du sultan marocain, ensanglantent le protectorat voisin ? Le fait est que l'horreur est profonde. S'il n'y a qu'une centaine de victimes, c'est uniquement dû à une réaction rapide de l'armée. Pour autant, comme le dit Soustelle, « une sombre moisson de haine germe dans le sang répandu ».

Un abîme se creuse désormais entre les deux communautés.

Que Zighout tombe à son tour ne désarme pas les alarmes.

Les rebelles trouvent en métropole des partisans de plus en plus nombreux, de plus en plus actifs. L'intelligentsia de gauche entre à nouveau en jeu. « Si jamais la partie devait se perdre, peut indiquer Soustelle, elle se perdra à Paris. Les femmes et les hommes égorgés, les enfants coupés en morceaux n'intéressent pas ces paladins de la paix et de la démocratie, qui n'ont d'yeux et de sympathie que pour leurs bourreaux. »

Les élus musulmans tournent casaque, rallient de plus en plus nombreux la cause de l'« Algérie algérienne ».

En fin d'année, le FLN peut considérer tous ces derniers mois comme largement positifs.

Il peut s'imposer comme le seul vrai mouvement de guerre, au point que les messalistes, qui pourraient animer un mouvement rival, sont l'objet d'une extermination systématique.

Il se sent assez fort pour repousser toute coopération avec le mouvement des ulémas, comme avec le Parti communiste algérien. « La guerre, c'est moi, moi seul », affirme Ben Bella.

Tout Algérien qui se présentera aux « sbires de Soustelle » comme « interlocuteur valable » sera condamné à mort.

Ferhat Abbas lui-même se résigne et se prépare à rallier les plus forts.

Autant dire que, pour la France, le ciel, clément d'un côté, est fort noir de l'autre.

La dissolution de l'Assemblée nationale

Et il n'y a point que les quatre M, la Tunisie et le FLN à troubler les nuits de nos ministres.

Les problèmes « divers » tourbillonnent à nuées.

Les joutes radicales, tantôt au sabre d'abordage, tantôt à fleurets mouchetés, les graves événements du Maghreb cristallisant l'opposition des gaullistes, les photographies de Genève et les améliorations du niveau de vie ne sauraient faire oublier une agitation ouvrière quasi permanente. La CGT ne chôme pas. Des fermetures d'usine provoquent tout un remue-ménage à Nantes. Certaines manifestations tournent même à l'émeute, comme à Saint-Nazaire, où les grévistes s'empoignent durement avec les forces de l'ordre.

Si la loi votée sur l'enseignement postscolaire agricole et la nomination de Pierre Dreyfus comme directeur général de la régie Renault en remplacement de Pierre Lefaucheux, décédé, ne prêtent pas occasion à orages, il n'en est pas de même le 30 septembre quand Pierre Poujade est inculpé pour organisation du refus collectif du paiement de l'impôt. Cette fois, ce sont les commerçants qui s'ameutent.

Le congrès SFIO d'Asnières réintègre en juin les députés exclus à l'issue du débat sur la CED : le Parti socialiste n'en semble que retrouver une nouvelle vigueur dans l'opposition.

Début octobre, le départ et le remplacement des ministres gaullistes ne vont pas sans alourdir l'atmosphère. Même s'ils sont promptement remplacés, le gouvernement en garde manifestement blessure.

En tout état de cause, l'ensemble fait qu'à partir d'octobre le cabinet se découvre extrêmement affaibli.

Le président du Conseil est lui-même aussi usé que Mendès un an plus tôt.

Quel sauvetage programmer ? A chacun de chercher des bouées.

C'est alors que certains ministres se montrent favorables à l'idée d'élections anticipées. Ce n'est d'abord qu'une rumeur. Elle devient vite sérieuse.

On hésite tout de même.

De toute manière, la proximité du renouvellement de l'Assemblée, dont le mandat expire normalement en juin 1956, domine dorénavant toute la politique intérieure. La façade de continuité de l'action de PMF a été vite abattue : il devient évident qu'un regroupement nouveau est en train de se produire, au centre tout au moins, pour ou contre l'ancien président du Conseil. Edgar Faure va ainsi devenir pour un temps leader de la droite, tenu de manœuvrer en tant que tel.

Les partisans de Mendès, *L'Express* en tête, ont déclenché dès l'été une campagne de longue haleine, afin de constituer un Front républicain dont ils pensent qu'il pourra être l'élément essentiel de la future élection. Ils misent pour l'emporter sur le scrutin uninominal d'arrondissement. Edgar Faure décide de les prendre de vitesse. Bondissant sur l'idée de dissolution émise par ses ministres et arguant de l'importance (réelle) des grands problèmes à résoudre, il demande soudainement que les élections soient avancées de six mois (dans son esprit, elles devraient avoir lieu dès décembre, comme en 1946 au scrutin de liste départemental sans apparentements, l'effondrement du RPF sur le plan électoral permettant maintenant de recourir à un tel scrutin sans danger).

A nous à nouveau Byzance.

A peine émise la proposition, une inévitable fièvre s'empare des députés. Les plus violentes discussions mettent aux prises partisans et adversaires du scrutin d'arrondissement. Chacun de juger sur le résultat des élections cantonales d'avril, qui ont montré une nouvelle poussée du centre droit et confirmé l'effondrement des gaullistes. Il est également à prévoir que le scrutin d'arrondissement devrait favoriser les radicaux mendésistes, ce que paraît annoncer leur léger succès aux sénatoriales du 19 juin.

Labyrinthe. Une première fois, le 3 novembre, le gouvernement fait admettre des élections anticipées au scrutin de liste. Mais Edgar Faure, radical, se trouve de la sorte en opposition avec la plus constante revendication de son propre parti. Il est effectivement désarmé par le congrès radical, qui se révèle sur ce point tout acquis à PMF. Le Sénat aussi est favorable au scrutin d'arrondissement pour les députés, et il ne manque pas l'occasion de le faire savoir : le 9 novembre, massivement, par 227 voix contre 60. Le projet revient obligatoirement devant l'Assemblée, laquelle, le 10, ne repousse l'arrondissement que par une mini-majorité (300-295... et encore le scrutin est-il fort douteux). Cette fois, pour être plus sûr de son coup, Edgar Faure pose la question de confiance, et l'emporte, avec l'appui des communistes (anti-arrondissementiers absolus) par 285 voix contre 247. Même si la majorité s'est disloquée, le gouvernement reste en place. Il y a longtemps qu'on n'en est plus à un paradoxe près.

Les sénateurs, re-consultés, confirment : re-arrondissement.

Mieux encore : à la stupéfaction générale, le 17, voilà qu'à son tour l'Assemblée l'adopte. Score : 311-286.

Je n'ai plus de lanterne, avoue Corniglion-Molinier.

Immanquablement, le gouvernement demande l'ajournement de la décision pour présenter un projet de découpage électoral (on sait que le charcutage des circonscriptions est toujours dans ce cas une opération aussi difficile que fastidieuse ou machiavélique).

Mais c'est là que les arrondissementiers vont tomber dans le piège diaboliquement tendu par le président du Conseil.

Mécontente, irritée par toutes ces subtiles manœuvres, l'Assemblée rejette le collectif budgétaire présenté, comme tout naturellement, par le redoutable manœuvrier, plus souriant que jamais. Sans délai, Edgar Faure pose la question de confiance sur sa politique générale.

Il se trouve mis en minorité constitutionnelle (318 contre, 218 pour — quatre voix de plus que le niveau des 314 requises).

C'est de surcroît la *deuxième crise à la majorité absolue* survenue dans le délai prescrit *de dix-huit mois*.

C'est dire que les *conditions constitutionnelles* de la dissolution sont réunies.

Le fameux article 51 de la Constitution peut jouer.

Le mercredi 30, Edgar Faure réunit ses ministres.

« C'est dur, déclare-t-il, ma décision est d'autant plus périlleuse que si je prononce la dissolution, je me coupe de mon parti... »

Il en paraît même, pour une fois, bouleversé, près de craquer, d'un geste nerveux serre son foulard écarlate, parle de renoncer à la vie politique.

« Allons ! dit Teitgen... alors que c'est ton oxygène. »

La décision est prise : dissolution.

Le lendemain même, Edgar Faure est exclu du parti radical. Mendès ne dissimule pas sa fureur.

Mais déjà l'exclu prépare allègrement la suite. Il a repris tout son allant. Un de ses collaborateurs retient cinémas, salles et emplacements d'affiches pour la prochaine campagne.

Simplement, la dissolution interdit toute réforme électorale : force est de voter comme en 1951, scrutin de liste départemental avec représentation proportionnelle et possibilité d'apparentements.

Et chaque parti de se mettre en campagne.

Mendès, à l'évidence, s'est fait jouer. En catastrophe, il organise son propre camp, avec *L'Express* à l'orchestre : on va constituer des listes de Front républicain sur la base d'une forte alliance entre radicaux et socialistes, lesquels, au reste, à une écrasante majorité, repoussent le 6 décembre tout apparentement avec les communistes. Mais le moral n'y est pas.

Les journalistes demandent à de Gaulle s'il va se présenter pour essayer de forcer le destin. Il rétorque : « Voyez-vous de Gaulle réclamant la parole à M. Herriot ? » Il dit à Raymond Tournoux : « Enorme ! Monumental ! Songez donc que l'Assemblée souveraine a été dissoute par un gouvernement renversé ! Incroyable ! On cite l'Angleterre, mais c'est le souverain qui y dissout le Parlement. En France, c'est le souverain qui est dissous par un gouvernement disqualifié ! Impensable ! Comique ! »

La campagne est vive. Les rivalités de personnes lui donnent du relief. Aux candidats qui se réclament de Mendès, *L'Express* donne une investiture particulière, le bonnet phrygien — même si, pris de court, les socialistes ne se réclament en vérité que du bout des lèvres d'un Front républicain trop improvisé. Le communiqué qui en est l'acte de naissance officiel porte les signatures de Mendès, Guy Mollet, Mitterrand et Chaban, mais il n'y a eu entre les quatre partis ni négociation ni contrat. L'alliance est purement électorale. Chez les radicaux, le manque de temps empêche même d'écarter certains sortants pour leur substituer des candidats mendésistes. Chacun apprécie la subtilité d'une manœuvre qui coupe l'herbe sous les pieds des partis de gauche.

Ce sont finalement les poujadistes qui conduisent la campagne la plus spectaculaire. Poujade est déchaîné. Il compose ses listes en deux temps et trois mouvements. Il a conquis province après province, Ouest chouan comme Est clérical, Nord des estaminets comme Sud de la soupe à l'ail. Il cesse de tomber la veste, se campe en prophète de Saint-Céré, futur maître de la France, seul historique successeur de Pétain et de De Gaulle. Tartarin se mue en Bossuet. « Je suis venu vous apporter une bonne nouvelle, lance-t-il aux halles d'Angers. Comme Jésus-Christ, je veux le bonheur des uns et des autres. J'ai accepté l'honneur d'être devant. J'en accepte le risque et les charges, comme le fit Jeanne d'Arc pour sauver la France... » Il tend une main fraternelle « à ceux de Verdun et de Wagram, aux poilus comme aux sans-culottes, à ceux d'Alésia comme à ceux du Vercors ». Il ne doute de rien, s'exclame Edgar Faure, éberlué. De tout son entrain, le « chef » escalade siècles et millénaires. Peu lui importe que les « cocos » le traitent de « Führer de Saint-Céré ». Il est tout à son apostolat. Cela ne va plus de soi ; la croisade est moins facile qu'au départ : les autres candidats savent férocement attaquer ce « Charlot à vérités pour restaurants à prix modiques », « plus fort que M. de La Palice pour enfoncer des portes ouvertes » ; certaines sections de l'UDCA ne « marchent » plus, se préférant apolitiques et refusant de suivre ce « tyran de comédie » ; il est poursuivi devant la justice par Edgar Faure pour insultes, par un ancien dirigeant de son mouvement pour « utilisation abusive des cotisations ». Mais les polyvalents, même escortés de CRS, sont souvent malmenés, parfois rossés par les commandos de Vercingétorix. C'est vraiment lui qui, depuis son QG parisien, le *Ferry Hôtel* près de la République, anime la campagne la plus endiablée et la plus originale. Entre deux inhalations, il sait mettre au point les slogans qui font mouche : *Sortez les sortants !... 1916-1956 : ils ne repasseront pas... Contre tous les maux, un seul remède : convoquer les Etats généraux*. Il aura tenu à lui seul cent quarante réunions en trois semaines, vu cinquante mille personnes par jour. Même si la plupart des observateurs tiennent son entreprise pour uniquement du cirque ou du guignol, et si tous les pronostics annoncent une grande victoire du centre droit, qui sera d'abord la « victoire d'Edgar », du moins grâce à lui « on ne se sera pas ennuyé », il a donné « à la Quatrième un piment exceptionnel ».

Au demeurant, tout est insolite dans cette campagne, même le jour choisi pour le scrutin — le 2 janvier, et un lundi ! car on n'a tout de même pas osé troubler les fêtes du jour de l'An, qui tombent un dimanche...

La Caravelle prend son vol

Politique à part, elle est pourtant encore étonnamment riche d'importantes dépêches de toutes sortes, cette autre année de la France — d'une France qui ne s'abandonne pas.

La Caravelle prend son vol. Cela se passe le 25 mai, sur l'aéroport de Toulouse-Blagnac, à dix-neuf heures huit. André Moynet, as de l'escadrille Normandie-Niemen, le « ministre volant », a tenu à accomplir le premier vol du prototype en compagnie de l'ingénieur-pilote Pierre Nadot, que ses camarades surnomment le « Prince », chef des essais en vol de la SNCASE (Société nationale de constructions aéronautiques du Sud-Est). L'air tremble sous le souffle des réacteurs de 10 000 kilos de poussée. Un mécano agite un drapeau. Une éclaircie déchire les nuages qui se bousculent en troupeaux dans le ciel plombé. Voix de Nadot pour la tour de contrôle : « Roue avant levée au point 580. Avion décolle au point 900. Vitesse 105 nœuds. » Le long fuseau étincelant s'arrache du sol. La voix : « Altitude 1 500 pieds. Je réduis les réacteurs... Altitude 2 700 pieds. Je braque les volets à 20°. » Derrière les nuages, la

Caravelle exécute à la perfection toutes les manœuvres prévues. Plein succès. Je suis heureux, annonce Georges Héreil, président de la compagnie, vrai père de la merveille, à jamais « M. Caravelle ». Moi aussi, intervient le concepteur, Pierre Sartre, qui déjà pense à l'avenir : un supersonique... Jadis l'industrie aéronautique française fut la première du monde. Pourquoi ne le redeviendrait-elle pas ? En tout cas, le rêve est désormais admis. Avec la Caravelle, la France vient de reconquérir une brillante place dans l'aventure de l'air.

Jacqueline Auriol bat le record du monde féminin de vitesse en avion, 1 087 km/h.

L'hélicoptère français Alouette II bat le record mondial d'altitude, 8 260 mètres.

Le nouvel hélicoptère français, le Djinn, bat plusieurs records mondiaux au large de la Jungfrau.

Orly s'équipe d'un radar d'une portée de 150 kilomètres.

Le XXIe Salon de l'aéronautique consacre spectaculairement la pleine renaissance de notre aviation, à la sixième place mondiale pour le nombre des passagers transportés, à la cinquième pour le nombre de kilomètres parcourus, à la quatrième pour le nombre des appareils possédés.

Sur la route, Citroën présente un nouveau modèle qui fait la stupéfaction et l'admiration du monde entier : la DS 19.

Dans un nid d'aigle pyrénéen, non loin des remparts de Vauban à Mont-Louis, non loin de Font-Romeu, à Odeillo, à 1 600 mètres d'altitude, treize hommes remportent la victoire industrielle qui fait de 1955 l'an I de l'énergie solaire : grâce au *four solaire*, ils réussissent la fusion d'un produit jusqu'ici réfractaire, l'oxyde de zirconium, utilisé pour la fabrication de creusets. Par cet exploit, un savant déjà illustre dans le monde entier devient enfin célèbre dans son propre pays, Félix Trombe. Il porte le titre de directeur des laboratoires de l'énergie solaire. Au vrai, c'est un sorcier des temps modernes. Mais il rectifie : « Mon aventure a commencé deux siècles avant le Christ, lorsque Archimède brûla la flotte romaine dans le port de Syracuse grâce à ses miroirs ardents. » Son invention s'est en effet bâtie sur les mêmes principes, mais avec tous les perfectionnements des nouvelles techniques. Les rayons du soleil sont concentrés sur le four au moyen d'un réflecteur parabolique de 11 mètres de haut sur 13 mètres de large, composé de 3 500 petits miroirs en verre à vitre argenté d'un millimètre et demi d'épaisseur. Le réflecteur parabolique reçoit lui-même la lumière du soleil par l'intermédiaire d'un miroir plan. A l'aide d'un dispositif automatique, le miroir plan suit le soleil dans sa course. Seules des lunettes fortement teintées de noir permettent de regarder le point de convergence, où la température peut atteindre 3 000°.

Nous comptons désormais en France 260 000 récepteurs de télévision. De cinq émetteurs nationaux, nous passons à onze. Le micro-émetteur portatif fait ses débuts aux Six Jours du Vel' d'hiv', qu'anime Georges de Caunes : il permet désormais au reporter de se déplacer sans « fil à la patte ». Mort en direct : aux Vingt-Quatre heures du Mans, on filme *en direct* l'hallucinant moment où la Mercedes de Levegh explose dans la foule. La télé devient affaire nationale. Les créations sont désormais multiples. En plein boom, le petit écran. Frédéric Rossif et François Chalais lancent *Edition spéciale*, qui traite tous les mois d'un grand problème d'actualité : la hantise des soucoupes volantes, la crise du cinéma français, la bombe atomique, l'alcoolisme, les caves de Saint-Germain... On peut fêter superbement la trente-sixième émission des *36 Chandelles* de Jean Nohain et la centième de *La Joie de vivre* d'Henri Spade, avec un long programme encore jamais vu, tout ce que Paris compte d'artistes et de vedettes réuni sur la scène de l'Empire dont le plateau tournant fait merveille, et Maurice Chevalier en roi du soir faisant chanter à la ronde *Quand un vicomte rencontre un autre vicomte.*

Bien sûr, il faut pleurer sur de grands départs.

Les arts perdent Nicolas de Staël, Fernand Léger, Yves Tanguy.

Maurice Utrillo ne peindra plus Montmartre. Le dernier des « peintres maudits » meurt âgé de soixante-douze ans à Dax, loin de cette Butte à laquelle il aura consacré la plupart de ses dix mille tableaux. Même blotti en son refuge des Landes, il continuait à peindre son village, ses rues montantes, ses maisons blanchâtres, ses « chauds de vin ». Sa dernière toile : la rue Cortot.

Pierre Teilhard de Chardin, « fils illustre de l'Eglise », prêtre-savant-visionnaire-écrivain, aura souvent dit à ses intimes : « J'aimerais mourir le jour de Pâques. » C'est par un radieux dimanche de Pâques, le 10 avril, qu'il s'écroule d'un seul coup, dans un salon ami. Il meurt suspect à l'Eglise dont il s'est toujours voulu le fils aimant. Lui qui a toujours passionnément rêvé de semer largement ses thèses n'est lu que par quelques initiés qui se passent ses textes polycopiés sous le manteau. Tous ses ouvrages sont à Paris enfermés à double tour dans une armoire de fer : interdits. Du moins la presse aura-t-elle pu honorer le paléontologue. Tous les journaux racontent comment il découvrit en 1928 le sinanthrope de 300 000 ans appelé l'« Homme de Pékin ».

Adieu à la présidente. La bonne Mme Coty meurt subitement à l'aube, au château de Rambouillet, où elle était venue fêter la Saint-René. Elle était mariée depuis quarante-huit ans. Des milliers de Parisiens défilent à la Madeleine devant la dépouille, revêtue d'une sobre robe noire ornée d'un simple col blanc. Quarante-huit cierges brûlent autour du catafalque. Tous les drapeaux de Paris sont en berne. C'est Mgr Marella, nonce apostolique, qui célèbre la messe. Les amis ont envoyé à profusion ses fleurs préférées, des violettes.

Paul Claudel n'est plus. Il s'éteint le matin du mercredi des Cendres. Encore le jeudi précédent, il entendait debout — quoique chancelant — les délires d'une salle qui l'acclamait, à l'occasion du gala célébrant l'entrée de *L'Annonce* dans la maison de Molière.

Ce géant, qui aura alternativement provoqué tant de fureurs ou de ferveurs, au faîte de la gloire universelle à force de chefs-d'œuvre, et n'ayant jamais renoncé à une extraordinaire franchise bourrue, capable de trouver la Palestine hideuse, Stendhal ennuyeux, *Le Misanthrope* une fumisterie, Anatole France un canari de bibliothèque et l'Académie française un « godillot tombé dans la vase » (l'Académie qui lui préféra Claude Farrère), meurt en toute sérénité en son cher château de Brangues. Ses derniers mots : « Je n'ai pas peur... »

Mais la vie de création ou d'épanouissement continue, irrésistible.

Jean Giono offre *Noë* ; Bernanos, *Dialogue d'ombres* ; Roger Peyrefitte, *Les Clés de saint Pierre* ; Félicien Marceau, *Les Elans du cœur* (prix Interallié).

Sous la Coupole, Jean Cocteau est accueilli au fauteuil de Jean Tharaud. « Qu'avez-vous fait ? lance le poète à ses pairs... Vous avez invité à votre table un homme sans cadres, sans papiers, sans halte. C'est-à-dire qu'à un apatride vous procurez des papiers d'identité, à un vagabond une halte, à un fantôme un contour, à un inculte le paravent du dictionnaire, un fauteuil à une fatigue, à une main que tout désarme une épée... »

Claude Lévi-Strauss, professeur agrégé de sociologie à São Paulo, publiant *Tristes Tropiques*, « roman » de l'homme sauvage en style rousseauiste, solennise l'importance de l'ethnologie. Mais aussi, grâce à lui, en quête des derniers Indiens, nous nous enfonçons, en pirogue, à dos de mulet, par des routes connues seulement de quelques trafiquants, à la rencontre d'une autre civilisation, d'une autre humanité, qui a son propre trésor de culture et de sensibilité, mais décimée par le fer, l'alcool et la syphilis, « bienfaits » de notre propre art de vivre.

Le théâtre accueille *Les Oiseaux de lune*, de Marcel Aymé, *Ornifle ou le courant d'air*, d'Anouilh ; *Nekrassov*, de Sartre, tandis que Marcel Pagnol campe au Théâtre de Paris un épique *Judas*.

Le cinéma — l'année où se tue James Dean dans sa Porsche Spider blanche — affiche *Napoléon* de Sacha, *French Cancan* de Renoir, *Les Grandes Manœuvres* de René Clair.

Et puis, amis, les jambes valent la tête : Louison Bobet égale le record du Belge Philippe Thys par sa troisième victoire consécutive dans le Tour de France ; Jacques Anquetil gagne encore le grand prix des Nations ; André Dufraisse est champion du monde de cyclo-cross ; entraîné pour la première fois par Albert Batteux, le onze tricolore, où Kopa brille de mille feux, multiplie les succès ; le treize tricolore effectue une sensationnelle tournée aux antipodes ; le quinze tricolore termine en tête du tournoi des Cinq-Nations, grâce à de prodigieux joueurs comme le pilier Domenech, le centre André Boniface et surtout le Lourdais Jean Prat, dit « M. Drop », ou « M. Rugby » ou la « dynamo humaine ».

XIII

1956

L'ANNÉE DE SUEZ

Le gouvernement de Guy Mollet — La journée des tomates — Guy Mollet à l'épreuve — Lacoste de toute sa vigueur — Pourparlers secrets — L'enlèvement de Ben Bella — Le coup de Suez — Mimoun et Kopa.

Le gouvernement de Guy Mollet

On attendait Edgar.

On ne l'aura pas.

Coup de pouce ironique de l'histoire : les urnes prennent à total contre-pied tous les pronostiqueurs.

La France vote donc ce lundi 2 janvier.

En dépit du froid et du gel, il y a à peine 17,5 % d'abstentions — le pourcentage le plus faible depuis la Libération, et qui ne sera plus jamais retrouvé. Quant aux leçons du scrutin, elles sont aussi simples que déconcertantes.

En 1951, les apparentements type troisième force sauvèrent le régime. Aucun de ces apparentements ne se retrouve cinq ans après. Les querelles qui ont divisé les vainqueurs de 1951 ont rendu trop difficiles leurs conjonctions en 1956.

Le apparentements ne jouant pas, le Parti communiste retrouve de nombreux sièges. Sans avoir progressé en pourcentage de voix, il se retrouve avec 150 députés là où il n'arrivait pas à la centaine. Comment mieux dire ? La faible efficacité des apparentements (ils jouent cette fois dans à peine 11 départements, pour un total de seulement 59 sièges) entraîne l'application quasi générale de la proportionnelle comme en 1946.

Les gaullistes perdent les deux tiers de leurs voix, réduits à une vingtaine d'élus, dits « républicains sociaux ».

On n'a pas voté en Algérie : de ce fait, les sièges en sont laissés vacants.

Les poujadistes triomphent. Non seulement Poujade a fait élire 57 hommes, à quelques exceptions près sans culture politique et dont les professions composent un annuaire sympathique du petit commerce français — boucher, tapissier, pharmacien, horloger, cafetier, pâtissier, grainetier, réparateur de vélos — (grande nouveauté dans la maison), mais aussi et surtout il prive le centre droit du bénéfice des apparentements, et c'est ainsi qu'échoue l'astucieuse opération politique du 30 novembre.

Quant au Front républicain, il ne remporte une victoire que dans la seule mesure où il y a échec de la manœuvre adverse. Mendès est loin, très loin, d'avoir obtenu le plébiscite espéré. Le tam-tam de *L'Express* a plutôt résonné dans le vide.

Il y a même eu confrontation assez vive entre Mendès et Mitterrand.

Mitterrand : — Vous avez mal arbitré.

Mendès : — Vous êtes mal placé pour donner des leçons. Vous avez demandé dans la Nièvre le soutien des radicaux « fauristes » et vous vous êtes apparenté à un modéré.

Mitterrand : — Parlons-en... Certains de vos radicaux se sont même apparentés à l'extrême droite. Vous avez donné du bonnet phrygien aux hommes qui vous ont renversé, même à Gaillard et à André Morice...

Reste la principale donne : le bloc des élections de 1951 s'est coupé en deux tronçons hostiles.

Sur le centre gauche figure un Front républicain animé par Mendès, avec le concours dominateur de Guy Mollet : environ 150 députés.

Sur le centre droit, le triumvirat Faure-Teitgen-Pinay dispose d'environ 200 députés.

Autrement dit : il n'y a pas de majorité possible.

Un gouvernement ne pourra avoir que des majorités de tolérance.

La chose est nette dès le 24 janvier pour l'élection du président de l'Assemblée, laquelle élection donne pour la première fois lieu à une bataille serrée. Au premier tour, Marcel Cachin obtient 145 voix ; le « Front républicain » Le Troquer 133 ; le centre droit MRP Schneiter 212 et le poujadiste Ruf 57. Le Troquer n'est élu au troisième tour (280 contre 205 à Schneiter) que grâce au désistement des communistes. « Es-tu sûr que ça te portera bonheur ? » lui demande Guy Mollet.

A René Coty maintenant de rechercher un président du Conseil — qui, à vue de nez, ne peut être qu'un « Front républicain » avec tolérance du centre droit.

Avant les élections, au cours d'une entrevue entre d'une part PMF et JJSS (Jean-Jacques Servan-Schreiber, grand manitou de *L'Express*) et d'autre part les socialistes Guy Mollet et Gaston Defferre, député-maire de Marseille, il a été convenu que le chef du groupe parlementaire le plus nombreux du Front serait chef du gouvernement, l'autre recevant le ministère de son choix.

Edgar Faure remet sa démission le 24. Aussitôt René Coty appelle Guy Mollet, lui disant : « Vos amis me clament que le Front républicain a gagné les élections. Ce Front a deux consuls. La désignation de l'un entraînerait des tornades dévastatrices. Vous êtes l'autre. Tentez votre chance. »

Et Guy Mollet d'entreprendre donc de mettre une formule sur pied.

Mendès ? « Notre accord me laisse le choix, dit PMF. Je désirerais le Quai. » Guy Mollet sait parfaitement que c'est le dernier poste à donner au leader radical dans l'atmosphère présente : alors aussi souffleraient les tornades. Il répond qu'il tient absolument à confier les Affaires étrangères à Christian Pineau. Il n'en démord pas. Il propose à son allié les Finances. « Décidément, observe Mendès, vous ne me voulez pas que du bien. — Entendez-le comme vous voulez, rétorque Guy Mollet, il n'en demeure pas moins que les socialistes ont beaucoup mieux soutenu votre gouvernement que ne l'ont fait vos radicaux ; c'est même un radical, René Mayer, qui vous a exécuté. » On en reste là. Mendès refuse les Finances. Il se contente d'un titre de ministre d'Etat sans portefeuille, au fond se renfrognant dans une position de bouderie.

L'Algérie ? Guy Mollet a choisi de confier ce poste primordial à un « ministre-résident en Algérie » opérant sur place. Comme titulaire, il a songé d'abord à Max Lejeune, député de la Somme, un énergique, ou à un ami personnel, Alexandre Verret, président des Charbonnages du Nord. Puis il se demande s'il ne conviendrait pas plutôt de nommer un attelage, constitué d'un Français et d'un musulman. Finalement, à la stupeur de son propre entourage, le poste va au général Catroux, grand chancelier de la Légion d'honneur. De ce fait même, évidemment, il sera mis fin au mandat de Soustelle.

Pour les autres postes, il n'y a pas de problème, sauf à les partager tous entre gens du Front.

Mitterrand est garde des Sceaux. Lacoste se voit confier l'ensemble des Affaires économiques et financières ; Albert Gazier, l'ensemble des Affaires sociales. Bourgès-Maunoury a la Défense ; le Pyrénéen radical René Billières, l'Education ; Gaston Defferre, l'outre-mer ; le sénateur radical Gilbert Jules, l'Intérieur. Félix Houphouët-Boigny est ministre délégué à la présidence.

Le gouvernement est formé dès le 26.

Le 31, le « désigné » est « investi » par 420 voix (socialistes, communistes, radicaux, UDSR, gaullistes et MRP — communistes et MRP votant « pour » afin de mieux se neutraliser réciproquement ou mieux réserver l'avenir), contre 71 (poujadistes et divers) et 83 abstentions du centre droit.

Autant voir arriver au pouvoir le « Petit Chose », pupille de la nation, laborieusement (et admirablement) élevé par une mère concierge, n'effectuant des études que grâce aux sacrifices de cette mère, apprenant tôt la rigueur des privations et de la modestie, pion pour parvenir à une licence d'anglais, petit prof de province avant de prendre conscience, par la Résistance, de songes qui avaient semblé interdits.

Ourson sourcilleux et terriblement sérieux de son maître en socialisme, l'ours guesdiste Bracke-Desrousseaux, savant helléniste et austère théoricien marxiste humaniste du Nord.

Ou alors : l'antiportrait d'Edgar Faure.

Guy Mollet est à Edgar Faure ce qu'aux Incroyables aura pu être un Robespierre — d'ailleurs surnommé par ses ennemis du Pas-de-Calais Robespierrot.

Après l'opportuniste, voici le doctrinaire.

Après le Joueur, le Militant.

Ce Normand — blond Viking échevelé (jusqu'à la trentaine, chauve ensuite peu à peu), clairs yeux bleus qu'à peine une forte myopie embrume, teint ultra-pâle qui s'incendie au soleil —, dès qu'il est nommé professeur d'anglais à Arras et commence à militer dans les sections des mineurs SFIO du Pas-de-Calais, se convertit en homme du Nord, et le reste à jamais. Sec, glacial, il pourrait même donner une certaine caricature des nordistes, en réalité si cordiaux en leur secret et si accueillants. Le mélodrame l'exaspère. Son éloquence ne chante jamais. Ou bien elle est raisonneuse jusqu'à en ahaner, ou bien elle crépite, par rafales courtes. Quand elle se met au service de la colère ou de l'indignation, elle ne tonne jamais : elle cingle, elle fouette. La vérité est qu'il est surtout un timide que ses audaces effraient. C'est de la pudeur aussi qui se cache le plus souvent sous ses hargnes ou ses grognements. Le général de Gaulle prononcera un mot excessif, et inutilement cruel, quand il le surnommera l'« Humilité agressive ». Guy Mollet est plutôt un réservé, un méfiant, et d'abord méfiant vis-à-vis de soi-même. Il ne devient agressif que lorsqu'on attaque son parti (qu'il idolâtre autant que ses deux filles). Alors seulement il griffe et il mord. Au parti, cité Malesherbes, tout en haut de la rue des Martyrs, grise citadelle se gardant elle-même de tout voyant donjon et perdue au milieu d'un dédale de maisons grises, on l'appelle le « Général » parce qu'il se confond avec son parti selon le même mécanisme psychique que de Gaulle avec sa France et qu'il y emploie une égale intransigeance. « Je suis un animal de parti. » Il ne s'imaginerait jamais ni à aucun prix dans une autre rubrique de la zoologie.

Ce prudent, souvent grognon, quelquefois même d'une humeur peu supportable — une humeur de Général —, cache néanmoins un cœur délicat. Ce méthodiste a ses indulgences. On l'aura vu, dans des moments pénibles, voire désagréables, là où personne ne s'aventurerait, venir au secours d'amis en grave difficulté, et prendre de grands risques personnels pour les sauver. Il a également le sens des problèmes politiques, encore qu'il soit plus enclin à l'esprit d'analyse qu'à l'esprit de synthèse. Dans l'histoire de la Quatrième République, il y aura même eu deux Guy Mollet successifs : Guy Mollet I, celui de 1946, le chevelu (avec de curieux cheveux frisés et presque roux pointant haut), hargneux jusqu'à être injuste, ainsi contre Daniel Mayer ou surtout Paul Ramadier, presque casseur, oppositionnel absolu ; et Guy Mollet II, celui de 1956, assagi, plus maître de soi-même, avec ce plein sens de l'Etat qu'il a su acquérir depuis quelques années à l'école de Queuille, rendant à son pays des services éminents, qui seront retenus dans les mémoires justes. Mais il a un tel sens du service du parti qu'il en devient, face aux Joyeux, le portrait même du Sévère et de l'Austère — Guy Sévère.

La journée des tomates

Mais déjà, en Algérie, ce n'est qu'un cri : « Voilà le Front populaire ! Voilà l'équipe des bradeurs ! » Mendès y figure littéralement l'Antéchrist. Guy Mollet, « marxiste sec et sectaire », comme l'écrit *L'Echo d'Alger*, c'est toute l'abomination de l'Internationale. On relève scandalisé le mot d'un socialiste du comité directeur SFIO, Oreste Rosenfeld : « Il faut reconnaître le fait national algérien. » On commente intarissablement les articles de Michel Debré professant que les communistes ne vont pas tarder à participer à ce « gouvernement de l'abandon ». On va disant qu'on n'aura plus le choix qu'entre la valise et le cercueil. Les bradeurs vont liquider l'Algérie comme ils ont liquidé l'Indochine, le Maroc et la Tunisie. On tient pour pure hypocrisie le discours d'investiture de Guy Mollet insistant sur l'« union indissoluble de la France et de l'Algérie ». Le souvenir est trop frais des « Jamais nous ne négocierons avec Hô Chi Minh... Jamais le sultan ne remontera sur le trône... Nous n'abandonnerons jamais Ben Arafa... Jamais Bourguiba ne sera maître chez lui ». A l'évidence, acceptée déjà avec réticence par Edgar Faure, la solution de l'intégration est repoussée par les deux nouveaux consuls : ils cherchent manifestement la « négociation », se proposent de faire élire une nouvelle Assemblée algérienne qui prendra forme et pouvoir de Constituante, qui sait quoi encore.

Désormais, et jusqu'à sa mort, la Quatrième République se heurte au plus difficile problème de toutes les décolonisations, celui de l'Algérie. Aucun ne peut être plus terriblement passionné, car il n'existe nulle part de colonie où vive depuis longtemps une si importante, si dynamique et si puissante population « européenne », dont l'œuvre de colonisation a d'ailleurs été réellement remarquable. De plus, par les sacrifices qu'elle a dû consentir sur les champs de bataille des deux guerres mondiales, par l'importance économique et stratégique de l'Algérie, cette population estime que la France lui doit une aide sans réserve. Précisément, Guy Mollet va être le premier à subir le choc direct de ce désespéré défi.

La passion, on la retrouve à son comble dès le 2 février quand Soustelle quitte son poste et Alger. A la suite des massacres du 20 août, il n'a cessé de se rapprocher des thèses absolutistes d'Alain de Sérigny, directeur « Algérie française » de *L'Echo d'Alger*, et de s'éloigner de Jacques Chevallier, maire libéral d'Alger. L'un de ses derniers actes a été de faire savoir à Paris que le climat de violence était tel qu'il ne permettait pas d'organiser des élections législatives en Algérie. Il n'y a donc pas de députés algériens dans la nouvelle Assemblée nationale : un lien vital a été ainsi rompu entre Alger et Paris. Curieusement, ce n'est pas Soustelle qui est rendu responsable du méfait, mais ce « satané Edgar ». La seule représentation est du coup celle des maires, lesquels sont regroupés dans une fédération dont il ne se dégage aucun homme capable de penser une politique de dimension stratégique. De surcroît, voici qu'apparaît ce général Catroux que tous les anciens combattants, en souvenir de son action en Syrie et en Indochine, traitent de « bradeur d'empire » et de « fourrier de tous les abandons ». Jacques Chevallier indique lui-même qu'il ne répond plus de rien s'il doit recevoir Catroux à la mairie. L'opposition et l'indignation sont si fortes que, dans les vingt-quatre heures, Catroux propose à Guy Mollet de se retirer, celui-ci ne le maintenant qu'« au nom de l'autorité de l'Etat ». Cette crainte viscérale de l'avenir, chez des gens qui dorment avec une mitraillette sous l'oreiller, dans la crainte permanente d'une Saint-Barthélemy, a fait de Soustelle l'idole des pieds-noirs. Cela se matérialise justement lors de son départ.

Spectacle prodigieux. Du palais d'Eté au port — Soustelle a choisi de repartir par mer —, il y a toute la ville à traverser. Dès que la voiture du déchu quitte les jardins de la Résidence, une foule énorme y va des plus assourdissants vivats. La voiture est bloquée vingt fois. 80 000 poitrines bloquent les grilles du port, scandant : « Ne partez pas ! » Des femmes se couchent devant la voiture pour l'empêcher d'avancer. Soustelle doit prendre place sur une automitrailleuse. Dans un chœur comme un roulement de tonnerre, la foule chante *Ce n'est qu'un au revoir*. Soustelle, bouleversé d'émotion, ne peut embarquer sur le paquebot *El Djezaïr* que par une échelle de pilote... Ainsi s'en va le dernier gouverneur général de l'histoire algérienne.

Sur le sentiment profond de la ville, Guy Mollet est à son tour vite édifié quand il y arrive, le 6 février, « pour un voyage exploratoire », sans Catroux (il n'a d'autre ministre avec lui que Max Lejeune).

Les rues sont vides. Les rares passants tournent le dos au cortège. Les fenêtres sont drapées de noir. Puis, vers le centre-ville, on roule parmi une énorme foule impressionnante, une foule silencieuse — comme pour un gigantesque silence de deuil. « Vu », dit Guy à Max.

La voiture s'arrête devant le monument aux Morts — lequel ne cessera plus d'être le haut lieu des rassemblements des pieds-noirs. La minute de silence est encore respectée.

Mais à peine le clairon a-t-il émis sa note déchirante que les hurlements éclatent. Tumulte indescriptible. Les vociférations semblent monter jusqu'au ciel. Les deux ministres peuvent entendre : « Catroux démission !... A mort les bradeurs !... Chevallier au poteau ! Mollet à la mer ! La police avec nous !... » Intervenant, les cuivres de la musique militaire ne parviennent pas eux-mêmes à dominer le vacarme.

Des branches arrachées aux faux poivriers volent. Des tomates aussi. Et des œufs pourris.

Max Lejeune à Guy Mollet : « Quand je te disais qu'il nous les faudrait, ces deux compagnies de CRS ! » (amenées par avions spéciaux, chargées de la garde la plus rapprochée).

Jacques Chevallier à Guy Mollet : « Voilà. Cela ne pouvait être autrement. »

Inimaginable, murmure le chef du gouvernement. Il est pâle comme un mort. Il ne prend que le temps de déposer la gerbe. On l'enfonce précipitamment dans sa voiture qui embraye vers le palais d'Eté. Mais le trajet passe par des rues plus ou moins étroites. Les colons ont apporté des cargaisons de tomates. Carrosseries et pare-brise arrivent dégoulinants au havre de salut.

Déjà cinq mille manifestants se ruent à l'assaut de l'immeuble. A plusieurs reprises, la garde semble tout près d'être débordée. Les jardins puis le boulevard ne peuvent être dégagés que sur l'intervention de deux compagnies de paras, que la foule aime trop pour leur créer problème.

La manifestation se perpétue toute la nuit. Par moments, il faut faire donner les grenades lacrymogènes. La foule va jusqu'à réclamer la constitution d'un « comité de salut public ». Les gaullistes venus de Paris pour soutenir la manifestation s'en donnent à cœur joie, ainsi l'avocat corse Jean-Baptiste Biaggi, ancien chef de corps francs, gravement blessé d'une balle au ventre en mai 1940, poitrine perforée à Koenigsbach en 1945, ancien orateur national du RPF, ou Alain Griotteray, officier para de réserve, ancien aide de camp de Cogny, devenu l'un des plus ardents hérauts du gaullisme activiste.

Parole d'un jeune de Bab el-Oued : « Ces pauvres Francaouis sont fatigués, un tantinet décadents. Nous, nous sommes jeunes. Nous sommes des pionniers. Nous sommes les cow-boys du Maghreb. Nous saurons mater à la yankee nos Sioux et nos Apaches. »

Premier enseignement : « Impossible, le Catroux », comme dit Max Lejeune, qui a son franc-parler.

Même le libéral maire d'Alger en convient.

Guy Mollet appelle à Paris l'Intérieur, seul ministère relié par une ligne directe à Alger (curieusement, avant son départ, ou peut-être pour éviter Mendès, il n'a pas nommé de président intérimaire). Il a au bout du fil un mini-conseil constitué, autour de Mendès, de Bourgès, Billières, Lacoste, Gazier et Gilbert Jules. Il dit : « Je ne peux absolument pas garder Catroux ! » Amen. Exit Catroux, qui donne sa démission dès dix-sept heures.

Des tracts aussitôt imprimés à *L'Echo d'Alger* annoncent la « victoire » : la capitulation du président du Conseil — tandis que, déjà, à Paris, les mendésistes dénoncent ce qu'on appellera le *national-molletisme* ou l'installation dans l'« équivoque à perpétuité ».

Pour autant, le choix reste entier. Claquemuré trois jours dans son palais, recevant délégation sur délégation, Guy Mollet a largement le temps d'en prendre conscience.

Le vrai choix est entre la thèse des représentants des maires venant lui déclarer que « l'Algérie est partie intégrante de la France une et indivisible », et les représentants du clan libéral lui demandant de reconnaître la « personnalité algérienne » et d'orienter sa politique vers au moins l'acceptation d'une République algérienne autonome.

Face à Paris, le choix est entre les tenants de l'Algérie française au nom de « la France de Dunkerque à Tamanrasset » et la thèse de Mendès, qui recommande une immédiate libération des détenus politiques, la liberté totale de la presse, une rigoureuse répression des abus de pouvoir et un certain nombre d'expropriations.

Mendès, s'il avait été appelé à Matignon, aurait aussitôt joué à sa manière, en style flamboyant. Il projetait — du moins ses amis l'assurent-ils — d'arriver de nuit au gouvernement général, de masser des troupes autour d'Alger et de nommer Jacques Chevallier ministre résident (sans d'ailleurs être sûr de l'accord de celui-ci). La ville aurait lu le lendemain matin sur les murs un texte sur affiche faisant part de ses solennelles décisions. Un certain nombre de hauts fonctionnaires auraient été immédiatement relevés de leur poste de commandement. Des révocations auraient frappé les maires « ultra ». Un contrôle de la « presse de haine » aurait été institué. Il fait du reste au plus vite connaître son avis à qui de droit : « Mauvais départ. Vous avez raté le principal : l'effet de surprise. Il eût fallu glacer la foule. »

« Glacer, dit Max Lejeune, alors que nous sommes dans un four à mille degrés ! »

Mendès ne se rend pas compte, reconnaît Chevallier lui-même.

Et — Gaston Deferre n'ayant pas accepté la succession terrible — Guy Mollet de nommer à la place de Catroux le ministre des Finances, ancien bras droit de Jouhaux avant-guerre dans les luttes syndicales, grand résistant, ancien ministre de De Gaulle, Robert Lacoste, le « sanglier du Périgord », élu de la Dordogne, un bonhomme trapu et truculent, court sur pattes, épaules solides, crâne carré, langage vert, caractère d'acier.

On le fait venir dare-dare.

Il est moins intégrationniste que Soustelle, il va être reçu avec autant de réserve, mais, aux yeux d'Alger, « il nous évite du moins la catastrophe Catroux » et il arrive avec toute une musette d'ambitions sociales généreuses.

« Les cons ! » grogne-t-il après avoir entendu les délégués défenseurs de la thèse Algérie algérienne. Mais à qui pense-t-il exactement ?

En tout cas, avec lui, l'armée cesse d'être uniquement répressive.

Elle reçoit consigne d'ouvrir des routes et des écoles, d'organiser des dispensaires. Il crée des sections administratives spéciales confiées à des officiers volontaires pour ce « boulot de néo-préfets ». Une solution pas trop andouille doit bien exister, dit-il...

C'est exactement le moment où de Gaulle entreprend un long voyage aux Antilles et dans le Pacifique. Il a bien pensé à remettre son équipée. « Vous savez, lui a fait observer Vallon, le régime est à moins cinq. » Mais le Général connaît la solidité de Lacoste. « Pas avec ce Périgourdin, a-t-il répondu. Il va leur donner un long sursis. » Le voici donc en odyssée, simplement attentif à ne toucher aucune terre étrangère. Il laisse à quelques amis le soin, en métropole, de « faire bouillir la soupe », tels Emilien Amaury, directeur du très gaulliste *Carrefour*, et Michel Debré au Sénat, multipliant, plus enragé que jamais, les tirs de harcèlement contre le gouvernement, demandant de toute sa véhémence : « Où est l'Etat ? Où est la Nation ? Où est l'Honneur ? » De Gaulle ne fait que deux fois allusion à un éventuel nouveau rôle politique, à la Martinique, répondant à l'ancien député Victor Sévère, quatre-vingt-neuf ans, qui lui demande de se préparer à sauver de nouveau la France : « Je suis prêt » ; et, à Nouméa, déclarant : « Je suis venu ici pour rendre témoignage du passé, aussi pour être utile à l'avenir. » Il met quarante-trois jours à faire le tour du monde de sa France libre — pèlerinage de 58 000 kilomètres, par air, par mer et par routes. Aux Iles-sous-le-Vent, il navigue même sur une pirogue de gala. Sa dernière escale est Fort-Lamy, au Tchad, d'où Leclerc partit pour l'épopée qui devait le conduire jusqu'à Berchtesgaden. A quand le recommencement de son épopée à lui ?

Guy Mollet à l'épreuve

Mais voici Guy Mollet en charge du pouvoir.

Il n'a pas à souci que le front algérien.

Il pourvoit au remplacement de Lacoste rue de Rivoli. Il hésite entre Ramadier et Moch, celui-ci d'ailleurs trop tenté de garder le poste de délégué de la France au Désarmement qui lui fut confié par Edgar Faure. Il opte pour Ramadier qui fait d'ailleurs preuve d'une belle grandeur d'âme en acceptant, tant il peut garder un aigre souvenir de son bourreau de 1947 — mais Ramadier est un grand seigneur de la politique, qui n'a jamais rien bâti sur la haine ou la rancune. Merci, dit Guy Mollet.

En bon socialiste, il lance avec Gazier un beau train de réformes. Le relatif mi-succès du Front républicain est loin de ressembler au triomphe du Front populaire en 1936 — d'autant plus que le fossé ne cesse de s'agrandir entre mendésistes et anti-mendésistes. Mais la SFIO entend marquer son retour au pouvoir, dans une économie somme toute restaurée, par un nouveau bond en avant dans le domaine social. Dès le 28 février, *les congés payés sont portés de quinze jours à trois semaines*. Un fonds de solidarité nationale est mis à l'étude pour venir en aide aux vieux travailleurs dont les retraites et pensions, victimes des dévaluations successives, constituent la seule ressource — bien dérisoire. Le 21 mars, une allocation supplémentaire de 31 250 francs leur est accordée. Cependant, pour aller plus loin, il faut dégager des crédits. Ainsi les députés, le 5 mai, par une majorité importante, votent-ils le principe de ce « fonds vieillesse ». Il n'y a plus qu'à en assurer le financement : un nouvel impôt est créé, la taxe à la possession d'une auto, la fameuse vignette (dont les ressources seront à tort évidemment vite consacrées à d'autres objets). Cela ne va pas sans créer un vif mécontentement des usagers de l'automobile. Par bonheur, tout se calme une fois que Guy Mollet a pris le catégorique engagement que la vignette n'est que provisoire.

Il lance un emprunt national d'équipement industriel et agricole — qui rapporte 86 milliards.

Il bloque avec autorité des manifestations paysannes du printemps.

Il fait approuver par l'Assemblée la création de l'Euratom, puis des accords franco-allemands sur la Sarre, que le Bundestag ratifie à son tour.

Le 2 mars, il reconnaît l'indépendance du Maroc ; le 20, celle de la Tunisie, où Bourguiba se sacre chef du gouvernement.

Le 18 mai, accompagné de Pineau, il va à Moscou rencontrer Khrouchtchev, qui se révèle le vrai nouveau maître de l'empire soviétique. Il s'y rend avec d'autant plus d'intérêt que, le 24 février, devant le XXe Congrès du Parti soviétique, au cours d'un discours de sept heures, à la stupéfaction de ses auditeurs et bientôt du monde entier, Khrouchtchev a dressé le procès « des fautes et des crimes » de Staline ; a fait voler en éclats la statue-totem du génial Père des Peuples ; a tenu à énumérer tous les « bons et honnêtes bolchevistes » que le dictateur extermina ; est allé jusqu'à s'attaquer à la légende faisant de Staline le sauveur de la patrie et le plus grand stratège de tous les temps ; a appelé enfin ses camarades à en finir avec le culte de la personnalité. Mot clef : *déstalinisation*. Autant entendre l'inimaginable. En tout cas un discours qui peut constituer l'un des tout principaux événements de ce second demi-siècle. Le dialogue avec cet immense monde fermé serait-il désormais possible ? Le grand écrivain Alexandre Soljenitsyne, arraché à son bagne, serait lui-même sur le point de recevoir l'autorisation de publier ses romans. D'autres bagnards libérés ressortent à « plein jour » pour révéler l'existence de camps sibériens non moins immondes que les camps hitlériens. Sur sa propre table de travail, face au portrait de Lénine, Khrouchtchev remplace sa statuette de Staline par une de Gandhi en marbre blanc. Les abîmes furent si vastes ! Guy Mollet déchante vite cependant. Lors de la première entrevue même, il s'assied au bout de l'alignement de ses collaborateurs, face à Khrouchtchev, lui-même à la place vedette de sa propre délégation. Le leader soviétique prononce en russe quelques mots. Toute sa suite éclate de rire. Khrouchtchev rit plus fort encore que tout son monde. Guy Mollet demande traduction du mot à son interprète, le prince Andronikov, qui hésite, consulte du regard les Soviétiques. Khrouchtchev fait un signe l'encourageant à traduire. Texte : « Ha ! Ha ! Ce brave Guy Mollet vient de s'asseoir sur la chaise même où nous avons exécuté Beria !... Ha ! Ha !... » Et, de tout le séjour, l'atmosphère n'est jamais à la déstalinisation. Guy Mollet dit : « Staline II... tout rigolant. »

Il est bien avisé de ne pas réagir le 23 mai à la démission de Mendès, qui ne paraît d'accord sur rien : la confiance lui est du coup accordée à plusieurs reprises sans qu'il doive beaucoup lutter.

En juin, il aide Gaston Defferre à faire voter une importante loi-cadre — la loi Defferre —, qui prépare l'émancipation politique de nos colonies d'Afrique noire, ladite loi imposant le suffrage universel des deux sexes et le collège unique, séparant des services territoriaux les services d'Etat (diplomatie, défense et finances extérieures) et indiquant que le chef du territoire sera français (mais comme il y aura près de lui un Conseil de gouvernement et une Assemblée territoriale, il n'aura dans la pratique ni pouvoir exécutif ni pouvoir législatif). Un texte intelligent, approuve Félix Houphouët-Boigny.

Lacoste de toute sa vigueur

Pour sa part, en Algérie, Lacoste, comme il dit, y va « à plein tube ». Il ne se contente certes pas de multiplier les intempérances verbales.

Il obtient de Guy Mollet la mobilisation du contingent sur le sol algérien. Il fait porter le nombre de ses soldats de 250 000 à 400 000, grâce à des appels de disponibles, pour mieux quadriller son territoire.

L'appel aux rappelés ne va pas toujours de soi. Des réservistes se couchent sur les voies ferrées, coupent les raccords de freins dans les convois, tirent si souvent les sonnettes d'alarme que la SNCF doit les faire bloquer. Dans les ports algériens, les pioupious jettent les paquetages à la mer, crient à tue-tête : « A bas Mollet ! Vive la quille ! » Mais cela ne va guère au-delà des tout premiers jours. Car, assez vite, se passe un drôle de phénomène. Comme si le légendaire envoûtement de l'Afrique jouait. Plus de crosses en l'air. Les chefs de la rébellion en sont éberlués. Ils misaient sur une révolte des appelés. Ils en sont pour leurs frais. Qu'est-ce qui joue ? Cette magie des lieux ? Le patriotisme ? Le racisme ? La vérité est pourtant là : les appelés accomplissent leur devoir.

A des émissaires secrets du FLN qu'il reçoit au palais d'Eté, Lacoste peut dire : « Vous vous foutez le doigt dans l'œil jusqu'au coude si vous pensez que nous allons déguerpir. La France n'acceptera pas l'humiliation d'un deuxième Diên Biên Phu. Vous pouvez m'en croire. »

Pour autant, la rébellion ne désarme pas. Loin de là. On décompte 2 500 actes de terrorisme par mois, 12 assassinats par semaine. Sous prétexte de repli élastique, l'armée évacue la chaîne des Bibans, le massif de Guergour, la haute vallée de la Soumman. Le 18 mai, par manque d'expérience, une patrouille de rappelés, à peine arrivée de Maisons-Laffitte, se fait piéger près de Paléstro : dix-neuf restent sur le terrain. Nombre de colons quittent leurs terres. Les petites villes de l'Oranais et du Constantinois se bardent de réseaux de barbelés. Les fusils de chasse des hors-la-loi font place à des fusils de guerre et à des armes automatiques. La guerre subversive bat son plein.

Incident infiniment grave : l'aspirant Maillot livre un camion d'armes au FLN. Un matin d'avril, un aspirant, Henri-François Maillot, qui accomplit son service militaire à Miliana, est chargé de convoyer à l'arsenal d'Alger un camion contenant 135 mitraillettes et des pistolets pour révision. Le chauffeur est un deuxième classe. Comme le camion arrive à proximité de sa destination, l'aspirant, prétextant qu'il a des parents à voir, ordonne au chauffeur de s'engager à droite dans un chemin de traverse. Là, brusquement, le troufion ébahi voit l'aspirant sortir son pistolet et lui enjoindre de stopper. A peine a-t-il freiné que l'officier lui applique au visage un tampon d'éther. Puis des hommes jaillissent du couvert. Une camionnette se range à l'arrière du camion. Le transbordement des armes commence. Maillot n'a même pas à y participer. Il file à bord d'une voiture légère pour reparaître quelques semaines plus tard au maquis rouge des Beni Boudouane dans les Ouarsenis. Alors seulement on apprend qu'il est le fils d'un communiste connu d'Alger. L'événement a son importance. Il signifie que le PC algérien tente par tous les moyens de forcer la porte du FLN. Or la position constante de Ben Bella et de ses compagnons ne variera jamais. Les membres des vieilles formations politiques ne peuvent entrer au FLN qu'à titre individuel. La méfiance est même sans doute encore plus forte vis-à-vis du PC que vis-à-vis de tous les autres mouvements. Depuis le début de la rébellion, le PC ne cesse de demander son adhésion : il ne l'obtiendra jamais en tant que bloc. Lacoste se serait tout de même passé du « coup de Maillot ».

Il reste qu'il ne ménage pas ses forces et engrange pas mal de succès.

Deux chefs de Willaya tombent.

Mostefa Ben Boulaïd, l'homme des Aurès, se fit arrêter l'année précédente sur la frontière tunisienne alors qu'il se rendait au Caire. Evadé de la prison de Constantine, il retrouve son poste. Tôt après, il se fait piéger à mort. Tout près de sa grotte, sur des postes militaires français, a lieu un parachutage d'armes et de munitions. Comme par hasard, un container tombe à proximité de ladite grotte. Le colis est apporté à Ben Boulaïd. Il s'agit d'un appareil radio transmission-réception. Ben Boulaïd veut l'essayer, tourne un bouton. Une explosion le déchiquette. Opération du 11e Choc, unité d'interventions spéciales.

Peu après, c'est le tour de Zighout Youssef, chef de la Willaya du Nord-Constantinois. Une patrouille de treize hommes conduite par un simple caporal-chef revient d'un village de montagne d'où elle ramène quelques prisonniers. En redescendant vers le poste de Sidi-Mesrich, elle bifurque par des lauriers-roses au creux d'un oued, tout bonnement afin de ne pas emprunter le trajet des crêtes utilisé à l'aller. Elle ignore complètement que, dans un gourbi tapi dans les feuillages, le chef de la Willaya en personne tient une conférence cette même nuit. On se fusille durant deux heures dans les lauriers-roses. Quand tout est fini, neuf morts gisent sur le terrain, dont Zighout Youssef.

Pourparlers secrets

Non que Guy Mollet ne cherche pas à négocier — trop conscient qu'il est que la solution ne saurait être uniquement militaire.

Christian Pineau rencontre Nasser au Caire le 14 mars (à son retour annonçant au Palais-Bourbon, sous les rires et les ricanements de l'Hémicycle, qu'il a obtenu du Raïs sa parole d'honneur qu'il n'y avait pas de camp d'entraînement en Egypte).

En avril, deux conseillers de l'Union française, Begarra et Gorse, ont au Caire une série d'entretiens « prospectifs » avec Mohammed Khider, représentant de Ben Bella.

Dès le 22 mars, Bourguiba cesse certes d'être neutre. Il proclame qu'« il n'est pas concevable que le Maroc d'un côté, la Tunisie de l'autre, puissent jouir de leur indépendance alors que l'Algérie reste, au milieu, sous un joug colonialiste ». Voilà du coup la rébellion avec deux capitales : Le Caire et Tunis. Les passages d'armes s'intensifient. Bourguiba fait organiser des camps d'entraînement contre lesquels les troupes françaises sont interdites d'agir. Une identique complicité s'établit entre Oranais et Marocains. Néanmoins, en dépit des mauvais rapports officiels, des émissaires circulent. Guy Mollet ne désespère pas que Bourguiba puisse un jour jouer les intermédiaires.

Le 1er juillet, à Lille, le congrès national de la SFIO invite ouvertement le gouvernement à tout faire pour aboutir à un « cessez-le-feu ». En grand secret, le gouvernement s'abouche avec le FLN, discute. Georges Gorse rencontre Mohammed Khider à cinq reprises sur le territoire helvétique. Pierre Commin, secrétaire général adjoint du parti, ami intime de Guy Mollet, prend de nombreux contacts identiques. Cela ne va pas de soi. D'une part, les rebelles posent comme condition à l'ouverture de toute discussion officielle la reconnaissance préalable du droit de l'Algérie à l'indépendance et de la qualité du FLN comme représentant exclusif du peuple algérien. D'autre part, Guy Mollet fait rappeler que 15 000 insurgés ne peuvent parler pour 8 millions d'hommes avant que ceux-ci aient été démocratiquement consultés. Il demande à Commin : « Ton Ben Bella, est-ce qu'il ne se prendrait pas par hasard pour de Gaulle ? » On n'en palabre pas moins.

Il arrive à Lacoste lui-même, dans cet éclairage, d'avancer ses propres pions. Ainsi reçoit-il Ferhat Abbas, le docteur Ahmed Francis et une forte personnalité religieuse musulmane, Twefik El-Madani, qui lui demandent passeport afin de se rendre au Caire « sans emprunter les chemins creux ». Il joue les bons princes, un simple brin de malice au coin de l'œil. « Après tout, que perdons-nous à envoyer quelques modérés chez tous ces excités ?... Je ne fais que mettre du sucre dans mon café. »

A l'occasion, afin de diminuer l'autorité du FLN, il manœuvre habilement pour attiser les disputes des clans qui déchirent le Front. Par exemple, le véritable chef de la rébellion intérieure, Abane Ramdane, un instituteur fanatique, kabyle comme Belkacem Krim, dialecticien hors de pair, maître organisateur, est en rivalité ouverte avec Ben Bella et les exilés du Caire, qui ont le beau rôle, à négocier tout tranquillement avec cette chère « Ligue arabe qui n'est qu'une princesse au bois dormant », à hanter d'inutiles conférences internationales, à jouer les « somptueux parasites dans le luxe des palaces égyptiens ». Voici qu'il entreprend de réunir sur le sol même de l'Algérie un Congrès des combattants destiné à entériner une plate-forme politique. Dans l'esprit, il y a scission. Cela se passe dans une maison forestière abandonnée de la vallée de la Soumman. Trois cents combattants y viennent. Personne du Caire. Lacoste sait remarquablement doser ses renseignements et ses indiscrétions pour troubler le jeu. Quand Guy Mollet lui-même, à Lille, parle de négocier éventuellement avec « ceux qui se battent », il s'applique au fond à ne pas y inclure des « rois fainéants ».

Mais, curieusement, une opération inattendue des Français va conférer à Ben Bella le prestige qu'il est en train de perdre, et beaucoup gêner les négociateurs, en attendant que le « coup de Suez » finisse par tout remettre en question.

Ladite opération, c'est l'enlèvement de Ben Bella.

L'enlèvement de Ben Bella

Ben Bella et quelques-uns de ses lieutenants, après avoir négocié à Rabat avec Mohammed V et le prince Hassan, et désirant se rendre à Tunis pour y rencontrer Bourguiba, ont l'imprudence et la légèreté de prendre un avion, un DC 3 de la compagnie Air Atlas, qui va survoler le territoire algérien et dont l'équipage est français. Il est vrai qu'ils savent que le sultan s'est porté garant de leur sécurité — le sultan qui doit lui-même, à bord de son propre avion, se rendre aux conférences de Tunis. Et le DC 3 en question n'est-il pas propriété chérifienne ?

Or, à Alger, on sait que cette « bande de salopards » va survoler l'Algérie sur toute sa longueur. Ni Robert Lacoste, dans sa circonscription de Dordogne, ni Guy Mollet, en tournée dans le Pas-de-Calais, n'ont pu être touchés. Mais les militaires qui ont pensé à intercepter l'appareil sont couverts par Max Lejeune, secrétaire d'Etat à la Guerre, et par Abel Thomas, à la Défense directeur de cabinet de Bourgès, lui-même en promenade électorale dans le Languedoc. « C'est trop de culot, a dit Max Lejeune, c'est même de la provocation, l'armée ne peut pas rester les bras croisés. »

Cela se passe le 22 octobre.

Chance inouïe : tout l'équipage est bien français, le mécanicien Benauges, le radio Dubos, la toute mince et blonde hôtesse Michelle Lambert et le commandant de bord, le commandant Gaston Grellier, de surcroît premier maître pilote de l'aéronavale, croix de guerre avec deux citations, médaillé militaire, chevalier de la Légion d'honneur, signalé comme « du plus courageux patriotisme ».

Autres voyageurs avec les Algériens : des journalistes, dont Thomas Brady, correspondant du *New York Times* pour tout le Maghreb.

Le DC 3 décolle de Rabat-Salé à midi vingt-quatre. Ben Bella ne prend qu'une précaution : il pose son revolver dans la poche, devant lui, où voisinent les instructions en cas d'accident et le sac de papier réservé aux nauséeux. Sans délai, par radio, l'équipage entre en liaison directe avec la tour de contrôle de l'aérodrome d'Alger, d'où le général Lorillot et le colonel Ducourneau vont diriger toute l'opération.

Les voyageurs font escale à Palma. Ils s'installent tous au bar, très décontractés. Ben Bella dit être assuré que la paix en Algérie est pour bientôt. Aït Ahmed évoque même la possibilité de réaliser l'indépendance économique après l'indépendance politique.

L'avion décolle à dix-sept heures trente-cinq. L'hôtesse annonce l'heure d'arrivée prévue à Tunis : vingt et une heures vingt-cinq.

Le dialogue définitif s'établit à dix-neuf heures trente.

Alger : — Confirmons... d'ordre de Robert Lacoste... Vous vous posez à Alger.

DC 3 : — Problème... Nos familles qui sont au Maroc ?

Alger : — Nous nous en occupons immédiatement. Nous les mettrons en lieu sûr.

DC 3 : — Les rebelles sont certainement armés.

Alger : — Assurez-vous-en.

DC 3 : — Que ferons-nous s'ils se rendent compte que nous nous posons à Alger et s'ils mettent les armes dans le dos du pilote ?

Alger : — La chasse décollera et vous pourrez alors arguer de la nécessité d'atterrir.

Pour gagner du temps, l'avion exécute une série de virages. Le ciel est clair, la lune haute. Du coup, la lune est tantôt à droite, tantôt à gauche de l'appareil. Pour autant, les passagers ne réalisent pas qu'on ne vole plus en ligne droite. Ils restent convaincus qu'on file sur Tunis.

Le plus beau étant que tous les échanges de messages se font en clair. Des navires écoutent, comme au cinéma. Un avion d'Air France passe. Il s'en mêle. « Bravo, les gars ! Allez-y ! N'hésitez pas ! Nous sommes de cœur avec vous ! »

Dans ces mêmes moments, Lacoste se pose à Alger. On lui présente l'affaire. « Fameux ! s'exclame-t-il. Une affaire du tonnerre de Dieu ! Je couvre totalement. » On lui indique que l'opération peut encore être annulée. Il hausse les épaules. « Votre truc, dit-il, va me valoir pas mal d'emmerdements, mais cette bande d'enculés ose survoler le territoire français. Ils passent à portée de main. Nous sommes en guerre. Je fais la guerre. Donc je les fous au gnouf. »

Depuis plusieurs heures, des forces importantes quadrillent l'aéroport de Maison-Blanche. Le commando d'intervention est armé jusqu'aux dents.

De là-haut, les passagers, à l'heure prévue, regardent par les hublots, aperçoivent une incroyable densité de lumières. Tunis ? demande une voix. Tunis, confirme l'hôtesse, nous nous posons dans un quart d'heure.

La double inscription clignote.

« Attachez vos ceintures. *Fasten your seatbelt.* »

L'avion prend contact avec la piste, roule.

Voix de l'hôtesse : « Vous êtes priés de ne pas quitter vos sièges avant l'arrêt complet de l'appareil. »

Elle disparaît dans la cabine, dont l'équipage bloque la porte de communication. Du commandant à l'hôtesse, tous sautent par l'ouverture de secours — sauf Mlle Lambert, qui se foule la cheville.

Dans l'appareil, voici que les lumières s'éteignent d'un seul coup. Dehors, s'allument des projecteurs aveuglants. La porte bascule. Le colonel Andrès, chef de la sécurité de l'air, surgit, mitraillette au poing. Ben Bella n'a même pas le réflexe de saisir son arme. « Je n'aurais jamais cru les Français encore capables d'un tel coup », dira-t-il.

Déjà, la nouvelle court sur les ondes.

Ahurissement général.

Le sultan, à Tunis, est l'un des premiers avertis. Impossible de savoir s'il est furieux ou désespéré. Il appelle René Coty. Sa voix tremble : « Les Algériens étaient placés sous ma protection... Mon hospitalité a été violée... Vous connaissez l'âme musulmane... C'est une question d'honneur... Je suis prêt à vous donner mes fils en otages... »

Au même instant, Guy Mollet, retour d'Arras, préside au Cercle interallié le dîner d'adieu offert au général américain Gruenther (qui commandait l'OTAN depuis le départ de Ridgway). Il y est alerté par Alain Savary, secrétaire d'Etat aux Affaires musulmanes, et Louis Joxe, secrétaire général du Quai, déchaînés d'indignation. Guy Mollet quitte sa table.

Alain Savary fera lui-même le récit de la rencontre.

L'entretien a lieu dans un salon retiré du Cercle, où Max Lejeune survient à son tour.

« Nous voilà frais ! » s'écrie Guy Mollet, furieux de n'avoir pas été prévenu.

Il n'est violent qu'avec Lejeune : « Tu te démerderas avec Coty.

— Pourquoi pas ? » s'exclame l'autre qui, à l'évidence, jubile.

Tout le groupe file vers l'Elysée.

Coty est en robe de chambre (amarante) — d'une humeur épouvantable.

« Nous sommes déshonorés ! »

D'autres ministres surgissent. Ils se séparent en deux camps très nets. Certains partagent l'accablement de l'Elysée. D'autres ne cachent pas leur ravissement. La voix douce de Ramadier fait exception dans le brouhaha : « Moi, dit-il, je pense que, tout de même, l'armée ne pouvait pas faire autrement. »

Coty demande les noms de ces « cinq malheureux ».

Max Lejeune répond qu'il peut donner les noms de ces cinq « criminels de guerre » : Ben Bella, Mohammed Khider, Mostefa Lascheraf, conseiller de Khider, Mohammed Boudiaf, l'un des insurgés les plus dangereux, et Aït Ahmed, qui représente le FLN à Washington.

Il faut les libérer sans délai, décide Coty.

Il est vivement soutenu par Savary et par Pineau.

Il n'y a pas autre chose à faire, insiste l'homme du Quai.

Max Lejeune et Bourgès rétorquent qu'il n'en est pas question.

Ramadier glisse : « Il y a d'autres moyens de rechercher des interlocuteurs qualifiés, mais, puisque nous en tenons quelques-uns, j'espère que nous en profiterons. »

Bourgès-Maunoury soutient vigoureusement Lejeune, qui est tout près d'en venir aux mains avec Savary.

Dans le même temps encore, par téléphone, une altercation violente oppose l'ambassadeur de France à Tunis, de Leusse, à Lacoste. Dialogue :

De Leusse : — Vous aurez pris une responsabilité écrasante.

Lacoste : — Ah ! non, merde, mon vieux !... Ou alors disons que je ne suis pas aussi intelligent qu'un diplomate.

De Leusse : — Je m'en aperçois.

Lacoste : — Je me demande parfois, moi, si certains fonctionnaires sont encore français. J'ai fait deux guerres. Je n'ai pas à recevoir de leçons de petits zigotos qui tortillent les points-virgules...

A l'Elysée, la discussion n'en finit pas.

Savary : — Vous croyez avoir fait un coup de maître. Ben Bella était sur le point d'être éclipsé et limogé par Abane.

Lejeune : — Personne ne connaît Abane. Tout le monde connaît Ben Bella.

Savary : — En arrêtant Ben Bella, vous le remettez en selle.

Lejeune : — Il était assez vicieux pour se remettre en selle tout seul, et, à sa manière, je devine de quelle manière il se serait débarrassé de ton Abane.

Tous les regards se portent sur Guy Mollet. Il est livide.

Il dit, les yeux durs :

« Je regrette le détournement de cet avion. C'est un acte inconsidéré commis sans l'assentiment du gouvernement. Mais je ne crois pas que dans l'état actuel de l'opinion publique et parlementaire, nous puissions nous permettre de relâcher les prisonniers. Si nous agissions ainsi, le gouvernement serait renversé dès demain. Le mal est fait. Nous ne pouvons cependant pas revenir en arrière. Demain, je suis même décidé à féliciter l'armée. »

Un silence.

« Mais moi, lâche Savary, je démissionne. » Et il démissionne.

Il est le seul de toute la formation gouvernementale.

Mitterrand reste place Vendôme. Le lendemain, il va simplement voir Guy Mollet à Matignon en compagnie de son inséparable ami Georges Dayan et lui dit : « Cette opération m'indigne. Elle est stupide. Si je ne pars pas, c'est pour une seule raison : ne pas ajouter à votre gêne, qui doit être grande. » Je saurai m'en souvenir, promet Guy Mollet.

Pour se détendre les nerfs, il n'a plus qu'à aller faire une partie de fléchettes — son sport favori...

Une captivité allant de prisons en châteaux commence pour Ben Bella et ses compagnons. Du moins y a-t-il tout loisir de rédiger une longue diatribe contre Abane Ramdane et ses combattants, où il développe à satiété sa théorie de la légitimité. Seuls, à ses yeux, les neuf chefs historiques qui déclenchèrent la rébellion lors de la Toussaint rouge ont voix au chapitre. Même ceux qui se trouvaient à cette époque emprisonnés ne sauraient prétendre à cette auréole, et moins encore les politiciens qui ont tardivement rejoint. Le trait vise à l'évidence avec Abane tous les ralliés de fraîche date, tel Ferhat Abbas. Une nouvelle guerre interne est déclarée, qui ne se terminera que par la mort d'Abane Ramdane, assassiné dans les conditions les plus mystérieuses...

Les pourparlers secrets ? Un instant interrompus, Guy Mollet les fait reprendre. Il y engage notamment ses meilleurs amis, Pierre Commin, Ernest Cazelles, Pierre Herbault. Ils entreprennent de renouer des contacts, à Rome, à Belgrade. Ils acceptent en son nom que le statut futur de l'Algérie soit « négocié et non octroyé ». Ils peuvent convenir de la création d'un exécutif algérien, d'un collège unique supposant pleine égalité de tous les habitants de l'Algérie, de liens institutionnels entre l'Algérie et la France. Ils proposent comme base de discussion le texte suivant : « Exécutif et législatif algériens auront à connaître de toutes les matières qui n'auront pas été déclarées comme relevant de compétence commune : 1. Les libertés publiques. 2. Les questions militaires. 3. Les affaires extérieures. 4. La planification économique et les finances extérieures. »

Mais les délégués du FLN s'entêtent à réclamer en préalable la reconnaissance d'une totale indépendance. Autant dire qu'il n'y aurait rien à négocier.

Par ailleurs, le pétrole a jailli en juillet à Hassi-Messaoud. Il ajoute un élément de discussion à l'essentiel : le statut des Français dans l'Algérie de demain.

Par ailleurs aussi, voici l'armée française à s'essayer à l'action psychologique, ramenée d'Indochine. Les rescapés des camps de prisonniers apportent la révélation qu'on n'obtient pas tout avec des canons, que le corps de bataille des idées doit précéder le corps de bataille des soldats. Un de ces précurseurs, le commandant Dadillon, crée un groupe d'« officiers itinérants » : quarante officiers, tous anciens prisonniers du Tonkin, qui vont dans les unités convertir et « reconvertir » l'armée française, l'initier à l'éducation des foules. Principaux théoriciens : les colonels Lacheroy, Nemo, Bonnet, Rocolle, démontant le système viet des « hiérarchies parallèles », appliquant le schéma viet des *trois avec*, à savoir le commissaire politique, le percepteur des impôts et le juge, qui travaillent, mangent et dorment *avec* la population. C'est vouloir concurrencer directement les agents du FLN sur leur terrain de prédilection.

Rien ne peut aboutir dans de telles conditions.

La guerre s'intensifie.

Les combats s'avivent.

On arraisonne au large d'Oran un bateau, l'*Athos*, bourré d'armes tchèques.

Le 28 décembre, Amédée Froger, maire de Boufarik, président de la tout influente Fédération des maires d'Algérie, est assassiné.

Des batailles serrées sur Alger même viennent en perspective.

Le coup de Suez

Autrement grave est cependant l'affaire qui pourra même conduire jusqu'au seuil d'une guerre mondiale.

Tout commence à Alexandrie le 26 juillet, quatrième anniversaire de la chute de Farouk. Devant une énorme foule hurlante, le colonel Abdel Nasser, en uniforme, annonce, avec de formidables éclats de rire repris par le chœur populaire, la nationalisation du canal de Suez. Dans le même temps, ses policiers prennent possession du somptueux immeuble de la célèbre compagnie. La statue de Ferdinand de Lesseps, constructeur du canal, est abattue.

Le visage vieilli et ridé d'Eden apparaît sur les écrans de télévision anglais. « *My friends*, prononce-t-il d'une voix lasse, il vous faudra bien comprendre que Suez est pour nous une question de vie ou de mort. »

Guy Mollet crache : « Nasser, c'est Hitler. »

Les deux hommes n'ont pas exactement les mêmes motivations.

Eden explique : « Je fus en 1938 contre Munich. Je ne le serai pas moins en 1956. »

Mollet voit dans l'affaire une occasion inespérée d'abattre le « grand frère arabe des fellaghas algériens », de faire taire la *Voix des Arabes* qui, sur les ondes, empoisonne de ses mots d'ordre sempiternels notre bled — y est aussi décidé qu'à faire respecter la liberté de navigation, les droits des petits porteurs d'actions de la Compagnie du canal, les procédures civiles et démocratiques sans lesquelles aucune société internationale ne serait plus viable. Enfin, c'est pour les socialistes pouvoir en terminer avec ce « pharaon de carnaval » — ledit pharaon qui, déchaîné d'enthousiasme et de fureur, dans un discours du Caire, traite Eden de « vieil imbécile congénital » et Pineau de « brute insolente pour laquelle il s'en remet aux Algériens de lui donner la leçon de politesse qu'il mérite ».

Mais Nasser aura par son défi rétabli toute la magie de l'Entente cordiale. Paris et Londres se retrouvent dans la même indignation — donc dans la même volonté de faire échec à cette « audace de pirate barbaresque ».

Autre motivation pour Guy Mollet : la sauvegarde du pays d'Israël, dont la sécurité est encore trop précaire et que Nasser menace désormais directement. Pour lui, après l'enfer d'Auschwitz, cette République d'Israël est aussi sacrée qu'un serment. En outre, ces Israéliens sont dirigés par des socialistes. Justement, Ben Gourion craint que Nasser n'appelle à la guerre sainte. Il demande des armes. Le réflexe antimunichois se renforce du remords espagnol : Léon Blum ne sut pas sauver en 1936 la République espagnole. La non-intervention du gouvernement de Front populaire au côté du Frente popular n'avait pas aidé la paix, mais encouragé Hitler et Mussolini. Mollet, lui, interviendra. Il intervient. Et des pourparlers de se nouer entre Londres, Paris et Tel-Aviv, dans un rigoureux secret qui ne sera jamais trahi. Et, aussitôt, les vengeurs de préparer le jour J du châtiment.

Ils sont d'ailleurs d'autant plus attentifs à se préparer dans l'ombre que les Américains en restent au complexe anticolonialiste rooseveltien. John Foster Dulles ne dissimule pas sa sympathie pour la politique nassérienne. A la conférence internationale de Londres, le 16 août, où les délégués de vingt-deux nations sont réunis afin d'essayer de définir un nouveau statut international pour Suez, il n'a aucun mot pour condamner l'Egypte. Il fait observer à Eden que le canal reste ouvert, que les pilotes européens assurent régulièrement tous les passages, qu'au Caire les touristes continuent de parcourir, paisibles et amusés, sur des chameaux de louage, le secteur des Pyramides. A Pineau, qui fait valoir que la nationalisation de Suez constitue un précédent redoutable pour Panama, il rétorque, non sans aigreur, qu'aucune assimilation n'est possible :

le canal de Panama appartient par contrat au gouvernement américain et a été creusé sur un territoire librement concédé à perpétuité aux Etats-Unis alors que la Compagnie du canal de Suez est une société sur terre égyptienne dont Nasser a eu parfaitement le droit d'ordonner la nationalisation.

Il n'en reste pas moins qu'il y a déjà beaucoup de remue-ménage à Chypre, choisie comme base d'action pour l'éventuelle riposte et vers laquelle appareillent vite les porte-avions britanniques *Bulwark, Ocean* et *Theseus*, en attendant qu'y vienne le paquebot *New Australia* avec deux bataillons du Buckinghamshire Regiment et de l'Oxford Light Infantry — tandis que les Français remettent hâtivement en état le cuirassé de 35 000 tonnes *Jean-Bart* et concentrent leur flotte à Toulon. Dès le 8 août, les commandants en chef d'une éventuelle expédition anti-Nasser sont même désignés : sir Charles Keightley aura à diriger l'ensemble, avec pour adjoint l'amiral Barjot, l'un des meilleurs experts mondiaux de stratégie navale. Et la campagne électorale américaine, où Eisenhower s'empoigne pour la seconde fois avec Stevenson, scrutin annoncé pour le 6 novembre, n'est-elle pas une fantastique aubaine ? Les Américains ont chez eux de quoi oublier leur petit ami Nasser.

Côté français, il n'y a dans la confidence du projet que Pineau, Max Lejeune et Bourgès-Maunoury, avec, aux côtés mêmes de Guy Mollet, ses deux plus proches collaborateurs de Matignon, le préfet Briand et Emile Noël. Aux autres ministres, Guy Mollet se contente de dire : « Qui vivra verra. Croyez-moi, le Raïs n'a pas encore gagné. »

Nos forces prévues ? « La force A », commandée par le général Beaufre (l'un des lieutenants de De Lattre) et principalement prélevée sur l'armée algérienne, à savoir la 10e division de paras de Massu, le 1er régiment étranger de paras, la 7e division mécanique rapide du général Huet (4 000 véhicules), trois escadrons de chars AMX et un escadron de chars Patton. L'amiral Lancelot aura à charge la marine. Notre plus jeune général de l'armée de l'air, Brohon, commandera le groupe mixte aérien n° 1. Armada de Toulon : 18 navires de combat, 13 auxiliaires, 10 amphibies, deux sous-marins, 14 dragueurs, le *Pasteur* réarmé, 5 paquebots, un navire-hôpital, 45 cargos, 7 pétroliers et 2 tankers à eau douce. Faut-il que les espions communistes passent de bonnes vacances ! Rien ne transpire.

Londres et Paris n'ont plus qu'à mettre dans le coup Israël, afin d'effectuer l'opération « à trois ». Les militaires prennent les premiers contacts (le général Maurice Challe pour la France). Puis, les 21 et 22 octobre, Ben Gourion, qu'accompagnent le général Moshe Dayan et Golda Meir, atterrit à Villacoublay, négocie secrètement et directement (à Sèvres) avec les hauts responsables français et anglais (Pineau va au rendez-vous au volant de sa voiture personnelle, avec son homologue Selwyn Lloyd à bord). C'est là que les plans définitifs sont arrêtés.

29 octobre, vingt heures trente-cinq. Flash sur les téléscripteurs de l'AFP : « Les troupes israéliennes sont entrées dans le territoire égyptien et ont occupé des positions sur la route du canal de Suez. »

La guerre de Suez vient de commencer.

« Il ne me faut pour vaincre que quatre jours », assure le général Moshe Dayan, un général borgne, à bandeau noir sur l'œil éteint, ancien terroriste descendant de Juifs d'Ukraine quoique né en Galilée, où il cultive des oranges entre deux combats. Effectivement, en moins de cinq jours, deux brigades israéliennes parcourent impunément trois cents kilomètres à travers le Sinaï, ne stoppent qu'à dix kilomètres du canal. En deux temps et trois mouvements, les troupes d'élite du maréchal égyptien Akim Amer sont enfermées dans une nasse à Gaza.

Il n'y a plus qu'à synchroniser avec Paris et Londres.

Le 30, Guy Mollet se fait donner carte blanche par le Conseil des ministres.

Le 31, il confère à Downing Street avec Eden, mettant au point avec lui l'ultimatum qui est adressé à Nasser. Le soir même, il donne toutes les explications nécessaires à l'Assemblée nationale, qui lui accorde sa confiance par 368 voix contre 182 (11 radicaux s'abstiennent, dont PMF), tandis que Eden, après une sensationnelle empoignade avec les travaillistes, obtient lui-même l'appui des Communes, 270 à 218.

L'astuce consiste pour Paris et Londres à demander à la fois à Israël et à l'Egypte d'arrêter immédiatement toute hostilité, et à l'Egypte de permettre sans délai l'installation, à titre provisoire, de forces franco-britanniques à Port-Saïd, Ismaïlia et Suez, afin de garantir le libre passage de tous les navires. Inévitablement, Nasser rejette l'ultimatum. Aussitôt, Français et Anglais en prennent argument pour intervenir dans la bataille.

Sur le terrain, la réussite dépasse toutes les espérances.

Le 5 novembre, les Israéliens poussent jusqu'à la base de Charm-el-Cheikh. Les troupes égyptiennes se débandent en déroute, abandonnant sur le sable d'énormes quantités de matériel... soviétique. Les tanks T34, incendiés au napalm, dressent leurs noires carcasses dans le désert. Des brodequins abandonnés gisent de toutes parts : les fedayin, habitués à marcher pieds nus, ont quitté leurs chaussures pour fuir plus vite. Le butin en chars, canons, véhicules, mines et munitions est époustouflant. Gaza capitule à la première sommation. Malgré l'héroïsme de quelques unités, le front de Nasser se disloque. Tous ses états-majors se révèlent incapables. L'avant-garde de Dayan marche déjà sur Port-Fouad.

Le jour J du plan Mousquetaire est le 4. Heure H : sept heures vingt-sept. Première phase : largage de mille paras. A 300 km/h les Nord-Atlas français survolent Port-Saïd. « *Go ! Go !* » Les appareils se vident. L'attaque de la ville commence. Chef des paras : un baroudeur intraitable, le colonel Château-Jobert, dit le colonel Conan. Première mission : s'emparer de l'usine de filtrage qui ravitaille la ville en eau douce. Au même instant, avec la même facilité, les paras de Butler attaquent l'aérodrome de Gamil, sur la route Damiette-Alexandrie. « Comme sur des roulettes », indique Conan, qui lance dans l'après-midi un autre parachutage, cette fois sur le quartier résidentiel de Port-Fouad.

Mais il en va tout autrement sur le terrain diplomatique et politique.

L'ambassadeur américain Cabot Lodge fait feu des quatre fers devant le Conseil de sécurité à New York.

Le matin du 2 novembre, l'Assemblée générale de l'ONU, qui s'est saisie de l'affaire à la demande de Tito, condamne massivement l'agression. Les trois « vengeurs » sont désapprouvés par soixante-quatre pays. Ils ne peuvent compter en leur faveur que cinq voix : les leurs, plus l'Australie et la Nouvelle-Zélande.

Eisenhower s'indigne, convaincu qu'on « veut lui saboter là son élection ».

Dulles s'étouffe de rage. « Ne comptez pas sur les Américains, lance-t-il à Eden, pour vous tirer de la situation désastreuse dans laquelle vous vous mettez. Ne comptez pas sur le peuple américain pour se rationner afin de vous procurer l'essence dont vous allez être privés. »

A Moscou, le 5 novembre, par camions entiers, les travailleurs, à milliers, « spontanément », crient leur colère devant les ambassades de France, d'Angleterre et d'Israël.

Les Soviétiques ont d'autant plus intérêt à faire beaucoup de bruit sur le coup de Suez qu'ils sont en train de soulever l'indignation du monde entier en écrasant dans le sang la révolte du peuple hongrois. Ils ont un temps feint de comprendre les insurgés, de classer dans la rubrique « déstalinisation » les foules de Budapest déboulonnant les statues de Staline et faisant la chasse aux odieux sbires complices du KGB. Ils ont réellement semblé vouloir jouer la conciliation avec cette Hongrie qui réclame des institutions démocratiques, proclame sa neutralité, refuse d'être plus longtemps occupée par les forces du pacte de Varsovie. L'ambassadeur soviétique Andropov a donné toutes assurances. Imre Nagy, propulsé à la tête du mouvement libérateur et de l'Etat, a pu tout heureux annoncer sur les ondes : « Je vous le confirme. Les Russes s'en iront, emportant leurs morts. » Budapest a cru pouvoir chanter victoire. Mais, le 6 novembre, tombe l'écrasante nouvelle. Les Soviétiques attaquent en masse, des T56 à l'avant, occupant aéroports, stations de radio et nœuds de communications. Ils interviennent par vagues, sans la moindre pitié, bombardent la caserne Kilian sans sommation, arrêtent le général Maleter, ministre de la Défense, et Itsva Kovacs, chef d'état-major général, cassent tout sur leur passage, règlent tout en quelques jours. Ils amènent dans leurs bagages un nouveau secrétaire pour diriger le pays, Janos Kadar. Précisément, ils sont à même de penser que plus le tumulte sera assourdissant sur Suez, moins il sera entendu sur Budapest.

Plus grave : non seulement Dulles et Eisenhower assaillent au téléphone Eden, le somment de lâcher cette « folie », mais le cabinet britannique est déchiré. La moitié des ministres d'Eden le supplient ou lui enjoignent de quitter le combat.

Le 6 novembre, Guy Mollet, à force d'énergie, réussit cependant à obtenir que le débarquement commence. A sept heures, l'armada alliée — 200 navires — entre en action. Objectifs : Port-Saïd pour les Anglais ; Port-Fouad pour les Français. Dès huit heures quinze, un commando français occupe le port ainsi que le central téléphonique. En fin de matinée, Port-Fouad offre sa reddition. Malheureusement, Eden craque. Les travaillistes tirent sur lui à boulets rouges. Son ministre de l'Intérieur, Butler, l'accable de reproches. Des réservistes anglais se mutinent. A bout de nerfs, le Premier ministre s'imagine déjà en principal responsable d'une inévitable guerre mondiale. Autant rencontrer un spectre. Désespéré, il fait peine à voir. De plus, une vaste spéculation se déploie contre la livre sterling. Les réserves de change, qui ont diminué de 57 millions de dollars en septembre et de 84 en octobre, en perdent 279 millions dans les seuls cinq premiers jours de novembre. Dulles n'a pas comme arme que son éloquence puritaine. Guy Mollet est au contraire d'autant plus confiant que le général Ely vient de l'informer que le plan Mousquet (de débarquement) est dépassé, que l'on peut prendre Suez dans les plus brefs délais, que la victoire est là. Dans un ultime effort, il essaie de redonner foi à son allié. Il l'appelle au téléphone en fin d'après-midi. Dialogue pathétique.

Mollet : — Les Soviets bluffent. Nasser bluffe. Les Amerlocks bluffent. La colère d'Eisenhower tombera après sa victoire sur Stevenson. Il ne nous faut que quarante-huit heures. Quarante-huit heures ! Que du moins nous fassions s'écrouler au Caire cet infâme salopard !

Eden : — Non. Je suis dans une situation impossible. Tout le monde m'abandonne, l'archevêque de Canterbury, l'Eglise, les pétroliers, mes meilleurs amis, même mon plus fidèle soutien, Nutling, qui vient de lâcher son ministère d'Etat. Nehru est hors de lui. Le Canada rompt.

Mollet : — Churchill ?

Eden : — Il est si vieux !

Mollet : — Quarante-huit heures, ce n'est pas long.

Eden : — J'ai le Commonwealth sur le point d'éclater. Puis-je être le fossoyeur de la Couronne ? Puis-je me passer de l'amitié des Etats-Unis ?

Mollet : — Elle n'est pas perdue. Il faut savoir gagner. On a davantage d'amis vainqueur que vaincu. Et Israël ?

Il rage d'autant plus que les paras de Massu « avancent comme dans du beurre », que Beaufre en est déjà à programmer la progression sur Ismaïlia, que la formidable flotte d'invasion se déploie au plus près du rivage : le cuirassé *Jean-Bart*, les porte-avions *Eagle,*

Albion, Bulwark, Ocean, Arromanches, le porte-hélicoptères *Theseus*, les croiseurs *Jamaica, Ceylon, Newfoundland*.

Encore un dialogue pathétique au téléphone. Eisenhower appelle Paris.

Mollet : — Voudriez-vous donc la fin de l'Alliance atlantique ? Vous refaites Yalta ? Vous préférez l'amitié des Soviets ?

Eisenhower : — Comprenez donc. Vous êtes en train de démolir le fragile édifice du Moyen-Orient.

Mollet : — Trêve de plaisanteries. Dites plutôt que vous n'êtes plus des amis.

Eisenhower : — Erreur. Je veux vous éviter les plus grands malheurs.

Mollet : — Soutenez-nous, au lieu de nous accabler, et les malheurs seront évités.

Il se bat désespérément, voire avec une certaine hargne.

A Louis Joxe qui lui annonce au téléphone qu'une flotte aérienne soviétique serait en train de survoler la Turquie, il jette : « On aura confondu avec un vol de cigognes. »

Il dit, amer, à Emile Noël, son chef de cabinet : « Les Anglais nous lâcheront... Les Anglais !... devant ce guignol... Les Anglais ! les hommes qui ont résisté à la Luftwaffe, aux V1, aux V2, à Hitler !... »

Il n'obtient qu'un délai de quelques heures.

Cessez-le-feu à zéro heure, le 7 novembre, heure de Londres.

Foutu, râlant, conclut-il.

Eden, dès l'acceptation française, se précipite aux Communes. Les acclamations sonnent faux. La Grande-Bretagne vient de connaître une nouvelle désescalade.

Vainement, en fin de soirée, les AMX françaises foncent. Espoir : conquérir Ismaïlia et pourquoi pas Suez avant les délais maudits. Hélas ! Voilà que les lents Centurions britanniques obstruent la route. Les ordres des deux hauts commandements s'enchevêtrent. Beaufre ne sait plus quoi faire. Je voudrais tout casser, rugit Gilles. A zéro heure, l'élément le plus avancé — deux Jeep bourrées de paras de la Légion — ne sera plus qu'à vingt-quatre kilomètres d'El Kantara.

La guerre de Suez aura duré quarante heures.

Nasser a sauvé son régime et sa tête. Il conserve son canal. Il fait raconter sur tous les horizons qu'il a coulé quatre grands cuirassés, parle de « Stalingrad égyptien », annonce au ciel que deux mille prisonniers, menottes aux poignets, ont défilé à ses pieds.

Dayan va échanger cinq mille prisonniers égyptiens contre vingt prisonniers israéliens.

A la Maison-Blanche, Eisenhower consulte les derniers résultats du vote. C'est un plébiscite. Il triomphe avec un écart de 11 millions de voix : seul Franklin Roosevelt fit mieux, en 1936, à l'apogée du rooseveltisme. Les premiers télégrammes de félicitations sont de Boulganine et de Vorochilov.

Anthony Eden se réfugie à la Jamaïque « pour quelque repos ».

Dag Hammarskjöld, secrétaire général de l'ONU, plus empressé de se rendre au Caire qu'à Budapest, y arrive pour s'entendre signifier par le Raïs que le retrait des agresseurs doit être immédiat et qu'il n'accepte la venue des Casques bleus recrutés par l'ONU sur quelques territoires que s'ils s'en vont sans délai ni discussion dès que l'Egypte en donnera l'ordre.

Le 24 novembre, l'Assemblée générale de l'ONU enjoint officiellement à Paris, Londres et Tel-Aviv d'évacuer immédiatement, sans la moindre négociation, tous les territoires égyptiens qu'ils occupent. Les Etats-Unis votent avec la majorité de soixante-trois nations contre cinq. Londres et Paris, avec l'aide de Spaak, essaient vainement d'obtenir quelques garanties. Soldats français et anglais quittent le sol égyptien comme s'ils étaient vaincus. La radio du Caire délire de triomphalisme.

Dulles, rongé par le cancer, à peine opéré, à sa sortie de l'hôpital, fait connaître que les Etats-Unis ne rencontreront au sommet Français et Anglais qu'après évacuation totale de Port-Saïd.

Voici que Londres et Paris doivent même s'angoisser sur le niveau de leur ravitaillement en pétrole. Leur stock est tout près d'être épuisé. Les rationnements mis en vigueur ne permettent qu'un délai de deux mois avant la pénurie complète. La Syrie a saboté les pipelines venant d'Irak. Le roi d'Arabie a interdit à Aramco de vendre une seule goutte aux agresseurs. Même sur ce point, Eisenhower, décidément rancunier à fond, est intransigeant : Paris et Londres n'obtiendront aucun secours aussi longtemps qu'un seul mètre carré égyptien sera occupé.

Dare-dare Français et Anglais évacuent toutes les zones occupées.

Imre Nagy et quarante-huit de ses amis s'étaient réfugiés dans l'ambassade yougoslave de Budapest. Janos Kadar prend l'engagement qu'ils peuvent en toute sécurité « revenir à l'air libre ». Le soir du 22 novembre, les malheureux quittent l'ambassade, montent dans un car, sont livrés immédiatement au QG soviétique, disparaissent à jamais... Aucun compte n'est demandé, ni par les Nations unies ni par les Etats-Unis, à Kadar et à Moscou.

Robert Lacoste subit gravement le contre-choc de l'échec final du coup de Suez. Les fellaghas redoublent d'audaces.

Il n'aura jamais été de si méchante humeur, d'autant plus que, par surcroît d'épreuves, il a fort à faire avec « ces couillons de gaullistes » qui ne cessent pas de s'agiter dans « leurs souterrains d'enfoirés ». Voici même que la Cagoule — une Cagoulc très gaullienne — s'en mêle, avec un solide gaillard de trente-cinq ans, Robert Martel, colon de la Mitidja, qui vient de purger trois mois de prison pour tentative de reconstitution de ligue dissoute, et qu'aide un dynamique sexagénaire aux cheveux immaculés, réactionnaire exalté, « fanatique d'un drapeau encore plus blanc que ses cheveux », le docteur Martin, ancien maurrassien déçu par les

« tisanes » de l'actuelle Action française. Martel se méfie de tout le monde, de Lacoste, ce « socialo masqué de tricolore », comme de Soustelle, « homme de gauche sous couvert d'un masque de droite », mais communie avec les gaullistes dans la même volonté d'abattre le régime. Il dit : « L'ennemi doit être bouté hors de France... Vive Jeanne d'Arc ! Depuis deux ans déjà, je pense que la France est perdue si nous ne la démarxisons pas... Dans ce siècle des sans-Dieu, moi je crois à la primauté de l'Esprit, je crois au Surnaturel, je crois au Miracle. Simplement, il faut y mettre la main. La France a eu Jeanne d'Arc ; Alger, le père de Foucauld. Prions le père de Foucauld de ne pas nous abandonner. Notre insigne n'est-il pas le sien ? Le Cœur et la Croix... » Le chouan pur. Devise : Dieu, la Nature, la Famille, la Patrie. Ahurissant, mais vrai : tel est pourtant l'homme qui arrive à embrigader dans sa croisade Yves Gignac, secrétaire général des Anciens Combattants d'Indochine, et même le général Cherrière... Lacoste dit à Guy Mollet : « Crois-moi si tu veux. Parfois, face à la Cagoule et à Mahomet, je crois me battre au Moyen Age... »

Le Moyen Age ? Hélas ! Quand a-t-il commencé ? Quand se terminera-t-il ?

L'actualité des « faits divers » donne elle aussi des images qui relèvent des temps les moins croyables.

Les « diaboliques de Blois » déchaînent les passions. Accusés : un grand jeune homme blond, impassible, le regard lointain, le sous-lieutenant Jacques Algarron, dans un strict costume civil ; et, à trois mètres sur le même banc, Denise Labbé, vingt-deux ans, cadette de quatre enfants d'un pauvre facteur, lingère, fins cheveux blonds en tresses, pur visage poupin, les yeux de la mer, une rigidité de fer qui peut signifier à la fois volonté, entêtement et bêtise, accusée d'avoir volontairement noyé, à Vendôme, deux ans plus tôt, dans une lessiveuse en tôle galvanisée qui figure sur la table des pièces à conviction dans le prétoire, sa petite Catherine, âgée de deux ans et demi. Elle dit avoir agi sur l'ordre de son amant, qui n'est pas le père du bébé. Me Maurice Garçon défend Denise ; Me Floriot, Algarron. Elle est condamnée à la réclusion à perpétuité ; son amant, à vingt ans de réclusion criminelle.

Scandale à Uruffe, à mi-chemin entre Domrémy et Vaucouleurs, un tout petit village comme tant d'autres avec son clocher droit, son lavoir, son épicerie et son café : le jeune curé à lunettes, l'abbé Guy Desnoyers, est accusé d'un meurtre monstrueux. Il a tué d'une balle de revolver dans la nuque sa maîtresse, Régine Fays, dix-neuf ans, enceinte de huit mois, ouvrière de verrerie (la tuant non sans lui avoir donné l'absolution), puis, l'ayant éventrée, il baptise l'enfant, qu'il défigure afin qu'on ne puisse pas reconnaître sa paternité. Régine étant portée disparue, l'assassin participe aux recherches avec les gens du village et les gendarmes de Colombey-les-Belles. Mais la jeune femme avait confié à une amie de qui était l'enfant qu'elle attendait. Les indices s'accumulent. Le curé finit par avouer. Il est jugé à Nancy, défendu par un avocat commis d'office. Il est condamné à la réclusion perpétuelle. Dans l'église où prêcha le prêtre maudit, l'évêque a mobilisé tout le diocèse pour une cérémonie expiatrice.

Mimoun et Kopa

Par bonheur, il y a de tout autres sujets d'actualité.

Le théâtre affiche *Irma la Douce*, d'Alexandre Breffort ; *L'Œuf*, de Félicien Marceau ; *Fabien*, de Pagnol ; *La Machine à écrire*, de Cocteau ; *Brocéliande*, de Montherlant ; *Pauvre Bitos*, de Jean Anouilh.

Le cinéma offre *Notre-Dame de Paris*, de Jean Delannoy ; *Le Monde du silence*, du commandant Cousteau ; *Le Ballon rouge*, d'Albert Lamorisse ; *Gervaise*, de René Clément ; *Et Dieu créa la femme*, de Vadim.

Les vitrines des libraires accueillent *Les Racines du ciel*, par Romain Gary (le Goncourt) ; *Le Rendez-Vous des étrangers*, par Elsa Triolet ; *Les Jeunes Proies*, par Roger Peyrefitte ; *L'Echelle de soie*, par Jean-Louis Curtis.

Best-sellers : *La Chute*, de Camus, et *Un certain sourire*, de Françoise Sagan.

Tandis que Vienne, sur musique de Beethoven, retrouve son Opéra et, après dix ans de silence, redevient la capitale de l'enchantement (rouvrant avec *Fidélio*, où le titan de la musique chante la libération d'un captif injustement emprisonné), tandis que le Quatuor Lowenguth inaugure l'année Mozart, que Rostropovitch donne son premier concert parisien et que, avec une immense ferveur, le Festival de Prades fête les quatre-vingts ans de Pablo Casals, nous devons à deux de nos artistes deux chefs-d'œuvre, à Olivier Messiaen *Les Oiseaux exotiques*, à l'organiste Marcel Dupré *La France au calvaire*.

La télé devient institution nationale. Nous comptons 442 443 récepteurs. Alain Decaux, André Castelot et Stellio Lorenzi créent *Les Enigmes de l'histoire*, qui se changeront l'an prochain en *La caméra explore le temps* (première émission : *Le Secret de Mayerling*). On compte plus de trente grandes créations théâtrales. On crée le grand prix européen de la Chanson. Frédéric Rossif réalise une superbe bande sur *Budapest*. Les hommes politiques commencent à s'intéresser vivement au petit écran, dont ils mesurent enfin l'importance : le 19 avril, Guy Mollet participe à l'émission *Face à la vérité*, puis, à deux reprises, converse avec les directeurs de six quotidiens parisiens.

Aux jeux Olympiques de Melbourne, le Maghrébin Alain Mimoun nous offre la médaille d'or du marathon.

Le Stade de Reims des Kopa et des Piantoni manque gagner la

première finale de la Coupe d'Europe des clubs — battu de justesse par le Real de Madrid.

A Copacabana, Colette Duval bat le record du monde de chute libre en parachute : 10 897 mètres.

Alain Giletti est champion d'Europe de patinage artistique.

Chanel est revenue. A soixante-treize ans, plus dynamique que jamais, elle rouvre ses salons, rue Cambon.

A dix heures cinquante-sept, le 19 avril, dans la cathédrale de Monaco, bénie par Mgr Barthe, Grace la star devient la princesse Grace par son mariage avec le prince Rainier III. Les 4 027 loyaux sujets du petit paradis voient arriver 100 000 invités et 2 000 journalistes venus du monde entier. Malgré quatre-vingts haut-parleurs, personne n'entend le oui de la mariée trop émue. On l'aura pourtant découverte tout sourire dans sa robe somptueuse en dentelle et satin ivoire confectionnée pour elle par les trente-cinq meilleures petites mains de la Metro Goldwyn Mayer. Les stars les plus célèbres de Hollywood sont là, de Gary Cooper à Ava Gardner. *Nice-Matin* peut écrire que papa Kelly, le dynamique milliardaire John Kelly, ancien maçon, ancien champion d'aviron, « de bonheur est aussi rouge que les briques qu'il fabrique ». L'Eurovision connaît un phénoménal succès en filmant les cérémonies civiles comme la cérémonie religieuse.

Encore faut-il observer que l'année aura connu trop de grands deuils.

Nous perdons Gustave Charpentier, le professeur Félix Esclangon (à la Faculté des sciences de Paris, mort électrocuté au cours d'une démonstration devant ses élèves) ; Julien Benda ; l'historien Louis Madelin ; Marie Laurencin...

Paul Léautaud, le plus grand ami des chats, s'éteint à quatre-vingt-quatre ans dans la clinique de La-Vallée-aux-Loups, à Châtenay-Malabry. Sans la moindre cérémonie, son corps est réduit en cendres. Nous ne verrons plus l'époustouflante silhouette du vieux misanthrope, visage fripé d'aïeule centenaire, chapeau de garçonnet en toile sur le haut du crâne, au bras un filet à provisions rempli soit de livres, soit de nourriture pour ses bêtes, archaïque grognon qui vous disait de sa voix de fausset que Claudel n'a rien à faire chez les poètes, que Max Jacob avait tout du cocher de fiacre et qui pouvait comparer Cocteau à un clown, Gide à un guignol, Dostoïevski à un morpion.

Curnonsky se tue en tombant d'une fenêtre d'un troisième étage, non loin de l'église Saint-Augustin à Paris. Vertige dû à un malaise ? Accident ? Quoi encore ? Nul ne le saura jamais. Ainsi meurt en tout cas le prince des Gastronomes, né à Angers Maurice-Edmond Saillant, soixante-dix-sept ans, journaliste boulevardier plus connu sous ce surnom de Curnonsky (*Cur non Sky* : pourquoi pas Sky), l'une des gloires de la littérature de la table, le gourmet raffiné qui aura inlassablement conseillé aux cuisiniers : « Surtout, faites simple », l'auteur d'un fameux quatrain dont le second distique est devenu une règle d'or du bien-manger : « La cuisine, c'est quand les choses/Ont le goût de ce qu'elles sont », le premier à pressentir l'alliance inéluctable de la cuisine et de la route, créateur du mot *gastronomie*, fondateur en 1928 de l'Académie des gastronomes (sur le modèle de l'Académie française, avec ses quarante fauteuils aux titulaires symboliques, d'Epicure à Talleyrand, lui-même s'adjugeant le fauteuil de Brillat-Savarin), surnommé « sa Rondeur » par ses amis, présenté par Colette comme notre écrivain « le plus provincial, le plus croustillant, le plus doré ».

La scène, le cinéma et le music-hall perdent Jeanne Bourgeois, dite Mistinguett. Elle meurt la veille de Noël, quatre-vingt-un ans. On avait fini par la croire invulnérable. Seules ses chansons marquaient autant d'étapes dans le temps. Son visage de petite banlieusarde avait gaillardement subi l'épreuve des rides. Elle avait su garder les meilleurs signes de sa légende, son éternelle mèche coquine, ses clins d'œil assassins, l'incomparable rire gouailleur de ses dents chevalines. Elle était devenue un monument de Paris. Fille d'un père matelassier et d'une mère plumassière, débutant comme gommeuse, créatrice de *La Valse chaloupée* avec Max Dearly, elle n'aura connu, en cinquante ans de music-hall, que des succès immensément populaires, de *La Dame de chez Maxim's* à *Ça c'est Paris*, de *La Femme-Torpille* à *La Môme Flora*, de la *Ribouldingue* à *La Valse renversante*, des bras de Maurice Chevalier à ceux d'Alphonse XIII et de nombre d'autres princes de la gloire... Curieuse impression : avec elle, on croit voir disparaître toute une époque, qui ne pourra plus se retrouver.

XIV

1957

L'ANNÉE DES ÉPUISEMENTS

L'année bip, bip, bip du premier Spoutnik — Guy Mollet à la peine — La bataille d'Alger — Adieu à Herriot — Des gaullistes au bazooka — Le gouvernement de Maurice Bourgès-Maunoury — Alger : trois bombes réglées pour dix-neuf heures — Le Marché commun est voté — Le gouvernement de Félix Gaillard — La reine d'Angleterre à Paris.

L'année bip, bip, bip du premier Spoutnik

Actualité internationale intense.

Dès le 1er janvier, la Sarre est réincorporée à l'Allemagne.

Adenauer réclame le droit de l'Allemagne à la possession d'armes atomiques.

Le général allemand Hans Speidel est nommé commandant des forces terrestres atlantiques du Centre-Europe.

Epuration au Kremlin : Malenkov, Molotov, Chepilov, Kaganovitch sont relevés de leurs fonctions gouvernementales. Malenkov est expédié directeur d'usine en Sibérie, Kaganovitch aussi. Molotov est exilé comme ambassadeur en Mongolie. Chepilov est muté professeur d'économie politique. Grande lessive. Nikita Khrouchtchev se confirme comme l'indiscutable nouveau maître.

C'est Andreï Gromyko qui remplace Chepilov comme ministre des Affaires étrangères.

Les experts kremlinologues encore une fois pris à contre-pied : ils annonçaient le maréchal Joukov en général de Brumaire ; erreur totale ; ou faut-il que le Présidium soit beaucoup plus fort que le Directoire ; Joukov, en pleine disgrâce, est exclu de tous les organes de direction.

L'histoire passe. On apprend la mort du maréchal von Paulus, ex-commandant allemand du front de Stalingrad ; celle en exil à Lisbonne de l'amiral Horthy, ex-régent de Hongrie ; celle de Jules Jeanneney, dernier président du Sénat de la Troisième République. Meurt l'Aga Khan, qui, par testament, désigne pour successeur Karim, fils aîné d'Ali Khan, comme quarante-neuvième imam des ismaéliens (intronisé fin octobre à Dar es-Salaam, au Tanganyika).

Les Anglais font exploser leur première bombe H.

Les dernières troupes américaines d'occupation quittent le Japon.

Paul-Henri Spaak est nommé secrétaire général de l'OTAN, en remplacement de lord Ismay.

Cinq fils du Glaoui sont arrêtés à Marrakech.

Le prince Moulay Hassan est investi prince héritier du Maroc.

A Tunis, le grand rival de Bourguiba, Salah Ben Youssef, est condamné à mort (par contumace), tandis que le Combattant suprême se fait plébisciter président de la République avant de déposer le bey et, bravant les interdits de l'islam, abolit la polygamie, interdit tout droit de mariage avant l'âge de quinze ans et remplace la répudiation par le divorce.

Le canal de Suez est rendu à la navigation. Il était temps : toute l'Europe occidentale aura été en proie à la crise du pétrole. De même que l'Angleterre, la France aura dû rationner et monter un système de tickets d'essence. Le rallye de Monte-Carlo aura dû être interdit. Nasser, savourant sa victoire et sa survie, ne s'attarde que davantage à régler ses comptes. Le premier convoi ouest-occidental ne transite sur le canal que le 29 mars. Le premier cargo français, le *Picardie*, ne franchit le seuil que le 16 juin — de plus, obligé de payer le péage en dollars.

Le Raïs expulse d'Egypte onze mille ressortissants britanniques et six mille Français — non sans confisquer la totalité de leurs biens.

Les chefs militaires français n'en ont que plus de rage. Les Beaufre, Gilles, Massu, Conan sont convaincus que vingt-quatre heures supplémentaires auraient suffi pour abattre ce « pharaon de papier ». L'amiral Pierre Barjot (même s'il est fait Knight Commander par la reine, devenant par là même sir Peter) ne décolère pas, grognant : « Imaginez donc que nous avions programmé la prise de Suez pour le 8. » De plus, ils sont tous persuadés que la réussite de l'expédition aurait porté un coup mortel au FLN en Algérie. Et voilà que Nasser peut proclamer *urbi et orbi* que « Dieu est avec l'islam, contre les Juifs et les Français ». Et voilà qu'à l'état civil d'Alger, la plupart des nouveau-nés reçoivent le prénom de Nasser.

De Gaulle, à qui son tour du monde a décidément rendu le goût des voyages, dit : « Je compte bientôt aller au Sahara... Ce territoire a des possibilités à l'infini... Un seul hic : en aurai-je le temps ?... Car il est sûr que le régime perdra aussi le Sahara... Il a perdu l'Indochine, la Tunisie, le Maroc... Il perdra l'Algérie... Il perdra tout, l'Alsace, la Lorraine, la Corse, la Bretagne... Il ne restera que l'Auvergne, parce que personne n'en veut... »

Ben Gourion démissionne — non sans marquer son merci à la France par quelques cadeaux bien choisis, une Bible en reliure argent pour Guy Mollet ; un fusil russe, prélevé sur l'énorme arsenal du Sinaï, à Bourgès-Maunoury ; une hache de guerre datant de l'an 2000 av. J.-C. à Abel Thomas ; à Max Lejeune, des recueils de vers guerriers hébraïques aux riches enluminures. Il aura même eu la bonne grâce de faire traduire en hébreu un conte pour enfants publié par Christian Pineau, *L'Ours aux pattons verts*.

Mais 1957, c'est d'abord l'an I de l'espace.

Bip, bip, bip... Les Soviétiques lancent le Spoutnik, premier satellite fabriqué de main d'homme à échapper à l'attraction de la terre. C'est le 4 octobre. Il est vingt-trois heures trente à Moscou lorsque la radio, interrompant son programme, annonce le « lancement efficace du premier satellite artificiel ». Le speaker ajoute : « Nos contemporains seront les témoins de la réalisation des rêves les plus hardis de l'humanité grâce au travail de la nouvelle société socialiste, libre et consciente. » Eisenhower apprend la nouvelle alors qu'il joue au golf sous la pluie à Atlanta. Il ne fait aucun commentaire.

Bip, bip, bip... chante le « bébé lune » sur toutes les radios du monde, car tout l'univers est « à l'écoute » de la nouvelle merveille qui, à son allure folle, tourne trois mois autour de la planète et se signale au passage avec ce chant de grillon ironique. Durant toute une semaine, le Spoutnik éclipse tout événement et toute vedette. Dans les campagnes comme sur les trottoirs des villes, des groupes se forment spontanément pour suivre la trajectoire de cette « étoile filante plus lente que les autres ». A Paris, les restaurants de la tour Eiffel, avant-poste sur l'espace, organisent des « spoutnik-parties » : ils n'auront jamais été plus courus. Un beau bébé, de surcroît. Il pèse 83,6 kilos à la naissance. Il court à plus de 25 000 km/h. Pour peu, on lui trouverait des dons de grand chanteur, avec son chant étonnant qui s'appuie sur « la note du *la* bémol » (même si, paraît-il, les Espagnols, eux, entendent *fic-fic*, les Anglais *bleep-bleep*).

Khrouchtchev n'en reste pourtant pas là. Spoutnik II suit. Le 3 novembre, Radio-Moscou annonce qu'un second satellite vient d'être lancé, alimenté par de « nouvelles sources de puissance », et pesant 508,3 kilos, mais lui en forme d'obus, et non de sphère. Son aîné était presque nu. Lui emporte dans son vol un vrai labo, des batteries, deux émetteurs, des appareils pour l'étude du rayonnement solaire, et même la chienne Laïka, pathétique sacrifiée, enfermée dans une capsule étanche.

Khrouchtchev triomphe d'autant plus bruyamment que, comme par hasard, l'événement coïncide avec le quarantième anniversaire de la révolution de Lénine. Il fait organiser du coup le plus impressionnant défilé de l'Armée rouge jamais contemplé, qui se déroule dans une ambiance populaire frénétique, devant une tribune où plastronnent aux places d'honneur Mao Tsé-Tung et Hô Chi Minh. « Allons, lance-t-il à l'ambassadeur américain, qu'est-ce que vous attendez pour envoyer, vous aussi, vos spoutniks, afin que nous puissions bâtir un Commonwealth de spoutniks ? Envoyez-les donc. Les nôtres s'ennuient. »

Cependant, tant bien que mal, de cahot en cahot, Guy Mollet s'emploie tout de même à gouverner.

Rageur, il suit de près la liquidation de l'affaire de Suez, qui traîne sur des semaines.

Il soutient à maintes reprises Robert Lacoste contre l'action de plus en plus persistante des pacifistes à tout prix de la SFIO.

Il s'en va en février avec Christian Pineau outre-Atlantique se réconcilier avec Eisenhower.

Il fait mettre aux arrêts de forteresse le général Paris de Bollardière, après l'avoir relevé de son commandement, pour avoir outrancièrement protesté contre les actions policières en Algérie ; puis aux arrêts de rigueur le général Jacques Faure pour avoir eu d'« inadmissibles rapports » avec une « ligue extrémiste ».

Il sait sortir à heure dite, de sa voix la plus cinglante, les mots que des copains lui inventent et qui font mouche : « La France a la droite la plus bête du monde... Le MRP est un parti qui ne devrait pas exister... Les communistes ne sont ni à droite ni à gauche, ils sont à l'est. »

Il contient avec autorité l'opposition qui lui est faite au sein de son propre parti autour de ses irréductibles adversaires, Daniel Mayer, Robert Verdier, Edouard Depreux. Il manœuvre avec maestria parmi tous les remous provoqués depuis l'année précédente par la scission du parti radical — les anti-mendésistes, André Morice, Vincent Badie, Martinaud-Déplat, Queuille, André Marie, Pascal Arrighi, ayant rompu avec la rue de Valois et les « mœurs valoisiennes », fondant et animant un nouveau parti, radical lui aussi (ce qui d'ailleurs leur vaut d'être traînés devant les tribunaux pour usurpation de titre par les gens qui gardent la place).

A l'occasion, dossiers à l'appui, il sait faire valoir, contre toute médisance, que la France va beaucoup mieux que les chansons ne le rapportent. Malgré tant d'épreuves, elle n'est en effet ni dans la misère ni dans l'anarchie. Le niveau de vie des habitants s'élève régulièrement. L'activité économique donne toute satisfaction : l'armature industrielle se renforce ; l'agriculture se modernise, augmentant ses rendements ; nous avons un très bel équipement scientifique et technique. Le pessimisme n'est pas de mise. Il est trop vrai que la France est beaucoup plus équilibrée que d'apparence. Même si nous avons un régime politique indiscutablement biscornu, tous nos hauts fonctionnaires, que le monde entier nous envie, restent solidement en place. Les ministres sont aussi permanents que nos Premiers ministres sont éphémères. Ils sont efficaces et prennent des mesures importantes jusque durant les crises ministérielles. Une très sérieuse enquête du *New York Times* en fait foi. Le Parlement a même au besoin le courage de voter des mesures impopulaires et des réformes longtemps différées. Cela, Guy Mollet sait le dire et le redire.

Il sait réunir le maximum d'atouts pour défendre sa politique algérienne devant l'ONU, où, dès février, la France est à nouveau attaquée par les nations arabes et asiatiques.

Il maîtrise de multiples grèves.

Par-dessus tout, il aura été l'un des grands réalisateurs du Marché commun et de l'Euratom. Œuvre grandiose. Dans un manoir près de Bruxelles, le château du Val-Duchesse, aimable résidence 1900 d'extérieur mi-souabe mi-roman, d'intérieur mi-rococo mi-gothique, au milieu d'un parc aux arbres centenaires qui fera dire aux journalistes que « voici l'Europe belle au bois dormant », le traité de l'Euratom est définitivement conclu. Puis le Marché commun est décidé, les négociateurs se donnant douze ans au moins, dix-sept ans au plus, pour que, par bonds de 10 %, puis de 30 %, disparaissent tous les droits de douane intérieurs et surgisse une totale CEE (Communauté économique européenne). Les textes sont signés le 25 mars à Rome — par temps de pluie diluvienne — au cours d'une cérémonie solennelle au Capitole. Des questions délicates restent en suspens. Bien des ajustements seront nécessaires. Il faudra ménager bien des transitions. Une monnaie commune sera à négocier : elle n'ira pas de soi. Néanmoins, la construction européenne est là fermement assurée. Elle peut aller efficacement son train. Précisément, si ce sont Christian Pineau et son secrétaire d'Etat Maurice Faure, talentueux jeune député du Lot, qui signent le traité de Rome, c'est Guy Mollet, avec les plus sérieux attendus, qui a l'honneur de le proposer à la ratification du Parlement français.

Il conduit activement avec Gaston Defferre la libéralisation des structures de l'Afrique noire. Deux territoires, le Togo et le Cameroun, confiés à la France par mandat international, vont être chargés de leur propre gouvernement dans un avenir rapproché. Le plan prévoyant l'évolution pacifique de l'AOF (Afrique occidentale française) et de l'AEF (Afrique équatoriale française) est présenté devant l'Assemblée le 29 janvier et adopté le 2 février par 385 voix contre 193. Et Guy Mollet d'engager la création de huit Républiques « semi-autonomes » en AOF (Sénégal, Soudan futur Mali, Mauritanie, Guinée, Côte d'Ivoire, Haute-Volta, Niger et Dahomey), de quatre identiques en AEF (Gabon, Moyen-Congo, Tchad et Oubangui-Chari) et d'une République semi-autonome à Madagascar. On fait procès à Guy Mollet de vouloir « balkaniser » la brousse française. Il répond : « Est-ce que vous voudriez une autre guerre ? »

Après une entrevue capitale avec Adenauer, il obtient du chancelier l'assurance que Bonn participera aux budgets d'équipement de la nouvelle Afrique.

Il passe outre à une sorte d'ultimatum de Mendès d'avoir à avancer « moins vite » dans l'entreprise d'unification européenne. Il n'en précipite que plus encore son mouvement. Au terme d'un débat houleux, où PMF prend la parole pour reprocher au gouvernement sa hâte excessive, il fait voter accord de l'Assemblée sur le *principe* du Marché commun, le 22 janvier.

Il fait étudier en urgence les moyens de juguler la poussée inflationniste consécutive à la flambée du prix de l'essence.

Il envisage avec Albert Gazier un projet de réforme de la Sécurité sociale qui devrait entraîner une nette amélioration pour les usagers.

La bataille d'Alger

Pour l'Algérie, il publie dès les premiers jours de l'an une importante *Déclaration d'intentions* : un nouveau statut fondé en tenant compte des diversités ethniques et géographiques ; la mise en place d'assemblées délibérantes et d'organismes exécutifs ; un pouvoir d'arbitrage permanent de la France ; des élections libres au collège unique trois mois après le retour au calme. Naturellement, il assortit sa proposition de sa volonté formelle de ne jamais abandonner l'Algérie, terre française. Mais, dans le même temps, la rébellion, exaltée et relancée par la « victoire de Nasser », fait déferler sur Alger une fantastique vague de terrorisme. Guy Mollet demande alors à Lacoste d'intervenir « avec la dernière vigueur ».

A peine rentré de Suez, le général Massu se voit ainsi confier par le ministre-résident, le 7 janvier, la mise en ordre de la Casbah, laquelle, en quelques semaines, aura échappé totalement au contrôle des autorités.

Il est trop exact que la situation des quartiers populaires d'Alger la Blanche se révèle alors totalement pourrie. Chaque jour, on ramasse les cadavres d'une dizaine de victimes poignardées dans le dos par des terroristes. Tout se passe comme si la bombe urbaine était devenue l'arme principale des rebelles. Abane Ramdane n'a-t-il pas pu proclamer qu'« un attentat blessant un Européen rue Michelet a plus de retentissement que l'extermination d'une section de paras dans l'Ouarsenis » ? La Casbah est justement une termitière idéale de caches et de souterrains. La population y paie même l'impôt au FLN, obéit docilement en tout au FLN. Or la police s'avoue hors d'état, par les moyens classiques, de mettre la main sur les chefs de l'organisation. De plus, voici que l'on apprend que le FLN prépare pour la fin du mois une grève insurrectionnelle, afin de mieux appuyer le dossier déposé à l'ONU contre la France. Des commandos venus de la Willaya 4 seraient sur pied de guerre. Déjà trois jeunes filles déposent au *Coq hardi*, à la *Cafétéria* et à l'*Otomatic* trois bombes qui laissent sur le terrain quatre tués et cinquante blessés. On redoute tout autant, en contrecoup, de sanglantes « ratonnades » conduites par les unités territoriales, lesquelles sont composées de supplétifs pieds-noirs. « Ils vont tirer sur tout ce qui est arabe », explique Lacoste.

Massu consulte un calendrier sur son agenda.

« 7 janvier, dit-il, c'est Sainte-Mélanie. Je vais lui faire brûler un cierge. »

Il peut le dire. Il va avoir grand besoin de la protection de la sainte, pour lui-même comme pour sa 10e division de parachutistes qu'il doit amener dans ce « merdier ». Même son adjoint, le colonel Godard, rechigne à une telle corvée. « Je suis un soldat. Je vous dis que c'est de la sale besogne. » D'ailleurs, dès mars, Godard, décidément réticent, sera écarté de la « bataille d'Alger » et quittera son poste de chef d'état-major pour celui d'adjoint opérationnel responsable des unités affectées à des missions classiques dans le bled (un bled lui-même saccagé : un poste est enlevé près d'Orléansville ; des combats sanglants sont signalés dans les environs de Miliana et de Colomb-Béchar).

Quoi qu'il en soit, au boulot, le Massu.

Il prend « tout ça » en main à partir d'un PC installé dans une vieille maison mauresque des hauteurs d'Hydra, où il assemble ses gars préférés, Jeanpierre, Château-Jobert, Fossey-François.

Il doit du moins aux paras d'avoir sur la police l'immédiate supériorité écrasante du nombre, de la mobilité et surtout d'une disponibilité de vingt-quatre heures sur vingt-quatre, alors que les règles syndicales d'un corps civil limitent étroitement les horaires. Sans compter que « monsieur le ministre, mes paras sont de beaux gars ; pour eux, bien des cœurs flanchent, et plus encore ». Effectivement, dans le domaine de la subversion, le FLN aura totalement dérouté la police traditionnelle. Les paras vont à leur tour dérouter le FLN.

On découpe le Grand-Alger en quatre secteurs, chacun affecté à un régiment para, les zouaves s'adjugeant la Casbah. Simplement, on se passe de ces strictes limites géographiques, causes de trop de retards et de confusions. Sur une indication quelconque, un régiment peut faire appréhender un suspect dans un tout autre quartier, voire à Boufarik ou à Blida. Au besoin, des hélicoptères Alouette ou Banane Sikorsky déposent des commandos dans les nids, tandis que, jour et nuit, des patrouilles de quatre hommes sillonnent constamment les rues, l'œil ouvert sur le moindre signe susceptible de faire découvrir une piste ou un gibier. Abane disait il y a quelques mois que les Européens n'auraient plus une seconde de tranquillité. Massu retourne la hantise.

Au début, on ne prend dans la nasse que le menu fretin des collecteurs de fonds — souvent dénoncés d'ailleurs par les commerçants musulmans que le FLN rackette à l'excès. Bien vite, le ramassage s'amplifie. Interrogatoires, carnets d'adresses, courriers clandestins lancent les Jeeps sur les maisons clefs qui abritent les plus hauts responsables. On n'aura guère tardé à remonter les filières des hiérarchies.

Dès le 15 février, Bigeard met la main sur l'un des plus grands du FLN, Ben M'Hidi Larbi en personne. Les autres chefs rebelles doivent quitter la ville en catastrophe — mettant des semaines avant de rejoindre par les montagnes un asile tunisien.

Dès mars, Bigeard et Brothier disposent de renseignements suffisants pour que l'on puisse dresser un organigramme assez précis du FLN et de ses complices musulmans et européens.

Et de traquer les derniers chefs, Yacef Saadi et Ali-la-Pointe, jusque dans l'inextricable réseau de ruelles, de passages et de terrasses constituant un vrai labyrinthe. Et de ramasser au passage tueurs, exécutants, fabricants de bombes, poseurs et poseuses de bombes, terroristes de tout poil.

Evidemment, toute l'intelligentsia de gauche, à Paris, se mobilise contre ces chasseurs de têtes. On y va racontant que les paras torturent leurs prisonniers, que Massu « couvre » les pires sévices, qu'il se serait même fait appliquer des électrodes sur son propre corps pour en mesurer les effets. *Le Monde* entreprend une ardente campagne au nom des droits de l'homme. Mendès rencontre Guy Mollet dans les couloirs et lui dit : « Par pitié, surtout, ne nous fabriquez pas une armée de tortionnaires. » Des comités antitorture se constituent. Ils citent trois cas d'exécutions sommaires : Maurice Audin, professeur communiste ; Ben M'Hidi Larbi, haut responsable FLN, et l'avocat Ali Boumendjel, frère d'un ancien conseiller de l'Union française passé au FLN à Tunis.

Guy Mollet, directement mis en cause, institue une commission de sauvegarde des droits et des libertés individuels avec pleins pouvoirs pour enquêter en Algérie. Elle établit qu'Audin a été abattu en sautant d'une Jeep pour s'enfuir, tué net, et que Boumendjel, plutôt que de subir le moindre interrogatoire, s'est suicidé en se précipitant du haut d'une terrasse. Pour le chef FLN, la thèse officielle est qu'il s'est pendu dans sa cellule à la DST. Au demeurant, la DST, interrogée, répond qu'elle n'a jamais eu en compte ce personnage. Dans les cercles avisés, la version est que Bigeard, après l'interrogatoire de Ben M'Hidi (qui n'a rien livré), lui a fait présenter les armes avant de le remettre à la division. Toutes ces raisons, inévitablement, ne satisfont pas les protestataires, qui manifestent de plus belle contre « Massu et ses bourreaux » (ils protestent avec moins d'éloquence contre le terrorisme qui gagne la métropole elle-même).

Non que le FLN se laisse pour sa part intimider.

La guerre est partout. Tous les bleds sont pourris. Tous les travaux des champs et des vignes doivent s'effectuer sous la protection des armes. Désormais, des Jeeps bourrées de sentinelles et des half-tracks chargés de mitrailleuses veillant sur faucheurs et moissonneurs symbolisent mieux que tout l'aggravation de la situation.

Dans la nuit du 29 au 30 mai, le village de Melouza est encerclé par des rebelles kabyles. Les trois cents habitants mâles sont systématiquement abattus.

Il faut savoir que les directives du FLN prescrivent d'abattre tous les caïds, tous les gardes champêtres et tout homme et toute femme convaincus « par les témoignages de trois personnes dignes de foi d'avoir eu une mauvaise conduite ». Tous les villages qui demandent la protection française doivent être incendiés. Aucune pitié.

Il n'en reste pas moins vérifiable qu'en quelques semaines, dans la bataille d'Alger, les paras de Massu auront fait des progrès stupéfiants. L'« ordre para » prend plein sens.

Adieu à Herriot

« Je ne comprends plus les temps que nous vivons », telle aura été l'une des dernières phrases d'Edouard Herriot.

Il rend l'âme le 26 mars.

C'est Pierre-Olivier Lapie qui donne le meilleur portrait : « Le tenant de quelque espèce disparue, un animal extrait d'un autre âge, extrait des steppes glaciaires où les bouleversements de l'histoire l'avaient enfoncé avec ses poils, avec ses défenses, avec dans les dents des brins d'herbe préhistoriques à demi mâchés. »

Le chroniqueur de *Paris-Match* y va de sa propre touche originale : « Roi de Lyon, primat des Gaules républicains, co-patriarche avec Edouard Daladier du radicalisme au terme de la "guerre des Edouard", synonyme mystérieux pour les non-initiés d'une guerre des Deux-Roses qui aurait duré à peine moins longtemps que la guerre de Cent Ans, pater familias de la République une, laïque et indivisible, protecteur de la veuve lyonnaise comme de l'orphelin boursier, point n'était besoin de se rallier aux volutes de cette pipe qu'il fumait depuis des siècles. Herriot était là, massif, solide, inamovible. Et en lui, dans la forêt parlementaire, chacun saluait l'énorme chêne rassurant... »

A seize heures trente-cinq, dans une minuscule chambre de la clinique lyonnaise Sainte-Eugénie, la main dans la main de Césarine, « la servante au grand cœur dont Mme Herriot, également présente, ne serait plus jalouse », M. le président — quatre-vingt-cinq ans — rend son âme à Dieu. C'est bien le cas de le dire. Le dernier visiteur aura été Mgr Gerlier, cardinal-archevêque de Lyon, primat des Gaules, qui aura su donner *in extremis* au vieux radical l'extrême-onction. Oui, *in extremis*, avant que le citoyen secrétaire général de la « Société des libres penseurs pour l'incinération » ne vienne réclamer le corps de son vénérable président pour les derniers honneurs que la laïcité dévote réserve à ses pontifes, « l'Eglise romaine aura su saisir l'âme du primat des laïques... aura donné la dernière bénédiction... catholique, apostolique et romaine... la première depuis la première communion solennelle du petit Edouard ».

Effectivement, les obsèques sont religieuses.

Les souvenirs ? Surtout de pittoresques contradictions.

Fils d'un capitaine du 93e d'infanterie de ligne, petit-fils d'un caporal-chef de métier, neveu d'un sergent-major, Edouard Herriot n'aura jamais eu le moindre goût pour le port de l'uniforme.

Un curé lui aura appris le latin, mais pour qu'il soit anticlérical toute sa vie (sauf au dernier souffle).

Elève primé en toute discipline, normalien supérieur de la même génération que Blum, il aura été l'incarnation de la république des professeurs, mais en s'en défendant par un populisme du meilleur aloi.

Il aura eu une dévotion pour Beethoven, un « frère en esprit », mais pour mieux dire que « la musique est la prière des païens ».

Il aura consacré pour son doctorat à *Madame Récamier* deux volumes, mais pour les entendre définir plus tard par Clemenceau comme « deux pavés sur une rose ».

Au vrai, avant tout, il aura été M. le président.

Pur produit de la « République française », il aura tout présidé, le parti le plus républicain, le gouvernement, le Cartel des gauches, la Chambre des députés, l'Assemblée nationale. Il aurait été élu président de la République en 1953 si ses pauvres genoux le lui avaient permis.

Ou alors, « M. Radicalisme ». Maire de Lyon dès la trentaine sous l'étiquette de radical, il n'aura cessé de proclamer que « le radicalisme, c'est la France ». Peu avant de mourir, il confiait à Queuille : « Mon cher, si la France va mal, c'est que le parti radical va mal. »

Ou encore, « M. Banquet ». Car il en aura présidé, des banquets et des banquets — de plus doué d'un appétit de Gargantua et capable de demander un cassoulet après le dessert du banquet le plus copieux.

Le sens d'une vie ? Disons que ce républicain, magicien des plus difficiles réconciliations et des motions *nègre blanc*, haute stature de la Troisième, ne se sera jamais réellement acclimaté aux hommes ni aux rites de la Quatrième. La République restait pour lui comme pour Michelet une « grande amitié », le contraire des grandes haines de l'après-Libération et de la décolonisation. Il s'en va comme un étranger, amer.

Des gaullistes au bazooka

Mais Guy Mollet et Robert Lacoste n'ont point à faire qu'avec le FLN. Ils doivent aussi affronter ce qu'ils appellent le « front de Vendée », à savoir les nationalistes extrémistes de tout poil qui s'agitent de plus en plus, les « chouans du Maghreb ». Massu lui-même n'arrête pas de râler contre ces « cocardiers du trottoir », en vérité plus encombrants que dangereux, qui se flattent de pouvoir arriver à retourner l'armée en leur faveur.

Y a-t-il à redouter un tel retournement ? Sûrement pas, excepté quelques unités peut-être. C'est qu'il ne s'agit plus là de l'armée de l'affaire Dreyfus ou de l'armée de la ligne bleue des Vosges. Mis à part quelques formations très spéciales, elle supporte même assez mal les outrances des pieds-noirs, ne tient pas du tout à être la Légion du capitalisme, tempête ouvertement contre la dictature des trusts. Elle serait davantage une armée de Valmy qu'une armée de Verdun.

Affaiblissement des lignées d'officiers, fils et petits-fils d'officiers ? Un certain dédain de la nouvelle bourgeoisie pour la carrière des armes, abandonnée dès lors à une autre classe qui ne défend plus exactement les mêmes valeurs ? Une certaine dévaluation sociale des « galonnés » ? Dégradation des soldes ? Promotion de centurions qui ne sont plus en style de gentilshommes, pas davantage en vocation de gendarmes de coffres-forts ? Le recrutement des officiers est en tout cas beaucoup plus populaire que naguère, y compris à Saint-Cyr. (Il n'y a même plus à parler de Polytechnique, qui ne donne plus à la carrière militaire qu'à peine trois ou quatre élèves par an, contre 140 en moyenne dans les années 1930.) Par ailleurs, par le hasard des événements, du fait surtout des épreuves de la décolonisation, l'armée aura vécu toutes ces années très éloignée de la métropole. Elle ne se sent plus branchée sur l'Hexagone comme purent l'être les officiers de Pétain et de Foch. La « grande muette » est devenue plus encore la « grande incomprise ». « La droite se trompe du tout au tout sur les sentiments réels de cette armée, aime expliquer Guy Mollet. Cette armée est même tout près de monter sur les barricades de guerres idéologiques. Je dirais du reste presque que, pour une République, une armée populiste est plus dangereuse qu'une armée d'aristos. » Il le sent si profondément qu'il s'emploie au maximum à être sur la même longueur d'onde que tous ces centurions. « Si je loupe ce dialogue, c'est alors que tout sera foutu, dit-il, et la République avec. » Précisément, pour l'immédiat, l'armée accomplit son boulot. Dans son ensemble, elle n'est pas près de bouger. Elle tiendrait plutôt pour Tartarin ou don Quichotte tous ces types qui, dans les ombres, rêvent ou calculent de renverser le régime.

Il n'empêche que « tous ces types » ne désespèrent pas, eux, de moralement récupérer cette « armée d'Egypte » qui arrive en Algérie « drapeaux roulés » bien qu'ornés de la « médaille commémorative du Moyen-Orient ». Les popotes n'aiment-elles pas dire que « l'armée française détient dorénavant deux records mondiaux, celui des décorations et celui des coups de pied au cul » ? C'est ainsi qu'il faut finalement beaucoup tenir compte de ce que fait ou peut faire cette « damnée nuée » d'« empêcheurs de tourner en rond ».

Il est trop vrai que, s'il n'y a aucun rapport de dimension avec les Croix de feu de 1934, un certain nombre de formations plus ou moins droitières et extrême-droitières discutaillent ou complotent tous azimuts.

Lesquelles exactement ? A Alger, la petite armée secrète « du

Cœur et de la Croix ». A Paris, les « anciens d'Indo », environ trois mille, desperados d'une défaite trop amère, anars sous uniforme, prêts à toutes les folies pour châtier les bradeurs de la « plus belle colonie du monde ». En métropole et en Algérie, le « service de renseignement et d'action » monté par le docteur Martin et le surprenant général Cherrière (au physique, une sorte de Giraud bis, pointes de moustache en moins ; au moral, descendant d'un hussard de la garde impériale, se proclamant « anti-républicain d'honneur et de religion »). La Saint-Cyrienne, association d'anciens élèves d'autres écoles militaires. La Versaillaise, la Saumurienne, la Saint-Maixentaise, au demeurant associations, quant à elles, plus romantiques qu'actives. On organise tout un système compliqué de liaisons verticales et de liaisons horizontales. Le mot de « complot » ne saurait d'ailleurs pas être de mise, le devoir est fondamentalement de lutter contre tout ce qui est anti-France, le communisme, la subversion, l'argent traître, le socialisme utopique, les généraux vendus, l'« Etat en décrépitude ».

Une conférence secrète — bientôt secret de Polichinelle — se tient dans une maison de repos de l'armée à Vernet-les-Bains, dans les Pyrénées-Orientales, au pied du mont Canigou. Le général Chassin y est convalescent. Cherrière et Martin y invitent le général Miquel, qui commande la région militaire de Toulouse (douze départements et sur son sol toutes les troupes aéroportées de la métropole). Mais le général Miquel se borne à exprimer au mouvement sa vive sympathie et déclare tout net qu'il n'a aucune raison de ne pas faire confiance à des hommes comme Lacoste ou Max Lejeune.

Nos fougueux nouveaux carbonari comptent beaucoup sur les « unités territoriales », les UT, créées dès 1955 par le général Cherrière alors en poste afin de pallier le manque d'effectifs et de soulager les troupes régulières des missions de surveillance urbaine. Elles comptent quelque 20 000 réservistes. Elles sont commandées par un homme valeureux, le colonel Thomazo. Un dur, ce Jean Thomazo. Deux de ses trois fils sont tombés en Indochine. Lui-même a été privé de nez par une balle de mitrailleuse en juin 1944 sur le front d'Italie, dans l'attaque des pitons de Monacasale, et depuis lors, il porte avec un pansement un petit appareil artificiel qui l'a fait surnommer « Nez-de-Cuir ». Ancien chef d'état-major de la 25e division aéroportée, homme de grand cœur, baroudeur-né, Thomazo a une véritable répulsion pour ce « régime de capitulards ». Justement, tous les signes laissent entendre qu'il est prêt à marcher, au premier appel d'un comité de salut public constitué à heure dite.

Tout cela est cependant pour une bonne part folklorique.

Côté comploteurs de droite, il n'y a finalement de sérieux à signaler que le « coup du bazooka ».

Le 16 janvier, à Alger, une forte détonation retentit place Bugeaud. Explosion. Un projectile vient d'être tiré d'un immeuble contre l'hôtel de la 10e région militaire. Il a éclaté dans le bureau du commandant en chef. Celui-ci venait de sortir. Son chef de cabinet, le commandant Rodier, a été tué net.

On croit d'abord qu'il s'agit d'un attentat du FLN.

Or il n'en est rien.

L'enquête révèle des surprises.

Arrêtés, les trois exécutants, Philippe Castille, Michel Fechoz et un docteur Kovacs (ancien champion de natation, d'origine hongroise, fiché par la DST à la fois comme agent des Soviets et comme agent du SS hitlérien Skorzeny, lequel, réfugié aux Baléares, fournit tous les détonateurs pour faire sauter fellaghas et « ratons »), avouent qu'ils sont des extrémistes de Présence française et qu'ils étaient chargés d'assassiner le général Raoul Salan, tenu dans beaucoup de milieux nationalistes pour un enfant chéri du régime, un franc-maçon « fumeur d'opium », un bradeur sans caractère, uniquement nommé commandant en chef pour larguer la terre sacrée. François Mitterrand, garde des Sceaux, suit l'enquête « attentivement », se fait communiquer tout rapport et tout dossier.

Encore n'est-ce point nos « farfelus » qui sont compromis.

On en vient vite à soupçonner les chefs gaullistes, lesquels auraient voulu essentiellement monter une opération de panique. Noms les plus prononcés : l'ex-radical devenu gaulliste très engagé Pascal Arrighi, Michel Debré, et le général Faure, commandant des troupes alpines.

Il est trop exact qu'un certain nombre de chefs gaullistes font mieux que suivre de près les événements. Biaggi, dit Bat, dans son vaste appartement parisien de l'avenue Victor-Hugo (décoré de cent Napoléon), préside de véritables conseils de guerre. Outre Debré, il y a là Soustelle, Jacques Foccart, Léon Delbecque, Christian de La Malène, le colonel Battesti, Maxime Blocq-Mascart, pilote de 1916, long profil, regard de feu. « C'est Pétain en 1940, dit Bat. Le régime a perdu toute légitimité. » Il propose la création d'un nouveau Conseil national de la Résistance et d'une nouvelle Haute Cour de justice. Même Lacoste, du coup ici surnommé « Bébé-Lune », est trouvé trop mou, trop défaitiste. Le général Faure, magnifique soldat, couvert de médailles, ex-grand champion de ski, ne parle rien moins que de « le foutre au gnouf » à l'occasion d'un voyage du ministre-résident dans le Sud, d'arrêter tous les hauts fonctionnaires et de mettre à la tête du gouvernement un « type qui ait des couilles » (après une preste enquête, le général, trahi par ses excès de langage, est non moins prestement dépouillé de son commandement). Voici intervenir Alexandre Sanguinetti, qui prend en main un Comité d'action des anciens combattants. Michel Debré publie une feuille incendiaire, *Le Courrier de la colère*, pour mieux proclamer qu'« il y a légitime défense ». Le mouvement se sent assez fort pour empêcher PMF de tenir un meeting au Vel' d'hiv' : la réunion, sous l'assaut des commandos gaullistes, ne tient pas plus de dix minutes ; Mendès manque être lynché.

« J'en suis convaincu, confirme Lacoste à Guy Mollet, le

bazooka, ce n'est vraiment pas de Cherrière ou de ses farfelus. C'est gaulliste. C'est signé. Cela rejoint des plans qu'il faudra finir par prendre au sérieux. »

Le gouvernement de Maurice Bourgès-Maunoury

Le gouvernement Guy Mollet n'en est pas moins au bout du rouleau.

Il aura réussi à gouverner près d'un an et demi avec une Assemblée composée de six fractions à peu près égales et totalement opposées entre elles.

Il aura dû poser trente-cinq fois la question de confiance.

Il n'arrive plus à bien rassembler les pièces de son puzzle.

Parmi ses meilleurs amis, Guy Mollet se déclare lui-même à bout de nerfs.

Condamné à chuter, il choisit simplement de tomber « à gauche ».

En plein accord avec Ramadier, il présente un plan économique d'inspiration socialiste, inacceptable pour la majorité de l'Assemblée. Il propose 250 milliards d'économies budgétaires, mais il assortit ce programme d'une menace de lourdes impositions. Hurlements dans les travées des indépendants.

Devant l'hostilité qui lui est manifestée, le 15 mai, il s'en va présenter sa démission à l'Elysée.

« Je la refuse, dit Coty, ce n'est pas constitutionnel. »

Soit, répond Guy Mollet. Le 18, il pose une nouvelle question de confiance.

Le 21, la confiance lui est refusée — par 250 voix contre 213.

Guy Mollet et l'histoire ? Durant de longues années, elle sera très dure pour le personnage. Les mendésistes aidant, elle en fera un être étriqué, sans style, manquant d'imagination et de courage, s'abandonnant à des ambitions que d'insuffisants dons personnels ne méritent pas. Au reste (comme plus tard aux Etats-Unis avec Nixon), l'histoire est plutôt allergique envers les hommes partis de trop bas, comme elle est complaisante pour les grands bourgeois style Mendès ou Kennedy qui se proclament au service du peuple. Elle ne pourra pourtant un jour que mieux rendre hommage à ce rude militant qui, à force de conscience, aura su se hisser à un plein sens de l'Etat, aura manifesté une indiscutable autorité, n'aura pas craint de prendre de grands risques, aura incarné une intraitable honnêteté, et, ennemi-né de tout bluff et de tout théâtralisme, aura parfaitement illustré, au service de son pays comme des plus humbles, un prototype d'homme de bonne volonté...

« Personne d'autre que vous ne pourra tenir une Assemblée aussi anarchique », lui dit même Coty, qui le supplie de faire l'essai d'un nouveau gouvernement. Mais Guy Mollet refuse de se succéder à lui-même. « Je devrais trop tricher, explique-t-il, y compris avec moi-même. Jusqu'ici, même très combattu, je n'ai jamais eu honte de ce que j'ai eu à faire. Je devrais trop en prendre le risque. »

Nous voici du coup avec une crise qui va durer un mois.

Deuxième appelé : René Pleven. Il n'accepte qu'une mission de consultation. Il rend son arbitrage le 28 mai. Il est formel : un seul nom sort de son chapeau, Guy Mollet.

Troisième appelé : Guy Mollet, donc. Il maintient son refus.

Quatrième appellé : Pierre Pflimlin. Il envisage une combinaison allant de Mollet à Pinay. Il tient surtout à maintenir en place Lacoste, qu'il juge irremplaçable. Mais, si les socialistes acceptent de participer, c'est sans les indépendants. Pflimlin renonce.

Numéro cinq : le radical de Lourdes, René Billières. De toute son honnêteté, il dit : « Je ne suis pas au niveau de la fonction. »

Il n'y a plus que des ombres, soupire René Coty.

Il consulte à nouveau Guy Mollet qui, avec ses cent députés, détient au fond la clef stratégique de tout le jeu.

Guy Mollet dit : « Nous sommes déjà tous d'une génération en train de passer. Vidés. Appelez donc la génération nouvelle. Un radical, bien sûr. Rien ne vaut un radical pour raccommoder la porcelaine. »

Coty cite le nom de Mitterrand.

Guy Mollet : « Il est habile, il manque de ciment. On ne sait jamais ce qu'il va faire. Et l'Algérie va-t-elle l'accepter ? Il passe pour mendésiste, même s'il ne l'est plus du tout... »

Les deux hommes n'ont plus à choisir qu'entre Gaillard et Bourgès-Maunoury.

Guy Mollet trouve Gaillard « encore trop jeune ».

Va donc pour Bourgès, en qui le leader socialiste a une confiance absolue et que l'Algérie n'a aucune raison de refuser.

Appelé en consultation par téléphone, le ministre de la Défense franchit la porte de l'Elysée le 5 juin.

Le diagnostic des caciques est pessimiste.

Personne n'accorde la moindre chance au nouveau venu. « C'est folie que d'accepter », bougonne Daladier. « Ne me demandez surtout pas de pronostic », souffle Queuille, ce qui est tout dire.

La situation, en effet, ne saurait être plus dramatique. D'aucuns la tiennent pour quasiment désespérée. Les caisses sont vides. « J'ai perdu mes deux poumons », avoue Ramadier. L'avance de 80 milliards consentie par la Banque de France à Guy Mollet le lendemain de sa chute est pratiquement épuisée. Les prix montent. L'inflation est à la porte. Les syndicats ouvriers redoublent d'agressivité. Les agriculteurs manifestent. Le CNPF, par la voix de son président Georges Villiers, lance un cri d'alarme : « Une double faillite menace le pays... » Le drame algérien est devenu pour la Quatrième République une véritable lèpre, qui n'arrête pas de la ronger. A son sujet, sauf le PC, tous les partis sont déchirés. Socialistes, radicaux, républicains sociaux, républicains populaires, indépendants, tous sont pratiquement scindés en deux camps irréductibles, « bellicistes » contre « défaitistes ».

Les gaullistes reprennent ouvertement quelque espoir. Les visiteurs se font plus nombreux rue de Solferino. Immeuble banal. Un escalier imposant, soutenu par un pilier de ciment. Une rampe de bronze. Des militants-gorilles dans les couloirs. Le saint des saints est un bureau avec des murs blancs, deux hautes fenêtres sur la rue, des portes en chêne ciré, une large table de travail à pieds carrés et la maquette métallique du Lockheed que le Général utilisait pendant la guerre. Habitués des lieux : Georges Pompidou ; Olivier Guichard, pour sa haute taille dit le « Grand » ; Beaulaincourt, qui tient le secrétariat ; Jacques Foccart ; Léon Delbecque. Le Général a beau dire qu'on ne le « rappellera jamais assez », que « les Français se fichent de l'Algérie », que « les pieds-noirs descendront peut-être dans la rue, mais entre deux anisettes », une timide espérance, à profit de cette longue crise, se lève chez les partisans. Bonneval a de nouveau fort à faire pour distribuer les faveurs des audiences. « Le soleil se lève au sud », dit Delbecque.

Voici même qu'intervient un nouveau parti de droite d'entrée de jeu très dynamique, le Front national, fondé par deux jeunes députés élus sous étiquette poujadiste, Jean-Marie Le Pen et le docteur Demarquet, ainsi que par Roger Delpey (ancien président des Combattants d'Indochine, auteur de *Soleil de mort*), l'ancien para Yves Colmant, aveugle de guerre, et Jean Gautrot, président de l'Association générale des étudiants d'Algérie. Objet : sauver l'Algérie française. On inaugure avec un tour de France en caravane (dix camions, trois camionnettes et une dizaine de voitures qui, durant tout l'été, d'Arras à Nice, d'Annecy à Quimper, distribueront des nuées de tracts...).

« Formez-moi du moins un gouvernement de vacances », demande René Coty à Bourgès.

Bourgès accepte sous une seule condition : « Que Guy Mollet me laisse Lacoste. »

« Je ne crois pas au soutien sans participation », précise-t-il.

Guy Mollet promet.

Bourgès s'emploie donc à former un gouvernement.

Pendant cinq jours et cinq soirs, bloqué dans son bureau de la rue Saint-Dominique, à l'hôtel de Brienne, siège de son ministère, il se livre à l'épuisant et irritant travail de Pénélope que représente sous la Quatrième la constitution d'une équipe ministérielle. On se dispute l'Information. On s'arrache la Justice. On palabre vingt-quatre heures uniquement pour découvrir un successeur de Defferre à l'outre-mer.

Le sixième jour, enfin, à trois heures du matin, exténué, voix cassée, le « citoyen junior », comme l'appelle Louis Vallon, ouvre sa porte et lance aux journalistes ensommeillés qui montent la garde : « Ça y est, j'ai mes quatorze. » Le nouveau président va enfin pouvoir aller dormir tout son sommeil en sa ville de Saint-

Germain-en-Laye où l'attendent Andrée, sa femme, et ses deux fils, Jacques-Loup, huit ans, et Marc, sept ans.

Houphouët-Boigny est numéro deux de la formation comme ministre d'Etat. Au moment même où tout l'Empire se disloque, c'est paradoxalement un Noir qui fera l'intérim de la France si jamais il arrive un malheur personnel au président du Conseil. Faut-il que la confiance soit devenue solide pour le génial député de la Côte d'Ivoire qu'il y a à peine sept ans on tenait pour un ennemi de la France !

Félix Gaillard est promu aux Finances. Gérard Jacquet hérite de la France d'outre-mer, dont Georges Guille n'a pas voulu. André Morice se charge de la Défense. Le général Corniglion-Molinier remplace Mitterrand comme garde des Sceaux. Lacoste, Pineau, Gilbert Jules, Billières, Gazier restent en place.

Confié à Max Lejeune, un ministère du Sahara apparaît pour la première fois : c'est paradoxal mais c'est comme ça ; la France vient de perdre le Maroc et la Tunisie ; elle est menacée de perdre l'Algérie, sous quelque forme que ce soit ; elle croit néanmoins pouvoir garder sous ses drapeaux ce vaste désert qu'elle a superbement pacifié et qui n'est à ses yeux ni l'Afrique arabe du Maghreb ni l'Afrique noire du Niger ; ainsi une loi a-t-elle créé sous Guy Mollet l'Organisation commune des régions sahariennes (OCRS), et Bourgès lui aura justement donné un ministre pour la consacrer.

L'investiture est obtenue le 12 — par 240 voix, chiffre désormais suffisant depuis la réforme qui a voulu que la majorité constitutionnelle absolue de 314 ne soit plus nécessaire. « Incroyable ! » s'écrie Daladier.

Le grand public connaît mal ce nouveau président de quarante-deux ans qui, né à Luisant en Eure-et-Loir, aura été à ce jour avec Fallières et Gambetta le benjamin des présidents du Conseil. Il faut dire que le personnage, même s'il a déjà parcouru une carrière exceptionnellement brillante, n'a guère le génie de l'auto-publicité. Feuilletons tout de même son carnet de route.

Fils et petit-fils de polytechniciens, polytechnicien lui-même et de surcroît inspecteur des Finances, petit-neveu du maréchal dont il porte le nom, il a été un discret mais authentique héros de la Résistance, sous les pseudonymes de « Polygone » et de « Berniquet », ce qui lui a valu d'être Compagnon de la Libération.

La politique fait en quelque sorte partie de son patrimoine familial : Pol, son arrière-grand-père, a été longtemps député d'Eure-et-Loir ; Maurice, son grand-père, ministre de l'Intérieur de Poincaré. Depuis le mois de mai 1946 où, sous le double patronage de Queuille et de René Mayer, il a été élu député radical-socialiste de la Haute-Garonne à la deuxième Assemblée constituante, il a été ministre 2 424 jours.

On ne lui connaît qu'un handicap : la tribune du Palais-Bourbon le terrorise. C'est qu'il n'a rien d'un tribun. Il a l'éloquence sèche, parfois tâtonnante. Petit, râblé, il présente un visage tout jeunot qui, au premier regard, n'impressionne pas. Mais, d'une extrême finesse dans ses analyses, il cache sous le sourire de la gentillesse une extraordinaire fermeté de caractère, avec le plus haut sens de l'autorité de l'Etat. Fort d'une solide expérience, il a aussi cette qualité rare : la réputation méritée d'une loyauté absolue. Sobre, ultra-modeste, ce n'est certes pas lui qui va jouer les Tartarin ou les funambules ou l'arriviste-le-couteau-entre-les-dents. Quant au croc-en-jambe, connaît pas.

En tout cas, bel et bien, hôte quasi inamovible des palais nationaux où il n'habite pourtant jamais, le voici à Matignon, fût-ce pour un simple devoir de vacances.

Alger : trois bombes réglées pour dix-neuf heures...

Le FLN tient cependant à faire échec à Massu. Yacef Saadi, chef rebelle « politico-militaire de la zone autonome d'Alger », en raison même du démantèlement largement commencé de son secteur, veut démontrer à tout prix qu'il peut toujours en disposer en maître sans partage. S'il a perdu beaucoup de monde, il dispose du moins d'un important stock de dynamite-gum. Le 3 juin (en pleine crise ministérielle), entre onze heures trente et midi, trois musulmans habillés des bleus très reconnaissables que portent les employés d'Electricité d'Algérie s'introduisent dans le centre-ville. Ils sont munis du « carré » qui permet d'ouvrir les boîtes à coupe-circuit se trouvant à la base des lampadaires. Ils en visitent trois qui portent des panneaux d'arrêt d'autobus. Ils y déposent des bombes. Elles sont réglées pour dix-neuf heures, le moment de l'affluence maximum. Elles sont exactement au rendez-vous : 5 morts, 92 blessés.

Six jours plus tard, le gardien d'un cabaret-dancing de la côte, le *Casino de la corniche*, accepte de glisser sous le podium de l'orchestre une bombe de deux kilos, charge énorme pour la dynamite-gum. Celle-là est réglée pour dix-sept heures trente. C'est, le dimanche après-midi, le lieu favori des jeunes de Bab el-Oued. L'orchestre est animé par Lucky Sherway, de son vrai nom Lucien Serror, natif de ce quartier populaire entre tous. A l'heure dite, il y a 11 morts et 85 blessés, dont 14 à amputer.

Mais Bourgès sait intraitablement appuyer Lacoste, qui devient de plus en plus le symbole d'une continuité politique visant à conserver l'Algérie dans la France, tout en envisageant des réformes manifestement indispensables. Massu est sûr d'être couvert.

Il rappelle Godard pour lui confier le nettoyage du secteur Alger-Sahel, exactement calqué sur la zone même de Yacef Saadi. C'est fait dans les quatre mois (tous les personnages arrêtés se retrouveront vivants et il n'y aura pas une seule plainte pour sévices de tout l'été).

Et les paras de poursuivre leur action.

Fin juin. Par un coup de veine, ils saisissent dans la Casbah un dépôt de trente-trois bombes.

17 juillet. Ils arrêtent le chef du réseau spécial de pose des engins de mort. A l'évidence, il parle, car, le lendemain, autour de chaque pâté de maisons du centre d'Alger, on tend les filets. Il y tombe neuf équipes de deux porteurs ayant chacune sa bombe.

27 juillet. C'est un après-midi de dimanche par une chaleur étouffante. Les paras ont procédé toute la semaine à de multiples arrestations. Ils en sont arrivés à la certitude que les stocks de bombes des rebelles sont près d'être épuisés. Godard est sur la place du Gouvernement-Général dans un véhicule radio. Il a fait bloquer toutes les issues de la Casbah — sauf une. Obligatoirement, les suspects passeront par celle-là. Il n'y aura plus qu'à fouiller au hasard dans l'énorme foule qui va dévaler après dix-sept heures vers les quais, les cafés et les cinémas. Ainsi calculé, ainsi fait. Champ du ratissage : le quadrilatère européen bordé par le front de mer et allant de l'amirauté à l'Hôtel de Ville. Tous les paras sont sur l'unique sortie non bloquée. Une horde. Inévitablement, c'est l'affolement chez les porteurs. A la vue des soldats, ils bifurquent dans une rue transversale. C'est pour tomber sur une patrouille. Inexorables, les secondes s'égrènent sous leurs vestes. A dix-sept heures trente, la première bombe éclate, déchiquetant son porteur rue de la Lyre. Tous les autres porteurs l'entendent. Saute même celui qui a réglé les engins. Seuls en réchappent ceux qui auront abandonné dans la Casbah même leur mortel fardeau.

Fin août. Le réseau bombe est totalement démantelé.

Début septembre. Yacef Saadi est arrêté.

8 octobre. Le fameux Ali Omar, dit Ali-la-Pointe, est cerné dans une maison de la rue des Abderamanes. Les paras le somment de sortir. Il refuse de quitter sa cache. Ils mettent une charge de plastic pour faire sauter une cloison. Ils ne savent pas que juste derrière se trouve un important stock d'explosifs. L'explosion est effrayante. Tout l'immeuble voisin, qui est en pisé, s'effondre. Toute la Casbah a tremblé. Ali-la-Pointe est parmi les 25 tués, ainsi que son meilleur agent de liaison, Petit Omar, âgé de treize ans.

15 octobre. Plus sélect est la prise du dernier haut responsable : El Khiam. Il aura cru, dans la débâcle générale, disposer encore d'une « boîte aux lettres » pour gagner le maquis. Rendez-vous lui est donné en haute Casbah, « dans une 203 grise ». Il s'y précipite. Son voisin de banquette est l'officier de renseignement du 1er régiment de paras étrangers.

La « zone autonome d'Alger est kaputt », peut annoncer Massu à Lacoste.

Le Marché commun est voté

Bourgès ne fait point que gagner la bataille d'Alger.

« Cabinet d'été » ou pas, il boulonne dur.

Il obtient en exprès de la Banque de France 350 milliards pour assurer sa première fin de mois.

Il fait voter aussi sec 170 milliards d'impôts nouveaux, augmenter le prix de l'essence (jusqu'au prix record mondial de 90 francs le litre) et supprimer la libéralisation des échanges — de quoi permettre du reste à ses adversaires syndicalistes de lancer un mot voué à faire fureur : la *technocratie*. Il obtient même le vote de l'impôt sur lequel tomba Guy Mollet : la *décote pour stock*, dont le seul nom hérisse toute la cohorte des indépendants. Que n'aura-t-on parlé de cette décote !... Jusqu'à ce qu'à son tour, comme magiquement, elle passe aux oubliettes.

Il se fait accorder dare-dare par le Parlement des pouvoirs spéciaux pour l'Algérie.

Il aide à fond André Morice à installer sur la frontière tunisienne ce qu'on appelle aussitôt la « ligne Morice ». Car la Tunisie abrite sur son sol de forts détachements d'une armée algérienne de libération de mieux en mieux entraînée et équipée. Depuis le territoire tunisien, des raids fréquents sont entrepris contre les régions frontalières que défend l'armée française. Une vraie passoire, cette frontière. Morice fait au plus vite installer entre Tunisie et Algérie un long barrage électrifié et fortifié, tandis que des représentations de plus en plus vives sont adressées à Tunis. Bourgès autorise même l'armée française à menacer Tunis d'user du « droit de suite » en territoire tunisien contre les unités de fellaghas qui s'y réfugient et y trouvent gîte, vivres et ravitaillement en munitions.

Il tient crânement et dignement tête au terrible accusateur public numéro un, Michel Debré, qui publie un écrasant pamphlet, *Ces princes qui nous gouvernent*, qui, du haut de la tribune du Sénat, lui lance : « Allez-vous-en, vous ne représentez plus rien ! » et qui professe qu'il va être vital de « se débarrasser d'un régime qui assassine la France ».

Les socialistes menacent de l'abandonner. Un an après le congrès de Lille, le congrès de Toulouse marque un raidissement très net de la SFIO. A l'évidence, s'annonce un virage algérien de socialistes nettement malheureux de la politique de dureté que les circonstances imposent. Certes, Guy Mollet et Lacoste font encore triompher leur politique par 2 547 mandats contre 779 à une motion Defferre qui propose la négociation sur la base d'un statut, et 498 à une motion Verdier-Depreux favorable à l'« Algérie algérienne ». Il est cependant trop clair qu'ils auront de plus en plus de mal à faire valoir leur point de vue. Précisément, Bourgès s'emploie avec beaucoup de tact et d'habileté à ne pas compliquer par des propos excessifs le travail de ses alliés.

Il fait mettre en valeur le Sahara — d'autant plus que dans son esprit une raison nouvelle de garder l'Algérie naît de la révélation des richesses sous-sahariennes. On vient justement d'y trouver du « pétrole à volonté ». Les gisements d'Edjelé et d'Hassi Messaoud contiennent respectivement, selon les estimations les plus sérieuses.

environ 30 et 150 millions de tonnes d'huile lourde. Les gisements du Touat et d'Hassi R'Mel fixeraient les plus riches sources de gaz naturel du monde. L'exploitation commence. Bourgès fait même construire un pipeline pilote entre Hassi Messaoud et Bougie — sauf à devoir éviter de le faire passer par les trop volcaniques Aurès.

Il défend habilement et brillamment sa politique algérienne devant l'ONU (« je ne fais pas la guerre ; je pacifie une terre française »), sait contrer vigoureusement une résolution du sénateur du Massachusetts John Kennedy, qui demande spectaculairement l'intervention des Etats-Unis en faveur de l'indépendance algérienne.

Page d'histoire : il fait ratifier par l'Assemblée les traités d'Euratom et du Marché commun, le 9 juillet, par 341 voix contre 235, pour le Marché commun ; par 332 voix contre 240, pour l'Euratom.

Cependant, quant à l'Algérie, la solution militaire ne saurait suffire. Ainsi, dès septembre, Bourgès en est-il à prévoir un ensemble de réformes qu'il envisage de proposer sous l'aspect d'une loi-cadre au moins destinée à en fixer les grands principes.

Malheureusement pour lui, tant sur le problème algérien, à propos de la loi-cadre, que sur les problèmes économiques, notamment à propos du mécontentement grandissant des agriculteurs, le gouvernement entre plus tôt que prévu dans une phase de difficultés insolubles. En juillet, il avait mis le Parlement en congé. Il doit interrompre les vacances parlementaires pour faire face à l'un et l'autre problème.

Il réalise *in extremis* l'« opération 20 % » dont ses adversaires proclament qu'elle est une dévaluation qui n'ose pas dire son nom.

Il bute sur le roc algérien.

Certes, le 13 septembre, le projet de loi-cadre est adopté en Conseil des ministres — en dépit de l'opposition farouche d'André Morice : cette loi prévoit l'autonomie des territoires algériens, la création d'institutions fédératives et la mise en place d'une cour arbitrale ; l'Algérie « formera un ensemble fédéré, faisant partie intégrante de la France ».

Mais le projet est combattu avec autant d'acharnement par les défenseurs de l'Algérie française que par les tenants de l'Algérie algérienne.

Les plus vives polémiques et disputes se déchaînent dans les couloirs et les commissions de l'Assemblée.

Une table ronde des partis non communistes n'aboutit elle-même à aucun accord.

Soustelle attaque à boulets rouges ce qu'il considère comme une « menace de sécession à terme ».

Une cascade d'amendements est déversée sur le texte initial.

Le 30 septembre, quand Bourgès pose la question de confiance, elle lui est refusée par 279 voix contre 258.

Même si le cahier de vacances est bien rempli, Bourgès n'aura gouverné que 108 jours.

Nouvelle longue crise.

Nouvelle fastidieuse crise, avec son marathon tristement traditionnel.

René Coty croit avoir trouvé la bonne méthode et, comme il le fit avec Guy Mollet, il diffère l'acceptation de la démission que lui apporte Bourgès jusqu'à ce qu'un nouveau gouvernement lui paraisse mûr. Mais il doit surtout dénouer cette énigme : trouver une formule d'équilibre dans une Assemblée qui n'a pas de centre. C'est une tout autre affaire.

Le 2 octobre, il appelle le leader socialiste. Guy Mollet consulte durant quatre jours. Mais il se heurte à l'opposition farouche des modérés. Jamais Paris n'aura autant fait penser à la République de Weimar morte du jeu égoïste des partis. Et si de Gaulle avait raison ? Guy Mollet dit à Coty : « On exige de moi sur tous les problèmes des solutions qui ne sont pas les miennes et l'on prétend au surplus les faire appliquer par moi. A d'autres ! »

Le 6, Pleven réapparaît dans son rôle de conciliateur perpétuel (alors que sa propre UDSR est déchirée entre plevenistes et mitterrandistes). Il demande aux partis une trêve d'une année, après vote de pouvoirs spéciaux en matière financière, qui sont devenus la règle. Peine perdue. Les radicaux continuent de se déchirer entre eux à pleines dents. Les modérés ne veulent même pas du moindre saupoudrage de dirigisme socialiste. Il est clair que les députés rentrent de vacances survoltés d'énergie et prêts à détruire tous les échafaudages. « C'est l'Assemblée 300 000 volts », commente Corniglion-Molinier.

Troisième appelé : Pinay. Il décide d'aller jusqu'à la demande d'investiture devant l'Assemblée. Il propose un programme de classicisme financier tel qu'on l'attend de lui : pas d'impôts nouveaux, des économies massives et une réforme des institutions qui s'impose de plus en plus. Il veut aussi limiter le nombre des ministres et avoir pouvoir de dissoudre l'Assemblée. Il réclame des élections au scrutin majoritaire et le retour à la liberté des prix et des salaires. C'est exiger des socialistes l'impensable. Le MRP lui-même refuse de participer, ainsi que la fraction officielle des radicaux. Mais Pinay tient à prendre date devant le pays et, si sûr soit-il de son échec, à faire son tour d'hémicycle. Il constitue pour la forme un gouvernement où il garde pour lui-même à la fois les Finances et les Affaires étrangères. Il est atomisé. L'Assemblée vote le 18 octobre. Il n'obtient que 198 voix, contre 248 et 60 abstentions. Intermède inutile.

Quatrième appelé : Robert Schuman. Arraché à sa retraite, il se borne sans conviction à une simple tournée de consultation. Il dit à Coty : « Les valses, ce n'est point fait pour moi. »

L'Elysée a de nouveau recours à Guy Mollet. Celui-ci accepte de faire son tour d'hémicycle, d'autant plus qu'une certaine agitation sociale se manifeste à travers tout le pays. Il annonce un « grand ministère ». Effectivement, il bat un record : 32 ministres et 20 secrétaires d'Etat. Il engage comme ministres d'Etat Queuille, Pleven et... Daladier (rires et exclamations sur les bancs gaullistes). Robert Schuman est vice-président. Pflimlin a les Finances, Robert Lecourt l'Intérieur. Pineau, Lacoste et Max Lejeune conservent leur poste. Peine perdue encore. L'investiture lui est refusée, le 28 octobre, par 290 voix contre 277.

François Mitterrand nourrit depuis plusieurs jours les plus fortes espérances. Il a su gagner l'affection de René Coty. *Le Monde* le cite avec insistance parmi les « désignables ». Bien sûr, il sait que ses handicaps sont lourds. Les communistes sont à peu près les seuls à le ménager. Les mendésistes persistent à le bouder. Les socialistes tiennent en forte suspicion ce grand bourgeois qui joue les coquets de gauche. Pour la droite et les « socialistes bleu-blanc-rouge », il est du gang des bradeurs. Il manœuvre néanmoins, fait ami-ami avec Edgar Faure. Pour amadouer les socialistes, il vient d'aller jusqu'à accepter de participer au grand gouvernement mort-né de Guy Mollet. Celui-ci lui a proposé la Justice. Il n'a pas dit non, encore que se découvrant en numéro neuf sur la liste, loin derrière les ministres d'Etat et son grand rival Pleven, admettant de se retrouver aux côtés des ultras de la SFIO, Lacoste et Lejeune. Mais le rêve se brise. Coty préfère appeler un tout autre jeune homme.

6 novembre. La scène se transporte chez *Lipp*, boulevard Saint-Germain. Bizarre : M. Cazes, le légendaire propriétaire de l'établissement si célèbre pour son hareng de la Baltique, son bœuf gros sel, son cassoulet, sa choucroute, son mille-feuilles et l'art de rassembler autour de ses tables le Tout-Paris politique, mondain, financier, littéraire et artistique, n'est pas à son poste habituel, à l'entrée. Que peut-il donc se passer ? Eh bien, ce soir-là, dans ce vrai sanctuaire de la Quatrième qu'est la brasserie *Lipp*, le patron veille tout bonnement à la confection d'un gâteau d'anniversaire pas comme les autres : un Palais-Bourbon en nougatine et chocolat. Ce même soir, en effet, un long jeune homme brun à lunettes, toujours d'une élégance stricte et toujours vêtu de costumes sombres, fête un double événement. D'abord son anniversaire. Ensuite l'investiture que l'Assemblée nationale, par 337 voix contre 173, vient de lui accorder après l'avoir refusée à Pinay trois semaines plus tôt sur un programme identique. Respect ou superstition, le jeune homme refuse de découper lui-même en tranches le gâteau-Bourbon. Il fait seulement semblant... pour les photographes.

Nom de l'heureux promu : Félix Gaillard.

Effectivement, comme heureux jeune homme, il se pose un peu là.

Il ne lui aura pas suffi d'avoir été le plus jeune député, puis à trente-six ans le plus jeune ministre des Finances de l'histoire républicaine après Caillaux en 1899. Le voici à trente-huit ans le plus jeune président du Conseil, battant de quatre ans le record de son grand ami Bourgès.

Il est même heureux et comblé en tout. Grand bourgeois, éblouissant inspecteur des Finances, il naquit à Bordeaux dans une vaste demeure classique, tapissée d'Aubusson et garnie de meubles rares, qui servit de décor à Jacques Chardonne pour son roman *Les Destinées sentimentales*. A Paris, depuis un tout récent mariage d'amour, Félix Gaillard vit avenue Foch avec sa belle et ravissante épouse Dolorès-Jacqueline, veuve de l'ancien richissime ministre radical Raymond Patenôtre, et son bébé Philippe, né cette année même. Sportif accompli — tennis, golf, yachting, natation, ski nautique —, de la plus étincelante intelligence, conférencier raffiné, économiste de première force, il a le chic pour ne jamais dissimuler ni ses origines patriciennes, ni sa fortune. A un visiteur reçu à Matignon qui s'extasiera sur les meubles du Mobilier national, il dira, de tout son célèbre sourire d'étudiant : « Ici, ce ne sont que des copies. Chez moi, ils sont vrais... » Comme pour Bourgès, c'est la Résistance qui a décidé de sa carrière politique — député de la Charente depuis 1946, il n'est même pas étonné de ses prodigieux succès.

Quand il s'agit de former un gouvernement, il réussit avec la maîtrise d'un vieux radical. Il a bien appris ses leçons. Il queuillise encore mieux que M. Queuille. Il opère l'« introuvable concentration » des socialistes, des modérés, des républicains populaires, et des radicaux des deux tendances. « Je n'en crois pas mes yeux », soupire Coty.

Peu de changements sur la formation précédente. Lacoste demeure à Alger. Deux secrétaires d'Etat représentent les musulmans algériens.

Et c'est ce « nonchalant qui passe » — comme l'appellent les frondeurs pour ses manières d'étudiant désinvolte — qui, en grand style, comme en se jouant, coup sur coup, arrache à la plus disparate des majorités la reconduction des pouvoirs en Algérie, le vote de la loi-cadre qui fut refusée à Bourgès (le 29 novembre, par 269 voix contre 200), le vote d'une loi électorale algérienne qui institue le collège unique (267 voix contre 200), le vote de projets financiers rigoureux (233 contre 187) et la confiance pour l'« opération vérité » (suppression des subventions économiques, majoration des tarifs des services publics et réduction des importations).

Il ne s'arrête pas là.

Il fait poursuivre efficacement la construction de l'Europe. Il dit : « Nous comptons 150 millions d'Américains, 200 millions de Russes, 495 millions de Chinois. L'Europe seule peut nous garder à un niveau équivalent. » En réplique au Marché commun, l'Angleterre s'efforce-t-elle de créer une vaste « zone européenne de libre-échange » ? Telle est en effet l'entreprise à laquelle s'attelle Harold Macmillan, qui remplace en janvier Eden au 10, Downing Street — essentiellement tentative de diversion pour brouiller les cartes des Six. Habilement, Gaillard évite le choc frontal. Il se rend à Londres le 26 novembre négocier directement un *modus vivendi* entre les deux institutions, et même, au passage, obtient la publication d'un communiqué commun affirmant que « la France doit assumer ses responsabilités particulières en Afrique du Nord, où elle possède traditionnellement une position prééminente ».

Il manœuvre intelligemment le mendésisme. Ce n'est pas d'aujourd'hui qu'il est en conflit d'idées avec Mendès, lequel conspue quotidiennement le Marché commun, et il s'est souvent opposé à lui dans les congrès radicaux, mais là encore, il opère en vieux routier : le 24 novembre, au congrès radical de Strasbourg, si Mendès réussit à faire voter un désaveu de la politique algérienne du gouvernement, il sait organiser l'élection d'un bureau antimendésiste, avec, comme secrétaire général, le « sage » député de l'Ariège, Georges Galy-Gasparrou. Il demande : « Dites-moi donc ce que Mendès peut faire de l'alphabet, sans la syntaxe. »

Il réussit à faire voter le budget dès le 19 décembre — le « collectif » de rectification du budget 1957 dès le 27. Pour la première fois depuis bien longtemps, le budget est au moins « à l'heure ».

Le 26, il fait adopter par le Conseil des ministres un projet de révision constitutionnelle qui consiste à conférer au président de la République un véritable droit de dissolution de l'Assemblée, à retirer aux députés l'initiative des dépenses et à donner au gouvernement plus de stabilité en exigeant pour sa chute le vote positif d'une motion de défiance. « C'est à savoir, commande-t-il, si nous voulons sauver le régime ou non. »

Il instrumente avec assez d'autorité à l'ONU pour éviter un vote désastreux (quoique de justesse : 37 voix contre 37 sur une motion afro-asiatique hostile à la France).

« Par ma foi, dit Lacoste, il a belle gueule, le gars... »

La reine d'Angleterre à Paris

Quant à l'année hors les murs politiques, elle donne en tout cas de quoi abondamment bavarder.

On inaugure la *zone bleue.* C'est qu'on évalue à un million le nombre de voitures à Paris pour un millier de kilomètres de rives utilisables. Le danger d'asphyxie est évident. Une vraie pieuvre sur la capitale. Alors, on invente toutes sortes de trucs, ainsi une zone dite bleue avec interdiction des livraisons dans l'après-midi, mais aussi l'*opération papillon* (ordonnance du préfet de police limitant strictement à une seule heure le stationnement sur les Champs-Elysées : on colle sur le flanc des pneus des voitures en stationnement un papillon dont la couleur correspond à une heure donnée) ; le *contractuel*, personnage nouveau du pavé parisien, mi-retraité, mi-policier, chargé de contrôler le papillonnage ; l'*opération grue* (camions-grues pour enlever les voitures qui trichent), et la *voiture pie* (peinte en noir et blanc) vouée à traquer les contrevenants. Enfin, pour couronner le tout, voici l'*opération disque* : désormais, chaque automobiliste parisien doit posséder une enveloppe cartonnée et carrée contenant un disque de carton, plus petit, tournant sur son axe ; deux lucarnes aménagées dans le carré laissent apparaître les heures imprimées sur le disque ; il n'y a d'autorisation d'arrêt que pour le temps d'une heure ; le disque, on le pose sur le pare-brise.

La pub décuple sa puissance. Nous voilà à l'apogée de la société de consommation — et de la dictature du slogan. La civilisation imbibante. Nous prononçons comme machinalement, mécaniquement : « *Vivez pratique, vivez plastique... Les plus belles vacances du monde : Club Méditerranée... Une Vespa, pour faire les beaux dimanches... — Comme Pierre et Pierrette, souriez Gibbs... J'ai choisi la santé : merci, Vittel !... Il a son bac, alors, c'est d'acc, offrez-lui son rasoir Philips...* » Nous voilà même avec une nouvelle grande guerre, cognac contre whisky, whisky-pub contre cognac-pub...

Le Mirage III dépasse la vitesse de 2 000 km/h.

La France dit espérer devenir la quatrième puissance pétrolière du monde. Saint Mahomet, priez pour nous !

On met en service à Paris les premiers cœurs artificiels.

Gelinotte, la meilleure trotteuse mondiale, « Française à 100 % », reine de Vincennes, l'emporte dans le Grand Prix de Paris malgré 75 mètres de handicap.

Jacques Anquetil, vingt-trois ans, se consacre en as des as : pour sa première participation, il gagne le Tour de France — pourtant un Normand d'apparence toute frêle, regard enfantin, voix douce. Le croirez-vous ? Il refuse néanmoins de suivre le régime ou les ascèses imposés à tout grand champion : à l'eau minérale, il préfère le champagne brut.

Hélène de France épouse à Dreux Evrard de Limbourg-Stirum ; le prince Henri de France épouse à Dreux Marie-Thérèse de Wurtemberg. Les journaux pavoisent.

La peine de mort du vieux Gaston Dominici est commuée en réclusion perpétuelle. Pour autant le feuilleton du crime de Lurs peut n'être pas terminé.

Nous perdons Christian Dior, inégalable magicien, père du New Look de 1947, de la ligne H de 1954 (ligne Haricot vert), de la ligne A de 1955, de la ligne Y de 1956 et de la ligne Aimant de 1957. A peine a-t-il le temps de léguer la ligne Fuseau pour l'hiver 1957-1958. Il meurt subitement, le 24 octobre à minuit, dans une petite ville thermale proche de Florence, Montecatini. Il était devenu souverain d'un empire mondial. Capitale : avenue Montaigne. Son mot le plus profond : « Les femmes ne portent pas ce qu'elles aiment ; elles aiment ce qu'elles portent. »

Nous perdons Sacha Guitry, Claude Farrère, Valery Larbaud, fils du pharmacien découvreur de la source de Vichy, entre les deux guerres infatigable et élégant voyageur des paquebots de luxe et de l'Orient-Express, depuis vingt-deux ans cloué dans un fauteuil d'infirme.

Grande année littéraire. Blaise Cendrars publie *Trop c'est trop* ; Philippe Erlanger, *L'Etrange Mort de Henri IV* ; Giono, *Le Bonheur fou* ; Céline, *D'un château l'autre* ; Sagan, *Dans un mois, dans un an* ; Marcel Pagnol, *La Gloire de mon père*.

Le Goncourt va à Roger Vailland pour *La Loi*.

Le Nobel de littérature va à un pied-noir d'Algérie, Albert Camus, neuvième Français à l'obtenir, le plus jeune des lauréats après Kipling, que l'on couronna en 1907 à quarante-deux ans. Lui en a quarante-quatre. Une belle vie. Enfant pauvre de Belcourt, quartier populaire d'Alger. Orphelin de guerre, fils d'un zouave tué à la bataille de la Marne. Elevé par une mère d'origine majorquine qui ne sait ni lire ni écrire. Neveu d'un tonnelier qui est muet. Elève type de la Troisième République et de son enseignement laïque et obligatoire. Un instituteur qui protège ce petit, trop souvent malade. Première passion : le foot. Ensuite : les livres et le théâtre. Boursier au lycée d'Alger. Débuts parisiens sous l'Occupation comme employé de théâtre, armé d'une canne pour annoncer le changement de décor. Premier roman en 1942 : *L'Etranger*. Philosophe de l'absurde en 1942 à l'école de Sartre, avec *Le Mythe de Sisyphe*. Compagnon de fiesta de l'ami Sartre, le « bout rond », et de cette chère Simone, la « cousine ». Première pièce, à la Libération : *Le Malentendu*. Trois ans animateur et éditorialiste du journal *Combat*. Au total : cinq pièces et six adaptations, dont *Les Possédés*, de Dostoïevski. Son Algérie ? En 1940 il est anticolonialiste et écrit dans *Le Soir républicain* un ardent réquisitoire contre l'administration française. En 1946, il programme une Algérie dans laquelle les communautés seraient libres et égales entre elles. En 1950, il propose une fédération algérienne. En 1956, il demande une trêve civile et, au cours d'un meeting mendésiste avec Mendès, serre sur son cœur Ferhat Abbas. Interrogé à Stockholm après avoir reçu son prix, il répond : « L'Algérie ? Si j'avais à choisir entre la justice et ma mère... je choisirais ma mère. »

Le Palais-Garnier affiche la *Tétralogie* de Wagner.

La Scala de Milan donne en première mondiale *Le Dialogue des carmélites*, de Francis Poulenc, d'après l'œuvre de Bernanos.

C'est l'année où le cinéma mondial perd son « dur », Humphrey Bogart, l'inimitable mec à la voix rauque, dont les derniers mots à sa femme sont « *Good bye, kid !* » ; et son « Prussien », surnommé l'« homme que vous aimeriez haïr », Erich von Stroheim, en vérité né juif autrichien sous le nom roturier d'Erich Stroheim, émigré aux Etats-Unis dès avant 1914, haute figure de *La Grande Illusion*, à jamais figé dans sa silhouette d'officier uhlan, visage épais, buste raidi, voix teutonne, gourmette d'or au poignet.

A l'affiche française : entre autres titres, *Typhon sur Nagasaki*, d'Yves Ciampi ; *Les Sorcières de Salem*, par Raymond Rouleau ; *Porte des Lilas*, de René Clair ; *Pot-Bouille*, de Julien Duvivier.

Le prix Louis-Delluc va à *Ascenseur pour l'échafaud*, de Louis Malle.

Triomphe toutes catégories : *Le Pont de la rivière Kwaï*, d'après l'œuvre de Pierre Boulle.

Le théâtre voit Marcel Achard donner *Patate* ; Montherlant, *Celles qu'on prend dans ses bras* ; Ionesco, *Le Nouveau Locataire* ; Marcel Aymé, *La Mouche bleue*.

Paris croit vivre un conte de fées quand la reine Elisabeth et le prince Philip lui font visite. Toute la France est du même cœur que sa capitale. La télévision française se surpasse pour filmer la féerie. La reine dépose une « gerbe plus grande qu'elle » sur la tombe du Soldat inconnu. Au Palais-Garnier, vêtue d'une robe de satin beige brodée de fleurs en nacre et en fil d'or, elle assiste à la représentation du ballet *Le Chevalier et la Demoiselle*, fresque médiévale avec chorégraphie de Serge Lifar : à l'entracte, paraissant au balcon, elle est follement ovationnée par cinquante mille Parisiens massés sur la place de l'Opéra. Au soir du deuxième jour, sur la péniche *Bordes-Frétigny*, elle suit tout le cours de la Seine d'un bout à l'autre de Paris, et la souveraine des mers voit s'embraser pour elle des rives dont chaque façade raconte un peu d'histoire de France : au creux d'un méandre, les Petits Chanteurs à la croix de bois chantent ; à la pointe du square du Vert-Galant, se reconstitue une kermesse comme au temps du bon roi Henri. Et de visiter Versailles. Et d'aller admirer la Frégate aux usines Renault de Flins. Et, au Louvre, de présider un fastueux banquet, face à la *Diane chasseresse*, dans la salle des Cariatides décorée de Sèvres et d'orchidées (avec au menu un « hérisson périgourdin » qui intrigue beaucoup la presse britannique du lendemain), puis d'assister à un bal géant où trois mille invités provoquent une telle cohue que Philip dit à Coty : « Malheur, je vais y perdre ma femme... » Le couple royal termine par une kermesse flamande à Lille et la visite de la Lainière de Roubaix. Allons, elle sait du moins royalement recevoir, notre chère Quatrième République...

XV

1958

L'ANNÉE DE L'ABDICATION

Une exemplaire œuvre économique — Vitalité partout — Gaillard en galère : Sakhiet — Les gaullistes relèvent la tête — Chute de Gaillard — « On va vous foutre un Diên Biên Phu diplomatique » — Pierre Pflimlin pressenti — Le 13 mai de l'Algérie française — Pierre Pflimlin sous l'avalanche — Les dernières ruades de Le Troquer — Le grand retour du général de Gaulle — Le de Gaulle nouveau est arrivé — De Gaulle rencontre la télévision — Quand la Cinquième enterre la Quatrième — Au revoir, monsieur Coty !

Une exemplaire œuvre économique

Paradoxale Quatrième République ! Elle est née de la guerre. Elle traîne sur toute sa longueur, comme des maladies honteuses, deux autres guerres qui n'osent pas dire leur nom et dont la deuxième est tout près de la tuer. Pourtant, comme l'écrit Raymond Olcina dans un lumineux article des *Cahiers de l'Histoire*, « jamais on ne vit malade aussi pleine de vitalité et de dynamisme ».

Elle n'aura jamais su maîtriser son problème politique mais elle aura admirablement réussi le redressement économique de la France et sa modernisation.

En seulement treize ans d'existence, non seulement elle aura su panser les plaies de la guerre mondiale, mais encore elle aura restauré et accru le patrimoine légué par la Troisième République. Mieux, malgré ses handicaps, elle se sera hissée, pour nombre de domaines, à un niveau supérieur à celui atteint par la Troisième à l'apogée de sa richesse économique en 1929.

A sa mort, elle va même s'offrir le luxe ou la coquetterie, non sans quelque humour, de transmettre à son héritière ce que celle-ci va priser par-dessus tout : une superbe panoplie pour une politique de prestige. Caravelle vole. Le *France* est paré à larguer ses amarres. Les locomotives BB et CC de la SNCF battent des records mondiaux sur les lignes électriques. Le pont de Tancarville n'attend plus que son inauguration. A Génissiat comme à Donzère-Mondragon, les turbines tournent depuis des années. A Serre-Ponçon, sur la Durance, un barrage de terre va créer un lac grand comme celui d'Annecy. Avec l'aménagement du Rhône, la grande liaison mer du Nord-Méditerranée commence. Les mises en valeur de la vallée de la Durance et de la région Bas-Rhône-Languedoc sont entreprises. Les premiers travaux de l'usine marémotrice de la Rance démarrent. Le gaz de Lacq est domestiqué. Les pétroliers français jalonnent le Sahara de derricks. De Saclay à Marcoule, en passant par Fontenay-aux-Roses, Chinon et quelques autres sites, l'héritage comprend les premiers éléments d'une industrie atomique qui ne demande qu'à grandir pacifiquement. Comme l'écrit encore Olcina, « la liste est longue des réalisations, encore plus longue celle des études des projets figurant à l'inventaire ».

Cette année 1958 prodigue elle-même de multiples conquêtes dans l'ordre scientifique et technique.

Au laboratoire de Fontenay-aux-Roses, nos physiciens obtiennent, en un tube, une chaleur de plus d'un million de degrés. La première pile atomique française au plutonium entre en service à Saclay. L'usine d'extraction de plutonium entre en fonction à Marcoule. L'accélérateur de particules Saturne entre en œuvre à Saclay — avec 3,5 milliards d'électrons-volts, se hissant au quatrième rang mondial.

Un télescope de 193 centimètres de diamètre, le plus grand d'Europe occidentale, est mis en service par le CNRS à Saint-Michel-de-Provence : son miroir parabolique concave, d'un poids de 1 200 kilos, permet d'étudier des étoiles situées à 500 millions d'années-lumière.

A Istres, le Trident II, piloté par Roger Carpentier, monte à 22 000 mètres.

Garches inaugure les admirables laboratoires de l'Institut Pasteur, qui fabriquent le vaccin antipoliomyélitique.

« Première » médicale mondiale à Paris : l'équipe du docteur Mathé (de l'hôpital Saint-Louis, où a travaillé le professeur Jean Bernard, l'un des grands maîtres de la recherche universelle) réussit une transplantation de moelle osseuse sur cinq savants yougoslaves victimes d'une irradiation atomique. Lieu de l'exploit : l'hôpital Curie. Un hommage mondial va à la prestigieuse équipe de grands savants qui aura traité les malades.

Depuis l'utilisation en 1954 du poumon-cœur artificiel, la chirurgie cardiaque française progresse à pas de géant — jusqu'à être à présent l'égale de son homologue américaine. Témoin cette nouvelle opération à « cœur ouvert » que, pour la première fois, deux reporters racontent et filment : celle de la petite Danielle Prenez, sept ans — opération qui dure environ six heures, exige une équipe de dix-huit personnes et nécessite dix litres de sang prélevés sur des donneurs convoqués de demi-heure en demi-heure. Et c'est chaque semaine que nos chirurgiens, désormais, sauvent un malade au cœur malformé !

L'installation de la télévision aura été la grande œuvre de la Quatrième. L'image du petit écran atteint dorénavant quasiment tout le territoire.

Pour la plupart des plus grands domaines de l'équipement, le compte est positif.

La Troisième mit six ans après sa victoire de 1918 pour redresser l'économie française à son niveau de 1914. La Quatrième n'aura mis que trois ans, de 1946 à 1949, pour porter le potentiel économique au niveau de 1938 — quatre ans pour le hisser au niveau de 1929, la meilleure année mondiale d'avant-guerre.

A propos du relèvement de nos voisins d'outre-Rhin, on parle volontiers du miracle allemand. Il y a identique exploit.

« On n'en reconnaîtrait presque plus nos Français, si légendairement pessimistes ou sceptiques. Ils prennent des risques, se mettent à croire en l'avenir. L'égoïsme des Français de 1929 était un défaut de vieillards : thésauriser (on estime à 400 tonnes l'or détenu par les particuliers en France cette année-là), vivre sur l'acquis, ne pas faire de vagues et après moi le déluge... » La nouvelle France économique s'initie à l'allégresse.

Premier signe de ce changement d'état d'esprit : l'étonnante poussée démographique. La France n'a plus peur d'avoir des enfants. Elle comptait 40 millions d'habitants en 1946. Sur la base de l'évolution des naissances sous la Troisième, les sociologues les plus optimistes estimaient en 1936 que le chiffre de la population française tomberait à 38 millions en 1956. Or le recensement de 1954 décompte près de 43 millions de Français. Ils sont 45 millions en 1958. Avec une moyenne de plus de 800 000 naissances par an, la France a un taux de natalité supérieur à celui de l'Allemagne et de l'Italie.

L'on assiste à une extraordinaire promotion de la condition ouvrière. Le prolo change de classe. Non seulement, en définitive, les salaires grimpent plus vite que les prix, mais l'ouvrier français qui, en 1940, semblait considérer le confort comme un luxe part brusquement à sa conquête dès que, une fois la période de pénurie passée, l'industrie lui permet d'« investir » une partie de son salaire dans le mieux-être quotidien. En 1954, 10 % des ouvriers de la régie Renault possèdent une salle de bains ; 10 % ont une auto ; 20 % projettent d'acheter un véhicule pour les vacances de 1955. Cela n'aura pu aller sans de durs combats, des heurts parfois violents. Cela n'a pas pu aller non plus sans une évolution extrêmement favorable de l'économie générale. En tout cas, l'amélioration est indéniable. « En 1956, écrit encore Olcina, 5 % des salaires et des traitements versés en France sont consacrés à l'achat d'appareils d'équipement ménager, du moulin à café électrique au réfrigérateur, en passant par l'aspirateur et la machine à laver. »

Il n'y a pas d'autre explication à l'âge d'or de la publicité que nous sommes en train de vivre : elle ne s'adresse plus à une classe de privilégiés ; elle se précipite massivement à l'assaut d'une classe populaire, qui se découvre elle-même de nouveaux besoins. Ahurissante pub ! Elle ne fait point vulgariser que Gibbs et Frigidaire. Elle réussit même à faire du slip un de ses rois. Les slogans slipophiles sont à nuées. Les plus beaux : « *Le devoir d'un slip, c'est tenir... Le bon roi Dagobert avait mis son slip à l'envers... Le Kangourou a inventé le slip masculin* »... « *Le slip a un visage* », assurent même Les Trois Matelots (celui de M. Jean Valton, directeur général des ventes). Pour tout produit, l'imagination s'en donne à cœur joie. Marlene Dietrich sert idéalement « Lux, savon de toilette ». Le marcheur professionnel Pierre Albert gagne toute une gloire à boucler pédestrement un Tour de France et, à chaque étape, à nous donner les meilleures nouvelles de ses semelles Airlite fabriquées par Wood-Milne. Mille slogans papillonnent : « *Clic-clac, merci Kodak... Les chaussettes Stemm in-trou-a-bles... Aux barbes bien rasées, on reconnaît Gillette.* » Et à nous la Vénus Lancôme, l'infirmière Boldoflorine, le rosier Meilland, le Vin Fou... N'oubliez pas ! « *On tousse dans toutes les langues* », raison de plus pour prendre du Sirop des Vosges Cazé... La vérité est que, désormais, « tout le monde achète ».

Les chefs d'entreprise cessent d'être des rois fainéants. Ils auront vite appris à parler investissement et productivité. Entre 1929 et 1939, seulement 5 % du revenu national étaient consacrés aux investissements. Autant dire que ceux-ci couvraient à peine l'amortissement des équipements existants. La France « rongeait » son capital. A partir de 1945, c'est une moyenne de 25 % de ce revenu qui se trouve systématiquement investie. De 1952 à 1956, les dépenses d'équipement, pour la seule métropole, passent de 1 656 à 2 245 milliards (en francs constants), soit un accroissement de 36 %. On obtient du coup des résultats inespérés en matière de productivité. Et Jean Monnet, le « père des plans », de lancer dès 1946 la campagne de l'intelligence avec son slogan : « *La productivité, vivre mieux en produisant mieux.* » Tous les intéressés s'y mettent. Avec cette découverte : seule la haute productivité permet de hauts salaires. Aux Etats-Unis, entre 1946 et 1958, l'accroissement de la production reste à peu près stable avec 3 % de moyenne par an et par ouvrier : en France, ce taux de croissance, qui était de 1 % en 1938, passe à 5,5 % en 1954, à 6 % en 1955, à 7 % en 1956 — progression record en Europe.

Secteur par secteur, les résultats sont encore plus frappants. Exemple type : chez Renault, en 1938, 35 000 ouvriers construisaient 250 voitures par jour ; en 1955, 51 710 ouvriers en sortent 955 dans le même délai.

Et la Quatrième République d'amorcer une fructueuse collaboration entre l'industrie et la science, entre la fabrication et le marketing. Encore le témoignage d'Olcina dans *Les Cahiers de l'Histoire* : « Elle a compris qu'il est inutile qu'un Charles Cros invente le phonographe pour qu'un Thomas Edison le réalise et rafle les dollars ; qu'un Bourseul découvre le téléphone pour qu'un Graham Bell en fasse son affaire... Elle s'est vite rendu compte que la technique moderne représente aussi "de la science" qui s'achète et se vend, fort cher, sous forme de licences, de construction, de fabrication.

Elle enseigne à ne plus tenir les chercheurs pour des professeurs Nimbus. » Toutes les grandes entreprises se mettent à installer d'actifs laboratoires ou instituts de recherches.

L'agriculture est métamorphosée. La France est un pays d'une prodigieuse richesse — avec à elle seule 30 % des terres cultivables de l'Europe occidentale. Mais elle souffrait d'un énorme retard. En 1939, même en 1945, on en était encore à l'ère du cheval. Le village à l'heure de Louis XIV. En 1948, un agriculteur français nourrit seulement cinq personnes, alors que son homologue hollandais en nourrit onze, le danois treize, le nord-américain quinze. La Quatrième République renverse totalement les données. Elle y a d'autant plus de mérite qu'une tradition politique fortement enracinée veut que l'on garde à la terre une importante partie de la population française — pour des raisons *militaires* (la paysannerie, inestimable réservoir de rudes fantassins), *financières* (le « bas de laine » paysan, la meilleure réserve bancaire pour tout ministre des Finances), *sociales* (on pose pour théorème que le prolétariat industriel est révolutionnaire par essence et le chômeur un explosif, alors que « le paysan sait mourir de misère sans déranger l'ordre établi ») et *électorales* (rien n'égale la paysannerie dans la pondaison de notables). La France modernise réellement à fond, à s'en rendre méconnaissable. Dès 1948, 94 000 tracteurs sont au travail. De 100 moissonneuses-batteuses automobiles en service en 1938, on en compte 3 000 en action pour la moisson de 1949. Les progrès sont incessants et spectaculaires dans tous les secteurs. Naturellement, dès lors, le nombre des paysans tombe. Mais la courbe de production ne cesse de monter. Dès 1949, plus de pénurie. C'est la bienheureuse année où le dernier ticket de rationnement disparaît : le ticket de confiture.

Symbole du progrès français : la machine à laver. En 1950, dans les foyers français, elle est exception, alors que déjà 20 % des foyers anglais possèdent ce « meuble lisse et blanc qui engloutit le linge sale et le restitue propre », comme le dit le journal *La Presse*, qui, cette année-là, à l'occasion du Salon des arts ménagers, se fait un régal et un devoir de présenter cette « machine révolutionnaire qui remplace l'huile de coude par un courant électrique et la laveuse par un robot ». En 1953, neuf familles françaises sur cent ont une machine à laver ; en 1956, douze ; en 1958, quatorze. La Quatrième République aura fait des articles courants de la grosse artillerie de l'heureux chez-soi, réfrigérateur, radio, fer à repasser, rasoir, télé, machine à laver. Ce n'est pas le moindre de ses mérites.

Et, dès 1957, 28,7 % des ménages français roulent en auto.

Toutes les statistiques sont impressionnantes.

La course au progrès est telle qu'entre 1938 et 1958, le produit national de la France se sera accru de 68 %.

La production industrielle fait plus que doubler dans ces mêmes vingt ans ; elle s'accroît de 120 % depuis la Libération (l'un des taux les plus élevés du monde, le Japon excepté — aussi fort que celui de l'Allemagne, supérieur à celui de la Grande-Bretagne).

La production d'électricité, de 18 milliards de kW en 1938, passe à 24 milliards en 1946, à 58 en 1957.

Les raffineries qui traitent 7 millions de tonnes d'hydrocarbures en 1938 en raffinent 29 maintenant.

La production de ciment passe de 3,5 millions de tonnes en 1938 à 6 millions en 1949, à 12,7 maintenant. Celle d'acier progresse de 6 millions de tonnes avant-guerre à 9 en 1959, à 14 en 1957.

Des Pyrénées au Rhin, la Quatrième République aura construit plus de barrages et de centrales hydroélectriques en douze ans d'existence que la Troisième en trois fois plus de temps (et que n'en construira la Cinquième entre 1958 et 1970).

La France réapparaît à l'avant-garde des techniques de pointe. L'industrie de l'électronique française exporte dans tous les pays. Identique vitalité dans le domaine atomique : en matière de prospection de gisements uranifères, la France vient largement en tête de tous les pays d'Europe occidentale ; elle se classe parmi les dix premiers producteurs mondiaux d'uranium. Elle obtient des résultats aussi enviés dans la production du plutonium, de graphites nucléaires et d'eau lourde, la construction de piles et de réacteurs expérimentaux ou à usage industriel.

Nous voyons s'équiper une puisante industrie des moteurs à réaction. Voir les résultats brillants obtenus par la CNECMA avec l'Atar, TURBOMECA avec ses turbo-jets.

Il n'est pas une seule branche de l'économie où la France ne s'impose par un exceptionnel dynamisme.

En 1938, le parc auto français compte 1 880 000 véhicules. Il tombe à 910 000 en 1945. Il se retrouve au niveau de 1938 en 1949. Il passe à 2 300 000 en 1952 — à 4 700 000 en 1956.

Il va de soi que les Français y sont pour beaucoup. La Quatrième République n'aura pas moins su remarquablement coordonner les énergies nécessaires, harmoniser les concours, mobiliser les bonnes volontés — tout en évitant une direction trop rigide.

Ainsi un pays exsangue en 1945 se démontre-t-il dès 1958 à l'avant-garde des pays industriels.

Vitalité partout

La vitalité française ne se limite du reste pas au domaine économique.

Autre grande année littéraire : Joseph Kessel publie *Le Lion* ; Simone de Beauvoir, *Mémoires d'une jeune fille rangée* ; Françoise Mallet-Joris, *L'Empire céleste* ; Louise de Vilmorin, *La Lettre dans un taxi* ; Pierre Daninos, *Vacances à tout prix*.

Certes des deuils frappent nos lettres et nos arts.

Avec Francis Carco, poète des mauvais garçons et des braves

filles, la Butte perd le chevalier de sa légende, et le « Lapin à Gill » le plus joyeux de ses clients, surnommé dès 1910 à cause de son goût pour l'argot l'« Homère familier de la voyoucratie ».

Les Thibault perdent leur père, grand artisan des lettres, virtuose des vastes fresques, Roger Martin du Gard.

Nous perdons Georges Rouault.

Nous disons adieu à Maurice de Vlaminck, mort à quatre-vingt-deux ans dans sa propriété de La Tourillière, à Rueil-la-Godelière, l'un des pères du fauvisme, ancien champion cycliste avec Mac Orlan, non moins amateur de courses d'automobiles, qui n'aura cessé d'obéir à l'instinct puissant qui lui faisait retrouver l'esthétique opulente et lyrique de ses ancêtres flamands. Ah ! ses routes qui fuient à travers les villages ! Ses ciels d'orage ! Ses maisons dans les arbres ! Son pont de Chatou !

Mais Paris aura été exceptionnellement prodigue en prestigieuses expositions, des chefs-d'œuvre de la collection Guggenheim aux *Cent Tableaux de Buffet* à la galerie Charpentier, de Renoir à Modigliani, de Dunoyer de Segonzac à Toulouse-Lautrec. Enchantement sur enchantement.

A la scène, Félicien Marceau offre *La Bonne Soupe* et Henry de Montherlant, *Don Juan*, mais nous aurons vu aussi afficher l'Opéra de Pékin, *La Cerisaie*, *Oncle Vania* et *Les Trois Sœurs* de Tchekhov ; *Henry VIII*, de Shakespeare ; *L'Otage*, de Claudel ; *Œdipe*, de Gide.

Grande année pour le cinéma français : Louis Malle donne *Les Amants* ; Jean-Paul Le Chanois *Les Misérables* ; René Clément, *Barrage contre le Pacifique* ; Jacques Tati, *Mon oncle*.

Le petit Dior entre en scène. Le rideau se lève à la fois sur la collection Dior du printemps 1958 et sur une nouvelle vedette de la haute couture, Yves Saint Laurent, vingt-deux ans, successeur du grand homme. Mannequins vedettes : Victoire et Christine. A peine quelques mois plus tard, avec une impériale autorité, sous un masque de grand timide, Yves Saint Laurent présente ses modèles à Londres devant la princesse Margaret.

L'année TV commence par une création importante. Le 1er janvier à vingt heures vingt-cinq, les téléspectateurs assistent à la première des *Cinq Dernières Minutes*, une émission dramatique proposée par Claude Loursais, doublée d'un jeu que seule la télé rend possible. Quel est l'idéal de l'amateur d'énigmes ? Une histoire criminelle qui le tienne en haleine jusqu'aux cinq dernières minutes et une fin qui lui donne l'impression d'avoir découvert lui-même le coupable. C'est ce que ce réalisateur propose : un crime a été commis, le commissaire enquête, mais au moment où va se dévoiler l'assassin, l'émission s'arrête. Dans un coin du studio, quelques spécialistes du roman policier ont suivi l'intrigue sur un récepteur. C'est vers eux que la caméra se tourne maintenant, car il leur appartient de trouver le coupable. Aux spectateurs également. Au besoin, pour donner un coup de main, Loursais repasse quelques scènes qui peuvent procurer des indices. Le commissaire ? Antoine Bourrel, incarné par Raymond Souplex, du coup en quelques mois membre à part entière de la mythologie des petites lucarnes.

Le cycliste stéphanois Roger Rivière remporte la poursuite au championnat du monde professionnel sur piste et bat quelques semaines plus tard le record mondial de l'heure, 47,347 kilomètres, malgré une crevaison qui l'oblige à un changement de bicyclette.

Le Quinze de France effectue une tournée triomphale en Afrique du Sud — où s'épanouit la personnalité du « patron » de l'équipe, le deuxième ligne Lucien Mias — où la France se découvre un maître pilier avec Alfred Roques, que ces damnés Afrikaners eux-mêmes, des durs parmi les durs, surnomment *the Rock*.

Le Onze français s'illustre épiquement à Stockholm, à l'occasion de la Coupe du monde. Elle est gagnée par le Brésil des Pelé et des Didi, qui bat en finale la Suède, 5-2. Mais la France s'adjuge la troisième place, grâce à des joueurs d'exception comme Kopa, Piantoni, Vincent, Jonquet, Penverne, Marche. Et notre canonnier Just Fontaine bat le record des buts marqués dans une compétition mondiale : treize.

Gaillard en galère : Sakhiet

Las ! Notre politique reste à la peine.

L'année commence même très mal.

Le 11 janvier, une bande de rebelles du FLN venue de Tunisie pénètre en territoire algérien et enlève quatre militaires français, amenés à Shakhiet-Sidi-Youssef. Gaillard doit poser la question de confiance sur le budget des anciens combattants. Il ne l'emporte que péniblement.

Pourtant, en Algérie même, la pacification marque des points. Les Européens circulent sans crainte dans la Casbah « massufiée ». Le premier train de pétrole saharien part de Toggourt fin janvier. La construction du pipeline d'Hassi Messaoud à Bougie se poursuit normalement. Mais la Tunisie forme pour les rebelles un havre inespéré. Bourguiba refuse d'être neutre. Peu importe si les gens du FLN aiment peu Bourguiba, qu'ils accusent d'occidentalisme et dont ils ont dédaigneusement repoussé le projet de fédéralisme maghrébin réunissant la Tunisie, l'Algérie et le Maroc. Beaucoup d'armes transitent par la Tunisie pour la Kabylie et les Aurès. La Tunisie entretient sur son territoire d'importants camps d'entraînement, des « nids de peste », dit Lacoste. La ligne Morice est souvent transpercée ou contournée. Des commandos hantent continuellement la frontière. Ainsi d'ailleurs se produit cet incident du 11 janvier. A quatre heures du matin, quarante hommes de la 10e compagnie du 23e RI partis pour intercepter des voleurs de bétail tombent dans un piège près du village de Sakhiet. Vingt s'échappent. Seize sont tués. Quatre sont faits prisonniers. Paris réclame à Tunis leur libération immédiate, d'autant plus vivement que le guet-apens a été organisé avec la complicité de la garde nationale tunisienne. Les Tunisiens repoussent la plainte comme la demande. Ainsi commence une affaire qui ne va pas tarder à se révéler extrêmement grave.

En effet, les choses ne traînent pas.

Le poste tunisien de Sakhiet commet l'imprudence supplémentaire de faire feu sur des convois ou des avions français. A Alger, il n'en est pas tenu pour quitte.

Le 8 février, onze B-26, six Corsaire et huit Mistral écrasent sous les bombes à Sakhiet le poste de douane, la caserne de gendarmerie, les nids de DCA et les abords d'une mine de plomb désaffectée dont le FLN a fait un entrepôt. Deux camions de la Croix-Rouge sont endommagés. Par malheur, des enfants sont ensevelis sous une école. Coût : soixante-neuf civils tués. Maître d'œuvre, qui a pris toute la responsabilité du raid : le général Jouhaud, commandant l'armée de l'air en Algérie.

Consternation à Paris. « Tragique erreur », juge Pineau. Chaban précise que Salan lui-même n'a pas été mis au courant. Notre ambassadeur à Washington, Hervé Alphand, a une explication très dure avec Foster Dulles. Bourguiba exige le départ des 15 000 soldats français encore cantonnés dans un certain nombre de places de Tunisie.

Pour autant, Gaillard choisit de « couvrir » l'opération — malgré l'insistance de Pflimlin et de Pineau à demander un désaveu solennel. Il accuse même devant l'Assemblée la Tunisie de s'être mise en état de belligérance avec la France. Du moins obtient-il une large confiance : 325 voix contre 179 (même si Robert Schuman, Paul Reynaud et Edgar Faure expriment leur blâme en s'abstenant).

Pas fini toutefois.

Le 13 février, Bourguiba porte l'affaire de Sakhiet devant le Conseil de sécurité des Nations unies, tandis que la France y dépose une plainte contre l'« aide apportée par la Tunisie aux rebelles algériens ».

Force est à Gaillard d'accepter, de même que Bourguiba, une mission anglo-américaine dite de « bons offices » chargée d'aplanir le litige et de rechercher une base de *modus vivendi* — mission confiée à deux hommes, l'Américain Robert Murphy et l'Anglais Harold Beeley.

Ainsi, le 25, à Matignon, Gaillard reçoit-il les deux missionnaires.

Mais le nom de Robert Murphy fait peur à Alger, où il n'a pas laissé que de bons souvenirs comme consul lors du débarquement des troupes américaines en novembre 1942. Harold Beeley, l'Anglais, sous-secrétaire d'Etat aux Affaires du Proche-Orient, est tenu pour un ami d'Eden, « ce même Eden qui nous lâcha à Suez ». De surcroît, ils proposent d'établir une force internationale à cheval sur la frontière algéro-tunisienne.

Mais aussi, si Hammarskjöld donne son accord à la proposition, et Gaillard également, Bourguiba se déclare contre.

Mais encore, Gaillard voit se dresser contre une telle proposition une partie essentielle de son cabinet et de sa majorité, qui ne supporte pas l'idée que la « pacification » risque de quitter le terrain militaire pour le terrain diplomatique. Réaction immédiate à Alger : « Ils vont refaire le coup de Suez. » Un mot qui terrifie toute l'Algérie : *internationalisation.*

Le renoncement des deux messieurs Bons-Offices ne contribue pas à éclaircir la situation. « Nuit et brouillard », commente Lacoste.

Ça cafouille durant des semaines.

Gaillard, ne sachant comment se débarrasser d'une procédure décidément trop encombrante, s'en retrouve tout égaré.

Il dispose du précieux « veto » pour bloquer la requête tunisienne devant le Conseil de sécurité, mais ne peut empêcher l'Assemblée générale de s'en saisir et de sanctionner la France à l'unanimité (même Israël, même l'Afrique du Sud votent contre elle !).

Les gaullistes relèvent la tête

Michel Debré parle de « Canossa ».

S'élevant contre toute internationalisation du problème algérien, « problème à 100 % français », il tonne : « L'abandon de souveraineté française en Algérie est un acte illégitime, c'est-à-dire qu'il met ceux qui l'accomplissent hors la loi et ceux qui s'y opposent, quels que soient les moyens qu'ils emploient, en état de légitime défense. »

De Gaulle y va lui-même des mots les plus cruels : « Cette France se portugalise... Je ne reconnais plus cette France vacharde... Il n'y a plus d'ambition : les jeunes Français n'ont plus de passion que pour leur scooter ; on ne leur apprend plus autre chose... Pourquoi voulez-vous que ces gens-là me rappellent ? Des trouillards. Mon seul nom leur flanque la colique... La Quatrième République ? Elle mettra trente, quarante ans à mourir... Ceux qui la dirigent ne savent même pas qu'elle a la gangrène... En tout cas, qu'ils ne comptent surtout pas sur moi pour être le Pétain de la paix... » Parfois désabusé, gémissant : « L'armée ne m'a jamais aimé », il reprend vite dans toutes ses conversations avec ses visiteurs sa litanie familière : « L'apothéose de l'avachissement... Comme nous sommes loin de l'époque des géants !... Pétain avait du moins l'alibi de la défaite... Rendez-vous compte ! Ils s'appellent Mollet. Mollet !... Ils s'appellent Pinay... Pinay !... Ils s'appellent Pflimlin. Pflimlin ! Un nom qui fait éternuer... »

Mais certains gaullistes ne se contentent pas de discours ou de « mots ».

Sans s'en confier à Salan, Chaban installe en février à Alger une « antenne de la Défense nationale » qu'il confie à Léon Delbecque, secrétaire général des républicains-sociaux du Nord, membre de son cabinet, dit le Grand Léon, fils d'un contremaître et d'une « contredame » du textile. Ch'timi d'athlétique prestance, autodidacte, prisonnier évadé de 1940, émérite résistant, sous-lieutenant de commandos à la fin de la guerre, parachuté sur les arrières de l'offensive Rundstedt en décembre 1944, ledit Grand Léon n'arrive pas là pour faire de la dentelle.

Salan a beau rechigner et demander au colonel Groussard de surveiller de près cet « olibrius », l'antenne s'installe solidement, dans une modeste villa de quatre pièces sur la colline d'Alger. Delbecque a d'ailleurs vite fait de mettre même dans son jeu la secrétaire déléguée par Salan pour le surveiller, Huguette, jeune femme rousse et dynamique, en fait pied-noir très engagée, vite convaincue par notre Nordiste que seuls de Gaulle et les gaullistes peuvent sauver l'Algérie française. Directeur permanent de l'antenne : le commandant Poujet, autre dur, ancien aide de camp de Navarre, qui sauta sur Diên Biên Phu la veille même de la chute du camp retranché. Delbecque se charge de la liaison avec Paris. Deux jeunes hommes secondent Poujet : Guy Ribeaud, petite moustache, grosse tête, ex-secrétaire général des étudiants du RPF, lui aussi du cabinet de Chaban, que son ami Biaggi aime présenter ainsi : « le seul homme que je connaisse capable de penser à tout casser vingt-quatre heures sur vingt-quatre », et un fonctionnaire du gouvernement général, fils d'une famille corse établie en Algérie depuis quatre générations, René Vinciguerra. Côté cour, on « travaille » les casernes des paras ; côté jardin, les salons et les bistrots. Premier travail : répertorier les gaullistes d'action et détecter tous les hommes susceptibles de servir à l'heure dite un grand coup. Objectif stratégique : canaliser au profit de De Gaulle tous les mouvements qui vont fatalement se manifester avec la dernière violence.

On ne manque même pas de prendre contact avec les « concurrents » de la rue d'Isly, le groupe des Sept, éternels conspirateurs à la recherche de leur ombre et jeunes activistes genre « anisette et forum », légitimistes nostalgiques d'un autre ordre et corporatistes plus ou moins maréchalistes à l'affût d'une revanche sur l'histoire, à savoir Pierre Lagaillarde, président d'une association d'étudiants, ex-officier de paras ; Robert Martel, le chouan de la Mitidja ; son ami Crespin ; le docteur poujado-corporatiste Lefebvre, fervent de Salazar ; son adjoint Goutallier, patron d'un restaurant très influent sur les commerçants algérois ; le très activiste Me Baille et le colonel Thomazo Nez-de-Cuir. Un tel concours peut être d'autant plus précieux que les Sept sont censés disposer en métropole de l'organisation secrète Grand O ayant à sa tête Grand A (Cherrière) et Grand B (général Chassin). Peu importe si, toujours antiparlementaristes, parfois antirépublicains, de tels conspirateurs — qui font irrésistiblement songer à des rescapés des ligues de 1934 — sont souvent antigaullistes. Le principal est d'abord d'abattre le régime. On verra bien après.

Et Michel Debré de jouer les grands imprécateurs, écrivant que « les ministres français vendent l'indépendance de leur patrie pour un plat de dollars comme un autre jadis pour un plat de lentilles », interpellant les princes : « Comme les marquis de Louis XV, vous verrez le déluge ! », démontrant que le gouvernement fait mine de refuser l'internationalisation de l'affaire algérienne dans le même temps qu'il met en place le mécanisme qui la réalisera, accusant « les Mollet et les Gaillard » de vouloir « otaniser » les bases de Bizerte et de Mers el-Kébir, maudissant ce « Félix Ponce Pilate qui s'en frotte les mains ».

Et Delbecque de faire courir toutes sortes de bruits qui paniquent les Français d'Algérie : que Ben Bella va être rendu à la liberté ; que Gaillard négocie secrètement un pacte méditerranéen qui ne peut qu'aboutir, entre une Tunisie tunisienne et un Maroc marocain, à une Algérie algérienne ; que l'on songe à une grande conférence en pays neutre (avec qui, grands dieux !) pour larguer l'Algérie comme Mendès brada l'Indochine...

Chute de Gaillard

De fait, tout semble bientôt s'unir contre le jeune « Ponce Pilate ».

Nettement, les dieux de la victoire l'abandonnent.

Le trouble gagne même nos anciennes colonies noires. Madagascar réclame de plus en plus fort son indépendance. Des maquis sont signalés au Cameroun.

Vainement Jean Monnet, en mission à Washington, en rapporte-t-il un précieux oxygène : un prêt de 655 millions de dollars pour combler le déficit de nos paiements extérieurs. Les esprits sont tous hypnotisés par le drame algérien.

Le 5 février, une bombe explose au Palais-Bourbon — heureusement sans faire de victimes.

Malgré notre intervention, Washington et Londres acceptent de livrer des armes à la Tunisie, autrement dit au FLN.

Le gouvernement se voit même défier par sa police. Le 13 mars, 7 000 agents en tenue et policiers en civil manifestent à Paris dans la cour de leur préfecture et vouent aux gémonies Bourgès, ministre de l'Intérieur. Non seulement ils protestent contre la crise du recrutement et des horaires de service trop chargés qui résultent de la lutte contre le FLN, mais aussi ils reprochent au gouvernement de manquer de poigne contre les « maquis arabes » qui ensanglantent les bidonvilles de la région parisienne. Ce même après-midi, l'Assemblée discute paisiblement du code de procédure pénale. Son président, Le Troquer, s'est envolé pour Lima. Un vice-président, le gaulliste bordelais Emile Liquard, est au perchoir. A dix-huit heures, Pascal Arrighi demande que la séance soit suspendue « jusqu'à ce que soit levé le siège du Palais-Bourbon et que ses issues soient dégagées ». On se regarde. Alors seulement les députés réalisent que 3 000 à 4 000 policiers assiègent l'Assemblée nationale, dont on a fermé les portes. Certains manifestants, l'insulte à la bouche, s'agrippent déjà aux grilles. Un directeur de la police municipale qui essaie de s'interposer est roué de coups. L'arme à la bretelle, livides, les CRS chargés de la garde du palais semblent eux-mêmes indécis. Force est d'ouvrir une porte à une délégation, car le groupe poujadiste, complice, veut entendre les doléances d'un « si grand nombre de mécontents ». En séance, c'est le tumulte. Duclos hurle au fascisme. Jean Dides, le commissaire suspendu après l'affaire des fuites et depuis lors élu député poujadiste, réplique à Bourgès, ministre de l'Intérieur, pour prendre la défense des manifestants. Droite et gauche s'invectivent une nouvelle fois. Devant un vacarme qu'il ne peut faire cesser, à son tour couvert d'injures, Liquard abandonne en toute hâte son fauteuil. On ne trouve pas d'autre vice-président pour présider la séance. Autant paraître capituler. Les socialistes, indignés, menacent de retirer leurs ministres. Il n'y a plus d'Etat, dit Pinay. Indescriptible pagaille. C'est miracle que le Palais-Bourbon ne soit pas pris d'assaut. Par bonheur, certains députés ont assez d'autorité pour discuter avec les manifestants et les apaiser. En définitive, le préfet de police, Roger Lahillonne, aussitôt démissionnaire, est remplacé sur-le-champ par Maurice Papon, qui arrive de sa préfecture de Constantine dès le lendemain matin. En revanche, Gaillard refuse la démission de Bourgès. Il préfère poser la question de confiance — l'obtenant par 282 voix contre 196. Le gouvernement n'en a pas moins perdu dans l'affaire toute autorité.

Une chance pour Gaillard : le Parlement est mis en vacances de Pâques, la France se passionne surtout pour le divorce du Chah d'avec l'impératrice Soraya et pour un duel burlesque au cours duquel le marquis de Cuevas, le maître de ballet, pique à l'avant-bras le danseur Serge Lifar (à la vue de l'unique goutte de sang qui suinte, le vainqueur s'évanouit).

Ce n'est qu'une courte trêve.

En vain Gaillard essaie-t-il de renouer les conversations avec messieurs Bons-Offices. Il les reçoit dans sa propriété de Barbezieux, en Charente. Tant bien que mal, les trois hommes échafaudent un système de contrôle onusien de la frontière algéro-tunisienne qui pourrait recevoir l'agrément du président tunisien. Sur ces entrefaites, Eisenhower croit devoir envoyer à Gaillard une lettre où il se désolidarise de la politique française, souligne l'importance stratégique de l'Afrique du Nord pour la défense de l'Occident et... déconseille tout recours à l'ONU. Imbroglio total. « Je n'y comprends plus rien », s'exclame Murphy lui-même.

De plus, cette lettre est bientôt connue, et les ministres modérés menacent de démissionner si les bons offices sont poursuivis, y voyant la porte ouverte à l'internationalisation d'un problème qu'ils tiennent pour une affaire purement intérieure. Le 11 avril, après une scène orageuse à Matignon, ils vont faire connaître à l'Elysée leur décision de s'en aller. Coty met deux heures avant de les en dissuader. Il doit littéralement les supplier pour qu'ils se retrouvent le lendemain à la table du Conseil des ministres — un conseil, dit Marcellin, « à éclairs et brouillards ». A se demander comment et pourquoi ils se rallient au texte du communiqué décidant d'accepter comme base de discussion avec Tunis les résultats des contacts pris avec messieurs Bons-Offices.

Gaillard ne sait plus où donner de la tête. Coty non plus.

Neuf grands joueurs de football maghrébins jouant dans l'Hexagone, dont Mustapha Zitouni de l'équipe de France, quittent la métropole sur ordre du FLN. Dix élèves-officiers musulmans de l'Ecole militaire de Saint-Maixent ne reviennent pas de leur permission de Pâques. La sensation est forte dans le pays. A l'opposé, le congrès de l'Association des Européens d'Afrique du Nord, à Toulouse, brandit la menace de l'insurrection.

Gaillard ne peut faire autrement que de demander à Le Troquer de convoquer l'Assemblée en session extraordinaire — le 15 avril.

Le torrent déferle.

Soustelle : « Comment oser proposer de reprendre la voie des bons offices ? Comment accepter l'injonction des Etats-Unis ? Est-ce que Washington serait devenu la nouvelle capitale de la France ? »

Jean-Marie Le Pen : « Des deux dangers qui menacent l'indépendance de la France, celui de la Russie bolcheviste et celui de l'Amérique impérialiste, ce dernier est le pire. »

Les indépendants, de Pinay à Duchet et à Laniel, sont unanimes à condamner la politique suivie.

Les communistes s'en donnent à cœur joie.

Bidault peut déclarer à ses amis de sa voix la plus funèbre que la France est « en train de se suicider par persuasion ».

Chaban et Lacoste sont muets. Par leur silence, ils donnent eux-mêmes leur caution aux critiques.

« J'espère, avertit simplement Gaillard en flèche finale, que personne n'aura la lâcheté de s'abstenir. »

Effectivement, fait sans précédent, il n'y a pas une seule abstention.

Mais la confiance est refusée par 321 voix contre 265.

Gaillard tombe.

Le Caire exulte. Tunis aussi. Le FLN calcule de faire rebondir l'affaire algérienne devant l'ONU. Crise du désespoir, commente le journal italien *Il Messaggero*. A Londres, le diagnostic est que « la France s'enferre dans ses illusions ». C'est la dernière fois que l'Assemblée renverse un gouvernement de la Quatrième République, mais personne ne s'en doute encore. Et à Coty, une pauvre lanterne à la main, de chercher à nouveau dans la nuit un hôte pour Matignon.

« On va vous foutre un Diên Biên Phu diplomatique »

Lorsque Félix Gaillard porte à l'Elysée la démission de son gouvernement le 16 avril à une heure du matin, personne ne peut douter de la gravité de la situation. Tous les symptômes de la décomposition du régime s'accumulent, tandis que depuis le début de l'année une puissante campagne d'affiches et de pétitions demande la formation d'un gouvernement de salut public. L'agitation est à son comble chez les Français d'Algérie, inquiets de toutes les rumeurs qui courent.

A se demander comment la métropole reste pourtant indifférente. Car, réellement, elle est comme distraite. Dans la crise qui va venir, il y aura d'un côté une force tumultueuse déchaînée, de l'autre il n'y aura qu'incohérence et inconsistance. Le premier jour de la crise, l'Elysée est même prié de prendre tout son temps, pour la simple raison que des élections cantonales sont en cours et qu'au dire des experts une désignation pour l'investiture pourrait en fausser le sens. Incroyable, mais tel quel.

Tout placidement, les citoyens votent donc le 21 avril (second tour). D'ailleurs, intéressant : la France profonde ne se détache pas du régime. Si les candidats communistes recueillent une masse de 1 700 000 voix, les indépendants les distancent avec près de 2 millions de suffrages. Les socialistes obtiennent 1 300 000 voix, à peu près à égalité avec les radicaux. Le MRP regroupe non loin de 1 million de voix. L'extrême droite et les poujadistes n'en obtiennent que 200 000 — les gaullistes, en dépit d'une campagne forcenée sur le nom du Général, 270 000. En effet, au vu d'un tel vote, comment croire ce régime menacé ? Drôle de pays.

Quoi qu'il en soit, tout cela fait que l'Elysée n'appelle son premier marathonien que le soir du scrutin.

Il s'agit de Georges Bidault — un Bidault nouveau, devenu le porte-parole de la droite. Mais le conseil de direction de son propre parti lui oppose son veto. Il renonce dans les quarante-huit heures.

Mitterrand ? Coty y pense. Mais Guy Mollet est sceptique et Lacoste prévient : « Mitterrand peut être l'étincelle qui fera sauter tout ce stock de poudre. »

L'inévitable Pleven entreprend le 23 avril sa classique tournée de consultation. Il arrive sur la pointe des pieds. Il propose à tous les partis à l'exception des extrêmes une Charte de l'Algérie qui lierait tous les signataires. Son intention est de mieux exprimer sur le plan national comme sur le plan international la volonté de la France de s'opposer à toute sécession. Les chefs des partis et groupes parlementaires nationaux acceptent le principe (mis à part Mendès, non consulté parce qu'il n'a aucune responsabilité de parti et qui, d'ailleurs, a fait une campagne forcenée contre la politique « réactionnaire » de Gaillard). Malheureusement, Le Troquer, la Loi en main, s'oppose à la procédure consistant à faire précéder le vote d'investiture par quelque vote que ce soit. Pleven décide tout de même de poursuivre sa course. Pour mieux rédiger dans son programme le délicat passage sur un éventuel cessez-le-feu en Algérie, il consulte ainsi Lacoste. Celui-ci, qui commence à sentir, comme il dit, « dans l'armée quelques relents de romantisme insurrectionnel », est formel : « Fais gaffe. Tu chemines entre deux crevasses. Tu ne peux parler de cessez-le-feu que si tu distingues avec netteté l'arrêt des hostilités de la négociation politique. Si tu laisses subsister la moindre ambiguïté, armée et population européenne se dresseront d'un seul élan. » Signe des temps : Pleven ne se borne pas à recevoir des leaders politiques ; il demande aussi l'avis des plus hautes autorités militaires, le maréchal Juin, le général Ely, le général Salan.

Il faut dire que, durant tous ces pourparlers qui traînent, l'agitation ne fait que croître.

La ruche gaulliste bourdonne. Cela relève parfois même du roman policier. Delbecque distribue des noms de code : Lacoste, *Bébé-Lune* ; Gaillard, *Bidon* ; Mitterrand, *Raton* ; Mendès, *Nestlé* ; Soustelle, *Grosmatou* (il aime les chats) ; Chaban, *Finas* (ça me plaît, dit le maire de Bordeaux) ; Bourgès, *Canard* ; Debré, *l'Archange* ; Roger Frey, *Négus* ; Guichard, *Tournesol* ; Papon, *Jojo* ; Mollet, *Pointu* ; Delbecque soi-même, *Lefèvre*. A ce jeu, Coty devient *M. Durand* ; de Gaulle, *M. Colombes*. Les militaires sont non moins répertoriés ; Jouhaud, *Gaston* ; Vanuxem, *Rigoulot* ; l'amiral Auboyneau, *Félix* ; Thomazo, *Toto* ; Salan, *Maréchal* ; Massu, *Lapin* (à cause de ses dents en avant). Naturellement, rien n'échappe aux renseignements généraux. Le service des écoutes fonctionne à plein. Le code est d'une telle complication que lorsque l'interlocuteur n'a pas sa grille sous les yeux, l'on se remet à parler en clair. La police a de toute manière tôt fait de sonder un mystère dont tous les virtuoses du double jeu s'empressent de dévoiler les ressorts. A l'évidence, il y va aussi de quelque enfantillage. Le bourdonnement n'en contribue pas moins à troubler quelque peu les ambiances.

Plus grave : le 26 avril, une manifestation de masse se déroule à Alger. Bravant l'interdiction de Lacoste, plus de 15 000 Algérois se retrouvent devant le monument aux Morts. Sans incidents. Sans musulmans. But : « Exprimer dans le calme et le silence que commande la gravité de l'heure la volonté inébranlable de l'Algérie de rester française, d'éloigner tout esprit d'abandon, de s'opposer à toute ingérence étrangère dans les plans français, et enfin de voir se constituer un gouvernement de salut national... » On n'en entend pas moins crier : « L'armée au pouvoir ! »

Lacoste peut signaler que « ça chauffe de plus en plus », qu'« on approche de la température maximum ». Et de s'en prendre à Léon

Delbecque, qu'on voit partout. Il exige même le rappel immédiat de ce « con-là ». Comme Chaban fait la sourde oreille, il s'adresse directement à Gaillard. « Choisis, mon vieux. Ou c'est ce morveux. Ou c'est moi. » Chaban se limite à reconnaître que « ce brave Léon y est allé peut-être un peu fort ».

Pleven croit bien faire, afin que nul ne doute de sa sincérité, en proposant la Défense nationale à André Morice, intraitable partisan de l'Algérie française. Mais voilà que les radicaux valoisiens jettent l'interdit sur un tel choix. Pleven renonce — sauf à confier à Coty qu'il faudrait sans doute « prendre grande garde », que cette crise pourrait ne pas être une « crise comme les autres ».

C'est le 8 mai, et c'est dans l'atmosphère la plus sinistre qu'en commémoration de la victoire de 1945 (si loin, déjà...) le président de la République passe en revue les troupes sur les Champs-Elysées.

8 mai — c'est aussi le jour où Robert Lacoste prononce un mot terrible... Après un magnifique défilé, à Alger, sur le Forum, face au gouvernement général, le ministre-résident reçoit des mains du général Salan la croix de la valeur militaire. Pourtant, ce ne sont pas les décorations qui manquent à Lacoste : Légion d'honneur, croix de guerre, médaille de la Résistance... Mais s'il a voulu ce jour-là recevoir sa croix des mains des militaires qu'il commande, c'est dans un but précis. Depuis vingt-quatre jours que le ministère Gaillard a été renversé, il n'est plus guère en fonctions en Algérie que pour y expédier les affaires courantes. Il sait surtout que c'est sa dernière apparition officielle, car la SFIO, déchirée, ne veut pas qu'il demeure à Alger. Il n'en a d'ailleurs que mieux apprécié le texte de la citation qui accompagne la croix : « ... Pendant vingt-huit mois, avec une énergie farouche, un courage de tous les instants et un désintéressement total, s'est consacré à la haute mission qui lui était confiée : garder l'Algérie à la France. » La foule applaudit, lui crie : « Ne partez pas ! Restez avec nous ! » L'accolade donnée, la décoration accrochée, le ministre retrouve dans son bureau du gouvernement général tous les grands chefs militaires : Salan, Jouhaud, Massu, Allard, Auboyneau. C'est alors qu'il prononce ce terrible mot. Il dit : « Vous ne vous rendez pas compte. *On va vous foutre un Diên Biên Phu diplomatique dont vous n'aurez pas idée !* » Le reste ne peut s'écrire : l'homme y va de toute sa bile. Mais le mot ne tombe pas dans l'oreille de sourds : un *Diên Biên Phu diplomatique* ! Pour des militaires, aucun autre mot ne saurait signifier la plus accablante des humiliations : l'armée au désespoir et à la honte par la faute des politiciens « bradeurs d'empires ». Ceux qui commandent en Algérie ont tous fait l'Indochine, Massu et Salan, mais aussi Trinquier, Godard, Bigeard, Lacheroy, Conan... Ils y ont surtout appris que les certitudes officielles peuvent changer aussi vite que des gouvernements. Ils ne sauraient avoir oublié ce « Suez » où les paras durent rembarquer sans être vaincus. Et le

mot fatal est prononcé par cet homme de fer qu'ils admirent entre tous. Le ciel bascule...

Pierre Pflimlin pressenti

Après le renoncement de Pleven, en métropole, les gaullistes s'agitent plus encore. Maîtres d'œuvre : l'héroïne de la Résistance Marie-Madeleine Fourcade et son mari, le président de la Fédération des paras Henneguier, l'inévitable Biaggi, mais aussi toute une nuée de formations ou d'hommes qui lancent le mot d'ordre : « C'est de Gaulle qu'il nous faut », réseaux nationaux de la Résistance, anciens des Forces françaises libres, beaucoup de Compagnons de la Libération, « gaullistes des années 1940 », Volontaires de l'Union française, Union des combattants de l'Afrique du Nord. Cela commence à faire du nombre. Voici que dans le même sens les habitants de l'île de Sein, les ouvriers de Simca, le Comité national des anciens combattants (que préside Alexandre Sanguinetti, glorieux amputé, une jambe perdue au débarquement sur l'île d'Elbe) submergent de lettres Elysée et Palais-Bourbon.

« Crise nationale », diagnostique Coty devant ses collaborateurs. Il ne sait plus à quel saint se vouer.

Car il n'y a pas d'homme du centre possible, alors que la stratégie parlementaire impose clairement un tel choix.

Mitterrand ? Trop de risques.

René Billières ? Coty le fait appeler, lui dit : « C'est vous, les Valoisiens, qui avez renversé le couvert. Remettez la table. » Le député de Lourdes répète qu'il se sent « trop petit ».

Maurice Faure, député du Lot ? Trente-six ans, trop jeune.

Jean Berthoin ? Réponse : « Je n'ai pas le dix millième d'une chance. »

Paul Ribeyre ? Trop à droite.

Mendès ? Le volcan exploserait d'un seul coup.

« Je suis trop noir, dit Monnerville, alors qu'il vous faut là un homme super-blanc. »

Guy Mollet ? On lui a déjà trop demandé.

De Gaulle ? Mais quelle garantie avoir que ce diable d'homme ne violera pas la Constitution, ne fera pas l'une de ces incartades dont il a le secret ? Et par quelle gymnastique lui rallier un antigaulliste viscéral comme Guy Mollet, qui tient le Général pour le premier responsable de la dégradation de la situation ?

Coty n'a plus que Pflimlin. Va donc pour Pflimlin.

« Après, confie Coty à Ganeval, force est de voir qu'il n'y a plus que le chemin de Colombey. Commencez du moins à prendre des contacts. Voyez Foccart, ou votre ami Bonneval, ou tel ou tel autre. Attention tout de même. Mou, mou, mou... »

Et Pflimlin d'affronter le pari de conquérir la Toison d'or.

« Notre dernier terre-neuve », dit-on à l'Elysée.

Le personnage ne manque pas d'atouts.

Né à Roubaix, fils d'une famille bourgeoise alsacienne, ancien élève du lycée de Mulhouse et de l'université de Strasbourg, docteur en droit, brillant avocat, élu dès la première Constituante député du Bas-Rhin, dès ses trente-neuf ans en 1946 sous-secrétaire d'État dans le gouvernement Gouin, cet Alsacien est un indiscutable patriote. Son honnêteté est proverbiale. Il a prouvé maintes fois qu'il avait du caractère. Quinquagénaire dans la pleine force de l'âge, plus blond que les blés, yeux clairs, parlant un français impeccable, orateur de grande classe, il est de toujours avec toute sa famille, y compris avec son épouse, née Marie-Odile Heinrich, rivé à l'Alsace française.

Le malheur est que le président pressenti a écrit dans *Le Nouvel Alsacien* du 23 avril ce texte : « Nous refusons de nous laisser enfermer dans le dilemme : raidissement ou abandon. Nous croyons qu'il existe une troisième politique... engager des pourparlers avec les représentants de ceux qui se battent pour déterminer les modalités du cessez-le-feu et les garanties qui entoureront l'élection. » C'est assez pour qu'il devienne aux yeux d'Alger l'« homme de l'abandon ». Une formidable campagne s'orchestre contre lui. De plus, on sait trop que Lacoste est devenu la « bête noire » du MRP. Par ailleurs, on se rappelle que c'est Pflimlin qui a torpillé la dernière tentative de Georges Bidault, devenu le champion toutes catégories de l'Algérie française. On va insistant sur le côté négatif de sa personnalité. Du caractère ? Non : buté. Le don de commandement ? Non. Cassant. Du sens politique ? Non. Trop raide.

Il s'en découvre tout désemparé — non moins hésitant ou désemparé que les plus hauts dignitaires de l'armée : Salan, « plus prudent encore que mandarin », expert du renseignement, habile à se mettre à l'affût de toutes les solutions possibles, n'oubliant jamais d'emporter avec lui au plus profond d'une poche le minuscule Bouddha qui lui sert de fétiche ; Jouhaud, qui ne rêve que d'un gouvernement Bidault-Morice-Soustelle seul capable de mettre fin à la politique de l'abandon ; Ely, qui aurait plutôt souhaité un gouvernement présidé par Lacoste ; nombre d'autres pachas qui rappellent à qui mieux mieux que de Gaulle sut enseigner en 1940 l'« honneur de la désobéissance ».

Pflimlin est offusqué et même malheureux qu'on le suspecte de vouloir « abandonner ». Il a toujours dit à qui voulait l'entendre que jamais il n'ouvrirait quant à lui des négociations directes avec le FLN. Il ne sent cependant que trop que la situation est devenue insaisissable.

Ne le sentirait-il pas que son ami Paira, qu'il envoie sur place prendre langue avec Salan et l'amiral Auboyneau puis avec Maisonneuve, directeur du cabinet de Lacoste (celui-ci rentré à Paris), est vite à même de le lui confirmer. Maisonneuve est plus que net : « Lacoste a empêché depuis deux ans l'explosion du baril de poudre sur lequel il était assis. Robert est parti. Plus personne ne maintient le couvercle. Surtout, n'approchez pas l'allumette... » Paira précise : « Les généraux Jouhaud et Allard sont sur la même longueur d'onde. Ça peut sauter à tout moment si vous maintenez une offre de cessez-le-feu qui ressemblera à une paix blanche. »

Mais Pflimlin, c'est tout à son honneur, 1) refuse de se laisser dicter sa politique par Alger, 2) est décidé à ne pas conduire une guerre d'extermination, 3) estime surtout qu'il n'a pas le droit de déguiser sa pensée, d'avoir peur de lui-même, de jouer les hypocrites « qui disent ceci et font cela ».

Mais aussi, tout semble vouloir jouer contre lui.

Guy Mollet confirme que les socialistes ne participeront pas, donc que Lacoste n'a plus aucune chance d'être maintenu à Alger.

Le 9 mai, un communiqué du FLN à Tunis annonce qu'« en représailles contre l'exécution par la France de combattants algériens (l'étudiant Abderramane Taleb et onze autres terroristes guillotinés), trois soldats français prisonniers depuis 1956 seront passés en jugement » (de fait déjà exécutés). Il y va d'un défi direct à la population algéroise. Pflimlin et Tunis — même outrage...

Pflimlin n'en prend pas moins ses premiers contacts.

Il consulte le général Ely. Le chef d'état-major général est un homme universellement estimé, d'ailleurs d'aspect assez impressionnant avec sa longue silhouette sèche, son visage d'ascète, son teint livide, encore plus pathétique depuis qu'il se demande avec terreur s'il n'aura pas à voir l'armée se déchirer. Puis il convoque le général Cogny, qu'il a l'intention de nommer commandant en chef à la place de Salan et qui atteste solennellement qu'il n'a été pour rien dans l'attentat du bazooka, contrairement à la rumeur que Salan fait courir.

Mais tout n'en paraît que plus sombre.

Ely, ultra-pessimiste, conseille essentiellement de bien tenir ses mots.

Cogny se récuse. D'une part, son éventuelle nomination rencontre l'opposition absolue des socialistes ; d'autre part, il a vu Soustelle qui lui a dit rudement : « Qu'allez-vous donc faire là ? Mon pauvre ami, les événements iront plus vite que vous... »

Michel Debré interpelle : « J'observe que M. Pflimlin se garde bien de prononcer les mots : Algérie française. Sans doute lui brûlent-ils les lèvres. Il serait, il est vrai, surprenant qu'il en soit ainsi pour une équipe qui envisage de céder Strasbourg à la supranationalité... »

Serais-je don Quichotte ? peut se demander le candidat — tandis que les gaullistes délèguent sur place leurs hommes les plus durs, par exemple l'impétueux Lucien Neuwirth, dit Trompe-la-Mort, dès ses dix-huit ans rejoignant les FFL par les Pyrénées, engagé dans les paras du colonel Bourgouin, parachuté sur la Bretagne en 1944, blessé à Bastogne, à peine guéri partant pour la Hollande chargé d'une mission de destruction sur les arrières allemands, encerclé avec trois camarades rescapés d'un groupe de treize, comme il dit

« passé au fil de la mitraillette », casé par Delbecque comme « officier psycho-presse au 5ᵉ bureau de l'état-major de la 10ᵉ région ».

Et Pflimlin de commettre une faute grave : avant le jour du vote d'investiture, fixé au 13 mai, il remet aux groupes un texte trop hâtivement rédigé, sans précaution de vocabulaire, où il reparle de cessez-le-feu, d'union franco-maghrébine, de négociations directes avec Tunis et Rabat. Muleta sous le mufle du taureau furieux.

Dès lors, tout se précipite.

10 mai. Alger. Un comité de vigilance groupant dix-sept associations appelle, en hommage « à nos trois soldats martyrs », à manifester devant le monument aux Morts. Lagaillarde propose la date du 12. C'est Delbecque, entre deux avions Alger-Paris-Alger — en cinq mois, près de trente voyages ! —, qui fait accepter le 13, jour où Pflimlin se présentera à l'Assemblée.

11 mai. Alain de Sérigny, patron de *L'Echo d'Alger*, à son tour et non sans réticence rallié à de Gaulle, publie dans son journal un retentissant éditorial dont tout le sens est dans le titre : « Parlez, parlez vite, mon général... »

12 mai. Tous les murs d'Alger se couvrent d'affiches appelant la population à manifester le lendemain devant le gouvernement général (le GG).

Le 13 mai de l'Algérie française

13 mai, treize heures, Alger. La grève est totale. Tous les magasins ont fermé leurs portes. Toute la ville est dans la rue. Sous un soleil de plomb, déjà, des fleuves de manifestants coulent.

Quinze heures, Paris. La séance d'investiture s'engage de la manière traditionnelle. Pflimlin présente un cabinet de dix-huit ministres, donc sans socialistes, où Robert Lecourt a les Sceaux, Pleven le Quai, Edgar Faure les Finances, Maurice Faure l'Intérieur, Pierre de Chevigné la Défense nationale. C'est André Mutter, indépendant de l'Aube, qui a charge de l'Algérie. Au vrai, quelle importance ? On ne prête à la formule aucune chance. Opération de routine. Torpeur dans les travées. L'ambiance est d'autant plus apathique que les sondages sont tous défavorables au pressenti. Les lettres confidentielles pronostiquent un gouvernement d'union nationale Mollet-Pinay. Ici l'ombre de De Gaulle ne plane pas. Du tout.

Dix-sept heures, Alger. Tout le petit peuple court au « monument », tout le petit peuple de Bab el-Oued et de Belcourt, jeunes en jeans et savates, anciens combattants à béret noir agitant des drapeaux tricolores. Flanqué de Robert Martel, coiffé d'un béret rouge de para et qui porte un drapeau marqué du cœur et de la croix des chouans, Lagaillarde, en tenue léopard, « chauffe » la foule. Déjà on brûle les effigies de Pflimlin et de Mgr Duval, archevêque d'Alger, qu'on tient pour un crypto-fellagha. Cris : « Algérie française !... Pflimlin à la mer !... Bourguiba au poteau !... Fusillez Ben Bella !... Massu au pouvoir !... » Salan est hué : le Mandarin feint de ne pas entendre. Glacé, il dépose une gerbe de roses. Puis une odeur de gaz lacrymogène se répand. On s'étonne : il n'y a pas un seul uniforme de policier en vue. On louche vers un hélicoptère qui survole la ville. On ne saura pourtant jamais ce qui s'est produit. Massu annonce déjà qu'il a un « dîner en ville ». Les autres généraux, très raides, rejoignent leurs voitures, tandis que les jeunes gens les plus endiablés commencent à scander : « Au GG ! Au GG ! » Sans tarder, la foule prend les pentes et les gradins du boulevard Laferrière. Au-delà, s'amorçant sur l'avenue Pasteur, un escalier unique conduit à l'ample place que les Algérois ne connaissent que sous le nom de Forum. Le GG est à main droite, derrière une grille. De fait, l'assaut, sur les pas de Lagaillarde, est donné par à peine quelques centaines de jeunes gens. Mais ils agissent comme à leur guise... La défense du vaste immeuble est pour ainsi dire inexistante. Les paras du service d'ordre applaudissent. Les CRS ne lancent pas plus de trois grenades lacrymogènes. Un seul camion militaire, utilisé comme bélier, suffit à enfoncer la grille. Toutes les portes s'ouvrent d'elles-mêmes. Lagaillarde (il pénètre là pour la première fois de sa vie) grimpe au galop les escaliers, bouscule deux dactylos, surgit sur une corniche, appelant à lui ses cohortes en agitant son béret rouge. Déjà les premiers dossiers s'envolent. Après l'assaut, le sac.

Dix-neuf heures, Alger. On casse tables et chaises. Les machines à écrire volent par les fenêtres. Massu accourt de sa villa d'Hydra. Adieu, dîner en ville ! Il éclate en imprécations. Toute sa collection de jurons y passe. Il engueule Lagaillarde. Il engueule Martel. Il hurle : « Qu'est-ce que c'est que ce bordel ! » Puis quelqu'un dit : « Plutôt que de nous engueuler, si nous constituions un comité de salut public ? » Massu se dit que c'est là peut-être l'occasion de calmer tous ces « galapians ». Aussitôt dit, aussitôt fait. Massu accepte même d'adhérer, quoique tout ronchonnant. « Vous, moi..., proclame Lagaillarde, qui aussitôt propose des noms... colonel Ducasse... colonel Trinquier. » Faudrait tout de même quelques pékins, intervient Ducasse... On en cherche... On en trouve... Delbecque qui n'est même pas là ! Il s'est fait surprendre par la rapidité de l'événement. Il arrive *in extremis* pour figurer sur la liste. Pagaille. On tourne en rond. Massu harangue la foule du haut d'un balcon. Le propre chef du cabinet militaire de Lacoste, le colonel Ducourneau, écrit à la craie sur un tableau noir : « Nous demandons un gouvernement de salut public. » Après tout, pourquoi pas ? L'embryon de comité de salut public se met à délibérer, décide d'envoyer un télégramme à Coty. « Nous rendons compte création comité salut public sous ma présidence, moi, général Massu, en raison gravité situation et nécessité absolue maintenir ordre, et ce pour éviter effusion de sang, exigeons création à Paris d'un gouvernement de salut public, seul capable conserver Algérie partie intégrante de la France. »

Paris, dix-neuf heures. Palais-Bourbon. Reprise du débat d'investiture. Même terne ambiance. Aucun écho d'Alger n'est encore parvenu. Regard d'acier, pâle, le président pressenti évoque la dégradation des institutions, les menaces qui pèsent sur « la République dans son essence ». Quelques instants plus tard, avec l'accord de tous les présidents de groupes, compte tenu du grand nombre d'orateurs inscrits, une trentaine, Le Troquer, qui doit lui aussi avoir un dîner en ville, décide une suspension. « Reprise à vingt et une heures en séance de nuit ! » Un député laisse tomber : « Encore une nuit blanche... » Il n'aura jamais cru si bien dire.

Alger, dix-neuf heures trente. Sur le Forum, c'est la kermesse aux étoiles. Mais Salan préfère rester caché (« Hou ! Hou ! Franc-maçon ! »). Massu lit à la foule, du haut de son balcon, le télégramme à Coty (« Bravo, Massu ! Massu au pouvoir ! »). De toute la journée, on n'aura pas entendu une seule fois le nom de De Gaulle.

Paris, dix-neuf heures trente. Matignon. C'est tout de même le gouvernement de Gaillard qui, affaires courantes ou pas, conserve toutes les responsabilités. Il réunit en toute hâte à Matignon quelques ministres, dont Lacoste. Le secrétaire général du GG, Chaussade, donne au téléphone une relation des événements et demande s'il faut faire tirer sur les manifestants. Non, tranche Gaillard. Salan, enfin arrivé à son tour au GG, téléphone pour sa part à Ely. « Je suis, explique-t-il, en présence d'une bande de voyous et de salopards. Faut-il tirer sur eux ? Non, confirme Ely, ne tirez en aucun cas, les ordres du gouvernement sont formels. »

Vingt heures, Alger. Mais voici intervenir Radio-Alger. C'est le moment de l'émission *Chansons et Succès*. Titre nº 1 : *Only you*, par les Platters. Soudain, le disque s'interrompt. Silence. Puis une voix haletante : « Algériens ! Le gouvernement général sur le Forum a été pris d'assaut ! Un comité de salut public est constitué à Alger sous la présidence du général Massu. » Sensation.

Vingt heures, Paris. Palais-Bourbon. Déjà la nouvelle court sur les téléscripteurs de l'AFP. Dans les couloirs, quelques députés se penchent sur la machine, logée sur le seuil de la grande salle de conférence. Soudain, en capitales bleues, les cinq lettres du mot *flash* sont répétées trois fois. Le SOS du journaliste. Titre : « Massu président d'un comité de salut public. » Curieusement, les députés ne réagissent pas avec violence ou affolement. A peine si les parlotes s'avivent un peu. On reparle simplement avec plus d'insistance d'un gouvernement Mollet-Pinay. Ou bien, sur un ton aussi calme, on se demande s'il ne faudra pas finalement former un ministère... des anciens présidents du Conseil ! Il y a de quoi honorer tous les portefeuilles. Guy Mollet grimace. « Moi, faire du Doumergue bis ! » Ahuri, le correspondant de *Newsweek* câble à son journal : « Un flash vient d'annoncer le début de la révolte militaire à Alger.

Mais pour donner, semble-t-il, toute la mesure de la paralysie politique en France, tandis qu'éclate sur leurs têtes la crise du régime attendue depuis longtemps, les députés vont continuer à débiter des discours préparés à l'avance, comme si de rien n'était. »

Effectivement, ce n'est que tout près de onze heures que Pflimlin réussit à obtenir une nouvelle suspension de séance « afin de pouvoir envisager des mesures pour le maintien de l'ordre ».

La séance ne reprend qu'à une heure quinze. Visages plus ensommeillés qu'anxieux.

Du moins cette fois les décisions sont-elles plus rapides. Waldeck-Rochet lance un appel contre l'« ennemi commun ». Pflimlin se lève d'un bond, rejette l'appel communiste et demande solennellement à l'Assemblée de « faire enfin face à ses graves responsabilités ». Pflimlin est aussitôt investi — par 274 voix contre 179.

« Ouf ! » doit faire Gaillard.

« C'est perdu », dit Soustelle. Lui aussi aura été surpris par la soudaineté de l'événement. Son plan était de rejoindre Delbecque à Alger avant que Pflimlin fût investi. A vingt-trois heures cinquante, il se précipite à Villacoublay. Pour son malheur, sur ordre de Gaillard, toute l'aviation civile et militaire a été bloquée. Retour morose à Paris. Que pourrait donc faire Delbecque abandonné à lui-même ? Pour sa part, Debré est au lit avec une sciatique. Voici Soustelle neutralisé. Décapité, le complot gaulliste ?

A Alger, l'enthousiasme fait place à la consternation. « Nous aurons déconné », grogne Massu. Jouhaud dit : « Nous sommes perdus. Nous serons fusillés. » Un autre murmure : « Il n'y a plus que de Gaulle pour nous sortir de là. » Le coup est raté, entend-on aussi. Oui, les insurgés n'ont plus de salut possible qu'en de Gaulle. A cinq heures du matin, Massu signe un long télégramme dont les principales lignes sont celles-ci : « Le comité supplie le général de Gaulle de bien vouloir rompre le silence en s'adressant au pays en vue de la formation d'un gouvernement de salut public qui peut seul sauver l'Algérie de l'abandon et ce faisant d'un Diên Biên Phu diplomatique évoqué à maintes reprises par M. Robert Lacoste. »

Dès cette même heure, à Paris, Pierre de Chevigné, chargé de la Défense, fidèle à sa réputation d'homme énergique, annonce : « Je ferai arrêter autant de généraux qu'il le faudra » et prend les premières mesures contre les « factieux ». Soustelle est consigné à son domicile ; tout départ d'avion ou de bateau à destination d'Alger est interdit ; par précaution, le général Challe, qui commande l'armée de l'air, est assigné à Brest, son adjoint le général Martin à Metz ; tous les envois de ravitaillement et de renforts sont suspendus.

Le 14, tandis que Coty adresse un message à l'armée pour la convaincre d'obéir, Pflimlin, lui, préfère ne pas jouer brutalement. Il comprend que les généraux ont voulu essentiellement maîtriser la situation, pas du tout créer une fracture. Il prend des contacts avec Massu, qui se défend d'être un général factieux. Il va jusqu'à investir Salan des pleins pouvoirs civils et militaires. Il approuve l'intention de Salan de prendre la présidence du « Comité de salut public d'Algérie et du Sahara » qui fédérera les comités de salut public qui se créent vite de toutes parts.

Du coup, d'ailleurs, le Mandarin est plus détendu qu'à son habitude. Il en devient presque loquace. Il sourit. Il accepte de s'adresser à la foule, qui à présent l'applaudit.

Ce 14 mai est un mercredi, jour de visite de De Gaulle à Paris. Il reçoit quelques amis à l'hôtel *Lapérouse*. On croit comprendre qu'il croit moins que jamais à ses chances. « Un coup de chaud », dit-il tout sceptique à propos de l'« Alger de Massu ».

Le 15, Pflimlin se renforce en faisant rentrer les socialistes dans le gouvernement, Guy Mollet vice-président du Conseil, Jules Moch à l'Intérieur, Gazier à l'Information et Lejeune au Sahara.

Mais il y a trop de passions à jouer contre les sages. Le torrent des violences ne pourra pas être endigué.

En Algérie, les préfets qui veulent affirmer leur pleine autorité, Lambert à Oran, Vignon à Tizi-Ouzou, sont chassés de leurs préfectures.

Dès le 14 au matin, on peut réaliser que le Forum ne veut plus vivre que sous le signe du défi. Comme l'écrit *Le Journal d'Alger*, « la ville vient de se trouver un cœur », précisément cette vaste esplanade de macadam que jonchent pêle-mêle des débris de bouteilles, des bouchons de grenades lacrymogènes, des détritus de toutes sortes, des circulaires froissées, parfois marquées du cachet rouge *Très secret* et où, depuis la veille, le verbe a pris le pouvoir. « Tous au Forum ! » Dans les rues de Bab el-Oued, la nouvelle court, d'autant plus que « ce pourri de Pflimlin a été investi ». Une conviction domine tout : la guerre doit continuer jusqu'à la victoire. Il faut balayer le régime des infâmes. Au reste, la rumeur court déjà que les paras se préparent à débarquer à Paris.

Constantine « tombe » à son tour, puis Philippeville.

Puis il se produit quelque chose de prodigieux : les musulmans veulent être de la fête. Ils viennent en masse participer aux manifestations des Européens. C'est effectivement partout le miracle de la fraternisation franco-musulmane. Dès midi, au Forum, ils sont déjà plus de 100 000 à vivre ces exaltantes retrouvailles entre la Casbah et Bab el-Oued. Les passions n'en sont que plus exaltées.

Oran est submergé dans le même éclairage. C'est même un

musulman, Sid Cara, qui y prend la tête du comité de salut public aussitôt constitué.

Et Salan dérape ! Le revoici à s'adresser à l'énorme foule qui l'ovationne comme une idole. Il s'écrie : « La victoire, c'est la seule voie de la grandeur française ! Je suis donc avec vous tous !... Vive la France !... Vive l'Algérie française ! » Un temps. Le temps de laisser rouler les acclamations. « Vive de Gaulle ! » souffle, à ses côtés, tout crispé, Delbecque. Salan lève le bras. Ultime hésitation. Faut-il que sur le Forum les vivats de la foule soient plus enivrants encore que les opiums de l'Orient... L'ambiance l'emporte sur la prudence traditionnelle du Mandarin. Il répète : « Et vive de Gaulle ! » Salan vient de plonger. Il a suffi de ces quatre mots. Pour Delbecque, le principal est acquis.

De Gaulle ne rate pas l'occasion. Il a entendu Salan. Il répond. Par un communiqué transmis de Colombey à l'AFP. Seulement sept lignes, qui courent dès le soir à leur tour sur les téléscripteurs, « où est constatée la dégradation de l'Etat... stigmatisée la responsabilité du régime des partis... affirmée son intention d'y remédier en assumant de nouveau — j'y suis prêt — les pouvoirs de la République ». (Curieusement, Alger ne relèvera d'ailleurs pas que l'Algérie n'est même pas mentionnée : les rebelles ne sont ni approuvés ni blâmés.) « Légitimité »... « J'y suis prêt »... Ce sont deux expressions qui changent du tout au tout l'aspect du problème. Et de *révolution* le mot central devient *restauration*... mais à laquelle encore peu de députés sont prêts. Car si, pour les caciques de la Quatrième, le général reste bien sûr l'homme du 18 Juin, il a été aussi, plus récemment, le chef du RPF, dont les outrances verbales contre le régime ont pu faire douter des sentiments républicains de ce personnage toujours si imprévisible. Il n'en demeure pas moins que voici soudainement de Gaulle au centre du débat et du drame — dans l'instant même où on l'attendait le moins.

Guy Mollet ? Il devient en effet non moins soudainement l'homme clef d'une éventuelle restauration. C'est que le secrétaire général de la SFIO domine de toute son autorité le groupe parlementaire charnière dont le vote sera déterminant. Il est l'homme qui, par son choix — ou Front populaire avec les communistes, ou gouvernement des colonels avec risque de guerre civile, ou appel à de Gaulle —, fera pencher la balance. Nous pouvons aisément gager que les ombres de Kerenski et de Papen hantent la mémoire du petit prof socialiste. « La mélasse », grogne-t-il.

Et les scènes décisives de se succéder, de s'entrecroiser, de s'entrechoquer.

Guy Mollet pose publiquement aux gaullistes trois questions dans lesquelles il enferme toute son angoisse : « Reconnaissez-vous comme légal le gouvernement actuel ? Désavouez-vous les promoteurs du Comité de salut public ? Le Général est-il prêt à solliciter l'investiture de l'Assemblée et à se retirer s'il est battu ? »

Jules Moch s'installe place Beauvau. Visage en lame de couteau, moustache brève, lunettes d'écaille, éloquence sèche, rigueur de polytechnicien, il est aux CRS ce que Massu est aux paras, depuis ce 18 juin 1949 où, perché en personne sur le clocher de l'église de Montrouge, à égale distance d'une manifestation du RPF et d'un meeting communiste, il sut éviter un affrontement qui eût pu être catastrophique. Lui entreprend de traiter les problèmes d'une main de fer. Les CRS reçoivent des consignes strictes. Les partis d'extrême droite sont dissous. Le « dangereux » Yves Gignac est interné à la Santé (encore qu'on ne trouve chez lui pour toute arme qu'une arbalète cambodgienne et une mitraillette allemande marquée de l'écusson « Rhin et Danube », cadeau de De Lattre).

Jacques Soustelle s'échappe par les mailles du filet où on a cru l'enfermer. Caché dans la malle d'une petite voiture, il parvient à quitter son domicile de l'avenue Henri-Martin et gagne Genève par la route. Un avion a été commandé à Londres pour le transporter à Alger. C'est le dimanche 18 mai. La rencontre avec Salan, accouru à l'aéroport, est plutôt orageuse. Salan trouve l'initiative de l'ancien gouverneur général « malencontreuse ». Il parle de « provocation ». La popularité de Soustelle sur place est cependant telle que le commandant en chef finit par lui céder le bureau de Lacoste.

Albert Gazier rétablit la censure.

Soustelle n'est pas le seul à gagner l'Algérie. Suit vite Pascal Arrighi, député de la Corse, adjoint au maire d'Ajaccio, ancien des commandos de la France Libre, criblé de mitraille durant la campagne de France. Raymond Dronne ne tarde guère. Le général Cherrière atterrit à Oran venant de Madrid *via* la Suisse : comme il arrive sans le sou, Salan, bon prince, verse une généreuse obole. Les seuls mal reçus sont Le Pen et Demarquet, qui surviennent ceints de tricolore : oubliant même qu'ils furent volontaires pour se battre à Suez, Salan les exile *manu militari* à 1 500 kilomètres d'Alger, en plein Sahara.

A Paris, dans l'ombre, gaullistes et nationalistes s'agitent de plus belle. Même si en surface la capitale reste calme, Paris *by night* bat tous les records des conciliabules mystérieux, des messages secrets, des rêves fous, des combines mirobolantes, des stratégies en chambre, des consignes inspirées des ordres de Radio-Alger, qui, gaullisme oblige, semble vouloir prendre le relais de Radio-Londres. Les gaullistes auront même cherché à mettre dans leur jeu le colonel Gribius, qui commande le groupe blindé de Rambouillet (lequel, tout en se disant gaulliste, ne se départ pour autant pas de l'esprit de discipline). Ils en appellent jusqu'au prince Napoléon, mais qui dit : « Je ne suis pas prétendant. Je suis un simple citoyen. Je reste à ma place. »

Spectacles ahurissants à Alger, qui continue de vivre des heures déchaînées. Rêves incroyables qui se réalisent. Songes d'or à portée de main. Autant imaginer une seconde nuit du 4 août à la dimension d'un peuple. « De Dunkerque à Tamanrasset, 50 millions de Français... » A nous intégration et égalité des droits ! Alain de Sérigny se retrouve d'accord avec ce que Ferhat Abbas réclamait... en 1946. Parce que quelques hommes, ces officiers mêmes qui ont mené la bataille d'Alger, décapité les réseaux FLN, présidé aux « interrogatoires » des suspects, n'ont pas voulu croire qu'il pourrait être trop tard. A longueur de nuit, dans les ruelles de la Casbah, dans les anciens locaux de l'ODMA (ex-parti de Ferhat Abbas) où ils ont réuni les chefs d'îlot, le colonel Trinquier, le capitaine Sirvent, le capitaine para Graziani, dit *Criquet* (héros de tous les coups durs en Indochine, révolutionnaire en uniforme) parlent, démontrent, persuadent, « dialectisent »... On voit jusqu'à un ex-FLN brandissant la pancarte du « comité de salut public de la Casbah ». C'est irrésistible, ce souffle de réconciliation qui passe sur une Algérie lasse de la guerre et de ses horreurs. Il traverse les villes et les bleds. Les camps d'internement s'ouvrent. Sur le Forum, figurent autant de musulmans que d'Européens. Les mains se cherchent et se pressent dans la paix retrouvée.

Pflimlin souffre mille morts. Le 18 mai, le chef d'état-major général Ely demande l'autorisation de rendre visite à de Gaulle. Chevigné le lui interdit. Ely démissionne.

Paris 19 mai, seize heures. De Gaulle parle à l'*Hôtel d'Orsay* devant un millier de journalistes. Il tient sa première conférence de presse depuis le 30 juin 1955. Pour veiller à toute éventualité, Moch a requis sur la capitale près de 6 000 hommes, dont les cars sillonnent dès l'aube rues et avenues. De Gaulle n'a pas le moindre feuillet sous les yeux. De fait, les journalistes découvrent surtout un homme nouveau. La voix s'est assourdie, la taille alourdie. Les cheveux blancs font un visage plus humain. De l'art d'être grand-père. « Mais c'est Pétain ! » glisse une voix. Aux exhortations guerrières du connétable de la France Libre, aux anathèmes de l'archange condamnateur du RPF, succèdent les commandements du patriarche — indulgent aux erreurs de son peuple. Une déclaration liminaire... Puis, aux questions qui fusent, parfois hargneuses, les réponses, sur un ton de sérénité, veulent essentiellement être des mises au point, même si l'inévitable once de mépris n'y manque pas. Il s'exclame : « La République ! Il fut un temps où elle était reniée, trahie, par les partis eux-mêmes. Alors, moi, j'ai redressé ses armes, ses lois, son nom... » Il dit : « Les pouvoirs de la République ne peuvent être que ceux qu'elle aura délégués... Croit-on qu'à soixante-sept ans je vais commencer une carrière de dictateur ? » Il conclut : « Si la tâche devait m'incomber de tirer de la crise l'Etat et la Nation, je l'aborderais sans outrecuidance, car elle serait rude et redoutable. A présent, je vais rentrer dans mon village et me tiendrai à la disposition de mon pays. »

Dix jours s'écoulent encore. Prolongation inutile d'une crise dont il est évident qu'elle ne peut être résolue que par le retour du Général au pouvoir. Les péripéties n'y manquent pourtant pas.

Salan harangue une énième fois la foule du Forum. « Bientôt nous remonterons les Champs-Elysées et le peuple entier nous couvrira de fleurs. Nous rentrerons en France avec la croix de Lorraine. »

Suprême tentative pour revigorer le régime moribond : le 20, par 473 voix contre 93, l'Assemblée nationale renouvelle au gouvernement les pouvoirs spéciaux en Algérie.

Bidault dit : « De Gaulle, vous pouvez encore l'appeler debout. Prenez garde ! Demain, vous l'appellerez à genoux ; après-demain, couchés. »

Mutter, ministre de l'Algérie, proclame qu'il se fait fort d'arriver à bout de toutes les difficultés. Lacoste demande : « Comment dit-on papa Noël, dans le Coran ? »

La censure de Gazier provoque tout un chœur de protestations.

Massu énonce une évidence terriblement logique : « Le seul ministre de l'Algérie que nous accepterons sera celui qui pourra y mettre les pieds. »

24 mai. « Alger saute sur la Corse. » Répétition générale ? Simple ambition candide de vouloir chanter *L'Ajaccienne* avec le même cœur et les mêmes chœurs que *Le Chant des Africains* ? L'idée est de Pascal Arrighi, fortement appuyé par Delbecque. Massu marche. Poussé par des officiers pas mécontents de le voir sortir enfin tout à fait de la légalité, le Mandarin approuve. L'affaire est menée rondement, en accord avec des Paldacci, des Renucci, des Fieschi, des Serapini. Le bouillant Pascal, après avoir lancé par la radio depuis Alger à ses compatriotes un appel en français et en dialecte, s'envole pour Calvi, où il est réceptionné par le capitaine Andrei, qui commande un bataillon de paras. Et toute une colonne de camions bourrés de paras de rouler sur Ajaccio. Et la foule, sans même attendre la colonne, de s'emparer de la préfecture. Les CRS envoyés dare-dare par Moch se laissent gentiment désarmer. Le préfet, on l'exile à Vizzanova. Quant aux sous-préfets et secrétaires généraux, un seul est fidèle au gouvernement, un seul. Arrighi triomphe, disant : « La Corse sera notre porte-avions. » A peine quelques heures plus tard, deux DC3 amènent d'Alger tout l'état-major de l'Algérie française, Delbecque en tête. Nez-de-Cuir, « au nom de Salan », se nomme commandant de l'île. Pas une goutte de sang versé.

A Paris, les nouvelles d'Ajaccio sonnent comme un glas. Les insurgés ont donc conquis, sans la moindre opposition militaire, policière ou populaire, un département métropolitain. Il y a désormais rébellion ouverte, défi direct. « Inadmissible », gémit Coty effondré. Thorez mugit : « C'est Franco sautant sur l'Espagne avec ses légions marocaines. »

Elle est dérisoire, la visite que Billières, Bourgès et Maurice Faure rendent à Guy Mollet pour le conjurer de faire démissionner Pflimlin et de former lui-même un gouvernement fort. Guy Mollet demande si c'est ce samedi de la Pentecôte qui les inspire, puis ajoute : « Fort, fort, qui de nous peut donc désormais faire un gouvernement fort ? »

Pour les chefs de la Quatrième, au vrai, l'heure est déjà venue d'aller à Canossa. Ou à Colombey. Ou d'écrire en langue de Canossa. Dès le 22, Antoine Pinay, accompagné d'Henri Yrissou, a été reçu à La Boisserie, où il a conféré avec le Général pour « étudier la manière possible ». Guy Mollet s'y rend à son tour, flanqué de Maurice Deixonne. Bidault énonce que « seul de Gaulle peut endiguer le péril couru par la nation » et commente : « On ne se fâche pas contre un thermomètre. » A un appel écrit de Vincent Auriol, de Gaulle fait réponse que les événements d'Algérie se sont accomplis en invoquant son nom « sans que j'y sois aucunement mêlé ». Il confirme qu'il n'acceptera le pouvoir « que du peuple ou du moins de ses représentants ». Il précise : « J'ai proposé de former par voie légale un gouvernement dont je pense qu'il pourrait refaire l'unité, rétablir la discipline dans l'Etat, notamment du côté militaire, et promouvoir l'adoption par le pays d'une Constitution renouvelée. Or je me heurte du côté de la représentation nationale à une opposition déterminée. Je crains que nous n'allions à l'anarchie et à la guerre civile. Dans ce cas, ceux qui, par un sectarisme qui m'est incompréhensible, m'auront empêché de tirer la République d'affaire porteront une lourde responsabilité. Quant à moi, je n'aurai plus jusqu'à ma mort qu'à rester dans mon chagrin. »

Pagaille, pagaille.

Et Pflimlin, intransigeant, de repousser toute idée de démission. « Je suis chef d'un gouvernement légitime. Je n'abandonnerai pas mon poste. »

Et l'Assemblée nationale de suspendre l'immunité parlementaire d'Arrighi.

Et la rumeur de courir dans les couloirs que Jules Moch voudrait à tout prix reconquérir la Corse, en jouant des sentiments ancestraux de rivalité entre Bastiais et Ajacciens (!) et en spéculant sur l'antigaullisme de la marine nationale. Le croiseur *De Grasse* serait de la partie, ainsi que Fiagganelli, député-maire de Bastia. Du western, dit Bidault, qui s'esclaffe.

Et Guy Mollet, dans une longue lettre, d'écrire au Général : « J'ai cru comprendre le jeu des Bolcheviques... Ils pensent être vos successeurs. Dans dix semaines, dix mois ou dix ans... »

Et de Gaulle, dans une déclaration, pour mieux s'acquérir les bonnes grâces du leader socialiste, de croire devoir évoquer le « fort souvenir » que lui a laissé sa rencontre avec Guy Mollet, en 1944, « sur le balcon de la mairie d'Arras ». Or la rencontre n'a jamais eu lieu !

Et Radio-Alger d'être super-actif, conduit de main de maître par Lucien Neuwirth sur le modèle de l'historique BBC : « Ici, Alger. Dix millions de Français parlent aux Français. » Les messages mystérieux courent sur les ondes. « Arlequin embrasse Colombine. Les deux soupes chinoises sont cuites. Le foie gras est prêt. La chapelle sera illuminée ce soir... » L'exaltation est telle que l'on verra se constituer des comités de la France Libre à Dakar et à Caracas.

Et Robert Abdesselam, brillant avocat français de Kabylie, champion de tennis, membre du Comité de salut public d'Alger, de réussir à obtenir une audience chez Coty pour lui dire : « Ceci est pour sauver l'Algérie une occasion unique, inespérée. »

Le 25 est dimanche de Pentecôte. Les Français de la métropole, comme indifférents à ce qui se passe, se précipitent vers plages et forêts — d'autant plus qu'il fait très beau. Les compteurs de l'autoroute de l'Ouest enregistrent le passage de 36 463 voitures — soit 3 126 de plus que l'année précédente. Même les militants communistes n'obtempèrent pas aux convocations pour des tours de garde dans les permanences. Les métropolitains n'auront jamais autant joué à la pétanque.

Pourtant, le dernier acte se noue.

Ti-ti-ti-ta... ta... Trois brèves, deux longues : Algérie française ou vive de Gaulle ! C'est ce que les voitures n'arrêtent pas de klaxonner sur les Champs-Elysées.

Place Beauvau, Jules Moch fait le bilan de ses forces. Elles s'effilochent. A peine débarqués en renfort en Corse, les CRS tournent casaque. Les policiers font le V de la victoire à la barbe des ministres. Même les dactylos n'obéissent plus.

La grève déclenchée le 27 par la CGT est un échec total.

On annonce qu'à Toulouse le général Miquel et deux régiments de paras se sont ralliés aux putschistes d'Alger.

Dans l'affolement général, force est à Pflimlin d'accepter de rencontrer le général de Gaulle. L'entretien se déroule dans la nuit du 26 au 27 dans une villa du parc de Saint-Cloud, sous la terrasse de Brumaire. Le Général arrive directement de Colombey. Le président du Conseil a déployé des ruses de Sioux pour dépister les journalistes. Calme et digne, Pflimlin fait le tableau de la situation, « celle, dira plus tard le Général, d'un pilote aux mains de qui les leviers de commande ne répondent plus ». Le ton du Général est paterne : « A vous, cher monsieur, de tirer les conséquences de l'évidence. Vous ne tenez plus rien. Il est vain de vous obstiner dans une fonction qu'en somme vous n'exercez pas... Voyez-vous, je préfère rétablir l'ordre que de désavouer le désordre... Vous ne me ferez pas brûler mes cartes. Sachez simplement que je n'accepterai jamais de dictature militaire, jamais, jamais... » Pflimlin n'obtient même pas du Général une condamnation des événements de Corse. « Allons donc, déclare de Gaulle, la situation est un tout. Ne faisons pas dans le détail. » Les deux hommes se séparent vers deux heures du matin sans que les affaires aient tant soit peu progressé. Tout au plus de Gaulle s'est-il déclaré disposé à recevoir éventuellement, en secret, tous les chefs des partis politiques. « Nous campons de part et d'autre du même fleuve », dit au téléphone Pflimlin à Guy Mollet.

Or quelle n'est pas la surprise de Pflimlin, le 27, peu après midi, de lire une très inattendue déclaration du Général, publiée par l'AFP. Texte : « J'ai entamé hier le processus régulier nécessaire à l'établissement d'un gouvernement républicain capable d'assurer l'unité et l'indépendance du pays. Je compte que ce processus va se poursuivre et que le pays fera voir par son calme et sa dignité qu'il souhaite le voir aboutir. Dans ces conditions, toute action, de quelque côté qu'elle vienne, qui met en cause l'ordre public risque d'avoir de graves conséquences. Tout en faisant la part des circonstances, je ne saurais l'approuver. J'attends des forces terrestres, navales et aériennes présentes en Algérie qu'elles demeurent exemplaires sous les ordres de leurs chefs : le général Salan, l'amiral Auboyneau, le général Jouhaud. A ces chefs, j'exprime ma confiance et mon intention de prendre contact avec eux. » On ne saurait dire sérieusement qu'une conversation clandestine, nocturne et infructueuse dans un parc même historique puisse se définir comme un « processus régulier nécessaire à l'établissement d'un gouvernement ». Mais le texte laisse de surcroît entendre qu'un putsch militaire est imminent et que seul le grand républicain Charles de Gaulle peut le prévenir. Sans compter qu'il fait soupçonner Pflimlin de double jeu. Très fort, murmure Guy Mollet. Indigne ! tempête Pflimlin. De plus, confie-t-il à son directeur de cabinet Michel Poniatowski, qui fait la liaison avec Olivier Guichard chez le Général, « je ne peux même pas livrer une guerre de démentis ; il nous a coincés ». Il est d'autant plus scandalisé que les deux hommes se sont quittés en « constatant l'impossibilité d'aboutir immédiatement à un accord ». Il précise que les deux hommes étaient même convenus de garder l'entretien secret. Tel n'en est pas moins le cas : démentir, c'est risquer la guerre civile ; ne pas démentir, c'est paraître faire le jeu du prétendant. « J'en ai honte pour ce prétendu grand homme », déclare, outré, le président du MRP devant son groupe parlementaire.

Jules Moch interroge Guy Mollet : « Pourquoi ne pas recourir à des milices populaires ? Et si nous armions le peuple ? » Guy Mollet rétorque : « Qu'on me dise plutôt si l'on veut recommencer le coup de Prague. »

A l'assemblée, au gouvernement, c'est le désarroi, voire la panique.

La séance s'ouvre au Palais-Bourbon à quinze heures. Il y a de la houle dans les travées, davantage encore dès lors que l'on apprend que les ministres modérés ont l'intention de démissionner de ce navire démâté. Pflimlin demande le report de la séance à vingt et une heures. Houle encore. Les communistes ne se tiennent plus. Le *processus* ? Quel processus ? Indignations. Cris. Nœud papillon, verbe disert, allure de pianiste distingué, Pierre Cot, ancien ministre radical du Front populaire, interroge : « Qui, monsieur, a ouvert le passage ? » Jacques Duclos attaque avec férocité : « M. de Gaulle couvre les factieux d'Alger, les factieux de Corse et les chefs militaires qui dans le Sud-Ouest menacent la métropole. M. de Gaulle parle comme s'il était déjà le chef de l'Etat et le chef du gouvernement. Déjà on exécute ses ordres de dictateur usurpateur. » La séance est levée dans un tumulte inouï. Le tumulte est encore plus effrayant quand la séance reprend. Même Ramadier n'arrive pas à se faire entendre. A se demander comment les débats peuvent se poursuivre jusqu'à deux heures du matin.

Dans les couloirs, on en entend de belles. Jules Moch explique à quelques ministres qu'il a prévu des chicanes, des barbelés et toutes sortes d'autres obstacles passifs sur les aérodromes les plus exposés. Sarcastique, Corniglion-Molinier fait observer : « Les gars qui ont sauté à Diên Biên Phu et à Port-Saïd en ont vu d'autres. Ce n'est pas en plaçant des herses, mon cher collègue, que vous empêcherez les paras d'atterrir dans la campagne et vous ne pourrez pas envelopper toute la France dans vos barbelés. » Bourgès est plus dur. « Vos CRS ? Vous n'en avez pas un seul. »

L'appareil clandestin du Parti communiste est mis en place : les dirigeants reçoivent consigne de changer de domicile toutes les nuits.

Matin du 28 mai, deux heures quinze. A nous le dernier conseil de cabinet. Il y a les ministres qui veulent rester pour le principe. Et ceux qui appréhendent par-dessus tout la guerre civile et se résignent à l'inévitable. C'est Pleven qui résume le mieux l'accablante réalité : « Messieurs, explique-t-il, ce gouvernement est indiscutablement le pouvoir légal. La question qui se pose est cependant de savoir s'il est encore le pouvoir. Je viens de dresser la liste des ministres. M. le ministre de la Défense nationale ? L'armée ne lui obéit plus. M. le ministre de l'Intérieur ? Il n'a plus de police. M. le ministre de l'Air ? Il ne contrôle plus les avions militaires. M. le ministre de l'Algérie ? Il ne peut pas aller en Algérie. M. le ministre du Sahara ? Il ne peut pas aller au Sahara. M. le ministre de l'Information ? Il ne peut que censurer. »

Le régime se disloque.

En vain l'Assemblée nationale, dans un suprême sursaut, vote-t-elle la confiance par 408 voix contre 165, sous le prétexte d'un projet de révision constitutionnelle.

Bidault, dans les couloirs, peut persifler tout à son aise, avertissant : « Folie. Entre la Seine et vous, il n'y a plus que lui. C'est le dernier parapluie contre les sauterelles. »

Les ministres modérés se retirent. Pflimlin démissionne, en dépit de l'opposition farouche de quelques ministres, qui trouvent « scandaleux » de se démettre alors que l'Assemblée vient d'accorder un appui massif.

« Si je ne m'en vais pas, explique-t-il, c'est la guerre civile. »

Dernier baroud : le défilé des républicains. A quinze heures, sur la voie sacrée des défilés du Front populaire, de la République à la Nation, à l'appel de socialistes et de mendésistes, avec l'appui de Thorez, ils sont 500 000 (selon *l'Huma* et *Le Popu*), 12 000 (selon *Le Figaro*) à manifester contre le « coup d'Etat ». Côte à côte : Daladier et Duclos, Mitterrand et Mendès, André Philip et Depreux. De rares slogans. Quelques « De Gaulle au musée ! »

On chante *La Marseillaise* et *L'Internationale*. On termine par un pathétique *Chant du départ* : « La République nous appelle... Sachons vaincre ou sachons périr. » Mourir, mais pour quoi ? On sent trop que c'est une manifestation pour rien. La conviction manque. Durant le défilé, la gouaille l'emporte sur la haine. Voir les pancartes. Pour un *Le fascisme ne passera pas* ou un *Massu au poteau*, on relève par dizaines *Les paras à l'usine* ou *La girafe au zoo...*

Les dernières ruades de Le Troquer

Après avoir longuement reçu Vincent Auriol, René Coty, pour mieux établir la démarche légale, demande aux deux présidents du législatif, André Le Troquer et Gaston Monnerville, de rencontrer de Gaulle. L'entrevue a lieu le soir même à Saint-Cloud, dans la même villa (celle de M. Brunau, conservateur du château de Saint-Cloud) où le Général a rencontré Pflimlin.

Elle ne va pas de soi. Elle débute même très mal.

Le Troquer attaque d'entrée de jeu, disant : « Je refuse de vous appeler *mon général*. Je ne vous connais ici que comme *monsieur le président*, pressenti en attendant d'être investi. » Il est hors de lui. Il bat l'espace de son bras valide.

Le Général, de glace, parlant de très haut, fait connaître ses exigences, qui se résument à trois conditions.

1. Il s'abstiendra des visites traditionnelles du désigné aux présidents des quatre Assemblées.
2. Il se dispensera de la « litanie » des consultations avec les présidents de groupes.
3. Il n'assistera pas au débat sur son investiture.

Le Troquer éclate : « Inacceptable ! Inconstitutionnel ! Je vous connais bien depuis Alger ! Vous avez l'âme d'un dictateur ! Vous aimez trop le pouvoir personnel !

— Il n'empêche que cette République, c'est moi qui l'ai restaurée, monsieur Le Troquer.

— Vous la sabordez maintenant. Vous ne pouvez pas faire autrement que de vous présenter devant l'Assemblée. La Constitution le veut. Elle a le pas sur vous. Jamais je n'accepterai une autre procédure. Je trahirais ma charge. »

De Gaulle, imperturbable, n'en pose pas moins deux autres conditions.

Il disposera pendant un an au minimum de tous les pouvoirs, y compris constituants, entendant préparer lui-même une Constitution nouvelle qu'il fera ratifier par le peuple.

Durant ce délai, on enverra les députés aux champs.

Le Troquer manque en perdre son souffle. Ecarlate de rage, il jure qu'il ne trahira jamais la Constitution. Les répliques s'échangent comme dans un duel.

Par bonheur, Monnerville est là. Il s'emploie à calmer le jeu. « Tu n'es pas ici pour exposer tes griefs personnels », dit-il à Le Troquer. Il prend la voix la plus douce pour s'adresser au Général. Avec une patience infinie, il explique que, par exemple, la Constitution implique que les Assemblées doivent être obligatoirement convoquées le *deuxième mardi d'octobre*. Il précise : « Vous ne pouvez pas nous demander de ne pas le faire. Impossible. Rigoureusement impossible. Moi-même je ne le pourrais pas, moi qui souhaite pourtant votre retour. »

De Gaulle : — On ne m'a pas dit cela.

Monnerville : — On a eu tort. Demandez-moi mon amitié et mon admiration. Elles vous sont acquises. Vous ne pouvez pas me demander de faillir à l'honneur.

Il insiste encore. Devant un Le Troquer tout renfrogné, il explique que la Constitution prochaine ne sera républicaine que si elle est élaborée par le Parlement ou « à défaut, par un organisme au sein duquel siégeraient des parlementaires délégués par les Assemblées ». Le gouvernement à lui seul ne saurait fabriquer le texte constitutionnel. « Mon général, ce serait agir comme Charles X. » Au reste, que vaudrait vite aux yeux de la métropole une Constitution *octroyée* ? Et comment ne pas y associer *pleinement* les populations d'outre-mer ? « Vous, l'homme de Brazzaville, vous décideriez unilatéralement d'une Constitution ? Je ne puis le concevoir. » Et l'habile homme né en Guyane de conseiller de demander une délégation de six mois au lieu d'un an, éventuellement de solliciter un prolongement de délégation le deuxième mardi d'octobre. « Telle est la Constitution. Elle ne peut s'éviter. Il faut l'appliquer jusqu'à ce qu'une nouvelle Constitution lui soit substituée. »

Je réfléchirai, promet de Gaulle.

Les deux présidents s'en vont sans tarder rendre compte à Coty, qui les reçoit en pyjama.

« Je vous approuve, déclare Coty. La Constitution ne saurait être un chiffon de papier. Député, je ne l'ai pas votée. Chef de l'Etat, je ne la trahirai pas. »

Est-ce la rupture ? On verra bien, dit Coty. Dès huit heures du matin, il n'en rédige pas moins le message qu'il va adresser à l'Assemblée et par lequel il proposera le nom de De Gaulle comme président du Conseil.

Les moins interloqués, le matin de ce 29 mai, ne sont certes pas les députés socialistes qui, réunis salle Colbert, entendent le compte rendu de Le Troquer. Il ne décolère toujours pas. Il déclare : « Camarades, la République est en danger. Il nous faut envisager le sacrifice total. Je suis sûr que cet après-midi se produiront des événements redoutables... » Il y a là heureusement Ramadier et Max Lejeune, qui supplient que l'on ne perde pas son sang-froid. Lacoste, lui, se demande surtout si « le bonhomme n'aurait pas essentiellement la frousse de perdre le perchoir qu'il doit aux voix cocos. » Pire encore : Le Troquer convoque Naegelen dans son bureau. Il explique : « L'Assemblée va voter contre de Gaulle. Du coup Coty va démissionner. Alors, ce sera l'heure du Front populaire. Coty se retirant, c'est moi qui fais son intérim. Je m'installe à l'Elysée. Je te charge de former le gouvernement. » Interloqué, Naegelen s'exclame : « Serais-tu devenu fou ? Tu ne resteras pas un quart d'heure dans ton Elysée ! »

Quinze heures. Grande séance au Palais-Bourbon. Lecture du message aux Assemblées par lequel Coty annonce qu'il a décidé de faire appel au « plus illustre des Français... celui qui, aux années les plus sombres de notre histoire, fut notre chef pour la reconquête de la liberté et qui, ayant réalisé autour de lui l'unanimité nationale, refusa la dictature pour rétablir la République ». Le Troquer, debout face aux députés debout, lit d'ailleurs le texte vite et mal, du ton le plus furieux. Message de Coty : « Je demande au général de Gaulle de bien vouloir venir conférer avec le chef de l'Etat et d'examiner avec lui ce qui, dans le cadre de la légalité républicaine, est immédiatement nécessaire à un gouvernement de salut national et ce qui pourra à échéance plus ou moins proche être fait ensuite pour une réforme profonde de nos institutions. » (A ce moment du texte, les communistes et une bonne moitié des socialistes se rasseyent). Poursuite du message : « Je prendrai alors en mon âme et conscience la décision qui m'incombe. Si l'échec de la tentative que j'ai effectuée devait faire apparaître que, dans un moment aussi critique, je me suis trompé, je ne manquerais pas d'en tirer les conséquences inéluctables. Je ne pourrais que transmettre immédiatement la plénitude de mes fonctions à M. le président de l'Assemblée nationale, conformément à l'article 41 de la Constitution... »

Dès dix-sept heures trente, la voiture du Général pénètre à l'Elysée par l'entrée royale, la grille de l'avenue Gabriel.

Coty attend sur le perron.

Il pousse habilement son hôte à relâcher quelque peu son intransigeance, à consentir à lire lui-même devant l'Assemblée une déclaration ministérielle « dans les formes », à accepter le verdict des députés. Un comité consultatif constitutionnel sera ensuite créé qui associera le Parlement à l'élaboration de la Constitution. Si le projet est prêt à temps, un référendum, en septembre, rendra caduque la Constitution de 1946 et inutile la convocation du Parlement en octobre.

De Gaulle accepte.

Le grand retour du général de Gaulle

Le débat d'investiture évoque un couronnement : au demeurant, le ralliement de Guy Mollet, avec la moitié de son groupe parlementaire, supprime tout suspense ; le maire d'Arras sera même premier ministre d'Etat.

Cela se passe un dimanche, le 1er juin, à quinze heures.

Sa Majesté entre dans l'Hémicycle, plutôt assez désinvolte, en clair costume printanier, jouant avec ses lunettes.

Maurice Thorez, assis au premier rang des travées communistes, ricane un pâle sourire au passage du vainqueur, qui a choisi d'entrer par la porte de la gauche.

Le débat se déroule dans une étrange et trouble atmosphère, comme iréelle. Même les déclarations de tribune les plus provocantes ne déchaînent aucun tumulte. Tandis que les orateurs se succèdent, le principal intéressé est comme absent. Il rêve hors les murs.

Aucun orateur n'arrive à le piquer, à le réveiller de ses songes, ni Jacques Isorni, député de Paris, avocat de Pétain, annonçant qu'il ne votera naturellement pas l'investiture et qui, sans paraître voir de Gaulle, non sans avoir disséqué ses faiblesses et ses orgueils, termine par une prière : « Que Dieu le garde de lui-même » ; ni François Mitterrand, très mélo, ni Jacques Duclos, qui y va d'un vibrant : « Messieurs les députés, vous aurez ouvert la porte à un usurpateur. »

Mendès reste glacé à son banc.

De Gaulle ne sursaute légèrement que lorsque Pierre Cot, le doigt accusateur, s'exclame : « C'est le coup d'Etat ! C'est Brumaire !... » De Gaulle, en aparté avec Guy Mollet, grommelle : « Un coup d'Etat ?... Il n'y a plus d'Etat... »

On vote à vingt et une heures.

Résultat : 329 voix pour l'investiture ; 224 contre. 42 socialistes ont voté pour ; 49 contre.

Sur la lancée, le Parlement vote les pleins pouvoirs, y compris constituants.

Faut-il du reste que ce pays adore le paradoxe, et ce grand homme aussi : une bonne moitié des quatorze ministres choisis par de Gaulle sont des princes de la Quatrième — Mollet, Pinay, Berthoin, Pflimlin, Houphouët, Jacquinot, Bacon, Ramonet.

L'autre moitié : Michel Debré, garde des Sceaux, avec charge de préparer le texte de la nouvelle Constitution ; Maurice Couve de Murville, au Quai (il apprend sa nomination à Bonn, où il est ambassadeur, alors qu'il est en train de disputer une partie de golf) ; Bernard Cornut-Gentile, ambassadeur en Argentine, promu à l'outre-mer ; Emile Pelletier, à l'Intérieur (pour la simple raison qu'il est le plus haut préfet de la hiérarchie) ; Pierre Sudreau, à la Construction ; Pierre Guillaumat, à la Défense ; le socialiste franc-maçon André Boulloche, délégué à la présidence.

Georges Pompidou est sacré directeur de cabinet, amenant avec lui à Matignon toute une cohorte de jeunes chevau-légers du gaullisme. Il va être là à la fois grand maréchal du palais et officier d'ordonnance, expert-comptable, premier conseiller politique et chef du personnel. « Pompidou, dira Malraux, est à de Gaulle ce que fut Berthier à Napoléon. C'est en effet tout à fait Berthier, à savoir le technicien complémentaire d'un stratège inspiré. L'homme qui ne se laisse pas rouler dans les additions, qui ne s'en laisse jamais conter ni compter, qui, au milieu des faux bruits, reste invulnérable, sait exactement où se trouvent les voltigeurs, les lanciers et la 14e brigade. » Pompidou s'impose d'ailleurs vite comme l'homme de confiance. Tout le monde accepte ce postulat, sans même chercher à vérifier. Guy Mollet : « J'aime bien ce type. Il comprend tout. Il n'a pas d'ambition. » Malraux : « Ce que je préfère en lui, c'est qu'il juge vite. » Mieux que cela, estime Louis Vallon, c'est « le crocodile, la gueule ouverte, couché sur le paillasson, prêt à dévorer la victime que le maître va lui offrir ». En tout cas, du moins sait-il croquer des dossiers. Il s'attribue de régler tout ce qui peut gêner le Général. Il lui laisse les délices du pouvoir, en prend tous les empoisonnements.

Le de Gaulle nouveau est arrivé

Ah ! comme l'histoire sait changer ses images !

Comme cette année aura su à son tour être dramatique ou surprenante !

En attendant de lancer un ultimatum sur Berlin et de menacer la paix mondiale, Nikita Khrouchtchev, en plein boom, déroulant devant son Comité central un plan de sept années, annonce que l'Union soviétique augmentera sa production industrielle de 80 % d'ici à 1965, et que les salaires seront relevés dans la même proportion. La durée du travail sera réduite à trente-cinq heures. Le communisme : paradis des paradis. Dès l'étape suivante, le système capitaliste sera complètement débordé, ridiculisé. « En 1970, proclame-t-il, les peuples soviétiques auront le standard de vie le plus haut du monde. »

D'après la plupart des experts, Mao Tsé-Tung serait menacé de perdre le pouvoir au profit de son grand rival Liu Shaoqi, à qui il doit abandonner la présidence de la République.

L'Egypte et la Syrie fusionnent pour former la République arabe unie.

L'Alaska devient le quarante-neuvième Etat des Etats-Unis.

Fidel Castro et ses *barbudos* se rendent maîtres de Cuba.

Cinq mille Marines américains débarquent à Beyrouth, à l'appel de Camille Chamoun, président du Liban, qui n'a pas d'autre recours pour sauver l'indépendance de son pays.

La construction européenne se poursuit. Louis Armand est nommé président de l'Euratom. Robert Schuman est élu président de l'Assemblée parlementaire européenne, qui contrôlera les trois Communautés (Marché commun, Euratom et CECA).

Martin Sommer, le « boucher de Buchenwald », est condamné aux travaux forcés à perpétuité.

Disparus de l'année : Marcel Cachin, directeur de *l'Humanité* ; Paul Rivet, fondateur du musée de l'Homme, l'un des fondateurs du Front populaire ; l'ancien président du Conseil Pierre-Etienne Flandin ; le savant Frédéric Joliot-Curie ; l'ancien as de l'aviation Lucien Bossoutrot ; la championne de ski Marysette Agnel, qui se tue avec son mari le guide Maurice Claret au glacier de la Brenva dans le Mont-Blanc.

Suite à une mauvaise chute, le général Maurice Gamelin est hospitalisé le 21 janvier au Val-de-Grâce. Il porte quelques blessures à la tête. Il a près de quatre-vingt-six ans. Dans sa petite chambre, il vit trois mois d'une lente agonie, subie avec un courage serein. De nombreux militaires viennent s'incliner devant la dépouille, revêtue de la tunique noire brodée d'or. Le général de Gaulle aura été l'un des premiers à se faire inscrire. Un seul homme politique vient présenter ses condoléances : Joseph Paul-Boncour. Les obsèques sont simples. Les honneurs sont rendus « comme pour tout grand-croix de la Légion d'honneur » par un colonel, un drapeau, un bataillon et une musique militaire. Dernière demeure : le cimetière de Passy.

Imre Nagy et le général Pal Maleter sont exécutés.

L'ancien ambassadeur du Reich à Paris Otto Abetz se tue avec sa femme dans un accident d'automobile.

Au balcon de la résidence pontificale de Castel Gandolfo, le drapeau jaune et blanc descend lentement le long de sa hampe ; le glas sonne dans le ciel d'automne, le 9 octobre, à trois heures cinquante-sept du matin : après une pénible agonie, le pape Pie XII est mort, hors les murs de la Cité éternelle. Dernier visiteur : l'acteur Alec Guiness. Dernière musique entendue : la *Symphonie en ut majeur* de Beethoven. C'est le cardinal français Mgr Tisserant qui fait fonction de camerlingue. Le 28 octobre, le Sacré Collège élit le successeur, Mgr Ange-Joseph Roncalli, patriarche de Venise, ancien nonce à Paris, qui choisit le nom de Jean XXIII, aussi trapu et bonhomme que Pie XII pouvait être élancé et majestueux.

Cent un coups de canon sur un rocher et la voix du prince Rainier sur les antennes de Radio-Monte-Carlo : « Vous vous doutez de ma très grande joie en vous annonçant que la princesse a donné naissance à un petit prince » : Albert, marquis des Baux, frère de Caroline, laquelle, âgée de quatorze mois, cesse du coup d'être Altesse sérénissime, titre réservé à l'héritier du trône.

Le prix Nobel de littérature va au Russe Boris Pasternak, auteur du *Docteur Jivago*. Mais le geste est ressenti comme une offense par les dirigeants soviétiques. L'Union des écrivains soviétiques exclut le lauréat de son sein et demande au gouvernement de le déchoir de sa nationalité. La *Literatur-naya Gazeta* lui exprime son dégoût. Radio-Moscou compare le lauréat à un porc qui souille sa bauge. Le malheureux doit faire son autocritique, confessant qu'il a commis une grave erreur en laissant sortir du pays son manuscrit et une autre erreur en envisageant d'accepter ce prix honteux, répudiant tout ce qu'il a écrit, suppliant Khrouchtchev de ne pas le déporter. O déstalinisation !

Et à Paris, le nouveau de Gaulle est arrivé.

Car il est bien tout nouveau.

Nous avions quitté Bonaparte. Voici Napoléon.

Le général de Brumaire, sec, vif, olivâtre, longue crinière sur l'uniforme qui sent la poudre, contraste violemment avec l'empereur du sacre, silhouette très enveloppée, air concentré, large visage livide, rares cheveux plats. Il en est de même ici. L'homme du 18 Juin affiche en 1944 une haute silhouette longiligne, deux bras interminables qu'il agite en discourant et qu'il adore dresser en V de la victoire (ce V que Churchill ne fait qu'avec deux doigts), des mains nerveuses sans cesse à allumer ou à saisir la perpétuelle cigarette, un visage étroit de condottiere maigre, des yeux qui menacent, un nez en éperon, des cheveux teints qu'il tient très noirs, lisses et brillants comme pour mieux composer un casque. Le revenant, après sa traversée du désert, s'est épaissi, alourdi et ralenti ; il a supprimé totalement la cigarette (après une opération de la cataracte) ; les bras se sont assagis ; le nez a pris de la largeur ; il n'y a que le front, barre étroite, qui garde intégralement de naguère son rôle de « socle d'en haut » ; les cheveux, plus rares, sont acceptés en gris ; le visage est devenu si blême que, parfois, on peut lui trouver un blanc de craie.

Simplement, dans la manière d'être, toujours superbement égal à lui-même.

Continuant de parler de soi à la troisième personne.

Avec l'incorrigible morgue de Monseigneur.

Avec cette éloquence à la Bossuet qui n'exclut pas la gouaille d'un vieux Gavroche.

Avec ce mélange magicien de sublime et de ricanement.

Regardez-le donc : il ramasse un pouvoir perdu, et il joue pourtant, nouveau croisé, à délivrer Jérusalem des barbares...

C'est bien cela : nonobstant quelques traits permanents, nous avions quitté un connétable ; nous nous donnons un roi.

De Gaulle rencontre la télévision

Autre changement.

Nous avions quitté un homme de radio. Il se découvre un homme de télévision.

Il fait d'ailleurs son apprentissage à Matignon même.

Tout s'enclenche le 15 juin, durant un enregistrement que dirige Jacques Anjubault dans l'après-midi. Chaussé de ses lunettes, le Général lit le feuillet qu'il tient entre ses doigts à destination des millions de téléspectateurs qui doivent l'entendre au *Journal de*

20 heures. La bobine une fois tournée, il demande : « Eh bien, Anjubault, comment m'avez-vous trouvé ? » Réponse d'Anjubault : « Très mauvais, mon général. » Sensation. Silence. Le roi de la jungle a frémi. Anjubault précise : « Mauvais parce que vous avez lu. Des téléspectateurs, ça se regarde les yeux dans les yeux... Le direct, il n'y a que cela de vrai... » Ah ! fait Sa Majesté.

Le soir, il figure lui-même parmi les millions de téléspectateurs qui le regardent. Il ronchonne dans son menton : « Anjubault avait raison... »

Le temps pour Jean Yonnel, sociétaire de la Comédie-Française, de donner quelques leçons de présentation (« Me voilà potache au Conservatoire, à soixante-sept ans ! » s'exclame l'élève), et voici bientôt le personnage virtuose de la technique — sans lire.

Un vrai magicien, surpassant tous ses concurrents.

Il crève littéralement l'écran.

La lourde voix retentit : « Françaises... Français... » Bien maquillé, il paraît moins blême qu'il ne l'est dans le réel. (« Voici que maintenant on me farde comme Edwige Feuillère ! ») L'œil est de Zeus. La voix a aussitôt sa plus épaisse densité. L'image s'anime. Les deux bras en croix sont légèrement pliés. La main droite est à moitié fermée, pouce en l'air. La main gauche est ouverte — la bouche ronde — l'œil rond — la ride moqueuse. Le buste est droit, le verbe sûr. L'accent joue aussi bien au tragique qu'au paternalisme. Puis, à l'occasion, Sa Majesté campe comme en s'amusant le paysan bonasse et malin, œil pétillant, voix plus basse, pour une confidence...

Du grand art.

La télévision en devient même l'un des principaux moyens du règne.

Quand la Cinquième enterre la Quatrième

De fait, c'est du soir de ce 1er juin que doit se dater la fin réelle de la Quatrième République — quand de Gaulle la tue.

Il ne reste plus ensuite qu'à l'enterrer dans la légalité.

Au vrai, la Cinquième République est déjà là, pour organiser la cérémonie funèbre.

Suivons donc les obsèques.

Autres scènes. Autres mots.

Dès le 2 juin, tout sucre tout miel, de Gaulle s'en va en personne au Luxembourg remercier Monnerville. « Vous voyez, dit-il tout protecteur, je vous ai écouté. Je n'oublierai jamais le service que vous avez par là rendu à la nation. » Bidault susurre : « Attention ! Aujourd'hui musique de chambre, demain musique militaire. »

Amusé, Malraux contemple ce curieux ministère composé pour moitié de gens de la Quatrième et pour moitié de hauts fonctionnaires. Il dit : « Curieux. C'est fabriqué pour moitié d'un cimetière, pour moitié d'une administration. »

Encore plus curieux : le premier sujet traité au premier Conseil des ministres concerne le maréchal Pétain. « Messieurs, déclare tout de go le Général, j'ai été saisi par un député que certains d'entre nous connaissent peut-être, Me Isorni, d'une proposition de loi tendant à inhumer M. le maréchal Pétain à Douaumont. J'ai répondu par la négative. La tradition, en France, est d'enterrer un général dans un cimetière militaire lorsqu'il est mort au combat. Les cimetières militaires, voyez-vous, c'est très important. La Nation confie les corps de ses enfants tombés pour la défendre à des cimetières qui reçoivent des hommes particuliers. Si un chef tombe au champ d'honneur, il est naturel et légitime qu'il repose au milieu de ses soldats. En revanche, s'il meurt, vingt ans après sa retraite, dans son lit, il n'y a aucune raison qu'il repose près de ceux qu'il a commandés. Bien sûr, cette règle souffre des exceptions. Ainsi on est allé chercher Gouraud pour l'enterrer à Navarin. Mais vous pouvez être assurés que, par exemple, Juin ne sera pas enterré à Cassino, ni Kœnig à Bir Hakeim... » Aucun ministre ne dit mot.

Le calendrier qui suit va comme de soi.

4 juin. De Gaulle rend visite à l'Algérie. Alger ménage au triomphateur un accueil à l'américaine. La Hotchkiss découverte du Général met plus d'une heure pour parcourir le trajet de l'aéroport au Forum. Dans l'après-midi, seul au balcon, il doit attendre plus de trois minutes avant de pouvoir commencer son discours par un cri qui restera fameux : « Je vous ai compris ! » A la fin du discours, à ses bras en V, dans une immense clameur, le cœur d'Alger répond par un formidable : « De Gaulle ! » Identiques réceptions triomphales à Constantine, Bône, Oran et Mostaganem. Pour autant, le miracle de Gaulle a moins d'effet que prévu sur les fronts : un para parmi les plus vaillants, le lieutenant-colonel Jeanpierre, est tué en opération dans la région de Guelma. Pas une fois, par ailleurs, de Gaulle ne prononce le mot d'Algérie française. A Paris ? Le général Ely reprend ses fonctions de chef d'état-major général de l'armée de terre. Le gouvernement maintient sa confiance à Salan pour l'Algérie. Le calme le plus profond règne sur toute la France. Les prochaines vacances seront heureuses. Indexé sur le prix du louis d'or, un emprunt lancé par Pinay, qui tient les Finances, connaît un succès spectaculaire.

29 juillet. De Gaulle présente l'avant-projet de la future Constitution au comité consultatif constitutionnel créé peu après son arrivée à Matignon. Quelques jours plus tard, la date du référendum constitutionnel est fixée au 28 septembre. Il suffira aux Français de voter par oui ou par non. L'Algérie et nos dernières colonies seront consultées comme la métropole. L'on n'en est que plus mélancolique en réalisant combien le magnifique Empire français est déjà amputé. Toutes les possessions d'Asie ont été perdues. Les mandats au Liban et en Syrie ont cessé d'être dès 1945. La France ne

conserve plus la moindre influence en Indochine ni dans les cinq anciens comptoirs de l'Inde. Elle s'efface totalement du Laos et du Cambodge. La Tunisie et le Maroc sont indépendants sans le moindre signe d'interdépendance (Paris vient d'en retirer ses dernières troupes et a même dû reconnaître la pleine souveraineté tunisienne sur la si précieuse base navale de Bizerte). La plus grande France a perdu depuis 1945 quarante de ses cent dix millions d'habitants. La Cinquième République fera-t-elle mieux que la Quatrième ? Pour l'Algérie, déjà les grandes angoisses recommencent. Pour Madagascar, l'AOF et l'AEF, de Gaulle et ses conseillers constituants inventent ce qu'ils baptisent la *Communauté*. Il s'agit d'une suprême tentative pour sauvegarder par un lien fédéral une sorte de Commonwealth à la française : les pays qui l'accepteront jouiront d'une autonomie intérieure totale, mais délégueront à Paris leur souveraineté en matière de défense et de diplomatie. « Peu importe si le Général, note au passage Raymond Cartier, offre aux nations africaines ce qu'il refuse d'accepter pour la France dans le cadre de l'Europe ; conçoit la supranationalité pour l'exercer au nom des peuples mineurs ; la repousse comme expression du peuple européen. » Mais, après avoir cassé du Viet et du bougnoule, faudrait-il aussi casser du « Nègre » ?

20-26 août. De Gaulle s'en va proposer sa Communauté à l'AOF, à l'AEF et à Madagascar. *Oui* (à la Communauté et à la coopération) ou *non* (à la France par l'indépendance immédiate), tel est le choix que l'homme du 18 Juin et de Brazzaville va proposer sur 21 000 kilomètres en neuf jours de Paris à Paris, en passant par Fort-Lamy, la première ville ralliée au libérateur de la patrie, Tananarive, Brazzaville, Abidjan, Conakry et Dakar. Voyage impérial, à bord d'un superbe superstarliner frappé de la croix de Lorraine. Un seul homme de l'ancien régime est embarqué pour le voyage : Pflimlin, ministre d'Etat. Un seul autre ministre est de la caravane : Bernard Cornut-Gentile, qui a l'outre-mer. L'accueil de Fort-Lamy, capitale du Tchad, est triomphal : depuis la loi-cadre Defferre instaurant l'autonomie interne, c'est le Premier ministre qui pour chaque République incarne la personnalité nationale ; celui du Tchad s'appelle Tombalbaye ; il annonce que le Tchad votera *oui* comme un seul homme. A Madagascar, le solide Philibert Tsiranana promet un vote aussi chaleureux. A Brazzaville, le président du Grand Conseil, le député Barthelemy Boganda, ancien ecclésiastique, la soutane blanche de l'abbé Fulbert Youlou, député-maire de la ville (ses soutanes, il les commande chez Christian Dior) et le roi Makoko (qui se présente avec deux de ses femmes, dont l'une allaite un adorable négrillon), engagent la même ferveur. La liesse congolaise n'est surpassée que par la folie ivoirienne : sous l'autorité de l'immensément populaire Houphouët, l'accueil d'Abidjan est indescriptible. (D'ailleurs, la Côte d'Ivoire va battre le record des *oui* avec 99,99 %.) Mais il n'en est pas de même à Conakry avec le terrible Sekou Touré, le Guinéen qu'on dit descendant de

Samory, hier encore député français, ancien meneur syndicaliste, ancien élève de l'école coranique. Boubou blanc, toque grise, robuste carcasse, il a décidé de jouer les trouble-fête ; il réussit son coup ; face à l'empereur des Français tout médusé, il se présente hargneux comme un tribun sorcier de la brousse ; il veut l'indépendance sans délai ; il s'écrie : « Nous préférons la pauvreté dans la liberté à la richesse dans l'esclavage ; nous entendons redevenir au plus tôt un peuple libre, pur et souverain » ; assez désemparé, de Gaulle ne peut que promettre à l'intrépide capitaine bon vent et bonne voile. Dakar déçoit : sous des nuées de drapeaux rouges, la foule conspue le voyageur et réclame l'indépendance sur l'air des lampions ; le maire de la ville, Lamine Gueye, ancien ministre de Léon Blum, manque en pleurer ; les deux principaux leaders du Sénégal l'ont d'ailleurs si bien pressenti qu'ils ont évité d'être là ; Léopold Senghor n'a pas voulu déroger à sa coutume de passer ce mois de vacances dans la famille de sa femme, qui est normande ; Mamadou Dia, cédant aux conseils impératifs de ses médecins, fait une cure de repos en Suisse ; par bonheur, l'atmosphère est un peu moins pénible sur la fin de l'étape. « Du bon et du moins bon », dit de Gaulle à Guy Mollet à son arrivée à Paris.

4 septembre. De Gaulle, avec Malraux, présente solennellement place de la République, à Paris, face à une foule de fidèles le texte de la nouvelle Constitution — non sans qu'une poignée de communistes vienne pousser quelques huées. C'est acquis : nous n'aurons pas de régime présidentiel à l'américaine. Le président de la République — qui disposera toujours du septennat — ne sera pas élu au suffrage universel, mais par un collège de 80 000 notables émanant des élus nationaux, départementaux et municipaux. Il nommera le Premier ministre, pourra dissoudre l'Assemblée, recourir au référendum. Il disposera d'un article 16 qui, « lorsque les institutions de la République, l'indépendance de la nation, l'intégrité de son territoire ou l'exécution de ses engagements internationaux sont menacés d'une manière grave et imminente », permet d'exercer une vraie dictature. Un Conseil constitutionnel de neuf membres, notamment chargé de vérifier la légalité des lois, est fondé — tous les anciens chefs de l'Etat en étant membres de droit. Tous les commentaires s'accordent au moins sur deux points, sauf à y employer des tons différents : on ne saurait envisager texte plus éloigné de la Constitution de la Quatrième et on n'aurait su imaginer Constitution plus royale, au bon plaisir du général de Gaulle.

Nous n'avons plus qu'un petit mois à passer avant que la Cinquième République n'entre officiellement en scène.

Le congrès national SFIO décide de voter *oui*. Guy Mollet a même obtenu le ralliement de Gaston Defferre, qui n'a pourtant pas voté l'investiture du Général.

Les radicaux favorables au *oui* élisent Félix Gaillard président du parti.

René Pleven, déterminé à voter *oui*, démissionne de l'UDSR qui, à l'appel de François Mitterrand, votera *non*.

Le Parti démocrate de Guinée décide de voter *non*, ce qui solennise le choix de l'indépendance.

A peine si les Français prennent note que Couve de Murville refuse à l'ONU tout droit de se saisir du dossier algérien (la France ne participera à aucun débat qui, directement ou indirectement, concerne l'Algérie) ; et que les dirigeants du FLN constituent au Caire un « gouvernement algérien » présidé par Ferhat Abbas avec pour adjoints Ahmed Ben Bella, toujours détenu à la Santé, et Belkacem Krim, promu commandant en chef des forces armées.

La campagne est pourtant peu animée.

Rien ne la sort d'une certaine torpeur : ni Jacques Soustelle fondant l'Union nationale pour la République, UNR, nouvelle formule de feu le RPF (sauf à s'entendre interdire par de Gaulle de se référer à son nom « fût-ce sous forme d'un adjectif ») ; ni la scission de la SFIO, d'où se séparent les « minoritaires » antimolletistes, les Depreux, Savary, Verdier, Daniel Mayer, qui créent le Parti socialiste autonome (PSA, futur PSU, Parti socialiste unifié) ; ni la sommation faite par le gouvernement à Massu et aux onze officiers siégeant avec lui au Comité de salut public d'Alger de démissionner de cet « organisme » ; ni l'autodissolution dudit Comité.

Au demeurant, et à la stupéfaction des observateurs étrangers, la France a assez à faire : c'est la folle saison du hulahoop. On crut que c'était un jeu pour enfants. Piano-pianissimo-grandissimo, cela devient une mode, un sport, un sujet de compétition nationale, une frénésie. Il fait autant fureur que le yo-yo avant-guerre. Ce n'est pourtant qu'un cerceau, à l'origine en bambou. Il fut inventé par les mômes d'une lointaine tribu australienne. Ils ne le poussaient pas devant eux à coups de baguette comme les petits Européens toujours avides d'équilibre. Passant tête et bras à travers lui, ils s'amusaient à le faire tournoyer en le maintenant à hauteur de la taille par de simples mouvements de hanches à la manière des danseurs de tamouré. On hulahoope à travers toute la planète. Simplement, on remplace le bambou par du plastique. La France est précisément l'un des pays hulahoopeurs les plus délirants. Premières vedettes hulahoopantes : Henri Salvador, Françoise Sagan, Annie Cordy, Michèle Mercier. On crée une « Nuit hulahoop ». On élit une Miss Hulahoop.

Hulahoop ou pas, il faut tout de même choisir son camp dans ce référendum que de Gaulle lui-même baptise historique. Mais la domination des *oui* est trop écrasante. Il n'y a pas le moindre suspense.

Même la maréchale Pétain, boulevard La Tour-Maubourg, est pour le *oui*. « Oh ! Madame ! » s'exclame Me Isorni. « Oui, confirme-t-elle. Simplement, si je rencontrais le petit de Gaulle, qui m'a laissée en prison avec le Maréchal, je lui dirais que... »

31 067 000 Français votent *oui* (85,14 % des voix).

Seulement 5 420 000, *non* (15,85 %).

Tous les départements de la métropole votent dans le même sens (le Bas-Rhin en tête, la Corrèze en queue). Les vingt arrondissements de Paris votent massivement *oui* Bagnolet est la seule commune de la ceinture rouge à voter *non*. Les 44 autres votent *oui*, y compris Ivry-sur-Seine, fief de Thorez.

95 % des Algériens se déterminent pour le *oui*.

La Communauté suit. Seule la Guinée reste intraitable : elle vote *non* à 98 % (Paris lui faisant aussitôt savoir qu'elle sera si indépendante qu'elle n'aura plus à compter sur les Français pour son administration et son équipement).

Tous nos territoires d'Amérique et d'Océanie sont massivement pour le *oui*, à raison d'une moyenne de 98 %.

Les quatre départements d'outre-mer, Réunion, Guadeloupe, Martinique et Guyane font confiance à 84 %.

Le dimanche 5 octobre 1958, le *Journal officiel* proclame votée la nouvelle Constitution.

La Cinquième République est inscrite à l'état civil. Elle commence dès cet instant son existence légale.

La Quatrième République est dans la tombe.

A son crédit ? Elle aura admirablement réussi le redressement économique de la France et sa modernisation — jusqu'à la porter à nouveau à l'avant-garde des pays les plus riches et les plus imaginatifs.

Elle aura non moins réussi la mise en application des institutions européennes, en tout cas sur le plan économique.

Elle aura bien engagé le sublime rêve européen.

A son passif ? Elle aura totalement échoué devant les problèmes purement politiques.

Aucun de ses vingt-cinq gouvernements n'a atteint une durée de dix-huit mois.

Deux seulement, Henri Queuille et Guy Mollet, ont dépassé les douze mois.

La Quatrième République aura perdu une large part du vieil Empire, sans avoir su engager sur ses terres d'outre-mer un ordre nouveau.

Enfin, comme ses aînées, à son tour, elle aboutit au pouvoir personnel.

La Première s'abandonna dans les bras de Napoléon Bonaparte.

La Deuxième se livra au prince Louis-Napoléon.

La Troisième abdiqua au profit du maréchal Pétain.

La Quatrième cède la place au général de Gaulle.

Ce 5 octobre, en effet, il ne reste d'elle que de magnifiques réalisations, dont la Cinquième saura sans lui en rendre hommage inaugurer spectaculairement les plus belles, quelques ministres égarés qui s'effaceront vite l'un après l'autre, et M. Coty, son dernier président — encore pour quelques semaines à l'Elysée.

Au revoir, monsieur Coty !

La suprême passation des pouvoirs a lieu le 8 janvier 1959, une fois de Gaulle plébiscité président de la République et une nouvelle Assemblée installée.

La cérémonie de l'Elysée est relativement simple.

Le président Coty trouve simplement pour saluer l'événement une formule appelée à rester célèbre : « Le premier des Français est désormais le premier en France. »

Le général de Gaulle, visage grave, air méditatif, écoute immobile ce qui lui est dit, les bras le long du corps, peu à l'aise dans une jaquette plutôt mal coupée, et répond par des phrases qui ne surprennent personne.

Il ne reste plus ensuite aux deux présidents, en début d'après-midi, qu'à remonter les Champs-Elysées jusqu'à l'Etoile, escortés par la Garde à cheval.

Après avoir passé en revue les troupes qui se trouvent sur place à l'Etoile, les deux présidents raniment la flamme et signent le livre d'or.

De fait, il était prévu par le protocole que de Gaulle quitterait le dernier la place de l'Etoile après avoir accompagné Coty jusqu'à sa voiture.

Mais le général-président ne l'entend pas ainsi.

Quand les deux hommes prennent congé, de Gaulle se contente d'un désinvolte et quasiment goguenard « au revoir, monsieur Coty ! » avant de plonger dans la foule des anciens combattants et de serrer les mains qui se tendent vers lui.

Telle est la dernière image que la Cinquième nous abandonne de la Quatrième : René Coty, assez désemparé, comme semé sur le pavé, attendant avec quelques collaborateurs sur le bord du trottoir, jusqu'à voir enfin arriver la voiture qui, sous escorte de motocyclistes de la préfecture de police, doit le ramener à sa ville natale du Havre.

Déjà de Gaulle repart tout tranquillement vers l'Elysée, prenant simplement à son côté son directeur de cabinet, Georges Pompidou... que tout le monde s'étonne de découvrir là à l'occasion d'une si solennelle circonstance...

Décidément, les temps sont nouveaux...

Mais comme il doit être triste et déçu, le bon M. Coty, dernier président de la Quatrième République, largué de la sorte, aussi lugubrement que la Quatrième elle-même !

Table

Cet ouvrage a été composé par
Nord Compo (Villeneuve-d'Ascq)
et imprimé sur presse Cameron
par **Bussière Camedan Imprimeries**
à Saint-Amand-Montrond (Cher)
pour le compte de la Librairie Plon

Achevé d'imprimer en septembre 1998.

N° d'édition : 12980. — N° d'impression : 984322/1.
Dépôt légal : septembre 1998.

Imprimé en France